러시아 북극 공간의 이해 :
서북극권과 서시베리아의 지정,
지경 및 지문화적 접근

러시아 북극 공간의 이해 :
서북극권과 서시베리아의 지정, 지경 및 지문화적 접근

2018년 10월 25일 초판 1쇄 인쇄
2018년 11월 01일 초판 1쇄 발행

엮은이 북극학회
글쓴이 김정훈, 한종만, 박종관, 양정훈, 예병환,
배규성, 서승현, 계용택, 서현교, 백영준
펴낸이 권혁재

편집 조혜진
출력 동양인쇄
인쇄 동양인쇄

펴낸곳 학연문화사
등록 1988년 2월 26일 제2-501호
주소 서울시 금천구 가산동 371-28 우림라이온스밸리 B동 712호
전화 02-2026-0541~4
팩스 02-2026-0547
E-mail hak7891@chol.net

책값은 뒷표지에 있습니다.
잘못된 책은 바꾸어 드립니다.

ISBN 978-89-5508-389-7 93970

이 저서는 2016년 대한민국 교육부와 한국연구재단의 지원을 받아 수행된 연구임 (NRF-2016S1A5A2A03926235)
TThis work was supported by the Ministry of Education of the Republic of Korea and the National Research Foundation of Korea (NRF-2016S1A5A2A03926235)

러시아 북극 공간의 이해:

서북극권과 서시베리아의 지정, 지경 및 지문화적 접근

학연문화사

책을 세상에 내 보내며...

북극지역의 해빙현상으로 인해 자연생태적 환경이 급격히 변화함에 따라 북극지역의 지정학(Geopolitical) 및 지전략적(Geostrategic) 가치가 새롭게 평가되고 그에 수반되어 북극 문제 역시 국제정치의 주요 관심사로 급격히 부상하고 있다.

북극의 공간은 특정의 한 국가 또는 연안의 소수국가에 한정된 전유물이 아니라 인류 공동의 유산이며, 평화적 공간이 되어야 한다. 이 지역은 지구환경과 생태계에 민감한 곳으로 현존하고 있는 우리 세대뿐 아니라 미래의 후손에게도 아주 중요한 공간으로써의 역할을 수행할 지역이기 때문이다. 그렇기 때문에 북극지역은 기후변화와 온난화 현상연구를 위한 학문 및 과학적 공간이 되어야 하며, 북극권의 이용, 개발, 항행은 지속가능한 친환경적 개발과 전인류적 관심 하에 이루어져야 할 것이다. 즉 '새로운 북극' 환경의 출현은 20세기 냉전구조 상황 하에서 주로 안보문제에 주된 초점을 맞추던 것과는 확연히 구별되는 '새로운 북극' 환경에 대한 새로운 연구 패러다임을 요구하고 있다.

국제사회와 우리의 기대에 부합하는 미래의 한국사회를 건설하기 위해서 한국은 국제사회의 관심이 집중되고 있는 북극 공간, 특히 가장 넓은 영역과 개발가능성이 높은 러시아 서북극권 및 서시베리아 지역에 대한 관심을 지금보다 더욱 기울여야 할 필요성이 있다.

극지연구를 통해 축적된 기술력과 북극과 관련된 국제적 현안과 과제에 적극적으로 참여해 온 한국의 노력은 2013년 5월 15일 스웨덴 키루나에서 개최된 북극이사회의 각료회의에서 한국, 중국, 일본, 인도, 이탈리아, 싱가포르 등 6개국을 북극이사회의 정식 옵서버(Permanent observer) 자격 취득하는 결과로 나타났으며, 이에 따라 한국은 북극과 무관한 국가가 더 이상 아니며, 북극은 우리에게 무한한 가능성을 열어 줄 것으로 기대 되기 때문이다.

그렇다면, 북극권 중 왜 러시아 서북극권과 서시베리아인가? 동 지역은 러시아 GDP의 약 20%, 수출의 약 22%를 차지하고 있는 공간으로 러시아의 최우선 관심사는 상업적 이해관계(Commercial interests)에 있다. 북극해 연안국들 중 가장 긴 해안선을 보유하고 있는 러시아(전체 북극해 연안의 50%)는 가까운 미래에 연중 더 많은 기간 동안 선박통행(Ship traffic)이 가능할 것으로 기대하며 각종 전략 및 정책을 개발하고 있다. 특히 바렌츠해와 카라해가 연결되는 러시아 서북극해 지역은 유럽으로의 관문, 북방항로의 기점인 동시에 중심지, 가장 많은 선박통행과 물동량이 이동되는 북방항로의 최대 거점지이기도 하다. 또한, 러시아 서북극해 지역은 접근이 불가능했던 북극해 연안의 자원 개발에 대한 기대가 가장 큰 지역인 서시베리아와 연결 될 가능성을 높이고 있다: 야말반도(Yamal Peninsula)와 티만-페초라(Timan-Pechora) 유전(석유가스), 바렌츠해(Barents Sea)의 슈토크만(Shtokman) 유전(석유가스), 카라해(Kara Sea)의 쁘리라즐롬노예(Prirazlomnoye) 유전(석유가스) 등.

이러한 여러 가지 이유로 연구지역은 한국사회에 에너지 · 자원 확보/수입원/공급처의 다변화, 물류유통, 해양세력과 대륙세력으로의 확장, 생활공간의 확대, 해외 식량 기지의 확보(수산업 등), 환경과 생태에 대한 글로벌 이슈의 충족, 녹색성장의 토대 등을 제공할 수 있는 미래 한국사회의 '기회의 공간'으로 작용할 수 있다.

현재 '새로운 북극'과 관련해 떠오르고 있는 중요 사안으로 전통적 이슈인 러시아 서북극권과 서시베리아의 원유와 가스 등의 자원개발과 북극 거버넌스, 해운 잠재성, 환경보호 및 생물자원 및 비공식적 거버넌스 기제 등으로 종합해 볼 수 있다.

본 저서는 한국연구재단이 주관하는 사업인 일반공동연구지원사업(2016-2018년)하에 제작 배포하고 있는 전자저널 '북극연구(The Journal of Arctic)'에 게재되었던 글들을 중심으로 수정 보완 및 재구성하여 이루어진 것으로, 러시아의 서북극권과 서시베리아의 항로/해협, 해운항만/인프라, 자원개발, 내륙수운, 인구동태(Demography) 및 사회적 변화, 생태환경을 중심으로 러시아 서북극권과 서시베리아에서 진행 중인 개발의 환경 및 사회적인 측면을 조명하고, 또한 이들 간의 상호관계를 지정학적, 지경학적, 지문화적 측면에서 분석하고 종합하고자 하는 목적 하에 만들어 지게 되었다. 이를 통해 21세기 러시아 중점 개발 공간인 서북극권과 서시베리아 지역에 대한 새로운 학술적 접근법과 종합적 지식의 틀을 제공하고자 한다. 이는 북극권 중 개발 및 활용 가능성이 가장 높은 연구공간을 종합적으로 분석하고자 하는 본 연구활동과 결과를 통해 해당 지역의 개발과 이용에 있어 국제사회의 불확실성을 줄이고 이해의 간극을 좁혀 북극문제 관련한 혁신적인 정책이 나올 수 있는 근간이 제공될 것으로 기대되기 때문이기도 하다. 궁극적으로 본 저서가 미래 한국사회의 성장공간으로 러시아 북극지역과 서시베리아의 가능성과 활용성을 파악할 수 있는 자료로 활용될 수 있기를 소망해 본다.

끝으로 본 저서가 나오기까지 고락을 같이한 연구진, 그리고 다양한 형태로 관심을 가지고 조언 및 격려를 해 주신 모든 분들께 심심한 감사를 표하고자 한다.

배재대학교 러시아 · 중앙아시아학과 김 정 훈

목 차

제안서(서북극권과 서시베리아의 지정, 지경 및 지문화적 통합연구)

김정훈 · 배규성 ······ 13

1부 지정학적 접근

1. 러시아 북극권의 상징적 정치 역동성 모델 김정훈 ······ 53
2. 노르딕 북극권의 지정, 지경, 지문화적 역동성에 관한 연구 한종만 ······ 72
3. 슈발바르 군도를 둘러싼 노르웨이와 러시아의 관할권 갈등 박종관 ······ 138
4. 북극 러시아의 새로운 환경: 개발과 보존의 동행 양정훈 ······ 176
5. 러시아 서북극권 주요 도시 및 지역 김정훈 ······ 210

2부 지경학적 접근

1. 지경학적 연구영역과 방법론 예병환 ······ 261
2. 시베리아-북극권 내륙 수운 배규성 ······ 279
3. 북극의 경제적 가치를 위한 탐사 양정훈 ······ 315
4. 북극항로 활성화를 위한 연구동향 분석 예병환 ······ 327
5. 러시아의 시베리아 북극권 에너지자원 개발전략과 한 · 러 에너지산업 협력방안에 관한 연구 예병환 · 박종관 ······ 356

3부 지문화학적 접근

1. 북극 원주민의 권리와 언어 상황 **서승현** …… 395
2. 북극-시베리아 소수민족의 예술과 문화 **계용택** …… 439

4부 동북아 주요국의 북극 연구

1. 한국의 북극정책 역사 성찰과 발전 방향 **서현교** …… 497
2. 중국의 북극정책 백서와 북극 실크로드 **배규성** …… 508
3. 한국과 일본의 북극 연구 경향 및 전략 비교 **김정훈 · 백영준** …… 540

부 록

북극연구기관 소개 : 한국 극지연구소 **백영준** …… 577
북극연구기관 소개 : 중국 극지연구센터 **백영준** …… 589
북극연구기관 소개 : 일본 국립 극지연구소 **백영준** …… 598

색인 …… 614

러시아
서북극 공간의
연구 필요성

러시아 서북극 공간의 연구

김정훈*, 배규성**

1. 연구의 목적

1.1. 연구의 배경 및 필요성

◎ 전 지구적 차원의 기후변화가 가져오는 북극의 해빙현상으로 자연생태적 환경이 급격히 변화함에 따라 북극지역의 지정학(Geopolitical) 및 지전략적(Geostrategic) 가치가 새롭게 평가되고 그에 수반되어 북극 문제 역시 국제정치의 주요 관심사로 급격히 부상

◎ 북극문제를 연구하는 전문가들은 최근 수년 사이에 벌어지고 있는 북극 환경의 이러한 변화를 지정학과 생물 · 물리학적 차원 등에서 그 근간이 바뀌는 '변형적 변화(Transformative change)'라고 부르고 있음[1)]

---

* 배재대학교 러시아 · 중앙아시아학과

** 경희대학교 국제지역연구원 HK

※ 이 글은 한국연구재단 일반공동연구지원사업(NRF-2016 B0131)에 제출되었던 제안서 내용.

1) Oran Young, "Artic Futures: The Politics of Transformation" in James Kraska, ed., *Artic Security in Age of Climate Change* (New York: Cambridge University Press, 2011), p. xxi.

◎ 북극양의 해빙현상은 북극항로의 국제해상루트로써의 가능성[2], 북극권의 풍부한 화석연료[3]와 비철금속 등의 자원개발, 수산자원의 활용 및 크루즈 관광 등의 문화적 공간 확대 가능성을 제공하고 있음[4]

◎ '새로운 북극' 환경의 출현은 20세기 냉전구조 상황 하에서 주로 안보문제에 주된 초점을 맞추던 것과는 확연히 구별되는 '새로운 북극' 환경에 대한 새로운 연구 패러다임을 요구하고 있음

◎ 한국은 국제사회의 관심이 집중되고 있는 북극 공간, 특히 가장 넓은 영역과 개발 가능성이 높은 러시아 서북극권 및 서시베리아 지역에 대한 관심을 지금보다 더욱 기울여야 할 필요성이 있음

◎ 극지연구를 통해 축적된 기술력과 북극과 관련된 국제적 현안과 과제에 적극적으로 참여해 온 한국의 노력은 2013년 5월 15일 스웨덴 키루나에서 개

---

2) 북극 항로는 시베리아 북극해를 경유하여 동북아시아와 유럽을 연결하는 북동항로(Northern Sea Route)와 베링 해와 캐나다 북극해를 경유하여 북미 동부지역으로 연결하는 북서항로(Northwest Passage) 그리고 북극점을 경유하는 트랜스 북극항로(Cross Pole Route)로 구분된다.

3) 북극은 방대하고 귀중한 천연자원이 풍부하다. 2000년 미 지질조사국(USGS)이 세계 화석연료의 1/4이 북극권에 매장되어 있다고 추정한 이후 북극권의 자원개발 경쟁은 더욱 가열되고 있고 또 앞으로 더욱 가열될 전망이다. 북극의 어족자원도 마찬가지이다. 북방 해양지역은 생물학적 생산성의 세계적 규모에서 볼 때, 아주 높은 위치를 차지하고 있다. 예를 들면, 북극권의 어장, 특히 베링 해, 노르웨이 해, 라브라도 해의 어장은 예외적으로 풍부하다. 최근 몇 년 동안 베링 해 대구 어장은 세계 최대의 단일 어종 어장이 되었다. Oran R. Young, *Arctic Politics - Conflict and Cooperation in the Circumpolar North*, (London: Univ. Press of New England, 1992) pp. 4-5.

4) 한종만 외, 『러시아 북극권의 이해』(서울: 신아사, 2010), pp. 232-249.

최된 북극이사회의 각료회의에서 한국, 중국, 일본, 인도, 이탈리아, 싱가포르 등 6개국을 북극이사회의 정식 옵서버(Permanent observer) 자격 취득하는 결과로 나타났으며, 이에 따라 한국은 북극과 무관한 국가가 더 이상 아니며, 북극은 우리에게 무한한 가능성을 열어 줄 것으로 기대 됨

◎ 북극 공간은 한국사회에 에너지 · 자원 확보/수입원/공급처의 다변화, 물류유통, 해양세력과 대륙세력으로의 확장, 생활공간의 확대, 해외 식량 기지의 확보(수산업 등), 환경과 생태에 대한 글로벌 이슈의 충족, 녹색성장의 토대, 남북한 통합 촉진과 북한경제의 연착륙유도 등을 제공할 수 있는 미래 한국사회의 '기회의 공간'으로 작용할 수 있음

◎ 현재 '새로운 북극'과 관련해 떠오르고 있는 중요 사안으로 전통적 이슈인 러시아 서북극권과 서시베리아의 원유와 가스 등의 자원개발과 북극 거버넌스, 해운 잠재성, 환경보호 및 생물자원 및 비공식적 거버넌스 기제 등으로 종합해 볼 수 있음

◎ 본 연구는 러시아의 서북극권과 서시베리아의 항로/해협, 해운항만/인프라, 자원개발, 내륙수운, 인구동태(Demography) 및 사회적 변화, 생태환경을 중심으로 러시아 서북극권과 서시베리아에서 진행 중인 개발의 환경 및 사회적인 측면을 조명하고, 또한 이들 간의 상호관계를 지정학적, 지경학적, 지문화적 측면에서 분석하고 종합

◎ 21세기 러시아 중점개발 공간인 서북극권과 서시베리아 지역에 대한 새로운 학술적 접근법과 종합적 지식의 틀을 제공하고자 함

○ 왜 러시아 서북극권과 서시베리아인가?

- 러시아 GDP의 약 20%, 수출의 약 22%를 차지하고 있는[5] 북극에서의 러시아의 최우선 관심사는 상업적 이해관계(Commercial interests)

- 러시아는 북극해 연안국들 중 가장 긴 해안선(전체 북극해 연안의 50%) 보유, 이들 해안은 가까운 미래에 연중 더 많은 기간 동안 선박통행(Ship traffic)이 가능할 것으로 기대[6]

- 바렌츠해와 카라해가 연결되는 러시아 서북극해 지역은 유럽으로의 관문, 북방항로의 기점인 동시에 중심지, 가장 많은 선박통행과 물동량이 이동되는 북방항로의 최대 거점지

- 또한, 러시아 서북극해 지역은 접근이 불가능했던 북극해 연안의 자원개발에 대한 기대가 가장 큰 지역인 서시베리아와 연결; 야말반도(Yamal Peninsula)와 티만-페초라(Timan-Pechora) 유전(석유가스), 바렌츠해(Barents Sea)의 슈토크만(Shtokman) 유전(석유가스), 카라해(Kara Sea)의 쁘리라즐롬노예(Prirazlomnoye) 유전(석유가스) 등[7]

- 본 연구는 북극의 개발과 이용에 있어 국제사회의 불확실성을 줄이고 이해의 간극을 좁혀 북극문제 관련한 혁신적인 정책이 나올 수 있는 근간을 제공해 줄 것으로 기대되며, 궁극적으로는 미래 한국사회의 성장공간으로 북극의 가능성과 활용성을 파악할 수 있는 토대가 될 수 있을 것이라고 예측

---

5) Linda Edison Flake, "Russia's Security Intentions in a Melting Arctic," Military and Strategic Affairs 6, no. 1(March 2014), p. 105, http://www.inss.org.il/uploadImages/systemFiles/MASA6-1Eng%20(4)_Flake.pdf (검색일, 2016.4.27)

6) 러시아는 북극항로의 선박통행 증가에 대해 낙관적이다. 따라서 러시아 교통부(Transport Ministry)는 2012년 모스크바에 북방항로의 해상운송 허가를 책임질 북방항로청(Severny Morskoy Put or Sevmorput) 사무실을 개소했다.

7) Carlsson and Granholm, "Russia and the Arctic", pp. 19-20.

1.2. 연구주제의 창의성

◎ 한국은 비북극권 국가이지만, 북극 거버넌스(북극이사회) 참가국(정식 옵저버)으로 본격적인 북극권 연구에 투자할 근거 확보

◎ 그 동안 국내의 관심을 반영하여, 자원, 물류, 북방항로에 대한 연구는 어느 정도 이루어졌으나, 아직 초기 단계의 포괄적 일반적 연구가 대부분 임 (국내외 연구동향, 선행연구 및 참고문헌 참조)

◎ 본 연구는 북방항로의 기점이자 물류의 핵심지역인 서북극해와 자원이 집중되어 있어 21세기 러시아 국가차원의 핵심 개발공간인 서시베리아를 연계한 지정학적, 지경학적, 지문화적 통합 연구로 진행될 예정

◎ 연구 독창성: 연구대상 지역의 선택과 집중, 연구의 연계/통합

첫째, 연구대상지역인 러시아 서북극해-서시베리아는 러시아의 미래를 결정할 자원개발과 북방항로의 이해관계가 집중된 곳

둘째, 연구대상지역의 연계는 시스템적 연구(Systemic Approaches)를 의미, 즉 연구 주제 모두가 러시아의 미래 발전 전략(청사진)에 의해 상호 긴밀하게 연계

셋째, 연구 주제 모두가 상호 긴밀하게 연계된 지정학적, 지경학적, 지문화적 접근법들에 의해 복합적으로 연구되는 통합연구(Integrated Studies)

1.3. 국내외 연구동향 및 선행연구

◎ 참고문헌의 목록에서도 확인할 수 있듯이, 북극에 대한 연구는 북극 빙하와 해빙(海氷)의 해빙(解氷)을 야기한 기후변화와 지구온난화로부터 촉발되나, 북극권 연구는 북극항로와 해저의 에너지 및 광물자원이 주를 이룸

◎ 북극의 자원에 대한 소유권 주장과 경쟁은 북극권 국가들을 포함하여 비북극권 국가들의 다양한 쟁점 양산: 배타적 경제수역(EEZ) 및 대륙붕의 확장과 관련된 북극권 국가들(북극연안 5개국 - 캐나다, 덴마크/그린란드, 노르웨이, 러시아, 미국; 비연안 3개국 - 핀란드, 아이슬란드, 스웨덴)의 해양(경계)분쟁과 북극해 거버넌스, 해양경계선과 어업권 분쟁, 영토분쟁, 군사적 전략, 에너지 자원 등

◎ 해외, 특히 북극권국가들(연안 5개국+비연안 3개국)과 비북극권국가들의 북극관련 연구동향과 선행연구들은 각국 정부의 북극정책/전략을 통해 개괄적으로 확인할 수 있음

북극권 국가들의 북극정책 우선순위(▲)/정책목표(▼)

	주권/안보	경제개발	수송	환경	거버넌스	주민/원주민	과학
캐나다	▲	▲+▲		▲	▲		▲
덴마크	▲	▲+▲		▲	▲/▼		
핀란드	/▼	▲+▲	▲	▲	▲	/▼	▲
아이슬란드	/▼	▲	▲	▲	▲+▲	▲	▲
노르웨이	▲	▲+▲		▲	▲+▲	/▼	▲
러시아	▲	▲+▲	▲		▲+▲	/▲	▲
스웨덴		▲		▲	▲	▲/▼	
미국	▲	▲	▲	▲	▲		▲

출처: Heininen, Arctic Strategies and Policies: Inventory and Comparative Study, 2011

◎ 상기 표를 기준으로 기존의 국외 선행연구 분석

○ 북극권 전체에 대해서는 북극권의 해양분쟁(Gail Osherenko & Oran R. Young, 1989; David A. Shakespeare, 1991: 37-47; Oran R. Young, 1992)과 북극해의 거버넌스(A.G. Elferink& D. Rothwell, 2001, L. de La Fayette, 2001: 63-34)를 중심으로 그 동안 많은 연구성과들이 있음

○ 자원과 관련된 북극해 연안국가들의 이해관계(캐나다의 경우 Franklyn Griffiths, 1979; 노르웨이의 경우 John J. Holst, 1985; 미국의 경우 G. Leonard Johnson & David Winokur Bradley & S. Robert, 1984: 289; 덴마크/그린란드의 경우 Nils Orvik, 1984: 959-960)에 의해 촉진

- 지정학적 관점, 북극권의 안보(Baev, Pavel, 2007: 8; Adele Buckley, 2008: 4; Bradley Cook, 2008; W. Harriet Critchley, 1984: 857) 및 국경문제(Jens Petter Nielsen, 2001)

- 경제적 측면, 북극권의 자원개발(S. Midkhatovich Yenikeyeff & Timothy F. Krysiek, 2007), 에너지(Myron H. Nordquist& John Norton Moore & Alexander S. Skaridov, 2005), 북극항로의 개방(R. Douglas Brubaker & Willy Ostreng, 1999)으로 인한 물류 등의 문제가 주를 이룸

- 인문학적 관점, 소소민족의 언어 및 풍습과 복합문화공간으로서의 북극권 지역(В.В. Радлов, 1989; С.А. Арутюнов, 1989; Ф.Ф. Болонев, 1998) 등

- 기후 · 환경 · 생태학적 측면에선 기후변화(Arctic Climate Impact Assessment, 2005: 1042; O.A. Anisimov, D.G. Vaughan, T.V. Callaghan, C. Furgal, H. Marchant, T.D. Prowse, H. Vilhjalmsson and J.E. Walsh, 2007; M.L. Parry, O.F. Canziani, J.P. Palutikof, P.J. van der Linden and C.E.

Hanson, 2007; Trausit Valsson, 2008), 대기/해양/토양 오염(D. Brubaker, 2000; H. Corell, 2007: 321-24)과 생태계의 변화와 위기문제들(B.G. Sobel & I. Smith & A. Rosencranz, 2007: 467-70)이 주를 이룸

◎ 국내 선행연구 분석

○ 한국의 북극전략:

- 관계부처합동「북극정책 기본계획」(2013), 주요 전략목표는 국제협력 강화(구체적으로 북극이사회 관련 활동 확대, 북극 관련 국제기구 활동 강화, 민간협력 활성화), 과학조사 및 연구활동 강화(극지 기지 등 인프라 활용, 연구활동 확대, 연구활동 기반 확충, 기후변화 연구 강화, 북극 및 북극해 공간정보 구축), 북극 비즈니스 발굴 · 추진(북극항로 개척 등 해운 · 항만 협력, 자원개발 협력 및 조선 · 해양플랜트 기술개발, 수산자원 협력), 제도 기반 확충(극지정책 근거법령 제정, 극지정보센터 구축) 등

○ 한국 내 북극연구:

- 2000년 중반까지 북극권국가와 EU, 중국, 일본에 비해 양적 질적으로 미천한 수준이었으며, 연구의 대부분은 이공분야의 연구가 차지

- 2000년 중반까지 한국 내 북극에 관한 인문사회과학 연구는 태동단계 수준으로 평가[8)]

---

8) 한국 내 북극관련 학술 연구와 북극 관련 연구기관의 연구과제 등을 취합하여, 특히 인문사회과학분야의 연구경향과 현황 및 특성을 분석하여 국내 북극연구의 수준을 파악하고 필요한 연구 방향성을 제시하기 위해 구글(https://scholar.google.co.kr/), 한국국회전자도서관(http://dl.nanet.go.kr/SearchList.do#pd), 한국학술정보센터

- 2007년부터 북극이사회의 임시(Ad hoc) 옵서버 활동 이후 2013년 영구 옵서버 지위 획득

- 2008년 방영된 MBC '북극의 눈물' 다큐의 높은 시청률, 2009년 처음으로 취항한 연구쇄빙선 아라온호의 극지 탐사 활동, 2012년 9월 이명박 대통령의 노르웨이와 그린란드 방문, 박근혜 정부 140개 국정과제 중 13번째로 '북극항로와 북극해 개발 참여'가 선정,[9)]

- 2013년 12월 관계부처합동으로 '북극정책 기본계획(안)'이 수립[10)]되면서 매스미디어와 민관산학연의 개최하는 세미나/컨퍼런스는 물론 북극 정책보고서와 연구논문 등의 출판 건수가 지속적으로 증가하고 있는 추세

- 종합하면, 북극 또는 북극권에 대한 국내의 연구는, 비록 최근에 북극에 대한 국내적 관심을 반영하여 다양하게 이루어져 왔지만, 아직 초기단계로 일반적이고 거시적인 관점의 연구가 중심을 이루고 있음

- 주제별로 기후변화, 생태, 자원, 물류부문의 북극항로에 대한 단편적인 연구들이 이루어지고 있지만, 좀 더 구체적이고 미시적인 연구들은 부족한 상황

- 특히, 국내에서 다소간 연구가 이루어지고 있는 자원, 물류 및 북방항로에 대해서도 초보적인 포괄적 일반적인 연구만 있을 뿐

(http://www.riss.kr/index.do)의 웹사이트에서 검색단어 '북극'과 관련된 연구결과물과 북극 관련 연구기관의 연구과제 자료를 분석한 한종만, "국내 북극 관련 인문사회과학 연구 현황 및 과제," Polar Brief, no.12. (2016.5.극지연구소) 참조.

9) 2013년 5월 28일 140개 국정과제 최종 확정안에서 이 과제는 누락했지만 11번 '해양수산업의 미래산업화 및 체계적 해양영토 관리' 95번 '해양환경 보전과 개발의 조화'에 내재적으로 포함된다고 볼 수 있다. 국무조정실 국정과제관리관실, 『정책브리핑』 (2013년 5월 28일).

10) 한국의 관계부처는 6개부(미래창조과학부, 외교부, 산업통상자원부, 환경부, 국토교통부, 해양수산부)와 기상청이다. 요약본은 웹사이트 참조. http://www.arctic.or.kr/files/pdf/m4/korea.pdf (검색일, 2015.5.25).

- 북극의 거버넌스와 관리체제 및 국제기구(진동민 · 서현교 · 최선웅, 2010; 김기순, 2009; 배규성, 2010), 북방항로와 쇄빙선(홍성원, 2010; 황진회, 2009; 최경식 · 조성철, 2003), 에너지 및 자원개발(김보영 · 유시호 · 박연희, 2009; 권원순 · 김중렬, 2006; 이용권 · 이성규 · 윤익종, 2007; 한종만 · 성원용, 2001), 북극권의 안보 및 전략(윤영미, 2009; 서동주, 2009; 이영형, 2010) 등의 연구와 단행본으로는 배재대학교 한국시베리아센터가 발간한 『러시아 북극권의 이해』(신아사, 2010) 등이 있음

○ 지역연구는 특정지역의 특수성과 보편성을 도출해 내는 학제 간 연구에 기초, 러시아 서북극권과 서시베리아 지역을 연구대상으로 하는 본 연구는 공간의 정치, 경제 및 사회문화 등 개별 영역에 만족하는 수준이 아니라, 상호 관련성에 대한 연구로 이어짐으로써 기존의 연구경향과는 보다 폭넓고 정확한 지역연구를 가능하게 하는 토대를 형성 하고자 함

○ 따라서 본 연구 프로젝트는 국내에서 시도가 안 된, 북방항로의 중심지인 서북극해(바렌츠해-카라해), 러시아 서북극해해운항만청 관할 해운항구들과 석유 및 가스전이 집중된 서시베리아를 연계하여 지정, 지경, 지문화적 통합연구를 시도하는 세부적이고 통합적인 그리고 선도적 연구로서 그 의의가 있다고 생각 됨

2. 연구방법 및 내용

2.1. 연구 범위 및 방법

◎ 연구범위 획정의 필요성/적합성

연구범위
서시베리아[11] - from Ural to Yenisei (Ob 강 포함)
서북극해 - 서북극해항로관리청 관할지역(바렌츠해-카라해 해협, 항만)

○ 연구의 지리적 범위는 러시아 서북극해-서시베리아

- 러시아 미래발전의 원동력인 자원(개발)과 북방항로의 지정, 지경, 지문화적 핵심지역

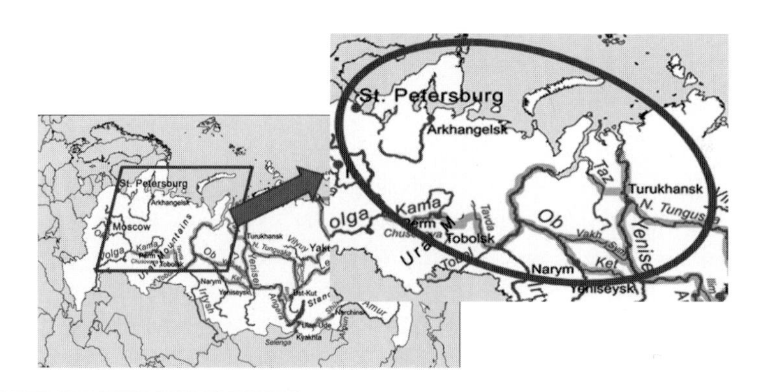

11) 서시베리아는 시베리아의 한 부분이다. 시베리아의 서쪽 부분에 해당되며, 서쪽의 우랄 산맥에서 동쪽의 예니세이 강까지의 부분이다. 서시베리아에 해당되는 부분은 케메로보 주, 노보시비르스크 주, 옴스크 주, 톰스크 주, 튜멘 주, 한티만시 자치구, 야말로네네츠 자치구이다. 가끔은 쿠르간 주, 첼랴빈스크 주, 스베르들롭스크 주, 알타이 지방와 크라스노야르스크 지방도 포함되기도 한다. 위키백과.

연구범위 연계/획정의 필요성/적합성
서시베리아 - 하이드로카본 자원(석유, 가스) 집중지역
서북극해 - 북방항로의 기점이자 물류 중심지 - 북방항로청 본부
지리적 인접성 : 서북극해-서시베리아(행정구역)
개발의 연계성 : 서북극해-서시베리아(북방항로와 자원개발)

○ 북방항로 물류 중심지 - 러시아 서북극해: 연구의 지리적 범위를 서북극해, 좀 더 구체적으로 서북극해항로관리청 관할지역으로 설정한 것은 러시아 행정관할 지역에 근거

- 러시아가 외국선박에 북방항로를 개방한 이래로 러시아가 가장 핵심적으로 항로를 항해가 가능하도록 유지하고 항만/인프라에 투자하는 지역

- 석유와 가스 수출 터미널을 비롯하여, 통과 물동량이 가장 많은 지역

- 연구자에 따라 북극권의 남쪽 경계선이 변화하듯, 본 연구 목적에 맞게 연구범위를 설정[12)]

---

12) 북극권(Arctic zone)은 북극점(North Pole)을 정점으로 하는 북반구의 캡을 이루고 있지만, 남쪽의 경계선은 각자의 기준에 따라 상당히 차이가 있다. 첫눈에 북위 66° 33′을 기준으로 지구를 한 바퀴 도는 선인 북극 서클(Arctic Circle)은 가장 일반적인 기준선이다. 그러나 북극 문제에 관심 있는 사람들 중 이 기준선이 그들의 연구를 조직화하는 기준으로서 유용하다고 생각하는 사람은 거의 없다. 북극에 관심 있는 자연과학자들은 그들의 연구 영역 획정에 있어 물리적 생물학적 시스템과 관련된 수많은 기준을 제시했다. 이러한 것들은 연중 가장 더운 달의 기온(Surface air) 10℃ 등온선(Isotherm); 타이가(Taiga) 생물군계 또는 한대림(Boreal forest) 생물군계로부터 툰드라 생물군계(Tundra biome)를 분리시키는 수목한계선(Tree line); 지속적인 동토대의 남쪽 한계선; 겨울동안의 계절적 해빙한계선 등이 있다. 이런 기준들 각각은 특히 특정 학문분야의 전문가들에게 그것을 권할 만한 특별한 것들을 가지고 있다. 그러나 그것들은 북극 지역의 남쪽 경계선을 아주 다르게 정의하고 있다. 이러한 사실은

○ 자원 집중지역 - 서시베리아: 러시아 내륙 하운 시스템의 핵심지역이자 자원집중 공간

- 북방항로와 시베리아 내륙 연결의 내륙 하운 시스템의 핵심지역: 북쪽으로는 건축자재, 생활필수품, 식료품 등의 운반, 남쪽으로는 에너지 및 광물 자원을 운반하는 오비 강과 예니세이 강 위치

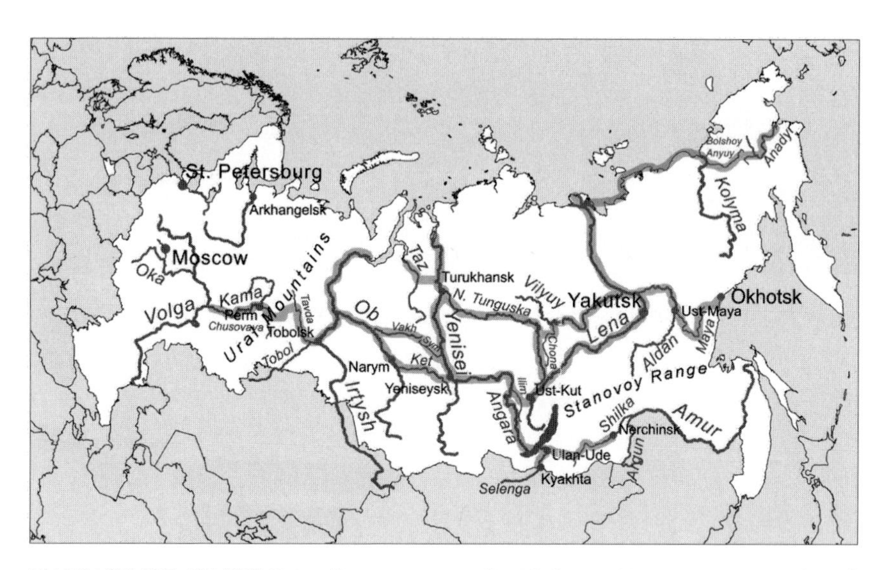

러시아 내륙 하운 시스템(출처 : http://bittooth.blogspot.kr/2012/01/ogpss-oil-in-western-siberian-basin.html)

대부분의 과학 관리자(Administrators)뿐만 아니라 많은 과학자들이 북극(Arctic) 또는 북극권(Arctic zone)이 대부분의 자연과학자들이 특성상 북극적(Arctic) 또는 하위 북극적(Subarctic)인 것으로 수용할 수 있는 생태계들의 집합체와 연계되어 있다는 관점에서 복합적인 접근법을 채택하게 한다. Oran R. Young, *Arctic Politics - Conflict and Cooperation in the Circumpolar North*, (London: Univ. Press of New England, 1992) p. 1.

- 석유와 가스 등 에너지 자원의 집중지역

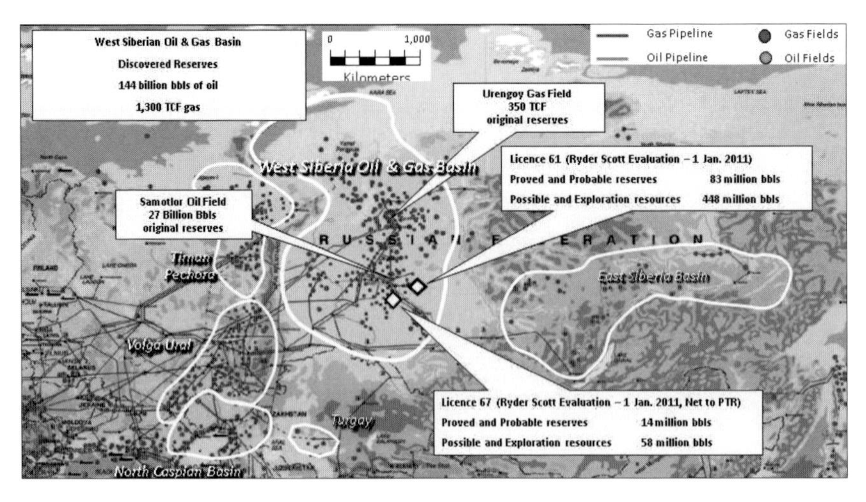

출처 : http://bittooth.blogspot.kr/2012/01/ogpss-oil-in-western-siberian-basin.html

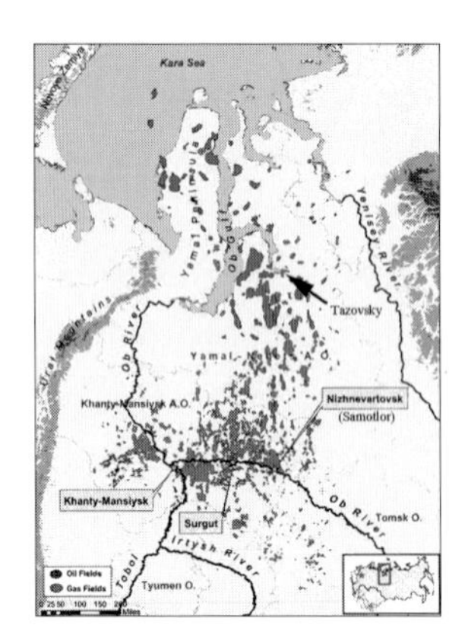

오비-예니세이강 유역가스전

출처:http://bittooth.blogspot.kr/2012/01/ogpss-oil-in-western-siberian-basin.html

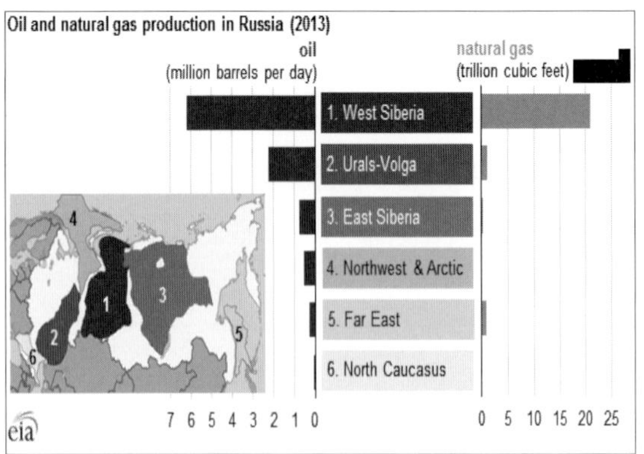

지역별 석유가스 생산량 비교

출처: U.S. Energy Information Administration, Eastern Bloc Research, IHS EDIN

○ 지리적 인접성 - 서시베리아-서북극해: 거점/항구, 해역, 하운, 자원 및 인프라 집중 공간

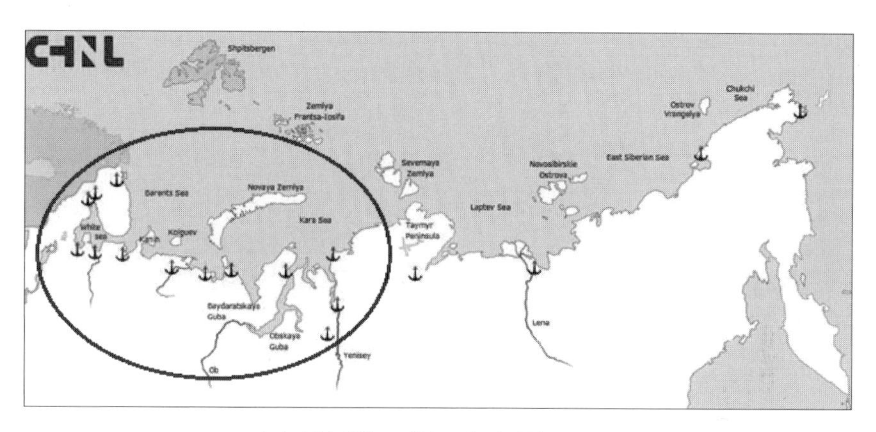

러시아 북방항로 서북극해 거점항구 위치도
(출처: 자료: ФГБУ “АМП Западной Арктики" 홈페이지 http://www.mapm.ru/)

〈러시아 서시베리아-서북극해의 거점/항구, 해역, 하운, 자원 및 인프라〉

<table>
<tr><th colspan="5">러시아 서시베리아-서북극해의 거점/항구, 해역, 하운, 자원 및 인프라</th></tr>
<tr><th>거점/항구</th><th>인접 해역</th><th>배후지역, 하천 및 철도</th><th>자원</th><th>역할 및 개발전략</th></tr>
<tr><td>무르만스크</td><td rowspan="5">바렌츠해</td><td>무르만스크 주, 바렌츠해, 무르만 철도</td><td>해군기지,
쇄빙선단 Atomflot 본부</td><td>수송 Hub, NSR 서쪽 기점, 북극가교(Arctic Sea Bridge), 구조기지(rescue stations) 신설예정</td></tr>
<tr><td>칸달락샤</td><td>무르만스크 주, 백해</td><td>루살(RusAl)사의 알루미늄 공장</td><td>바닷새 둥지를 보호하는 자연보호구역</td></tr>
<tr><td>비찌노</td><td>무르만스크 주, 백해</td><td>Oil Port, 철도로 정유공장과 연결됨</td><td>무르만스크-칸달락샤와 철도연결</td></tr>
<tr><td>오네가</td><td>아르한겔스크 주, 오네가 강 어귀</td><td>목재 및 건축자재 산업</td><td>북극해와 오네가 강 연결
inland oil shipping (the White Sea-Baltic Canal)</td></tr>
<tr><td>아르한겔스크</td><td>아르한겔스크 주, 백해, 북드비나 강</td><td>전통적인 북방개척 중심지</td><td>유럽과의 무역 중심지,
구조기지(rescue stations) 신설예정</td></tr>
</table>

메젠	바렌츠해	아르한겔스크 주, 백해, 메젠강 우측 제방	식품 및 기계가공	북극해-메젠강 연결
나리안-마르		아르한겔스크 주 네네츠자치구, 페초라강		구조기지(rescue stations) 신설예정
바란데이		네네츠자치관구	Varandey Oil Export Terminal - Lukoil	석유수출터미널
암데르마	카라해	야말로-네네츠자치관구	Fluorite(형석) 산지	해상수송 요지
사베타		야말반도	인근 대형 가스전	LNG 공장 건설 예정
딕손		크라스노야르스크 광역주, 오비 강	핵심 무선기지	최북단 항구
두딘카		크라스노야르스크 광역주, 예니세이강의 항구	근처 노릴스크 산맥은 풍부한 석탄, 철, 구리, 니켈을 매장	내륙항구, 구조기지(rescue stations) 신설예정
이가르카		크라스노야르스크 광역주, 예니세이 강의 항구	노릴스크와 남쪽의 크라스노야르스크와 연결	내륙항구

서북극해(백해-바렌츠해-카라해)		서시베리아(From Ural To Yenisei Via Ob)
거점항구	행정구역	행정구역
무르만스크, 칸다락샤, 비찌노, 오네가, 아르한겔스크, 메젠, 나리얀마르, 바란데이, 암데르마, 사베타, 두딘카, 딕손, 이가르카	무르만스크 주, 아르한겔스크 주, 야말로네네츠 자치구, 크라스노야르스크 광역주	케메로보 주, 노보시비르스크 주, 옴스크 주, 톰스크 주, 튜멘 주, 한티만시 자치구, 야말로네네츠 자치구. 가끔 쿠르간 주, 첼랴빈스크 주, 스베르들롭스크 주, 알타이 지방와 크라스노야르스크 지방도 포함.

○ 개발의 연계성 : 서북극해-서시베리아

서북극해(백해-바렌츠해-카라해)		서시베리아(From Ural To Yenisei Via Ob)	
원주민, 생태환경 보호			
북방항로	거점항구 개발	자원개발(석유, 가스)	내륙수운 개발
서북극해항로관리청	무르만스크, 칸다락샤, 비찌노, 오네가, 아르한겔스크, 메젠, 나리얀마르, 바란데이, 암데르마, 사베타, 두딘카, 딕손, 이가르카	야말반도(가스전) 티만-페초라(석유가스전) 바렌츠해(슈토크만 유전) 카라해(Prirazlomnoye유전)	오네가 강, 북드비나 강 메젠 강, 페초라 강 오비 강, 예니세이 강

「러시아연방 국가안보전략 2020」(2009) - 총체적 전략,
「러시아연방 북극정책의 기초 2020과 장기전망」(2009) - 북방항로와 자원개발 청사진,
「러시아 에너지전략 2030」(2009) - 자원개발 구체적 계획,
「러시아 교통전략 2030」(2008) - 자원 및 지역개발 구체적 계획,
「러시아 해운항만 인프라 개발 전략 2030」(2010) - 북방항로 개발 이행계획
「러시아 내륙수운 개발 전략 2030」(2016) - 자원 및 지역개발 구체적 계획
「무르만스크 수송 허브 프로젝트」(2008) - 각 지역별 개발 계획

◎ 연구방법

○ 연구대상 지역의 선택과 집중, 연구의 연계/통합

첫째, 러시아 서북극해-서시베리아는 21세기 러시아의 미래를 결정할 자원개발과 북방항로 운용의 이해관계가 집중된 곳

둘째, 연구대상지역의 연계는 시스템적 연구(Systemic Approaches)를 요구, 즉 각 연구 주제는 러시아의 미래 발전 전략(청사진)에 의해 상호 긴밀하게 연계

* 자원개발 연구의 예:

- 자원개발은 러시아의 안보전략에 명시, 이는 러시아의 북극전략과 연계
- 러시아의 북극전략은 에너지전략에 연계, 에너지전략은 교통전략과 연계
- 교통전략은 또 다시 러시아의 해운항만개발전략과 연계
- 해운항만개발전략은 러시아의 내륙수운개발전략과 연계
- 그리고 러시아의 모든 발전 전략은 지역별 개발전략과 연계
- 지역별 개발전략은 지역의 지문화적 요소와 연계

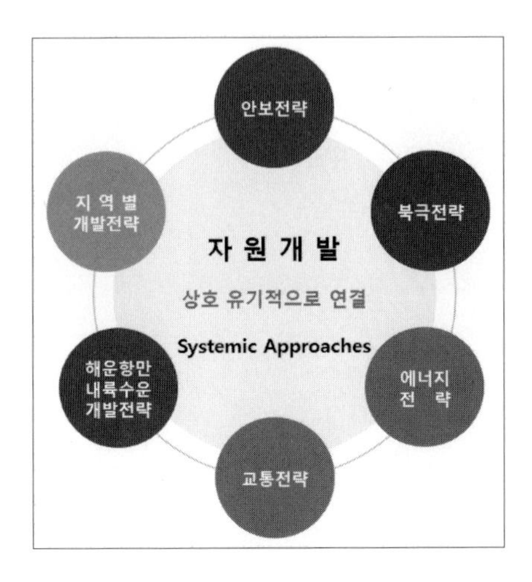

셋째, 모든 연구 주제는 긴밀하게 연계된 지정학적, 지경학적, 지문화적 접근법들에 의해 복합적으로 연구되는 통합연구(Integrated Studies)

* 북방항로 연구의 예:

- 지정학적 접근법(러시아의 군사안보적 목적, 10개의 수색구조기지 및 국경초소)

- 지경학적 접근법(국제 Shipping route, 통과수수료, 에스코트 요금, 보험료 징수 목적 등)

- 지문화적 접근법(북극정책에 명시된 원주민 보호, 인구동태, 사회적 변화 등) 및 생태환경적 접근법(북극정책에 명시된 생태계 보존 및 환경보호)

- 통합적 연구 결과물 도출

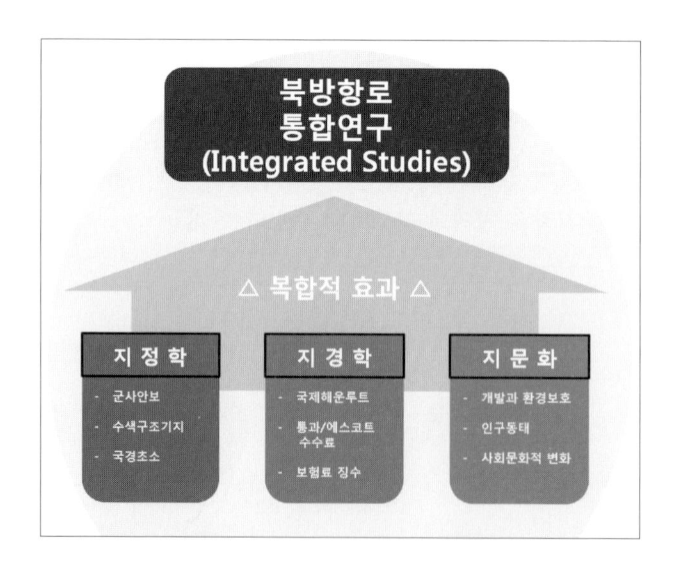

2.2. 연구내용

◎ 연구내용 요약

- 북방항로 : 바렌츠해-카라해 사이의 해협과 항구도시 및 배후지, 서북극해항로관리청 산하 해운항만
- 북방항로 해운항만/인프라 : 바렌츠해-카라해 사이, 서북극해항로관리청 산하 해운항만
- 서북극해-서시베리아 자원개발 : 바렌츠해-카라해 사이 북극해 연안, 서시베리아 지역
- 서시베리아(옵강, 예니세이강 유역) 내륙수운
- 서북극해-서시베리아 인구동태(Demograpgy) 및 사회적 변화
- 서북극해-서시베리아 생태(Ecology)와 환경(Environment)

<table>
<tr><td rowspan="1">연
구
내
용</td><td>지정
학적
접근</td><td>21세기 러시아의 비전(전략) - "에너지 초강대국"
- 청사진으로서「러시아연방 국가안보전략 2020」(2009),
* No More Resources' Supplier, No More the West's Subordinate Partner
* Russia's Pivot to Asia(러시아의 신동방정책)의 핵심은 한계에 달한 서시베리아 자원(가스)을 동아시아(한중일)의 투자로 새로 개발하여, 동아시아에 판매
- 기본계획으로서「러시아연방 북극정책의 기초 2020과 장기전망」(2009)
- 구체적 이행계획으로서「러시아 에너지전략 2030」(2009),
- 구체적 이행계획으로서「러시아 교통전략 2030」(2008)
- 세부적 계획으로서「러시아 해운항만 인프라 개발 전략 2030」(2010)
- 연계된 계획으로서「러시아 내륙수운 개발 전략 2030」(2016)
- 한중일을 포함한 동아시아의 참여 가능성과 경쟁
- 러시아 인구동태의 지정학, "위기의 러시아"
* 북극에서 러시아의 위상, 북극권(Arctic zone) 해안선의 50%, 육지면적의 40% 이상, 북극권 인구의 3/4 이상이 러시아 북극권에 거주. 북미 북극권은 30만 이상의 인구를 가진 무르만스크나 아르한겔스크와 비교할 인구센터 없다.
- 자원개발과 환경오염
- "지속가능한 개발"
- "Green Development Strategy"
* 핵 실험장 노바야 제믈랴의 비극
- 바렌츠해 러시아-노르웨이 해양경계 분쟁(* 바렌츠해 조약)
바렌츠해-카라해 사이의 해협과 국제해협 논쟁
* 미국과 러시아의 내수(Internal waters) or 국제해협(International straits) 논쟁
- 러시아의 북극의 군사화와 미국의 대응(* 미국과 러시아의 신냉전)
- 10개의 수색구조(Search And Rescue) 기지와 국경초소 건설(* 진행중)
- Asian5(한,중,일,인도,싱가폴-북극이사회 정식 옵저버 국가들)의 북극진출과 전략적 손익계산
- 북극 이사회의 가능성과 한계점
- 한중일을 포함한 '동아시아북극포럼'창설 시도의 의미와 가능성</td></tr>
</table>

연구내용	지경학적 접근	북방항로(NSR) 지원을 위한 인프라 개발 프로젝트들의 지연 해운항만/인프라 현황(* 항구수용능력 및 화물터미널 설치 계획 등) * 무르만스크 수송허브(Murmansk Transport Hub) 프로젝트는 예산부족[13] 국제적 상업적 해운항로로의 개발과 가능성 * 북방항로를 통한 국제 통과수송(Transit) 미미[14] 항로의 항해가능성 유지/관리의 문제 거점 항만/인프라 구축의 투자 및 재정 문제 야말반도(Yamal Peninsula)와 티만-페초라(Timan-Pechora) 유전(석유가스), 바렌츠해(Barents Sea)의 슈토크만(Shtokman) 유전(석유가스) 카라해(Kara Sea)의 쁘리라즐롬노예(Prirazlomnoye) 유전(석유가스) 카라해 연안의 LNG공장 건설과 (석유 및 가스) 수출터미널 구축 계획 Gazprom(가스), Rosneft(석유), Exxon Mobil(석유), Total(석유) * 2014년 3월 이래, 액슨 모빌(Exxon Mobil) 등 국제에너지회사들은 러시아의 북극을 포기
	지문화적 접근	Arctic Diaspora(순록 방목과 원주민) Arctic Ecological Disaster(* "북극곰의 눈물", 순록의 먹이 부족) 북극 공동체 생존위기(* 자원개발과 순록방목) New Comers(자원개발업자, 이주 노동자, 신 이주민)와 Indeginous People간의 갈등 북극 공동체 위기와 대응(* 원주민 생계보장, 자원개발과 순록방목) 중앙과 지방과의 관계(* 개발이익 분배) 북극공동체의 내부적 식민주의(Internal colonialism)의 경제적 의존 대 자립(Self-sufficiency)
	환경생태학적 접근	자원개발과 환경보호(* 카라해 연안 야말반도의 가스전 개발 문제) 항해 및 어업활동으로 인한 해양오염 어업자원 고갈과 생물종다양성 보호협약 러시아의 내수(Internal Waters) 주장과 환경보호 규정/법률(*Polar Code) - "지속가능한 개발"/"Green Development Strategy"

13) Atle Staalesen, "Murmansk transfort hub trouble, again," *Barents Observer*, March 15, 2015, http://barentsobserver.com/en/business/2015/03/murmansk-transport-hub-trouble-again-11-03 (검색일, 2016.5.30)

14) 2013년 NSR 통과 숫자는 총 71개이지만(Trude Pettersen, "Northern Sea Route traffic plummeted," *Barents Observer*, Dec. 16, 2015, http://barentsobserver.com/en/arctic/2014/12/northern-sea-route-traffic-plummeted-16-12 (검색일, 2016.5.30), 2014년에는 53개였다.(Associated Press, "Number of Ships Transiting Arctic Waters Falls in 2014," CBC News, Jan. 5, 2015, http://www.cbc.ca/news/canada/north/number-of-ships-transiting-arctic-waters-falls-in-2014-1.2891552 (검색일, 2016.5.30) 게다가 2013년 총 71개의 통과 중 43개는 전적으로 러시아 항구들 간의 통과였다.("Northern Sea Route Traffic Mostly One Direction," *Maritime Executive*, Nov. 1, 2014, http://www.maritime-executive.com/article/Northern-Sea-Route-Traffic-Mostly-One-Direction--2014-11-01 (검색일, 2016.5.30))

① 북방항로/북동항로

쟁점
- 북극항로의 상업 동맥 가능성 확대 - 북극항로의 개발 문제점과 해결 - 북방항로의 내수(Internal waters) or 국제해협(International straits) 논쟁 - 러시아의 북극의 군사화와 미국의 대응: 북극의 신냉전

◎ 북극항로의 상업 동맥 가능성: 북극항로(Nothern Sea Route) 이용에 대한 관심 확대

- 2009년 러시아 루크오일(Lukoil)과 중국석유화공(Sinopec) 협정 체결, 원유 300백만톤을 페초라해 바란데이 터미널에서 중국으로 운송

- 2010년, 러시아와 노르웨이의 바렌츠 해 및 북극해에서의 해양경계확정 및 협력에 관한 협정; 소브콤플로트(Sovcomflot)와 중국천연석유공사(China National Petroleum Company) 간 북극해 원유의 북극항로를 이용한 중국 운송 협력 합의; 엑손모빌과 러시아의 로스네프트 간 러시아의 북극해 대륙붕의 공동작업 착수 합의(2012년 4월, 양사가 북극의 미개발 원유 및 가스 개발 파트너십 체결)

- 북극항로개발은 러시아 북극양 연안의 석유, 천연가스, 원목 등 자원개발과 수송을 위해서 요구되고 있음

- 장기적으로는 유럽과 아시아, 북미 서해안을 연결하는 최단 해운 항로로 활용될 전망

◎ 북극항로의 개발 문제점과 해결

○ 문제점

- 경제성이나 운용성 측면에서 아직 충분한 검증을 거치지 않은 상황

- 동북아시아와 서북유럽 간 컨테이너 화물운송에 있어 북극항로는 수에즈 운하를 통과하는 항로에 비해 거리와 시간 상 분명한 이점이 있으나, 필요한 인프라 개발과 안전 항행관련 기술적인 장애물의 제거, 적절한 요금정책 수립 여부 불확실

- 글로벌 교역로로써 북극항로의 이용과 관련된 주요 장애물과 리스크: 쇄빙 요금체제, 동아시아와 EU 간 물동량 불균형, 북극항로 정보 데이터베이스의 필요성, 통합된 규범과 규제의 중요성, 환경과 안전 관련 적절한 조치 마련의 어려움 등에 관련된 문제 제기[15)]

- 북방항로의 내수(Internal waters)와 국제해협(International straits)에 관련된 논쟁

- 러시아의 북극의 군사화와 미국을 비롯한 이해 국가 간의 대응으로 인한 북극의 신냉전 체제

○ 해결

- 러시아 정부의 의지: 법적기반과 수수료 체계 개선(합리적인 쇄빙과 기타 서비스 요금구조 관련 정책 조율)

- 기후변화와 항행조건에 따른 북극항로의 경쟁력 강화 의지

- 점진적이며, 단계적 발전 전략 구축 필요: 역내 통항 증가로 시작해서 북극 외 지역으로의 통항 증가 그리고 궁극적으로 북극항로를 국제 상업의 동맥으로 활용하는 경유운송 등의 구체적 전략 필요

---

15) 북극항로 개설과 물동량에 관련된 내용은 다음 자료 참고. 이성우 · 송주미 · 오연선, 『북극항로 개설에 따른 해운항만 여건 변화 및 물동량 전망』한국해양수산개발원, 2011년 12월.

- 현실적 필요에 의한 인프라 건설: 북극 외 지역으로의 운송품에는 원유와 가스뿐 아니라 광물, 수산물과 생수도 포함, 경우에 맞는 인프라 구축에 필요한 재원 공급과 투자 의향에 따라 이 지역 사업적 해운 확장의 수준과 시기가 결정될 것

- 인력과 투자 업계를 유치하기 위한 국제적 차원에서의 노력, 북극의 인간 활동 증가 등을 대비한 인프라 투자재원 결집에 관련된 연구와 방법의 모색 필요

② 북방항로 해운항만/인프라

쟁점
-북극항로 개발과 통합적인 교통 인프라 건설 관련 북극정책 -북극항로와 해양교통 인프라 구축 관련 주요 과제 -무르만스크 수송허브(Murmansk Transport Hub) 프로젝트 -서북극해항로관리청 산하 해운항만/인프라 구축의 투자 및 재정 문제

◎ 러시아의 북극항로 개발과 통합적인 교통 인프라 건설 관련 북극정책

○ 러시아 북극정책의 북극항로와 해양교통 인프라 구축 관련 주요 과제:

- 세계시장으로 러시아 탄화수소 자원을 공급하는 기본 노선을 다변화하기 위한 북극 대륙붕 개발 지역의 교통 인프라 개선

- 쇄빙선, 구조선, 보조선 건조에 대한 국가 지원을 통해 북극항로의 화물 수송 구조 개선, 물동량 증대 및 해안 인프라 발전

- 북극항로 수역 선박운항에 대한 국가 관리와 안전 확보, 쇄빙선 및 기타 서비스 요금 관리 등과 관련된 법 · 규정의 개선 및 의무보험을 비롯한 보험제도의 발전

- 북극 복합교통 시스템의 발전에 관련된 러시아 북극지대 선박운항 관리 및 안전 확보 조직구조 개선

- 복합적인 북극 선박운항 안전 시스템의 구축 · 발전, 선박 운행 흐름 관리 및 종합재난구조센터의 건설

- 원자력 쇄빙선을 포함하는 국가 쇄빙선 건조 프로그램 하의 쇄빙선단 발전 전략

- 북극권 항구의 현대화, 새로운 항만-생산 복합 콤플렉스 조성, 북극의 주요 하천 간선의 준설(浚渫) 작업 수행

- 러시아 북부지역 물자 수송을 보장하는 운반선 건조, 하천과 해양 간 화물 수송 및 생산물 반출의 국가 차원의 지원

○ 세계 무역량에 비해 아직 수송량은 미미하지만, 현재도 러시아의 북극해 연안 항구를 기종점으로 하는 물동량은 지속적 증가 추세

○ 북극에서 러시아의 위상, 북극권(Arctic zone) 해안선의 50%, 육지면적의 40% 이상, 북극권 인구의 3/4 이상이 러시아 북극권에 거주(북미 북극권은 30만 이상의 인구를 가진 무르만스크나 아르한겔스크와 비교할 인구 중심지가 없음)

○ 북극항로의 양쪽 끝에 위치한 무르만스크(Murmansk)와 아르한겔스크(Arkhangelsk), 칸달락샤(Kandalaksha), 오네가(Onega), 메젠(Mezen), 나리안-마르(Naryan-Mar), 이가르카(Igarka)는 외국선박들에 개방

○ 러시아 북극해항로청(Northern Sea Route Administration)은 북극해 항

로의 활성화를 위해서 북극해연안 항만의 추가적 개방 제안

- 딕손(Dikson), 틱시(Tiksi), 페벡(Pevek), 두딘카(Dudinka)항 등 4개 항구는 현재 러시아 법령에 의하면 긴급피난 시 항구당국의 지시를 따라 진입 가능, 북동항로의 활성화를 위해 이들 4개 항구의 상시 개방 추진

○ 북극항로와 관련된 러시아 북극정책에 내포된 북극권 개발전략

- 새로운 수송루트로서 북동항로(North East Passage)의 정기적인 연간 운행 유지

- 극지의 산업시설을 포함한 북부 시베리아의 니켈광산과 유전 개발

- 북극해 유입하천(옵강, 예니세이강, 레나강)의 항구(노비포트, 이가르카, 틱시)의 대량 수송망과 노선 조직

- 선박이나 항공기의 석탄이나 연료 재공급을 위한 독립적인 기지망의 건설 목표

○ 2011년 9월 21-24일까지 아르한겔스크에서 개최된 국제 북극포럼('The Arctic - Territory of Dialogue')에 참석한 푸틴 총리는 북동항로개발과 항만 인프라 구축 강조

- 포럼의 핵심주제는 북극의 인프라 구축과 북극권 운송 네트워크 개발

- 부차적인 주제는 긴급수색 구조활동과 환경보호

○ 북극전략의 일환으로 유고르스키 샤르 해협(Yugorsky Shar Strait) 근처의 바란데이(Varandei)항 개선 계획과 새로운 LNG프로젝트를 지원하기 위한 야말반도의 새로운 사베타(Sabetta)항 개발계획 수립

○ 정부 차원의 북극지역 항만 정비와 건설 진행

- 현재 이가르카(Igarka), 두딘카(Dudinka), 딕손(Dikson), 페벡(Pevek), 프로비데니야(Provideniya)항 등의 개 · 보수 시공 준비

- 최근 러시아 정부와 노바테크가 공동으로 야말 LNG 플랜트 인근에 사베타(Sabetta) 항 건설 중(연방예산 472억 루블(약 16억 달러)과 민간투자 259억 루블(약 10억 달러)투입, 연중 내내 운용 가능한 연 3,000만 톤의 물동량 처리 가능한 항구가 될 전망); 소콜로프(Maksim Sokolov) 교통부 장관은 사베타 항 건설이 새로운 러시아 북극해상운송 시대의 출발점이 될 것이라고 언급[16]

○ 러시아 북극권의 무르만스크와 아르한겔스크, 네네츠 자치지역, 야말로-네네츠 자치관구, 타이미르 자치관구[17], 카렐리아와 사하지역 등은 상대적으로 항만인프라 구축이 잘 되어 있으나, 항만시설의 물질적/기술적 기반과 안전운항을 위한 기술적 수준의 유지와 개선을 위해서는 대규모의 신규투자를 필요로 함

③ 서북극해-서시베리아 자원개발 현황 및 문제점

쟁점
- 북극권 자원과 개발, 그리고 문제점 - 서북극해-서시베리아 자원개발 현황 및 문제점 - 자원개발을 둘러싼 쟁점들 : 환경보전, 생태계 보호, 사회적 변동 등

◎ 북극권 자원과 개발, 그리고 문제점

- 북극지역의 해빙으로 접근성이 용이해짐에 따라 북극에 매장된 원유와 천

16) “In Russian Arctic, a New Major Sea Port”, *Barents Observer* (August 06, 2012.)

17) 러시아 행정구역 개편에 의해 크라스노야르스크 변강주로 편입됨.

연가스에 대한 관심 고조

- 북극권의 원유와 가스 자원, 2008년에 발표된 미국 지질조사국의 원유가스 매장량 추정치(북극권에 아직 발견되지 않은 세계 원유의 13%와 천연가스 30% 정도, 원유 900억 배럴과 천연가스 43조㎥)는 단지 추정치일 뿐 시추가 보장된 매장량을 의미하는 것은 아님

- 원유의 경우 알래스카 북쪽, 가스는 바렌츠 해나 카라 해에 많은 양이 매장되어 있을 것으로 추정되나, 지금까지 북극해 심해 대부분 지역에서 시추 작업은 거의 이루어지지 않고 있음

- 즉, 북극해 심해에 있는 탄화수소자원 기반이 클 것으로 추정은 되나 아직 발견된 자원은 없음을 의미

- 따라서 북극권의 자원개발에는 정확한 자원 매장지를 파악하기 위한 대대적인 탐사와 수년에 걸친 상당한 투자 필요

- 한편, 자원기반이 크다고 하더라도 그 중 얼마나 개발할 수 있는 지도 중요, 개발비와 함께 자원의 시장가격도 중요한 요소 중 하나

- 국제 유가가 높게 유지되는 한 북극 원유개발은 경제성이 있을 것이나, 현재 2012년 최고치였던 배럴당 $120의 절반밖에 안 되는 $60달러 수준 이하로는 북극의 원유개발 추진을 실현시키기 어려움

- 가스시장 또한 셰일가스혁명에 힘입어 지난 몇 년간 변화를 겪고 있으며, 이로 인해 북극 가스개발 가능성에 대한 의문이 제기되고 있음

- 따라서 북극의 원유와 가스를 개발하려면 개발프로젝트에 대한 효율성의 극적인 제고가 필요

◎ 서북극해-서시베리아 자원개발 현황 및 문제점

- 북극해 연안의 자원 개발에 대한 기대가 가장 큰 지역인 서북극해 지역은

서시베리아와 연결되어, 러시아 최대의 에너지 자원 매장량과 개발의 중심지: 야말반도(Yamal Peninsula)와 티만-페초라(Timan-Pechora) 유전(석유가스), 바렌츠해(Barents Sea)의 슈토크만(Shtokman) 유전(석유가스), 카라해(Kara Sea)의 쁘리라즐롬노예(Prirazlomnoye) 유전(석유가스) 등

- 러시아 정부는 (전략적 자원의) 국영기업인 국영 기업인 Gazprom과 Rosneft의 자원개발 속도를 높이기 위해 자원개발 프로젝트에 외국기업인 Exxon Mobil과 프랑스의 Total을 참가시키기로 결정

- 그러나 높은 자원개발 비용과 낮은 국제시장가격에 따른 가격경쟁력 하락은 운송 및 물류비용의 문제와 더불어 서북극해와 서시베리아의 자원개발의 속도를 지연시키고 있음

- 이미 2014년 크림반도 사태 이전부터 Exxon Mobil과 Total은 서시베리아의 자원탐사를 줄이거나 포기했고, 프랑스의 거대 에너지 기업인 Total은 자사의 지분을 계속 줄여나가고 있는 실정

- 러시아는 서북극해와 서시베리아에서 생산된 천연가스를 PNG(Pipeline Natural Gas)나 LNG 형태로 아시아 소비국(중국, 한국, 일본)으로 수출할 계획과 전략을 수립하여 이행하고 있음

- 이들 지역의 자원개발에 외국직접투자(FDI, Foreign Direct Investment), 특히 중국과 한국, 일본의 투자를 끌어 들여 자원 개발 후 투자국에 되파는 전략이 러시아 동방정책(Pivot to Asia)의 핵심

◎ 자원개발을 둘러싼 쟁점들 : 환경보전, 생태계 보호, 사회적 변동

- 항해 및 어업활동과 관련된 해양오염과 마찬가지로 서북극해와 서시베리아의 자원개발과 관련하여 가장 문제가 되는 것은 환경보호 문제(카라해 연안 야말반도의 가스전 개발 문제 등)

- 자원개발에 따른 툰드라 식생, 바다표범, 고래를 비롯한 해양생물과 러시아 북극권의 순록과 북극곰 등 북극 고유 동식물종의 보전 등도 문제

- 자원개발은 북극 공동체의 생존위기와 사회문제도 야기, 개발에 의해 쫓겨 나가는 북극 Diaspora(원주민 또는 정주민)와 개발로 인해 몰려드는 New comer는 러시아 북극권, 특히 자원개발의 중심이 되고 있는 서북극해와 서시베리아의 새로운 사회적 문제로 대두

- 개발로 인한 원주민 삶의 터전과 문화 양식의 변화도 문제(예를 들면, 핵실험장 노바야 제믈랴의 비극, 순록 유목민 네네츠 족의 삶의 공간 남하와 그에 따른 순록 유목의 어려움, 전통 생활양식 변화, 언어 소멸 위기 등)

④ 서시베리아(옵강, 예니세이강 유역) 내륙수운 현황 및 개발전략

쟁점
- 러시아 내륙수로 현황 분석 - 러시아 연방 내륙수운 개발전략 2030 - 옵 강 유역 내륙수운 현황 및 개발전략 - 예니세이 강 유역 내륙수운 현황 및 개발전략 - 러시아 내륙수운 전략과 서시베리아 북극지역 운송수단 인프라 연계/확대

◎ 러시아 내륙수로(하천 및 운하) 현황

- 총 연장 길이는 10만 1,700km로 약 130개의 항만이 도로 및 철도와 같은 육상운송루트와 연결

- 내륙수로는 크레인 등과 같은 화물처리 인프라 시설이 약 940대가 있어 다양한 종류의 화물 운송, 처리 가능

- 약 732개의 상하수도가 내륙수로와 연결

- 내륙수운은 전체 운송수단별(철도, 도로, 해운항만, 항공) 비중에서 약 2 퍼센트 정도 차지

- 러시아 내에서 내륙수운이 발달한 곳은 우랄산맥 서쪽의 러시아 유럽지역(운송수단별 비중은 '내륙수운 : 철도 : 도로 = 1 : 1 : 8')

- 내륙수운은 도로 및 철도 등과 같은 육상교통이 발달하지 않은 지역에서 주민들의 이동 및 화물 운송에 이용

- 주민 이동 및 물류 수단인 내륙수운의 안정적 공급은 지방정부 및 연방정부 차원의 지원 필요

◎ '러시아 연방 내륙수운 개발전략 2030'(이하 '내륙수운 개발전략 2030')

○ 2020년까지 1단계, 2021년부터 2030년까지 2단계로 진행되는 '내륙수운 개발전략 2030' 주요 목표:

- 육상운송과 내륙운송의 화물 트래픽(Traffic)을 재분배하여 러시아 운송 시스템 균형 확보

- 내륙수운과 다른 운송수단과의 연계성 강화, 내륙수운의 경쟁력 확보

- 화주를 위한 내륙수운 서비스 질과 접근용이성 증가

- 승객을 위한 내륙수운 기능 증대

- 내륙수운 이용 시 안정성 및 친환경성 향상

○ '내륙수운 개발전략 2030'의 사회 · 경제적 기대효과:

- 내륙수운의 효율성, 화물 및 여객수 증가, 내륙수운을 통한 대외무역 증가

- 운영회사의 수익 증가, 관련 산업 성장

- 새로운 선박 건설, 인프라 시설의 현대화 투자 증가, 조선산업 발달

- 관광산업 발달로 새로운 일자리 창출, 지역주민들의 삶의 질 개선

- 이를 위한 발전 우선순위: 조선, 내륙수로 인프라 개선, 내륙수로 항만 인

프라 개선, 화물 및 여객 데이터베이스 구축, 고용창출, 과학기술 등

◎ 러시아 내륙수운 전략과 서시베리아 북극지역

○ 내륙수로 인프라 개선 중에는 시베리아와 북극지역에서의 화물운송을 위한 내륙수운의 가용성 제고 존재

- 이를 극복하기 위해 시베리아, 북극지역의 수로 탐색/개발 노력

- 향후 북극항로와의 연결로 인한 물동량 증가를 대비하여 내륙수운을 정비, 최적화 하고자 노력

- 실현 가능성의 의문점: 전략실행에 필요한 막대한 예산 유치와 기존의 각종 전략 실현 예에서 나타나는 개발전략의 단계별 실현 가능의 불확실성

○ 내륙수운과 서시베리아 북극지역의 각종 운송수단별 인프라 등의 확대·연결은 장기적 측면에서 러시아 물류인프라의 큰 시너지 효과로 나타날 것

- 특히, 내륙수운의 개발은 향후 북극항로 상용화 시대를 준비하는 과정이 될 것이며, 본 연구의 지리적 범위안에 들어가는 오비강, 예니세이강을 중심으로 극동러시아 및 시베리아로의 새로운 남북 물류루트가 강화되어 동서구간의 철도루트의 시너지 효과 예상

⑤ 서북극해-서시베리아 인구동태(Demography) 및 사회적 변화

쟁점
- 인구동태: 원주민(Arctic Diaspora)과 이주민(New Comers) - 사회문화적 변화 - 북극 공동체 위기와 대응: 원주민 생계보장, 자원개발과 순록방목 등 - 중앙과 지방과의 관계: 개발이익 분배 - 북극공동체의 내부적 식민주의(Internal colonialism)의 경제적 의존 대 자립(Self-sufficiency)

◎ 인간 문화의 통합성을 유지하려는 대립의 공간

- 인구의 관점에서 북극은 아주 작은 공간, 전 세계 인구의 1%의 인구(인구밀도는 1인/㎢ 이하)

- 대부분은 러시아의 서북극권 지역에 거주, 러시아의 무르만스크, 아르한겔스크, 노릴스크 등의 인구 50만 명 수준의 몇몇 거점도시들 이외의 북극권은 지구상에서 가장 인구밀도가 낮은 지역들 중 하나(5천에서 만 명까지의 공동체들은 수송 허브와 지역 행정중심지로 기능)

- 따라서 북극지역은 수많은 원주민 그룹과 그들만의 독특한 문화의 고향 보유(이누이트, 얄류트, 북미 북극의 인디안; 펜노스칸디아의 사미(렙스), 러시아에 살고 있으며 집단적으로 러시아 북극의 소수민족으로 불리는 많은 원주민 그룹 포함)

- 최근 북극지역은 한편으로는 귀중한 천연자원을 이용하거나 멸종위기의 동물들을 보호하려는 측, 다른 한편으로는 개발세력과 지역의 독특한 인간 문화의 통합성을 유지하려는 측간의 날카로운 대립의 장으로 부상하고 있음

◎ 관할권 문제

- 연구 지역의 최대관심사가 관할권 문제임을 감안하면, 북극권 내 인간활동의 증가는 북극권 국가들이 이전에는 무시했던 모호한 관할권 문제를 해결하고자하는 관심 증가를 촉발[18]

- 인접한 국가들 간의 관할권 경계의 직접적 문제: 캐나다/미국 간 뷰포트

---

18) 북극권 내 관할권 문제에 대한 자세한 통계자료는 다음 참고. Kurt M. Shusterich, "International Jurisdictional Issues in the Arctic Ocean," in William E. Westermeyer and Kurt M. Shusterich, eds., *United States Arctic Interests: The 1980s and 1900s* (New York: Springer-Verlag, 1984), pp. 240-67.

해 해양경계선 문제, 노르웨이/러시아 간 바렌츠해 경계선 문제, 덴마크/노르웨이 간 그린란드해 해양경계선 문제 등

- 슈발바르 아치펠라고를 둘러싼 대륙붕 지역의 지위와 북서항로의 해양의 지위 등과 같은 문제들은 많은 국가들의 이해관계 포함: 초기에 수립된 제도적 정비의 허점(예를 들면 슈피츠베르겐과 관련된 1920년의 조약에 명기된 슈발바르 레짐)이나 통과선박에 대한 법률적 개념의 적용의 어려움 등으로부터 야기

- 북극해 이용 권리에 대한 원주민들의 주장 등은 여전히 관습적인 국제적 조건 내에서 다루기 어려운 의문을 제기: 국제법의 원칙적 주체를 구성하는 국가를 다룸에 있어서, '의존적 민족들(Dependent nations)'의 권리와 관련되어 있기 때문

◎ 중앙과 지방과의 문제

- 북극 공간은 주권국가의 경계와 개별정부들 이외의 행위자들이 관련된 지역으로 급부상

- 부분적으로 국가적 경계가 문화적 경제적 정치적 의미가 거의 없는 원주민들의 관심을 대표하는 조직, 예를 들면 러시아북극원주민협의회(Russian Association of Indigenous Peoples of the North) 또는 노르딕 사미 협의회(Nordic Saami Council)의 커져가는 역할의 문제

- 다른 한편으로는 정부와 공동의 이익을 발견한 하위 정부(States, Provinces, Territories, Counties, Autonomous regions)의 측면에서 초국가적 상호작용의 증가

◎ 북극권 문화의 심층적 연구 필요성

- 상기한 바와 같이 북극에 대한 이해는 정치, 경제, 사회의 이해에 주력, 이는 단기적으로 유효할 수 있으나 피상적인 이해 수준에 머물게 되는 약점 내포

- 북극공간에 대한 종합적이고 깊이 있는 이해를 위한 북극권 민족 문화를 통한 심층 분석 필요

○ 소수민족 언어연구

- 소수민족의 언어는 북극권을 심층적으로 이해하는 매우 유익한 프리즘

- 북극권 소수민족의 언어 연구는 언어 체계에 대한 연구에 그치는 것이 아니라 그 언어에 담긴 의식과 사고 체계를 이해하려는 목표를 담고 있음

- 언어는 단순히 의사소통의 수단으로서의 기능만을 갖는 것이 아니며, 언어는 문화와 사회를 담고 있는 집단적 의식구조의 결정체

- 러시아 서북극 지역에는 자기 고유의 언어를 보유하고 있는 수많은 소수민족 거주, 이중 상당수의 민족은 고유 민족어를 공용어로 러시아어와 이중언어체계 유지

- 개발에 따라 소수민족의 분화가 발생하고 있으며, 이로 인한 언어의 소멸 등에 관련된 문제 발생

- 연구공간의 소수민족 언어와 사회문화변화의 변화에 대한 종합적 연구는 앞으로 우리나라가 러시아와의 협력함에 있어 적지 않은 기여를 하게 될 뿐 아니라 위기에 처한 러시아 소수민족 연구에 대한 새로운 학술적인 방향성을 제시하게 될 것으로 기대

○ 사회문화적 변화: 원주민 문화

- 오늘날 세계에서 원주민 문화의 특히 매력적인 특징은 그들이 지니고 있는 지속가능한 인간/환경 관계의 성취에 필요한 풍부한 관행들의 집합이기 때문

- 점차 북극권 원주민들은 원주민 문화의 통합성을 보존하기 위한 전략 고안 노력(우선순위: 모국어 유지, 생존관행의 보호, 원주민 자결원칙의 강화 등)

- 북극권 주민들의 노력으로부터 파생되는 문화적 다양성의 보전과 관련된 통찰력은 우리를 포함한 전체 인류 문화유산

- 전체로서 세계인류는 문화적 다양성의 결정요인들과 관련된 북극의 교훈으로부터 혜택을 보게 될 것으로 예견

⑥ 서북극해-서시베리아 생태환경 현황 및 보전정책

쟁점
- 러시아의 Green Development Strategy와 서북극해-서시베리아 - 서북극해-서시베리아의 자원개발과 생태환경(카라해 연안 야말반도의 가스전 개발 문제) - 항해 및 어업활동으로 인한 해양오염 - 어업자원 고갈과 생물종다양성 보호협약 - 러시아의 내수(Internal Waters) 주장과 환경보호 규정/법률(*Polar Code) - "지속가능한 개발"/"Green Development Strategy"

○ 21세기 주요 도전과제: 북극해의 안전이용과 해양환경 보호

- 북극 개발이 가속화되고 북극항로의 이용량이 많아지면 북극해 오염가능성과 유출사고 발생위험 증가

- 선박에서 배출되는 블랙카본 배출량이 빙하에 미치는 영향, 고래 등 해양포유류와 선박의 충돌, 선박 등 해상활동으로 인한 소음이 해양 포유류에 미치는 잠재적 효과 등은 모두 심각한 우려대상

- 효과적인 국제규제방안 마련, 해양안전과 환경보호에 더욱 힘을 쏟을 필요성 대두

○ 국제사회의 노력

- 북극이사회(Artic Council)는 북극해운평가를 발표하는 등 이러한 과제들에 이미 대응하고 있음

- 국제해사기구(International Maritime Organization)는 극지방 해역 통과 선박이 의무적으로 지켜야 할 안전기준(Polar Code)을 수립하고 있음

○ 북극해 항로 거버넌스의 난제 및 국제사회의 해결과제

- 명확한 안전기준에 대한 국제적 합의에 의한 법제화

- 선박의 중유 사용금지, 경유의 불완전 연소로 인해 발생하는 블랙카본과 온실가스 문제

- 선박운행으로 인해 발생하는 소음, 선박평형수관리협약

- 생태 및 문화적으로 민감한 지역의 보호 조치 모색과 시행

- 안전운전을 위한 북극 인프라 개선 등

○ 어업활동과 해양생태계

- 북극해 빙하가 녹으면서 이미 일부 지역에는 어업에 유리한 여건 형성

- 베링해와 바렌츠해의 세계적 어장은 해운업이 발달한 지역

- 이에 따라 연구지역의 수산활동에 대한 국제적 합의를 통한 효과적이고 책임감 있는 관리 필요성 제기

- 현재 북극해 어장 현황을 살펴보면, 상업적 어장으로 연구지역인 바렌츠해를 비롯해 베링 해, 알류산열도, 캐나다 · 그린란드 사이의 북서대서양, 그린란드 · 아이슬란드 주변해역, 노르웨이 해 등 북극해 주변의 아북극해 지역에 집중, 중앙 북극해에는 아직까지 상업적 어장이 형성되지 않았으나 적지 않은 원주민들의 자급적 어업활동 전개

- 북극해의 해양생태계는 플랑크톤, 어족 자원, 해양 포유류에 영향을 미치는 인위적 활동과 대규모 자연변수로부터 자유롭지 않음

- 국제 공해상에서 규제 없이 이루어지는 어업활동의 영향은 심각한 어족 고갈사태 야기

- 현 시점에 북극해 잠재어장에 대한 해법을 찾지 못하면 어족 남획과 그로 인한 어족 고갈 사태가 발생할 가능성이 높음

- 생태계는 고리 하나만 훼손되어도 전체 생태계가 붕괴될 가능성이 매우 높기 때문에, 관련 생태계에 대한 면밀한 연구를 통한 이해가 이루어 질 때까지 상업적 어업의 제한 또는 금지할 필요성이 있으며, 북극해의 중앙 지역의 수산관리에 관한 기구 설립이나 관련 국제적 협의 필요

- 이외에도 선박의 운행과 북극개발에 의한 소음으로 인한 어족자원 및 해양 포유류 등의 북극해 해양동물과 수중생물의 피해 발생 가능성, 소음 때문에 해양생물이 원래의 이동경로를 이탈하거나 서식지를 떠날 수 있기 때문

- 이러한 북극해 생물자원에 대한 연구는 국제협력을 통해 수행되어야 함

○ 이상에서 살펴 본바와 같이, 해양안전과 환경보호 관련한 의무 안전기준의 완성과 이행은 북극 주민과 생태계를 보호하는 데 있어 필연적 요소, 북극해를 운항하는 선박의 디자인, 건조, 운항에 대한 국제적이고 조화로우며 법적 구속력이 있는 규범과 규제가 필요한 상황

○ 북극 국가와 주요 비북극 국가 모두를 회원으로 둔 국제해사기구가 안전기준 마련을 위한 적절한 장이 될 수 있음

- 북극 국가와 주요 비북극 국가는 함께 노력하여 안전기준을 성공적이고 시의적절하게 마련할 필요가 있음

- 국제해사기구가 활용할 수 있는 다른 수단으로는 특정지역을 특수보호구역으로 설정하는 것, 보호구역의 지정과 지정해로 체계는 북극 지역사회와 생태계를 적절히 보호하는데 있어 매우 중요

○ 이에 따른 연구지역의 환경보호와 생태계에 대한 연구 방향 및 소주제

- 자연지리와 인문지리 연구; 생물종 다양성; NGO를 비롯한 초국가적 환경정책; 어장의 상업적 이용과 원주민들의 자급적 어업활동에 대한 분석; 어장 및 생태환경에 대한 현황 분석 및 보존 방법에 대한 모색; 북극항로의 이용 시 환경과 안전기준에 대한 국제적 합의; 수산관리에 관한 기구의 설립이나 관련 국제적 협의; 생태계와 원주민 보호를 위한 특별보호구역 및 지정해로 설정에 관한 타당성 분석; 북극 환경과 생태계 연구 및 보호 정책에 있어서의 한국의 참여 방법 모색 등

1부
지정학적 접근

러시아의 북극에 관한 상징적 정치 역동성 모델

김정훈

북극, 북극문제 또는 북부지역에 대한 국제적 관심이 증폭되고 있는 것은 명확한 사실이다. 이러한 현상이 시작된 것은 그리 오래되지 않았다. 지난 세기 말인 1990년대 초 북극지역에 대한 국제적 이해관계가 현저하게 표출되기 시작했다. 1993년에 이르러서야 비로써 북극이사회(北極理事會, Arctic Council)에 관련된 작업이 시작됐으며, 그 해 바렌츠/유로북극위원회(Barents Euro-Arctic Council)가 구성되었다. 1994년에는 1982년에 채택된 국제해양법(또는 유엔해양법, United Nations Convention on the Law of the Sea, UNCLOS)이 효력을 발휘하기 시작했다. 동년 국제해저기구(國際海底機構, International Seabed Authority)도 창설됐다. 1996년부터 국제해양법재판소(國際海洋法裁判所, International Tribunal for the Law of the Sea)의 활동이 개시됐다. 1997년에는 유엔대륙붕한계위원회(CLCS, Commission on the Limits of the Continental Shelf)가 첫 번째 회의를 개최했다. 이와 비슷한 시기인 1996년 독특한 북극자원 보존을 과제로 선언한 북극이사회의 활동이 적극적으로 전개되기 시작했다.

※ 이글은 2016년 모스크바에서 출간된 '통합된 정체성 모색하의 러시아 북극(Российская Арктика в поисках интегральной идентичности, М., 2016)'이라는 편저 중 "Макрорегионы и идентичность в современной России(с. 8-26)"의 내용을 중심으로 구성하였음.

북극권에 관련된 이해 증대의 상황은 북극 빙하의 해빙으로 새로운 국면을 맞이하게 된다. 이러한 경향은 1990년대 말부터 현저하게 나타나기 시작했으며, 2007-2011년 사이에 극대화 되었다. 북극해에서의 어업활동, 원료-광물 매장지 탐사활동, 자원과 선박운행 등을 통한 경제적 실현 가능성이 매우 높아지게 되었기 때문이다.

이에 러시아연방은 2001년 최초로 유엔대륙붕한계위원회에 배타적 경제수역 200해리 경계 너머에 있는 대륙붕 경계확정에 관련된 신고서를 제출했다. 이는 사실상 위원회의 최초의 신청이었다. 2001-2002년 사이 신고서에 대한 심의가 이루어졌으며, 보충적 탐색 이행을 위해 반려됐다. 2004년 북극권에 관련한 덴마크의 주장이 제기되었으며, 덴마크는 지리적으로 로모노소프 해령이 그린란드 대륙붕과 연결되어 있음을 증명하고자 노력했다. 이어서 캐나다 역시 자신의 이익을 추구하며, 멘델레프와 로모노소프 해령에 대한 권리를 주장하였으며 다른 국가들도 이러한 주장에 동참하기 시작했다. 이에 대응하기 위해 결국 2008년 러시아연방 내에서는 2008년 '러시아연방 북극정책 2020과 장기 전망에 관한 원론(Основы государственной политики Российской Федерации в Артике на период до 2020 г. и дальнейшую перспективу)'을 제정했다.

이와 관련해 다음과 같은 사항을 인지할 필요가 있다. 만약 20-30년 전의 경우 북극권에 관련된 국내외적인 관심이 생태, 자연보존 등에 집중되어 있었다면, 현재의 경우 그 관심은 경제 및 전략적 문제로 급전환하고 있다. 자연스럽게도 이러한 관심은 북극권에 관련된 이전보다 더 강렬한 상징적인 보장들을 요구하고 있으며, 다른 한편으로는 상징적 정치 역동성 그 자체가 기존의 이해관계를 '전위'시키는 증거가 되고 있다. 이와 관련하여 더욱 잦은 이해관계의 상징적 보장 행위가 자연적으로 발생하고 있으며, 경우에 따라서는 이해

관계 주체 간의 갈등이 표출되기도 한다.

사실상 상징적 정치는 의미의 결합과 새로운 것을 창출해내는 능력이라 할 수 있다. 즉, 상징적 정치 역동성은 하나의 의미로부터 시작하여 다른 것으로 접근하는 동태라 할 수 있다. 비록 이러저러한 의미를 내포하고 있는 상징적인 결합들을 측량하는 작업이 한정적인 사람들 또는 공동체의 행위를 일컫는다 할지라도, 상징적 정치의 의미는 매우 복잡하게 과대평가되고 있기도 하다. 다시 말하자면 그것은 충분히 복잡한 형태로 상징적(또는 역동적)인 잠재력을 함유하고 있다고 볼 수 있다. 이와 관련해 그러한 역동성의 명확한 사례를 거론할 수 있다. 그 예로 처녀지 개척, 바이칼-아무르 철도(БАМ)의 건설, 북극개발 등이 있다.

북극권은 겨울과 혹한을 연상시킬 수 있는 빙하, 빙설, 오로라, 북극해, 북극곰과 다른 여러 가지 속성들로 설명되어 질 수 있다. 기존의 석유 및 가스를 비롯한 광대한 에너지 자원의 집산지 개념 이상으로, 지역을 형성하는 요소로써의 북극의 독특한 자연은 많은 국가들의 정치적 수준에서의 영토에 대한 관심으로 채워지고 있다. 북극권 최대 인접국인 러시아는 북극 공간을 국가 미래 발전전략 최우선 순위로 자리매김하며, 이 지역 '쟁탈전'에 적극적으로 가담하고 있다. 이미 북극의 중요성에 관련된 수차례의 성명을 발표한 러시아연방공화국 대통령은 '러시아연방의 북극지역'에 관련된 법령의 개발을 지시해오고 있다. '북극발전전략 2020'과 관련된 작업이 이를 입증하고 있다.

2008년 9월 18일 러시아연방공화국 대통령에 의해 인준된 '러시아연방 북극정책 2020과 장기 전망에 관한 원론(이하 '북극정책 2020')'은 현재 북극에 관련된 국가정책을 판단할 수 있는 기본적인 표준규범이라 할 수 있다. '북극정책 2020'에는 정치, 경제 및 법률적 계획 하에서 북극 광대지역(макрорегион, 이하 '광역지대')을 기술한 '러시아연방 북극지대

(Арктическая зона Российской Федерации, 이하 '러시아연방 북극지대')'라는 새로운 전문용어가 도입되었다.

하나의 통합된 '북극광역'으로서 북극과의 관계는 러시아 북부(그 부분으로 북극 포함)를 자신만의 고유한 북극적 정체성을 보유한 독립지역으로서 간주하고 있는 '북극의 인적자원 개발에 관한 2004년 보고서(Доклад о развитии человека в Арктике 2004 г.)'에 명확하게 나타나고 있다. 보고서 주석에는 다음과 같은 내용이 언급되어 있다: 이 보고서는 지구의 특수지역, 북극권에 관한 최초의 종합과학 개관이며, 보고서는 북극권의 사회경제적, 문화 및 정치적 잠재력에 관련된 종합평가를 제공하고 있다.[1] 국제사회의 북극권 분열성에도 불구하고, 보고서 작성자들은 현실적 조건하에서 북극권은 더욱 자주 '북극환경보호전략(Стратегия защиты окружающей среды Арктики, 1991년)', '북극포럼(Северный Форум, 1991년)', '북극이사회(Арктический Совет, 1996년)' 등과 같은 국가 간 이니셔티브가 집적되고 있는 특수지역으로 형성되어 가고 있음을 명시하고 있다. 이는 지역 분할을 의미하는 것이 아니라, 북극권의 북부정체성 요소와 국가 및 지역 간 혁신적인 이니셔티브의 경쟁의 각축장으로서 이중적 측량이 가능한 특수공간으로써의 자리매김을 뜻하는 것이다.

북극정체성을 담아낼 수 있는 공식적 토론을 위해 러시아 북극권을 구성하고 있는 지역 공통성에 관련된 어떠한 인식과 이해를 형성할 수 있을까? 러시아의 표준적 법령과 대통령 발표문 등에 나타나고 있는 북극 특수성의 주요 의미들을 분석해 볼 필요가 있다.

---

1) Доклад о развитии человека в Арктике. Переврд с английского // Ред. А.В. Головнёв. Екатеринбург; Салехард, 2007. с. 6.

'북극정책 2020'은 북극에서의 국가정치 형성에 대해 영향을 주고 있는 '러시아연방 북극지대'의 특성들을 규정하고 있다. 이것은 다음과 같은 내용을 담고 있다: 항시적인 빙하의 결빙표면 또는 극지방을 표류하고 있는 빙하 등을 포함한 극단적인 자연-기후조건; 낮은 인구밀도와 산업-경제적 측면에서의 영토개발의 근원적 성격; 주요 산업 및 공업 중심지로부터의 원격성, 풍부한 자원 수용력과 경제활동 및 주민 생활을 위한 연료공급, 식료품과 생필품의 러시아연방내의 다른 지역으로부터의 공급의존성; 생물학적 균형과 지구기후를 결정짓는 낮은 수준의 생태환경계의 견고성, 생태환경계의 상대적으로 적은 관심을 받고 있는 인문지리적 영향으로부터의 종속성 등. 다시 언급하자면 북극의 특성을 기술하는 주요 의미에는 다음과 같은 내용이 포함된다: 기후, 자연, 생태학, 경제활동과 인적자원 등.

2008년 '북극정책 2020'의 발표이후, '러시아연방 북극지대'에 관한 법령과 광역지대의 발전전략 개발에 관련된 러시아 정치의 특수지역으로서의 논의가 증폭되고 있다. 각종 북극포럼과 컨퍼런스 및 국제회의의 참가자를 축하하는 인터뷰를 통해, 대통령은 북극의 의미와 독특성에 대해 강조를 하고 있다.

공동 공간과 그 일부로서 상호 관계하고 있는 특정지역으로서의 북극과 러시아 북극권의 이해의 특성은 투명 노선과 직결된다고 볼 수 있다. 그뿐 아니라 이곳에서의 지역에 대한 이해는 행정적 의미와 지리적 결합이 형식적으로 구성되어 있다는 점이다. 법률전문가들은 이러한 관계가 통합된 정책 개발과 '특정한 국가정책 대상으로서의 모델'을 형성하고 있는 광역지대의 관리 필요성을 규정한다고 주장한다: 북극지대에서의 통합된 지역 국가정책은 연방 또는 지역적 수준에서의 법적 근간을 의미하는 것은 아니며, 러시아연방의 북극지대는 여러 국가들의 하나의 지역적 통합성 또는 지역발전의 상호 이익 프로

세스를 조정하는 중점 및 중심지역을 뜻하는 것은 아니다.[2]

이러한 원칙은《'러시아연방 북극지대에 관한' 러시아연방 연방법 입안에 대한 제안서(Предложения для включения в проект федерального закона Российской Федерации 'Об Арктической зоне Российской Федерации')》[3]에 매우 선명하게 공시되어 있다. 이 제안서는 북극지대 분할은 지구물리학적 또는 환경생태학적적인 학술연구 혹은 자연, 사회, 인구와 정치적 현실 그리고 동시에 국가운영의 편의성과 승계의 고려를 포함하는 정책적 법령으로서 결과가 아닌 것으로 간주하고 있다. 이는 지역의 경계 또는 국경은 북극양 진출의 출구를 보유하고 있는 주체뿐 아니라, 주체들의 완전한 행정-영토적 통합성을 형성하는 것을 의미한다.

러시아와 국제적 북극지역과의 불가분의 관계에 관한 사상은 다음과 같은 북극 구성의 특성을 나타내고 있다. 한편으로는 러시아는 북극해의 배타적 경제수역과 대륙붕을 점유하고 있는 캐나다, 미국, 노르웨이와 덴마크 등과 같이 북극권에 인접하고 있는 거대국가의 지위를 보유하고 있다: "러시아는 가장 거대한 북극국가이다. 이는 러시아가 가장 긴 해안선과 최대 항로를 보유하고 있기 때문이다".[4] 다른 한편으로, 러시아로의 통합은 국가 발전을 위한 지역적 사명을 규정하고 있다: "선명한 특성을 보유하고 있으면서, 러시아의

---

2) Концепия проекта федерального закона《Об Арктической зоне Российской Федерации》/ Министерство Региального развития Росийской Федерации // http://www.minregion.ru/upload/documents/2010/03/2006-12-22-concept-fz-artic.doc

3) Предложения для включения в проект федерального закона Российской Федерации《Об Арктической зоне Российской Федерации》. // minregion.ru/upload/documents/2011/11/021111_predl.doc

4) Встреча с представителями СМИ Дальнего Востока и Сибири, 11.11.2011// http://президент.рф/news/13479

다른 지역으로부터 분리될 수 없는 북극지대는 러시아의 민족정체성, 전설적 과거유산과 미래 발전의 본질적 부분이기 때문이다. 예측되고 있는 시기에 북극지대는 혁신적 발전의 길에 접어든 국가의 과도기적 상황에 재정 및 경제적 지지대의 사명을 수행해야만 한다”.[5)]

이러한 형태로 러시아 ‘광역지대’의 특징은 북극권을 국가발전을 결정짓는 ‘러시아연방의 지정 및 지경학적 이익’ 지역으로 선포한 이상, 우선적으로 이 지역 내에서 특별한 국가이익을 창출해 낼 수 있는 국가 정책의 독립적 대상으로 분리할 필요성에 의해 설명되어 질 수 있다. 본질적으로, 국가 미래의 자원 기지 모델에 집중하고자 한다. ‘북극 내 러시아 국가 이익 보호에 관한(О защите национальный интересов России в Арктике)’ 안보위원회 개회를 선언하면서, 드미트리 메드베데프는 북극은 국가 발전을 위해 전략적 의미를 보유하고 있으며, 21세기 러시아의 자원 기지가 되어야만 한다고 직접적으로 언급했다: “이곳의 에너지와 자원의 활용은 러시아의 안보 및 에너지 안보의 완전한 담보이다”.[6)]

지역의 전략적 의미는 석유, 가스 및 기타 유용 광물이 집중적으로 풍부하게 매장되어 있는 북극의 자원과 자연적 풍부함과 밀접한 관계가 있다. 북극은 지구 상 최대 규모의 석유 매장지 중 하나이다. “북극지대에는 러시아 다이아몬드 생산의 중요 산지를 비롯해 순도 100% 안티몬, 운모, 함수규산염, 중정석, 순도 95% 이상의 백금속계 희귀 금속, 순도 90%이상의 니켈과 코발트, 순도 60%의 구리 광물 등의 산지가 위치하고 있다. 이외에도 북극지대에는 국가경

---

5) Стратегия развития арктической зоны Росстйской Федерации и обеспечения национальной безопасности на период до 2020 г., М., 2010. с. 10.

6) Выступление на заседании Совета Безопасности《О защите национальный интересов России в Арктике》// http://президент.рф/news/1434

제발전을 결정지울 수 있는 주요 광물들이 집중되어 있는 중요 매장지가 산재해 있다."[7] 가까운 미래의 유럽지역 러시아의 탄화수소 잠재력에 관한 전망들은 바렌쯔 해 대륙붕의 개발과 직접적인 연관이 있다. "러시아 입장에서 북극권 참여에 있어 중요한 것은 무엇인가? 러시아는 우선적으로 북극 자원을 적극적으로 활용해야 하며, 모든 방법을 동원하여 이를 개발해 나가야 한다."[8]

북극권의 일부분으로서의 자리매김은 국제적 범위의 지역역할 구성에 관한 논의를 피해 갈 수 없을 것이다. 따라서 다른 북극권 국가들과의 협력에 대한 사고는 매우 중요하다. 이와 관련해 2010년 4월 27일 노르웨이 총리 옌스 스톨텐부르그와의 공동기자회견을 통해 대통령은 다음과 같은 언급을 했다. "우리는 북극권 국가이다. 우리들에게 있어 북극은 단지 지구상의 북쪽에 위치하고 있는 추상적인 그 무엇인가를 의미하는 것이 아니라, 전적으로 협력에 관련된 구체적인 테마인 것이다." 이는 지역 내의 평화에 대한 책임과 발전에 관한 협력이 주요 상호 공통과제임을 공표한 것이다. "다른 북극권 국가들과 함께 러시아와 노르웨이는 국제무대로서, 이곳에서의 쌍무적 혹은 다각적 형태의 모든 개발행위에 대한 국제적 협력차원에서 북극 보존에 대한 특별한 책임을 보유하고 있다."[9]

북극 개발과 연구 문제에 있어서 협력에 관한 준비는 협력을 위한 주요 테마 중 하나이다. 이는 국제적 정보교환 확대와 북극 내의 환경보호 및 생태학적 안전, 자연보호 영역에 있어서의 학술, 기술과 장비 발전의 선도적 방

7) Стратегия развития арктической зоны Росстйской Федерации и обеспечения национальной безопасности на период до 2020 г., М., 2010. с. 13.

8) Встреча с журналистами Уральского федерального округа, 28 ноября 2011 г., Екатеринбург. // http://президент.рф/news/13705

9) Совместное заявлене Президента Российской Федерации и Премьер-министра Королевства Норвегия, 27 апреля 2010 г. // http://kremlin.ru/supplement/534

향성에 관련된 국제적 프로젝트의 참여에 관한 내용을 담고 있는 "2030년까지 러시아 환경발전 발전 부분 국가정책의 원리(Основы государственной политики в области экологического развития России на период до 2030 г.)"에서 확인할 수 있다.[10]

그러나 풍부한 천연자원 매장지로서, 북극은 외교적 보호만이 요구되는 것이 아니다. 이곳에서 보호자의 역할에는 해양군사력이 요청되고 있다. 즉, 이는 생태자원, 석유 및 석탄과 기타 유용 광물이 풍부하게 매장되어 있는 북극과 같은 지역에서는 국가 경제 이익의 보호 도구가 될 수 있다는 것을 의미한다.[11]

국가 간 협력 테마들과 나란히 대통령의 각종 연설문 속에는 북극 내 러시아 경계확장을 위한 연구에 대한 중요성으로 특정될 수 있는 국제적인 북극자원경쟁에 관한 인식도 포함되어 있다. 대륙붕 경계에 대한 탐구 및 북극양 해저에 러시아 국기의 설치 등은 북극자원 '전쟁'에 관한 상징적 의미가 되고 있다. 이와 같은 국경 표시는 자신에 대한 법적구속력이 없는 북극 매장지에 대한 배타적 권리 취득을 위한 각종 연구를 시도하고 있는 국제적인 경쟁체제에서 매우 민감한 사안이다.

북극권 관련 이익 수호자로서의 구체화 과정은 러시아연방 대통령 뿐 아니라 국제적으로 유명한 극지 연구가인 아르투르 칠린가로프(Чилингаров, Артур Николаевич)[12]에 의해서도 진행되고 있다. 2012년 여름 북극과 남극

---

10) Утверждены Основы государственной политики в области экологического развития России на период до 2030 г., 30.04.2012.//http://kremlin.ru/events/president/news/15177

11) Совещание по выполнению госпрограммы вооружения в области оснащения флота, 30.06.2012, Северодвинск.//http://kremlin.ru/events/president/news/16086

12) Владимир Путин подписал ряд указов о назначении специальные представителей президента, 02.08.2012//http://kremlin.ru/events/president/news/16144

의 국제협력에 관한 대통령 특별대표가 된 칠린가로프는 북극 관련 학술연구, 생태계와 자연보호 활동, 북극항로 안전 항해의 보장, 유조선 운행 잔존물의 제거 등의 실무 책임을 맡고 있다.

북극 모델의 다음 의미로는 지역의 독특한 자연환경과 이의 보존 필요성을 거론할 수 있다. 이와 관련해 대통령은 다양한 형태로 북극의 독특한 자연환경 보존에 있어서 러시아 업적 수행 준비성에 대해 수차에 거쳐 강조하고 있다.

지역의 자연적 독창성이외에도 북극은 자연의 극단성과 혹독함을 보유하고 있다. "북극지역의 극단적인 자연 조건은 다음과 같은 내용을 포함하고 있다: 연중 낮은 기온, 장기간의 백야와 흑야 현상, 잦은 자기 폭풍, 강풍과 눈보라, 짙은 안개, 획일적인 북극 광야와 툰드라 지대, 동토층, 최근의 급변하는 기후 변화 등.[13]

혹독한 기후의 극단과 거대한 동토지대 등의 북극대지는 인간활동에 있어 매우 민감하게 작용하고 있다. 지역의 생태적 모델 특성은 '요구되어 지는 보호'에 비해 상대적으로 미약한 상태이다. 이에 따라 2012년에 제정된 각종 쓰레기를 제거하는 '지역 대청소'라 불리어지는 북극지대 청소에 관한 프로그램이 작동되고 있다. 동년 7월 대통령은 프란쯔 이오시프 열도(Архипелаг Земля Франца-Иосифа)의 생태탐험대를 만난 자리에서 다음과 같은 내용을 언급했다. "북극은 지구 내에서 매우 상처받기 쉬운 지역 중 하나이며, 동시에 지구 모든 생태계에 있어 매우 막중한 역할을 수행하고 있는 지역이기도 하다. 따라서 이 지역은 특별한 조심성을 가지고 접근할 필요가 있다... 우리는 작년부터 실현해 나가고 있는 이곳의 생태학적 안전 및 북극 오염에 필요한

13) Стратегия развития арктической зоны Российской Федерации и обеспечения национальной безопасности на период до 2020 г. с. 16.

특정 수단을 앞으로도 지속적으로 지출해야만 할 것이다. 본 탐험대의 조치와 계획으로부터 우리들의 새로운 거대 프로젝트 '북극 대청소'의 본질적이고 본격적인 시도가 이루어지게 되었음을 다시 한 번 확인할 수 있게 됐다."[14]

북극은 기후변화 요인 연구의 주요지역이기도 하다. 연구의 필요성은 북극의 다용도 우주 시스템 수립과 대기수상학 및 기후 모니터링 형성의 필요성에 기인하기도 한다.[15]

북극의 또 다른 특징 중 하나는 연안적 속성을 보유한 지리적 위치와 통신채널이다. 태평양과의 연계는 지역 생활 속의 해양적 요소의 역할을 증대시키고 있다. "2020년까지의 러시아연방 북극지대 발전과 국가안전보장전략(Стратегия развития арктической зоны Российской Федерации и обеспечения национальной безопасности на период до 2020 г.)" 속에는 인구밀집지역의 대부분이 북극해 연안 위치, 해상교통 작업 위반, 적기를 보장할 수 없는 연료 및 식료품을 비롯한 기타 생필품의 공급에 대한 내용이 기술되어 있다. 이는 근본적으로 단기간의 북극항해로 인해 심각한 사회 및 경제적 결과를 초래할 수 있으며, 때에 따라서는 이곳에서 거주 또는 작업하고 있는 사람들의 생명을 위협할 수 도 있기 때문이다.[16]

각 지역을 통과하는 최단의 선박항로, 즉 유럽과 아시아를 연결시키는 북방항로가 위치하고 있다는 사실은 북극 내 러시아의 상징이며 자부심이기도 하다. "이는 유럽과 극동의 바다 및 하상 교통을 동시에 연결시켜줄 수 있으며,

---

14) Встреча с участниками экологической экспедиции на архипелаг Земля Франца-Иосифа//http://kremlin.ru/events/president/news/16082

15) Заседание Совета Безопасности по вопросам изменения климата, 17.03.2010//http://kremlin.ru/events/president/news/7125

16) Стратегия развития арктической зоны Российской Федерации и обеспечения национальной безопасности на период до 2020 г. с. 16.

운송비용의 감소로 인해 경제활동에 있어 러시아와 외국의 파트너쉽을 활성화 시켜 줄 수 있는 요소를 제공해줄 수 있기 때문이다.[17]

북극지역의 근본적 차별성 중에는 민족성분에 대한 특별한 인식과 이해도 포함된다. 북방 토착소수민족이 거주하고 있는 장소로서 공식적인 토론의 장을 통해 거주에 관련된 고대 양식과 토착소수민족의 전통적 삶의 보존 필요성에 대한 관심이 부여되어야 한다.[18] 이와 관련해 토착적이며 독특한 특정 집단에 대한 인식은 그 집단의 현대적인 산업화 조직으로의 통합성에 대한 필요성과 연계되어야만 한다. 지역 발전 전략 속에는 독특한 사회경제와 문화발전에 관한 북방 토착소수민족의 법적 보장, 그들의 고대로부터 계승되고 있는 생계수단과 전통적인 삶의 양식 보존 및 경제적 보장에 대한 우선권이 포함되어야 할 것이다.

북극개발과 토착소수민족 삶의 전통적인 생활양식 보존 사이에는 균형적 입장의 방법 모색이 필요하다. 이와 관련해 2010년 4월 14-16일 사이 모스크바에서 제5차 북극지역 토착주민 지도자회의가 개최되었다. 토착주민 지도자들은 기후변화의 조건하에서 북극의 산업발전에 관한 논의 속에서 북극선언(Артическая декларация)에 서명했다. 문서에 의하면, 산업 활동과 북극자연을 변화시키고 있는 기후변화 조건 하에서 천연자원의 활용 증가가 현지의 건강한 거주자 및 문화생활 영위에 미치는 영향 등을 고려할 것을 요구하고 있다. "우리는 태고로부터 거주하고 있는 영토 안에서 자신의 생존조건과 독특한 문화유지, 고고학과 역사의 연구 대상으로서의 신성한 장소 보존 등과

---

17) Выступление на заседании Совета Безопасности《О защите национальный интересов России в Арктике》// http://президент.рф/news/1434

18) Участникам и гостям V Саммита лидеров коренных народов Арктического региона, 14.04.2010. // http://президент.рф/letters/7476

연관 있는 선조들로부터 승계한 토지 활용과 자원 관리, 생태보존에 대한 법적 권리가 있음을 확실하게 주장한다.[19]

전통 산업, 특히 순록사육에 관한 발전 필요성에 대해서도 추가적 공표가 있었다. 2011년 5월 기자회견을 통해 대통령은 특별하게 잡지 '브인긔 바다(Вынгы вада, '툰드라의 발언'이라는 뜻(Слово тундры))' 대표자의 질문을 선별하여 언급했다. 잡지는 러시아 내의 순록사육 발전문제에 주목하면서 다음과 같은 내용을 요구했다: 어떠한 형태로 정부는 북극 토착주민의 전통적인 생활 방식(산업활동의 증가와 기후온난화 조건 속에서의 순록사육)을 지지할 수 있는가? 당시 메드베데프 대통령은 이러한 질문에 대해 답하며, 정부가 예를 들어 '북방 순록산업과 집단 말 사육산업의 발전(Развитие северного оленеводства и табунного коневодства)'과 같은 적합한 프로그램을 통해 북방민족 다수가 형성하고 있는 삶의 생활제도와 활동 등을 지지해 나갈 것을 강조했다.[20]

자신의 생활제도와 직접적으로 관련 있는 독특한 공동체 존재를 제외한다 하더라도 또 다른 러시아 북극 민족의 차별성은 존재한다. 이는 단순하거나 평범하지 않은 생활조건과 정부 측으로부터의 간섭과 보조 필요성으로 표현될 수 있다. '야말-레기온(Ямал-Регион)'이라는 지방 라디오 방송국의 북방민족 프로그램 책임자인 타티야나 고스튜히나(Татьяна Гостюхина)의 질문에 대통령은 다음과 같은 답을 했다. "우리는 접경지역에 거주하고 있는 사람들(혹은, 거꾸로 이야기하자면, 최초의 순간부터)에 대해 생각해야만 하며, 북

19) В Москве подписана Арктическая декларация // Общество российско-эстонской дружбы, 20.02.2010. // http://narfu.ru/university/library/books/2685.pdf
20) Пресс-конференция президента России, 18.05.2011 // http://президент.рф/news/11259

극권에 거주하게 되어 우리와는 전혀 다른 평범하지 않은 삶을 영위하고 있는 우리의 북방민족들을 반드시 지원해야만 한다." 당시 메드베데프 대통령은 여기서 지원은 구체적으로 토착소수민족지원에 관한 완전한 프로그램을 의미한다고 언급했다: "나는 지금 민족 공동체를 대표하기에 적합한 우리의 동료들을 만나고 있다. 당신들은 다양한 채널을 통해 비즈니스 발전과 전통적인 산업 발전 그리고 교육에 필요한 금전적 지원이 이루어지고 있다는 것을 잘 인지하고 있을 것이다. 왜냐하면, 물론 사람 - 그것이 바로 가장 중요한 가치이기 때문이다."[21]

지역에 대한 의미는 그곳의 지속적인 연구와 검토에 대한 필요성에 의해 확정된다. 2012년 4월 10일 '후견이사회(Попечительский совет)' 회의에서 이사회 대표인 블라디미르 푸틴은 러시아 지리단체의 아르한겔스크 지방 부서에 북극권 연구를 하고 있는 학생들에게 기회를 제공하는 것을 주된 목적으로 하는 '수상 대학교(Плавучий университет, 여기에서 수상은 수상 부유물을 의미)' 프로젝트 실현을 위해 보조금을 전달했다.[22] 동년 여름 선박 '프로페소르 몰차노프(Профессор Молчанов)'호는 최초로 북방(북극)연방대학교(Северный(Арктический) федеральный университет)의 40일 간의 북극탐험활동을 완수했다.

위에서 살펴 본 바와 같이, 북극은 공적 토론의 장에서 독특한 자연환경, 유용광물의 원천, 지정학의 중요 대상, 토착 북방민족 삶의 태고의 장소 등과 같은 다양한 의미의 범주 내에서 거론되고 있다(표 1 참조). 동시에 이지역의 특

---

21) Встреча с журналисами Уральского федерального округа, 28.11.2011. // http://kremlin.ru/events/president/news/13705/videos

22) Заседание Попечительского совета Русского географического общества, 06.08.2012. // http://kremlin.ru/events/president/news/51828

수성으로 인한 지리적 표지로서도 근원적 의미를 내포하고 있다. 무엇보다도 우선적으로 이곳은 북방, 북극, 북극권 지역을 포함하고 있다는 점을 간과해서는 안 된다. 즉, 이러한 상황은 광역지대의 경계를 구성하고 있으며 그곳 내의 지역 공동체의 정체성 형성의 핵심적인 의미를 내포하고 있음을 나타내고 있기 때문이다.

〈표 1〉 공적 토론의 장에서 거론되고 있는 북극특수성의 근본적 의미들

범주	특성
국제적 의미의 북극	특정 지역
러시아 북극	광역지대 내 특정 지역, 국제적 의미의 북극지역의 일부; 최대 북극 국가; 특수 역할 수행; 러시아연방 북극지대; 국가정책 대상; 러시아와 불가분 관계지역; 중요하면서도 부서지기 쉬운 지역
자원	미래 러시아의 자원 기지; 에너지 안보의 담보. 풍부한 자원 보고; 에너지 자산; 풍부한 생태자원. 경제발전에 있어 정부의 중요한 역할
북극 연구	혁신. 북극 대륙붕 위치의 획득. 수상 대학교(Плавучий университет)
국제관계	접경, 안보, 국제법, 공동 프로젝트, 접경지역의 협력, 국제적 정보 교환, 국제협력. 지역 내 평화와 개발에 대한 책임. 해양-군사력
통신, 지리적 위치	북방, 북방영토, 연안. 연안적 특성. 통신교환 시스템. 북방항로, 태평양과의 연계
생태환경의 안전	보호, 지역보전. 기후변화, 자연보호. 상처나기 쉬운 지역, 에코시스템의 주요지역, 오염물 제거, '북극대청소(генеральная уборка Арктики)'. 기후변동 지표
자연	독특한 자연. 자연의 극단성. 빙하
공동체, 인간	북방 토착민족, 소수민족. 행위(순록양식)의 전통 양식. 백해, 북빙양 연안의 주민. 고대 문명. 극지탐험대

이 밖에도 '북극'이 내포하고 있는 풍부한 의미와 상징들을 규정하는 기본적인 어휘들은 상징적인 정치를 실현하거나 개발하는 연구의 기원점이 되기도 한다. 적어도 이와 관련된 의미에 다음과 같은 예를 포함시킬 수 있을 것이다: 북극권, 북극점, 극지, 극지탐험대와 분석가, 북방항로, 북방 경제수역 등. 언급한 바는 북극과 관련된 핵심적 어휘의 일부에 불과하다. 북극은 광대한 의

미에서의 핵심적, 기본적 의미를 내포하고 있기 때문에 보다 더 개별적인 사전적 구조와 상징적인 논리 개념의 활용을 통한 해석이 필요한 보편적이고 상징적인 기반의 역할을 보유하고 있다.

어휘 '북극'이 내포하고 있는 상징적 내용들은 적어도 다음과 같은 의미적 어휘 열을 포함한다.

첫 번째 열(1열)은 '북극 - 가장 북쪽에 있는 영토(Артика - территория на самом Севере)'라는 확증에 대한 해석과 관련 있다. 바로 여기서부터 다음과 같은 어휘 열이 생성되기 때문이다: 북방 Север, 대지의 정상(또는 모자) вершина(макушка) Земли, 원거리 далеко, 도달할 수 없는 не добраться, 극지 환형 Полярный круг, 극지방 Заполярье, 오로라 северное сияние, 추위 холод와 이들과 관련 있는 기타(빙하 лед, 쇄빙선 ледкол, 눈снег, 눈보라 пурга(метель), 엄동 мороз 등). 이열의 중요한 상징적 의미는 원거리와 불편한 기후조건으로 발현되는 극단성이라 할 수 있다.

두 번째 열(2열)은 인간 활동과 연관되어 있는 어휘 들이다: 극지탐험대원 полярники, 드리프트(항차 또는 편류) дрейф, 개척 освоение, 극지탐험 полярные экспедиции, 기아 голод, 괴혈병 цинга 등. 이열의 근원적 의미상 내용은 낭만주의적 요소와 결합된 영웅주의와 극복이라 할 수 있다.

세 번째 열(3열)은 '어떤 이유'로라는 질문에 대한 답변과 연결된 어휘들로서, 즉 원리적인 이유에 관한 것들이다. 왜 이전에는 북극 주변에 지금과 같은 '혼잡스러움'이 존재하지 않았는가? 이에 대한 논리적 답변으로 다음과 같은 어휘가 형성 된다: 석유 нефть, 가스 газ, 유용광물 полезные ископаемые, 대륙붕 континентальный шлеф, 굴착탑 буровая, 채굴 добыча, 배럴 баррель, 석유전문가 нефтяник, 가스산업 종사자 газовик, 송유관 Нефтепровод, 가스관 газопровод 등. 매우 엄중한 의미에서 이 열의 대표적 어휘는 석유와 가스라 할 수 있으며, 나머지는 어느 정도 선택적 사항이라 할 수 있다.

네 번째 열(4열)은 정치 또는 지정학과 관련 있다: 관심지역 зона интересов, 개척 освоение, 북극의 군사적 이용 милитпризация Арктики, 우리 북극권 наша Арктика, 러시아 북극 русская Арктика, 애국주의 патриотизм, 러시아 북방 русский Север, 쉬피쯔베르겐 Шпицберген 그리고 세 번째 열과 중복되는 석유, 가스, 매장 수준 уровень запасов 등. 이 열의 어휘들의 일반적 의미는 갈등, 대결, 이해의 상충, 국가 이익 등과 밀접한 관련이 있다.

다섯 번째 열(5열)은 금전 деньги, 임금 зарплата, 북방 계수 северный коэффициент, 가즈프롬 ГАЗПРОМ, 로스네프티 Роснефть, 유코스 ЮКОС, 수르구트네프테가즈 Сургутнефтегаз, 광물자원 채취세(НДПИ, Налог на добычу полезных ископаемых) 등이다. 여기에서 중요한 의미는 금전, 이익과 지출에 집중된다.

마지막으로 여섯 번째 열(6열)은 북방의 토착소수 민족, 그들의 문화와 생태학적 문제들과 연관된다. 여기에는 북방 민족의 소유권을 의미하는 어휘 외에도 다음과 같은 것들이 포함된다: 북극 자연 арктическая природа, 환형극지 문명 циркумполярная цивилизация, 북방 문명 северная цивилизация, 민족(소수민족 전통) 산업 народые промыслы 등. 이와 같은 상징적 열의 의미는 독특성에 있다.

물론 상기 언급한 의미적 상징 열은 다른 형태로 세분화 또는 재결합할 수 있을 것이다. 이들 어휘들은 서로 상관관계 또는 중복된 의미를 가질 수 있다는 점 또한 명확하다. 따라서 적당한 방법론을 통한 다른 의미 또는 상징들로 재분할하여 활용할 수도 있을 것이다. 그러나 위에서 분류한 사항은 어휘 열의 의미에 대한 파일럿 형태의 연구를 위해서는 충분하다고 볼 수 있을 것이다.

끝으로, 이와 같은 사항을 고려해 볼 때 최소 2개 정도의 북극과 관련된 상징적인 정치 역동성에 대한 가설을 추출해 낼 수 있다.

첫 번째 가설. 만약 소비에트 시대를 연상한다면, 국가이익 보장을 위해 필요한 석유 및 가스 채굴에 대한 보장과 금전적 이익을 취하는 데 있어 극복과 낭만주의를 강조하는 3열을 기반으로 한 2열과 5열의 상징들이 공식적인 선전운동의 대표적 상징이 되었을 것이다. 그러나 현재의 상황은 이전과는 매우 달라졌다. 2열의 역동적 어휘들(영웅주의와 낭만주의)은 본래의 상징적 의미로부터 애국주의적, 지정학적 방향성으로 사전적 의미 전환을 하고 있다. 금전적 이익 취득이 근본적 자극으로 작동하고 있다. 목적으로서의 석유와 가스는 4열에 해당하는 애국적 의미에 무장해제되고 있다: 우리의 유용광물, 우리 북극, 그들(적들)은 우리의 이러한 광물들을 거두어들이기를 원하고 있다 등.

두 번째 가설. 북극에 대한 다양한 나라와 주체들의 적극적 참여, 기후조건의 변화, 물류 유통의 실행과 기타 이 지역에 대한 접근성을 용이하게 해 주는 요소들에 의해, 독특한 영토적 특성을 보유한 채 북극은 상징적 의미에서 점점 더 접근해 오고 있으며, 일상사의 한 대상으로 자리매김해 가고 있다. 달리 언급하자면, 북극의 상징적 경계와 지역의 접근 불가성은 지역 독특성에 대한 접근방법의 재창조와 경계에 대한 '인접' 또는 '이동'의 형태로 인해 불가피하게 경계 극복의 상징적 가능성으로 전환되고 있다.

결국, 상기 언급한 북극의 어휘들에 대한 문맥도 석유와 가스, 낭만주의와 극복 등과 같은 기타 다른 의미들과 연관되어 있는 상징적 의미 열로부터 진화하게 될 것이다. 이러한 경향에 대한 파악을 위해 공식적인 정부 입장이 반영된 3개월 간(2012년 6월 1일부터 8월 31일)의 '루스까야 가제타(Русская газета)' 신문 내용을 분석해 보았다. 이 기간 동안 '루스까야 가제타'는 총 73건의 북극관련 어휘를 사용했다.

아래 (표 2)를 참조해 보면, 상징적 의미는 거의 균등하게 배분되고 있음을 확인할 수 있다. 이는 공식적인 기관지에서 북극지역에서의 작업에 의한 '이익', 상업주의, 지출과 금전적 이익 등과 관련 있는 상징적인 논리 영역이 감소되고 있음을 의미하는 것이다. 대신에 정치와 지정학적 계산, 북극은 '우리(러시아)'의 것 또는 북극지역에서 '위대한 러시아'로 성장할 것이라는 견고한 사고 등과 연관 있는 의미의 어휘들이 지배적으로 사용되기 시작하고 있음을 나타내고 있다.

〈표 2〉 상징적 어휘 열에 따른 언론의 분배

어휘 열	1열	2열	3열	4열	5열	6열
어휘	극단적 조건 (экстремальные условие), 원거리 (отдаленность), 혹독한 조건 (неблагоприятные условия) 등	영웅주의 (героизм), 극복 (переодоление), 낭만주의 (романтика) 등	석유 (нефть), 가스 (газ), 북극항로 (морской путь) 등	갈등 (конфликтность), 이해 충돌 (столкновение интересов), 국가 이익 (интересы государства), 지정학 (геополитика) 등	이익 (выгода), 금전 (деньги), 지출 (расчет) 등	독특성 (уникальность), 역사 (история), 생태학 (экология) 등
횟수	18	19	21	23	12	18

노르딕 북극권의 지정, 지경, 지문화적 역동성에 관한 연구

한종만*

I. 머리말

1990년대까지 세계는 북극을 미지의 지역으로 간주해왔지만 2000년부터 북극은 중요한 지역으로 변모되고 있다. 21세기 초부터 북극은 '글로벌 북극'으로 발전되고 있으며 매일 매스미디어에서 북극에 관한 소식을 접하고 있다. 이와 같은 북극의 변화는 지구온난화와 북극해의 해빙현상이 현저하게 나타나면서 점증적으로 인간의 북극 접근, 자원개발과 북극항로의 이용 가능성의 증대를 도출시키고 있다.

북극의 변화는 글로벌 기후문제뿐만 아니라 인간을 포함한 생물종 다양성의 보호와 보존 등을 주장하는 환경론자와 북극의 항로이용과 자원개발을 원하는 개발론자 간 상당한 의견 차이를 보이고 있다. 이러한 의견 차이에도 불구하고 북극 행위자의 대부분은 정도의 차이는 있지만 생태계에 기반을 친환경 개발을 원하는 쪽으로 기울어지고 있다.

북극 공간의 개념은 자연 지리적으로 천문학적 정의(북위 66.33분부터 북극점까지), 수목한계선, 7월의 평균기온이 영상 10도 이하라는 기후학적 정의라는 공통분모를 가지고 있다. 그러나 북극 공간은 매우 다양하며 이질적인

* 배재대학교 러시아 · 중앙아시아학과

특성을 지니고 있는 지역이다. 북극은 자연조건과 역사발전 정도와 정치, 경제, 사회적 상황은 매우 다양하며 북극권국가(러시아, 캐나다, 덴마크/그린란드, 미국/알래스카, 노르웨이, 아이슬란드, 스웨덴, 핀란드)들의 대 북극의 대내 및 대외정책에서도 상이한 가중치를 보이고 있다. 북극의 상이성에 대해 캐나다 캘거리대학 돌라타 교수는 기후와 지질학적 요인으로 유발된 북극의 접근성과 인구수에 따라 3개의 북극권으로 구분하고 있다:[1] 북아메리카 북극권, 러시아 아시아 북극권, 유럽 북극권(유럽러시아 북극과 노르딕 북극지역)

그린란드를 제외한 유럽 북극권은 기타 북극권보다 기후환경의 덕택으로 인구가 상대적으로 많으며 인프라시설이 양호하여 인간의 접근이 용이한 편이다. 그 반면에 미국과 캐나다의 북극권과 러시아 아시아북극권인 시베리아와 극동 북극지역은 열악한 기후조건으로 인해 희박한 인구밀도와 인프라시설의 부족과 부재로 특히 시베리아 북극권의 접근성이 취약한 편이다.

이 글에서는 전체 북극권에서 제일 발전된 유럽 북극권, 그중에서 특히 노르딕 5개국의 역동성과 거버넌스 이슈의 협력 현황과 과제를 중심으로 기술하고자 한다. 노르딕 북극권은 지리적 인접성과 역사 문화적 공통분모를 지니고 있지만 기타 북극권처럼 자연 및 인문환경의 다양성을 가지고 있다. 북극의 기후변화와 해빙과 글로벌화 과정에서 노르딕 국가들은 정치, 경제, 사회문화적 역동성이 증대되면서 노르딕 국가간, 기타 북극권 국가, 비북극권 국가 행위자들간 협력, 경쟁, 갈등에 직면하고 있다.

노르딕 북극권의 공간적 의미는 크게 세 가지로 분류할 수 있다. 첫째, 거버넌스와 레짐을 비롯한 안보 및 해양경계의 차원으로서의 지정학적 의미 둘째,

---

1) Petra Dolata, "Die Arktis: Eine Facettenreiche und sich wandelnde Region," *Internationale Politikanalyse*, Friedrich Ebert Stiftung, September 2015, pp. 3-4.

자원, 에너지, 물류와 개발과 관련된 지경학적 의미, 마지막으로 원주민을 포함한 북극주민, 생태와 환경 등 인류의 미래에 관련된 공간으로서의 지문화적 의미이다. 상기 세 가지 공간적 의미는 상호 밀접하게 연계되어 있다.

이러한 맥락에서 제2장에서 노르딕 북극공간의 개요를 정리한 후 제3-5장에서는 노르딕 북극공간의 지정학적, 지경학적, 지문화적 접근을 분석한다. 결론 부문에서는 노르딕 5개국의 북극 거너번스의 시사점을 도출한다.

II. 노르딕 북극권의 개요

노르딕 북극권은 '노르덴(Norden)'으로 언급되고 있으며, 그 구성원은 핀란드, 아이슬란드, 노르웨이, 스웨덴, 덴마크, 페로제도(덴마크), 그린란드(덴마크), 핀란드의 알란트(Åland)제도의 자치지역으로 이루어지고 있다.

〈그림 1〉 노르딕 북극공간의 전도

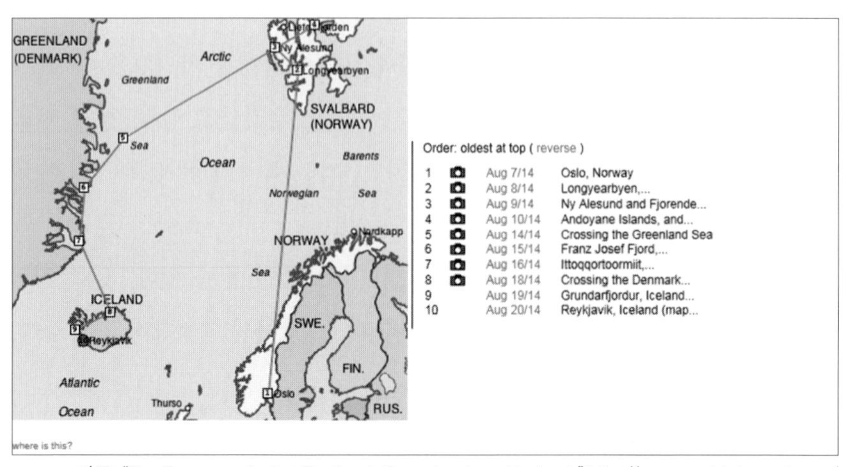

자료: "The European Arctic: Svalbard, Greenland, and Iceland," http://www.mytripjournal.com/Lipman_Greenland_Iceland (검색일: 2015년 1월 15일).

노르딕 북극권은 자연 및 인문 지리적으로 정의된 스칸디나비아 3국(노르웨이, 스웨덴, 핀란드)의 북극지역과 아이슬란드와 외교/국방권을 보유한 덴마크의 그린란드와 페로제도를 포함하고 있으며, 북대서양과 그린란드 해, 노르웨이 해, 바렌츠 해를 갖고 있다.

노르딕 북극권의 행정구분으로 자치지역인 덴마크의 페로제도 그리고 핀란드의 알란트 제도를 포함한다. 노르딕 북극권은 러시아의 북서부유럽을 제외한 유럽 북극권의 일부로서 서부 노르딕(덴마크의 그린란드와 페로제도, 노르웨이, 아이슬란드)과 동부 노르딕(스웨덴, 핀란드, 노르웨이의 스발바르 제도)으로 구분된다. 서부노르딕은 북미권과의 협력이 강한 반면에 동부노르딕은 지리적 위치 때문에 러시아와의 협력이 필수적인 상황이다. 그린란드는 지리적으로는 북미 북극권으로 분류되고 있지만 정치경제적으로 노르딕 북극권과의 밀전한 유대관계가 형성되고 있다.

또 다른 분류로서 노르딕 북극권은 북 칼로테(Calotte)지역, 서부 노르딕 국가, 서부 노르딕지역으로 구분되고 있다. 북 칼로테 지역으로는 노르웨이의 노를란, 핀마르크, 트롬소, 스웨덴의 노르보텐, 핀란드의 라플란드, 서부 노르딕국가로는 그린란드, 페로제도, 아이슬란드이며, 서부 노르딕지역으로는 그린란드, 페로제도, 아이슬란드, 노르웨이 북서부해안지역으로 구분된다.[2)]

서부 노르딕 3국은 자체 언어(페로제도와 그린란드 공식어 덴마크 어)를 가지고 있지만 역사적 경험, 문화적 유사성이 많으며 거주민은 적은 상태로 고립된 커뮤니티 생활조건과 해양자원의 의존성이 높으며, 인구수는 적은

2) Anna Karlsdottir, Lise S. Olsen, Lisbeth G. Harbo, Leneisja, Rasmus O. Rasmussen, "Future Regional Development Policy for the Nordic Arctic Foresight Analysis 2013-2016," *Nordregio Report*, 2017/1, p. 12.

편이다. 그린란드는 원주민은 4,500년 전 북아메리카대륙으로부터 이주해 온 반면에 아이슬란드와 페로제도는 9-10세기에 고대 스칸디나비아인과 켈트족이 이주해왔다. 10세기 경 아이슬란드로부터 그린란드로 이주해온 노르웨이 주민들은 15세기에 사라졌다.[3] 그린란드는 1814년 킬(Kiel) 조약에 의거하여 덴마크가 소유하고 있다. 14세기부터 아이슬란드와 페로제도는 노르웨이와 덴마크 왕국의 소유였지만 아이슬란드는 1918년부터 덴마크 왕국 내 자치지배국 지위를 얻었으며 1944년 덴마크로부터 완전 독립했다. 현재 그린란드와 페로제도는 덴마크 왕국 내 자치국가의 지위를 형성하고 있다. 페로제도는 1948년부터 자체 법률(home rule)권에 의거한 자치정부를 구성하고 있으며, 국내업무와 일정 부분 해외업무를 담당하고 있으며, 1992년부터 자체 토지자원권을 행사할 수 있다. 그러나 일부 법적 체계, 국방, 경찰, 금융정책은 여전히 덴마크가 관할하고 있다. 그린란드도 1979년 자체 법률(Home Rule)권을 양도받았으며, 2009년에 자체 정부를 구성하고 있다. 그 결과 그린란드정부는 지역 책임과 경제발전의 통제권을 확보하고 있지만 그린란드의 외교, 안보, 금융정책은 덴마크정부의 자문을 통해 이루어지고 있다.[4]

노르딕 국가의 총면적은 350만㎢로서 인구수는 2,600만 여명이며, 덴마크, 페로제도, 아이슬란드, 노르웨이, 스웨덴, 알란드(핀란드)의 대부분은 스칸디나비아 언어를 구사하고 있으며, 핀란드, 카렐리아, 에스토니아, 사미어는 핀-

---

3) 그 이유에 대해서는 다이아몬드의 책 7장 노르웨이령 그린란드의 시작과 발전과 제8장 노르웨이령 그린란드의 종말을 참조. 제레드 다이아몬드 저, 강주헌 옮김, 『문명의 붕괴』(서울: 김영사, 2005년).

4) Egill Thor Nielsson, *The West Nordic Council in the Global Arctic*, Institut of International Affair, The Center for Arctic Policy Study, 2014, pp. 5-6.

위구르 언어족이며, 그린란드 이누이트 족은 칼라알리수트(Kalaalisut), 에스키모-알류트 언어를 사용하고 있다. 노르딕 5국은 15세기 칼마르(Kalmar) 연방 시대부터 정치, 경제, 문화적으로 상호 밀접히 연계되어 왔다. 1952년 노르딕 이사회 설립 이후 강력한 노르딕 사회모델과 세계에서 기술적으로 선진국 지위 유지하고 있다.

노르딕 국가 및 자치 국가/지역의 주요 사회경제지표는 〈표 1〉, 〈표 2〉, 〈표 3〉과 같다.

〈그림 2〉 노르딕 지역의 역사

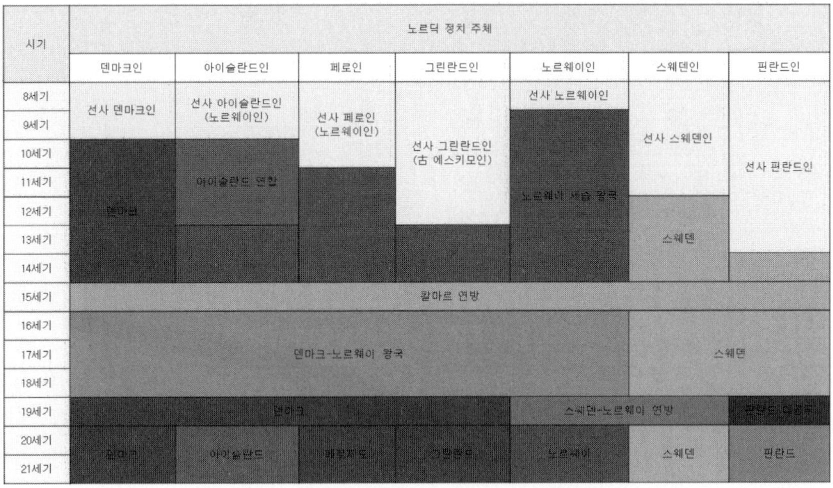

시기	노르딕 정치 주체						
	덴마크인	아이슬란드인	페로인	그린란드인	노르웨이인	스웨덴인	핀란드인
8세기	선사 덴마크인	선사 아이슬란드인 (노르웨이인)	선사 페로인 (노르웨이인)	선사 그린란드인 (古 에스키모인)	선사 노르웨이인	선사 스웨덴인	선사 핀란드인
9세기					노르웨이 세습 왕국		
10세기	덴마크	아이슬란드 연합					
11세기							
12세기						스웨덴	
13세기							
14세기							
15세기	칼마르 연방						
16세기	덴마크-노르웨이 왕국					스웨덴	
17세기							
18세기							
19세기	덴마크				스웨덴-노르웨이 연방		핀란드 대공국
20세기	덴마크	아이슬란드	페로제도	그린란드	노르웨이	스웨덴	핀란드
21세기							

자료: “Nordic countries,” From Wikipedia, the free encyclopedia, https://en.wikipedia.org/wiki/Nordic_countries (검색일: 2017년 1월 13일).

〈표 1〉 노르딕 국가의 주요 지표

내역	노르웨이	스웨덴	핀란드	아이슬란드	덴마크	그린란드	페로제도
면적*	323.8	450.3	338.0	103.0	43.0	2,166	1,393
수도	오슬로	스톡홀름	헬싱키	레이캬비크	코펜하겐	누크	토르스하븐 (Torshavn)
인구수	520만 명 (2015년)	990만 명 (2015년)	550만 명 (2015년)	30만 명 (2015년)	570만 명 (2015년)	5.8만 명	5만 명
민족	노르웨이 인 (94%)	스웨덴인 (95%)	핀족(93%), 스웨덴인(6%), 러시아인 (1%)	바이킹족, 켈트족	스칸디나비아인, 이누이트, 게르만	이누이트 족 (88%), 덴마크인 (12%)	스칸디나비아인
GDP	3,976억 달러 (2015년)	4,837억 달러 (2015년)	2,307억 달러 (2015년)	167억 달러 (2015년)	2,910억 달러 (2015년)	22억 달러 (2011년)	23억 달러 (2010년)
1인당 GDP	76,266달러	48,966달러	42,159달러	51,068달러	51,424달러	38,400달러	30,500달러
경제성장률**	2.2 (0.9)%	2.3 (2.8)%	-0.4 (0.4)%	1.8 (4.8)%	1.1 (1.6)%	-	-
재정수지/GDP**	8.8 (6.0)%	-1.9 (-1.4)%	-3.2 (-3.2)%	-0.2 (1.3)	1.8 (-2.7)%	-	-
물가상승률**	2.0 (2.3)%	0.2 (0.5)%	1.2 (0.0)%	2.0 (2.1)%	0.6(0.5)%	-	-
경상수지**	47,129 (27,729)	35,390 (32,516)	-5,083 (-2,443)	3.4 (4.6)	21,426 (20326)	-	-
무역수지**	50,300 (34,300)	17,452 (17,900)	6,200 (8,800)	-105 (-203)	10,128 (10,300)	-	-
수출**	141,400 (106,200)	178,849 (151,100)	79,200 (66,900)	4,848 (4,374)	111,449 (94,100)	-	-
수입**	91,130 (71,950)	161,400 (133,200)	72,940 (58,050)	4,954 (4,577)	101,320 (83,810)	-	-
서비스수지**	-6,600 (-7,500)	9,293 (10,500)	-3,600 (-2,100)	1,196 (...)	8,248 (8,400)	-	-
외환보유액	61,592		6,414	4,100	69,674	-	-
주요 부존자원	석유, 가스, 광물자원	철광석, 구리, 우라늄, 목재	목재, 철광석, 구리, 니켈, 금	어류, 수력자원, 지열, 규조토	석유, 가스, 소금, 석회암	수산물, 석탄, 철광석	수산자원

주: * 1,000평방킬로미터, ** 2014년 기준 ( ) 2015년 추정치, 경상수지, 무역수지, 수출입, 서비스수지, 외환보유액은 100만 달러.
자료: 한국수출입은행, 2016 세계국가편람 (한국수출입은행, 2015년 12월), pp. 308-378.

〈표 2〉 노르딕 국가 개요

내역	덴마크	핀란드	아이슬란드	노르웨이	스웨덴
인구수(명)	5,581,503	5,476,922	331,918	5,207,680	9,954,420
면적(㎢)	43,094	338,145	103,000	323,802	450,295
수도명	코펜하겐	헬싱키	레이캬비크	오슬로	스톡홀름
주요도시 인구수(명)	코펜하겐 1,246,611 Aarhus 264,716 Odense 172,512 Aalborg 130,853 Esbjerg 71,618	헬싱키 1,176,974 Tampere 317,316 Turku 254,671 Oulu 188,279	레이캬비크 201,049 Akureyri 18,103 Reykjanesbar 14,000 Akranes 6,699 Selfoss 6,512	오슬로 942,084 Bergen 247,713 Stavanger 203,771 Trondheim 169,972 Drammen 110503	스톡홀름 1,372,565 Gothenburg 549,839 Malmö 280,415 Uppsala 140,454 Västerås 110,877
정부형태	입헌군주제 10세기 이후	의회공화국 1917년	의회공화국 1944년	입헌군주제 1905년	입헌군주제 1523년
주요 언어	덴마크어	핀란드어, 스웨덴어	아이슬란드어	노르웨이어	스웨덴어
주요 종교	루터교 89%, 기타 16%, 이슬람 4%	루터교 73.8%, 기타/무종교 25.1%, 정교 1.1%	루터교 73.8%, 기타/ 비지정 7.2%, 무종교 5.6%, 기타 종교 3.9%	루터교 82.1%, 비지정 7.5%, 기타 기독교 3.9%	루터교 87%, 기타 종교 13%
명목 GDP	3,367억 달러	2,673억 달러	136억 달러	5,223억 달러	5,797억 달러
일인당 명목 GDP	59,921달러	49,265달러	45,416달러	103,586달러	60,566달러
GDP(PPP)	2,409억 달러	2,183억 달러	132억 달러	3,280억 달러	4,182억 달러
일인당 GDP(PPP)	43,080달러	40,045달러	41,001달러	64,363달러	43,407달러
GDP성장률	0.1%	-0.6%	1.9%	1.6%	0.9%
통화	덴마크 크로네(DKK)	유로	아이슬란드 크로나 (ISK)	노르웨이 크로네 (NOK)	스웨덴 크로나(SEK)
군사비지출	GDP 대비 1.41%	1.47%	0.13%	1.4%	1.18%
군인수	72,135명	365,000명	130명	69,700명	221,163명
노동력	2,795,000명	2,685,000명	181,100명	2,707,000명	5,107,000명

주: 인구수 2015년 추정치; PPP: 구매력평가지수, GDP 성장률은 2015년 기준
자료: “Nordic countries,” From Wikipedia, the free encyclopedia,https://en.wikipedia.org/wiki/Nordic_countries

<표 3> 노르딕 자치 국가/지역의 주요 사회경제지표

내역	그린란드	페로제도	아란드(Åland)제도
인구수(명)	57,733명	50,196명	29,013명
면적(㎢)	2,166,086	1,393	1,580
인구밀도	0.028/㎢	33.5/㎢	18.36/㎢
수도	누크	Tórshavn	Mariehamn
주요도시 인구수(명)	Nuuk 16,464명 Sisimiut 5,598명 Ilulissat 4,541명 Qaqortoq 3,229명 Aasiaat 3,142명	Tórshavn 12,648명 Klaksvik 4,681명 Hoyvik 2,951명 Argir 1,907명 Fuglaførður 1,542명	Mariehamn 11,521명 Jomala 4,646명 Finström 2,529명 Lemland 1,991명 Saltvik 1,827명
주권국가	덴마크(자치국가 1979년)	덴마크(자치국가 1948년)	핀란드(자치지역 1921년)
정부형태	입헌군주국	입헌군주국	의회공화국
노르딕이사회 가입	1971년	1971년	1971년
주요 언어	그린란드어, 덴마크어	페로어, 덴마크어	스웨덴어
주요 종교	루터교 96.08%, 이누이트 정신신념 0.79%, Atheist+Agnostic 2.48%	루터교 89.3%, 비지정 6%, 무종교 3.8%	루터교 78.3%
일인당 명목 GDP	43,365달러	50,300달러	
GDP(PPP)	21억 7,300만 달러	14억 7,100만 달러	15억 6,300만 달러
일인당 GDP(PPP)	37,900달러	36,600달러	55,829달러
GDP 성장률	0.90%	2.90%	-
통화	덴마크 크로네	페로 크로나	유로

주: 인구수 2015년 추정치; PPP: 구매력평가지수, GDP 성장률은 2015년 기준
자료: "Nordic countries," From Wikipedia, the free encyclopedia, https://en.wikipedia.org/wiki/Nordic_countries

아이슬란드는 소국가로서 그 면적은 세계면적의 0.07%, 인구수는 0.005%, 세계 GDP의 0.02% 정도에 불과하다. 아이슬란드는 노르딕 국가 중 가장 북쪽에 위치하고 있으며 인구밀도가 가장 희박한 국가로서 2012년 1월 기준으로 면적은 남한보다 큰 10만 3,000㎢이며 인구수는 32만 여명이며 광역 레이캬비크 지역에 20만 여명이 집중 거주하고 있다. 그러나 아이슬란드 외무부

장관(Össur Skaphéröinsson)이 지적하듯이 북극권 국가 중 아이슬란드만이 유일하게 전 국토가 북극권(북위 66도)에 속해 있는 유일한 북극권 국가이다. 아이슬란드 외무부장관은 인구가 집중거주하고 있는 그린란드 남부지역은 엄밀한 의미에서 북극권 지역이 아니라고 주장하고 있다.

아이슬란드 농업은 제한적 규모를 지니고 있으며, 2010년 기준으로 2,592여개의 농장을 가지고 있으며, 226 헥타르 규모의 야채, 5,310 헥타르의 밀 그리고 15만 4,045 헥타르의 목장을 보유하고 있다. 아이슬란드 어업은 상대적으로 큰 규모를 지니고 있으며, 2011년에 110만 톤 상당의 어류를 포획하고 있으며, 그 가치는 12억 달러(1,540억 아이슬란드 크로네 ISK)에 이르고 있다. 2011년 기준으로 아이슬란드 어업은 전체 공업생산품 중 광산업(35.1%)에 이어 제2위로 총 가치의 34.1%를 점유하고 있다. 아이슬란드는 재생 가능한 에너지자원의 보고지역으로 지열 발전규모는 총에너지 소비량의 3분의 2를 공급하고 있으며, 또한 수력발전도 19%에 이르고 있다. 기술발전도 최근 상승하고 있으며, 관광업도 2009년에 GDP의 5.9%를 점유하고 있다.[5]

노르웨이는 세계에서 가장 부유한 국가 중의 하나이며, 노르딕 국가 중 가장 부유한 국가로서 2011년 구매력평가(PPP)기준으로 1인당 총국민소득(GNI)은 6만 1,460달러로서 스웨덴 4만 2,200달러, 덴마크 4만 1,900달러, 핀란드 3만 7,670달러, 아이슬란드 3만 1,020달러에 비해 높은 수준이다.[6]

---

5) Norden, *White Paper, Climate Change Adaptation in the Nordic Countries*, Top-Level Research Initiative, Norden 2013. p. 17.

6) World dataBank, 21 December, p. 20. Available at http://databank.worldbank.org/databank/download/GNIPC.pdf.

2012년 10월 기준으로 노르웨이 인구수는 503만 8,100명으로 약간 증가추이를 보이고 있다. 노르웨이 내 이주는 동남지역에 위치한 아커후스(Akershus)와 오스트폴드(Østfold)지역은 가장 높은 순유입 인구추이를 보이고 있는 반면에 오슬로, 베르겐, 스반델라그(Svandelag)지역은 약간 감소한 수준이며, 트론드하임(Trondheim)은 현상유지를 보이고 있다.

노르웨이의 농업은 감소추이를 보이고 있으며 농업보조금은 2007년에 102만 헥타르에서 2012년에 99만 헥타르로 감소했다. 노르웨이 경작지 면적은 점차적으로 감소하면서 2011년 기준으로 그 면적은 260만 헥타르로 기록됐다. 주요작물은 건초와 사료작물로서 전체 경작지의 45.6%를 점유하고 있다. 그 다음으로 곡물은 37.9%이며, 기타 농작물로는 유채, 콩, 감자 등이 재배되고 있다. 삼림업은 가장 주요한 산업부문으로 2011년 기준으로 29억 입방미터를 보유하고 있다. 그러나 삼림업은 지난 30년 동안 목재가격과 고용수준이 반으로 줄면서 감소하고 있다. 2009년 기준으로 삼림업 고용자 수는 6,900여명에 불과한 수준이다. 노르웨이 어업은 역사적으로 매우 중요한 부문이지만 2011년 기준으로 어업과 양식업은 GDP의 0.7% 그리고 총수출 가격의 5.7%로 석유와 금속에 이어 3위를 기록하고 있다. 노르웨이는 2008년 기준으로 석유와 가스생산은 GDP의 24.8%로서 원유 최대 수출국 중 하나이다. 노르웨이 전력 소비는 전력집약적 산업과 난방으로 인해 세계 평균보다 10배나 높은 규모를 가지고 있지만 전력의 98-99%는 수력발전에 의지하고 있다.[7]

스웨덴은 노르딕 국가 중 인구수가 가장 많은 국가로서 2011년 기준으로 950만 명(Statistics Sweden 2012)으로 주로 남부와 해안가에 집중 거주하

---

7) Norden, *White Paper, Climate Change* ... op. cit., p. 20.

고 있다. 그 반면에 중앙지역과 북부지역의 인구밀도는 희박한 수준이다. 가장 큰 도시는 수도인 스톡홀름으로서 2011년 기준으로 86만 4,000명이며, 수도 외곽지역에 140만 여명이 거주하는 것으로 집계되고 있다. 스톡홀름 다음으로 고텐부르그(Gothenburg) 52만명, 말뫼(Malmö) 30만 3,000명, 웁살라(Uppsala) 20만 여명이 거주하고 있다.

스웨덴의 대부분의 지역은 미개발지역으로 2005년 기준으로 전체 지역 중 2.9%만이 정착지이며, 53.1%는 삼림지역으로 239만 헥타르, 농지면적은 7.9%로 집계됐다. 스웨덴 경작지 면적은 점차적으로 감소하면서 2011년 기준으로 그 면적은 260만 헥타르로 기록됐다. 주요작물은 건초와 사료작물로서 전체 경작지의 45.6%를 점유하고 있다. 그 다음으로 곡물은 37.9%이며, 기타 농작물로는 유채, 콩, 감자 등이 재배되고 있다. 삼림업은 가장 주요한 산업부문으로 2011년 기준으로 29억 입방미터를 보유하고 있으며, 어업 규모는 10억 SEK (약 1억 5,300만 달러)로 집계되고 있다. 스웨덴에서 가장 큰 산업부문은 가공산업으로서 총생산가치 규모는 2010년 기준으로 51억 SEK 수준이다. 2011년 기준으로 가장 큰 전력원은 수력으로 전체 전력생산의 45%를 점유하고 있으며, 그 뒤를 이어 원자력 39.5%, 전통적 화력과 지열발전 11.3%, 풍력발전이 4.1%로 구성되어 있다.[8]

덴마크의 국토면적은 4만 3,000 평발 킬로미터로서 인구수는 570만 명이며, 노르딕 국가 중 인구밀도(1㎢ 당 130명)가 가장 높은 국가이다. 핀란드와 노르웨이는 인구밀도는 1㎢ 당 각각 16명, 스웨덴 21명에 불과한 편이다. 덴마크는 핀란드 다음으로 적응전략(The Danish Government 2008)을 개발하고 있다. 2011년 11월에 환경부 산하 기후변화적응 태스크 포스 팀을 창설하

8) Norden, *White Paper, Climate Change* ... op. cit., p. 26.

면서 기후변화 지식과 연구와 계획 등 적응전략을 관장하고 있다.[9]

핀란드의 인구는 2012년 11월 기준으로 540만 여명으로 농업이 주요한 역할을 담당하고 있으며, 사용 농업면적은 230만 헥타르로 2007년 기준으로 약 6만 6,600여개의 농장과 6만 7,400명의 농업종사자가 있다. 기후변화는 가장 현저한 영향을 미치고 있어 국가 적응전략의 개발을 EU 국가 중 최초로 입안한 국가이다.[10]

<표 1>에서 보는 것처럼 2015년 기준으로 노르딕 국가의 1인당 GDP는 노르웨이가 7만 6,200달러를 상회하고 있으며, 그 뒤를 이어 덴마크가 5만 1,400달러, 아이슬란드가 5만 1,100달러로 상위그룹을 유지하고 있으며, 스웨덴과 핀란드가 각각 4만 9,000달러와 4만 2,200달러이며, 하위그룹으로는 그린란드가 3만 8,400달러, 페로제도가 3만 500달러를 기록하고 있다. 인구수는 스웨덴 990만 명, 덴마크 570만 명, 핀란드 550만 명, 노르웨이 520만 명, 아이슬란드 30만 명이며, 자치지역으로 그린란드와 페로제도는 각각 5만 8,000명과 5만 명으로 집계됐다. 면적은 그린란드 216만 6,000㎢로 가장 크며, 그 뒤를 이어 스웨덴 45만 300㎢, 핀란드 33만 8,000㎢, 노르웨이 32만 3,800㎢, 덴마크 4만 3,000㎢, 페로제도 1,393㎢로 집계되고 있다.

아이슬란드와 페로제도에는 북극원주민은 없는 반면에 그린란드에서는 이누이트 족이 88%와 덴마크 인이 12%가 거주하고 있으며, 기타 노르딕 국가에서는 사미족이 1-3% 정도가 거주하고 있다.

---

9) Norden, *White Paper, Climate Change* op. cit., p. 11.
10) Norden, *White Paper, Climate Change op.* cit., p. 14.

〈그림 3〉 바렌츠 유럽북극지역 전도

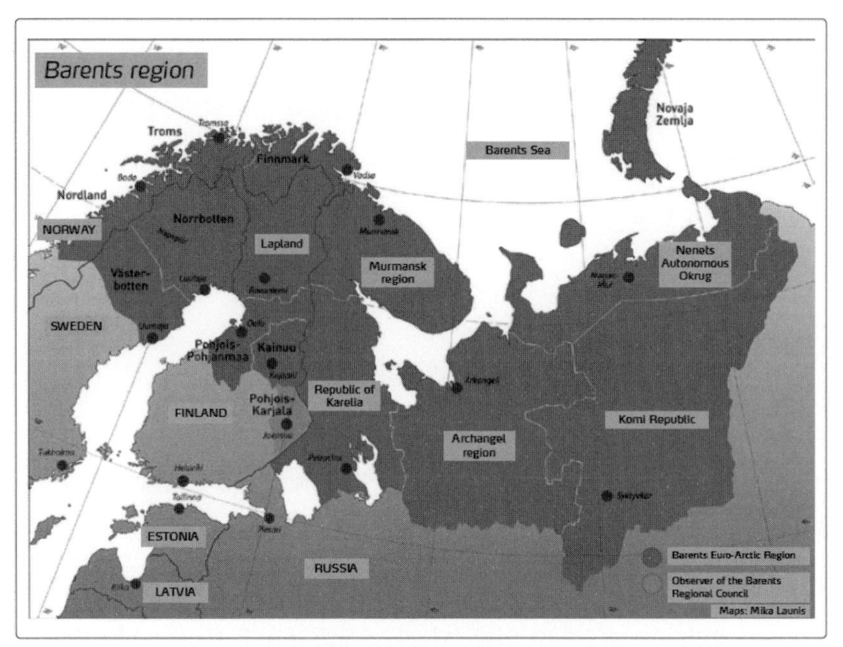

Source: www.barentsinfo.org, Arctic Centre, University of Lapland, Prime Minister's Office, Ministry for Foreign Affairs

자료: Paavo Lipponen, *A Strategic Vision for the North: Finland's Prospects for Economic Growth in the Arctic Region*, Confederation of Finnish Industries, 2015, p. 44.

노르딕 5개국은 1996년 설립된 북극이사회뿐만 아니라 그 전신인 북극환경보호전략(AEPS: Arctic Environmental Protection and Strategy)의 창설회원국이다. 노르딕 국가들은 자체 조직인 노르딕 협력(Nordic Cooperation), 노르딕 의회간이사회(Interparliamentary Nordic Council), 노르딕각료이사회(NCM: Nordic Council of Ministers), 서부노르딕 협력(West Nordic Cooperation)기구와 바렌츠유럽북극이사회(BEAC: Barents Euro-Arctic Council)와 유럽연합(EU)의 북방차원(Northern Dimension)을 통해 북극이슈에 개입하고 있다.

거대한 북극 공간처럼 노르딕 5국의 북극권도 지리, 역사적 공통분모를 공유하고 있지만 자연 지리적 요인뿐만 아니라 정치, 경제, 사회, 문화 등 인문지리적 요인에서도 개별 노르딕 국가 내뿐만 아니라 노르딕 국가 간 차이점도 현저하게 나타나고 있다. 그 결과 노르딕 국가들은 대내외 북극 거버넌스 이슈와 관련하여 상호 협력뿐만 아니라 경쟁과 갈등요인들이 잠재해있다.

Ⅲ. 노르딕 북극권의 지정학적 접근

노르딕의 개별국가와 그룹차원의 국력은 기타 북극국가인 미국, 캐나다, 러시아보다도 약한 편이다. 북극권에서 러시아의 대대적 군사력 강화와 노르딕 북극권 해양의 이용을 계획하는 상황 하에서 러시아와 서방의 분쟁은 노르딕 국가에게 치명타를 제공할 수 있다. 제2차 세계대전 이후 덴마크, 아이슬란드, 노르웨이는 NATO의 가입을 통해 대응한 반면에 핀란드와 스웨덴은 중립국의 견지를 지향했다. 이와 같은 '노르딕 밸런스'는 북방전선의 긴장완화와 노르딕과 북극지역에서 평화 개념을 강화해왔다.[11]

냉전시대 동안 노르딕 국가들은 환북극권(pan-Arctic) 협력 구조의 형성과 동서경계를 통과하는 물적 및 인적교류에 지대한 공헌을 해왔다. 탈냉전 시기에 노르딕 국가들은 1993년에 창설된 바렌츠유럽북극이사회(BAEC), 1996년 설립된 북극이사회를 통해 북극권 환경문제와 여러 형태의 도전을 해결하기 위해 러시아와 협력을 강화해왔다. 기후변화의 중요성과 노르딕 국가들이 지

11) Alyson JK Bailes, Nordic and Arctic Affairs: Small States in the Arctic: what Impact From Russia-West Tension? Centre for Small State Studies, Jean Monnet Centre of Excellence University of Iceland, Oct. 6, 2015, p. 1.

분을 가지는 북극의 경제적 가능성이 도출되면서 북극협력은 글로벌 관심사로 떠오르고 있다. 지정학적 북극공간의 국제화와 민관학연 등 다양한 주체의 국제협력에도 불구하고 북극공간에서 개별 주체 간 경쟁과 갈등 및 분쟁소지는 여전히 상존하고 있다. 그 이유는 남극과는 달리 북극권의 거버넌스는 아직 정립되지 않는데 기인한다.

북극권 육지의 국경문제는 상당부분 해결됐다. 그러나 북극 해양 국경선 문제는 존재하지만 점차적으로 북극권 국가 간 쌍무협정에 의해 해결되고 있다.

1973년에 캐나다와 덴마크(그린란드)는 대륙붕 해양경계선을 체결했다. 이 경계선은 캐나다의 엘즈미어(Ellesmere)섬과 덴마크 자치령 그린란드 사이에 위치한 데이비스 해협(Davis Strait)과 네어스 해협(Nares Strait)으로 구분된다. 이 경계선의 길이는 2,683km에 달하고 있으며, 등거리 원칙에 의해 이루어졌다. 그럼에도 불구하고 한스(Hans) 섬(1.3㎢) 영유권 문제 때문에 케네디 채널(Kennedy Channel)에서 문제의 소지가 남아 있다.

1997년에 덴마크(그린란드)와 아이슬란드는 대륙붕 해양경계선과 덴마크 해협에서 어업지대 경계선을 체결했다. 이 경계선은 자오선 원칙에 의거해서 북위 63도 18분부터 북위 69도 35분까지 700km에 이르고 있다.

덴마크(그린란드: 섬을 포함한 북극해안선의 길이는 2만 1,700km, 섬을 포함하지 않는 해안선의 길이는 1만 6,000km)와 노르웨이는 2개의 해양국경 문제가 있었지만 해결된 상황이다. 그린란드와 1929년 노르웨이에 합병된 얀 마옌(Jan Mayen)섬 사이의 해양 경계선과 1920년 체결된 국제조약에 의거하여 노르웨이 령으로 확정된 스발바르 제도와 그린란드 해양경계선 문제였다. 첫 번째 해양경계선은 1993년 국제사법재판소(International Court of Justice)의 결정에 의거했으며, 두 번째 해양경선 문제는 1995년 쌍무협정에 의해 해결됐다. 해양국경선은 경계선의 시점은 등거리 선이지만 지리적 상황을 고려했다.

2006년에 그린란드와 스발바르의 해양경계선은 등거리 원칙에 의거해서 결정됐다. 이 경계선은 북위 83도 43분까지 800km에 이르고 있다.

노르웨이 얀 마옌 섬은 아이슬란드 북동쪽 290마일이나 떨어진 곳에 위치하고 있다. 얀 마옌 섬의 어업지대와 아이슬란드 EEZ와 상당히 중첩되어 있다. 노르웨이와 아이슬란드는 1980-81년에 2개의 협정을 협상했다. 1980년 협정은 어업관리를 위한 조항이었으며, 1981년 협정은 조정위원회의 권고에 따라 아이슬란드에 완전한 EEZ를 양여했다. 이 협상은 4만 5,000㎢의 해저면(노르웨이 해양경계지역의 3분의 2)에서 탄화수소자원의 공동개발과 4분의 1 기타 지역에서 발생하는 편익의 공유를 전제했다.

지난 40년 동안 문제가 있었던 바렌츠 해에서 러시아와 노르웨이 간 해양경계선이 2010년 9월 15일에 무르만스크 조약으로 해결됐다. 스발바르 제도와 관련된 갈등 요인은 노르웨이 주권이나 혹은 경계선의 확대라기보다는 오히려 1920년 스발바르 조약에서 규정된 동등한 취급과 관련된 지리적 범위의 문제이다. 노르웨이는 스발바르(해안선의 길이: 400km) 제도를 중심으로 자국의 EEZ의 행사를 원하고 있다.[12)]

---

12) Michal Luszczuk, "The Arctic in Transition, Regional Issues and Geopolitics on Thin Ice," Teka Kom. Polito. Stos. Miedzynar. -OL PAN, Vol.7, 2012, p. 104.

〈표 4〉 노르딕 북극권의 해양 국경선 문제

문제 지역	지위	협정 조건
캐나다/덴마크, 데이비스 해협	해결됨 (예외: 한스 섬과 링컨 해)	1973년 12월 17일 대륙붕 경계 협정
덴마크/그린란드와 아이슬란드	해결됨	덴마크, Home Rule Government, 아이슬란드는 대륙붕 및 어업지역 경계협정 (1997년 11월 11일)*
덴마크 페로제도와 아이슬란드	해결됨	2007년 2월 2일 페로제도와 아이슬란드 해양국경 협정
덴마크/그린란드와 아이슬란드, Irminger해 200마일 대륙붕 외곽지역	협정의정서 (공식 구속력은 없음)	2013년 1월 16일 Irminger해의 200마일 대륙붕 외곽지역의 경계 협정의정서
덴마크/노르웨이, 페로제도	해결됨	1979년 6월 15일 대륙붕 및 어업지역 협정
페로제도, 아이슬란드, 노르웨이, 바나나 홀(Banana Hole)남부지역, 북동 대서양 해역 200마일 외곽지역	협정의정서 (공식 구속력은 없음)	2006년 9월 20일 페로제도, 아이슬 란드, 노르웨이, 바나나 홀 남부지역, 북동 대서양 200마일 외곽지역 협정의정서
덴마크/노르웨이, 얀 마이옌과 그린란드	1993년 ICJ 재판으로 해결됨	1997년 프로토콜과 1995년 12월 18일 대륙붕 및 어업지역 경계 협정*
덴마크/그린란드와 노르웨이/스발바르	해결됨	2006년 2월 20일 대륙붕 및 어업지역 협정
아이슬란드/노르웨이, 얀 마이옌	해결됨 (1981년 조정위원회 보고)	1997년 프로토콜과 1981년 10월 22일 대륙붕 협정
노르웨이/러시아	해결됨	1957년 2월 15일과 2007년 7월 11일 바란거피요르드 (Varangerfjord)협정, 2010년 9월 15일 바렌츠/북극해 해양협정

주: * 이 협정은 노르웨이, 아이슬란드, 덴마크의 자문에 응함. 얀 마이옌(Jan Mayen), 아이슬란드, 그린란드의 3국과 교차되는 해양국경선문제.

** 아이슬란드, GB, 아일랜드, 덴마크 페로제도 사이에 위치한 해톤 록올(Hatton Rockall)해역 대륙붕 경계는 미해결됨.

자료: Nigel Bankes, "Legal System," Norden, *Arctic Human Development Report, Regional Processes and Global Linkages*, Nordic Council of Ministers 2014, p. 242.

북극양은 세계 5대양 중 가장 적은 규모로 세계 대양의 3%에 불과하지만 지질학적 및 유엔 해양법 상에 의거한 대륙붕 연장으로 인해 다른 대양보다 중요한 위치를 차지하고 있다. 북극양의 해저 면과 관련한 법적 지위는 여전히 불분명한 상황이다. 북극양도 국제법상 바다의 지위를 지니고 있으며, UN

해양법 기준에 근거하고 있다. 국제해양법은 연안부터 12마일까지 자국의 영토이며 그리고 200마일까지 배타적경제구역(EEZ)으로 이용할 수 있는 권한을 부여했다. 그러므로 북극 인접국들은 연안 200마일 내에서 어업권과 자원 채취를 가능하게 됐다.

UN해양법은 대륙붕을 "육지지역에서의 전체 자연적 돌기부(突起部)를 통해 외부 모서리까지 펼쳐지거나 혹은 육지 끝의 외부 모서리가 적게 떨어진 경우에는 기준선으로부터 200해저마일까지 연안의 해수면과 해저 그리고 해저지하층"으로 정의하고 있다(UN해양법 76 I). 해안국들이 200해저 마일 이상을 실효화 하기 위해서는 육지의 끝부터 200해저마일을 넘어서는 지역까지 연결된다는 것을 증명해야만 한다(UN해양법 76 VIII). 증명이 유효할 경우 연안국은 350해저마일까지 대륙붕에서 천연자원의 채취할 수 있는 권한을 가진다(UN해양법 76 VI, 77 I). 이 구역 내에서 심해저 면의 생산된 가치의 7%까지를 자메이카 킹스턴에 소재한 UN '국제해저(심해저개발협력)기구(ISA: International Seabed Authority)'에 지불해야만 한다. 이와 같은 대륙붕 면적은 전체 북극면적의 4분의 1로서 500만㎢에 해당한다. 그중 대부분은 러시아와 노르웨이가 차지하게 되며, 캐나다와 미국도 상당한 대륙붕 확장가능성이 높은 편이다.[13] EU와 중국 등 비북극권 국가들은 EEZ를 넘는 심해저 면을 '인류공동의 유산(common heritage of mankind)'이라고 강력하게 주장하고 있으며, 가능한 한 다자간 결정이 필요하다는 점을 강조하고 있다.

덴마크는 2004년에 유엔해양법조약에 가입해서 2014년 말까지 제출 의무를 지니고 있다. 덴마크는 2009년 4월 29일에 페로제도의 대륙붕 외연 확대신

---

13) Brian Van Pay, "National Maritime Claims in the Arctic," *Change in the Arctic Environment and the Law of the Sea*, The 33rd COLP Conference Seward, Alaska, Nay 21, 2009, p. 34.

청서를 UN 대륙붕한계위원회에 제출해서 2014년 3월 14일 8만 7,792㎢의 대륙붕 확장을 인정받았다.[14] 덴마크는 2014년 12월 15일에 그린란드 북부지역 89만 5,000㎢ 상당의 대륙붕 확장 UN에 제출했다.

2008년 5월 27-29일에 개최된 그린란드 일루리샷(Ilulisaat) 선언을 통해 북극연안 5개국은 대륙붕 중첩 및 확장 문제는 원칙적으로 유엔해양법과 대륙붕한계위원회의 결정을 준수하는데 합의했다. '북극-5'는 북극에서의 남극조약과 같은 새로운 국제법 레짐의 형성을 반대하면서 기타 북극이해당사국의 배제를 목적으로 하고 있다.[15] 북극 연안국(5개국)의 폐쇄적 거버넌스의 강화에 대해 비 연안 북극권국가(아이슬란드, 핀란드, 스웨덴)들은 북극이사회의 역할을 축소시키는 결과를 초래할 뿐만 아니라 북극이사회의 영구 참여그룹(6개 북극원주민 그룹)도 배제하고 있다고 비판하고 있다. 일루리샷 선언에는 EU, 유럽의회, 북극이사회 영구옵서버, 원주민 조직, NGO에 대한 언급이 없는 상황이다. 노르딕 5국 중 북극해 연안국인 덴마크와 노르웨이는 '북극 5'를 지지하고 있지만 기타 노르딕 3국(아이슬란드, 스웨덴, 핀란드)과 북극이사회의 영구참여자 그룹인 원주민 6개 단체들도 강력하게 반대하는 양상을 보이고 있다.[16]

북극 연안국(5개국)의 폐쇄적 거버넌스의 강화, 기존의 국제법규(유엔해양법, 관련 UN산하기관 등)의 해석문제뿐만 아니라 북극이사회 결정의 법적 구속력의 부재 등으로 인해 전반적인 북극 거버넌스가 확립되지 않고 있는 실정

---

14) "Shelf North of the Faroe Islands recognised by the Commission on the Limits of the Continental Shelf," March 25, 2014. http://www.geus.dk/cgi-bin/webbasen_nyt.pl?id=1395773784&cgifunction=form (검색일: 2015년 1월 19일).

15) 유준구, "북극해 거버넌스 현안과 과제," 『주요국제문제분석』(국립외교원 외교안보연구소) 2012년 10월 12일, p. 9

16) Willy Østreng, "Arctic Policies of Nordic States: The Policitcs of Geographical Definitions," *Polar Initiative Policy Brief Series*, Wilson Center, September, 2014, p. 2.

이다.[17] 언급된 북극권 갈등요인들은 다자간(UN, 북극이사회 등), 지역협력[바렌츠유럽북극위원회(BEAC: Barents Euro-Arctic Council), 노르딕 이사회(Nordic Councils),[18] 쌍무(러시아와 노르웨이 국경조약 등) 협접 등]에 의해 조율될 것으로 예상된다.

〈표 5〉 북극관련 주요 국제 협정

연도	주요 내역
1892년	베링해 물개 관련 협약(Convention Relating to Fur Seals in Bering Sea)
1911년	북태평양 물개 협약(North Pacific Fur Seals Convention)
1913년	국제 빙하 순찰 설립 관련 합의 (Agreement relating to creation of the International Ice Patrol)
1920년	스발바르 조약(Svalbard Treaty)
1956년	북대서양 빙하 순찰 재정 합의(North Atlantic Ice Patrol Financial Agreement)
1957년	북태평양 물개 보존 임시 협정 (Interim Convention on Conservation of North Pacific Fur Seal)
1973년	북극곰 보전 합의(Agreement on the Conservation of Polar Bears)
1991년	북극환경보호전략 Arctic Environmental Protection Strategy(AEPS)
1992년	북대서양 포유동물 위원회(North Atlantic Marine Mammal Commission)
1996년	북극위원회(오타와선언) (AEPS대체)Arctic Council(Ottawa Declaration) (replacing AEPS)
2002년	국제해사기구 선적 가이드라인(IMO Arctic Shipping Guidelines (from 2009 Polar)
2011년	북극조난구조협정(Arctic SAR Agreement)
2013년	북극 해양석유오염, 대비, 반응조처 협정 (Arctic Marine Oil Pollution, Preparedness and Response in the Arctic)
2014년	IMO 폴라 코드 강제규정 (Mandatory IMO Polar Code)

자료: Nigel Bankes, "Legal System," Norden, *Arctic Human Development Report, Regional Processes and Global Linkages*, Nordic Council of Ministers 2014, p. 231.

17) 한종만, "러시아의 북극전략과 거버넌스,"『북극, 한국의 성장공간』배재대학교 한국-시베리아센터 편(서울: 명지출판사, 2014), p. 54.
18) 노르딕 이사회의 복수형(Councils)의 의미는 노르딕 의회간이사회와 노르딕 각료이사회를 의미한다.

〈그림 4〉 유럽 노르딕/러시아 북극권의 거버넌스 구조

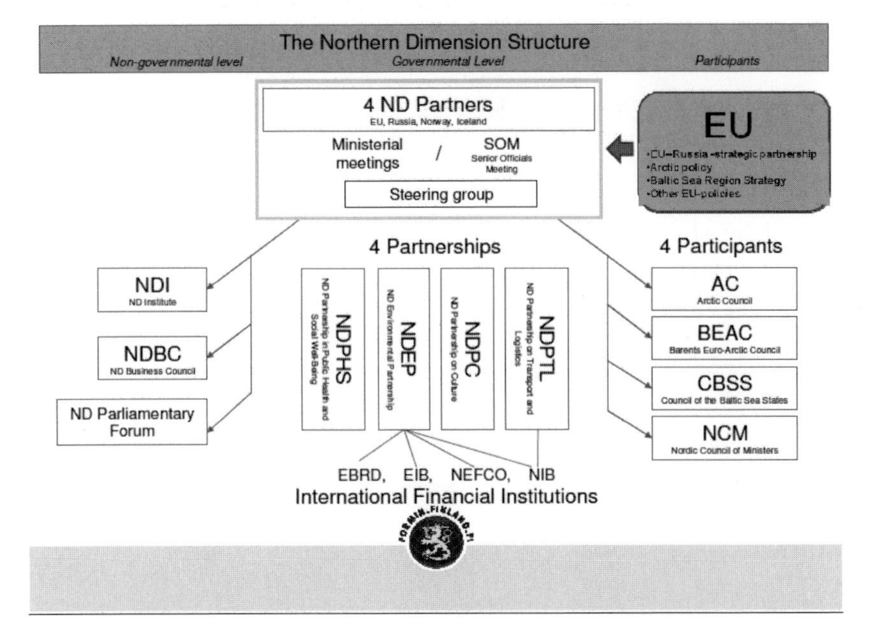

자료: 핀란드 외무부, 2011년. 재인용: Pami Aalto, Aileen A. Espiritu, Dmitry A. Lanko, Sarah Naundorf, *Coherent Northern Dimension: The Policy Priorities of the Arctic Council (AC), the Barents Euro-Arctic Council (BEAC), the Council of Baltic Sea States (CBSS) and the Nordic Council of ministers (NCM), in comparison with the Northern Dimension objectives*, Report of the Northern Dimension Institute, Jan. 10, 2012 p. 40.

북극이사회의 법적 규정들은 구속력을 갖고 있지는 않지만 향후 북극이사회와 UN이 북극의 생태문제뿐만 아니라 북극문제 해결과 조정에 지대한 역할을 담당할 것으로 예상된다. 2011년 그린란드 누크(Nuuk) 회담에서 북극이사회는 처음으로 법적구속력을 지닌 '수색/조난조약(Search and Rescue Treaty)' 체결과 상주 비서국 창설 그리고 2013년에 '해양석유오염, 준비, 대응 협력 협정'을 체결했다.[19] 북극이사회는 국방, 안보적 문제보다는 북극의 환경

19) 북극이사회는 고위 수준의 정부간협력 포럼으로서 1996년에 설립됐다. '북극이

〈그림 5〉 북극이사회 구조

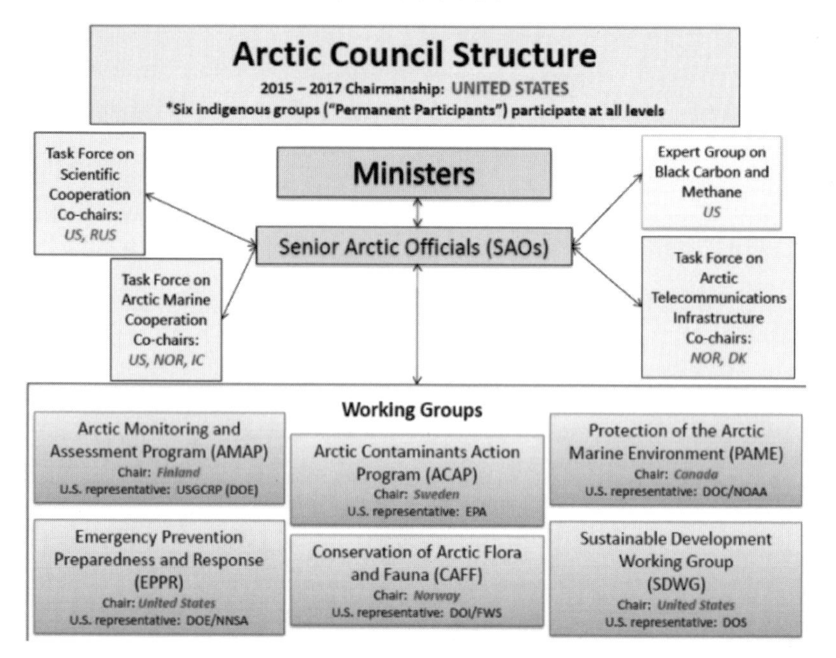

자료: Little Fish, Big Pond: Icelandic Interests and Influence in Arctic Governance, p.6. http://nome.unak.is/wordpress/volume-11-no-2-2016/conference-proceeding-volume-11-no-2-2016/little-fish-big-pond-icelandic-interests-influence-arctic-governance/?pdf=1352

사회(Arctic Council)'는 환경 모니터링과 방지를 위해 북극환경보호전략(AEPS: Arctic Environmental Protection Strategy)을 조성했다. 북극이사회는 6개의 전문가 워킹그룹을 가동하고 있다. 6개 그룹으로는 북극 오염방지행동프로그램(ACAO: Arctic Contaminants Action Program), 북극발전의 평가와 감독프로그램(AMAP: Arctic Monitoring and Assessment Program), 북극 동식물 보전프로그램(CAFF: Conservation of Arctic Flora and Fauna), 긴급사고 방지, 준비, 대응 그룹(EPPR: Emergency Prevention, Preparedness and Response), 북극 해양환경보호그룹(PAME: Protection of the Arctic Marine Environment), 지속가능한 발전워킹그룹(SDWG: Sustainable Development Working Group)을 구성했다. 1998년 1번 째 의장국은 캐나다였으며, 그 후 미국, 핀란드, 아이슬란드, 러시아, 노르웨이, 덴마크, 스웨덴, 캐나다 등이 의장국이었다. 현재 미국이 의장국의 지위를 갖고 있으며, 차기 회장국은 2017년 봄부터 2019년 봄까지 핀란드이다. 북극이사회의 발전과정과 역할에 대해서는 다음의 글을 참조. Piotr Graczyk and Timo Koivurova, "A New Era in the Arctic Council'

보호와 지속적 성장을 주 이슈로 다루고 있지만 북극의 수색/조난(SAR)협정을 통해 soft 안보 협력을 지향할 것으로 판단된다.

북극이사회 8개국은 유럽안보협력기구(OSCE: Organization for Security and Cooperation in Europe)에 가입하고 있으며, 북극이사회 5개국인 미국, 캐나다, 노르웨이, 덴마크, 아이슬란드는 NATO에 가입하고 있다. 2009년에 설립된 '노르딕국방협력기구(NORDECO: Nordic Defence Cooperation)'의 멤버는 노르딕 5국(아이슬란드는 군사력의 부재에도 불구하고)이 정회원국이며 발트 3국(에스토니아, 리트비아, 리투아니아)은 부속(adjunct)회원국의 지

〈그림 6〉 노르딕 국가의 안보기구 회원국 상황

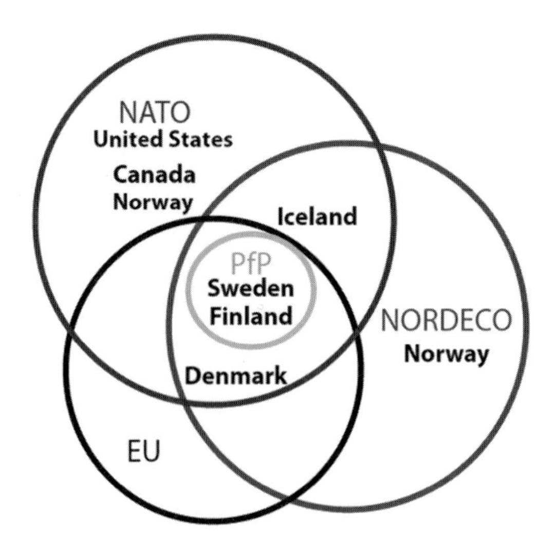

자료: James Kraska and Betsy Baker, "Emerging Arctic Security Challenges," *Policy Brief*, Center for a New American Security, March 2014, p. 5.

---

s External Relations? Broader Consequences of the Nuuk Observer Rules for Arctic Governance," Polar Record (Cambridge University Press), 2013, pp. 1-12.

위를 가지고 있다. NATO에 가입하지 않은 스웨덴과 핀란드는 '평화프로그램 파트너십(PfP: Partnership for Peace program)'을 통해 NATO 군사 활동에 참여하고 있다. PfP는 1994년 이후 스웨덴과 핀란드는 군사훈련과 재난관리훈련과 과학, 환경이슈의 협력 등 전 부문에서 참여해오고 있으며, 최근 러시아의 북극 군사기지의 재구축과 군사 훈련의 가시화 등으로 인해 스웨덴과 핀란드의 NATO 가입 가능성이 공론화되고 있다.[20] NORDECO는 NATO와 EU를 보충하고 있으며, 덴마크는 NATO, EU, NORDECO에 가입한 국가로 가장 통합된 북극국가의 지위를 가지고 있다. 그러나 NORDECO는 북극에서 가장 강력한 러시아, 미국, 캐나다를 포함하지는 않고 있는 상황이다.

북극협력에 적극적으로 참여하는 노르딕 5국은 기타 북극권국가, 특히 인접국인 러시아보다 매우 적은 규모의 군사력을 지니고 있다. 그러나 2014년 러시아의 크림반도 합병과 우크라이나 개입 이후 서방의 대러시아 경제제재 조치와 러시아의 대서방 맞대응 조치가 이루어지면서 새로운 동서 긴장이 부각되고 있다. 2014년 노르웨이와 아이슬란드가 지원한 EU에서 채택된 러시아 경제제재 조치는 향후 러시아와의 북극의 공동 가스 프로젝트에 서방의 재정지원 등을 금지시켰다. 러시아는 보복조치로 서방의 식료품(수산물 포함)의 수입 금지였다. 이 조치에서 러시아는 아이슬란드 수산제품은 배제시켰지만 2015년 8월에 확대됐다. EU는 지금 인도주의 관점 보호 차원에서 '북방차원(ND)'과 기타 지방 프로그램 하에서 러시아와의 새로운 프로젝트에 재정협력을 지지하고 있다.

노르웨이는 4개국 노르딕 대륙국가 중 인구가 가장 적음에도 불구하고 가

---

20) Jan Joel Andersson, "Why It's Time For Finland and Sweden to Join the Alliance," *Foreign Affairs*, April 30, 2014. https://www.foreignaffairs.com/articles/finland/2014-04-30/nordic-nato (검색일: 2016년 1월 13일).

장 강력한 국방예산을 할애하고 있다. 노르웨이 북부해안선 주변에, 예를 들면 포르산거(Porsanger) 군사기지와 다양한 규모의 전초기지와 북위 70도 이상 지역에 소재하는 소규모의 수색조난(SAR) 헬기 기지를 보유하고 있다. 북위 69도에 위치한 소르트란드(Sortland)에 소재하는 북부해안경비기를 포함한 베르겐(Bergen) 주변에 소재하는 하콘스베른(Håkonsvern)해군기지는 노르딕국가 중 가장 큰 해군기지이다. 노르웨이 북극에서 가장 큰 항공 군사기지 보도(Bodø)는 NATO의 임무를 수행할 수 있는 전투기를 포함해서 800여명의 군인과 민간노동자들이 거주하고 있다.

노르웨이는 NATO 회원국임에도 불구하고 러시아와의 쌍무 군사협력을 오랫동안 실시해왔다. 그러나 노르웨이는 러시아의 크림반도의 병합에 대한 반응으로 러시아와 계획된 군사프로그램을 2014년 3월 25일에 중지를 선언했다.

노르딕지역에서 가장 큰 인구를 가진 스웨덴은 노르웨이에 이어 2번째 국방예산을 편성하고 있으며, 군사와 안보문제에 대해서는 중립성과 비동맹의 오랜 역사를 가지고 있다. 스웨덴은 EU 회원국으로 1999년 워싱턴 정상회담과 2000년 니스에서 개최된 유럽이사회에서 스웨덴 중립성에 대한 문제점 제기 이후 NATO와의 PfP에 적극적으로 참가하고 있다. 500여명의 장교와 900여명의 군인들을 보유하는 보덴(Boden)에 소재하는 노르보텐(Norbotten) 여단 사령부는 스웨덴에서 가장 강력한 여단 중 하나이다. 보덴 남부 룰에아(Luleå)에 소재하고 있는 노르보텐 공군기지는 스웨덴 노르보텐 북극권지역의 방공을 책임지고 있다. 스웨덴 북위 65도 북쪽에 3개 지역, 키루나, 칼리흐(Kalix), 아르바드야우르(Arvidsjaur)에 포병대대가 포진하고 있다. 스웨덴은 북극연안국도 아니며, 러시아와 국경을 맞대고 있지 않기 때문에 인접국인 노르웨이와 핀란드에 비해 북극에서 러시아와 협력 프로그램은 제한적이다.

덴마크의 영토는 북극권 남쪽에 있기 때문에 1979년 덴마크의 자치정부인

광대한 그린란드의 방위를 위해 상당한 국방예산이 필요한 실정이다. 그러나 덴마크의 국방예산은 스웨덴의 반 정도에 불과하다. 덴마크의 군사시설은 덴마크 본토에 집중되어 있지만 그린란드와 아북극권인 페로제도에도 군사비를 지출하고 있다. 그린란드에서 군사 행동은 그린란드 수도 누크에 소재하는 북극사령부와 조율하고 있다. 그린란드 2개 지역, 다네보르그(Daneborg)와 엘라 오(Ella Ø)에서 덴마크 썰매 순찰대를 운영하고 있다. 페로제도에서는 덴마크 본토와 수신과 중계업무를 담당하는 콘택트 포인트를 운영하고 있다. 덴마크는 NATO 회원국으로 고도의 장비를 갖춘 그린란드 내 툴레(Thule) 미국 공군기지를 허용하고 있으며, 연간 3,000편의 비행을 실시하고 있으며, 세계에서 가장 먼 북쪽지역에서 심수항을 확보하고 있다.

핀란드는 스웨덴처럼 중립정책을 지향하고 있지만 스웨덴처럼 EU를 통해 제한된 범위 내에서 쌍무적으로 NATO와 밀접한 협력관계를 유지하고 있다. 핀란드의 국방예산은 매우 적어 노르웨이와 스웨덴 예산의 5% 정도에 불과하다. 그로 인해 NATO와의 실무 협력적 노력은 제한적일 수밖에 없는 상황이다. 핀란드의 북극권 지역에 소규모 연대가 예를 들면 카야아니(Kajaani), 소단킬레(Sodankylä), 로바니에미(Rovaniemi), 호오빈린네(Huovinrinne)에 펼쳐져 있다. 공군기지는 로바니에미와 피르크칼라(Pirkkala)지역에 소재해 있다.[21]

러시아의 북부사령부와 서부사령부는 콜라반도에 새로운 여단을 편성하여 1만 2,000명의 군인을 보충했으며, 250여대의 항공기를 편성하고 있다. 러시아는 핀란드 국경으로부터 30마일 떨어진 곳에 북극 군사기지를 설립할 예정이며, 10개의 북극 '수색조난(ASR)'기자, 16개의 심수항, 13개의 공군기지, 10

---

21) "Militarisation of the Arctic: (2) The Nordic Countries," *The Arctic Blog, The Polar View*, No.1 April 2015. http://russiancouncil.ru/en/blogs/polarview/?id_4=1796 (검색일: 2015년 1월 20일).

개의 항공레이더 기지설립을 계획하고 있다. 향후 2년 내에 새로운 여단을 북극에 영구 상주와 특수군의 북극에 군사연습은 물론 소비에트 북극시설의 재가동과 현대화 작업을 병행할 계획이다.[22)]

이에 대응하여 NATO는 발트/노르딕 국가동맹의 강화를 재확인하고 있다. 노르딕 지역에서 해외군대의 주둔을 반대하는 분위기(2006년 아이슬란드 미군기지 철수)와 노르웨이와 스웨덴은 자체 군대 예산의 삭감에도 불구하고 스칸디나비아 3국은 NATO와의 관계를 강화하는 쪽으로 변모되고 있다. 노르딕 국가들은 소규모 국가의 특성상 대외정책의 적합한 지위를 유지하면서 지역안정의 우호적인 북극 강대국의 개입을 선호하고 있다. 그러므로 노르딕국가들은 서방이 낮은 수준에서 러시아와의 접촉과 협력의 여지를 유지하는 데 기여하기를 원하고 있다. 그러나 우크라이나 동부지역 위기는 매우 불안한 상황이며, 서방과 러시아의 긴장 국면의 위기는 단기적으로 종결되기는 힘든 상황이다. 최악의 시나리오에서도 노르딕국가들은 북방에서 러시아의 행동을 저지할 수 없으며, NATO를 통해 제한된 통제만 가능할 것이다. 정치적으로 워싱턴과 모스크바가 범북극권(pan-Arctic)에서 분쟁이 최고도로 발생할 경우 노르딕국가들은 홀로 서기 과정을 지속한다는 것은 어려운 상황이며, 노르딕국가 자신의 생존을 위한 논리로서 미국 주도의 입장을 부응해야만 될 것이다.

기타 노르딕국가들과는 달리 인구 면에서 가장 적은 아이슬란드는 자체 군대를 보유하고 있지 않으며 2006년 미군이 철수한 후 어떠한 군사기지도 없는 상황이다. 그러나 아이슬란드는 NATO의 창설회원국으로 NATO의 기능적 관점에서 적극적으로 참여하고 있다.[23)]

---

22) Jeremy Bender, "The Nordic countries are banding together against Russia's Arctic push," *Business Insider*, Apr. 23, 2015.

23) Alyson JK Bailes, *Nordic and Arctic Affairs*: … op. cit., p. 3.

최근 시리아 난민들이 러시아를 경유하여 자전거를 통해 노르웨이로 입국하는 숫자가 늘어나면서 노르딕국가들은 공동으로 국경수비를 강화하는 방향으로 나아가고 있다.[24]

노르딕 협력은 역사적으로 깊은 유대관계를 지녔으며, 제2차 세계대전 이후 더욱더 제도화 및 공식화 되고 있다. 노르딕 협력은 주로 개별국가의 주권에 영향력이 없는 자문과 조정의 임무를 띠고 있다.[25] 노르딕 다자간협력 구조는 제2차 세계대전 이후 다음과 같은 4가지 요인이 결정적 역할로 구성되어 있다. 첫째, 노르딕 각국은 공동의 역사와 문화적 전통을 공유하고 있으며, 밀접하게 연계된 노르딕 언어들은 사회적 수준에 관한 초국가적 만남을 가능케 하고 있다. 둘째, 노르딕 공동제도 안에서 노동 분과에서 몇 개의 혜택을 보유하고 있다. 셋째, 일부 노르딕국가의 군사적, 경제, 문화적 권력의 불균등적 권력의 역동성은 노르딕 정체성의 공고화와 노르딕 협력의 강화를 유발시키고 있다. 넷째, 세계정책에서 독립적으로 노르딕 공약을 위한 상호 지원하고 있다.[26]

노르딕 방위협력(NORDEFCO: Nordic Defense Cooperation)은 2008년 러시아의 그루지야의 침공 이후 2009년에 NATO 회원국인 덴마크, 아이슬란드와 비 회원국인 스웨덴과 핀란드가 창설회원국이다. NORDEFCO는 로지스틱 협력과 자원 공유에 한정된 목표를 두고 있다.

---

24) Kjetil Malkenes Hovland, "Syrian Refugees Take Arctic Route to Europe: More than 150 refugees have entered Norway from Arctic Russia this year," WSJ, Sep. 3, 2015. http://www.wsj.com/articles/syrian-refugees-take-arctic-route-to-europe-1441273767 (검색일: 2015년 1월 20일). 노르웨이는 EU 회원국은 아니지만 유럽의 비자면제 '생겐조약' 가입국임.

25) Nils Andrén, "Nordic Integration," *Cooperation and Conflict*, No.1, 1967, p. 11.

26) Tom Schumacher, "The Emergence of the New Nordic Cooperation," Working Papers, No.6, Dansk Udenrigspolitisk Institut (DUPI), Copenhagen, 2000, pp. 4-5.

역사적으로 아이슬란드와 북미국가들과의 유대관계는 강한 편이다. 1870-1914년 동안 1만 5,000여명의 아이슬란드인이 북미지역으로 이주했다. 당시 아이슬란드의 인구수가 10만 명 미만이란 점을 감안하면 큰 수치이다. 아이슬란드인의 대부분은 캐나다로의 이주를 선호했다. 캐나다 아이슬란드 디아스포라는 양국간 문화 경제협력, 특히 해산품 협력을 증진시키고 있다. '서방의 아이슬란드인'의 덕택으로 아이슬란드항공(Icelandair)은 밴쿠버, 토론토, 에드멘턴(Edmonton), 핼리팩스(Halifax)와 직항로가 개설되고 있다. 아이슬란드는 NATO 창설회원국이며 1951년 이후 상호 방위협정 하에 있으며, 2차 세계대전부터 2006년까지 미군이 주둔했었다.[27]

〈표 6〉 노르딕 북극권의 주요 국제기구

국제기구 이름	활동	구성원	기타
북극이사회 (AC: Arctic Council)	북극환경, 환경보호, 지속적 발전에 관한 과학정보의 제공과 추천하는 정부간포럼. 추천의 수행은 회원국의 책임. 주요 의사결정기구는 격년제로 개최되는 회원국의 외무장관회의	러시아, 미국, 캐나다, 노르웨이, 덴마크 (그린란드, 페로제도), 아이슬란드, 핀란드, 스웨덴, 원주민단체	1996년 설립, AC의 전신은 북극기후이슈에 초점을 둔 로바니에미 과정 www.arctic-council.org
북극경제이사회 (AEC: Arctic Economic Council)	2014년에 설립된 경제기구. 북극지역에서 비즈니스 활동과 지속적 경제발전 촉진. 최고의 실무, 기술적 해결과 스탠더드에 관한 공유 정보 제공	AC 정회원국과 원주민단체	AEC는 AC와 밀접하게 연계되어 있음
노르딕 북극 비즈니스 이사회 (NABC: Nordic Arctic Business Council)	2014년에 노르딕 공업연합에 의해 설립된 프로젝트. 북극지역에서 비즈니스 환경과 경제환경의 촉진	개별 노르딕 국가의 1-5개의 기업 관리자가 회원임	NABC는 AEC와 밀접하게 연계되어 있음

27) Heidar Gudjonsson, "Iceland's Arctic Awakening," *World Policy blog*, Apr. 22, 2015. http://www.worldpolicy.org/blog/2015/04/22/iceland%E2%80%99s-arctic-awakening

바렌츠 유럽북극이사회 (BEAC: Barents Euro-Arctic Council)	바렌츠 지역에서 안정과 지속적 발전의 촉진을 위한 정부간 이사회	정회원국: 노르웨이, 아이슬란드, 덴마크, 핀란드, 스웨덴, 러시아, EU 옵서버: 네덜란드, GB, 독일, 이탈리아, 폴란드, 프랑스, 미국, 캐나다, 일본	2013-15년 핀란드 의장국. BRC와 밀접한 협력관계. 1993년 설립. www.beac.st
바렌츠 지역이사회 (BRC: Barents Regional Council)	BEAC의 지역적 당사자. BEAC와 공동으로 지역행정당국, 비정부기구, 북방원주민단체를 위한 협력 포럼을 구성하고 있음	핀란드, 스웨덴, 노르웨이, 러시아 등 13개 지방/국가 회원국	주요 주제는 환경보호, 기업 네트워킹, 교통연결
북방 차원 (ND: Nordic Dimensions)	대학, 연구기관, 비즈니스 커뮤니티를 포함하는 정부간 공동정책 추구. 실무 협력을 통해 안정, 복지, 지속적 발전의 강화가 목표임	EU, 러시아, 노르웨이, 아이슬란드가 회원국임. 지리적으로는 북서 러시아, 발트해, 유럽의 북극지역 (바렌츠 지역 포함)	분과별 파트너십은 환경, 공공보건, 사회복지, 교통, 물류, 문화 등을 다룸. www.northerndimnesion.info
북방차원 비즈니스 이사회 (NDBC: Northern Dimension Business Council)	기업 네트워킹과 영향력을 위한 채널의 플랫폼 구성. ND지역에서 기업의 경쟁력 향상과 행정당국과 대화 촉진이 목표임	ND 국가별 기업대표가 회원임(핀란드 포함 EU, 노르웨이, 아이슬란드, 러시아)	연간 포럼은 상트 페테르부르크에서 개최되고 있음

자료: Paavo Lipponen, *A Strategic Vision for the North: Finland's Prospects for Economic Growth in the Arctic Region*, Confederation of Finnish Industries, 2015, p. 16.

〈표 7〉 노르딕 국가의 북극전략 수립/개정시기

국가명	첫 번째 버전	첫 번째 개정	두 번째 개정
핀란드	2010년	2013년	2016년
스웨덴	2011년	2016년	-
노르웨이	2006년	2009년	2014년(2017년 개정 예정)
덴마크 왕국 (그린란드-페로제도)	2011년	2017년 부문별 개정 예정	-
페로제도	-	2013년	-
아이슬란드	2009년	2011년	2016년

자료: Anna Karlsdottir, Lise S. Olsen, Lisbeth G. Harbo, Leneisja, Rasmus O. Rasmussen, "Future Regional Development Policy for the Nordic Arctic Foresight Analysis 2013-2016," *Nordregio Report*, 2017/1, p. 49.

〈표 8〉 노르딕 북극국가의 북극전략의 목표와 우선순위

국가명	북극전략의 목표와 우선순위
핀란드	비즈니스 발전과 기회의 증진, 경쟁력 확보와 지속가능한 성장의 우선순위; 국민의 복지와 건강 보장, 지식 및 교육 탁월성 제공, 장기 실업의 해결과 청년 실업에 주안점, UN 지속가능한 발전 목표의 추구
스웨덴	기후변화로 야기되는 부정적 의료 및 사회 효과의 대응, 북극 이슈와 관련해서 노르딕 및 유럽 공동협력의 유지와 강화, 글로벌 시장의 효과와 사회경제적 부담의 인지, 장기적이며 주요 교통 해결책 조성
아이슬란드	정책결정에서 그린란드와 페로제도 포함, 생명자원의 지속가능한 사용 보장, 북극사회의 요구와 문화의 우선순위, 경제적 인센티브와 기회 증대, 북극이사회의 역할의 중요성 강조
덴마크왕국 (그린란드, 페로제도)	지식기반 산업과 전문가와의 북극 협력 강조, 새로운 경제적 기회 강화, 생명자원의 지속가능한 사용과 보존 강조, 북극 협력에서 서부 노르딕 접근 방법 강화
페로제도	아이슬란드처럼 북극연안국 인지 협력, 원주민 권리 확보, 북극지역 내/관련 지식 및 교육 강화, 북극이사회의 역할의 중요성 강조, 북극 협력에서 서부 노르딕 접근 방법 강화
노르웨이	비즈니스 및 지식발전과 관련해서 국제 협력 강화, 지식기반 비즈니스 부문처럼 자원 산업의 강화, 북부 노르웨이에서 연구와 교육 강화, 더욱 신뢰할 수 있는 인프라 기반 조성, 양호한 환경보호 우선순위, 북극이사회의 역할의 중요성 강조

자료: Anna Karlsdottir, Lise S. Olsen, Lisbeth G. Harbo, Leneisja, Rasmus O. Rasmussen, "Future Regional Development Policy for the Nordic Arctic Foresight Analysis 2013-2016," *Nordregio Report*, 2017/1, p. 53.

Ⅲ. 노르딕 북극권의 지경학적 접근

지구온난화 등의 기후변화의 효과와 바다 얼음의 감소로 인해 북극권의 접근 가능성과 경제적 기회가 어느 때보다 상승하고 있다. 북극은 글로벌 평균보다 2배나 빠르게 기온이 상승하고 있다. 실제로 북극은 육해공의 물류 잠재력(특히 북극항로의 이용) 이외에도 석유와 가스와 석탄 등 화석연료 이외에도 금과 다이아몬드와 희토류를 포함한 고부가가치의 광물자원이 매장되어 있으며, 지열, 풍력, 수력, 조력 등 재생 가능한 에너지원뿐만 아니라 수자원과 한류성 수산자원(양식 포함) 그리고 노르딕 북극권에는 목재자원이 풍부하다. 또한 노르딕 북극권은 크루즈 선 관광뿐만 아니라 생태관광자원의 보고지

역으로 지경학적 가치가 빠르게 증가하고 있다.[28)]

실재로 그린란드와 스칸디나비아 북극권은 광물채취 산업과 목재산업이 발달되어 있으며, 아이슬란드는 지열과 수력발전 등 재생 가능한 에너지원을 사용하고 있다. 노르웨이는 과거부터 노르웨이 해와 바렌츠 해에서 석유와 천연가스를 채굴해왔으며, 향후 더욱더 대륙붕 에너지 프로젝트를 계획하고 있다. 서방의 대러시아 경제제재에도 불구하고 노르딕 국가, 특히 덴마크, 노르웨이, 핀란드는 러시아 북극권에서 에너지 개발에 필요로 하는 심해저 기술과 장비의 수출을 재개할 계획을 수립하고 있다.[29)]

〈표 9〉 북극의 주요 에너지 및 광물자원의 세계 비중(%)

석유	10.5	티타늄	0.3	금	3.2
천연가스	25.5	텅스텐	9.2	은	3.6
석탄	2.1	보크사이트	1.9	보석 다이아몬드	26.8
철광석	2.3	아연	7.8	기술적 다이아몬드	23.3
니켈	10.6	납	5.6	인산광물	3.7
코발트	11.0	구리	3.8	질석(버미큘라이트)	5.8
크롬철광	4.2	팔라듐	40.0	-	

자료: T. I. Gorkina, "Geopolitical Problems of the Arctic," *Political Geography*, Vol.3, No.4, 2013, p. 448.

---

28) 2014년에 아이슬란드 KEF 공항 이용객 수는 400만 여명이었으며, 100만 명의 외국인(2만 6,000명의 중국인 포함)이 아이슬란드를 방문했다. http://www.fjardabyggd.is/Media/egill-thor-nielsson.pdf(검색일: 2016년 1월 20일). 크루즈로 그린란드를 방문한 관광객 수는 2006년 2만 2,000명, 2008년 2만 9,000명, 201년 3만 500명으로 증가했으나 2012년에 2만 3,000명으로 감소했다. Monika Margrét Stefánsdóttir, *Large scale projects in the Arctic : socio-economic impacts of mining in Greenland*, University of Akureyri, School of Humanities and Social Science, Faculty of Laq, Master's Program in Polar Law, June 2014, p. 55,

29) Ramil Sitdikov, "Three Nordic States to Cooperate With Russia in Arctic Despite Sanctions," *Sputnik*, 20 Jan., 2015.

〈표 10〉 북극-5개국의 석유/가스자원 추정 매장량 분포도

순위	국가	총 석유/가스자원 추청치[석유환산(10억 배럴)]	백분율(%)
1	러시아	215.94	52
2	미국(알라스카)	83.31	20
3	노르웨이	47.46	12
4	덴마크(그린란드)	44.49	11
5	캐나다	22.08	5
총계		413.28	100

자료: Keil, Katherin, "The Arctic: A New Region of Conflict? The Case of Oil and Gas," *Cooperation and Conflict*, Vol.113, 2013, p. 7.

2011년 북극해의 어업은 글로벌 어획고의 약 5% 점유하고 있다. 북극권 주민의 대부분은 어업과 수산가공에 종사하고 있다. 바렌츠 해와 베링 해 한류성 수산자원의 보고지역으로, 러시아 수산물의 15%를 점유하고 있다. 바렌츠 해(노르웨이와 러시아)의 연간 어획량 규모는 400만 톤으로 그 가치는 500억 달러를 상회한다. 주요 어종은 대구, 대구류, 넙치, 별빙어, 대게, 청어 등이다.[30] 그린란드의 수산물은 총수출의 90%, 아이슬란드 33%, 노르웨이 6%, 미국과 러시아는 1% 이하이다. 2011년에 노르웨이는 대구 18억 달러, 연어 48억 달러를 수출했다.[31] 역사적으로 서부 노르딕 지역은 수산산업을 특화해왔다. 2013년 그린란드의 수산물과 수산가공품은 그린란드 전체 수출품목의 88%, 아이슬란드는 40.6%, 페로제도 94%를 점유하고 있다.[32] 페로제도의 수산어업과 양식은 GDP의 20%, 수출품의 95%를 점유하고 있다. 2011년 그린란드 어업은

30) "Development of the Arctic and the Future of Fisheries," *Radio of Russia*, 22.03.2013.

31) Charles Emmerson, *Arctic Opening: Opportunity and Risk in the High North* (Lloyd's: Chathan House, 2012), p. 27

32) Egill Thor Nielsson, *The West Nordic Council in the Global Arctic*, Institut of International Affair, The Center for Arctic Policy Study, 2014, p. 7.

GDP의 13%이며, 2010년 수산물과 어류가공은 아이슬란드 GDP의 13%를 기여했다. 노르웨이, 덴마크, 스웨덴은 어업의 GDP 비중이 1% 미만이다.[33]

〈그림 7〉 스칸디나비아 북극권과 그린란드의 광산 활동 전도

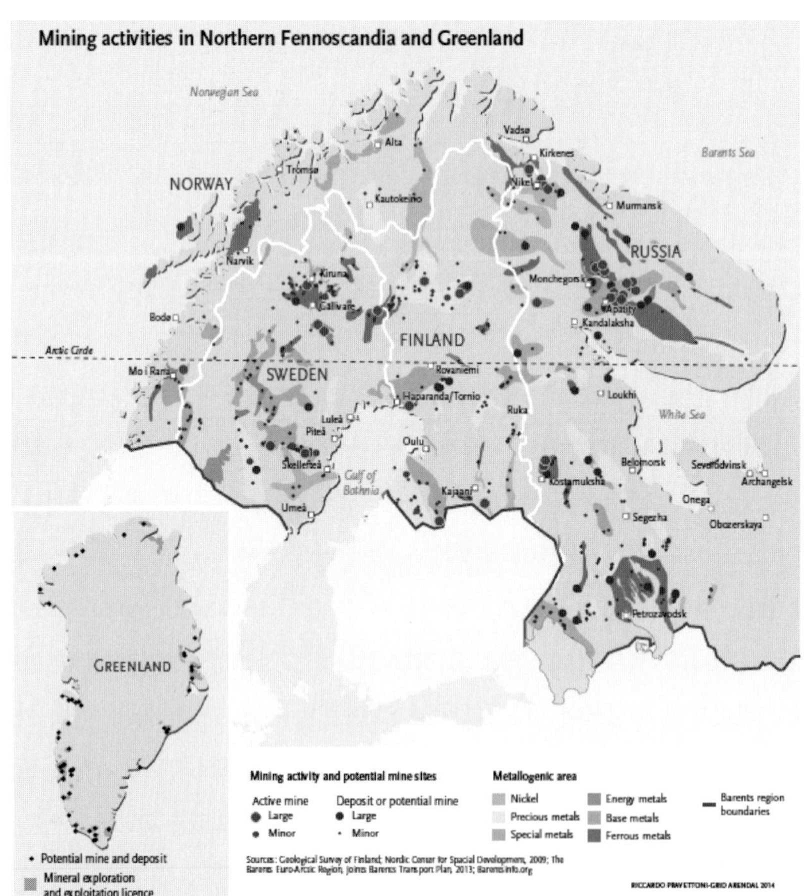

Source: Ricardo Prevettoni, GRID-Arendal 2014.

자료: EU, *Mining in the European Arctic*, Strategic Assessment of Development of the Arctic: Assessment Conducted for the EU, 2014, p. 2.

33) Nordic Marine Think, *Synthesis Report, Blue Growth in the North East Atlantic and Arctic*, Norden 2014, p. 13.

2015년 기준으로 노르딕국가들의 인구수는 2,618만 8,000명이며, 총 GDP는 1조 4,242억 달러로 세계 10위권이며, 1인당 GDP는 세계 상위그룹에 속해 있다. 노르웨이 노동당 대표 스토레(Støre)는 노르딕 5국의 G20의 가입을 제안하고 있다.[34)]

2008년 기준으로 노르딕 북극권 중 1인당 개인소득은 캐나다와 미국 북극권보다 적으나 러시아 북극권보다는 높은 상황이다. 1인당 개인소득이 가장 높은 지역은 아이슬란드, 그 뒤를 이어 노르웨이, 스웨덴, 핀란드, 그린란드 + 페로제도 순이다.

〈표 11〉 2008년 노르딕 북극권 주요 사회경제지표

북극권	총인구* 2008년	인구밀도** 2008년	원주민 비율(%) 2006년	유소년 0-14세 비율(%) 2006년	평균수명 2008년 (세)	교육 고등교육 기관(%) 2006년	개인소득 PPP 기준 (달러) 2008년
알라스카	688	0.46	13.1	21.5	77.1	24.7	40031
캐나다 북극권	108	0.03	67.5	29.1	75.8	15.4	31535
그린란드+페로제도	105	0.25	48.0	23.9	74.0	10.5	16442
아이슬란드	319	3.18	-	21.8	81.3	23.5	22367
노르웨이 북극권	463	5.49	1.4	19.6	80.2	21.8	18075
스웨덴 북극권	508	3.30	1.8	15.9	80.8	16.5	17335
핀란드 북극권	652	4.36	0.2	18.8	78.7	22.1	16532
러시아 북극권	7081	0.80	2.0	18.6	67.8	14.2	14407
총	9925	0.67	3.8	19.0	71.0	16.2	17108

주: * 1,000명, ** 1평방킬로미터당
자료: ESPON(European Observation Network Territorial Development and Cohesion), *Governance Case Studies: Arctic Ocean*, 2013, p. 5.

---

34) Björn Lindahl, "Minister for Strategic Development Kristina Persson: make the Arctic 'green'," *Nordic Labour Journal*, Feb 07, 2015.

2010년 노르딕 5국이 차지하는 북극권 전체 GRP 비중은 15.5%로 러시아 다음으로 높은 편이다. 그중 북극권 스칸디나비아 3국이 차지하는 비중은 13.3%로 높은 편으로 집계됐다. GDP 대비 북극 비중은 노르딕 5국 중 아이슬란드 100%, 핀란드 10.2%, 노르웨이와 스웨덴은 각각 6.5%와 5.5%, 덴마크의 북극권은 1.5%로 낮은 편이다. 전체 인구 대비 북극권 인구수는 아이슬란드 100% 그 뒤를 이어 핀란드 12.3%, 노르웨이 9.6%, 스웨덴 5.4%, 덴마크 1.8%로 집계됐다.

〈표 12〉 2010년 북극권 국가 GDP와 개별 북극권 지역 GRP 현황(PPP 기준, 100만 달러, %)

국가	북극권 GRP	북극국가 GDP	북극권 GRP 비중(%)	GDP 대비 북극 비중(%)	전체 인구 대비 북극 비중(%)
미국	47,713.00	14,416,601.00	10.8%	0.3%	0.2%
캐나다	7,268.95	1,362,733.26	1.6%	0.5%	0.3%
덴마크	3,226.51	221,243.88	0.7%	1.5%	1.8%
아이슬란드	11,071.28	11,071.28	2.5%	100.0%	100%
노르웨이	18,450.81	282,289.27	4.2%	6.5%	9.6%
스웨덴	20,345.05	369,320.86	4.6%	5.5%	5.4%
핀란드	19,961.05	194,994.45	4.5%	10.2%	12.3%
러시아	314,773.41	2,827,002.00	71.1%	11.1%	4.8%
북극지역	442,810.05	19,685,256.00	100.0%	2.2%	1.9%

자료: Lee Huskey, Ilmo Mäenpää, Alexander Pelyasov "Economic System," Norden, Arctic Human Development Report, Regional Processes and Global Linkages, Nordic Council of Ministers 2014, p. 168.

2000년 노르딕 북극권 고용인 수는 핀란드가 25만 2,270명에서 2010년 8.2% 증가한 27만 6,250명으로 가장 높았으며, 그 뒤를 이어 노르웨이가 같은 기간 7.8% 증가한 23만 2,900명, 아이슬란드가 6.8% 증가한 16만 7,200명, 스웨덴은 3.8% 증가한 23만 3,100명, 덴마크는 5.5% 감소한 5만 1,540명으로 집계됐다.

〈그림 8〉 2010년 북극의 GDP(PPP 기준, 단위: 100만 달러, %)

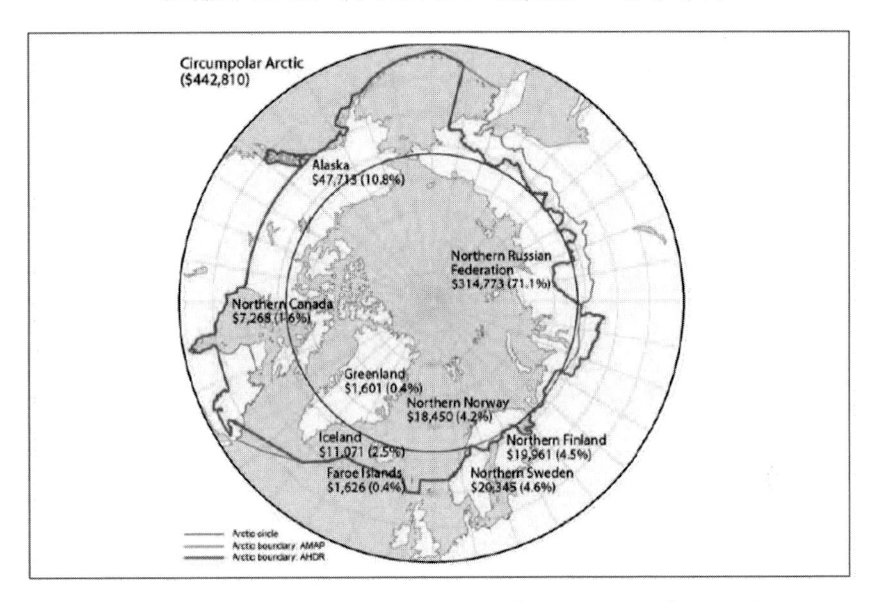

자료: Lee Huskey, Ilmo Mäenpää, Alexander Pelyasov "Economic System," Norden, *Arctic Human Development Report, Regional Processes and Global Linkages*, Nordic Council of Ministers 2014. p. 151.

〈표 13〉 2010년 노르딕 북권극 GRP 비중 (PPP 기준, 100만 달러)

국가/지역		지역별 GRP	북극 GRP 비중	전체 북극 GRP 비중
미국	알라스카	47,713	100.0%	10.8%
캐나다	유콘(Yukon)	1,951	26.8%	0.4%
	북서지역	3,792	52.2%	0.9%
	누나부트(Nunavut)	1,525	21.0%	0.3%
덴마크	그린란드	1,601	49.6%	0.4%
	페로제도	1,626	50.4%	0.4%
아이슬란드	아이슬란드	11,071	100.0%	2.5%
노르웨이	핀마르크(Finnmark)	2,876	15.6%	0.6%
	트롬스(Troms)	6,154	33.4%	1.4%
	노를란(Nordland)	9,421	51.1%	2.1%

스웨덴	노르보텐(Norrbotten)	11,226	55.2%	2.5%
	베스테르보텐(Västerbotten)	9,119	44.8%	2.1%
핀란드	라플란드(Lapland)	5,613	28.1%	1.3%
	오울루(Oulu)	12,239	61.3%	2.8%
	카이누(Kainuu)	2,109	10.6%	0.5%
러시아	무르만스크 주	17,065	5.4%	3.9%
	카렐리야 공화국	9,290	3.0%	2.1%
	아르한겔스크 주	25,883	8.2%	5.8%
	코미 공화국	25,624	8.1%	5.8%
	야말로-네네츠 자치구	56,129	17.8%	12.7%
	한티-만시 자치구	143,726	45.7%	32.5%
	타이미르/에벤크 자치구	1,055	0.3%	0.2%
	사하(야쿠티야)공화국	27,980	8.9%	6.3%
	마가단 주	4,231	1.3%	1.0%
	코랴크 자치구	737	0.2%	0.2%
	추코트가 자치구	3,053	1.0%	0.7%
북극 전체		442,810	-	100.0%

자료: Lee Huskey, Ilmo Mäenpää, Alexander Pelyasov "Economic System," Norden, *Arctic Human Development Report, Regional Processes and Global Linkages*, Nordic Council of Ministers 2014, p. 169.

〈표 14〉 2010년 북극권 가계당 가처분 소득 및 GRP(PPP 기준, 단위: 1,000달러, %)

국가/지역		1인당 가처분소득	가계당 GRP	1인당 GRP 대비 1인당 가처분소득 비중
미국	알라스카	40.6	66.8%	60.8%
캐나다	유콘(Yukon)	32.3	56.5%	57.1%
	북서지역	34.1	86.7%	39.3%
	누나부트(Nunavut)	24.6	45.9%	53.7%
덴마크	그린란드	16.3	28.3%	57.6%
	페로제도	16.2	33.5%	48.4%
아이슬란드	아이슬란드	15.0	34.8%	43.1%
노르웨이	핀마르크(Finnmark)	22.0	39.3%	55.9%
	트롬스(Troms)	21.9	39.2%	55.8%
	노를란(Nordland)	21.5	39.8%	54.0%

스웨덴	노르보텐(Norrbotten)	18.3	45.1%	40.7%
	베스테르보텐(Västerbotten)	17.4	35.2%	49.5%
핀란드	라플란드(Lapland)	17.1	30.6%	56.0%
	오울루(Oulu)	16.7	31.1%	53.8%
	카이누(Kainuu)	17.0	25.6%	66.4%
러시아	무르만스크 주	19.0	21.4%	88.5%
	카렐리야 공화국	12.4	14.4%	86.0%
	아르한겔스크 주	15.1	21.0%	71.7%
	코미 공화국	18.1	28.3%	64.1%
	야말로-네네츠 자치구	32.7	36.6%	89.2%
	한티-만시 자치구	24.4	274.9%	8.9%
	타이미르/에벤크 자치구	20.6	19.1%	108.0%
	사하(야쿠티야)공화국	18.0	29.2%	61.6%
	마가단 주	21.5	26.8%	80.0%
	코랴크 자치구	23.8	33.3%	71.4%
	추코트가 자치구	29.2	60.1%	48.6%
북극 전체		21.9	45.4%	48.3%

자료: Lee Huskey, Ilmo Mäenpää, Alexander Pelyasov "Economic System," Norden, Arctic Human Development Report, Regional Processes and Global Linkages, Nordic Council of Ministers 2014, p. 173.

경제적으로는 그린란드와 페로제도는 덴마크로부터 보조금을 수령하는 상황이다. 2011년 그린란드 GDP의 30.7%에 해당하는 35억 5,500만 덴마크 크로네, 페로제도는 GDP의 4.7%에 해당하는 6억 1,500만 크로네를 덴마크로부터 지원받고 있다.[35] 2개의 자치 정부는 경제적 독립을 위해 광물 자원개발과 석유와 천연가스 개발을 통해 경제적 자립을 꾀하고 있다. 이를 위해 중국을 비롯한 해외국가들과의 투자협력을 강화하고 있는 상황이다.

---

35) Egill Thor Nielsson, *The West Nordic Council* ... op. cit., p. 6.

<표 15> 2000-2010년 북극권 인구 및 고용 성장률 추이(단위: 1,000명)

북극권 국가명	고용			인구		
	2000년	2010년	증감률	2000년	2010년	증감률
미국	392.37	446.77	13.9%	627.96	714.15	13.7%
캐나다	47.24	57.29	21.3%	98.41	111.50	13.3%
덴마크	54.54	51.54	-5.5%	101.95	105.08	3.1%
아이슬란드	156.50	167.20	6.8%	281.21	318.04	13.1%
노르웨이	216.00	232.90	7.8%	464.24	466.94	0.6%
스웨덴	224.50	233.10	3.8%	513.00	508.00	-1.0%
핀란드	252.27	276.25	8.2%	650.63	659.51	1.4%
러시아	3,577.20	3,768.51	5.3%	7,263.10	6,878.44	-5.3%
북극 전체	4,923.63	5,233.55	6.3%	10,000.50	9,761.65	-2.4%

자료: Lee Huskey, Ilmo Mäenpää, Alexander Pelyasov "Economic System," Norden, Arctic Human Development Report, Regional Processes and Global Linkages, Nordic Council of Ministers 2014, p. 171.

<그림 9> 2050년까지 연간 북극권 주요지표 전망치

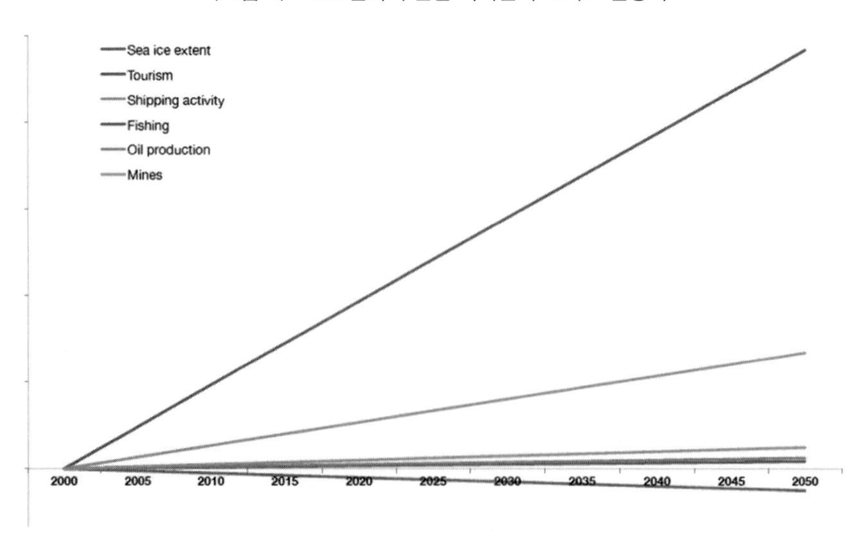

자료: Alex Williams, Aisling O. Darcy, and Angela Wikinson, *The future of Arctic enterprise: Long-term outlook and and implications*, Smith School of Enterprise and the Environment University of Oxford, November 2011, p. 20.

영국 옥스퍼드 기업환경 스미스연구소는 2050년까지 연간 북극해 바다 얼음은 -1.2%, 관광 24.9%, 선적 6.4%, 광산업 1.1%, 석유생산 0.6%, 어업 0.4% 증가할 것으로 예측하고 있다.

북극 환경보호와 자원 개발과 관리의 필요성 간 밸런스가 필요하다. 책임 있는 북극 관리의 공동 추구는 필수적이다. 지속가능한 경제적, 사회적, 생태적 발전을 포함해서 북극의 이해를 증진하기 위해 과학조사와 전통적 지식의 응용이 필요하다. 노르딕국가들은 기타 북극권국가보다 대내외 북극권 개발과 투자에 지대한 관심을 가지고 있다.

〈그림 10〉 스칸디나비아 교통전도

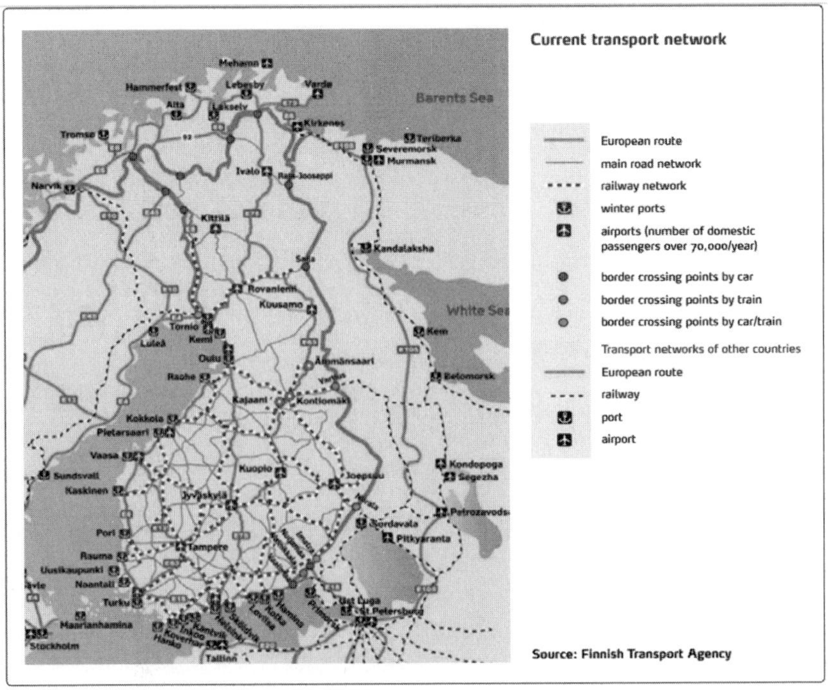

자료: Paavo Lipponen, *A Strategic Vision for the North: Finland's Prospects for Economic Growth in the Arctic Region*, Confederation of Finnish Industries, 2015, p. 33.

노르딕국가들은 역내 경쟁관계도 있지만 외부와 관련된 북극이슈와 관련해서는 한 목소리의 중요성을 인지하고 있다. 유럽 북극권의 스칸디나비아 3국은 북극에서 비즈니스 발전과 성장의 시너지를 창출하기 위해 공동 협력을 모색하고 있다. 미개발된 풍부한 잠재력의 경제공간의 인식 하에 비즈니스계와 정부는 북극 비즈니스 발전을 위한 이니셔티브 제공하며, '노르딕북극비즈니스이사회'는 2014년 11월 설립, 20여개의 노르딕 회사(북극비즈니스 관심)가 적극적 참여 의사를 발표하고 있다. 환경적으로 지속가능한 경제발전이 북극 활동의 허가의 전제조건이다. 이 이사회는 '북극경제이사회'와 밀접한 연계 하에 4개의 비즈니스 동력의 필요성 제시했다: LNG, 재사용 가능한 그린 광산 솔루션, 관광 확대, 아이스와 추운 환경 극복 솔루션. 핀란드는 2015년 3월 핀란드 산업연맹의 보고서에서 핀란드의 북극 비즈니스 잠재력으로 산업, 에너지, 클린테크, 로지스틱, 인프라건설, 관광. 선적, 대륙붕 인프라시설, 오염 관리, 에너지 효율, 절약, 수자원 관리, 오염수 정화, 이산화탄소 저감 등은 공동 바렌츠 교통계획의 추진 필요성을 제시했다.[36] 스칸디나비아 북극권의 교통인프라를 해결하기 위해 핀란드로부터 노르웨이 북극권, 트롬소와 키르케네스 철도연결 필요성이 강조되고 있다. 노르웨이도 긍정적이나 막대한 재원 문제는 EU의 '교통/로지스틱 북방차원 파트너십(Northern Dimension Partnership on Transport and Logistics)과 노르딕투자은행(Nordic Investment Bank)을 통해 구체적인 노르딕과 바렌츠 지역 초국경적 교통 프로젝트를 실행할 계획이다. 이 과정에서 이를 위해 구체적이고 상호

36) 핀란드는 스웨덴과 핀란드의 사이에 있는 발트 해 북쪽의 보트니아 만(Bothnia灣)에서 겨울철 쇄빙선 경험과 건조기술, 노르웨이는 세계에서 가장 높은 심해저 에너지 탐사기술을 보유하고 있으며, 덴마크의 세계최대의 선적회사를 운영하고 있다. 또한 아이슬란드의 클린 에너지기술은 세계 최상급이다.

연계된 이슈로서 북극지역 원주민과 거주민과의 협력, 노르딕 북극 지방 커뮤니티와 적극적 대화(그들의 지식활용)를 통한 실질적 역할을 강조했다.[37]

〈그림 11〉 노르딕 북극권 투자지역 전도

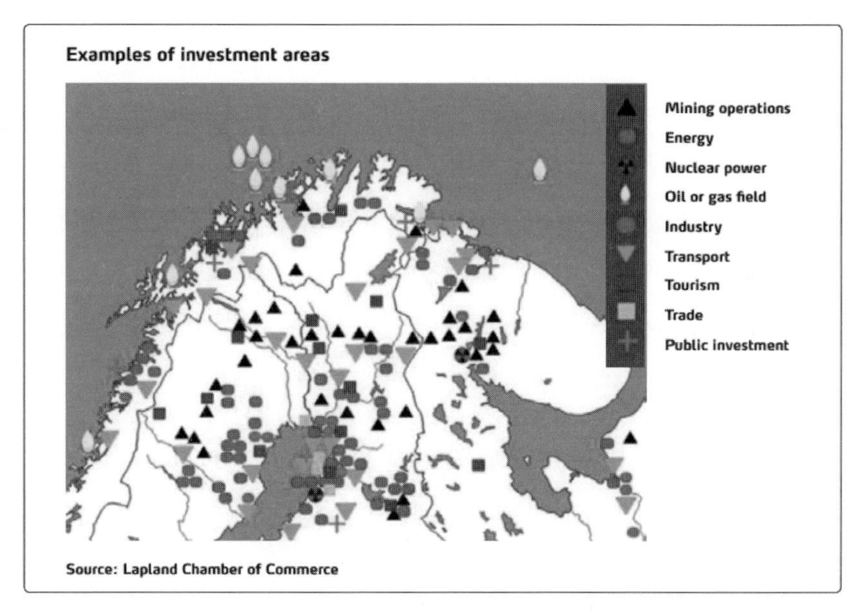

자료: Paavo Lipponen, *A Strategic Vision for the North: Finland's Prospects for Economic Growth in the Arctic Region*, Confederation of Finnish Industries, 2015, p. 27.

핀란드 북극권 라플란드 상공회의소는 2025년까지 유럽 북극권 국가들이 총 1,439억 8,700만 유로를 투자할 계획이라고 전망하고 있다. 가장 큰 투자 대상은 풍력 339억 2,400만 유로, 석유/가스부문 262억 2,600만 유로, 교통인프라 247억 7,400만 유로, 광산업 205억 4,200만 유로 순이다.

37) Kiira Keski-Nirva, "Creating an Arctic economic area?," *Arctic Summer College*, 8 Oct., 2015, http://arcticsummercollege.org/creating-arctic-economic-area (검색일: 2016년 1월 20일).

여름철에 노르웨이 북극권 피오르드 해안 크루즈 관광선뿐만 아니라 스웨덴과 핀란드 북극권 관광업은 지속적으로 발전하고 있다. 관광투자 프로젝트에 33억 6,100만 유로를 투입할 계획이다. 그 투자 내역은 노르웨이 북극권 지역 2억 1,000만 유로, 스웨덴 노르보텐 8억 1,500만 유로, 스웨덴 베스테르보텐 3억 4,000만 유로, 핀란드 카이누 지역 7,100만 유로, 핀란드 오울루 지역 3억 6,400만 유로, 핀란드 라플란드 지역 14억 5,100만 달러 등이다.

북극권 지역은 풍력 잠재력도 높은 편이다. 2014-2025년 유럽 북극권 풍력 투자 프로젝트에 339억 2,400만 유로를 투입할 계획이다. 그 투자 내역은 스웨덴 노르보텐 70억 2,000만 유로, 스웨덴 베스테르보텐 37억 500만 유로, 핀란드 카이누 지역 5억 500만 유로, 핀란드 오울루 지역 52억 유로, 핀란드 라플란드 지역 1억 5,300만 유로 등이다.

〈표 16〉 2014-2025년 유럽 북극권 투자 잠재력(단위 100만 유로)

지역	아르한겔스크 주	무르만스크 주	노르웨이 북부	스웨덴 노르보텐	베스테르보텐	핀란드 카이누	핀란드 오울루	핀란드 라플란드	총
산업	1405	310	2310	1200	75	0	968	775	7043
광산업	250	4090	672	5900	1840	320	490	6980	20542
석유/가스	0	800	25426	0	0	0	0	0	26226
수력	200	1010	3920	1500	160	0	335	135	7260
풍력	0	320	15921	7020	3705	505	5200	1253	33924
바이오 에너지	280	0	0	0	0	0	458	220	958
원전	0	6000	0	0	0	0	6000	0	12000
에너지 트랜스퍼 네트워크	0	0	1260	200	300	0	120	270	2150
무역	0	0	0	120	0	0	1235	0	1355
관광	10	100	210	815	340	71	364	1451	3361
교통 인프라	7250	4900	3975	3675	480	45	1283	3166	24774
공공투자	40	1335	1780	0	0	0	1239	0	4394
총	9435	18865	55474	20430	6900	941	17692	14250	143987

자료: Timo Rautajoki, *Arctic Business Forum Yearbook 2014*, Lapland Chamber of Commerce, March 2014, p. 207.

북극권 지역은 수력 잠재력도 높은 편이다. 2014-2025년 유럽 북극권 수력 투자 프로젝트에 72억 6,000만 유로를 투입할 계획이다. 그 투자 내역은 노르웨이 북부지역에 39억 2,000만 유로, 스웨덴 노르보텐 15억 유로, 스웨덴 베스테르보텐 1억 6,000만 유로, 핀란드 오울루 지역 3억 3,500만 유로, 핀란드 라플란드 지역 1억 3,500만 유로 등이다.

비전통적 가스/석유 혁명과 저유가 그리고 우크라이나 사태 이후 대러시아 경제제재 조처 그리고 북극의 개발보다 환경보호를 강조하고 있는 미국의 북극이사회 의장국 지위(2015-17년 봄까지) 등을 고려할 때 에너지부문의 투자는 지연될 것으로 예측된다.[38] 2017년 봄 핀란드가 북극이사회의 의장국 취임을 즈음하여 북극은 생태계에 기반을 둔 친환경 개발정책은 가시화될 것으로 판단된다.

IV. 노르딕 북극권의 지문화적 접근

2004년에 발표된 '북극인간개발보고서(ADHR: Arctic Human Development Report)'에 따르면 북극의 총인구는 400만 명으로 추정하고 있으며, 북극 원주민은 40여개의 상이한 민족그룹을 구성하고 있으며, 전체인구의 10%인 약 40만 여명으로 추산하고 있다.[39] 이 보고서에 따르면 2004년 기준으로 북극권 인

38) Eini Laaksonen, "Concluding remarks on the Special Issue on the future of the Arctic - from researcher's perspective," *Baltic Rim Economies*, No.5, 2014. pp. 35-36.

39) '북극 아틀라스 대학(University of the Arctic Atlas)'은 광의의 북극권 지역(circumpolar north)의 인구수를 1,310만 명으로 추정하고 있다. 아이슬란드와 덴마크 페로 제도를 제외한 북극권 7개 국가들은 북극지역에서 원주민이 거주하고 있다. European Policies Research Centre, "Discussions Paper - Community Based

구수는 러시아 198만 2,450명, 알래스카 65만 8,818명, 노르웨이 37만 9,641명, 스웨덴 26만 3,735명, 핀란드 20만 677명, 캐나다 13만 275명, 덴마크 그린란드 5만 6,676명, 페로제도 4만 7,704명 순이다.

북극권 행정구역별 정의에 따르면 2003년 기준으로 북극권 인구수는 991만 5,271명으로 러시아방 북극권 인구수가 714만 4,000명으로 대다수를 차지하고 있다. 그 다음으로 미국 알래스카 64만 8,280명, 핀란드 64만 5,272명, 스웨덴 50만 8,973명, 노르웨이 46만 5,200명, 아이슬란드 28만 9,000명, 캐나다 11만 1,546명, 그린란드 5만 6,000명, 페로제도 4만 7,000명 순이다.

2006년 기준으로 덴마크 그린란드와 페로제도에 각각 5만 6,901명과 4만 8,183명이 거주하고 있다. 노르웨이 북극권에 46만 2,7779명이 거주하고 있다. 그 중 핀마르크 7만 2,937명, 노를란 23만 6,257명, 트롬스 15만 3,585명이 거주하고 있다. 아이슬란드의 인구수는 29만 9,891명으로 집계됐다. 핀란드 북극권 인구수는 64만 9,953명으로 그 중 라플란드 18만 4,935명, 오울루 46만 5,018명이다. 스웨덴 북극권의 인구수는 50만 9,467명으로 그중 노르보텐 25만 1,886명, 베스테르보텐 26만 7,581명이다.

〈표 17〉 북극권 국가별 인구수 비교(2003년 기준)

북극권 국가	총인구 수(명)	북극권 지역(인구수)	비율(%)
캐나다	31,600,000	111,546	0.4%
페로 제도	47,000	47,000	100.0%
그린란드	56,000	56,000	100.0%
핀란드	5,200,000	645,272	12.4%

Cooperation in the *Arctic,"* *Arctic Connections Conference*, 10-11 June 2014, p. 1. http://www.arcticconnections.eu/files/2014/04/COMMUNITY-BASED-COOPERATION-IN-THE-ARCTIC.pdf (검색일: 2015.1.9).

아이슬란드	289,000	289,000	100.0%
노르웨이	4,600,000	465,200	10.1%
러시아연방	143,400,000	7,144,000	5.0%
스웨덴	9,000,000	508,973	5.7%
미국	290,800,000	648,280	0.2%
총계	484,992,000	9,915,271	2.0%

자료: Gérard Duhaime and Andrée Caron, "The Economy of the Circumpolar Arctic," in: S. Glomsrød and I. Aslaksen(Eds.), *The Economy of the North*, Oslo, 2006, p. 18.

2000-10년 전체 북극권의 인구 추이는 큰 변화를 보이고 있지는 않지만 알라스카, 아이슬란드, 캐나다 북극권은 세계 평균보다 높은 13-14%의 증가를 보인 반면에 페로제도와 그린란드, 노르웨 북극권 인구는 세계 평균보다 작은 인구성장률을 기록하고 있다. 스웨덴 북극권의 인구수는 동기간 약 감소한 반면에 러시아는 무려 6%의 인구 감소율을 보이고 있다.

〈표 18〉 노르딕 북극권 지역의 주요 사회경제 지표(2006년 기준)

북극권(행정구역)	총인구	원주민 비율	여성 인구 비율	0-14세 인구 비율	평균 수명 (세)	유아 사망 률*	대학 졸업 률	가처분 소득 (**)	종속 률	복합 지수 (***)
알래스카	670053	13.1%	48.5	21.5%	76.7	6.7	24.7	32811	0.6	9
캐나다 래브라도(Labrador)	26464	37.8%	49.3	20.6%	76.1	4.4	9.4	19044	1.3	6
캐나다 북서지역	41465	49.8%	48.8	23.9%	79.1	4.2	19.4	30339	0.7	8
캐나다 누나빅(Nunavik)	10815	89.2%	49.1	36.3%	63.5	17.3	9.6	19532	1.9	4
캐나다 누나부트(Nunavut)	29475	84.5%	48.7	33.9	70.4	10.0	11.9	24495	1.6	5
캐나다 유콘(Yukon)	30375	25.0%	49.7	18.8%	76.4	11.0	23.4	29761	1.0	8
덴마크 페로(Faroe) 제도	48183	0.0%	48.1	22.8%	78.9	4.4	23.0	15275	0.7	7
그린란드	56901	88.6%	47.0	24.8%	68.3	15.4	n.a.	15237	0.9	5
라플란드(Lapland)	184935	0.8%	49.9	16.3%	78.6	5.9	20.7	14000	1.5	7
핀란드 오울루(Oulu)	465018	-	49.7	19.8%	79.0	4.2	22.7	13847	1.4	7
노르웨이 핀마르크 (Finnmark)	72937	9.2%	49.2	20.5%	77.6	4.3	21.4	18687	1.1	7

노르웨이 노를란(Nordland)	236257	-	50.0	19.3%	79.4	3.3	19.8	18700	1.2	7
노르웨이 트롬스(Troms)	153585	-	49.6	19.7%	79.0	3.7	25.1	18850	1.0	8
아이슬란드	299891	0.0%	49.6	21.8%	81.2	1.4	23.5	17957	0.8	8
스웨덴 노르보텐(Norrbotten)	251886	3.6%	49.3	15.6%	79.5	5.1	13.6	14721	1.3	6
스웨덴 베스테르보텐	257581	-	50.0	16.1%	80.4	3.1	19.4	14139	1.2	7
아르한겔스크 주	1280200	0.5%	53.3	16.3%	64.8	10.2	12.1	7465	1.1	3
추코트카 자치구	50500	20.9%	47.9	21.7%	58.9	23.2	14.6	19267	0.3	5
에벤크 자치구	17000	19.3%	50.0	24.2%	59.1	21.3	11.5	9765	0.5	4
카렐리야 공화국	693100	0.0%	54.2	15.5%	63.8	7.6	13.7	6734	1.0	3
한티-만시 자치구	1488300	1.4%	50.8	19.9%	68.8	7.5	15.9	16851	0.7	6
코미 공화국	974600	1.0%	52.5	17.5%	64.2	7.0	12.2	10710	1.1	4
코랴크 자치구	22600	34.2%	50.0	22.0%	56.0	33.0	9.9	12389	0.6	3
마가단 주	168500	8.7%	51.6	17.0%	63.4	14.2	15.4	10682	0.8	4
무르만스크 주	857000	0.2%	51.6	15.7%	65.2	10.3	15.5	9853	0.9	5
네네츠 자치구	42000	14.3%	51.2	22.3%	62.2	15.2	9.9	-	0.5	4
사하 공화국	950000	2.4%	51.5	23.6%	65.6	10.6	14.6	10733	1.0	5
타이미르 자치구	38400	19.0%	51.8	22.9%	63.8	7.4	13.3	11641	0.7	5
야말로-네네츠 자치구	532600	5.9%	50.7	21.3%	68.9	13.0	16.8	20447	0.5	6

주: * 유아 1,000명 당; ** 미국 달러(PPP 기준); *** 복합지수는 6개 지표(여성인구비율, 유아사망률, 대학졸업률, 가처분소득, 종속률)에서 추출한 것임.
자료: Gérard Duhaime and Andrée Caron, "Economic and Social Conditions of Arctic Regions," in: S. Glomsrød and I. Aslaksen(Eds.), *The Economy of the North 2008*, Oslo, 2009, p.11.

2010년 기준으로 페로제도의 주민 중에서 페로제도에서 태어나지 않은 인구수는 17%, 그린란드는 13%, 아이슬란드 12%로 집계되고 있는 이 수치는 러시아북극권과 알래스카 주민의 비율보다 상대적으로 적은 상황이다.

2010년 기준으로 노르딕 서부지역인 페로제도와 아이슬란드, 노르웨이 노를란과 트롬소 평균수명은 가장 높은 80세이며, 노르웨이 핀마르크와 핀란드 라플란드지역에서의 평균수명도 선진국 평균수명보다 높게 집계됐다. 동기간 그린란드의 평균수명은 세계 평균보다 높은 70세로 집계됐다.

2010년 기준으로 평균수명에서 여성-남성 수치는 노르딕지역 중 핀란드 라플란드 8세로 가장 높으며, 그 뒤를 이어 페로제도 6세, 핀마르크와 그린란드가 각각 6세와 5세, 그린란드, 노르웨이 노를란, 아이슬란드 순이다.

2010-12년 북극권 여성 100명당 남자 수는 노르딕 지역 중 그린란드 110명 이상을 상회하고 있으며, 그 뒤를 이어 페로 제도, 핀마르크 지역은 개발도상국 평균보다 높은 수준이며 스웨덴의 노르보텐과 노르웨이 트롬소는 세계 평균보다 높은 순위를 기록하고 있다. 아이슬란드, 노르웨이 노를란, 핀란드 라플란드는 남성비율이 균형을 유지하고 있다.

〈그림 12〉 2000-2010년 북극권 인구추이

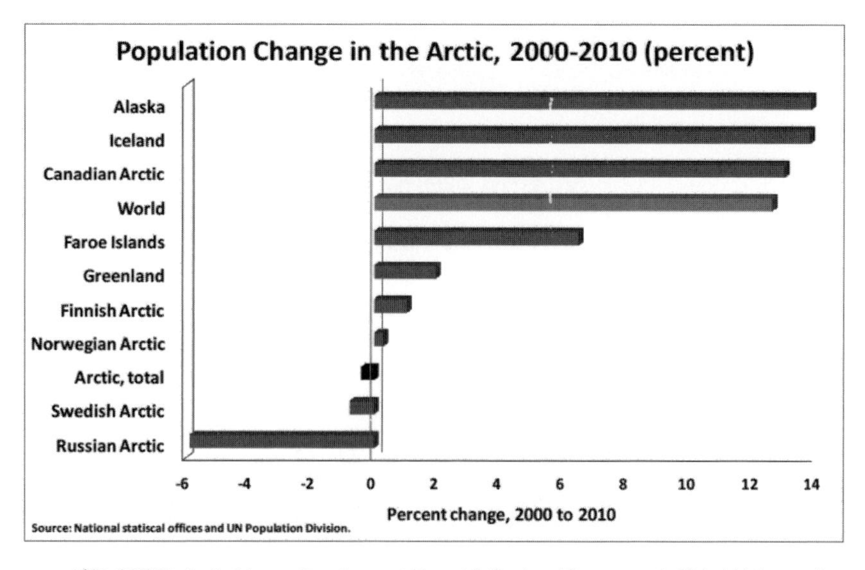

자료: SDWG, *Arctic Human Development Report II: Regional Processes & Global Linkages*, Fact Sheet, January 2013, p. 1.

〈그림 13〉 2010년 기준 북극권 행정지역별 평균수명

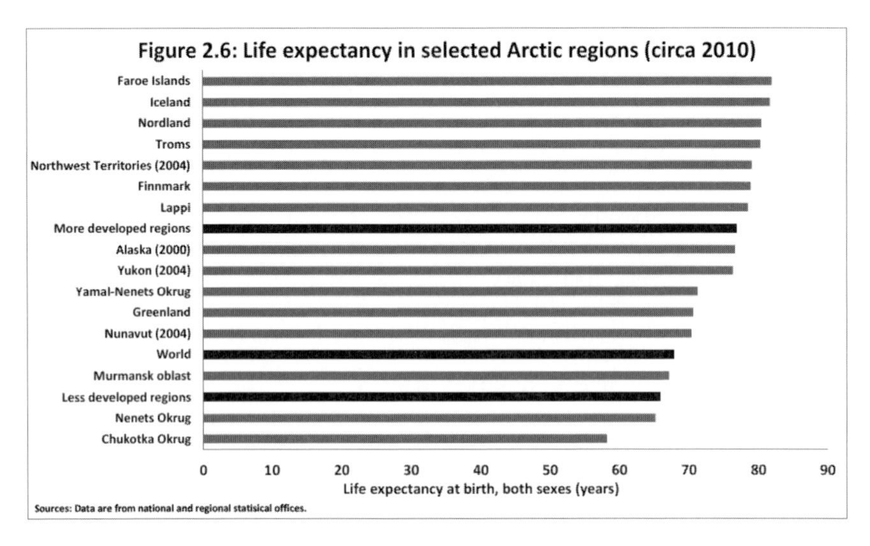

자료: Timothy Heleniak and Dimitry Bogoyavlensky, "Arctic Populations and Migration," Norden, *Arctic Human Development Report, Regional Processes and Global Linkages*, Nordic Council of Ministers 2014, p. 63.

〈그림 14〉 2010년 북극권 행정지역별 남녀 성별 평균수명 차이

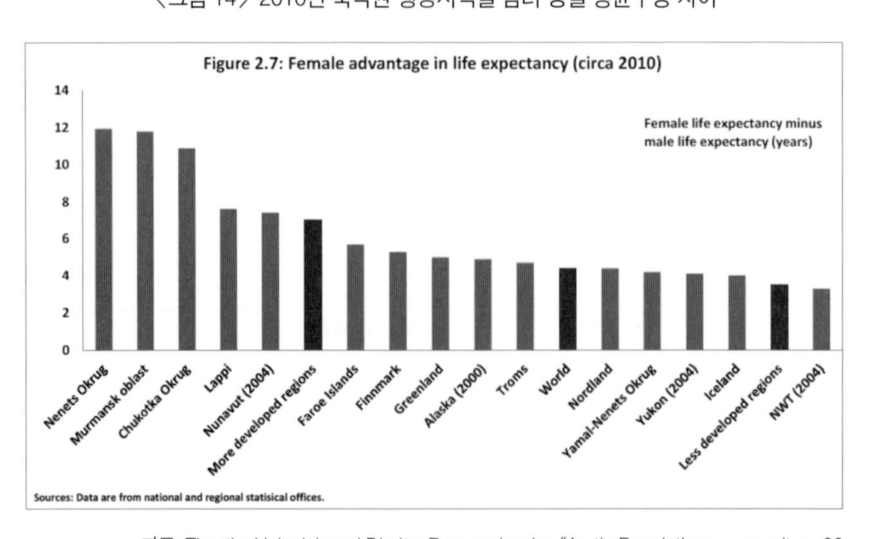

자료: Timothy Heleniak and Dimitry Bogoyavlensky, "Arctic Populations ... op. cit.,p. 66.

〈그림 15〉 2010-12년 북극권 여성 100명당 남자 수

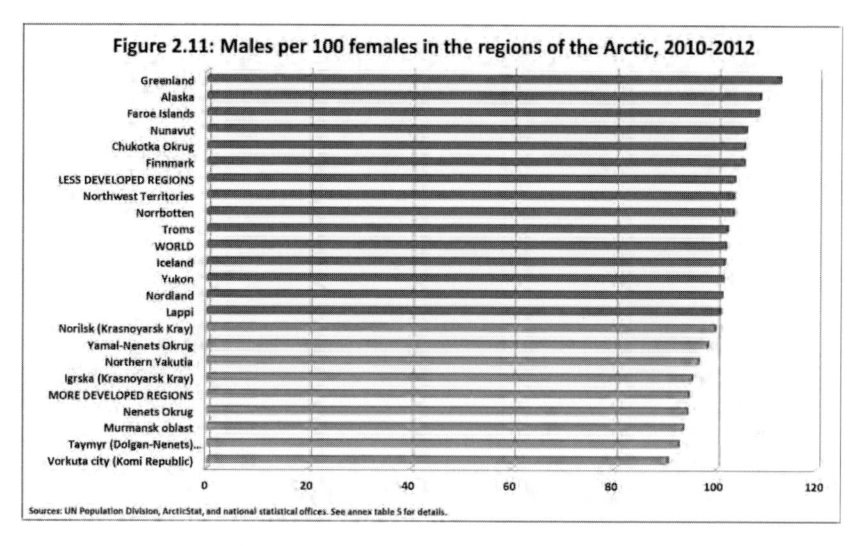

자료: Timothy Heleniak and Dimitry Bogoyavlensky, "Arctic Populations ... op. cit., p. 74.

2030년까지 핀란드 통계청은 8% 인구 증가를 예측했다. 핀란드 북극권의 인구수는 동기간 5% 증가할 것으로 예측했다. 핀란드 북부지역에 소재한 오스트로보시니아(Ostrobothnia)지역(핀란드에서 가장 높은 출산율 기록)의 인구수는 9% 증가할 것으로 예측했다. 이 지역은 카이누와 라플란드 지역보다 사망률이 적은 편이다. 라플란드 지역의 인구수는 현상유지, 카이누 지역 인구수는 7% 감소할 것으로 예측했다. 2010-13년 핀란드 북극권 3개 지역은 순유출인구 구조를 보이고 있다.

스웨덴 통계청은 2030년까지 인구수는 12% 증가할 것으로 예측했다. 그러나 스웨덴 북극권 인구는 저성장할 것으로 추정했다. 노르보텐 지역의 인구는 유입인구 덕택으로 동기간 1.7% 증가할 것으로 예측했다. 베스테르보텐 지역의 인구는 4.5% 증가할 것으로 전망했다.

〈그림 16〉 2010년 북극권 행정지역별 유아사망률(인구 1,000명당)

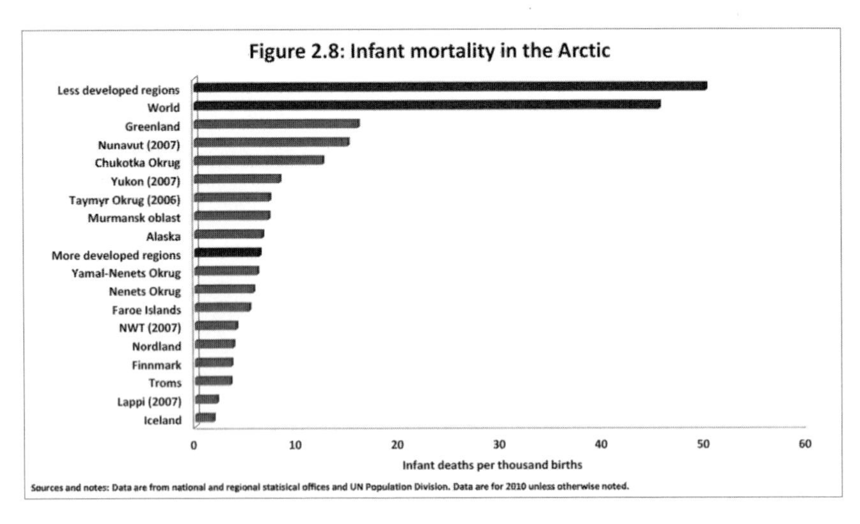

자료: Timothy Heleniak and Dimitry Bogoyavlensky, "Arctic Populations ... op. cit., p. 67.

〈그림 17〉 2010-2030년 북극권 인구 추이 전망

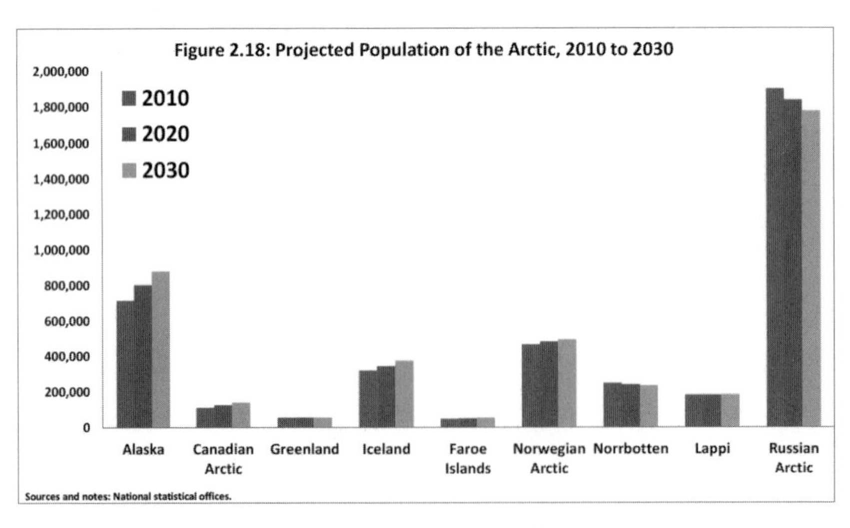

자료: Timothy Heleniak and Dimitry Bogoyavlensky, "Arctic Populations ... op. cit., p. 101.

노르웨이 통계청은 2030년까지 인구수는 21% 증가할 것으로 예측했다. 노르웨이 북극권 인구수는 동기간 8% 증가할 것으로 전망했으며, 노를란 10%, 핀마르크 7%, 트롬스 7%의 인구증가를 예측했다. 트롬스 지역의 인구수는 지난 30년 동안 지속적으로 증가한 반면에 노를란과 핀마르크 지역은 인구감소 현상을 보였지만 최근 인구 유입으로 인구수가 증가되고 있다.

페로제도 통계청은 2013년 1월 1일 기준 인구수는 4만 8,197명으로 집계했다. 페로제도의 인구수는 지난 10년 동안 저성장 국면을 보이고 있으며, 2025년까지 현상유지, 2030년에는 2010년 대비 2% 감소한 4만 7,500명, 2050년에 4만 6,000명으로 약간 감소할 것으로 전망했다. 그린란드 통계청은 2030년까지 인구수는 인구유입 덕택으로 약 3% 증가할 것으로 예측했다.

아이슬란드 통계청은 인구수는 2030년까지 16% 증가할 것으로 예측했다. 아이슬란드 출산율은 OECD 평균 1.7보다 높은 2.0으로 아이슬란드 인은 약간 줄어들고 있지만 외국인의 유입이 증가하고 있다.

〈그림 18〉 2012-2030년 북극권 지역의 인구 증감 추이

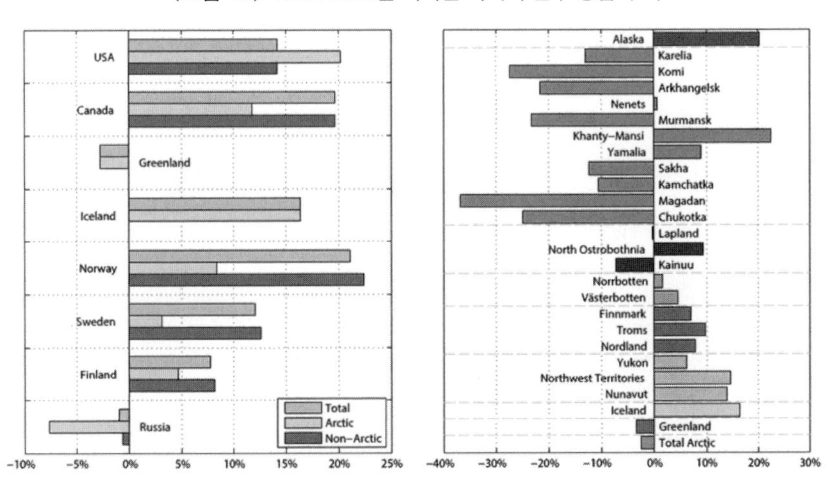

자료: Robbie Andrew, *Socio-Economic Drivers of Change in the Arctic, AMAP Technical Report*, No.9, 2014, p. 16.

북극에 거주하는 '제4세계 민족'으로 원주민의 수는 약 50만 명으로 그린란드 80%, 캐나다 50%, 알래스카 25%, 북극 노르웨이 15%, 러시아 북극권에 3-4%를 구성하고 있다.[40] 그린란드와 캐나다 북극권 지역은 원주민 비율이 높은 반면에 기타 북극 주민의 대부분은 비원주민이 다수를 이루고 있다. 아이슬란드와 덴마크 페로제도에는 원주민이 없으며, 스칸디나비아 북극권에서도 원주민의 비율은 상대적으로 미미하다. 북극권 원주민의 인구수는 연간 1.5% 증가하는 것으로 추정하고 있다.[41]

스칸디나비아 북극권에 사미 족이 거주하고 있으며, 그린란드와 북부 캐나다와 알래스카지역에서 이누이트 족이 거주하고 있다. 러시아 북극권에 네네츠 족, 축치 족 등 수많은 소수민족이 거주하고 있다. 북극권 소수민족은 다양한 문화와 자체 언어를 사용하고 있으며, 오랫동안 전수했던 전통적 생활방식을 통해 넓은 북극공간에서 수렵과 어업에 종사하고 있다.

그린란드 북서지역에서 북극이누이트 족, 동북 그린란드 이누이트 족, 서부 그린란드 이누이트 족, 동부 그린란드 이누이트 족이 거주하고 있다. 그린란드에서 이누이트 족의 비율은 88.6%이다.

지구온난화와 빙하가 녹으면서 북극 원주민의 생활공간의 위기를 가속화 시키는 것은 물론 다양한 문화와 언어의 존속을 위협받고 있다. 실제로 북극 원주민의 소멸 가능성, 특히 식량, 교육, 의료부문에서 열악한 환경에 처해 있다. 북극 원주민은 문화와 언어보존 문제뿐만 아니라 자치권과 독립을 원하고 있다.

---

40) Heidi Bruce, "Arctic Fourth World Nations in a Geopolitical Dance," *Fourth World Journal*, Summer 2012, p. 10. '제4세계 민족'은 제1세계 서방선진국, 제2 세계 공산권, 제3세계 비동맹국가에 대응하는 개념이다.

41) D. Bogoyavlenskiy,and A. Siggner, "Arctic Demography," in: Emmerson, N., Larsen, J. N., Young, O. R.(Eds.), *Arctic Human Development Report*, Steffanson Arctic Institute, Akureyri, Iceland, 2004, p. 14.

〈표 19〉 UN 원주민 권리 선언에 대한 노르딕 북극권 국가의 입장

국가 명	UN 선언의 입장
노르웨이	찬성투표, 이 선언은 "협력의 정신 하에서 추구될 업적의 스탠더드"라고 설명하고 있으나, "선언의 몇 개 조항들은 자체결정의 활동을 다루고 있으며, 이러한 권리들이 국제법의 틀 내에서 행해야만 규정되어 있다"고 강조하고 있음
덴마크	찬성투표, 설명하지 않음
스웨덴	찬성투표, 원주민 그룹 권리의 실존에 대한 심각하게 유보하고 있음. 스웨덴은 이 선언이 집단적 권리에 관한 몇 개의 참조사항이 있다고 언급하고 있음. 스웨덴정부는 "국제법 틀 밖에서 그와 같은 권리를 인정하는 것은 어렵지 않으나 이 선언에 언급된 집단적 권리보다는 통상적으로 개인적 인권이 우선한다는 확고한 의견"이라고 설명하고 있음
핀란드	찬성투표, "세계적으로 원주민 권리의 강화와 원주민 권리를 위한 새로운 최저한의 국제적 스탠더드 실행을 위한 포괄적 협력 틀로 제공되어만 한다"는 이 선언의 채택을 강조하고 있음
아이슬란드	찬성투표, 설명하지 않음(아이슬란드에는 원주민이 없음)
캐나다	반대투표, 유보조건 하에서 서명함(2010년 11월 10일). 이 선언을 염원하고 있으나, 버법적 구속력이 없다고 공지함. "토지, 영토, 자원을 취급하는 조항들을 포함해서 많은 조항에 우려한다"고 표현함
미국	반대투표, 2010년 12월 15일 이 선언에서 필요로 하는 원주민 이해의 완전 담화발표 이후 서명함. 이 선언의 법적 구속력이 없다고 공지하고 있으나 도덕적 및 정치적 힘은 있다고 표현함. 미국은 이 선언이 원주민을 위한 자기결정의 분명한 국제적 개념을 향상시키며, 이 개념은 국제법상으로 상이하다고 설명하고 있음. 추가적으로 미국은 원주민의 토지, 영토, 천연자원 권리에 관련해서 이 선언의 강력한 조항들을 지지하고 있다고 밝힘. 미국은 모든 나라들이 원주민의 이와 같은 권리들을 인정해야한다고 강조하고 있음.
러시아	투표에 기피했으며, 아직까지 이 선언에 서명하지 않음. 러시아는 전체적으로 "원주민권리와 이와 관련된 국제적 스탠더드 발전을 지원한다"고 설명하고 있으나, 이 선언을 제정하는 과정은 비투명적이었으며, 합의점에 도달하지 못했음. 러시아는 물론 이 선언은 "진실로 균형된 문서는 아니며, 특히 토지와 천연자원 혹은 보상과 배상권 절차는 아니다"라고 반박하고 있지만 원주민 권리 증진과 보호를 위해 협력을 발전시키는데 지속적으로 노력할 것임

자료: Nigel Bankes, "Legal System," Norden, *Arctic Human Development Report, Regional Processes and Global Linkages*, Nordic Council of Ministers 2014, pp. 233-234.
http://sdwg.org/wp-content/uploads/2015/02/AHDRIIFINALREPORT2015-02-24.pdf

북극 원주민은 1996년 북극이사회의 창설 초기부터 영구회원(6개 원주민 그룹)으로 가입했다. 6개 원주민 그룹으로는 '북극아타파스카위원회(AAC: Arctic Athabaskan Council)', '알류트국제협회(AIA: Aleut International Association)', '그히힌국제위원회(GCI: Gwich'in Council International)', '이

누이트북극권위원회(ICC: Inuit Circumpolar Council)', '러시아북극소수민족협회(RAIPON: Russian Association of Indigenous Peoples of the North)', '사미위원회(SC: Saami Council)'이다.[42] 북극원주민 그룹들은 북극이사회나 중앙 및 지방정부와의 협상을 통해 그들의 권익보호와 다양한 문화와 언어 보존을 위해 노력하고 있지만 개별 북극권 국가의 정치, 경제적 상황에 따라 상이한 실적을 올리고 있을 뿐이다.

노르딕 북극권(러시아 북서지역 일부 거주)의 원주민은 사미 족으로 전체 인구수는 8만 2,000 - 9만 7,000명으로 추정되고 있다. 핀란드 사미족의 인구수는 1만 명으로 사미족 인구수가 50%가 넘는 지역을 사미 '고향(Homeland)'의 지위를 부여받고 있다. 핀란드 사미 고향은 에논테키외(Enotenkiö), 인아리(Inari), 우츠이오키(Utsjoki), 소단킬레(Sodankylä) 자치 지역의 북부지역을 포함한다. 핀란드에서 사용되는 사미 어는 북 사미어, 인아리 사미어, 스콜트(Skolt) 사미어로 구분된다. 1996년에 사미 고향에 거주하는 사미 족들은 핀란드 헌법에 의거하여 언와 문화와 관련된 문화적 자치권을 보유하고 있다. 자치와 관련된 세금은 공공선거에 의해 선출된 '사미 의회(Saami Parliament)'에서 관리된다.[43]

노르딕국들은 통일된 정부시스템의 특징을 지니고 있다. 연방시스템과는 달리 헌법적으로 정부는 다양한 형태로 구분되는 국가지역과 영토, 스탠더드 통합시스템으로 연방정부가 권력을 행사하고 있다. 예외로는 그린란드

---

42) Arctic Council, "Permanent Participants," 27 April, 2011. http://www.arctic-council.org/index.php/en/about-us/permanent-participants (검색일: 2015.1.21).

43) Prime Minister's Office, Finland, *Finland's Strategy for the Arctic region 2013*, Government Resolution on 23 August 2013, p. 23.

와 페로제도들 들 수 있으며, 핀란드도 헌법적으로 보호되는 광범위한 행정력을 보유한 지방자치제가 존재한다. 통합시스템에서 국민정부는 지역 및 지방정부에게 일정의 자치 수준을 가진 커뮤니티와 지역들이 존재한다. 예를 들면 스웨덴의 노르보텐 카운티(스웨덴 면적의 1/4)는 주행정위원회(County Administrative Board)가 관할하며, 중앙정부에서 지명한 주지사가 권한을 행사하고 있다. 지역 거버넌스에서 가장 중요한 정치적 특징 중의 하나로서 노르딕 북극권에서 스웨덴, 노르웨이, 핀란드 사미족을 대표하는 사미(북서 유럽의 원주민)의회는 제한된 수준의 자치권을 행사하고 있다. 그러나 정치적 자치 정책 권고도 제한적이며, 법적 구속력이 없으며, 자문적 성격만을 지니고 있을 뿐이다.[44]

V. 맺음말

노르딕하면 일반적으로 제일 잘 알려진 사실로는 바이킹 족 혹은 '노르딕 스키'로 동계올림픽 때마다 노르딕 국가들은 좋은 성적을 올리고 있다. 아메리카 대륙을 제일 먼저 발견한 것도 콜럼버스가 아니라 노르딕 인이며, 지금도 노르딕인은 해운/조선 산업에서 세계적으로 선두그룹을 유지하고 있다. 특히 덴마크 머스크 해운회사는 세계 1위이며, 핀란드와 노르웨이의 쇄빙 및 부가가치가 높은 조선기술은 세계 선두권이다. 노르딕 국가들은 쇄빙선 보유수

44) Greg Poezler, Else Grete Broderstand, Diane Hirshberg, Timo Koivurova, Analtoly Sleptsov, "Governance in the Arctic: Political System and Geopolitics," Norden, Arctic Human Development Report, Regional Processes and Global Linkages, Nordic Council of Ministers 2014. pp. 189-190.

도 러시아에 이어 2위로 핀란드 7척(1척 건조 계획), 스웨덴 6척, 덴마크 4척으로 총 17척을 보유하고 있다.45)

또한 노르딕 하면 연상되는 것으로는 독특한 자연환경, 특히 수많은 피오르드 해안과 세계에서 가장 깨끗한 청정 지역 중의 하나로서, 여름철에 백야현상과 겨울철에 오로라를 경험할 수 있는 지역이기도 하다. 노르딕은 세계에서 재생 가능한 친환경 에너지원(풍력, 지열, 수력발전 등)과 기술과 노하우를 보유한 국가이다. 덴마크의 풍력발전, 노르웨이의 수력발전, 아이슬란드의 지열발전이 대표적인 예로서 그 비율을 더욱 높이는 에너지정책믹스를 행하고 있다. 이를 통해 노르딕은 관광대국의 잠재력을 구체화하고 있다. 노르딕은 크루즈 관광대국의 위치를 지니고 있다.

노르딕은 깨끗한 자연환경 이외에도 세계에서 부패가 없는 지역이기도 하다. '국제투명성 지수(International Transparency)에서 노르딕 국가들은 세계 상위권을 기록하고 있다. 실제로 작년 여름 출장에서 느낀 것처럼 노르딕 지역에서 신용카드가 정착화 되면서 화폐 소멸 가능성을 경험했다. 예를 들면 무인 공공화장실에서도 신용카드로 결제할 수 있다는 사실은 충격적이었다. 알코올 중독을 방지하기 위해 노르딕 국가들의 높은 주세와 판매 제한 조치는 큰 성공을 거두고 있다는 사실도 경험했다.

세계적으로 노르딕은 일인당 GDP 규모는 상위권에 속하면서도 사회복지국가로 잘 알려지고 있다. 노르딕 5국의 거버넌스 모델은 합의 민주주의라고 묘사될 수 있다. 합의 민주주위를 위한 기본은 개별 국가 혹은 사회 내에서 고도의 정치, 경제, 이념적 통합과정을 보여주고 있다. 전후 시대 통합이 가시화

---

45) Ronald *O'Rourke, Cost Guard Polar Icebreaker Modernization: Background and Issue for Congress*, Congress Research Service 7-5700, Jan. 5, 2016, p. 12.

되면서 노르딕복지모델(NWM: Nordic Welfare Model) 건전한 사회안전망 구축으로 강화되어 왔다. 소련 붕괴와 세계화로 인해 이 모델의 이념적 기준은 영향을 받고 있지만 그 근본 틀은 여전히 유지되고 있다. 핀란드와 스웨덴은 유럽 통합과정에 합류하면서 EU와 노르딕 국가 리더십 역할은 1999년부터 북방차원(Nord Dimension) 프로그램을 행하고 있다.[46] 노르딕 협력의 가장 중요한 염원은 노르딕 언어와 문화의 강화와 경작을 통해 노르딕 파트너십의 발전과 국가 조정과 국제협력의 다른 형태로서 독립적 대안을 제공하는 것이다.[47] 사회안전망 구축 하에서 노르딕은 세계 어느 지역보다 강력하게 개방과 평등사회의 실현을 실현시키고 있다. 실례로 한국의 3-40대 중견 엘리트 가계의 노르딕 국가로의 이민이 활성화되고 있다.[48]

노르딕의 북극 이슈와 관련한 연구에서도 선도적 위치를 지니고 있으며 국제협력도 개방성을 강조하고 있다. 그 예로써 또한 노르웨이 령 스발바르 제도의 스피츠베르겐 섬 니올레순(Ny-Alesund)연구기지촌에 한국의 다산기지를 포함해서 중국, 독일, 프랑스 등의 연구기지가 위치해 있다. 또한 세계 각국 정부, 연구기관, 유전자은행 등에서 보내온 종자 88만 여종이 스발바르국제종자저장소(Svalbard Global Seed Vault)에서 깊은 겨울잠을 자고 있다. 전 세계 1750개 종자저장소들의 최후의 보루로, 세계 중요 작물 종자 3분의 1이

---

46) Greg Poezler, Else Grete Broderstand, Diane Hirshberg, Timo Koivurova, Analtoly Sleptsov, "Governance ... op. cit., p. 188.

47) Tobias Etzold, The Case of the Nordic Councils, *Mapping Multilateralism in Transition*, No.1, International Peace Institute, dec. 2013, p. 1.

48) 외교부의 재외동포 현황에 따르면 북유럽 3국, 노르웨이, 덴마크, 스웨덴의 재외동포 수(2013년 기준) 각각 692명, 538명, 2,510명이다. 2011년에 비해 노르웨이는 14%, 스웨덴은 22% 늘어난 수치이다. 특히 덴마크에 거주하는 한국인 수는 지난 2년 사이 약 83% 증가한 것으로 집계됐다. 허정연, "젊은층의 로망 북유럽은 지금, 전문직은 덴마크, 유학생은 스웨덴 노릴만," 『중앙시사마가진』2015년 12월 24일.

이곳에 보관돼 있다.[49)]

노르딕 북극권 국가들은 전반적으로 지속가능한 친환경 개발정책을 우선순위로 삼고 있으며, 북극권국가뿐만 아니라 비북극권 국가들과의 협력을 주요 과제로 채택하고 있다. 그 예로서 2013년 스웨덴 키루나 북극이사회 정례 회담에서 기타 북극권 국가는 달리 한중일을 포함한 6개국의 북극이사회 상임 옵서버 국가 지위를 부여하는데 일익을 담당했다. 특히 중국의 가입과 관련해서 미국, 캐나다, 러시아는 적극적인 지지 표지를 않은 상황이었지만 결국 가입을 승인했다.

지구온난화와 북극의 해빙이 가속화 되면서 북극의 자원과 국제항로의 가능성이 증대되면서 중국은 2000년대 말부터 대북극권과의 협력, 특히 노르딕 북극권과 러시아와의 협력을 강화하고 있다. 중국은 아이슬란드의 경제지원을 비롯한 석유개발, 오로라 연구소 설치뿐만 아니라 그린란드 광산 지분 인수, 노르웨이와 아이슬란드 북극권 지역에서 토지 매입(유보), 2014년에 개소된 중국-노르딕북극센터 등 적극적으로 북극이슈에 개입하고 있다.[50)]

최근 셰일가스 등 비전통적 석유/가스개발과 국제유가 하락, 세계경제의 정체와 서방의 대러시아 경제제제 조치, 그리고 2017년 봄까지 북극이사회의 의장국인 미국의 북극정책[51)]이 개발보다는 환경에 주안점을 둔다는 점 등을 고

---

49) 기독교 성서에서 대홍수 때 노아의 가족과 동물이 탄 배에 비유해 현대판 '노아의 방주'라고 불리는 이유다. "북극 스발바르의 '노아의 방주'… 미래 담긴 씨앗들," 『경향신문』2016년 12월 8일.

50) 중국의 대북극 정책에 대해서는 필자의 글을 참조. "중국의 대북극 정책과 시사점," 『러시아유라시아』(대외경제정책연구원, 2015년), pp. 607-673.

51) 미국의 북극정책에 대해서는 필자의 글을 참조. "미국의 북극 개발전략," 이상준 외, 『강대국의 북극 개발 전략과 한국의 북극 개발 참여방안』(KRD 한러대화, 2016년), pp. 79-129.

려할 때 북극개발(에너지)은 단기적으로 큰 진전이 없을 것으로 예상된다. 그러나 미국의 새 대통령 트럼프는 대러시아 경제제재 조치의 해제 가능성과 대러시아 협력관계도 과거보다 상승할 가능성이 높아지는 환경을 조성하고 있다. 또한 2017년부터 순번제로 진행하는 북극이사회 의장국(향후 유럽북극권 국가들이 의장국으로 취임할 예정임)에 취임하는 핀란드는 지속가능한 북극개발을 주안점을 두고 있어 북극개발은 더욱 가속화될 것으로 전망된다.

결론적으로 비북극권 국가로서 한국은 노르딕 북극권국가들과의 외교협력과 투자와 과학기술 협력이 우선적으로 필요하다.

〈참고문헌〉

제레드 다이아몬드 저, 강주헌 옮김, 『문명의 붕괴』(서울: 김영사, 2005년).

유준구, "북극해 거버넌스 현안과 과제," 『주요국제문제분석』(국립외교원 외교안보연구소) 2012년 10월 12일, pp. 1-18.

한국수출입은행, 『2016 세계국가편람』(한국수출입은행, 2015년 12월).

한종만, "북극공간의 개념 정의: 자연구분과 인문구분을 중심으로," 『비교경제연구』(한국비교경제학회) 제22권 1호, 2015년, pp. 41-74.

한종만, "중국의 대북극 정책과 시사점," 『러시아유라시아』(대외경제정책연구원, 2015년), pp. 607-673.

한종만, "북극지역의 지정학적, 지경학적, 지문화적 역동성에 관한 연구," 『사회과학연구』(전북대학교 사회과학연구소) 제40집, 제2호, 2016년, pp. 18-59.

한종만, "러시아의 북극전략과 거버넌스," 『북극, 한국의 성장공간』배재대학교 한국-시베리아센터 편(서울: 명지출판사, 2014), pp. 6-14.

한종만, "북극권 인문지리: 인구의 역동성을 중심으로," 한종만, 김정훈 외, 『북극의 눈물과 미소: 지정, 지경, 지문화 및 환경생태 연구』(서울: 학연문화사, 2016년), pp. 311-332.

한종만, "미국의 북극개발 전략," 이상준, 김정기, 한종만, 이대식, 조정원 공저, 『강대국의 북극 개발 전략과 한국의 북극개발 참여 방안』(2015년 한러대화 경제통상분과 총서), KRD, 2016년, pp. 79-129.

Aalto, Pami, Aileen A. Espiritu, Dmitry A. Lanko, Sarah Naundorf, *Coherent Northern Dimension: The Policy Priorities of the Arctic Council (AC), the Barents Euro-Arctic Council (BEAC), the Council of Baltic Sea States (CBSS) and the Nordic Council of ministers (NCM), in comparison with the Northern Dimension objectives*, Report of the Northern Dimension Institute, Jan. 10, 2012.

Andersson, Jan Joel, "Why It's Time For Finland and Sweden to Join the Alliance," *Foreign Affairs*, April 30, 2014. https://www.foreignaffairs.com/articles/finland/2014-04-30/nordic-nato (검색일: 2016년 1월 13일).

Andrén, Nils, "Nordic Integration," *Cooperation and Conflict*, No.1, 1967, pp. 1-25.

Andrew, Robbie, *Socio-Economic Drivers of Change in the Arctic, AMAP Technical Report*, No.9, 2014, pp. 1-33.

Bailes, Alyson JK, *Nordic and Arctic Affairs: Small States in the Arctic: What Impact*

From Russia-West Tension? Centre for Small State Studies, Jean Monnet Centre of Excellence University of Iceland, Oct. 6, 2015.

Bankes, Nigel, "Legal System," Norden, *Arctic Human Development Report, Regional Processes and Global Linkages*, Nordic Council of Ministers 2014, pp. 221-252.

Bender, Jeremy, "The Nordic countries are banding together against Russia's Arctic push," *Business Insider*, Apr. 23, 2015.

Bogoyavlenskiy, D. and A. Siggner, "Arctic Demography," in: Emmerson, N., Larsen, J. N., Young, O. R.(Eds.), *Arctic Human Development Report*, Steffanson Arctic Institute, Akureyri, Iceland, 2004.

Bruce, Heidi, "Arctic Fourth World Nations in a Geopolitical Dance," *Fourth World Journal*, Summer 2012, pp. 5-22.

Dolata, Petra, "Die Arktis: Eine Facettenreiche und sich wandelnde Region," *Internationale Politikanalyse*, Friedrich Ebert Stiftung, September 2015, pp. 1-9.

Duhaime, Gérard and Andrée Caron, "The Economy of the Circumpolar Arctic," in: S. Glomsrød and I. Aslaksen(Eds.), *The Economy of the North*, Oslo, 2006, pp. 17-23.

Duhaime, Gérard and Andrée Caron, "Economic and Social Conditions of Arctic Regions," in: S. Glomsrød and I. Aslaksen(Eds.), *The Economy of the North 2008*, Oslo, 2009, pp. 11-23.

Emmerson, Charles, *Arctic Opening: Opportunity and Risk in the High North* (Lloyd's: Chathan House, 2012).

European Policies Research Centre, "Discussions Paper - Community Based Cooperation in the Arctic," *Arctic Connections Conference*, 10-11 June 2014.

Etzold, Tobias, "The Case of the Nordic Councils," *Mapping Multilateralism in Transition*, No.1, International Peace Institute, dec. 2013, pp. 1-13.

Gorkina, T. I., "Geopolitical Problems of the Arctic," *Political Geography*, Vol.3, No.4, 2013, pp. 447-458.

Graczyk, Piotr and Timo Koivurova, "A New Era in the Arctic Council's External Relations? Broader Consequences of the Nuuk Observer Rules for Arctic Governance," *Polar Record* (Cambridge University Press), 2013, pp. 1-12.

Heleniak, Timothy and Dimitry Bogoyavlensky, "Arctic Populations and Migration," Norden, *Arctic Human Development Report, Regional Processes and Global*

Linkages, Nordic Council of Ministers 2014, pp. 53-104.

Huskey, Lee, Ilmo Mäenpää, Alexander Pelyasov, "Economic System," Norden, *Arctic Human Development Report, Regional Processes and Global Linkages*, Nordic Council of Ministers 2014, pp. 151-182.

Keski-Nirva, Kiira, "Creating an Arctic economic area?," *Arctic Summer College*, 8 Oct., 2015, http://arcticsummercollege.org/creating-arctic-economic-area (검색일: 2016년 1월 20일).

Kraska, James and Betsy Baker, "Emerging Arctic Security Challenges," *Policy Brief*, Center for a New American Security, March 2014, pp. 1-16.

Laaksonen, Eini, "Concluding remarks on the Special Issue on the future of the Arctic - from researcher's perspective," *Baltic Rim Economies*, No.5, 2014. pp. 35-36.

Lindahl, Björn, "Minister for Strategic Development Kristina Persson: make the Arctic 'green'," *Nordic Labour Journal*, Feb 07, 2015.

Lipponen, Paavo, *A Strategic Vision for the North: Finland's Prospects for Economic Growth in the Arctic Region*, Confederation of Finnish Industries, 2015.

Luszczuk, Michal, "The Arctic in Transition, Regional Issues and Geopolitics on Thin Ice," *Teka Kom. Polito. Stos. Miedzynar.* -OL PAN, Vol.7, 2012, p. 101-116.

Nielsson, Egill Thor, *The West Nordic Council in the Global Arctic*, Institut of International Affair, The Center for Arctic Policy Study, 2014.

Nordic Marine Think, *Synthesis Report, Blue Growth in the North East Atlantic and Arctic*, Norden 2014.

Østhagen, Andreas, "The European Union - An Arctic Actor?," *Journal of Military and Strategic Studies*, Vol.15, Issue 2, 2013, pp. 71-92.

Østreng, Willy, "Arctic Policies of Nordic States: The Policitcs of Geographical Definitions," *Polar Initiative Policy Brief Series*, Wilson Center, September, 2014, pp. 1-5.

Pay, Brian Van, "National Maritime Claims in the Arctic," *Change in the Arctic Environment and the Law of the Sea*, The 33rd COLP Conference Seward, Alaska, Nay 21, 2009.

Prime Minister's Office, Finland, *Finland's Strategy for the Arctic region 2013*, Government Resolution on 23 August, 2013.

Rautajoki, Timo, *Arctic Business Forum Yearbook 2014*, Lapland Chamber of Commerce,

March 2014.

SDWG, *Arctic Human Development Report II: Regional Processes & Global Linkages*, Fact Sheet, January 2013.

"Shelf North of the Faroe Islands recognised by the Commission on the Limits of the Continental Shelf," March 25, 2014. http://www.geus.dk/cgi-bin/webbasen_nyt.pl?id=1395773784&cgifunction=form (검색일: 2015년 1월 19일).

Schumacher, Tom, "The Emergence of the New Nordic Cooperation," *Working Papers*, No.6, Dansk Udenrigspolitisk Institut (DUPI), Copenhagen, 2000, pp. 1-17.

Sitdikov, Ramil, "Three Nordic States to Cooperate With Russia in Arctic Despite Sanctions," *Sputnik*, 20.01.2015.

Stefánsdóttir, Monika Margrét, *Large scale projects in the Arctic : socio-economic impacts of mining in Greenland*, University of Akureyri, School of Humanities and Social Science, Faculty of Laq, Master's Program in Polar Law, June 2014.

Williams, Alex, Aisling O. Darcy, and Angela Wikinson, *The future of Arctic enterprise: Long-term outlook and and implications*, Smith School of Enterprise and the Environment, University of Oxford, November 2011.

슈발바르 군도를 둘러싼 노르웨이와 러시아의 관할권 갈등

박종관*

Ⅰ. 서론

북극의 해양지리와 그에 대한 북극해 연안국들의 관할권은 1982년에 채택된 국제해양법 레짐(UNCLOS)에 의해 관할되고 있다. 그러나 유엔 해양법협약 이전에 다자간 조약(슈피츠베르겐 조약)에 의해 관할되어 오던 슈발바르는 국제해양법 레짐(UNCLOS)에 의해 새로운 문제의 소지를 야기하고 있다. 국가 간 관계는 북극에서 여전히 복잡하다 할 수 있다. 본 논문은 16세기에 발견된 이래 영토 그 자체가 관할권 논쟁의 대상이 되어 온 슈발바르(Svalbard) 군도에 대해 검토해 볼 것이다.

슈발바르 군도는 총 육지 면적이 61,020㎢이고 노르웨이 본토와 북극 사이의 수많은 섬들로 구성되어있다. 이 섬들 중 가장 큰 슈피츠베르겐(Spitsbergen) 섬에서만 사람이 영구 거주한다. 슈발바르의 약 60%는 일 년 내내 얼음으로 덮여 있으며, 10% 미만에만 식물 생장이 가능하다. 2011년 1월 1일 현재, 슈발바르의 총 인구는 2,394명이다.[1]

---

* 경북대학교
※ 이 논문은 2016년 한국연구재단 일반공동연구 지원사업의 지원을 받아 수행된 연구(NRF-2016-B0131)로, 배재대학교 한국시베리아센터의 시베리아 연구 21권 2호지에 실린 내용을 게재한 것 임

1) Statistics Norway (2011b) 'Population Statistics, Svalbard', www.ssb.no/befsvalbard_en

슈발바르는 노르웨이의 주권 하에 있지만, 그 거버넌스는 국제법에 뿌리를 두고 있다. 본 논문은 슈발바르의 관할권을 규정하고 있는 조약을 검토하고, 슈발바르가 오늘날 어떻게 관할되고 있는지를 논의한다. 슈발바르에 대한 노르웨이의 주권은 사실 노르웨이 정부가 주장하는 것만큼 절대적이지 않으며 따라서 노르웨이는 경제 활동, 국내 입법 및 국제 협력을 통해 이러한 주권을 지속적으로 재확인해야 한다. 한편 러시아는 슈발바르의 관할권에 대한 불확실성을 현 상태로 유지 또는 강화할 계획이다. 그리고 몇몇 다른 국가들, 특히 아시아의 경제 강국들은 더 폭넓은 북극 전략을 추구하는 과정에 슈발바르의 법적 지위를 이용하기 시작했다.

2006년부터 노르웨이 정부는 북극권(High North)을 “미래 노르웨이의 가장 중요한 전략적 우선순위 영역”으로 규정했다.[2] 기후변화로 야기된 극지 얼음층의 용해는 노르웨이가 북극해 운송, 엔지니어링 및 기타 분야에서 오랫동안 유지해 온 강점을 활용할 수 있는 기회를 제공한다. 그러나 이것은 또한 다른 북극권 또는 비북극권 국가에 의한 경제활동에 북극을 개방한다. 러시아 역시 북극에 초점을 맞추고 있으며, 중국은 북방항로와 북서항로를 이용하여 유럽이나 미국의 동부해안에 제조품 및 가공 상품을 운송하려고 하고 있다.[3] 슈발바르와 관련하여 또는 슈발바르에서 일어나는 사건들은 앞으로 다가올 세기 동안 국제관계와 국제무역에 중대한 영향을 미칠 수 있다.

---

2) Norwegian Ministry of Foreign Affairs (2006) *The Norwegian Government's High North Strategy*, www.regjeringen.no/upload/UD/Vedlegg/strategien.pdf

3) M. Byers, (2011a) 'The dragon looks north', Al Jazeera, 28 December, www.aljazeera.com/indepth/opinion/2011/12/20111226145144638282.html; M. Byers, (2011b) 'Russia pulling ahead in the Arctic', *The Star*, 29 December, www.thestar.com/opinion/editorialopinion/article/1108138—russia-pulling-ahead-in-the-arctic

그러나 그런 세계적 중요성에도 불구하고 슈발바르 군도의 경우는 아주 특이한 경우이다. 군도의 고립성 또는 지리적인 '타자성'(otherness)은 동시에 모든 사람에게 속해 있고 또 누구에게도 속하지 않는다. 슈발바르는 정확하게 그것이 '주변적(peripheral)'이기 때문에, 주변국들이 가치를 부여한 주변부(periphery)의 대표적 사례이다. 그리고 정확하게 그것이 '집(home)'이기 때문에, 주민들이 가치를 부여한 주변부(periphery)의 대표적 사례이다.

Ⅱ. 슈발바르 군도의 국제법적 지위

1. 슈피츠베르겐 조약(the Spitsbergen Treaty)의 기원

북극의 많은 섬들은 20세기 초에 모호한 관할권적 지위를 가지고 있었다. 슈발바르, 그린란드, 얀 마이엔, 프란츠 요셉 제도, 랭겔 섬 등은 일반적으로 '어떤 국가에게도 소속된 적이 없는 섬'(*terra nullius*)으로 간주되었다. 그린란드를 제외하고는, 이 섬들 중 어떤 것도 유럽인의 후손들이 발견한 당시 토착민들에게 집이 된 적이 없었다.

슈발바르는 1596년 네덜란드 탐험가 빌렘 바렌츠(Willem Barents)에 의해 발견되었다. 1613년 영국 포경회사인 무스코비 컴퍼니(Muscovy Company)는 이 섬들에 대한 배타적 권리를 주장했지만, 당시 덴마크-노르웨이 연합왕국에 의해 제기된 주권 주장과 충돌했다. 네덜란드인은 *Mare Liberum*, 즉, 바다는 모든 사람의 것이라는 원칙에 반박했다. 1870년 스웨덴-노르웨이 각료회의는 슈발바르의 편입과 섬들에 식민지를 세울 것을 심의했지만, 러시아로

부터의 실제적인 우려와 반대로 이를 이행하지 못했다.[4]

1905년 스웨덴에서 독립한 직후, 노르웨이는 슈발바르의 관할권에 대한 명확한 확정을 추구했다. '어떤 국가에게도 소속된 적이 없는 섬'(*terra nullius*)이었기 때문에 수많은 국가가 이 군도에 대한 이해관계를 주장할 수 있었다. 노르웨이는 이 섬들이 12세기 아이슬란드 역사책(Icelandic text)에 언급되어 있다고 주장했다. 네덜란드는 1596년 바렌츠(Barents)의 발견과 뒤이은 반영구적인 네덜란드 포경 기지들 때문에 이 섬들에 대한 특별한 권리를 주장했다. 한편 러시아는 포모르(Pomor) 지역의 사냥꾼들이 바렌츠보다 먼저 슈발바르에 도착했다고 주장했다.[5] 영국은 무스코비 컴퍼니의 로버트 포더비(Robert Fotherby)가 1614년 제임스 1세를 위해 슈피츠베르겐의 소유권을 주장했다고 언급했다. 당시, 북극해 포경과 물개 사냥은 여전히 많은 국가들에게 경제적으로 중요한 산업이었다. 또한 1906년부터 비록 슈발바르 주민의 대부분은 노르웨이인들이었지만, 이 섬의 주요 고용주는 보스턴에 본부를 둔 아크틱 코울 컴패니(Arctic Coal Company)였다.[6]

1910년 노르웨이, 스웨덴, 러시아가 제안한 공동주권 해결방안은 미국과 독일에 의해 강력히 반대되었고, 1912년과 1914년에 이어진 논의도 마찬가지로 실패했다.[7] 돌파구는 1차 세계대전이 끝 난 후 1919년 파리평화회의에서 나

4) U. Wråkberg, (2002) 'The Politics of Naming: Contested Observations and the Shaping of Geographical Knowledge', in M. Bravo and S. Sèorlin (eds.), *Narrating the Arctic: A Cultural History of Nordic Scientific Practices*, Canton MA, Watson, p. 183.

5) A. Umbreit, (2009) *Spitsbergen*, Bucks UK, Bradt Travel Guides. p. 25.

6) C. Emmerson, (2010) *The Future History of the Arctic*, New York, Public Affairs. pp. 90-91.

7) L. Numminen, (2011) 'A History and Functioning of the Spitsbergen Treaty' In D. Wallis and S. Arnold (eds.) *The Spitsbergen Treaty: Multilateral Governance in the*

왔다. 연합국 최고위원회는 슈발바르에 대한 노르웨이의 주권을 부여했으나, 군도에서의 국제적 활동을 위한 조항을 두었고, 이것이 결국 1920년 슈피츠베르겐 군도에 관한 조약(*Treaty Concerning the Archipelago of Spitsbergen*)으로 발전했다. 이러한 당시의 해결책은 슈발바르에 대한 미국의 경제적 관심이 감소한 것을 포함하여 다음과 같은 여러 요인의 결과였다. 노르웨이의 협조에 대한 보상을 원했던 제1차 세계대전 전승국의 희망; 그리고 슈발바르에 관심이 있었고, 그렇지 않았다면, 협상 테이블에서 강경한 태도를 보였을 두 국가(독일과 소련), 즉 전후 독일의 무장해제와 러시아의 볼셰비키 정부의 지위에 대한 불인정.[8] 1924년과 1925년에 결국 조약에 서명한 소련과 독일을 포함하여 14개 국가가 이 조약에 서명했다.[9] 그러나 이 조약에 대한 반발 또한 만만하지 않았다. 강력한 시위 중 일부는 이 조약과 그 이후의 광업 법규가 노르웨이의 주권에 너무 많은 제약을 가했다고 느낀 노르웨이 언론과 의회에서 나왔다.[10] 이 조약은 마침내 1925년에 비준되었다.

조약 서명 후 몇 년 사이에 다른 논쟁의 대상이 된 북극 섬들에 대한 관할

Arctic, Helsinki, Arctic Papers, Vol. 1, pp. 7-20; J. Machowski, (1995). 'Scientific Activities on Spitsbergen in the Light of the International Legal Status of the Archipelago', Polish *Polar Research*, Vol. 16, Nos. 1-2, pp. 13-35.

8) T.B. Arlov, (2011) *Den rette mann: Historien om Sysselmannen pa Svalbard*, Trondheim, Tapir Akademisk Forlag. pp. 32-34.

9) 현재 조약서명국들은 아프가니스탄, 알바니아, 아르헨티나, 오스트레일리아, 오스트리아, 벨기에, 불가리아, 캐나다, 칠레, 중국, 체코, 덴마크, 도미니카, 이집트, 에스토니아, 핀란드, 프랑스, 독일, 그리스, 헝가리, 아이슬란드, 인도, 이탈리아, 일본, 모나코, 네덜란드, 뉴질랜드, 노르웨이, 폴란드, 포르투갈, 루마니아, 러시아, 사우디아라비아, 남아프리카공화국, 한국, 스페인, 스웨덴, 스위스, 우크라이나, 영국, 미국, 베네수엘라가 있다.

10) T.B. Arlov, (2011) *Den rette mann: Historien om Sysselmannen pa Svalbard*, Trondheim, Tapir Akademisk Forlag. pp. 34-38.

권, 즉 랑겔 섬(1924)과 프란츠 이오시프 제도(1929)는 소연방으로, 얀 마이엔은 노르웨이(1929)로, 스베드럽 제도는 캐나다(1930)로 공식화되었다. 덴마크의 슈피츠베르겐 조약 수용이 1919년 동 그린란드에 대한 자신의 주장을 포기하겠다는 노르웨이의 약속과 관련되어 있었다는 사실에도 불구하고[11], 덴마크가 마침내 그린란드 전체에 대해 국제적으로 인정된 주권을 획득한 것은 헤이그의 국제사법재판소의 1933년 결정이었다.[12]

2. 슈피츠베르겐 조약의 내용과 슈발바르의 공유/통치

슈피츠베르겐 조약은 슈발바르의 다자간/다국적 거버넌스를 위한 기본적이고 확고한 국제법적 틀을 제공한다. 본 논문의 목적을 위해 가장 중요한 조약 조항들은 다음과 같다.

- 제1조 : 노르웨이는 "그리니치 동경 10도와 35도 사이의 모든 섬들과 북위 74도와 81도 사이의 모든 섬들에 대해 완전하고 절대적인 주권"을 가진다.
- 제2-3조 : 모든 서명국의 국민들은 노르웨이 법령에 따라 "절대 평등의 기반 위에" 상업 활동을 수행할 수 있다.

---

11) T.B. Arlov, (2011) *Den rette mann: Historien om Sysselmannen pa Svalbard*, Trondheim, Tapir Akademisk Forlag. p. 37.

12) M. Webb, (1992) 'Arctic Saga: Vilhjalmur Stefansson's Attempt to Colonize Wrangel Island', *Pacific Historical Review*, Vol. 61, No. 2, pp. 215-239; R.E. Fife, (2008) 'Svalbard and the surrounding maritime areas: Background and legal issues', Norwegian Ministry of Foreign Affairs, 26 November, www.regjeringen.no/en/dep/ud/selectedtopics/civil—rights/spesiell-folkerett/folkerettslige-sporsmal- i-tilknytning-ti.html?id=537481

· 제6조 : 제한된 기간 동안, 조약의 서명 이전에 점유된 토지에 대한 주장이 심의되었다. 타당한 경우, 그러한 토지에 대한 소유권이 청구자에게 부여되었다.

· 제7조 모든 서명국의 국민들은 "완전한 평등"의 관점에서 재산(광물권 포함)의 소유권을 취득하고 향유하며 행사할 수 있다.

· 제8조 : "부과된 세금, 부과금 및 공공요금은 배타적으로" 슈발바르 행정부에 "납부되어야 한다."

· 제9조 : 슈발바르는 "결코 전쟁과 같은 목적으로 사용될 수 없다."

노르웨이가 스발바르에 대한 국가주권을 행사하는 주요 공식 수단은 노르웨이 법무부에 보고하는 슈발바르 주지사(Sysselmannen) 사무실을 통하는 것이다. 1970년대 슈발바르의 최대 정착지인 롱위에아르뷔엔(Longyearbyen)은 자유화의 점진적인 과정을 시작했고, 노르웨이 광산회사의 업무를 인수하고, "특히 군도에 있는 외국인들에 대한 노르웨이 주권의 효과적인 집행"을 확립하는 주지사직을 필요로 했다.[13] 1979년 노르웨이 왕실 칙령에 의하면:

[주지사]는 군도에서의 국가활동을 조정한다. 그는 이 일에 중요한 의미를 가질 수 있는 활동에 대해 항상 알고 있어야 한다. 그는 슈발바르의 이익을 위해 일하고, 이 맥락에서 그가 필요하다고 생각하는 이니셔티브를 취한다.[14]

---

13) Government of Norway (1999) *Report No. 9 to the Storting (1999-2000)*: Svalbard, §5.4.1
www.regjeringen.no/en/dep/jd/Documents-and-publications/Reports-to-the-Storting-White-Papers/Reports-to-the-Storting/19992000/report-no-9-to-the-storting-.html?id=456868

14) Government of Norway (1999) *Report No. 9 to the Storting* (1999-2000): Svalbard,

그러므로 주지사는 슈발바르의 치안, 환경 보호, 공증 임무, 여행 및 관광 조정, 공공 정보, 교통 및 외국 정착촌과의 접촉과 같은 기능을 담당한다.[15]

슈피츠베르겐 조약 제8조의 규정에 따라, 슈발바르에 부과된 모든 개인세 및 법인세는 군도 행정을 위한 개별 예산으로 들어간다. 어떤 돈도 노르웨이의 중앙정부로 전달되지 않는다. 따라서 부가가치세가 존재하지 않으며, 소득세(8%) 및 법인세(10%)가 노르웨이 본토보다 상당히 낮다.[16] 높은 임금과 낮은 세금의 조합은 잠재적인 노동자들에게 매력적이다. 정부 기능은 노르웨이의 세수 및 연간 보조금을 통해 지원된다.[17] 2010년 슈발바르에 소재한 노르웨이 기업에 대한 노르웨이 정부 보조금은 3억 8천 8백만 크로네(미화 6천 5백만 달러)에 달했다.[18]

Ⅲ. 공유에 기초한 슈발바르의 경제활동과 공동체 형성

1. 공유에 기초한 슈발바르의 경제활동

16세기 바렌츠가 발견 한 이래, 슈발바르에서 많은 국가들이 다양한 경제활동을 했다. 17세기에는 네덜란드, 영국, 독일의 포경 캠프가 있었다. 18세기와 19세기에는 처음에는 러시아 사냥꾼 다음으로 노르웨이 사냥꾼들의 오두막

---

§5.4.1에서 인용.

15) Government of Norway (1999) *Report No. 9 to the Storting* (1999-2000): Svalbard, §5.4.

16) A. Umbreit, (2009) *Spitsbergen*, Bucks UK, Bradt Travel Guides. p. 40.

17) Government of Norway (1999) *Report No. 9 to the Storting* (1999-2000): Svalbard, §5.3.

18) Statistics Norway (2011d) 'Industrial Statistics for Svalbard 2010', www.ssb.no/english/subjects/10/sts_en

(집)이 들어섰다. 20세기 초부터 경제활동은 광업에 초점이 맞추어져 있었다.

18세기 이래 슈발바르는 영국, 노르웨이, 스웨덴, 폴란드 및 독일의 탐험대가 다녀간 과학 탐험의 대상지이기도 했다. 슈피츠베르겐 조약 체결 후, 슈발바르에서의 과학 연구는 제도화되었고, 1928년 나중에 노르웨이 극지연구소가 된 기관이 창립됨으로써 가장 주목할 만하게 되었다.[19] 오늘날 뉘올레순(NyÅlesund, 인구가 약 35명인 세계 최북단 영구 거주 정착촌)[20]은 다양한 조약 서명국들이 운영하는 시설을 포함하는 연구센터로 운영되고 있다. 정착촌 자체는 공공기업 킹즈 베이 에이에스(Kings Bay AS)가 소유하고 관리한다. 1978년 이래 폴란드는 호른준뎃(Hornsundet)에 있는 폴란드 폴라 스테이션에서 연중 활동을 유지하고 있으며, 약 8명이 상주하고 대표단을 맞이한다.[21]

슈발바르에서의 석탄 채굴은 1900년경부터 본격적으로 시작되었다. 초기 슈발바르 광업회사들은 소유권을 자주 변경했다. 최초의 노르웨이 기업에서 러시아, 네덜란드, 영국 및 미국의 바이어들에게 소유권이 넘어갔다. 1911년 스웨덴은 피라미덴(Pyramiden)과 스베아그루바(Sveagruva)에 광산을 설치했지만, 1920년대에 스베아그루바 광산을 노르웨이에게, 피라미덴 광산을 러

---

19) C. Lüdecke, (2011) 'Parallel Precedents for the Antarctic Treaty', in P.A. Berkman, M.A. Lang, D.W.H. Walton, & O.R. Young (eds.) *Science Diplomacy: Antarctica, Science, and the Governance of International Spaces*, Washington DC, Smithsonian Institution, Scholarly Press, pp. 253-263.

20) 뉘올레순은 노르웨이 슈발바르 제도의 네 영구 거주지 중 하나이다. 현재 상주 인구는 약 30~35명으로 모두 이곳의 연구 기지나 이 기지에 물품을 보급하는 회사에서 일하고 있다. 여름에는 연구자나 기술자 등이 더 찾아와 120명까지 늘기도 한다. 현재 노르웨이, 네덜란드, 독일, 영국, 프랑스, 이탈리아, 일본, 대한민국, 중화인민공화국 등이 뉘올레순에 연구 기지를 운영하고 있다.

21) T. Moczadlowski, (2001) *Polska Stacja Polarna: Hornsund*, http://hornsund.igf.edu.pl

시아에 판매했다. 1916년 노르웨이 정부는 나중에 스베아그루바 광업을 인수할 Store Norske Spitsbergen Kulkompani(이하 Store Norske)를 설립했다. 마찬가지로 소련도 1930년대 초 네덜란드로부터 바렌츠부르크(Barentsburg) 광업을 인수했다.

슈피츠베르겐 조약과 더불어 1925년 광업 법령(Mining Code)과 1975년 국왕 포고령으로 광산업에 관한 규정이 제정되고, 개정되었다. 광업법(제2조)은 모든 조약 서명국들이 평등하게 석탄, 광유류(鑛油類, mineral oils)의 천연 매장지를 탐색, 획득 및 개발할 수 있는 권리를 부여한다. 그러나 이것은 실제로 모든 서명국들이 평등한 채광권(mining rights)을 보유하고 있다고 말하는 것이 아니다. 슈피츠베르겐 조약 제6조에 따라, 영토를 청구할 수 있는 제한된 기간이 존재하고, 외국에 의한 재산소유는 노르웨이 레짐에서 기득권을 인정받을 수 있다.(Lüdecke, 2011). 처음부터 노르웨이는 슈피츠베르겐 조약이 부과한 몇몇 약점을 극복하기 위해 가능할 때마다 외국으로부터 광업권을 구매하려고 노력했다. 그리고 1930년대 이래로 러시아도 똑같이 해왔다. 그 결과, 지난 80년 동안 이들 두 국가만이 슈발바르에서 광업권을 행사할 수 있는 유일한 국가가 되었다.[22] 20세기의 대부분 동안, 광업은 슈발바르의 유일한 주요 상업 활동이었고, 롱위에아르뷔엔, 뉘올레순, 피라미덴, 스베아그루바와 바렌츠부르그의 영구 정착지를 유지했다. 동등한 입장에서 경제적 활동을 수행할 수 있는 권리는 모든 서명국들이 예를 들어 노르웨이의 환경규제에 따라 슈발바르 주변의 해로를 이용할 수 있음을 의미한다.

약 2,070명의 인구를 가진 롱위에아르뷔엔은 슈발바르 최대 정착지이다.

---

22) T.B. Arlov, (2011) *Den rette mann: Historien om Sysselmannen p¥ Svalbard*, Trondheim, Tapir Akademisk Forlag. pp. 40-41; A. Umbreit, (2009) Spitsbergen, Bucks UK, Bradt Travel Guides. p. 36.

약 240명의 근로자가 롱위에아르뷔엔에서 스베아그루바까지 통근한다. 스베아그루바는 롱위에아르뷔엔에서 남서쪽으로 60km 떨어진 *Store Norske*의 광산들 중 가장 중요한 곳으로, 일주일 작업/일주일 휴업으로 운영된다. 두 번째로 큰 정착지인 바렌츠부르그는 러시아 국영 *Trust Arktikugol* 광산 회사에서 운영한다. 바렌츠부르크의 인구는 러시아인이 절반, 우크라이나인이 절반 정도이다.[23] 지난 몇 년 동안 현저하게 성장한 롱위에아르뷔엔과 달리 바렌츠부르그의 인구는 1998년 939명에서 현재 425명으로 급격하게 감소했다.[24] 슈발바르의 마지막으로 폐쇄된 정착지는 1998년 폐쇄된 피라미덴의 러시아 공동체였다. 그러나 2009년부터 *Trust Arktikugol*은 컨테이너 주택과 버려진 피라미덴 호텔을 리노베이션하여 하룻밤을 묵고 가는 관광객을 맞이하고 있다.[25]

*Store Norske*는 역사적으로 노르웨이 정부 보조금에 의존해 왔지만, 최근 몇 년 동안 수익을 낼 수 있었다. 스베아노르드(Svea Nord)와 아드벤탈렌(Adventdalen)에 있는 *Store Norske*의 광산이 고품질 석탄이 부족하여 룬케피엘(Lunckefjell)에 새로운 광산이 개발 중이다. *Store Norske*는 다음과 같이 말한다.

이것은 *Store Norske*와 모든 직원뿐만 아니라 슈발바르의 노르웨이인의 존재 그리고 롱위에아르뷔엔 커뮤니티의 장기적 안정에 중요하다.

마찬가지로 *Trust Arktikugol*도 러시아 정부의 보조금에 심하게 의존한다. 슈발바르에서의 광업 운영의 불확실한 수익성과 종종 확실한 손해는 노르웨

23) Governor of Svalbard (2008) 'Settlements', www.sysselmannen.no/hovedEnkel.aspx?m=45299
24) Statistics Norway (2011b) 'Population Statistics. Svalbard', www.ssb.no/befsvalbard_en
25) Terrapolaris (2010) 'Pyramiden - Settlement, Accommodation, Travel', www.terrapolaris.com/index.php?id=338&L=5

이와 러시아의 광산 운영이 군도의 정착촌을 유지하기 위한 정치적 필요성 때문임을 시사한다. “러시아가 슈발바르에서 광업활동을 유지하는 한, 노르웨이 역시 그렇게 해야 한다.”는 생각이 상존한다.[26)]

2. 다자간 공동체로서 롱위에아르뷔엔(Longyearbyen)

슈발바르의 관할권 지위는 독특한 공동체 수준의 정책적 해결에 영감을 주었다. 최근까지 슈발바르의 모든 정착촌은 기업 도시였다. 공동체를 운영한 기업들이 그들의 인구(거기 사는 사람, 그들이 하는 일, 그들이 구입하는 물건 등)에 대해 사실상의 통제권을 가졌다. 예를 들어, 롱위에아르뷔엔에서 노르웨이 통화는 노르웨이 중앙은행이 *Store Norske*가 돈 대신 사용해 온 임금 바우처의 인쇄 중단을 요구한 1980년에 사용되기 시작했다.[27)]

롱위에아르뷔엔은 1970년대 중반에 느린 정상화 과정을 시작했다. 당시 롱위에아르뷔엔의 거주자 대부분은 *Store Norske*에 의해 몇 년 교대 근무 조건으로 고용되었다. 지방 정부는 존재하지 않았고, 주지사는 완전한 관할권을 가지고 있었다. 에비엔(Evjen, 2001 : 36, translation our own)에 따르면 :

슈발바르의 노르웨이 정착촌이 순수하게 노르웨이의 주권과 외교 정책을 행사하는 수단으로 간주되는 한, 지방 자치를 생각하는 사람은 거의 없었다. [...] 사람들은 일반적으로 돈을 많이 벌고 세금을 적게 내는 것에 만족했다;

---

26) J.H. Jorgensen, (2004) ‘Onsker Norge a presse Russland bort fra Svalbard?’, Aftenposten, 04 January, www.aftenposten.no/meninger/kronikker/article701483.ece

27) Norske Store, (2010) ‘Important Dates in Store Norske’s History’, www.snsk.no/important-datesin-store-norskes-history.145749.en.html

공동체 발전에 정치적 영향력이 없다는 것은 지불해야 할 작은 대가였다. 둘 중 하나라도 발전시킬 공동체가 별로 없었다. 그것은 대개 직장이었다.

*Store Norske*는 모든 공동체 서비스를 제공했다. 1989년에는 이러한 기능이 자회사인 *Svalbard Samfunnsdrift AS*로 이전되었는데, 이 회사는 1993년 안전한 공공기업이 되었다.[28] *Store Norske*는 또한 다른 새로운 기업들에, 예를 들면 Spitsbergen Travel AS(관광사업), *Svalbard Nœringsutvikling AS*(상업개발), *Svalbard Nœringsbygg AS*(상업용 자산)에 자신의 기능을 이전했다. Store Norske는 이러한 기능을 광산 운영과 차별화하여 다각화된 개발을 가능하게 했다.

이것은 1980년대 후반부터 시작된 롱위에아르뷔엔 관광산업의 발전을 장려하는 새로운 정부 정책의 일환이었다.[29] 이전의 정착촌에는 숙박, 식사 및 쇼핑 시설이 없었다.[30] 2010년 롱위에아르뷔엔의 호텔과 게스트 하우스들은 관광객과 컨퍼런스/코스 방문객으로부터 60,142박을 처리했다.[31] 1993년 슈발바르 대학 센터(UNIS, University Centre in Svalbard)가 설립되어, 북극 과학교육을 제공했다. 이러한 발전으로 인해 롱위에아르뷔엔의 경제는 더 이상 *Store Norske*에 전적으로 의존하지 않아도 되었고, 몇 년이 지나자 도시의 서비스 부문이 엄청나게 성장했다. 수많은 새로운 상점, 호텔, 식당, 바가 문을

---

28) Government of Norway (1999) *Report No. 9 to the Storting* (1999-2000): Svalbard, §7.3.1

29) T.B. Arlov, (2011) *Den rette mann: Historien om Sysselmannen p¥ Svalbard*, Trondheim, Tapir Akademisk Forlag. pp. 324-325.

30) Government of Norway (1999) *Report No. 9 to the Storting (1999-2000): Svalbard*, §7.4.4

31) Statistics Norway (2011a) 'Accommodation on Svalbard, July 2011', www.ssb.no/english/subjects/10/11/overnattingsv_en

열었다. 롱위에아르뷔엔은 슈발바르의 처음이자 지금까지 유일한 경제적으로 다양한 정착지로 변모했다.

오늘날까지도 롱위에아르뷔엔 주민들의 대부분은 단기 체류객 또는 노동자들이며, 아주 소수의 소수민족만이 지역적 유대관계를 수십 년 이상 지속해오고 있다. 2008년 이 도시의 연간 인구회전율은 23%였다.(Olsen, 2009). 슈발바르의 두 노르웨이 정착지인 롱위에아르뷔엔과 뉘알레순의 인구는 또한 아주 젊다.(20-44세 연령대가 노르웨이 전체평균 34.1%와 비교하여 50%를 차지한다)[32] 이런 단기체류와 젊음은 부분적으로 슈발바르에서 사회 서비스가 제한된 결과이다: 경제적 지원도 장기 의료서비스도 거주자가 이용할 수 없다. 따라서 롱위에아르뷔엔 거주자는 슈발바르에서 그들의 삶을 살 계획을 세울 수 없다. 홀름이 말하듯이(Holm, 2001 : 128-129):

우리는 우리가 누구인지 알고 있는가? 물론 아니다. 우리가 방금 도착했다는 것과 상황이 일시적이라는 것을 제외하고, 설문지에 삶이 얼마나 행복하게 묘사되었을지라도, 그 삶은 변화 중이라는 것이다. 언제 다시 남쪽으로 여행할 것인가에 대한 질문이 저녁식사에 무엇이 나오는지 물어보는 아이의 질문처럼 일상적인 곳에서의 삶... 롱위에아르뷔엔은 영구적인 정착지가 아닌 것이다.

이런 단기체류는 지속적인 공동체 구조의 형성을 방해한다. 그러나 비록 이 문화가 정확하게 비영구적인 것이 특징이지만, 슈발바르 문화에 대한 비전을 포용한 주민들과 함께 지역 정체감(sense of local identity)이 존재한다. 롱위에아르뷔엔의 현대적 설비가 제공하는 안락함에도 불구하고, 단기 거주자조

32) Statistics Norway (2011b) 'Population Statistics. Svalbard', www.ssb.no/befsvalbard_en

차도 슈발바르의 초기 광부나 탐험가의 전통 속에 살고 있는 것처럼 느낄 수 있다. 관광 수입으로 이익을 얻고, 오래된 광산 테마로 문화 관광지처럼 장식된 후셋(Huset)과 크로아(Kroa) 같은 유흥지역은 그럼에도 불구하고 지역 공동체 및 현지 문화 활동 센터의 일부로 간주된다.[33]

2.1. 노르웨이 정부기구로서 롱위에아르뷔엔 공동체 평의회

2002년이 되어서야 롱위에아르뷔엔은 롱위에아르뷔엔 공동체 평의회(Longyearbyen Community Council, Longyearbyen lokalstyre)의 창설로 지역 민주주의의 도구를 확보했다.

냉전기간 동안 노르웨이의 슈발바르 정책은 국가안보에 중점을 두었다. 지역 민주주의는 우선순위에 있지 않았다.[34] 그럼에도 불구하고 슈발바르 지역 평의회(Local Svalbard Council, *Det stedlige svalbardräd*)는 1971년에 창설되었다. 이것은 나중에 슈발바르 평의회(Svalbard Council, *Svalbardrädet*)로 바뀌었다. 슈발바르 평의회는 순수하게 주지사에 대한 자문역할을 맡았다. 1970년대 중반 노르웨이 정부백서(Report No. 39 to the Storting, 1974-75)는 지역 민주주의 제도를 검토했으나 거부했다. 슈발바르 평의회(Svalbard Council)는 주지사에게 자문역할을 맡았다. 사실, 1980년대 중반 노르웨이 정부백서(Report No. 40 to the Storting, 1985-86)는 "본토 모델에 따른 지방 민주주의 발전에 대한 정치적, 실천적, 경제적 장애물"을 발표했다.[35]

---

33) A. Grydehoj, (2010) 'Uninherited Heritage: Community Reaction to Heritage without Inheritors in Shetland, Aland, and Svalbard', *International Journal of Heritage Studies*, Vol. 16, Nos. 1-2, pp. 77-89.

34) Government of Norway (1999) *Report No. 9 to the Storting (1999-2000): Svalbard*, §14.2.1

35) Government of Norway (1999) *Report No. 9 to the Storting (1999-2000): Svalbard*,

노르웨이 정부는 슈피츠베르겐 조약과 관련하여 주지사의 권한 유지가 필수적이라고 느꼈다.[36] 게다가 조약의 요구에 따라 노르웨이는 지속적으로 주권을 실제로 입증해야 한다.

주권에 대한 믿을 만하고 효과적인 행사는 슈발바르에 대한 노르웨이의 안정적 존재감에 달려있다. 생명력 있는 지역 공동체는 아마 이 노르웨이의 존재감의 가장 중요한 특징일 것이다.[37]

그러나 1990년대까지 롱위에아르비엔의 변화 속도는 주지사의 절대적인 권위가 장기적으로 유지될 수 없음을 시사했다. 이전의 유보에도 불구하고, 노르웨이는 슈피츠베르겐 조약의 한계 내에서 지역 민주주의가 어떻게 달성될 수 있는지 평가하기 시작했다. 슈발바르 평의회와 관련하여, 가이어 울프슈타인(Geir Ulfstein)의 1990년 보고서는 다음과 같이 주장했다:

노르웨이는 주권 덕분에 원칙적으로 증가한 지역 민주주의에 대한 행동의 자유를 가진다. 그러나 노르웨이는 주권을 행사할 권리와 의무가 있으므로, 조약과 상충하지 않고는 완전히 자치적인 정착촌을 세울 수 없다. 노르웨이는 타국의 조약상의 권리를 침해하는 어떤 권한 행사도 공식적으로 그리고 효과적으로 통제해야 한다는 것이 기본가정이다. 슈발바르 평의회(Svalbard Council)는 노르웨이 주민과 관련된 문제에 있어 제한된 의사결정 권한을 가진다. 그러나 타국과 관계가 있거나 특별히 중요한 문제에 대해서는 의견을

§14.2.1

36) Government of Norway (2001) *Ot.prp. Nr. 58 (2000-2001): Lov om endringer til svalbardlovenmm. (innf ring av lokaldemokrati i Longyearbyen)* §2.1, www.regjeringen.no/nb/dep/jd/dok/regpubl/otprp/20002001/otprp-nr-58-2000-2001-/2.html?id=164762

37) Government of Norway (2001) *Ot.prp. Nr. 58 (2000-2001): Lov om endringer til svalbardlovenmm. (innf ring av lokaldemokrati i Longyearbyen)* §2.1,

제시할 권리만 있다.[38]

노르웨이 정부의 지방 민주주의 계획은 마침내 정부백서로 완성되었다.(Report No. 9 to the Storting, 1999-2000: Svalbard) 결과된 입법은 롱위에아르비엔 공동체 평의회(Longyearbyen Community Council)에 다음과 같은 책임을 부여했다.

... 롱위에아르비엔 인프라, 사회 및 지역 계획, 경제 계획, 사업 활동, 통계 작성, 아동, 청년 및 성인을 위한 사회 복지 서비스의 개발 및 조정, 아동 보호, 사회 사업, 청소년 사업, 보육 서비스 및 정치 사무국에 대한 책임[39]

주지사는 슈발바르 어느 지역에서든 이들 문제에 대한 책임을 계속 유지했다. 롱위에아르비엔 주민들 사이에 더 큰 민주주의에 대한 일반적인 욕망이 있었지만, 롱위에아르비엔 공동체 평의회(Longyearbyen Community Council)의 창설은 지역적으로 보편적 승인을 충족시키지는 못했다. 2005년에도 주민들의 절반이 지방 민주주의 체제에 반대했고, 슈발바르에 가장 오래 머물렀던 사람들은 부분적으로 더 많은 관료제와 세금 인상에 대한 두려움 때문에 이 제도를 지지할 가능성이 가장 적었다. 슈발바르의 소득세가 실제로 크게 상승했을 때, 그 결과 등장한 시위는 충분히 강력해서 노르웨이 정부가 그 문제를 철회하게 만들었다.[40] 21세기 첫 10년 동안 일어난 거버넌스 변화의 역설적인 결과 중 하나는 롱위에아르비엔 주민들이 주지사 사무실에 대한 지지를 강화한

38) Government of Norway (1999) *Report No. 9 to the Storting (1999-2000): Svalbard*, §14.2.3

39) S.O. Ween, (2011) 'Longyearbyen lokalstyre', www.lokalstyre.no/Modules/theme.aspx?ObjectType=Article&ElementID=630&Category.ID=707

40) T.B. Arlov, (2011) *Den rette mann: Historien om Sysselmannen pa Svalbard*, Trondheim, Tapir Akademisk Forlag. pp. 372-375.

것이었다. 사실, 주지사 사무실은 그동안 노르웨이 국가와의 관계에서 주민들의 이익을 증진시키는 수단으로서 정부의 한 부속기관 정도로만 보였다.[41)]

규범에 반하게도 더 큰 지방 자치의 전망에 대해 소극적인 상대적으로 부유한 섬 공동체들의 사례를 검토해 볼 필요는 항상 존재한다.[42)] 다음 절에서는 최근의 인구통계학적 발전이 롱위에아르뷔엔의 이미 제한된 지역 민주주의의 민주적 성격을 어떻게 더 제한했는지 검토할 것이다.

2.2. 다국적 공동체로서 롱위에아르비엔

과거 슈발바르의 러시아 정착촌과 노르웨이 정착촌 주민 간에 상호작용이 있었지만, 이런 상호작용은 관리되었고, 러시아와 노르웨이 정부는 정착촌의 이런 상호작용을 의심스럽게 보았다.[43)] 슈발바르는 내부적 국경이 없는 영토였지만, 서로 다른 민족적 영역 사이에는 사실상의 차이가 존재했다. 그러나 오늘날 소련의 붕괴, 롱위에아르뷔엔의 자유화, 관광 산업의 성장 등으로 인해 러시아 -노르웨이의 상호작용에 대한 기회와 수요가 증가했다. 롱위에아르뷔엔에서 바렌츠부르그까지의 여름관광 보트여행은 1986년에 시작되어 현재는 정기적인 관광 보트 및 스노우 모빌 여행이 있어 슈발바르의 사실상 민족적 지역을 흐리게 하고 있다.

롱위에아르뷔엔의 경제적 자유화는 또한 지역개발에 대한 노르웨이의 통제

---

41) T.B. Arlov, (2011) *Den rette mann: Historien om Sysselmannen pa Svalbard*, Trondheim, Tapir Akademisk Forlag. pp. 390-393.

42) A. Grydehoj, P. Hayward (2011) 'Autonomy Initiatives and Quintessential Englishness on the Isle of Wight', *Island Studies Journal*, Vol. 6, No. 2, pp. 179-202.

43) A. Umbreit, (2009) Spitsbergen, Bucks UK, Bradt Travel Guides. p. 42; B. Tobias, (2006) 'Cold War Haunts Arctic Outpost', BBCRussian.com, http://news.bbc.co.uk/1/hi/world/europe/6204427.stm

를 제한했다. 2001년 말 노르웨이 정부는 마을에 최대 1,300명의 주민이 있어야 한다고 주장했다.[44] 2011년 7월 1일 현재 롱위에아르뷔엔과 뉘알레순은 합쳐서 2,104명의 주민이 있다. 이들 중 1,741명이 노르웨이 국민이고, 363명이 다른 국가의 국민이었다.[45]

따라서 비 노르웨이 국민이 노르웨이 정착촌 주민의 17.3%를 차지한다. 슈피츠베르겐 조약으로 인해 노르웨이 이민법은 슈발바르에서 시행되지 않는다. 이것은 슈발바르에 거주하는 비 노르웨이 국민들은 이 영토에 머물러 있음으로써 노르웨이 영주권(residence) 또는 시민권(citizenship)을 취득 할 수 없음을 의미한다.(표1 참조)

〈표 1〉 2011년 7월 1일 현재 슈발바르 노르웨이 정착촌 국적별 인구

슈발바르 외부의 거주지	남성	여성	합	비율
노르웨이	1025	716	1741	82.7%
비 노르웨이인 전체	177	186	363	17.3%
태국	38	65	103	
스웨덴	44	31	75	
러시아	14	22	36	
독일	15	6	21	
크로아티아	7	7	14	
덴마크	5	6	11	
필리핀	2	9	11	
기타	52	40	92	

Source: Statistics Norway(2011b).

44) Government of Norway (1999) *Report No. 9 to the Storting (1999-2000): Svalbard*, §2.2.4

45) Statistics Norway (2011b) 'Population Statistics. Svalbard', www.ssb.no/befsvalbard_en

특히 주목할 만한 것은 많은 수의 태국인들이 노르웨이 정착촌 전체 인구의 4.9%를 차지하는 것이다. 젠슨은 비록 소수의 태국 여성들이 1970년대 초부터 결혼 이민자로 슈발바르에 왔지만, 1990년대 중반 이후 태국으로부터의 이민이 급증했다는 사실을 지적했다.[46] 이들 후기 이민자들은 태국의 가난한 경제적 상황을 피하려고 노력했으며, 초기의 개척 이주자들에 의해 '모집' 되었다. 태국은 슈피츠베르겐 조약 서명국이 아니지만, 슈발바르 제도는 노르웨이 이민법이 면제된 지역이기 때문에 태국 이민자가 비자를 받을 필요가 없는 유럽의 유일의 지역이다. 그 결과, 유럽 다른 곳에서의 태국 이민과 달리, 오늘날 슈발바르의 태국 이민자들은 결혼 이민자가 아닌 주로 노동 이주자이며, 결혼을 했거나 또는 미혼의 여성과 남성을 포함하여 가족그룹 전체가 혼합된 이민자 집단이다.

또한 놀랍게도, 롱위에아르뷔엔은 노르웨이, 태국, 스웨덴의 국민 이외에 어떤 규모 있는 특정 국가의 국적자 인구를 거의 보유하지 않고 있다. 작은 수의 뚜렷한 민족적 공동체의 집(고향)이 되기보다, 롱위에아르뷔엔의 비 노르웨이 인구는 주로 다양성으로 특징지어진다. 노르웨이 정착촌의 전체인구 중 10.5%는 현재 탑3 국가그룹 중 어디에도 속하지 않는다. 롱위에아르뷔엔은 약 40개국의 국민이 살고 있다.[47]

롱위에아르뷔엔의 다국적주의(multinationalism)와 지역 민주주의(local democracy)의 구현은 슈발바르의 발전을 관리하고 슈피츠베르겐 조약을

---

46) A.M. Jensen, (2009) 'From Thailand to Svalbard: Migration on the margins', *Asia Portal - In Focus*, http://infocus.asiaportal.info/2009/05/25/mayfrom-thailand-svalbard-migration-marginsan-magritt-jensen

47) Governor of Svalbard (2008) 'Settlements', www.sysselmannen.no/hovedEnkel.aspx?m=45299

준수하려는 노르웨이의 노력에 도전했다. 롱위에아르뷔엔 공동체 평의회(Longyearbyen Community Council)는 노르웨이 국가의 일부로 롱위에아르뷔엔의 모든 주민들에 의해 선출되는 기구가 아니다. 오히려 노르웨이 본토에서 투표권을 가진 롱위에아르뷔엔 주민들에 의해 선출된다. 롱위에아르뷔엔은 대표적인 다국적 커뮤니티(multinational community)일 수도 있지만 다국적 민주주의(multinational democracy)는 아니다. 예를 들어 롱위에아르뷔엔의 높은 인구 이동성을 고려할 때, 태국인 인구는 당연히 슈발바르의 가장 안정된 공동체 중 하나를 대표할 수 있다. 단기 거주자가 압도적인 도시에서 태국 이민자들은 상당수 장기 거주자들이다. 그러나 롱위에아르뷔엔의 태국 국민들은 - 러시아, 독일 및 기타 모든 비 북유럽(노르딕) 국가 국민들과 마찬가지로 - 롱위에아르뷔엔 공동체 평의회 또는 실제로 슈발바르의 다른 형태의 정부에 대해 투표권을 행사하거나 직접적인 영향력을 행사할 권리가 없다.

Ⅳ. 노르웨이와 러시아의 갈등

1. 바렌츠해 조약과 노르웨이-러시아 해양경계획정

바렌츠해는 북극해에서의 노르웨이와 러시아간의 분쟁의 대상이었다. 바렌츠해의 해양경계 분쟁[48]은 적어도 노르웨이와 소련간의 영해의 경계에 대한 바랑게르피요르드 협정(1957)에서 시작된다.[49] 1958년 대륙붕에 관한 UN

48) 더 자세한 내용은 예병환, “러시아-노르웨이 해양분쟁과 바렌츠해 조약”, 『독도연구』 제14호 (2013.6.) 영남대학교 독도연구소 참조.

49) Agreement Concerning the Sea Frontier Between Norway and the USSR in the

협약[50]의 채택에 따라, 1963년 노르웨이는 자신의 대륙붕을 주장했다.[51] 1967년 소련 또한 자신의 대륙붕을 주장했다. 1958년 대륙붕에 관한 협약에 따르면, 바렌츠해의 해저 대부분은 대륙붕(continental shelf)이다. 따라서 노르웨이와 소련 간에 양자의 경계가 필요했다. 1974년 모스크바에서 공식적 협상이 시작되었고, 1977년 바렌츠해에서 노르웨이와 소련 모두 200해리 EEZ를 선포하자, 양국 간 협상은 더욱 확장되었다. 양국은 대륙붕의 경계에 더해 EEZ 문제도 다루어야 했다. 어업이 가장 긴급한 문제였기 때문에, 양국은 분쟁해역의 어업을 규제하는 잠정협정에 동의했다. 소위 회색지역 협정(Grey Zone Agreement)이라 불리는 이 조약은 1978년 1월 조인되었다.[52]

러시아와 노르웨이는 양자 간 협상의 목적이 그들의 해안선으로부터 200해리 이내의 해역에 있는 EEZ와 대륙붕에 대한 단일의 경계선을 획정하는 것임에 합의했다. 노르웨이의 입장은 양국간 경계는 본토 해안선과 슈발바르(노르웨이), 노바야 제믈랴(러시아), 프란츠 이오시프(러시아) 섬들 사이의 중간

Varangerfjord, signed in Oslo on 15 February 1957, in force 24 April 1957, 312 U.N.T.S. 322.

50) Convention on the Continental Shelf, signed in Geneva on 29 April 1958, in force on 10 June 1964, 499 U.N.T.S. 311.

51) Norway, Royal Decree of 31 May 1963 No. 1 Relating to the Sovereignty of Norway over the Sea-bed and Subsoil Outside the Norwegian Coast, available at www.un.org/Depts/los/LEGISLATIONANDTREATIES/PDFFILES/NOR 1963 Decree.pdf (검색일: 2013.04.20).

52) Avtale mellom Norge og Sovjetunionen om en midlertidig praktisk ordning for fisket i et tilstøtende omr°ade i Barentshavet med tilhørende protokoll og erklæring (translated to "Agreement Between Norway and the Soviet Union on a Temporary and Practical Arrangement for the Fishery in an Adjacent Area of the Barents Sea") Oslo 11 January 1978, in force 27 April 1978, Overenskomster med fremmede stater (1978), 436.

선이 되어야 한다는 것이었다. 소련과 그 계승자인 러시아는 해양경계는 슈발바르 조약(Svalbard Treaty) 제1조에서 규정된 해역을 침범하지 않기 위해 슈발바르에서 동쪽으로 조정된 소위 말하는 바랑게르 피요르트로부터 북극점을 향하는 섹터라인(sector line)을 주장했다.[53] 러시아의 섹터라인이 시작된 1926년 포고령에 의하면, 지정된 동서 간 두 중간선 내의 모든 육지 영토는 소련에 속하고, 다만 해양경계획정은 노르웨이와 논의하도록 되어 있었다. 노르웨이는 러시아의 섹터라인 주장을 반대했다. 러시아는 또한 러시아의 더 많은 인구, 지질학적인 조건, 경제적 이익, 특수한 환경적 위험, 안보적 이해관계 등을 포함한 몇몇 비지리적인 '특별 고려사항'을 주장했다. 소련/러시아는 슈발바르의 특수한 지위가 경계획정에서 완전한 효과를 가지지 못하는 아치펠라고를 결과했고, 따라서 해양영역(maritime zones)을 형성하는 슈발바르의 능력을 제한했다고 주장했다.[54]

마침내 2010년 4월 노르웨이에서 러시아의 메드베데프 대통령과 노르웨이 수상 슈톨텐베르그(Jens Stoltenberg)는 바렌츠해의 해양경계 및 협력에 대한 협정을 발표했다.[55] 해양경계조약은 2010년 9월 15일 무르만스크에서 조인되어, 양국 간의 40여년의 긴 협상을 끝냈다.[56] 2010년 4월의 공동성명에서, 양국

---

53) Treaty Concerning the Archipelago of Spitsbergen, signed in Paris on 9 February 1920, in force 14 August 1925, 2 L.N.T.S. 7.

54) T. Pedersen and T. Henriksen, "Svalbard's Maritime Zones: The End of Legal Uncertainty?" *International Journal of Marine and Coastal Law* 24 (2009): 144, n. 11.

55) "Joint Statement on Maritime Delimitation and Cooperation in the Barents Sea and the Arctic Ocean," www.regjeringen.no/en/dep/ud/Whats-new/news/2010/statementdelimitation.html?id=601983 (검색일: 2012.07.15.) 부속서1도 참조.

56) 양국 간 40여년의 긴 협상과정에 대해서는 예병환, "러시아-노르웨이 해양분쟁과 바렌츠해 조약", 『독도연구』 제14호 (2013.6.) 영남대학교 독도연구소 참조. 바렌츠해의

간 경계선은 "분쟁해역을 대략 같은 크기로 나누는 선"이 될 것임을 권고했다. 러시아와 노르웨이 간 바렌츠해의 분쟁지역은 노르웨이가 주장하는 동쪽 중간선과 러시아가 주장하는 서쪽 섹터 선 사이의 대략 175,000㎢였다.[57] 분쟁의 해결이 필요한 지역은 세 지역이었다.[58] 첫 번째 지역은 바랑게르피요르드의 입구에서 시작하여, 노르웨이와 러시아 본토로부터 200해리까지 뻗어있는 지역이다. 대륙붕과 200해리 배타적 경제수역의 경계가 필요했다. 두 번째 지역은 200해리 너머에 있는 바렌츠해 중간수역으로, 서로 마주보는 노르웨이 본토와 슈발바르드 제도 및 러시아(노바야 제믈랴)간의 대륙붕 경계가 필요했다. 세 번째 지역은 북부 바렌츠해 지역으로, 대륙붕의 경계와 더불어 서로 바주보는 노르웨이의 슈발바르드 제도와 러시아의 프란츠 이오시프 및 노바야 제믈랴의 외부에 있는 러시아의 EEZ와 슈발바르드 어업보호수역간의 경계가 필요했다. 2010년 9월 조약의 제1조는 경계선을 획정하는 8개의 좌표를 규정하고 있다.

2. 슈발바르 군도에서의 노르웨이와 러시아의 갈등

한편, 위에서 살펴본 바와 같이, 슈발바르에서의 공동체 생활의 틀은 노르웨이와 러시아가 슈발바르 군도에서 그들의 권리를 확인하고자 하는 욕구에 의해 추진된다. 국제관계는 항상 슈발바르 정책의 핵심이 되어 왔다.

슈피츠베르겐 조약은 처음부터 해석상의 차이에 노출되어 있었다. 예를 들

해양경계 및 협력에 대한 협정의 영문판은 www.regjeringen.no/en/dep/ud/campaign/delimitation/treaty.html?id=614006 참조. (검색일: 2013.04.12)

57) Robin Churchill and Geir Ulfstein, *Marine Management in Disputed Areas: The Case of the Barents Sea* (London: Routledge, 1992), pp. 63-65.

58) Ibid., p. 69.

어, 비무장화에 관한 제9조는 실제로 평화시에 가장 강력했다. 이 점에서 슈발바르는 1856년 조약에 의해 비무장화되었으나 핀란드와 소련 간의 제1차 세계대전과 1939-1944년 전쟁에서 방어적 군사 활동의 대상이었던 알란드의 발트 군도와 비교될 수 있다.[59] 슈발바르 또한 제2차 세계대전 중 산발적인 전투의 장이었다. 이것은 독일군의 점령에 앞서 모든 정착지에서 광산, 건물, 석유 및 석탄 저장고 및 기계류를 파괴한, 1941년 연합군에 의한 슈발바르 주민(2,175명의 러시아인과 900명의 노르웨이인)의 대피 이후의 일이다.[60] 1944년 소련은 슈발바르를 노르웨이와 소련의 합동군사통제 하에 두고자 했으나 실패했다.[61] 노르웨이가 북대서양 조약기구(NATO)에 일찌감치 참여하고, 1950년 슈발바르(Svalbard)와 얀 마이옌(Jan Mayen)을 커버하는 NATO 합동사령부가 창설된 것은 소비에트 팽창주의에 대한 우려와 반응이었다.[62]

슈발바르의 영토경계에 관한 분쟁도 발생했다. 슈피츠베르겐 조약은 영해 밖의 배타적 경제 수역 및 해상 지대와 같은 법적 개념보다 시대적으로 앞섰다.[63]

---

59) S. Eriksson, (2006) 'Aland -A demilitarised and neutralised territory', in S. Eriksson, L.I. Johansson, & B. Sundback (eds.) *Islands of Peace: Aland's Autonomy, Demilitarization, and Neutralization*, Mariehamn, Aland Islands Peace Institute, pp. 9-35.

60) W. Dege, (2004/1954) *War North of 80°: The Last German Arctic Weather Station of World War II*, W. Barr (trans. and ed.), Calgary AB and Boulder CO, University of Calgary Press, University of Colorado Press, with the Arctic Institute of North America.

61) J. Machowski, (1995). 'Scientific Activities on Spitsbergen in the Light of the International Legal Status of the Archipelago', *Polish Polar Research*, Vol. 16, Nos. 1-2, pp. 13-35.

62) C. Lüdecke, (2011) 'Parallel Precedents for the Antarctic Treaty', in P.A. Berkman, M.A. Lang, D.W.H. Walton, & O.R. Young (eds.) *Science Diplomacy: Antarctica, Science, and the Governance of International Spaces*, Washington DC, Smithsonian Institution, Scholarly Press, pp. 253-263.

63) N. Scotcher, (2011) 'The Sovereignty Dilemma', D. Wallis and S. Arnold (eds.) *The*

노르웨이는 슈피츠베르겐 조약이 육지와 영해를 12해리(약 22km)의 거리까지만 다루고 있다고 주장하지만, 다른 국가들은 조약이 어업 지역(fisheries zone)과 대륙붕에 적용되는 것으로 간주하고 있다.[64] 1977년 노르웨이가 200해리(약 370km)의 경제수역을 설정했을 때 소비에트연방 정부는 이 조치가 슈피츠베르겐 조약 서명국의 권리를 침해한다고 항의했다. 2010년 외교정책적 고려에 의해, 러시아는 바렌츠해에서 노르웨이와 해양경계를 협상했다.[65] 그럼에도 불구하고 노르웨이 해안경비대가 2011년 9월 28일 러시아 트롤어선 사파이어2 호를 나포함으로써 어업권에 관한 양국간 분쟁은 계속되고 있다.[66]

그러나 노르웨이와 다른 조약 서명국들이 군도에서 수행하는 일상적이고 세속적이며 지정학적인 위상(positioning)은 제쳐두고, 비무장화 및 어장 지역의 위험과 같은 극적인 문제에 초점을 맞춰보면, 롱위에아르뷔엔 공동체의 이익이 무엇이든, 노르웨이 정부는 롱위에아르뷔엔을 주로 주권의 도구로 간주한다. 슈피츠베르겐 조약 제2조는 차별금지 원칙, 모든 조약 서명국 국민의

Spitsbergen Treaty: Multilateral Governance in the Arctic, Helsinki, Arctic Papers, Vol. 1, pp. 21-33.

64) D.H. Anderson, (2007) 'The Status under International Law of the Maritime Areas around Svalbard', Paper presented at the Symposium on "Politics and Law -Energy and Environment in the Far North", held at the Norwegian Academy of Science and Letters, 24 January.

65) M. Arild, D. Fjartoft & I. Overland (2011) 'Space and Timing: Why was the Barents Sea Delimitation Dispute Resolved in 2010?', Polar Geography, Vol. 34, No. 3, pp. 145-162. 러시아-노르웨이 간 바렌츠해 조약의 해양경계획정 방법에 대해서는 배규성 · 예병환, "바렌츠해 조약의 국제법적 분석: 러시아-노르웨이간 해양경계획정 방법을 중심으로"『독도연구』20호. 2016. 영남대 독도연구소. 참조.

66) T. Nilsen, (2011) 'Russians must follow Norwegian law', *BarentsObserver.com*, 14 October, www.barentsobserver.com/-russians-must-follow-norwegian-law.4972044.html

동등한 대우를 규정하고 있다. 롱위에아르뷔엔 공동체 평의회(Longyearbyen Community Council)가 이 조약에 위배되지 않는 이유는 - 또는 위배된다고 주장되지 않는 이유는 - 조약의 제2조, 제3조 및 제7조가 특정 경제활동에만 관련된 것이기 때문이다. 노르웨이 정부는 다음과 같이 주장한다[67]:

다른 종류의 활동이 관련되는 경우, 이 조약은 다른 조약 당사국의 국민들에게 특별한 권리를 부여하지 아니한다. 이는 조약에 구체적으로 열거되지 않고, 노르웨이 국민에게 유리하거나 또는 조약 당사국의 국민들을 차별하는 지역에서의 조치가 슈발바르 조약의 방해 없이 수행될 수 있음을 의미한다.

따라서 러시아는 바렌츠부르크를 광산 도시로 운영할 수 있으며, 모든 비경제적 활동은 노르웨이의 재량에 따라 이루어질 수 있다.[68]

노르웨이는 바렌츠부르크에 대한 주권을 공개적으로 주장하기를 열망하고 있다.[69] 움부라이트는 다음과 같이 주장하고 있다[70]:

탈소비에트 시기에 노르웨이는 러시아의 활동에 대한 통제권을 점진적으로 확대하고 러시아 정착촌 내에서 점점 더 많은 규정을 도입하고 적어도 부분적으로 시행함으로써 러시아의 약점을 잘 활용했다.

노르웨이어 도로 표지판 및 노르웨이의 화재 기준과 같은 규정은 무해한 것으로 보일 수 있지만, 그러한 국내법의 시행은 "타국의 기업 및 직원이 특정 노르웨이 기준에 적응하기가 분명히 어렵기 때문에 슈피츠베르겐 조약의 차별금지 규칙과 충돌할 수 있다."(ibid.) 사실, 러시아가 국제관계에서 자신

---

67) Government of Norway (1999) *Report No. 9 to the Storting (1999-2000): Svalbard*, §4.1.2
68) Government of Norway (1999) *Report No. 9 to the Storting (1999-2000): Svalbard*, §4.1.2
69) Government of Norway (1999) *Report No. 9 to the Storting (1999-2000): Svalbard*, §3.1
70) A. Umbreit, (2009) *Spitsbergen*, Bucks UK, Bradt Travel Guides. pp. 42-43.

의 단호함을 되찾았기 때문에, 노르웨이의 통제에 단순히 복종하는 것을 꺼려하고 있다. 이것은 콜레스북타(Colesbukta)에서 새로운 광산을 개설할 권리를 얻는 2000년대 초 러시아의 성공적인 투쟁에 의해 잘 설명된다. 이 새 광산은 바렌츠부르그의 거의 다 소비된 광산을 적절히 대체할 수 있는 것으로 알려져 있었다. 주지사는 노르웨이 국내법, 특히 2001년 슈발바르 환경보호법(Svalbard Environmental Protection Act)에 근거하여 이 개발을 반대했다. 일부 러시아 관측통은 이 법안을 "러시아를 군도에서 강제 이탈시키려는 위장된 정치적 도구"라고 평가했다.[71] 이 갈등은 또한 노르웨이 정부의 무능력의 증거이자 일관된 슈발바르 정책의 부재로 해석되었다.[72] 그러나 이미 보았듯이, 노르웨이의 슈발바르 정책은 사실 1990년대 초반부터 아주 집중되고 투명해졌다. 바렌츠부르그를 파괴하려는 음모의 증거는 없었지만, 노르웨이 정부는 의심의 여지없이 바렌츠부르그에 대한 주권을 강화하려고 노력했다.

슈발바르에 대한 러시아의 새로운 공약은 18세기 러시아 사냥꾼 공예품에 대한 관리책임을 두고 벌어진 주지사와 *Trust Arktikugol* 사이의 최근 분쟁과 같이 작지만 말보다는 행동으로 보여주는 방식으로 잘 나타났다.[73] 이 문화유물들은 바렌츠부르그의 포모르 박물관에 열악하게 보관되어 있다. 슈피츠베

71) K. Atland & T. Pedersen (2009) 'Russia's Svalbard Policies: Securitization Still in Fashion?', Paper presented at 50th Annual Convention, International Studies Association, New York, 15 February, pp. 10-12.
http://citation.allacademic.com//meta/p_mla_apa_research_citation/3/1/3/2/0/pages313206/p313206-1.php

72) J.H. Jorgensen, (2004) 'Onsker Norge a presse Russland bort fra Svalbard?', *Aftenposten*, 04 January, www.aftenposten.no/meninger/kronikker/article701483.ece

73) K.N. Aarskog, (2008a) 'Vil overta museumsgjenstander', *Svalbardposten*, 30 October, http://svalbardposten.no/node/1534

르겐 조약은 박물관 활동을 명시하지 않기 때문에, 주지사는 롱위에아르비엔에서의 보존을 위해 이 유물들을 넘겨줄 것을 요구하기 위해 슈발바르 환경보호법을 다시 전개했다. 즉, 러시아가 운영하는 포모르 박물관의 운영은 노르웨이의 재량권에 속하는 것으로 간주되었다. 그러나 바렌츠부르그에서 노르웨이의 주권을 행사할 때 주의를 요할 필요가 있다는 사실은 러시아의 항의 이후 주지사의 꼬리를 내리는 후속조치에 의해 분명해 졌다.[74)]

또 다른 최근의 분쟁은 *Trust Arktikugol*'이 롱위에아르뷔엔에서 바렌츠부르그까지 관광 헬리콥터를 운영한 것이 관련되었다. 채굴 수입 감소에 직면한 *Trust Arktikugol*'은 현재 여름철 외에 스노모빌을 타야만 바렌츠부르그에 도착할 수 있는 관광객들로부터 소득을 늘리려고 노력했다. 그러나 주지사는 바렌츠부르그의 광산작업과 직접적인 관련이 있는 비행편만 슈피츠베르겐 조약에 의해 보호를 받을 수 있다고 주장했다. *Trust Arktikugol*은 관광은 슈피츠베르겐 조약에 규정된 상업활동을 대표하며, 노르웨이의 행동은 관광객들이 슈발바르의 유일한 상업공항이 위치한 롱위에아르뷔엔에 쉽게 접근 할 수 있고, 바렌츠부르그엔 쉽게 접근할 수 없기 때문에 차별금지의 원칙에 위배된다고 주장했다. 노르웨이 법원의 청문회 이후, *Trust Arktikugol*은 불법적인 비행에 대한 벌금을 부과 받았고, 미래의 관광 헬기 운행을 금지 당했다.[75)]

이 사건의 뿌리는 깊었다. 이미 1960년대와 1970년대에 러시아는 헬리콥터 운영 허가의 측면에서 노르웨이인들이 우대를 받고 있다고 불평했다. 역사적

74) K.N. Aarskog, (2008b) 'Avverget politisk konflikt', *Svalbardposten*, 7 November, http://svalbardposten.no/node/1522

75) B. Amundsen, (2009) 'Dom stanser turist planer i Barentsburg', *Svalbardposten*, 20 November, www.svalbardposten.no/nyheter/dom-stanser-turistplaner-i-barentsburg

으로 말하면, 러시아는 특정 활동을 위한 허가를 거절하는 것뿐만 아니라 이러한 활동을 수행하기 전에 주지사의 허가를 받아야만 한다는 사실에 대해 지속적으로 항의해 왔다.[76] 슈발바르에 대한 노르웨이의 주권은 그것이 도전받지 않고, 노르웨이가 논란이 되는 문제에 대해 권한을 행사하지 않기로 결정하는 정도까지만 절대적이다. 노르웨이 정부가 현상을 유지하는 수단 중 하나는 슈피츠베르겐 조약 개정에 관한 국제적인 논의를 확고하게 거부하는 것이다.(Osthagen, 2011).

슈피츠베르겐 조약은 해석에 너무 개방되어 있으므로, 슈발바르의 관할권은 선례(precedent)와 인식(perception)에 크게 의존한다. 러시아가 다른 조약 서명국들과 비교하여 슈발바르에서 특별한 권리를 가지는 것으로 생각하는 것이 일반적이지만, 이것은 실무에서만 그렇지 법률에서는 그렇지 않다. 바렌츠부르그 지역사회를 유지하려는 러시아의 끈질긴 노력은 세계대전, 냉전, 소비에트 연방의 붕괴, 그리고 경제위기에도 불구하고 슈발바르 영토에서의 지속적인 영향력을 확보해왔다. 만약 지정학의 거대한 조류와 비교하여 박물관 전시, 관광 비행 및 수익이 없는 광산 운영에 대한 영향력이 사소한 것으로 보인다면, 이는 유일하게 다른 이유가 아니라 슈발바르에서의 러시아의 역할이 당연시되고 있기 때문이다. 이것이 정확하게 러시아가 원하는 것이다. 세계의 다른 어떤 기준으로도 타국의 주권적 영토 내에 거의 세금을 내지 않는 국영 상업 전초기지의 존재는 생각할 수 없는 것이다. 바렌츠부르그는 롱위에아르뷔엔이 노르웨이에게 치명적인 것과 같이 러시아에게 치명적이다. 중요한 작업이 이루어지기보다는 존재한다는 자체 때문에 중요하다.

---

76) T.B. Arlov, (2011) *Den rette mann: Historien om Sysselmannen pa Svalbard*, Trondheim, Tapir Akademisk Forlag. pp. 255-256.

V. 결론

슈피츠베르겐 조약이 '슈발바르 문제'를 논의하기 위한 입법 체계를 만들었지만, 문제 자체는 해결되지 않은 상태로 남아 있다. 냉전이 끝난 이래, 동서의 군사적 갈등의 가능성이 낮아졌다. 대신, 슈발바르는 점차 세계경제와 관련된 전략적 관심의 대상이 되었다. 노르웨이와 러시아는 슈발바르에서 과거와 똑같은 오래된 갈등을 벌이고 있을지 모르지만, 새로운 방식으로 그렇게 하고 있다. 노르웨이 정부는 슈발바르에 대한 주권 유지가 그 자체로 끝났다는 사실을 숨기려하지 않으며, 러시아는 자발적으로 슈발바르 영토에서의 자신의 존재를 위해 돈을 쓰고 노르웨이 법원에 호소할 의지를 보였다. 이 두 나라에 관한 한, 슈발바르에서의 국가적 권리의 육성은 반드시 필요하다. 왜냐하면 이러한 권리가 제공할 이익을 위해서라기보다 오히려 슈발바르에 대한 헤게모니가 잠재적으로 수여할 수 있는 전략적 이익을 다른 국가에 주지 않기 위해서이다. 이 점은 2000년에 다음과 같이 말한 *Store Norske*의 전 CEO인 Robert Hermansen에 의해 확증되었다.[77)]

슈발바르에 대한 통제권을 유지하려면 우리는 여기에 커뮤니티를 가져야만 한다. 만약 우리가 떠난다면, 러시아인들은 즉시 그것을 주장할 것이다. 나는 환상이 없다. (Brown, 2000, n.p.)

따라서 바렌츠부르그와 롱위에아르뷔엔은 이들 광산 공동체가 채굴할 석탄이 남아있든 없든 관계없이 장래에도 오래 존재할 것이다.

실제로 슈피츠베르겐 조약 서명국들 중 러시아는 특이하게도 절대적 주권

---

77) P. Brown, (2000) 'Coal makes Oslo king of the isles', *The Guardian*, 30 December, www.guardian.co.uk/environment/2000/dec/30/internationalnews 에서 인용.

을 행사하려는 노르웨이의 노력을 제한할 수 있다. 냉전 시대의 안보 수사학의 메아리에도 불구하고[78], 이 군도에서의 러시아의 역할은 자신의 권리를 유지하기 위해 어떤 측면에서 노르웨이의 주권에 대한 러시아의 저항에 의지하는 다른 많은 조약 서명국의 이해관계에 적합한 역할이다. 러시아는 슈발바르에 관한 노르웨이의 대륙붕 주장에 대해 가장 강력한 반대자가 될 수 있지만, 많은 다른 조약 서명국들도 노르웨이의 이러한 주장에 동의하지 않는다.[79] 이들 조약 서명국들은 자신들의 외교적 손을 더럽힐 필요가 없이 이런 투쟁을 러시아에게 기꺼이 떠넘긴다.

롱위에아르뷔엔에서 진정한 공동체를 만들고 과학 연구를 장려함으로써 러시아에 대항하여 주권을 주장하려는 노르웨이의 시도는 러시아의 손을 상대적으로 약화시켰을 수 있다. 그러나 그들은 그 댓가로 다른 모든 조약 서명국들의 손을 강화했다. 오늘날 노르웨이는 더 이상 롱위에아르뷔엔에 누가 살고 있으며, 마을 주민들이 어떤 업무를 수행하는지 직접 통제할 수 없다. 지역 의사결정이 지역사회에서 더욱 확고해지면, 이런 의사결정이 주지사로부터 자유로운 그리고 전체로서 지역사회 주민의 견해를 반영하는 보다 민주적인 틀 속에서 일어날 수 있는 모든 가능성이 있다. 롱위에아르뷔엔의 자유화가 이미 돌이킬 수 없기 때문에, 적어도 롱위에아르뷔엔의 외부 펀딩을 차단하여 노르웨이 주

---

78) K. Atland & T. Pedersen (2009) 'Russia's Svalbard Policies: Securitization Still in Fashion?', Paper presented at 50th Annual Convention, International Studies Association, New York, 15 February, http://citation.allacademic.com//meta/p_mla_apa_research_citation/3/1/3/2/0/pages313206/p313206-1.php

79) L. Numminen, (2011) 'A History and Functioning of the Spitsbergen Treaty' In D. Wallis and S. Arnold (eds.) *The Spitsbergen Treaty: Multilateral Governance in the Arctic*, Helsinki, Arctic Papers, Vol. 1, pp. 7-20.

권의 가장 강력한 도구를 희생하지 않고서는 이 자유화를 돌이킬 방법은 없다.

국제관계의 장으로 돌아가서, 노르웨이의 슈발바르에서의 과학 연구 및 다국적 개발 촉진의 결과를 평가하는 것은 아직 이르다. 노르웨이 정부가 자신의 대륙붕 주장을 지지하고 자신을 북극정책의 중심에 위치시키기 위해 슈피츠베르겐 조약의 특권을 일관적으로 활용한 결과, 노르웨이는 아시아 국가들의 북극 확장에서 핵심적 행위자가 되었다. 그러나 북극지역에 새로운 행위자들의 유입을 촉진함으로써, 노르웨이는 그룹으로서 북극 연안국들의 영향력을 희석시킬 위험을 안고 있다. 반면에 노르웨이의 해운, 조선 및 엔지니어링 산업은 슈발바르를 북극지역의 광범위한 참여를 위한 무대로서 이용하도록 밀어붙이는 아시아 경제 강국의 전략적 파트너가 됨으로서 혜택을 누릴 수 있다. 어쨌든, 노르웨이가 자신을 슈피츠베르겐 조약의 조건들에 대한 유일한 중재자라고 주장하는 한, 다른 국가들이 그들의 전략적 목적을 위해 노르웨이의 해석을 이용할 때 불만을 호소할 수 없을 것이다.

따라서 노르웨이는 어려운 상황에 처해있다. 부분적으로는 자신이 만든 결과이다. 이는 노르웨이에 큰 기회와 함께 중대한 위험을 안겨주는 상황이다. 지난 20년 동안 슈발바르는 진정한 글로벌 지역 공동체(global local community)의 고향이 되었을 뿐만 아니라 다양한 국가들의 국제관계 및 무역 야망의 초석이 되었다. 따라서 90년 전 만들어진 슈피츠베르겐 조약은 색다른 (여러 가지 측면에서 의도하지 않은) 유산을 가지게 되었다.

슈발바르는 오랫동안 국제법 및 안보 연구의 관점에서 관심의 초점이 되어왔다. 앞으로 이 군도 지역은 또한 거주자들과 그들을 지지하는 국가들이 세계화 속의 발전을 반영하는 방식에 따라 더 큰 관심을 기울일 필요가 있다.

<참고문헌>

배규성 · 예병환, "바렌츠해 조약의 국제법적 분석: 러시아-노르웨이간 해양경계획정 방법을 중심으로"『독도연구』제20호(2016.6.) 영남대 독도연구소.

예병환, "러시아-노르웨이 해양분쟁과 바렌츠해 조약",『독도연구』제14호(2013.6.) 영남대학교 독도연구소.

Aarskog, K.N. (2008a) 'Vil overta museumsgjenstander', *Svalbardposten*, 30 October, http://svalbardposten.no/node/1534

Aarskog, K.N. (2008b) 'Avverget politisk konflikt', *Svalbardposten*, 7 November, http://svalbardposten.no/node/1522

Amundsen, B. (2009) 'Dom stanser turist planer i Barentsburg', *Svalbardposten*, 20 November,
www.svalbardposten.no/nyheter/dom-stanser-turistplaner-i-barentsburg

Anderson, D.H. (2007) 'The Status under International Law of the Maritime Areas around Svalbard', Paper presented at the Symposium on "Politics and Law -Energy and Environment in the Far North", held at the Norwegian Academy of Science and Letters, 24 January.

Arild, M., D. Fjartoft & I. Overland (2011) 'Space and Timing: Why was the Barents Sea Delimitation Dispute Resolved in 2010?', *Polar Geography*, Vol. 34, No. 3, pp. 145-162.

Arlov, T.B. (2011) *Den rette mann: Historien om Sysselmannen pa Svalbard*, Trondheim, Tapir Akademisk Forlag.

Atland, K. & T. Pedersen (2009) 'Russia's Svalbard Policies: Securitization Still in Fashion?', Paper presented at 50th Annual Convention, International Studies Association, New York, 15 February, http://citation.allacademic.com//meta/p_mla_apa_research_citation/3/1/3/2/0/pages313206/p313206-1.php

Bailes, A. (2011) 'Spitsbergen in a Sea of Change', in D. Wallis and S. Arnold (eds.) *The Spitsbergen Treaty: Multilateral Governance in the Arctic*, Helsinki, Arctic Papers, Vol. 1, pp. 34-37.

Brown, P. (2000) 'Coal makes Oslo king of the isles', *The Guardian*, 30 December, www.guardian.co.uk/environment/2000/dec/30/internationalnews

Byers, M. (2011a) 'The dragon looks north', *Al Jazeera*, 28 December, www.aljazeera.com/indepth/opinion/2011/12/20111226145144638282.html

Byers, M. (2011b) 'Russia pulling ahead in the Arctic', *The Star*, 29 December, www.thestar.com/opinion/editorialopinion/article/1108138—russia-pulling-ahead-in-the-arctic

Dege, W. (2004/1954) *War North of 80°: The Last German Arctic Weather Station of World War II*, W. Barr (trans. and ed.), Calgary AB and Boulder CO, University of Calgary Press, University of Colorado Press, with the Arctic Institute of North America.

Emmerson, C. (2010) *The Future History of the Arctic*, New York, Public Affairs.

Eriksson, S. (2006) 'Aland -A demilitarised and neutralised territory', in S. Eriksson, L.I. Johansson, & B. Sundback (eds.) *Islands of Peace: Aland's Autonomy, Demilitarization, and Neutralization*, Mariehamn, Aland Islands Peace Institute, pp. 9-35.

Exner-Pirot, H. (2011) 'What route for Arctic shipping?', *Arctic: Views from Up North*, 25 March,

http://eyeonthearctic.rcinet.ca/en/blog/136-heather-exner-pirot/793-what-route-for-arcticshipping

Fife, R.E. (2008) 'Svalbard and the surrounding maritime areas: Background and legal issues', Norwegian Ministry of Foreign Affairs, 26 November, www.regjeringen.no/en/dep/ud/selectedtopics/civil--rights/spesiell-folkerett/folkerettslige-sporsmal-i-tilknytning-ti.html?id=537481

Government of Norway (1999) *Report No. 9 to the Storting (1999-2000): Svalbard*, www.regjeringen.no/en/dep/jd/Documents-and-publications/Reports-to-the-Storting-White-Papers/Reports-to-the-Storting/19992000/report-no-9-to-the-storting-.html?id=456868

Government of Norway (2001) *Ot.prp. Nr. 58 (2000-2001): Lov om endringer til svalbardlovenmm. (innf ring av lokaldemokrati i Longyearbyen)*,

www.regjeringen.no/nb/dep/jd/dok/regpubl/otprp/20002001/otprp-nr-58-2000-2001- /2.html?id=164762

Governor of Svalbard (2008) 'Settlements',

www.sysselmannen.no/hovedEnkel.aspx?m=45299

Grydehoj, A. (2010) 'Uninherited Heritage: Community Reaction to Heritage without

Inheritors in Shetland, Aland, and Svalbard', *International Journal of Heritage Studies*, Vol. 16, Nos. 1-2, pp. 77-89.

Grydehoj, A. & P. Hayward (2011) 'Autonomy Initiatives and Quintessential Englishness on the Isle of Wight', *Island Studies Journal*, Vol. 6, No. 2, pp. 179-202.

Jakobsen, L. (2010) 'China prepares for an ice-free Arctic', *SIPRI Insights on Peace and Security*, Stockholm, Stockholm International Peace Research Institute.

Jensen, A.M. (2009) 'From Thailand to Svalbard: Migration on the margins', *Asia Portal - In Focus*,

http://infocus.asiaportal.info/2009/05/25/mayfrom-thailand-svalbard-migration-marginsan-magritt-jensen

Jorgensen, J.H. (2004) 'Onsker Norge a presse Russland bort fra Svalbard?', *Aftenposten, 04 January*,

www.aftenposten.no/meninger/kronikker/article701483.ece

Lüdecke, C. (2011) 'Parallel Precedents for the Antarctic Treaty', in P.A. Berkman, M.A. Lang, D.W.H. Walton, & O.R. Young (eds.) *Science Diplomacy: Antarctica, Science, and the Governance of International Spaces*, Washington DC, Smithsonian Institution, Scholarly Press, pp. 253-263.

Machowski, J. (1995). 'Scientific Activities on Spitsbergen in the Light of the International Legal Status of the Archipelago', *Polish Polar Research*, Vol. 16, Nos. 1-2, pp. 13-35.

Moczadlowski, T. (2001) *Polska Stacja Polarna: Hornsund*,

http://hornsund.igf.edu.pl

Nilsen, T. (2011) 'Russians must follow Norwegian law', BarentsObserver.com, 14 October,

www.barentsobserver.com/-russians-must-follow-norwegian-law.4972044.html

Norwegian Ministry of Foreign Affairs (2006) *The Norwegian Government's High North Strategy*,

www.regjeringen.no/upload/UD/Vedlegg/strategien.pdf

Norwegian Polar Institute (2011) 'Svalbard',

www.npolar.no/en/the-arctic/svalbard

Numminen, L. (2011) 'A History and Functioning of the Spitsbergen Treaty' In D. Wallis and S. Arnold (eds.) *The Spitsbergen Treaty: Multilateral Governance in the*

Arctic, Helsinki, Arctic Papers, Vol. 1, pp. 7-20.

Permanent Court of International Justice (1933) Fascicule No. 53: *Legal Status of Eastern Greenland*, Leiden, The Netherlands, A.J. Sijthoff.

Scotcher, N. (2011) 'The Sovereignty Dilemma', D. Wallis and S. Arnold (eds.) *The Spitsbergen Treaty: Multilateral Governance in the Arctic*, Helsinki, Arctic Papers, Vol. 1, pp. 21-33.

Statistics Norway (2011a) 'Accommodation on Svalbard, July 2011', www.ssb.no/english/subjects/10/11/overnattingsv_en

Statistics Norway (2011b) 'Population Statistics. Svalbard', www.ssb.no/befsvalbard_en

Statistics Norway (2011c) 'Svalbard's History', www.ssb.no/this_is_Svalbard

Statistics Norway (2011d) 'Industrial Statistics for Svalbard 2010', www.ssb.no/english/subjects/10/sts_en

Store Norske (2011) 'Annual Report and Accounts: 2010', www.snsk.no/annual-report-andaccounts.148181.en.html

Store Norske (2010) 'Important Dates in Store Norske's History', www.snsk.no/important-datesin-store-norskes-history.145749.en.html

Støre, J.G. (2010) 'Arktis norsk politikk og internasjonalt samarbeid', Speech given at China Institute of International Studies, Beijing, 30 August, Norwegian Ministry of Foreign Affairs, www.regjeringen.no/nb/dep/ud/aktuelt/taler_artikler/utenriksministeren/2010/ciis_beijing.html?id=613162

The Svalbard Treaty 9 February 1920, Available at University of Oslo, Faculty of Law, www.jus.uio.no/english/services/library/treaties/01/1-11/svalbard

Terrapolaris (2010) 'Pyramiden - Settlement, Accommodation, Travel', www.terrapolaris.com/index.php?id=338&L=5

Tobias, B. (2006) 'Cold War Haunts Arctic Outpost', BBCRussian.com, http://news.bbc.co.uk/1/hi/world/europe/6204427.stm

Umbreit, A. (2009) *Spitsbergen*, Bucks UK, Bradt Travel Guides.

Webb, M. (1992) 'Arctic Saga: Vilhjalmur Stefansson's Attempt to Colonize Wrangel Island', *Pacific Historical Review*, Vol. 61, No. 2, pp. 215-239.

Ween, S.O. (2011) 'Longyearbyen lokalstyre', www.lokalstyre.no/Modules/theme.aspx?ObjectType=Article&ElementID=630&

Category.ID=707

Wråkberg, U. (2002) 'The Politics of Naming: Contested Observations and the Shaping of Geographical Knowledge', in M. Bravo and S. Sèorlin (eds.), *Narrating the Arctic: A Cultural History of Nordic Scientific Practices*, Canton MA, Watson, pp. 155-198.

Østhagen, A. (2011) 'Debating the EU's Role in the Arctic: A Report from Brussels', The Arctic Institute, Centre for Circumpolar Security Studies, www.thearcticinstitute.org/2011/10/2472-european-arctic-ambiguity.html

북극 러시아의 새로운 환경: 개발과 보존의 동행

양정훈*

Ⅰ. 들어가면서

21세기 초 세계는 북극에 대한 관심이 급격히 높아지고 있다. 이러한 현상은 북극이사회 8개 이사국(러시아, 미국, 캐나다, 노르웨이, 덴마크, 핀란드, 스웨덴, 아이슬란드) 중심의 보이지 않는 갈등이 고조되고 있고, 더불어 주변 국가들의 북극에 대한 뜨거운 관심을 보이고 있기 때문이다. 또한 과거에는 관심을 보이지 않았던 일련의 국제기구들(나토, EU)까지도 매우 적극적인 관심을 표출하기 시작했다. 아시아 지역 국가 중에서는 한국과 중국 그리고 일본이 중심이 되어 매우 적극적인 반응을 보이고 있다. 이러한 현상은 북극이 가지고 있는 무언가가 매력적으로 접근을 유도하고 있다.

오늘날 세계는 정치적으로나 경제적으로 매우 불안한 상황에 놓여 있고, 지하자원의 고갈이 세계경제에 불황을 더욱 극대화 시킬 수 있다는 분석이 나오곤 한다. 이에 우리나라뿐만 아니라 많은 선진국들은 자원부족을 예측한 대책으로 새로운 에너지 자원을 찾는 등 발 빠른 반응을 내놓고 있다. 최근 국제사회에 가장 이슈가 되고 있는 에너지자원 고갈이 기후 온난화 현상으로 북극 빙하가 지하자원의 해갈로 이어지는 새로운 돌파구를 불러오고 있다. 이는 희망

* 수원대학교 러시아어문학과

적인 소식으로 들리지만 다른 한편으로는 꼭 그렇지만은 않은 전망으로 내다보고 있다. 아무튼 이러한 모든 전망은 일차적인 문제가 원활히 해결 된 이후부터 시작이 되었으면 한다. 일차적 문제로는 북극에 삶의 터전으로 뿌리내리고 평생을 살아왔던 주민들의 환경과 원만한 영토분할이다. 이곳 주민들의 수는 약 400만 명이며, 연간 소득은 2300억 달러에 달하는 소규모 경제 활동이 이루어지고 있다.

이러한 열악한 경제적 여건과 환경에 삶의 터전을 가지고 있는 주민들을 보호하는 대안을 내놓고 접근이 이루어져야 하는 것이 가장 급한 문제 해결책이다. 이는 북극 이사국 중심으로 만들어내야 되며, 동시에 영토분할이 국가 간 원만한 합의에 의해 이루어져야 한다. 그래야만 이 지역에 관심을 가지고 있는 국제사회와 글로벌 기업들이 보다 나은 해결책을 함께 만들어 갈 수 있다는 것이다. 또한 글로벌 기업들의 북극 진출은 성공할 수 있다는 전제가 여러 경영컨설팅 분석에서도 발표되고 있다.

경영컨설팅업체 부즈앤컴퍼니[1] 보고에 따르면, 북극이 차기 신흥시장으로 부상할 전망이라고 분석하고 있다. 세계 많은 기업들이 미래 성장 기회를 잡기 위해 북극에 뜨거운 관심을 가지고 있고, 몇몇 글로벌 기업들은 활발히 진출하고 있다. 북극은 에너지 지하자원뿐만 아니라 북국이 가지고 있는 교통수단으로서의 해양로와 항로가 더욱 쉬워진다는 것이다. 이는 북극과 베링해협 간의 새로운 해상운송로를 개척할 수 있다는 것이다. 북극과 베링해협의 운송해로는 현재 따뜻한 계절에만 운항이 가능하지만 수에즈와 파나마운하를 대신할 운송경비 절약으로 이어질 수 있다. 미래학

1) http://www.etoday.co.kr/news/section/newsview.php?idxno=787727 (2017.04.10)

자들의 의견 또한, 지금 인류는 '북극의 시대'를 살아 갈 것으로 보고 있다. 인류의 미래는 북극과 북극 지역을 중심으로 향방이 나누어질 것이라 언급하고 있다.

본 글에서는 이러한 여건 속에 러시아는 이 지역에서 어떤 관심을 가지고 있는 것인가 하는 것이다. 그리고 어떠한 연구들이 보다 실제적이고 상상 속의 특성을 띄고 있는 것인가 하는 질문과 대답을 북극과 러시아를 중심으로 찾고자 함이 목적이다.

북극에서의 러시아 관심은 매우 다양하다. 2008년 9월 드미트리 메드베예프 러시아 전대통령도 2020년까지의 청사진을 내놓곤 했다. 북극을 향한 정책과 향후 발전 전망이다[2]. 이러한 러시아 정부의 정책에 따른 북극에 대한 국가적 관심과 연구자의 추론을 중심으로 정리해 보면

Ⅱ장에서 북극 러시아 지역 유니컬한 시스템 보존을 통한 타당성과 개발의 필요성이 함께 할 수 있는 동행을 중심으로 전개되었다. Ⅲ장에서는 기후변화에 따른 경제 활성화의 전략적 차원 접근이다. 북극의 해빙 현상은 북극해로를 통한 국가간의 단일화 된 교통시스템으로 구축함과 동시에 새로운 경제적 도약을 계획할 수 있음을 야기하고 있다. 이 모든 것은 Ⅳ장 북극 개발에 대한 방법론적 제안을 Ⅴ장 협력과 평화의 장으로 이어져 북극을 인류의 자산으로 보존하고자 함이다.

---

2) 북극에서의 러시아 연방의 2020년까지와 향후 전망에 대한 정부정책 기반 URL:www.rg.ru/2009/03/30/arktika-osnovy-dok.html (2017.03.20)

Ⅱ. 개발과 보존의 동행

1. 북극 러시아 자원

북극지역의 러시아 인구는 약1.4%인 195만 명이 생활하고 있다. 러시아 경제에도 약 11%의 수익을 점유하고 있다는 점에서 커다란 의미를 지니고 있다. 특히 자원 분야와 군수산업과 교통로에서 큰 발전을 보여 왔고 더욱 커질 수밖에 없다는 것이다. 여기에서 생산되는 생산물들은 다른 지역 또는 국외로부터 보충될 수 있는 그러한 성격의 생산물들이 아니다. 단지 캐나다만이 러시아의 북극해와 육로에 따른 북극 선을 같이 이루고 있지만, 현재 러시아는 캐나다와 비교해 보았을 때 보다 높은 수준의 개발이 이루어졌다. 풍부한 북극 자원개발, 즉 전략적으로 중요한 유용 광물 생산은 러시아 사회 · 경제 발전을 이루는데 크게 기여 할 것으로 보고 있다.

여러 가지 자원 중 에너지 자원인 석유가스 매장이 북극의 약 60% 달하고 국제 규준과 법에 따라서 러시아가 점유하고 있다. 절대적 표시로 이곳에 저장 되어있는 석유는 3750억 배럴로, 사우디아라비아의 석유 보유량 2610억 배럴과 비교 될 수 있다[3]. 그러나 이도 역시 아직은 북극의 전체 매장량을 계산한 측정치가 아니다[4]. 따라서 이에 대해서 적절한 시기에 이곳의 매장 전에 대한 측량을 위한 투자가 필요할 것이다.

---

3) Smith M., Giles K. Russia and the Arctic: "The last Dash North" Advanced Research and Assessment Group. Russia Series 07/26. Defense Academy of the United Kingdom, 2007. p. 1.

4) Истомин А., Павлов К., Селин В. Экономика Фрктической зоны России // *Общество и экономика*. 2008. № 7. cc. 158-172.

지하자원 매장지로는 지금까지는 약 200여 곳으로 추정하고 있고 개발을 앞두고 있는 곳은 약 몇 십개로 보고 있다. 매장지역은

- **베렌쩨바 해양 광구(뻬초르스끼를 포함)**

· 석유 매장지 4곳 : 쁘리라즈롬노이, 바란데이 해양전, 메딘스끼 해양전, 돌긴스끼

· 석유-가스컨덴세이트 매장지 : 세베로-구랴브스끼

· 가스 컨덴세이트 매장지 3곳 : 세베로-낄딘스끼, 물만스끼, 루드로브스끼

- **까르스끼 해양광구(따조브스끼와 오브스끼 만)**

· 석유-가스 컨덴세이트 매장지 2곳 : 사레까쁘뜨스끼, 율하로브스끼

· 가스 컨덴세이트 매장지 2곳 : 레닌그라드스끼, 루사노브스끼

· 가스 매장지 7곳 : 안띠빠유띤스끼, 세마꼬브스끼, 또따-야힌스끼, 까멘노므스스끼 해양전, 세베로-까멘노므스스끼, 구고리야힌스끼, 오브스끼[5]

향후 러시아의 자원 취득을 위해서는 무엇보다도 우선 대규모의 지질측정 작업과 인프라 구성 및 채굴, 재생산, 보관 그리고 운반에 따라서 환경을 생각한 기술이 수반되어야 할 것이다.

현재 러시아 광물 채굴의 2/3가 바렌쩨바와 까르스끼 해양 광구에서 이루어져 있다면, 향후 자원 채굴 광구는 바스또치노-시비리스끼, 추꼬뜨스끼 해양과 라쁘떼브이가 될 것이다. 이러한 향후 러시아 석유 가스 체굴 광구는 러시아뿐만 아니라 또한 세계 시장 전체에 자원기반에 원천이 될 것이다. 그밖에 북극에서 러

---

5) **Природные ресурсы арктики.** URL: 20100415/220120223.html. (2017.08.29)

시아 지역에 석탄 매장량은 7800억 톤이며 이중 약 810억 톤은 코쿠스 석탄이다. 이는 러시아가 보유하고 있는 총 석탄자원의 약 절반에 해당하는 양이다.

북극에는 전략적 가치가 있는 자원도 있다. 철광석, 광물 외의 자원들이 러시아 전체의 절반 이상 매장되어 있는 것으로 추정하고 있다. 러시아 지역의 매장 현황을 보면

· 인회석 농축소(90%) : 꼴스끼 반도, 따이미르 반도, 야쿠티야, 추코트카
· 니켈, 코발트(85%) : 노릴스크, 꼴스끼 반도
· 구리(약 60%) : 노릴스크, 꼴스끼 반도
· 텅스턴(50%) : 북 야쿠티야, 추코트카
· 백금류(98%) : 노릴스크, 꼴스끼 반도
· 주석(50-75%) : 세베로-야쿠트스끼
· 수은(주요 매장) : 추코트크, 타이미르 지역
· 금과 은(90%) : 북쪽에 주로 많이 매장되어 있으며, 상당한 양이 추코트크, 타이미르, 꼴스끼 반도
· 다이아몬드(99% 매장) : 야쿠티야, 아르항겔스크 지역
· 망간 : 노바야 젬랴 지역
· 크롬 : 야말과 꼴스끼 반도 지역
· 티탄 : 꼴스끼 반도[6]
· 희소가치가 있는 원료(95%) : 타이미르, 꼴스끼 반도, 북야쿠티야

6) Основы стратегии устойчивого развития Арктической зоны России. URL:www.arctictoday.ru/council/654.html(2017.08.29)

러시아의 니켈 광산의 주요한 특징은 광산에 다양한 광석들이 함께 매장되어 있다. 이 광석으로 구리, 백금류의 철을 생산할 수 있다는 것이다. 그리고 금, 은, 셀렌, 텔루르와 같은 광물은 자기 가치가 치솟고 있는데, 이들의 채굴에 자기자본이 많이 들고, 북극 극지방에 위치하고 있음에도 불구하고 생산되고 있다[7]. 크롬 매장전은 러시아 경제에서 매우 중요한 위치를 차지하고 있는데, 이는 소비에트 연방 시절, 소연방이 붕괴 되면서 켐삐르사이스끼 매장 전을 잃게 되었는데 이는 카자흐스탄에 위치하고 있기 때문이다.

이 지역에는 또한 커다란 생물학적 자원을 또 한 가지고 있는데, 북극해는 독특한 다양한 종류와 형태에 어류와 생물체들 볼 수 있는데 즉, 백곰, 북극여우, 일각 고래, 제비, 해마, 흰 돌고래 등을 볼 수 있다. 150여 종 이상의 물고기가 북극해와 북극해저에서 식민하고 있는데, 그 중에서도 주요한 수산업 어류로는 대구, 청어, 가재미 등이 있다. 북극해에서의 수산업은 러시아 총 수산업에 15%를 차지하고 있다[8].

2. 유니컬한 자연 시스템 보존

북극 자연 세계에 매장 되어 있는 자원은 다른 지역과 비교했을 때 개발 시작부터 손상되기 쉬운 여건을 가지고 있다. 따라서 이 지역의 경제적 개발에 있어 북극 이사회 이사국들뿐만 아니라 다른 국가들의 환경 보존 및 보호에 따

---

7) Витязева В.А., Котырло Е.С. Социально-экономическое развитие Российского и зарубежного Се- вера. Сыктывкар: Сыктывкарский государственный университет, 2007. с. 128.

8) Кочемасов Ю.В., Моргунов Б.А., Соломатин В.И. Эколого-экономическая оценка перспективы раз-вития Арктики. URL:www.ecoenergy.ru/Article54.html. (2016.12.19)

른 높은 수준의 환경보호 요구가 뒤따를 수밖에 없다. 이는 북극 지역 활동에 있어 환경 시스템을 고려해야 하는데 그렇지 못함에서 찾아올 수 있는 문제, 즉 그 시스템의 생산성이 높지 않아 그 시스템이 확고하게 정착되지 못했기 때문으로 본다. 현 지구환경의 보존 상태만 보아도 외부로부터의 영향에 의해서 쉽게 망가지고, 굉장히 어렵게 아주 천천히 회복된다는 사실을 우리는 알고 있다. 북극 또한 방심하게 되면 환경 파괴는 반복 될 수밖에 없다는 것이다. 그러므로 북극지역에서 각 정부의 경제활동 증대 및 다국적 회사들의 활동은 그에 상응하는 북극지역에서의 환경 보존 정책이 강하게 뒷받침 되어야 한다.

지금까지 러시아의 북극 개발에 있어 종합적인 상황은 산업생산 접근과 시설 그리고 가스 생산 및 채굴 등이 여러 지역으로 나누어져 진행되고 있다. 이렇듯 러시아 한 국가만 보아도 북극 지방에 찾아 올 수 있는 문제는 날이 갈수록 생물체의 환경보존에 어려움을 야기하고 있다. 그리고 오염에 흔적들은 공기, 땅, 물에서 만이 아닌 물고기 및 동물들에게서도 찾게 된다.

북극 러시아에는 노릴스끼, 무르만스크, 아르한겔스크 등 서 시베리아 지역에서 석유 가스 채굴이 이루어질 수 있으며, 이 지역들은 특히 환경에 따른 문제를 가지고 있다. 몇몇 지표에 따르면 벌써 북극 러시아 지역의 약 15%가 심각한 환경문제를 가지고 있다고 나타나있다[9]. 문제가 되는 것은 기본적 환경에 따른 흐름에 배경이 되고 있는 바다 및 강의 흐름이 오염된 물질을 멀리로부터 북극 지역으로 흘러 들어오고 있기 때문이다. 이는 먼 유라시아 지역들로부터 오염된 물질들이 모이게 되는 것이다. 그리고 걸프 해 물결과 환경적 흐름들 즉, 서 유럽으로부터, 러시아 서 북극 지역으로 오염된 물질이 유입되는 것이다.

---

9) Боярский П., Великанов Ю., Павлов А. Артику пора спасать//Нефть России. 1999. № 3.

러시아 환경부에 따르면 아직은 러시아 지역 북극해의 오염은 생산 활동이 활발한 연안 지역에 국한 되어있는 것으로 나타났다. 특히 인류 산업재해에 의해 바렌쯔해, 백해, 카라해 에코시스템의 영향을 강하게 받고 있다고 한다. 하지만 가장 큰 환경오염의 영향으로는 러시아의 핵연료 찌꺼기와 핵 잠수함 핵 원자로로 인한 쓰임과 매장에 따라서 염려가 될 것이라는 서방 세계의 분석이다. 북극 모니터링[10] 프로그램에 따른 여러 국가의 전문가들에 의하면 러시아의 공장에서 사용하여 배출하는 핵연료 찌꺼기는 국부적인 방사능 노출이며 그들의 부정적인 영향은 러시아 지역 내에 국한됨을 말하고 있다. 그러나 이러한 지표에는 가장 심각한 오염을 가지고 있는 곳 중의 하나인 카라해가 포함되지 않은 것이다.

사실상 물속에 방사능은 아일랜드해, 발트해, 북해에 속해 있는 것보다 적을 것으로도 보고 있다. 그럼에도 불구하고 북극에서의 방사능 위험은 있을 것으로 내다보고 있다. 이유는 러시아 북쪽 극지방에서 외국계 회사들의 활동에 있어서는 북극 지방의 생물권 유지에 대한 문제가 역동적으로 제기되고 있기 때문이다. 예를 들면 TNK British Petroleum은 쉬토크만스키 매장전 채굴권을 가지고 있다. 그리고 또한 멕시코 만에서의 British Petroleum의 석유시설의 사고의 공식적 심리에 따르면 British Petroleum의 임원진은 안전시설 설비에 투자가 미약하여 결국엔 멕시코 만에 환경적 불행을 만들게 되었다.

이와 같이 유사한 사건이 북극에서 일어난다면 그것은 그 보다 훨씬 심각한 불행을 가져올 수 있을 것으로 본다. 이에 관련하여 캐나다의 예도 볼 수 있다. 캐나다는 자국의 광구 개발에 있어 자국 회사나 타국 기관들이 안전을 확보하지 않고 채굴할 경우에는 어떠한 경우를 막론하고 안전을 확보할 때까지

10) Arctic Monitoring and Assessment Program, AMAP.

개발에 나서지 못한다는 조약이 있다[11]. 러시아 또한 환경오염에 대해 관심을 갖기 시작했으며, 경쟁력 있는 새롭고 깨끗한 산업기술의 부족에 있어서도 실감하고 있다. 러시아는 '자뽈랴리에'에서의 환경을 보존할 수 있는 채굴 및 운송에 따른 새로운 기술적 해법을 가져가야 하기 때문이다.

북극에서의 러시아는 이곳의 전략적 발전을 위해 프로그램에서 가장 중요한 환경요인의 메카니즘을 개선해야 한다. 환경적 요인은 러시아 정부의 환경 영향 평가와 환경 감정으로 나눠 볼 수 있다. 이는 북극 지역 개발에 따른 건설 프로젝트에서 경제성과 기술의 평가가 이어질 경우 일정기간 몇몇의 예외를 제외하고는 환경에 대한 가치를 접을 수 있다고 본다. 이러한 것들은 북극 이사회가 가지고 있는 규범과 감시 기관이 약하기 때문이다. 그리고 이러한 것들을 적용하기에 앞서 환경에 대한 영향 평가와 이사회의 감독이 이루어질 수 있는 요구사항이 충족되어 책임질 수 있는 조항들이 들어가야 하는데 아직까지는 그렇지가 못하기 때문이다.

3. 개발의 필요성

지난해 미국 대통령 트럼프 당선, 브렉시트 등으로 글로벌 신보호주의가 대두 되고 있어 여러 국가들의 수출환경은 점점 어려워지고 있다. 이러한 상황에서 지난 12월 27일 대한민국 주요 수출국가와 주목해야 하는 글로벌 시장에 대한 보고서가 주목된다. 이 보고서는 산업통상연구의 일환인 '수출확대를 위한 국가별 경제협력 방안 수립'으로 Kotra(글로벌전략지원단, 해외무역관)와

---

11) Amos W. If there 's an oil spill, who's at risk? Canadian taxpayers. URL:http://www.theglobeandmail.com/news/opinions/if-theres-an-oil-spill-whos-at-risk-canadian-taxpayers/article1638799. (2017.03.09)

외부 협력기관인 대외경제정책연구원 협업한 자료이다. 보고서의 내용 중 각 나라별 SWOT[12] 분석을 따로 정리했다.

러시아 경우[13] 그들이 가지고 있는 강점(Strengths)으로는 ① 다양한 에너지, 광물, 농수산 자원 풍부 ② 유럽과 아시아를 잇는 지리적 이점과 미래 해상로인 북극항로에 대한 관할권 ③ 항공우주, 원자력, IT 등의 분야에서 원천기술 보유 ④ 비교적 건전한 거시경제정책 ⑤ 안정적인 정치적 상황을 들 수 있다.

이와는 반대로 약점(Weaknesses)을 분석해 보면 ① 금융부문의 저 발달로 인한 신용정보 확보 및 자금 조달의 어려움 ② 수도권 지역을 제외한 대부분 지역의 산업 인프라 미비 및 노후화 ③ 복잡하고 변경이 잦은 법제도 및 행정절차 ④ 외부환경 변화에 민감한 에너지 자원 의존형 경제구조로 꼭 안정적이라 보기는 어렵지 않나 생각해 본다. 하지만 강점과 약점을 떠나 러시아는 미래 경제발전이 다른 국가들에 비해 기회(Opportunities)가 높다는 면에서 긍정적으로 분석될 수밖에 없다. 이유는 ① EAEU 경제 통합으로 인한 시장 확대 ② 신동방정책과 극동개발계획으로 인한 한국의 신성장 공간 확보 가능성 제고 ③ 산업 다각

---

12) 기업의 환경분석을 통해 4요소 강점(strength)과 약점(weakness), 기회(opportunity)와 위협(threat) 요인을 규정하고 이를 토대로 마케팅 전략을 수립하는 기법이다. 어떤 기업의 내부 환경을 분석하여 강점과 약점을 발견하고, 외부환경을 분석하여 기회와 위협을 찾아내어 이를 토대로 강점은 살리고 약점은 죽이고, 기회는 활용하고 위협은 억제하는 마케팅 전략을 수립하는 것을 말한다.
SWOT분석에 의한 마케팅 전략의 특성은 다음과 같다. ① SO전략 : 시장의 기회를 활용하기 위해 강점-기회전략 ② ST전략 : 시장의 위협을 회피하기 위해 강점-위협전략 ③ WO전략: 약점을 극복함으로써 시장의 기회를 활용하는-기회전략) ④ WT전략 : 시장의 위협을 회피하고 약점을 최소화하는-위협전략)

13) 물류신문. 신인식 기자. “글로벌 경제협력 여건에 대한 SWOT 분석,” 2017년 01월 03일자.
출처; Kotra 수출확대를 위한 국가별 경제협력방안 수립 : 러시아 (필자 박지원 등) http://www.klnews.co.kr/news/articleView.html?idxno=114762;(2017.03.09)

화 및 현대화 정책을 통한 혁신 산업기술 개발에 대한 지원 ④ 정부와 민간 기업의 적극적인 창업, 사회적 기업, 중소기업 지원 프로그램 마련 등을 들었다.

또한 위협(Threats)적 요소인 ① 국제 유가 하락에 따른 경기침체와 환율급락 ② 우크라이나 사태, 테러 등으로 인한 지정학적 리스크 존재 ③ 수입 대체 산업 정책 및 정부조달 제약 조치 등으로 인한 한국의 대러 수출 감소 가능성 ④ 러시아 인구 고령화 및 감소 추세 등을 가지고 있다. 그러므로 러시아는 과학적 연구도 이행해야 한다. 천연자원개발을 비롯해 지속적인 경제 성장 · 에코시스템 보호 · 북극 기후변화 타격 등에 대한 전체적인 이해를 위해서는 과학적인 접근이 필요함을 강조하는 것이다.

북극권 경제적 효율성을 보면 아직까지도 인프라의 비효율적인 투자가 역시 해결해야 할 숙제로 남아 있다. 노르웨이서 서부 러시아 등 특정한 지역을 제외하고 북극은 교통과 항구 등 중요한 인프라 개발이 뒤처진 상태다. 많은 다국적 기업들이 이 지역에서 어떻게 사업을 할 것인지에 대한 명확한 계획 없이는 북극 진출을 망설일 것이다. 기업들은 위험한 바다를 항해해야 하는 문제도 해결해야 하고[14], 이를 위해서는 지구에서 가장 위험한 바다인 북극해에서 항해할 수 있는 배 기준을 정하는 것이 한 방법일 수는 있지만 이 또한 북극 이사회 이사국 정부의 의견을 모아야 해결 될 수 있는 숙제로 남게 된다. 하지만 무엇보다 북극에 매장되어 있는 엄청난 양의 지하자원과 아시아에서 유럽으로 이어지는 해상 교통수단이 위험성보다 더 초관심사가 되고 있다. 몇몇의 평가 기관에 따르면 북극에는 900억 배럴의 석유와 47조3천억 큐빅미

---

14) 조정은 기자. "북극, 차기 신흥시장 가능성 커…자연보호 · 비효율적 인프라 투자 등 난관 해결해야" 이투데이. 2013.09.05.;http://www.etoday.co.kr/news/section/newsview.php?idxno=787727#csidx3c6ab660f66 a127952340848639d542 (2017.03.11)

터의 천연가스, 440억 배럴의 가스 컨덴세이트(condensate)가 저장되어 있는 것으로 추정된다. 그리고 이는 아직 측정되지 않은 전 세계의 저장가스의 25%에 달 할 것으로 본다는 것이다[15].

북극 해안 또한 이사회 8개 이사국(러시아 핀란드 노르웨이 스웨덴 아이슬란드 덴마크 캐나다 미국 등)이 관할하고 있고, 북극해는 유럽과 아시아 그리고 아메리카로 연결되는 많은 국가들에 있어서 아주 중요하고 활용의 가치가 높은 교통로인 것은 틀림없다. 이 많은 다양한 국가들은 지역 간에 서로 가로질러 다다르는 노선에 관심의 증폭되고 있다(특히 북 아메리카에서 아시아로 그리고 그 반대 방향으로). 북극은 또한 세계적으로 의미 있는 다양한 생물학적 자원을 가지고 있고 또한 세계 기후 환경에 커다란 영향을 미친다(세계 해양의 기후와 수준 등).

Ⅲ. 새로운 전략적 기반

1. 기후변화와 주변 환경 변화

21세기 접어들면서 북극을 둘러싸고 있는 국가들은 본격적으로 자신들이 원하는 주목적에 대한 홍미를 표현하기 시작했다. 이는 세계 기후 변화와 맞물려 찾아오는 현상이다. 이러한 기후변화로 찾아오게 되는 여러 가지 관심사에서 가장 중요시 되고 있는 것은 북극의 경제적 효과이다. 점점 고갈 되어가는 지하

15) Smith M.,Giles K. Russia and the Artic : “The last Dash North” Advanced Research and Assessment Group. Russia Series 07/26. Defense Academy of the United Kingdom, 2007. P. 1.

자원과 아시아와 유럽을 연결하는 최단거리 북 해양로 이면서도 빙하로 인해 엄두도 못낸 곳이 열리게 되면서 이곳은 특별한 의미를 동시에 지니게 되는 것이다. 북 해양로는 러시아의 북극 지역들과 그 밖의 지역을 연결하는 기반적인 교통과 물류의 간선로 의미를 지닌 새로운 흐름을 가져다 줄 수 있는 출구다.

북극 온도변화는 전 세계 환경 변화뿐만 아니라 여러 분야에 영향을 주고 있다. 빙하가 녹아 해수면이 상승하고 이어 제트기류 변화로 연결되면서 날씨 패턴의 변하를 가져오게 하였다. 이와 같은 변화에 가장 큰 영향이 미치는 것은 북극의 자연환경과 그곳에 뿌리를 내리고 삶을 개척해 살아가는 사람들 생활에 매우 큰 타격을 주기 시작했다. 이렇듯 지속되는 기후변화는 이 지역의 미래 환경과 경제 그리고 사회 변화 등 정부의 정책에도 영향을 줄 뿐만 아니라 국제사회의 특히 글러벌 기업들의 전략에도 상당한 영향을 줄 것으로 보고 있다.

이러한 시기에 맞춰 북극을 중심으로 이사국이 형성되었고, 이사국들은 연합체를 형성하였다. 러시아 또한 북극 이사국 일원으로 기후변화에 따른 정부정책 또한 변화를 가져오기 시작한 것이다. 러시아는 북극지역에서 자국 영토의 경계선을 확보하고자 2014년부터 적극적인 자세로 임하고 있다. 이들이 북극에 있어 세계사적 정책의 일환으로 이사국들의 법률적 권한은 또 하나의 새로운 현상인 것이다.

2013년도에는 북극 이사국 및 준이사국까지 회원국가의 수가 확대되었다. 바로 북극 준이사국 등이 32개까지 증가[16] 됨으로서 새로운 변화로 준비하게 되었다. 중국, 일본, 인도, 한국, 싱가포르, 이탈리아[17]는 준이사국으로 지위를

---

16) 20여개의 국제적 비정부적 조직도 포함

17) Кирунская декларация по случаю Восьмой Министерской сессии Артического совета 15 мая 2013 года, г.Кируна Швеция. URL:http://www.mid.ru/bdomp/ns-dmo.nsf/alc87897b58a9d2743256a550029f995/dfc076b1142c431744257b6c004

획득하였다. 이 결정은 북극 이사국으로서의 권한을 가지고 있는 동일한 위치가 아닌 근거리 지역 나눌 수 가 있다. 법적인 권한을 가지고 있는 8개 이사국과는 다른 준이사국으로서 인정이다.

최근까지 러시아 연방 정부의 활동 계획과 2020년까지 러시아 중앙정부의 프로잭트를 포함하여 북극권 발전 전략을 확정하고 함이다[18]. 전략 논리는 북극의 국경을 접하고 있는 국가들 중심으로 경제적, 지역적 발전의 주요한 중 · 장기적인 전략으로 접근하고자 함 이었다[19]. 이를 위해 2014년 5월 러시아 연방 대통령은 북극 육상 경계를 발효하였다[20].

러시아 중앙정부는 북극의 경계를 확정하는데 있어서 러시아연방 주체들의 주장을 받아들이고 특히 북위 6633' 위치를 조건 지표로 하여 경계 짓는 것으로부터 되었다. 야쿠티야, 무르만스크 그리고 아르한겔스크 지역의 제안인 북

---

d09!Open Document (дата обращения: 20.11. 2014)

18) Постановление Правительства Российской Федерации от 21.04.2014 №. 366 ≪Об утверждения государственной программы Российской Федерации ≪Социально-экономическое развитие Артической зоны Российской Федерации на период до 2020 года≫. URL: http://www/rg.ru (дата обращения: 20.11.2014): Указ Президента РФ от 02.05.2014 №. 296 ≪О сухопутных территориях Артической зоны Российской Федерации≫. URL: http://www.Graph. docunent.kremlin.ru/page.aspx?1;3631997 (дата обращения: 20.11.2014); Меламед И.И., Павленко В.И. Правовые основы и методические особенности разработки проекта государственной программы ≪Социально-экономическое развитие Артической зоны Российской Федераций до 2020 года≫ // Артика: экология и экономика. 2014. № 2(14). С. 6-15.

19) Правительственная комиссия по обеспечению российского присутствия на архипераге Шпицберген. URL: http:// www.government.ru (дата обращения: 20.11.2014).

20) Указ Президента РФ от 02.05.2014 № 296 ≪О сухопутных территориях Артической зоны Российской Федерации≫. URL: http://www.graph.document.-kremlin.ru/page.aspx?1;3631997 (дата обращения: 20.11.2014).

빙하 해안의 연안의 존재와 전략적 목표에 상응하는 지역-경제적 종합체의 통합적 지표를 수용하게 된 것이다[21]. 결과적으로 북극에서의 러시아 지역으로는 3백7십만1천9백㎢ 면적으로 (러시아 전체의 21.64%에 해당하는 면적)서 모든 러시아의 북 빙하 해안의 섬과 연안이 속하는 그리고 그 해양과 러시아 전채 내부 생산의 4.9%를 생산하고 2백3십3만8천 명의 인구가 살고 있는 러시아의 대륙 북쪽 부분이다.

이를 러시아 연방 북극의 7개 육상 자치지역으로 나누어 보았다. 첫째, 아르한겔스크 둘째, 세베로드빈스크 셋째, 노보드빈스크 넷째, 노바야 제믈랴 다섯째, 메젠스키 여섯째, 오네쥐스키 일곱째, 쁘리모르스크 자치 구역들이다. 대륙의 자치구역은 모두 쁘리모르스키 존에 위치하고 있는데 369개의 촌락 자치 지역에서 인구 밀접 지역의 (그중 도시형태의 도회지) 평균 인구 수는 0.78명/㎢ 이다. 총 집계된 자치 지역에서 아르한겔스크 지역에서는 (백8십만8천/㎢으로 러시아 연방 북극 전 지역의 약 5%이다.) 6백5십만 이상의 인구로 구성되어 있는데(2013년 01월 01일) 이는 모든 러시아 연방 북극 지역의 28.2%를 차지하며 게다가 이 인구는 쁘리모르스크의 100km의 경계에 이르는 구획에 위치하고 있다. 러시아 연방 북극 지역에서의 아르한겔스크에는 3개의 국립공원과 지역적으로 특별히 보존하는 몇몇의 자연 지역이 속해 있다.

러시아 연맹 북극 전략서에 따르면, 우선적인 실현방법으로 북극 지역들의 잠재적 경쟁력이 중심이 되어 새로운 프로젝트를 북극 지역 경제적 발전으로 구성 접근하는 것을 포함하고 있다. 이를 토대로 그 지역들의 사회적 뼈대를 형성하고 그 원주민들을 지원하는 것과 극 지역들에 종합적 관리의 모델을 뿌

---

21) 위 기간에 A.O.Подоплёкин은 러시아 국토부 산하에서 2020년 까지 기간의 국가 안보 수행 및 러시아 연방 북극 지역 전략 실현 제어 및 조정 활동에 따른 기관의 수행 그룹에 위원이다.

리내리게 하는 것이다[22]. 러시아 북극 지역 정책의 내용에는 러시아 북극 지역 주체들 중의 하나인 아르한겔스크 지역은 경제적 잠재력 때문에 특별한 위치[23]를 차지하고 있다는 것 또한 매우 중요한 현상이다.

2. waterway(海路)와 airway(航路)의 가치

러시아에 있어 북극항로는 특별한 의미를 지닌다. 북극항로는 러시아의 북극 지역들과 그 밖의 지역을 연결하는 기반적인 교통 간선로의 의미를 지닌다. 북극항로를 이용하는 러시아의 주요 회사들로는 “노릴스끼 니켈”, “가즈쁘롬”, “루코일”, “로스네프띠”, “로스쉘프”, 그리고 크라스노야르스키 지역과 사하(야쿠티야) 공화국, 추코트카 등이다.

해로를 보았을 때 1980년대와 1990년대 러시아 해로를 활용한 경제를 비교해 보면, 화물 운송 양이 약 5-6배가 감소하였다. 이는 1990년대 갑작스런 러시아 경제 붕괴로 인해 찾아오는 현실이었다. 그렇듯 지난 20년간 북극항로에서 러시아의 활동은 감소하였지만, 그 외 많은 나라들은 북극에 대해 매우 적극적인 관심을 보여 왔고, 더욱이 개발에 대해서는 적극적인 자세를 취하고 있다[24] 한다.

---

22) Павленко В.И. Артическая зона Российской Федерации в системе обеспечения национальных интересов страны // Артика: экология и экономика. 2013. № 4(12). С. 16-25.

23) Послание губернатора Архангельской области И.А. Орлова Архангельскому областному Собранию депутатов о социально-экономическом и общественно-политическом положении в Архангельской области от 04.03.2014. URL; http://www/dvinaland.ru/power/head/interview.php?ELEMENT_ID=41469 (дата обращения: 20.11.2014).

24) 인근 북극 연안 지역 발전 맥박으로서 북극항로의 갱생. 2009년 11월 26일 아르한겔스크 지역의 행정부 장의 자문위원회에서의 발표 논문. URL:www.dvinaland.ru/

항로에 있어서도 러시아는 북극 개발에 따른 극 횡단 비행노선 및 운송의 조직에 따른 극지방 전략에 상응한 인프라를 효율적으로 구축하고 유지할 수 있는 기반 조건을 갖출 수 있게 된다. 이는 단지 러시아만의 방향이 아니라 전 세계 많은 나라들의 지역 발전과 상업적 극대화를 가져다 줄 수 있는 북극 횡단에 관심을 갖고 있기에 이들 모두에게 필수적으로 찾아온 환경 변화다.

또한 북극 횡단 노선이 전 세계를 보다 역동적으로 발전시킬 수 있는 떠오르는 분야이며, 이것이야 말로 북극 항공운송의 자리를 차지할 수 있는 것이다. 의미 있는 전망이 극지방을 통과하여 북 아메리카로부터 아시아로 가는 극 횡단 항공화물이 통과하는 것이다. 이는 매년 아주 역동적으로 증가하고 있는데 일반적 항공화물운송 속도에 약 4배에 이르는 속도이다. 기획운영센터 '레기온'의 센터장 보이텐코의 말에 따르면 북쪽으로 향하는 운송에 시베리아의 공항은 향후 아시아-아메리카 항공화물운송 시장의 기반이 될 것이라고 한다[25]. 이를 계기로 러시아 극지방에 신흥 서비스 산업이 떠오르고 있다. 기존에 그리 활발하지 못한 산업이지만 앞으로는 거대한 항공 노선뿐만이 아니라 중 · 소형 항공기의 낡은 격납시설을 바꾸고 현대화 시키는데 속도를 내야 할 것이다. 예를 들면 야쿠티에서 여름 동안 항해하는 AN-2, AN-12, L-140기는 전체의 단지 20% 밖에 안 된다. 즉 완전히 정비되어 운항 할 수 있는 항공기는 전체의 3분의 1밖에 되지 않는 것이다. 그리고 또한 비싼 연료 및 장비 가격 등과 같은 것들이 현재 러시아 항공 산업을 하향세로 이르게 했으며, 이러한 여건들은 북쪽 공항들의 경제적 이익을 만들어 내지 못한 상황으로 몰고 간 것이다. 그러나 극지방 환경에 따라 새롭게 제작된 러시아의 항공기 AN-

---

economy/priority/smp_doclad.htm. (2017.05.19)

25) **Кроссполярный экспресс**. URL:zubow.ru/page/1/225_1.shtnl (2017.03.19)

3(옴스키 생산 협회 "빠료뜨")의 배치와 운항은 여건을 극복해 낼 수 있는 합리적인 방법이라 할 수 있다[26].

하지만 이것만으로 충분한 것은 아니다. 이러한 여건이 형성 된다 하드래도 이를 잘 활용할 수 있는 인프라가 형성되어야 한다. 러시아 북극 지역의 항공 인프라의 향상을 위해서는 모니터링과 통신이 선제되어야 하는데 여기에는 우선적인 접근은 우주 항공으로 ① 시민들의 극 횡단 비행에 운항 유도와 수리 ② 기상 관측 지점 등으로 군대 및 시민의 공항을 위한 것이다. 이는 인공위성에 의한 통신에 의지 된다. 그러나 극지방은 새벽의 계속되는 날씨 변화와 낮의 라디오 시그널이 통과하는데 있어서 극지방의 환경의 급격한 변화로 안정된 통신을 어렵게 하고 있다. 북극 극지방의 수리학적 그리고 기상학적인 정보는 지상 또는 항공으로부터 얻을 수 있다. 현재 이들 기구는 너무 낡아서 현재와 내일의 요구에 부응하지 못하고 있다. 지구 부동 궤도로부터 북극 지역에 따른 정보를 얻기에는 물리적으로 힘들기 때문에 국제 수리학 기구들로부터 얻은 정보들은 그렇게 효과적이지 않다고 전문가들은 언급하고 있다.

따라서 현재 연방 항공 우주국은 큰 타원형의 궤도, 대기 수상학적인 정보를 수집하고 전해줄 수 있는 그리고 지표의 거리를 측정하는 통신의 문제 등을 위성을 통하여 해결할 수 있는 "알티카"라는 다목적 우주 시스템을 개발하고 있다[27]. "알티카"는 지상의 구성원들과 연결되어 항공기의 상태를 실시간으로 공항본부에 정보를 줄 수 있다. 그리고 지속된 그러한 정보에 의하여 소규모의 비행기들에 있어서도 최대한 많은 비행기 수, 그리고 운항 따른 효과

---

26) Алексеев А. Развитие транспортной инфраструктуры – залог подъема экономики Якутии.; URL: www.parldv.ru/index.php?mod=art_show&id_art=195.(2017.05.20)

27) URL: http://www.federalspace.ru/main.php?id=2&nid=12070(2017.05.20)

적인 수행을 이끌어 낼 수 있다.

이러한 효과적인 수행을 얻기 위해서는 항공화물선들에 따르는 적절한 설비가 설치되어야 할 것이다. 그러나 현재 러시아의 항공회사들은 이러한 설비들을 설치하기엔 비행 시설이 너무 낡았다. 이러한 문제는 정부의 관여가 없이는 해결하기 힘들 것으로 본다[28]. 그리고 또 다른 측면에서 정부의 참여 즉 적극적인 관심을 요하는 유니컬한 부분이 있다.

3. Physical Distribution(物流)의 가치

1990년대에는 경제 붕괴와 더불어서 1980년대에 비교 할 때 화물 운송 양과 북 해양로에서 활동은 매우 감소하였다. 하지만 북극 항로를 활용한 미래의 잠재적 경제효과를 전문가들 평가에 비추어 보았을 때 동쪽으로 화물 운송양은 5-6백만톤 그리고 서쪽으로 2-3백만톤 정도로 보고 있다. 2015년부터 2020년까지 북 해양로 한해 운송량도 3500-4000만 톤으로 예측하고 있다.[29]

이를 위해서는 북 해양로 재건에 따른 단일화 된 북 해양로 행정부가 만들어져야 한다는 것이다. 이에는 상응하는 연방법이 먼저 만들어져야 한다고 강조하고 있다[30]. 또 다른 기관들은 상당한 수준으로 항만을 유지하고 있고, 북극 지방의 공항과 노선 그리고 석유기지 및 석유수송터미널, 철도, 해양 간선도로와 같은 단일화 된 교통망을 지닌 아르한겔스크 지역을 재건해야 한다는 것이다.

---

28) Кроссполярный экспресс. URL:zubow.ru/page/1/225_1.shtml(2017.05.22)

29) 인근 북극 연안 지역 발전 맥박으로서 북 해양로의 갱생. 2009년 11월 26일 아르한겔스크 지역의 행정부 장의 자문위원회에서의 발표 논문. URL:www.dvinaland.ru/economy/priority/smp_doclad.htm.

30) URL: http://www.barentsobserver.com/cppge.4635550-16149.html. (2017.05.19)

북 해양로의 운명은 지금까지 측량된 천연 자원의 개발에 달려있다. 왜냐하면 유니컬한 쉬토크만노브스키 석유-가스 매장전, 쁘리라즈롬노예 매장전과 함께 티마노-뻬촐스키 석유-가스 함유지역, 세베로-오내쥐스키의 보오크사이트, 아르히뻬라그 노브이 젬랴의 망간 및 종합메탈광석의 소유주로부터 북 해양로의 사용이 거부되어질 수 있기 때문이다. 그리고 향후에는 야말 반도로부터 가스 컨덴세이트가 수송 될 수도 있다.

북극의 바다가 녹을수록 북 해양로는 중요한 교통 요지가 될 수 있다. 러시아뿐만 아니라 유럽과 아시아-태평양 지역 간의 항로를 줄일 수 있어 전세계적으로도 의미가 있다. 북 해양로를 이용하게 되면 11400마일의 수에즈 운하를 통한 함부르크와 요코하마의 항로가 6600마일 밖에 되지 않기 때문이다. 현재 미국과 나토연합국은 자신들의 이익에 따라 북 해양 로를 국제화시키고 러시아를 여기에서 따돌리려는 목적을 가지고 있다.

러시아는 아직 러시아 경계 뒤 200마일 경제 지역이 온난화 영향으로 항행가능성이 열리지 않은 지금 북 항로를 개발하는 것을 서둘러야 한다고 아르한겔스크 지역 주지사인 미하일추크는 생각하고 있으며, 또한 그는 "우리는 개발을 시작해야 한다. 그렇지 않으면 우리 뒤로 다른 이들이 개발을 시작 할 것이다."라고 언급하였다. 그리고 알다시피, 현재 경계 뒤 200마일에 비했을 때, 러시아 연안에 얼음이 얇은 것은 러시아에 큰 장점이다.

북 해양로의 인프라 개발 전략에 따른 것은 다음과 같다.

첫째, 연방의 정책 프로그램인 쇄빙선과 보조 선박 건설에 있어 엄격한 제어를 보장하는 것. 둘째, 현존 항만을 현대화 하는 것. 셋째, 화물 이동에 따른 새로운 터미널의 건설 (화물량 증가 기대에 따라). 넷째, 액화 천연가스 체굴 공장 인근 지역에 액화 천연가스 운송을 위한 장비 구축으로 나눠 볼 수 있다.

전체 항로에 따른 탐색 및 해상구조 본부를 구성하는 것(이와 관련해서는 러시아 비상 상황 부의 2010년 법령에 따른 러시아의 북극 지역을 잘 알고 활동 하는 10개의 구조 본부를 구성하는 것이다. 항로 전반에 있어서 일기예보 및 얼음 상태에 대한 정보를 모든 선박 구성원들에게 중단 없는 정보 제공을 보장하게 되는 것이다. 북 항로에 따른 외국 선박을 유도하는 것에 따른 자격을 갖춘 인력을 갖추는 것(잘 훈련된 외국어 실력과 함께)도 필요시 된다[31].

이러한 것에 대한 실현이 단지 북 해양로에 따른 화물운송 양을 증가시키기 위한 것으로만 접근해서는 안된다. 이는 세계사의 교통수단과 이에 따른 문화적 결합에도 큰 몫을 차지할 것으로 예산해 본다. 이를 통해 러시아는 유럽과 아시아를 잊는 대가로 직간접적인 적지 않은 이익을 창출해 낼 수 있는 새로운 세계적 간선로가 될 것이다.

러시아는 효율적인 극 횡단 비행선로 및 운송의 조직에 따른 극지방 전략에는 상응하는 인프라를 구축하고 유지하는 문제를 갖고 있다. 이는 단지 러시아의 모든 방향에 따르는 러시아 극 지역 발전뿐만 아니라, 상업적 북극 횡단에 따른 여러 분야의 관심을 집중시킬 수 있는 필수적인 시발점이 된다는 것이다.

북극 횡단 노선 - 세계에서 보다 역동적으로 발전하는 분야가 항공운송 분야이다. 의미 있는 전망이 극지방을 통과하여 북아메리카로부터 아시아로 가는 극 횡단 항공화물이 통과하는 것이다. 이는 매년 아주 역동적으로 증가하고 있는데 일반적 항공화물운송 속도에 약 4배에 이르는 속도이다. 기획운영센터〈레기온〉의 센터장 보이텐코의 말에 따르면 북쪽으로 향하는 운송에 시

31) 자세한 사항은 다음을 보십시오: Восстановление Северного морского пути как импульс развитию приарктических территорий. Доклад на заседании консультативного совета при главе администрации Архангельской области 26 ноября 2009г. URL:www.dvinaland.ru/economy/priority/smp_doclad.htm; Арктика – исконно русская земля, и осваи- вать ее будем мы. URL;www.dvinaland.ru/power/head/appearances/10162/index.php.

베리아의 공항은 향후 아시아-아메리카 항공화물운송 시장의 기반이 될 것이라고 한다[32].

이를 위해 러시아는 극지방 서비스 산업에 투자가 이루어져야 할 것으로 예측한다. 거대한 항공 노선뿐만이 아니라 중 · 소형 항공기의 낡은 격납시설을 바꾸고 현대화 시키는데 속도를 내야 할 것이다. 예를 들면 야쿠티에 여름 동안 항해하는 AN-2, AN-12, L-140기는 전체의 단지 20% 밖에 안 된다. 즉 완전히 정비되어 운항 할 수 있는 항공기는 전체의 3분의 1밖에 되지 않는 것이다. 그리고 또한 비싼 연료 및 장비 가격 등과 같은 것들은 현재 러시아의 항공 산업을 하향세에 이르게 하는 것이다. 이에 따라 결과적으로 북쪽 공항들은 이익을 내지 못하고 있다. 하지만 용도에 따라 달리 해석해 볼 수 있다. 극지방 환경에 따라 제작된 러시아의 항공기 AN-3(옴스키 생산 협회 "빠료뜨")과 같은 항공기는 합목적적이기 때문이다[33].

러시아 북극 지역의 항공 인프라의 향상을 위해서는 모니터링과 통신이 선제되어야 하는데 여기에는 우선적으로 우주 항공의 것으로 - 시민들의 극 횡단 비행에 운항 유도와 수리-기상 관측 지점- 등으로 군대 및 시민의 공항을 위한 것이다.

인공위성에 의한 통신에도 의지 된다.

그러나 극지방은 새벽의 계속되는 날씨 변화와 낮의 라디오 시그널이 통과하는데 있어서 극지방의 환경의 급격한 변화는 안정된 통신을 하기 어렵게 되었다. 북극 극지방의 수리학적 그리고 기상학적인 정보는 지상 또는 항공으로부터 얻었는데, 이는 현재 이들 기구가 너무 낡아서 현 요구에 부응하지 못 할

---

32) Кросполярный экспресс. URL:zubow.ru/page/1/225_1.shtnl

33) Алексеев А. Развитие транспортной инфраструктуры – залог подъема экономики Якутии. URL: www.parldv.ru/index.php?mod=art_show&id_art=195.

것으로 추정된다. 지구 부동 궤도로부터 북극 지역에 따른 정보를 얻기에는 물리적으로 힘들기 때문에 국제 수리학 기구들로부터 얻은 정보들은 그렇게 효과적이지 않다고 전문가들은 언급하고 있다. 따라서 현재 연방 항공 우주국은 큰 타원형의 궤도, 대기 수상학적인 정보를 수집하고 전해줄 수 있는 그리고 지표의 거리를 측정하는 그리고 통신의 문제 등을 위성을 통하여 해결할 수 있는 "알티카"라는 다목적 우주 시스템을 개발하고 있다[34].

"알티카" 는 지상의 구성원들과 연결되어 항공기의 상태를 실시간으로 공항 본부에 정보를 줄 수 있다. 그리고 지속된 그러한 정보에 의하여 소규모의 비행기들에 있어서도 최대한 많은 비행기 수, 그리고 운항 따른 효과적인 수행을 이끌어 낼 수 있다. 이러한 효과적인 수행을 얻기 위해서는 항공화물선들에 따르는 적절한 설비가 설치되어야 할 것이다. 그러나 현재 러시아의 항공회사들은 이러한 설비들을 설치하기엔 비행 시설이 너무 낡았다. 이러한 문제는 정부의 관여가 없이는 해결하기 힘들 것이다[35].

Ⅳ. 개발의 방법론적 제안

지금까지 연구는 북극 지역 러시아의 자원 구성과 자원 활용가치를 논했다고 하면 이후부터는 자원과 인류와의 균형적 발전을 위한 방법론적 측면에서 논하고자 한다.

러시아는 2020년까지 러시아 북쪽 지역을 주요한 전략적 자원을 기반으로

---

34) URL: http://www.federalspace.ru/main.php?id=2&nid=12070
35) Кроссполярный экспресс. URL:zubow.ru/page/1/225_1.shtml

종합적 발전계획을 세웠고, 계속해서 세워가고 있다. 이에 러시아는 사회-경제에 우선적 순위를 두고 있다.

러시아의 북극 전략은 이론적 원칙에 있어서 지속적인 혁신과 올바른 방향으로의 조율 그리고 지역 문제해결을 위한 실질적 방식에 대한 관심을 가져야 한다는 전제하에 개발이 이루어졌으면 한다. 이에 러시아는 보유할 풍부한 미래 자원에 대해 어떻게 접근할 것인가? 그리고 사회-경제에 어떤 영향이 미칠 수 있는가 하는 것이다.

북극해는 지난 십수년간 북극 이사회 이사국 정부 특히 러시아 정부의 주도로서 강력한 산업 인프라 구성에 앞장섰다. 소비에트 시절 수많은 석유-가스 산업시설, 수천 킬로미터에 달하는 주 배관설비, 전기발전소, 비리빈스키 원자력 발전소, 석탄광구, 철도, 공항, 바다-하천 만 등을 세웠다. 북극의 러시아 지역만 해도 그곳에 정착하고 있는 주민수가 각 5천명의 인구에 10만 인구를 가진 4개의 도시로 이루어진 46개의 도시가 있다. 십만 이상의 도시로는 무르만스크, 노릴스크, 노브이 우렌고이, 나야브르스크 등도 있다.

1990년대 초 러시아는 급격한 경제 불황과 정치적 혼란으로 한치 앞도 예측할 수 없는 공황상태에 빠져 있었다. 당연히 북극에 대한 정부 주도의 활동도 이루어지지 못했던 것이다. 따라서 산업 시설 인프라의 낙후와 그 지역들의 노동력을 가진 인구의 이탈 등이 몇 해동안 계속해서 이어졌다. 이에 러시아 정부는 북극 지역의 노동력 이탈을 막고 지역의 국가적 이익을 만들어 내고자 총력을 다하고 있다. 북극의 개발을 종합적으로 발전시켜 나가겠다는 러시아 정부의 의지를 보여주고 있는 것이다. 이곳에서의 프로그램 목적은 인프라 재건으로 구체적인 프로젝트에 대한 정부와 국민들 간의 협력을 원칙으로 잡아 나가고자 함도 있을 것이다. 필수적인 인력 보충과 원주민에 대한 사회적 문제 해결 그리고 전향적인 환경 보존 기술에 따른 북극 재산업화를 위한 새로운 구성이 이루어져야하기 때문이다.

그리고 북극에서의 러시아 경제활동은 자원을 채굴하여 해외에 팔기 위한 수단이 아닌 러시아 자체에 공급하는 것이 우선 되었으면 하는 바램이다. 즉, 석유-가스 재처리 사업을 현대화 시키는 것으로 높은 수준(높은 가격)으로 원료를 재생산하는 것이다. 이를 위해 바로 땅속 아주 깊숙한 곳까지의 채굴 및 가스 액화에 따른 생산과 높은 수준의 광물 재처리 기술을 만들어 내는 것이다. 이를 위해서는 정부의 보조금이 새로운 도약을 만들어내기 위한 계획으로 필요하겠지만 이것도 일반적인 수준의 지원이 아닌 직접적, 개별적이고 종전과는 차별을 두는 지원이 필요할 것이다[36]. 그리고 대기 수상학을 발전시켜 경제생활의 수준을 높이고 교통 기반시설을 개선하며 정보통신 시스템을 향상시켜야 한다. 이 같은 기술을 발전을 시키지 않았으면 러시아는 중, 장기적 향후 전망이 어둡기 때문이다.

아무튼 북극의 개발은 진행 될 것이기에 주변과 어우러질 수 있는 개발 방향을 제안해 본다.

첫 번째, 향후 북극을 개발하는데 있어서 기술력이 주변 국가들과 함께 어울려져야 한다는 것이다. 이는 2010년 9월 노르웨이와 러시아간의 계약에서 찾아 볼 수 있다. 러시아는 노르웨이에 풍부한 자원이 있는 지역들의 개발을 양보하였다. 이유는 노르웨이가 러시아 보다 북극 환경에 있어 산업 기술 부족 때문이었다. 그리고 지금으로선 노르웨이가 언젠가 그 지역을 개발함에 있어서 오직 노르웨이가 양보해 주는 것을 기대하는 수밖에 없다.

두 번째, 북극의 접경 밖 특별경제지역 200마일, 그 곳을 개발하려면 높은

---

36) Выступление Президента РФ В. Путина на заседаниях Президиума Государственного совета РФ. Салехард, 28-29 апреля 2004г. URL:www.arctictoday.ru/council/702.html. (2017.04.10)

수준의 기술을 보유하고 있느냐에 달려있다. 국제법은 이 지역을 어떻게 나눌 것인지 정확한 내용을 내놓지 못하고 있다. 우선 확실하고 실제적인 경제력이 필요한데 이는 따르는 법과 그 밖의 요인들을 확보한 이후 접근이 이루어졌으면 한다. 자원 채굴과 운송 기술을 향상 시키고 습득하는데 있어 그 어느 나라보다도 이미 이 영역에 있어서 상당한 수준에 있는 노르웨이의 기술이 가장 절실할 것으로 보인다. 그리고 얼마 전에 북극에서 천연자원을 채굴 하는 것에 있어 러시아와 노르웨이간 긴밀히 협력할 수 있는 양측을 위한 지역을 두는 데 합의하였다.

러시아 측 뿐만 아니라 노르웨이도 러시아와 협력에 관심을 두고 있는데, 특히 석유-가스 회사인 Hydro Statoil가 관심이 높다. 이는 수산업 관계자들의 로비와 환경 단체들의 압력에 의해 노르웨이 정부는 바렌쩨바 해역 지역에서의 가스 탐사와 채굴을 강력히 제한하고 있기 때문이다. 이러한 원인으로 Hydro Statoil은 자신들의 자산을 넘겨주면서까지 러시아의 가스매장 전에 협력하여 개발하고자 하는데, 이러한 사실을 증명하듯 Shtocrman Development가 바렌쩨브 해양의 쉬또끄마노브스키 매장 전에 오퍼레이터인 Hydro Statoil의 주식 24%를 매입한 것을 볼 수 있다.

중요한 사실은 이곳에서 어떠한 분쟁이건 사전에 막기 위해서는 국제법에 따른 이사국 간의 영해권을 원만하게 나누는 것이다. 이 이후 이사국들은 자국의 이익을 위한 광구 개발을 국제법에 의해 권리를 확실히 굳혀야 한다. 러시아 또한 이러한 절차에 의해 접근이 이루어질 수 있도록 외교적 활동을 절실히 요구한다. 러시아는 2001년 풍부한 가스원료를 함유하고 있는 로마노소프 북극 꼭지점과 멘델레바 광구를 러시아에 포함시키는 신청서를 제출하였다. 하지만 대륙 광구 경계에 따른 러시아 경제 구역 이 외에는 UN에 의해서 거절되었다. 이는 지질학적 증명이 충분치 못한 것에 따른 것이다.

러시아와 경쟁국가들 또한 이 문제에 있어 위원회에 새로운 신청서를 제출했다. 가장 우선이 되고 있는 국가가 캐나다와 덴마크이다. 러시아뿐만 아니라 북극 이사국들은 이 신청서가 학술적 근거가 있는 지표들로 구성되어져야 한다는 사실을 주목해야 한다. 북극 로마노소프 북극 꼭지점과 멘델레바를 그리고 라쁘테브이 해양과 바스또치노 시비르스크, 추꼬뜨스끼 광구 등을 잘 이해하는 지질-지구 물리학적 탐험 실험 결과를 포함하는 실질적 투자 프로그램도 가동되어져야 할 것이다.

러시아와 그 밖의 나라들의 지질-지구 물리학적 실험의 결과는, 가스와 다른 종류의 자원 양을 정확히 예측하고 대륙 광구의 외적 경계를 정하는 등에 따르는 아주 특별한 가치를 가지고 있다. 이들의 비교 분석은 북극 해양수역을 나누는 것에 결정적 역할이 될 것으로 보고 있으며, 경계구역 200마일 지역에서의 예외 경제적 구역 확장에 근거가 되는 것이다.

결과적으로 러시아는 북극에서 학술적 실험들을 획득하는 것이 러시아의 경제적 이익을 갖는데 가장 중요한 의미를 갖을 것이다. 학술적 기반에 의지하여 정부 정책의 모든 수준과 방향이 고려되어야 한다. 이를 활용한 북극에서의 외교적 활동에 우선권을 확실히 갖추는 것도 중요한 방법론으로 볼 수 있다.

V. 나가면서 : 평화와 협력의 장 Arctic

북극은 러시아에 있어 중요한 군-전략적 의미를 가지고 있다는 점의 고려해서 풀어가야 한다. 북극 러시아 지역에는 일련의 중요한 안보 산업 시설들이 위치하고 있다. 러시아 연방 국가의 국경은 지역들의 영토를 따라 거의 2만 km에 이른다. 외부 요인의 중요성도 적지 않는데 지속적인 미국의 핵 잠수함 전선의 존재와 해양을 기반으로 하는 반 미사일 안보 시스템의 존재는, 탄도 미사일을 요격하고 러시아에 타격을 줄 수 있기 때문이다. 그리고 아직도 과거의 냉전시대 만은 못하지만 여전히 러시아와 나토 간에는 의미 있는 그와 같은 잠재성을 지니고 있으며 힘을 과시하고 있고 과거만은 못하지만 여전한 러시아와 미국-나토 간에 실질적인 긴장을 유지하고 있다.

북극에 대한 러시아의 명확한 의미에도 불구하고 이 지역에서의 사회-경제적, 인구적 그리고 환경적 요인에서 있어서는 큰 어려움을 가지고 있다. 이곳 주민들을 위한 그리고 군에 따른 인프라 및 이 지역의 풍족한 자원을 개발하는 것과 국제 운송 시스템의 발전 등과 같은 것들은 현재 진행형이 아니라 미래 수요에 따르기 때문으로 추정해 본다.

이와 같을 때에 환경과 관련된 그리고 해결되지 않은 영역에 따른 분쟁 및 국가들의 공동 경제 활동 조직체와 그들의 협력에서의서 효과적 메커니즘 그리고 때때로, 원주민들의 어려운 경제 상황 등에 따르는 것과 같은 북극에서 국제-정치적으로 적지 않은 문제들도 야기 될 수 있다.

하지만 아직까지는 구체적인 문제 보다 북극에서는 다양한 국가 및 국제적 기관들이 협력과 경쟁 관계에 있다. 그들은 누적된 문제들을 정치 및 법률적인 방향이 아닌 경쟁 또는 무력으로서의 해결 하려 한다는 것이다. 이들은 러시아에 있어서, 대륙 광구 외부 경계를 짓는, 해양 구획을 짓는, 석유-가스 생산, 생물자원 체굴, 러시아의 북 항로에 진입 등에 관한 압력을 강화하고 있다.

이렇듯 북극은 지정학적 중요성이 상승함에 따라서 이 지역이 무력화되는 위험스런 경향이 대두되고 있다. 이는 여러 나라들이 무력화를 강화함으로서 나타난, 그리고 나토의 군사력을 현대화하고 이들을 주둔시키려는 정치적인 이슈, 그리고 그에 따른 인프라 확장으로 이어져 나아가고 있다. 이러한 군사력을 강화(특히 해양 함대)는 북극에서의 자국의 경제적 이득을 만들어 내기 위한 정치적 경쟁으로 접근해 본다.

러시아의 북극에서 자신의 이익을 획득하는 방법들 중 하나는 군사 인프라를 발전시키는 것이 있다. 그러나 러시아의 기반적인 목적은 북극 러시아 지역에 군사력을 증대시키는 것 보다는 항공, 해상, 육상 지대에 대한 제어로, 이와 같은 방법으로서 체계를 갖추는 것이다. 그리고 구성된 인프라는 무엇보다 우선 최대한 북극에서 경제적 이득을 얻는데 작동 되어져야 할 것이다.

이와 관련하여서는 2008년 러시아의 북극 독트린에 나타나 있는데, 러시아 연방의 국경을 통과하는 지점에서의 국경 컨트롤, 러시아 북극 지역에서의 행정구역으로 경계 지었다. 북 해양로 해협의 간석지, 강 하구, 호우 지역의 기구적, 기술적 제어를 조직하는 것 등과 같은 북극 정황에 대한 종합적 제어 시스템을 최적화하는 것에 특별한 관심을 기울여야 한다는 것이다[37].

북극 해상 및 육상 국경에 따른 국경수비대는 마약, 밀엽, 독립국가연합으로부터 불법 이주 등과 싸우는 일이 허다하다. 이러한 주변 환경을 활용해 북극에서 협력을 가져올 수 있다는 것이다. 예를 들면 수비대하부 조직인 ≪나구르스코예≫는 군도인 ≪젬냐 알렉산드르≫ 와 ≪젬냐 프란짜 이요십≫의 등에 대한 모든 부분의 탐사에 협력을 할 수 있다[38].

다른 정책 방향으로는 국제기관을 틀로 하여 러시아의 지역 안보 유지 하는 방법이 있다. 러시아는 ≪북극 위원회≫를 발전시키는데 관심을 가지고 있는데 이 구성원으로서 ≪북극 위원회≫의 발족자로서 캐나다를 볼 수 있다. 캐

---

37) Основы государственной политики Российской Федерации в Арктике на период до 2020 года и дальнейшую перспективу, утвержденные Президентом Р.Ф от 18 сентября 2008г. (Пр – 1969).

38) Проничев В.Е. Граница меняет замки. URL:www.rg.ru/2010/06/02/ pronichev.html.

나다는 북극권의 국가들(미국, 케나다, 러시아, 덴마크, 노르웨이)의 북극에서의 광구 채굴권에 우선을 확실히 하고 비북극권 국가들 즉, 한국, 중국, 일본 등과 같은 국가들을 ≪북극위원회≫를 통하여 명백한 경계를 둔다.

≪북극위원회≫가 단순한 협의체에서 온전한 국제기관으로 변모하기 위해서는 북극에서의 더 이상의 무력화를 진척시켜서는 안 된다, 그러나 한편 이는 미국 및 일련의 유럽 국가들과 관련이 있는데, 그들은 나토가 주요한 분쟁에 있어서 중재자 역할을 하고 역할을 하기 바란다. 기억컨데, 나토는 실질적으로 러시아를 유럽의 안보 시스템으로부터 밀어내고 단지 협의권 만을 부여한다. 이에 따라 나토는 북극의 자원전쟁에서 또한 반러시아가 적임을 볼 수 있다.

결론적으로 러시아는 북극에서 크고 다양하게 국가적 흥미를 가지고 있으며 이는 근시안적인 관점이 아닌 장기간으로서 북극 개발을 보고 있다. 이에 따른 흥미들은 단지 정부의 관심뿐만 아닌 전 국가적인 관심이 요구된다. 따라서 규칙적으로 이 관심사에 관한 전 국민적 논의 및 그것들을 명확히 하는 것 그리고 또한 이 지역에서의 상응하는 개념적, 규범-법률적 기반의 지속적인 수정과 생산 및 발전이 필요하다.

국제적으로 보았을 때 러시아는 북극에서의 강력한 자신의 국가적 이익을 수호 하려는 것과 다른 국가들과의 이익에서 간에서 균형을 찾는 것 사이에 선택에 따른 쉽지 않은 선택적 문제가 놓여 있다. 그러나 특히 여기서 말하고 싶은 것은 기본적으로 몇몇 국가들과 나토의 러시아의 이익을 제한하려는 대결적 기도에도 불구하고 러시아는 그들의 기도를 먼저 볼 것이 아니라 반대로 이 지역에서 러시아는 상호간의 이익에 대해 서로서로의 고려와 국제적 협력을 기반으로 하여야 할 것이다.

<참고문헌>

박지원 외, “Kotra 수출확대를 위한 국가별 경제협력방안 수립” 러시아 ; http://www.klnews.co.kr/news/articleView.html?idxno=114762; (2017.03.09)

신인식 기자. “글로벌 경제협력 여건에 대한 SWOT 분석,” 물류신문. 2017년 01월 03일자.

아르한겔스키 지역의 행정부 장의 자문위원회에서의 발표 논문 “인근 북극 연안 지역 발전 맥박으로서 북극항로의 갱생” 2009년 11월 26일자; URL:www.dvinaland.ru / economy/priority/smp_doclad.htm. (2017.05.19.)

조정은 기자. “북극, 차기 신흥시장 가능성 커…자연보호 · 비효율적 인프라 투자 등 난관 해결해야” 이투데이. 2013년 09월 05일자 ; http://www.etoday.co.kr/news/section/ newsview.php?idxno=787727#csidx3c6ab660f66a127952340848639d542 (2017.03.11)

Amos W. If there ‘s an oil spill,who’s at risk? Canadian taxpayers.

URL:http://www.theglobeandmail.com/news/opinions/if-theres-an-oil-spill-whos-at-risk-canadian-taxpayers/article1638799. (2017.03.09)

Алексеев А. Развитие транспортной инфраструктуры - залог подъема экономики Якутии. URL:www.parldv.ru/index.php?mod=art_show&id_art=195. (2017.05.20)

Arctic Monitoring and Assessment Program, AMAP.

Боярский П., Великанов Ю., Павлов А. Артику пора спасать//Нефть России. 1999. № 3.

Витязева В.А., Котырло Е.С. Социально-экономическое развитие Российского и зарубежного Севера. Сыктывкар: Сыктывкарский государственный университет, 2007. с. 128.

Восстановление Северного морского пути как импульс развитию приарктических территорий. Доклад на заседании консультативного совета при главе администрации Архангельской области 26 ноября 2009г. URL: www.dvinaland.ru/economy/priority/smp_ doclad.htm; Арктика - исконно русская земля, и осваивать ее будем мы. (2017.09.10.) URL;www. dvinaland.ru/power/head/ appearances/10162/index.php. (2017.09.10)

Выступление Президента РФ В. Путина на заседаниях Президиума Государственного совета РФ. Салехард, 28-29 апреля 2004г.

Кочемасов Ю.В., Моргунов Б.А., Соломатин В.И. Эколого-экономическая оценка перспективы развития Арктики. URL : www.ecoenergy. ru/Article54.html. (2016.12.19.)

Кирунская декларация по случаю Восьмой Министерской сессии Артического совета 15 мая 2013 года, г.Кируна Швеция. URL : http://www.mid.ru/bdomp /ns-dmo.nsf/alc87897b58a9d2743256a550029f995 /dfc076b1142c431744257b6c004d09!OpenDocument (дата обращения: 20.11. 2014)

Кроссполярный экспресс. "북극에서의 러시아 연방의 2020년까지와 향후 전망에 대한 정부정책 기반"; URL:zubow.ru/page/1/225_1.shtnl (2017.03.19.); URL:www.rg.ru/2009/03/30/arktika-osnovydok.html (2017.03.20.)

Кроссполярный экспресс. URL:zubow.ru/page/1/225_1.shtml (2017.05.22)

Кроссполярный экспресс. URL:zubow.ru/page/1/225_1.shtnl (2017.03.19.)

Основы государственной политики Российской Федерации в Арктике на период до 2020 года и дальнейшую перспективу, утверждениные Президентом Р.Ф от 18 сентября 2008г. (Пр - 1969).

Основы стратегии устойчивого развития Арктической зоны России. URL:www.arctictoday.ru/council/654.html(2017.08.29)

Истомин А., Павлов К., Селин В. Экономика Фрктической зоны России // Общество и экономика. 2008. № 7. сс. 158-172.

Павленко В.И. Артическая зона Российской Федерации в системе обеспечения национальных интересов страны // Артика: экология и экономика. 2013. № 4(12). С. 16-25.

Постановление Правительства Российской Федерации от 21.04.2014 № 366 «Об утверждения государственной программы Российской Федерации «Социально-экономическое развитие Артической зоны Российской Федерации на период до 2020 года». URL: http://www/rg.ru (дата обращения: 20.11.2014): Указ Президента РФ от 02.05.2014 №296 «О сухопутных территориях Артической зоны Российской Федерации». URL: http://www. Graph.docunent. kremlin.ru/page.aspx?1;3631997 (дата обращения: 20.11.2014) ; Меламед И.И., Павленко В.И. Правовые основы и методические особенности разработки проекта государственной программы «Социально-экономическое развитие Артической зоны Российской Федераций до 2020 года» // Артика: экология и экономика. 2014. № 2(14). С. 6-15.

Послание губернатора Архангельской области И.А. Орлова Архангельскому областному Собранию депутатов о социально-экономическом и общественно-политическом положении в Архангельской области от 04.03.2014. URL; http://www/dvinaland.ru/power/head/interview. php? ELEMENT_ID=41469 (дата обращения: 20.11.2014).

Правительственная комиссия по обеспечению российского присутствия на архипераге Шпицберген. URL: http://www.government.ru (дата обращения: 20.11.2014).

Природные ресурсы арктики. URL: 20100415/220120223.html. (2017.08.29.)

Проничев В.Е. Граница меняет замки. URL: www.rg.ru/2010/06/02/pronichev.html. (2017.07.10)

Smith M.,Giles K. Russia and the Artic : "The last Dash North" Advanced Research and Assessment Group. Russia Series 07/26. Defense Academy of the United Kingdom, 2007. P. 1.

Указ Президента РФ от 02.05.2014 № 296 «О сухопутных территориях Артической зоны Российской Федерации». http://www.graph.document.-kremlin. ru/page.aspx?1;3631997 (дата обращения: 20.11.2014).

http://www.barentsobserver.com/cppge.4635550-16149.html. (2017.05.19.)

http://www.dvinaland.ru/economy/priority/smp_doclad.htm; Арктика–исконно русская земля, и осваивать ее будем мы. (2017.09.10.)

http://www.dvinaland.ru/power/head/appearances/10162/index.php. (2017.09.10)

http://www.federalspace.ru/main.php?id=2&nid=12070 (2017.05.20)

http://www.etoday.co.kr/news/section/newsview.php?idxno=787727 (2017.04.10.)

http://www.arctictoday.ru/council/702.html. (2017.04.10.)

http://www.arctictoday.ru/council/654.html(2017.08.29)

http://www.rg.ru/2009/03/30/arktika-osnovy-dok.html (2017.03.20.)

http://www.federalspace.ru/main.php?id=2&nid=12070

http://www.barentsobserver.com/cppge.4635550-16149.html. (2017.05.19)

http://www.dvinaland.ru/economy/priority/smp_doclad.htm. (2017.05.19)

http://www.dvinaland.ru/power/head/appearances/10162/index.php.

러시아연방의 북극 관문 도시 및 지역 소개

김정훈

주지하고 있는 바와 같이, 북극지역은 러시아연방뿐 아니라 인류 전체의 미래 발전 및 생존 공간이기도 하다. 이에 따라 최근 북극지역에 대한 러시아와 국제사회의 관심이 급속도로 고조되고 있다.

이러한 기류아래 2008년 9월 18일 러시아연방 대통령 푸틴은 '러시아연방 북극 기본 전략 2020(Основы государственной политики Российской Федерации в Арктике на период до 2020 г.)'을 인준했다. 이에 포함되는 러시아연방 행정주체로는 사하(Саха, 또는 야쿠찌야 Якутия) 공화국, 무르만스크(Мурманск)와 아르한겔스크(Архангельск) 주, 크라스노야르스크(Красноярск) 변강주, 네네츠 자치구(Ненецкий автономный округ), 야말로-네네츠 자치구(Ямало-ненецкий автономный округ)와 추코트카 자치구(Чукотский автономный округ) 등 총 7개의 행정주체가 있다. 이들 지역은 오랜 역사와 인문-지리적 환경의 특성에 따라 지역적 유사성과 특이성을 나타내며 지역 독자적 발전을 유지해 왔다. 그러나 최근 러시아 정부의 강력한 북극정책 드라이브에 의해 자원과 항로 개발, 생태환경 및 자연 보호, 안보 및 거버넌스 등의 분야에 있어 이들 지역에 대한 국가차원의 통합 및 종합적인 개발이 추진되고 있다.

북극공간에 대한 러시아연방정부의 개발전략의 구체화는 국제사회뿐 아니라, 북극 개발 및 진출을 모색하고 있는 한반도의 관심을 고조시키고 있다. 이에 따라 필자는 러시아연방의 북극지역 행정주체에 대한 소개를 하고자 한다. 아래 전개된 글은 2016년 모스크바에서 출간된 '통합된 정체성 모색하의 러시아 북극(Российская Арктика в поисках интегральной идентичности)'이라는 편저 중 "러시아 북극의 역사, 수도와 경계(История, столицы и границы российской Артики)"의 내용을 중심으로 구성되었다.[1]. 소개 순서는 무르만스크 주, 아르한겔스크 주, 네네츠 자 치구, 야말로-네네츠 자치구이다.

1. 무르만스크 주(Мурманская область)

러시아 북서연방관구에 속하는 무르만스크 주는 지리적으로는 콜라반도(Кольский полуостров)에 위치하고 있다.[2] '콜스키 지역(Кольский край)'이 이 지역의 비공식적인 두 번째 명칭이라는 점은 우연이 아니다. 면적은 144,902 ㎢으로 러시아연방 총면적의 0.85%에 해당한다. 지역의 북과 북서쪽은 얼지 않는 바렌츠 해로 둘러싸여 있다. 남쪽으로는 카렐리야 공화국, 서쪽으로는 핀란드 그리고 북서쪽으로는 노르웨이와 국경을 접하고 있는 매우 중요한 접경지역의 지리적 특성을 지니고 있다. 동시에 행정단위 상의 해양경계(백해)를 건너 아르한겔스크 주(백해 동부지역, 아르한겔스크주의 네네츠자치구)와도 인접해 있다.

---

1) Российская Арктика в поисках интегральной идентичности // *Российская Арктика в поисках интегральной идентичности*, М., Новый хроногаф, 2016. с. 27-67.

2) Краткая информация о Мурманской области // http://gov-murman.ru/region/index.php

〈그림 1〉 북극과 무르만스크

출처: http://m.blog.daum.net/007nis/15868474 (검색일: 2017년 6월 20일)

무르만스크 주는 영토의 거의 전 부분이 북극권에 위치하고 있어 북극지역의 특성을 내포하고 있는 주요 랜드 마크 중 하나로서의 의미도 지니고 있다. 또한 러시아 연방 내의 최북단 지역에 위치하고 있으며, 영토의 대부분이 북극권에 속해 있다는 점 등 역시 무르만스크가 지니고 있는 대표적인 지리적 특성이다.

지역의 자연 조건 역시 매우 다양하다. 약 111,000개의 호수와 2만 여 개의 하천(총 면적 60,000㎢ 이상)이 분포되어 있다. 이는 지역의 대표적인 관광 상품, 특히 강을 따라 여행하며 즐기는 낚시 등과 같은 익스트림 관광자원의 근원이기도 하다.

콜라 반도의 정주사는 기원전 9-7세기경으로 거슬러 올라간다. 이 지역의 최초 원주민은 사미(саами) 혹은 로파리(лопарь, 랩란드 사람으로 사미의 옛 명칭이기도 함)로 불린다. 11-13세기 경 노브고로드 인들이 백해 연안을 중심으로 정주지를 형성해 가면서 이 지역을 개발해 나가기 시작했다. 이에 따라 거주민-이주민들은 자신들을 '뽀모르(помор, 백해 연안의 주민)이라 부르며 수산업에 종사했다. 15세기경 이 지역은 모스크바를 중심으로 하는 러시아인들의 단일 국가체제에 편입됐다. 16세기에는 콜라지역에 도시 기반이 형성되었으며, 정주민의 그리스도교화를 시작한 뻬첸그스키수도원(Печенгский монастырь)이 건설되었다.

〈그림 2〉 북극과 콜라 반도

출처: http://www.doopedia.co.kr/mo/doopedia/master/master.do?_method=view2&MAS_IDX=101013000742871(검색일: 2017년 6월 20일)

어업활동은 오랜 세월 동안 영토발전의 한정된 노선에서만 이루어졌으며, 19세기 말에 이르러서 일부지역에서의 벌목작업이 시작되었다[3]. 지역의 풍부

---

3) Стратегия социально-экономического развития Мурманской области до 2020 г. и на период до 2025 // г. http://docs.cntd.ru/document/913518803

한 수산자원은 러시아 이주민들에게 매혹적이었을 뿐만 아니라 이웃국가 출신(덴마크, 노르웨이와 영국 등)들을 불러 모으기에 충분했다. 따라서 러시아인들의 산업기반 구축과 동시에 영토수호와 관련된 대외문제에 관련된 대비가 필요했다.

19세기 후반 러시아 중심과 콜라 만을 연결하는 철로의 건설과 북극해 진출을 위한 항구 지대의 구축은 지역 발전을 자극하는 중요한 사건이었다. 이러한 과제는 제1차 세계대전 시기에 더욱 첨예하게 작용했다: 1915년 동맹국 측에 물자를 보급하기 위해 부동 해협을 통과하는 대양 진출로의 필요성에 의해 도시형 촌락(поселок)인 '세메노프스키(Семеносвкий)'가 건설되었다. 이 도시형 촌락은 다음해 도시의 지위로 승격되어 '로마노프-나-무르마네(Романов-на-Мурмане)'라는 명칭을 부여 받았으며, 이는 제정러시아의 붕괴까지 존재한 마지막 도시가 되었다. 1917년 2월 혁명이후 도시의 명칭이 변경되어 현재의 '무르만스크(Мурманск)'가 되었다.

'무르만스크 주 사회-경제 발전 전략 2020-2025'은 지역의 역사발전적 특성의 규정에 있어 20세기 전까지 무르만스크 주의 영토는 인구가 희박하고 연구가 불충분한 제국의 변두리로 존재하였다는 점을 지적하고 있다. 20세기에 접어들어 주의 발전은 지역의 강력한 산업지대로의 정책변환과 관련하여 이루어졌으며, 이것은 지역의 지위 격상과 1921년에는 교육분야에 있어 독립적 자치현(Самостоятельная Мурмакская губерния)이라는 결과를 야기했다. 1927년 8월 1일 무르만스크 현은 무르만스크 관구(округ: район 보다는 상위 개념, область 보다는 하위 개념의 행정구역)로 전환되어 레닌그라드 주의 관할 지역이 되었다.

1938년 5월 28일 카렐리야 소비에트자치 공화국(Карельская АССР)의 칸달라크쉬스키 지역(Кандалакшский район)과 무르만스크 관구로부터 독립하여 단일행정 주체로서 '무르만스크 주(Мурманская область)'가 탄생하게 되자 급격한 산업발전과 인구수의 증가가 이루어졌다. 이로 인해 5월 28일을 현재의 러시아연방 주체 창건일로 기념하고 있다. 이 지역의 미래 발전 '벡터(vector)'는 다음과 같다:

- 전통적인 경제활동의 발전(수산 복합단지와 순록사육 등);
- 지역의 광물자원 개발과 유색금속광물 콤비나트의 건설;
- 지전략적 벡터(북극 개발의 전초기지로서 북극항로의 거점이 될 수 있는 지역 내 북방함대 기지 조성);
- 유력한 학술 모듈 기반의 형성[4)]

제2차 세계대전기에 무르만스크는 콜라반도 내의 전투행위들과 관련된 군사적 전초기지의 역할을 수행했다. 당시 도시는 2차 세계대전의 중요한 네 개의 대공방어 거점 중 하나였다: '두 개의 L(London, Leningrad)'과 '두 개의 M(Murmansk, Malta)'. 이와 관련하여 남긴 독일 조종사들의 언급은 많은 의미를 내포하고 있다. "한 번의 무르만스크 출동보다, 세 번의 런던 출동이 훨씬 낫다"[5)]. 극지방으로 출동한 독일 전투기 중 약 30% 정도가 무르만스크 상공 내에서 심각한 손상을 입었다[6)]. 이러한 연유로 1985년 무르만스크는 '도시-영웅(Город-герой)'의 명칭을 얻었다.

---

4) Стратегия социально-экономического развития Мурманской области до 2020 г. и на период до 2025 г. http://docs.cntd.ru/document/913518803

5) Мурманску исполняется 90 лет // Утро, 04.12.2006 // http://www.utro.ru/news/2006/10/04/589324.shtml

6) *Чинарова Е.С., Кушель Ю.А., Хропов А.Г.* Мурманская область. Путеводитель // http://fanread.ru/book/1342890/?page=5

〈그림 3〉 무르만스크 시내에 설치된 '도시-영웅(Город-герой)' 기념비

출처: 2016년 8월 무르만스크 지역 출장 중 필자가 직접 찍은 사진

전쟁은 지역의 역사적 기억 속에 여전히 남아있다. 이와 관련해 '알료샤(Алёша)'라는 명칭으로 유명한 기념물('대조국전쟁기의 소비에트 극지방 수호자')이 지역을 대표하는 주요 상징물 중 하나 임은 전혀 우연이 아니다. '녹색의 곶(Зеленый Мыс)'이라 불리는 언덕위에 위치하고 있는 기념물은 세계 최고 높이의 조형물 중 하나이다(7m의 기반, 31.5m 높이와 5천 톤 이상의 중량)7).

종전 후 무르만스크는 북방함대의 기지이자 북극 지역 개발의 전초기지로서 전략적으로 매우 중요한 지역으로 자리매김 됐다. 지역의 발전에 관련된 잠재적 벡터는 자원 전략 지역과 북극 내 주도적 역할의 지위를 강조한 이래 현재까지 구체화되고 있다.

---

7) Мурманская область // Сеть по исследованию идентичности // http://identityworld.ru/stuff/szfo/murmansk/31

〈그림 4〉 '알료샤'의 앞과 뒷모습

출처: 2016년 8월 무르만스크 지역 출장 중 필자가 직접 찍은 사진

공식적인 사이트를 통한 지역의 프레젠테이션은 부동항, 접경지역과 북극 내 러시아 이익을 위한 핵심지역의 지위와 같은 세 가지 사실에 의해 지역의 전략적 의의를 확정하고 있다[8].

접경지역의 상황은 타국과의 협력 확장을 위한 좋은 조건을 제공해 주고 있다. 지역의 지정학적 입지는 '러시아의 북-서 전초기지(северо-западный форпост России)'라는 지위와 관련된 정체성의 중요한 목표를 형성시켜 주고 있다. 현재 무르만스크 주는 러시아연방 내 가장 잘 무장된 지역 중 하나이다. 부동의 군항이 위치하고 있으며, 세베로모르스크(Североморск) 도시 내

8) Презентация. Мурманская область // Инвестиционный портал // http://invest.govmurman.ru/about/prezentaciya/flash_prezentaciya

에는 북방함대의 주요기지가 배치되어 있다. 무르만스크 주는 국방부가 관리하는 비밀구역(ЗАТО Министерства обороны)[9] 수에 있어 러시아연방 주체 중에서 주도적인 역할을 하고 있다. 이에 대한 설명은 지역 내에서 대중적 인기를 얻고 있는 노래의 한 구절 속에 함축되어 있다: "너는 러시아 국경에 위치한 전초기지이자 대양으로의 출입구이며, 너희 북방 주민들의 특성은 견고한 다이아몬드에 비견할만하다(Ты - ворота в Большой Океан И форпост на российской границе, А характер твоих северян Может с твердым алмазом сравниться)"[10]. 실질적으로 무르만스크 주에 대한 언급이 이루어질 때, 대중의 인식 속에서는 종종 지역의 방어적 의의와 전략적 지위 강조에 대한 전형적인 형태가 연상된다.

자연적 특성이외에도 콜라 지방의 이국적인 북극정취는 그곳의 토착민인 사미족의 민속적 특성과 직접적인 연관이 있다. 사미족은 유럽 북부지역의 그리 크지 않은 규모의 민족으로 그 수는 현재 약 3만 천여 명에 달한다. 사미족의 대다수는 노르웨이, 스웨덴과 핀란드 북부지역에서 거주하고 있다(약 2만 9천여 명 정도)[11]. 사미족의 언어는 핀-우고르족의 언어와 연관되어지나, 그 안에는 독특한 특성을 보유하고 있기도 하다. 일부 연구자들은 콜라 반도의 사미족을 '콜스키 사미(Кольский саамы)'라 명명하며, 특징에 있어 독립적인 민족 집단으로 간주하기도 한다. 그들의 특수성은 순록사육, 어업과 반유목 형태의 사냥 행위의 결합으로 규정되어 질 수 있으며, 이는 최근 10여년간의

---

9) ЗАТО(Закрытое административно-территориальное образование)는 특정 목적 하에 출입 통제권이 지역 자치권에 의해 행사되는 구역을 의미.

10) Неофициальный гимн Мурманской области // http://vivayak.narod.ru/_5.htm

11) Коренные малочисленные народы Севера. История // Правительство Мурманской области, официальный портал // http://gov-murman.ru/region/saami/general_info/history/

정주민들의 삶의 형태이기도 하다[12].

러시아 연방 통계청 자료에 의하면, 2015년 초 기준 무르만스크 주 총 인구수는 766,281명으로 이중 709,548명이 도시에, 나머지 56,733명은 시골에 거주하고 있다[13]. 현재 북극권 내 세계 최대 도시의 지위를 견지하고 있는 무르만스크 시의 총 인구수는 2014년 1월 1일 기준 299,100명으로 나타나고 있다. 무르만스크 시를 제외한 지역 최대 도시는 아파티티(Апатиты, 57,900명), 세베로모르스크(Североморск, 49,000명), 모체고르스크(Мончегорск, 46,600명) 등이다[14].

2010년 러시아 총인구조사 자료에 의하면, 무르만스크 주 내의 최다 민족은 러시아 인이다. 무르만스크 주 인구 구성을 구체적으로 살펴보면 러시아 인은 약 642,300명으로 총 인구의 약 89%, 우크라이나 인 - 4.7%, 벨로루시 인 - 1.7%, 타타르 인 - 0.8%, 아제르바이잔 - 0.5%, 기타 소수민족 3.1% 이다. 콜라 반도의 대표적인 소수민족인 사미 인은 1,599명으로 총 인구의 0.2%에 해당한다. 2005년 8월 5일 러시아연방공화국 정부 명령 No 631-р에 의해 러시아연방공화국 내 토착소수민족의 전통 거주지역과 산업활동 지역에 관한 목록이 승인되었다[15]:

- 도시 관구 코브도르스키 지역(городской округ Ковдорский район);
- 콜스키이 자치구(Кольский муниципальный район);

---

12) Там же.

13) Оценка численности населения на 1 января 2015 г. и в среднем за 2014 г. // Федеральная служба государственной статистики // http://www.gks.ru/free_doc/new_site/population/demo/Popul2015.xls

14) Население Мурманска впервые не дотянуло до 300 000 чел. // BarentsObserver, 01.04.2014 // http://barentsobserver.com/ru/obshchestvo/2014/04/naselenie-murmanska-vpervye-ne-dotyanulodo-300000-chelovek-01-04

15) Численность коренных малочисленных народов севера // Правительство Мурманской области //http://gov-murman.ru/natpers/info/population/

- 로보제르스키 자치구(Ловозерский муниципальный район);
- 테르스키 자치구(Терский муниципальный район).

지역 경제는 유속광물의 채굴 및 가공 산업과 밀접한 관계가 있다. 미네랄 자원의 새로운 매장지의 확보는 인회석, 하석(霞石) 및 이 지역에서 러시아 내 100% 생산되고 있는 바델레이트석(baddeleyite) 농축물 생산 발전을 촉진시키고 있다. 무르만스크 주의 대표적 기업으로는 '아파티트(Апатит)', '칸달라쉬스키이 알루미늄 공장(Кандалакшский алюминиевый завод)', '콜스카야 고르노-메탈루르기체스카야 콤파니야(Кольская горно-металлургическая компания)', '올레네고르스키(Оленегорский ГОК)' 등이 있다.

〈그림 5〉 콜라 초저 천공(СГ-3: Кольская сверхглубокая скважина)

출처: https://ribalych.ru/2014/06/26/sverxglubokaya-kolskaya-skvazhina/(검색일; 2017년 6월 20일)

지역을 대표하는 독특한 지형물로는 지층구조를 연구하기 위해 굴착한 세계 최저 천공인 '콜라 초저 천공(СГ-3: Кольская сверхглубокая скважина)'이 있다. 자뽈랴르니이(Заполярный) 시에서 서쪽으로 10km 떨어진 곳에 위치한 이 천공의 깊이는 현재 12,262m를 기록하고 있다[16]. 현지 주민들은 이 천공을 '글루빈카(Глубинка)'라고 부르며, '신비(чудес)한 장소' 중 하나로 인식하고 있다. 그 깊이와 형태에 의해 '지옥의 우물(колодце в ад)' 또는 '지옥으로 가는 길(дорога в преисподнюю)'이라는 신화가 형성되어 대중에게 널리 확산되어 있다는 점이 흥미롭기도 하다. 그러나 학자들이 언급하는 바와 같이, 마치 러시아인들이 자신들의 굴착기를 이용해 지옥으로 침투해 죄수들의 신음소리를 듣고 있다는 것처럼 말하는 것은 바로 신화의 한 단면이라는 것이다[17].

수산업은 지역 경제에 있어 광석 채굴, 가공 생산과 에너지 산업에 이어 4위를 점유하고 있다. 무르만스크 주의 공식적인 투자 사이트 자료에 의하면, 이 지역에서 러시아 전체 어획량의 약 16%에 해당하는 수산물이 생산되고 있다.

러시아연방 행정 주체 중 무르만스크 주는 투자환경에 있어 국제 사회뿐 아니라 러시아 내에서도 중간 수준 정도를 꾸준하게 유지하고 있다.

2. 아르한겔스크 주(Архангельская область)

아르한겔스크 주는 유럽 러시아 지역의 북극지역 내에서 최다인구와 최대

16) Кольская сверхглубокая. История мирового рекорда // http://superdeep.pechenga.ru/index.htm

17) Дыра в преисподнюю // Телестудия Роскосмоса, 01.09.2012 // http://www.tvroscosmos.ru/3120/

영토를 보유하고 있는 러시아 북극지역 개발의 거점지역이다[18].

주의 총 면적은 589,900㎢(네네츠자치구 포함)로 러시아연방 전체 면적의 약 3.45%(연방 내 8위), 러시아 북서연방관구의 34.97%(관구 내 1위)에 해당하며[19], 이는 프랑스와 스페인 영토와 거의 비슷한 수준이다. 아르한겔스크

그림 1. 아르한겔스크 주

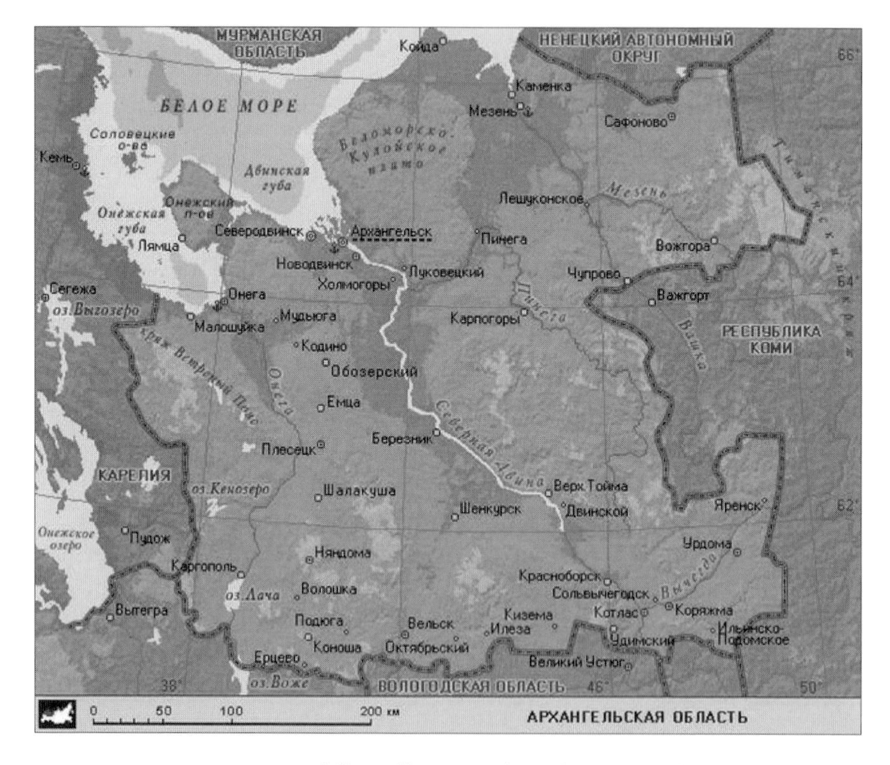

출처: http://www.km.ru/turizm/encyclopedia/arkhangelskaya-oblast

18) Назукина М.В., Подвинцев О.Б. Русский Север – второе историческое ядро России // Вестник Пермского университета. Серия ≪Политология≫, 2010. Специальный выпуск. С. 9–40.

19) Федеральная служба государственной статистики. Численность и миграция

지역 발전의 특성은 4개의 북극해양(백해, 바렌쯔해, 페초르해와 카르스크해)에 인접해 있는 연안적 위치와 직접적인 연관이 있다. 지역 내에는 약 7만 개의 하천이 흐르고 있으며, 이의 총연장 길이는 275,000km에 달한다. 해양 또는 대양과의 인접성 그리고 대규모 하천(북드비나 Северная Двина, 페초라

그림 2. 아르한겔스크 주와 4개의 바다

출처: http://www.aquaexpert.ru/spa_san/region29/

населения Российской Федерации в 2011 г.// http://www.gks.ru/bgd/regl/b12_107/Main.htm

Печора, 오네가 Онега와 메젠 Мезень 등)의 존재는 해양과 수상 교통뿐만 아니라 수산업 발전을 위한 호조건을 제공해주고 있다.

아르한겔스크 주에는 러시아연방의 독립 주체들이 포함되어 있다: 네네츠자치구(Ненецкий автономный округ), 유럽의 가장 동쪽에 위치한 플리씬그스키 곶(Мыс Флиссингский)을 포함한 노바야 제믈랴(Новая Земля)의 열도 그리고 유라시아 최북단의 플리겔리 곶(Мыс Флигели)을 포함한 제믈랴 프란짜-이오시파(Земля Франца-Иосифа)의 '지구 최북단의 열도(самый северный архипелаг планеты)' 등[20]. 아르한겔스크 주의 영토는 크게 두 개의 부분으로 분할된다:

1) 최북단 지역과 관련된 영역: 솔로베츠키이 열도(архипелаги Соловецкий), 제믈랴 프란짜-이오시파와 노바야 제믈랴, 네네츠자치구, 백해의 군도(острова Белого моря), 레슈콘스키 지역(Лешуконский район), 메젠스키 지역(Мезенский район), 피네쥬스키 지역(Пинежский район), 세베로드빈스크 도시관구(городской округ Северодвинск);

2) 최북단 지역과 동일시되는 영역: 아르한겔스크, 코틀라스(Котлас), 코랴쥬마(Коряжма), 노보드빈스크(Новодвинск) 등

아르한겔스크 지역은 유용 지하자원이 풍부하게 매장되어 있다: 네네츠자치구의 석유와 가스, 플레세쯔키이 지역(Плесецкий район)의 보크사이트를 비롯한 석회석, 점토 및 석고 등. 다이아몬드는 러시아 총 매장량의 20%, 보크사이트는 18% 그리고 아르한겔스크 주의 산림지대는 북서연방관구의 25.2%

---

20) Никитин Я. Земля Франца-Иосифа – самый северный архипелаг на нашей планете
http://www.rgo.ru/otkroj-rossiyu/kniga-rekordov/zemlya-franca-iosifa-samyj-severnyj-arxipelag-nanashej-planete/

에 해당한다[21].

아르한겔스크 주민들은 지역의 오래된 역사에 자부심을 가지고 있다[22]. 지역 영토 내 정주 시점에 관한 문제는 지역 사회에서 뜨거운 논쟁거리가 되고 있다. 아르한겔스크 주 정부의 공식적인 사이트는 신석기 시대의 유물을 통해 지역 역사의 기원을 설명하고 있는 반면, 지역 내 일부 여행 사이트는 구석기 시대를 기원으로 하고 있다: "북방의 최초 정주자들은 약 만 사천년 이전부터 이곳에서 활동하고 있던 원시시대의 사냥꾼과 어부들이었다"[23].

그럼에도 불구하고 아주 오랜 기간 동안 지역에 관한 토론에 있어 중추적 역할을 하고 있는 테마는 백해 지역의 원주민 '뽀모르(помор)' 기원에 관한 것이다. 백해 지역의 전문가들의 견해에 따르면, 백해지역의 원주민은 러시아유럽지역 북방 민족공동체의 기원으로 현지의 우그로-핀족과 고대 러시아 이주자의 합병 결과 출현한 것으로 파악되고 있다[24]. 이들 사이에서 지역공동체[25]의 일부는 전문용어인 '뽀모르'의 인종적 특성에 관해 논쟁을 하며 용어의 산업 및 문화적 해석을 강요하기도 한다: 15-17세기 지역을 나타내는 용어 '뽀모리예(Поморье, 이 단어로부터 용어 '뽀모르'가 출현)'는 백해와 오네가 호수

---

21) Регионы России. Социально-экономические показатели – 2012 г. http://www.gks.ru/bgd/regl/b12_14p/IssWWW.exe/Stg/d02/15-39.htm

22) История//http://www.pomorland.travel/ru/arkhangelskaya_oblast/istoriya/ (Дата обращения: 23.10.2014); Историческая справка//http://www.dvinaland.ru/region/history/

23) История//http://www.pomorland.travel/ru/arkhangelskaya_oblast/istoriya/

24) Вагин Е. История// http://pomorland.narod.ru/history/

25) Архангельские ученые считают нынешних поморов не более чем ≪новоделом≫. URL: http://www.regnum.ru/news/1447422.html (Дата обращения: 23.11.2012); Семушин Д. ≪Поморский вопрос≫: фальсификация, этносепаратизм, мошенничество, Норвегия и США / Кто такие настоящие поморы Русского Севера. URL: http://www.iarex.ru/articles/31502.html

그림 3. 20세기 초 뽀모르 인

출처: http://www.wikiwand.com/ru/%D0%9F%D0%BE%D0%BC%D0%BE%D1%80%D1%8B

연안, 오네가 강변, 북드비나 강, 메젠, 피네가, 페초라, 우랄까지 이르는 카마 강과 뱌트카를 포함하는 광범위한 경제와 행정지역을 의미했다.

원주민들이 가지고 있는 특별한 긍지는 오래된 항해전통과 관련 있다. '뽀모르'의 선조들은 자신들이 손수 만든 배를 타고 백해, 바렌쯔해와 카르스크 해(Карское море)를 거쳐 스칸디나비아 반도의 북방해안과 예니세이 강 하구까지 항해했다. 뽀모르의 선박을 이용한 북극 지역 개척에 관련된 탐험들이 이루어졌다: 동시베리아, 추코트카 해와 루스카야 아메리카(Русская америка, 현재의 알래스카 지역)의 해안 등. 1584년 이반 4세의 명으로 항구가 설립된 이후부터 17세기 말까지 아르한겔스크는 모스크바 공국의 제1항구로 간주되었다[26].

아르한겔스크는 고대 선박 전통으로 찬양받을 뿐만 아니라 러시아 함대의 발원지의 지위를 확보하고 있다. 좀 더 구체적으로 언급하면, 지역의 조

26) Первый российский морской порт: сохраняя традиции// http://rostransport.com/transportrf/pdf/30/18.pdf ≪Транспорт Российской Федерации≫ № 5 (30). 2010. C.18.

선소를 통해 1694년 '스뱌토이 파벨(Святой Павел)'호와 1702년 '쿠리에르(Курьер)'호 그리고 범선 '스뱌토이 일리야(Святой Илия)' 등이 건조되었다.

뾰트르 대제 이전 시기 동안 발트해 연안 지역과 유럽 지역을 잇는 활발한 접촉이 이루어졌다. 1555년부터 영국 선박들은 야그르이 섬(остров Ягры)의 정박지로의 정기적인 항해를 시작했으며, 외국 탐험대들은 니콜로-코렐스키 수도원의 정박소(гавань Николо-Корельского монастыря)를 자주 이용했다.

아르한겔스크 지역은 개발 초기부터 러시아 방어 요새로써의 전초기지로 인식되었다. 그 지역 주민들은 외국과의 전쟁에 있어 항상 최전선에 참여해왔다; 1613년의 폴란드-리트비아 군대, 1701년 스웨덴 함대 그리고 1854-55년 사이에 벌어졌던 크림전쟁을 통해서는 영국과 프랑스 등과의 전투 등. 지역 주민들의 특별한 영웅적 행동은 세계 제 1, 2차 대전을 통해 나타났다. 그들은 연합국 측의 화물운송과정에서 혁혁한 공을 세웠다. 상기 열거한 치적들에 의해 2009년 12월 5일 당시 러시아 대통령이었던 드미트리 메드베예프의 명령에 의해 아르한겔스크는 '군사영웅도시(Город воинской славы)'라는 지위를 취득했다[27].

역사 전개 과정에서 아르한겔스크 지역은 몇몇 지리 및 행정적 고유 명칭으로 기억되고 있으며, 이들 각 명칭은 지역 발전의 특정 단계를 설명해 주고 있다: '자볼로치예(Заволочье), 뽀모리예(Поморье), 루스끼이 세베르(Русский Север), 세베르느이 크라이(Северный край, 1929-1936년), 세베르나야 오브라스찌(Северная область, 1936-1937년), 그리고 아르한겔스크주(Архангельская область, 1937년부터)'.

27) Архангельск отмечает годовщину присвоения почетного звания ≪Город воинской славы≫// http://www.arhcity.ru/?page=448/16

아르한겔스크 지역의 비교할 수 없는 독창적인 역사-문화유산 그리고 잘 보존되어 있는 외부환경은 지역의 효율적이고 지속가능한 개발 자원들 중 하나로서의 광대한 잠재력을 자랑하고 있다. 그러나 최근 수십 년 동안 이 지역에서 발생하고 있는 심각한 인구학적 정세는 지역 발전의 심각한 장애 요소가 되고 있다.

2010년 인구조사 자료에 의하면 아르한겔스크 주의 총인구는 1,227,626명으로, 이는 러시아 연방 전체 인구의 0.86%에 불과하며 북서연방관구 내에서 3위에 해당하는 수치이다[28]. 지역의 성비 구조는 러시아연방 인구통계치의 평균지표에 해당한다. 그러나 지역 인구의 도시화 정도(14개의 도시에 75.67% 거주)는 러시아 평균적 통계치(73.1%)를 상회하나, 대체로 도시는 허약한 지방 도시화의 특성을 보유하고 있다[29]. 아르한겔스크 주의 인구밀도(네네츠자치구 제외)는 러시아 내에서 최저 수준을 기록하고 있으며, 2015년 1월 1일 자료에 의하면 1㎢ 당 약 2.76명이 거주하고 있다. 이는 러시아연방 주체 중 71위에 해당하는 수치이자 러시아 북극권 지역 내 3위에 해당한다.

지역의 평균연령은 경제 활동에 적극적으로 참여 할 수 있는 비율과 상태로 평가받고 있다(약 38세)[30]. 이는 북서연방관구 11개 지역 중 8위에 해당하는

---

28) Всероссийская перепись населения 2010 г. Численность населения России, федеральных округов, субъектов Российской Федерации, районов, городских населенных пунктов, сельских населенных пунктов – районных центров и сельских населенных пунктов с населением 3 тыс. чел. и более// http://www.gks.ru/free_doc/new_site/perepis2010/croc/Documents/Vol1/pub-01-05.xlsx (Дата обращения: 21.07.2013).

29) Попов Р. *Урбанизированность регионов России во второй половине XX века*// Россия и ее регионы в XX веке: территория – расселение – миграции / Под ред. О. Глезер и П. Поляна. - М.: ОГИ, 2005. С. 215–244.

30) Демографический ежегодник России. 2010: Стат. сб./ Росстат. – М., 2010. С.63.

지표로 최고 수준은 아니지만, 러시아연방 북극권 내 지역들 중에서는 상당한 의미를 가지고 있는 상태이다. 2013년 지역의 노동인구는 총인구의 약 59.3%에 해당한다. 그러나 노동인구의 비율은 시간이 경과함에 따라 감소하고 있는 추세이다[31].

최근 20여 년 동안 주의 총인구수는 출생과 사망 등의 자연적 증가율과 이주 등에 의한 사회적 증가율 모두 감소추이를 보이고 있다[32]. 지역 발전 장기 예측에 의하면 이러한 감소추세는 앞으로 지속될 것으로 나타내고 있다. 경제활동인구의 감소, 유능한 인적자원의 러시아 내 유출 등의 문제는 지역의 중대 문제 중 하나가 되고 있다.

아르한겔스크 주의 지역 사회 민족적 근간은 러시아인으로 매우 견고한 비중을 형성하고 있다(주 전체 인구의 93.58%). 네네츠 족은 주의 민족 집단 중 토착 소수민족 지위를 공식적으로 인정받고 있다(8,020명, 주 전체 인구의 0.65%). 또 다른 집단으로는 '뽀모르' 족이 있다. '뽀모르' 족은 매우 독특한 문화전통을 아직까지 보유하고 있는 소수집단으로 지역적 특성을 대표하고 있

31) Распределение населения по полу и возрастным группам. Архангельская область, включая Ненецкий автономный округ// http://arhangelskstat.gks.ru/wps/wcm/connect/rosstat_ts/arhangelskstat/ru/statistics/population/

32) Всероссийская перепись населения 2002 г. Численность населения России, субъектов Российской Федерации в составе федеральных округов, районов, городских поселений, сельских населенных пунктов – районных центров и сельских населенных пунктов с населением 3 тыс. чел. и более// http://www.perepis2002.ru/index.html?id=13 (Дата обращения: 18.04.2013); Всероссийская перепись населения 2010 г. Численность населения России, федеральных округов, субъектов Российской Федерации, районов, городских населенных пунктов, сельских населенных пунктов – районных центров и сельских населенных пунктов с населением 3 тыс. чел. и более// http://www.gks.ru/free_doc/new_site/perepis2010/croc/Documents/Vol1/pub-01-05.xlsx

으며, 그 수는 아주 미미한 상황이다(아르한겔스크 주의 여덟 곳의 지역에 거주하고 있으며, 주 전체 인구의 0.16%에 해당하는 2,015명). '뽀모르' 족과 관련해 중요한 점은 지난 2002년부터 2010년 사이 그 수가 세배나 감소했다는 점이며, 이는 우선적으로 그들의 정체성의 변화가 급격하게 진행되고 있다는 점이다. 2002년과 2010년에 실행되었던 두 회의 인구조사의 결과에 의하면, 십년동안의 아르한겔스크 주의 전반적인 인구감소 측면을 고려한다고 해도 특정민족 집단의 인구 감소 추세가 매우 심각하게 진행되고 있음을 보여주고 있다.[33] 그들 중 인구 감소폭이 가장 큰 대표적 집단으로는 우크라이나와 '뽀모르'를 거론할 수 있다. 다소 복잡한 종족인구학적 상황 하에서 이에 대한 근본적 이유는 지역 내의 민족 간 긴장해결을 위한 기반이 부재하기 때문이라고 언급할 수 있을 것이다. 다시 말하자면 수치상으로 그리 중요하지 않은 '뽀모르' 족 자원에 관련된 교묘한 조작이 있을 법하며, 이는 지역 내 공동체 간의 특정의 긴장을 야기할 수 있다는 점이다.

특히 유럽 러시아의 북쪽과 아르한겔스크 주의 정신과 물질문화의 독특성은 종종 전형적인 '러시아 북방(Русский Север)'의 범주로 표현되기도 한다. 이는 지역의 지리적 측면뿐만 아니라, 자연과 정신세계 기원의 조화로운 융합의 강조를 요구하는 문화사적 현상에 기인하고 있기 때문일 것이다. "러시아 북방은 현재와 과거; 현대와 역사(과거와 자신의 철학 속에서 가장 탁월하고, 가장 비극적인 '위대한 역사'); 인간과 자연, 물, 토지, 하늘의 수채화적 서정성; 돌과 폭풍의 위협적인 에너지; 눈과 바람의 혹독성 등의 놀라운 결합을 보

33) Всероссийская перепись населения 2002 г. Том. 4// http://www.perepis2002.ru/index.html?id=17; Национальный состав по субъектам Российской Федерации. Всероссийская перепись населения 2010 г. // http://www.gks.ru/free_doc/new_site/perepis2010/croc/results.html

유하고 있다"[34] 북방의 그 곳은 자연의 장관이 태고의 모습 속에 보존되고 있으며, 그 곳의 유일하고 독특한 문화 유물들은 유네스코 세계문화 유산의 특별 목록 속에 포함되어 있다.

여러 작가들에 의해 형성된 러시아정교적 전통을 기반으로 하는 특별한 북러시아의 정신세계는 '러시아 북방'의 중요한 특성 중 하나이다. "... 전(全)러시아 - 성스러운 러시아의 심벌이자 표상인 러시아 북방은 러시아 사람(수도자와 농민, 항해자와 탐험가 등)들의 혼이 집중되어지고 모색되어지는 약속의 땅이다".[35] 1584년 도시 건립을 위한 이반 뇌제의 명령에 의해 건립된 미하일 아르한겔스키 수도원(Михаило-Архангельский монастырь)에서 기원된 아르한겔스크 시와 주의 명칭이 바로 이를 입증하고 있다. 오늘날에 있어서도 아르한겔스크 주는 러시아 북극지역들 중 가장 러시아 정교 정신이 강한 지역으로 지명되고 있는 이유이기도 하다. 법무부 자료에 의하면, 주 전체에 161개의 공식적인 러시아정교회 교구가 활동하고 있다.[36] 이곳에는 러시아 북극지역 내 유일한 수도원이자 종무원직할수도원이라는 특별한 지위를 보유하고 있는 솔로베쯔스키 남성수도원(Соловецкий мужской монастырь)이 위치하고 있다. 이 수도원은 러시아 내의 대표적인 러시아정교 순례 중심지이기도 하다. 2004-2005년 러시아 북방의 문화유산 보존을 위해, 연방 프로그램인 '러시아 문화 2006-2010, 2012-2018(Культура России ,2006–2010 гг., 2012–2018 гг.)'에 포함되어질 특별 프로그램이 러시아연방 문화부에 의해 개발되기도 했다.

---

34) Лихачев Д.С. *Русский Север* // Гемп К. П. Сказ о Беломорье. Словарь поморских речений. М.; Архангельск, 2004. С. 3–4.

35) Теребихин Н.М. Метафизика Севера: *Монография. — Архангельск*: Поморский университет, 2004. С. 212.

36) По данным Минюста России на 7 октября 2014 г. См.: http://unro.minjust.ru/NKOs.aspx

그림 4. 미하일 아르한겔스키 수도원(왼쪽: 16세기, 오른쪽: 현재)

출처: http://infagrad.ru/arh/journal.html?id=1054

출처: http://www.tgt.ru/menu-ver/encyclopedia/tourism/countries/dostoprimechatelnosti/dostoprimechatelnosti_175.html

그러나 이와 같은 유일하고 독특한 지리와 역사문화적 재원들에도 불구하고, 지역 내 주민들의 행복수준은 다소 불완전한 상태이다. 2013년 기준 러시아연방주체 내 삶의 질에 따른 순위에서 아르한겔스크 주는 총 82개 주체 중 64위를 차지했다.[37]

소득 및 주거환경 수준의 관련 지표는 그리 나쁘지 않다고 평가될 수도 있으나, 대체적으로 이 지역은 거주환경(삶의 유지를 위한 환경)이 열악하다는 점을 간과해서는 안될 것이다.

아르한겔스크 주의 총지역생산액(GRP, Gross Regional Product) 중 최고비중을 차지하는 부분은 2009년부터 지속적으로 감소 추세를 나타내고 있는 유용광물의 채굴이다.[38] 이와 관련하여 연료에너지자원의 비중은 2012년 유용광물 채굴의 전체 부분에서 98.7%를 차지하고 있다.[39] 최근 수년 동안에는 건

37) РИА рейтинг. Рейтинг регионов России по качеству жизни. М., 2013 г. С.14.

38) Регионы России. Социально - экономические показатели – 2012 г. http://www.gks.ru/bgd/regl/b12_14p/IssWWW.exe/Stg/d02/14-03.htm

39) Структура объема отгруженной продукции (работ, услуг) по виду экономической

축산업의 발전을 위해 비연료 광물인 석고, 석회석 및 현무암 등의 발굴을 위한 전진기지들이 설치되는 작업이 전개됐다.

이와 더불어 지역 내에서는 세 곳의 대규모 다이아몬드 매장지에 대한 개발이 진행되고 있다. 이곳은 러시아 전체 다이아몬드 매장량의 약 20% 정도가 집중되어 있다. 전문가의 판단에 의하면 로모노소프 매장지(месторождение им. Ломоносова: Приморский район АО, владелец ОАО 'Североалмаз' дочернее предприятие ОАО 'Алроса')와 그리브 매장지(месторождение им. Гриба: Мезенский район АО, владелец – ОАО 'Архангельскгеолдобыча' подразделение ОАО 'Лукойл')의 다이아몬드 매장량의 가치는 2,000억 달러 이상이 될 것으로 예측되고 있다. 동시에 전문가들은 이곳의 다이아몬드 "품질은 야쿠트 산에 비해 결코 뒤지지 않는다(качество алмазов не уступает якутским)"고 평가하고 있다.[40]

삼림목재업 역시 아르한겔스크 주의 경제부분에 있어 중요한 비중을 가지고 있다. 목재 가공 산업 구조 속에서 2011년 기준 출하된 총 제품의 약 41.3% 정도를 셀룰로스-종이생산(북서연방관구 내 카렐리야 공화국에 이어 2위), 21.1%가 교통수단과 장비 제작(북서연방관구 내 1위), 11.3%가 식료품 생산이 차지하고 있다.[41]

деятельности ≪Добыча полезных ископаемых≫ в 2012 г.// http://www.gks.ru/bgd/regl/b13_14p/IssWWW.exe/Stg/d2/13-06.htm

40) Осадчий А. Из истории разработки кимберлитовых трубок в Архангельской области// http://www.nkj.ru/archive/articles/5603/ (Дата обращения: 12.09.2013).

41) Структура объема отгруженной продукции (работ, услуг) по виду экономической деятельности ≪обрабатывающие производства≫ в 2011 г. (в фактически действовавших ценах; в процентах)// http://www.gks.ru/bgd/regl/b12_14p/IssWWW.exe/Stg/d02/14-07-1.htm

지역의 가공산업에 있어 두 번째 위치를 담당하고 있는 부문은 기계산업이다. '아르한겔스크 주 사회-경제발전 전략 2030(Стратегия социально-экономического развития Архангельской области до 2030 г.)'과 연계되어 우선순위 제일 집단에 포함되어 있는 조선산업의 발전은 러시아연방 지도부를 위해서 매우 중요한 전략적 목적을 보유하고 있다. 러시아연방 대통령령에 의거해 2007년 세베로드빈스크(Северодвинск)에 위치한 '선조 및 수선 북부 센터(Северный центр судостроения и судоремонта, 여기에 참여하고 있는 주식회사: '세브마쉬(Севмаш)', '즈뵤즈도츠카(Звёздочка)', '아르크티카(Арктика)', '오네가(Онега)')를 포함한 세 개의 지역 지주회사를 하나로 묶은 '연합조선사(Объединённая судостроительная корпорация)'가 창설되었다.

지역 내의 풍부한 수자원에도 불구하고 어업은 아르한겔스크 주의 총지역생산액(GRP) 중 1.4%의 비중을 차지하고 있다(해양으로 진출할 수 있는 지역 중 어업부문에서 최대수익을 창출해내고 있는 행정 주체는 극동연방관구).[42] 활어 어획량 부문에 있어 아르한겔스크 주는 북서연방관구 중 3위, 러시아 북극지역 중에서는 2위(무르만스크 주가 1위)를 차지하고 있다. 여러 가지 복합적인 원인들로 인해 현존하는 어업산업단지는 지역이 보유하고 있는 자연적 잠재력을 거의 활용하지 못하고 있는 실정이다.

아르한겔스크 주는 '북극을 향한 대문(ворота в Арктику)'인 동시에, '러시아의 우주를 향한 대문(космические ворота России)'이기도 하다.[43] 아르한

---

42) Добыча (производство) рыбы живой, свежей или охлажденной (тыс. тонн) // http://www.gks.ru/bgd/regl/b12_14p/IssWWW.exe/Stg/d02/16-02.htm

43) Пресс-служба Губернатора и Правительства Архангельской области. В Беломорье открылась школа трудовых отрядов СЗФО// http://dvinanews.ru/-ct7cj5yr

겔스크로부터 180km 떨어진 곳에 러시아 내에서 현재 활동 중인 5개의 우주 발사장 중 하나이자, 최북단에 위치한 '쁠레세쯔크(Плесецк)' 우주발사장이 위치하고 있다. 2014년 한 해 동안 9회의 궤도위성 발사가 실행되었으며, 이는 그 해 러시아 우주발사 전체 회수 중 28%에 해당한다. 그 당시 우주발사장 내의 과학센터 개원식을 통해 러시아과학학술원 회장인 블라디미르 센케비치(Владимир Сенкевич)는 "오늘 우주발사장 '쁠레세쯔크'는 러시아 우주항공 발전과정사에 있어 주도적인 역할 중 하나를 수행했다"고 언급했다.[44]

지역 내 다섯 곳(그 중 두 곳은 네네츠자치구에 위치)의 북극항만을 보유하고 있으며 해상교통에 있어 특별한 역할을 수행하고 있음에도 불구하고도 역내 화물의 주된 유통 수단은 차량과 철도교통이 차지하고 있다.[45] 2012년 한 해 동안 아르한겔스크 항만을 통과한 화물은 약 5백만 2십 톤에 불과해, 물

그림 5. 쁠레세쯔크 우주발사장

출처: http://www.plesetzk.ru/about

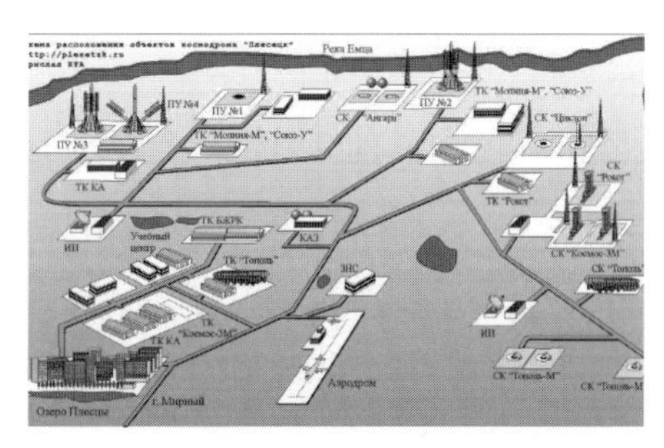

출처: http://artek29.ru/page/148487

44) На космодроме ≪Плесецк≫ утвержден научный центр// http://www.cybersecurity.ru/it/3124.html

45) Перевозки грузов автомобильным транспортом организаций всех видов деятельности // http://www.gks.ru/bgd/regl/b13_14p/IssWWW.exe/Stg/d3/17-02.htm ; Отправление грузов железнодорожным транспортом общего пользования// http://www.gks.ru/bgd/regl/b13_14p/IssWWW.exe/Stg/d3/17-01.htm

동량 지표에 있어 무르만스크 항만(2천 3백만 7십 톤)에 뒤쳐져 실질적인 북극해 화물유통량에 있어 2위의 자리를 점유하고 있다. 2013년 6월 아르한겔스크 내에 러시아국경개발연방기구(ФГКУ, Федеральное Государственное Казённое Учреждение) 산하 '북방항로행정청(Администрация Северного морского пути)'의 지사가 창설되어, 역내 통과화물운송 총량의 증가에 관한 결정이 수용되었다.[46] 아르한겔스크 항만은 러시아연방 내의 북극지역에 위치하며 연간 활동을 전개하고 있는 네 곳 중 하나인 강력한 수송분기점으로, 2015년 1월부터 항만의 지리적인 외부 경계는 제믈랴 프란짜-이오시파(Земля Франца-Иосифа) 열도에 속해 있는 제믈랴 알렉산드르이(Земля Александры) 도서지역의 수역까지 확장되었다.

최근 들어 지역 내에서는 북극 개발에 있어 아르한겔스크 주의 특별한 역할에 관한 학술, 경제, 정치적 종합 프로젝트들이 적극적으로 실현되고 있다. 2013년 12월 러시아 최초의 해빙방지고정플래트폼(МЛСП, Морская

그림 6. 해빙방지고정플래트폼 '쁘리라즈롬나야'

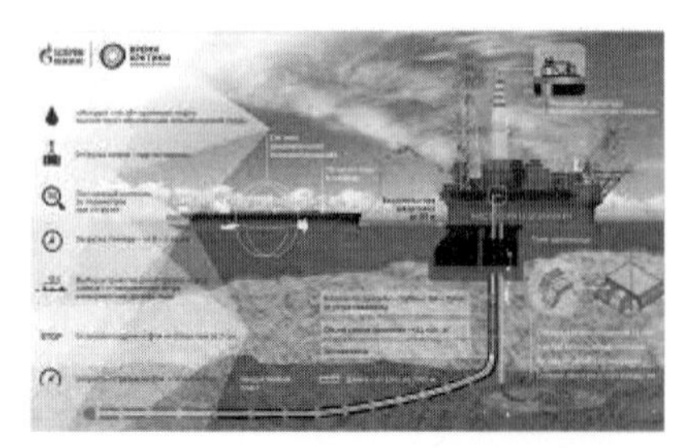

출처: http://www.gazprom-neft.ru/company/business/exploration-and-production/new-projects/prirazlomnoe/

출처: http://loveopium.ru/rossiya/platforma-prirazlomnaya.html

46) В Архангельске открыт филиал администрации Северного Морского пути//http://arhcity.ru/?page=0/25171

ледостойкая стационарная платформа)인 '쁘리라즈롬나야(Приразломная, 시행사: 가즈프롬 네프티 쉘프 Газпром нефть шельф)'가 시동됐다. 추후 아르한겔스크 주의 해안지역과 열도는 반드시 석유 및 가스자원 채굴에 관한 국제적인 북극프로젝트 실현의 중심지가 되어야 한다. 2009년 역내에 창설된 '북극연방대학교(Северный (Арктического) федеральный университет)'를 토대로 하여 이 지역 내에서 러시아와 해외 관련 기관들 사이의 정보교환을 위한 학술광장이 형성되어야 할 것이다. 1990년부터 북극지역과의 국제적 협력사업 부분에 있어 아르한겔스크 주의 적극적 역할이 눈에 띄게 증가하고 있을 뿐 아니라, 1993년부터는 바렌쯔-유럽북극지역연합회(СБЕР, Совет Баренцева/Евроарктического региона) 활동에도 적극적인 모습을 보이고 있다. 2011-2013년 사이 아르한겔스크 주정부는 수차례에 걸쳐 핀란드 및 노르웨이의 몇몇 지방정부와의 협력관계 협정서를 조인했다. 2013-2015년 사이에는 주정부가 바렌쯔-유럽북극지역연합회의 의장직을 맡기도 했다. 2014년 8~10월 주 지도부는 북극권 지역 환경 정화 관련 프로그램을 적극적으로 도입하기도 했다. 북극권에 관련된 종합적인 안전 시스템을 발전시켜 나가는 동시에 주 정부는 아르한겔스크에 최초의 북극재난구조센터 창설에 관한 결정을 채택하기도 했는데, 이는 네네츠자치구를 포함한 다른 북극권 지역으로 확산되고 있다.[47]

최근 들어 10여년 사이 아르한겔스크 주(네네츠자치구 제외)는 다음과 같은 국경지역의 모든 문제점들을 지니고 있는 러시아연방의 전형적인 변경지역 중 하나로 남아있다: 경제 잠재력의 낮은 수준의 개발, 인구의 자연 손실 및 높은 수준의 유출, 저급한 수준의 삶의 질, 주택자금 펀드의 애처로운 상태,

---

47) Арктический аварийно-спасательный центр открылся в Архангельске//http://ria.ru/society/20140924/1025443827.html

삼림과 펄프 산업의 전근대적인 생산 수단과 방법 등. 유일하고도 독특한 자연 환경과 역사/문화적 잠재력을 보유하고 있으면서도, 아르한겔스크 주는 현재 자신에 걸 맞는 사회/경제 발전지표를 보여주지 못하고 있는 상태이다. 급박한 인구, 경제 및 기술적 위기로 인해 현재의 주 상태는 러시아연방 지역 중 중간 정도에 머무르고 있다. 그럼에도 불구하고 현재의 주가 보여주고 있는 여러 가지 지표들은 러시아연방 북극권의 다른 지역에 비해서는 상대적으로 나쁘지 않은 상황을 유지하고 있음을 보여주는 반증이 되기도 한다. 그러나 연방정부, 주정부와 지역 공동체로부터의 기존에 축적되어 있는 여러 가지 문제점들을 종합적으로 해결하려고 하는 시도와 노력이 지속되는 한 현재의 복잡한 상황이 변화되고 지역의 독특한 매력적 요소들이 향상될 가능성은 충분하다고 생각된다.

3. 네네츠자치구(Ненецкий автономный округ)

아르한겔스크 주에 포함되어 있는 네네츠자치구는 러시아연방의 독립적인 행정주체이다. 자치구는 연방주체 중 면적에 있어서는 20위, 인구수에 있어서는 최하위를 기록하고 있다. 네네츠자치구의 면적은 약 17,681,000㎢로 러시아연방 총면적의 1.03%에 해당한다. 자치구는 백해(Белое море)와 바렌츠(Баренц)해 그리고 카라해(Карское море)안을 따라 위치하고 있으며, 영토의 대부분이 북극권에 포함되어 있다.

네네츠자치구의 주요 인구밀집 지역의 대부분은 접근성이 매우 떨어지는 곳에 위치하고 있다. 심지어 지역의 중심부에 도달하기 위한 방법도 주로 항공편을 이용해야 하며, 페초라 강을 따라 짧은 여름 기간 동안의 항해 또는 겨울도로를 통한 일시적인 육로 통행이 가능하다[2015년 12월 기준, 우신스크(Усинск)까지의 자동차도로는 미준공 상태]. 지역 내에 철도시설은 전무하며, 도로교통망 체계 역시 매우 열악한 상태이다. 설상차(снегоход, 스노우 모빌)는 최근 들어 지역 내 가장 널리 보급된 형태의 개인 교통수단이 되고 있다.

네네츠자치구는 1929년 현대적인 국경선 개념 하에 행정-영토 단위(административно-территориальная единица)의 지위를 획득했다[당시 '북방영토(Северный край, Northern Territory)'의 일원으로 포함][48]. 1932년 노동

〈그림 1〉 러시아연방공화국내의 네네츠자치구 위치

출처: http://www.bankgorodov.ru/region/neneckii

48) '북방영토'는 1929년 1월 14일부터 1936년 12월 5일 까지 러시아소비에트연방사회주의공화국(RSFSR) 북서쪽에 있는 관리 및 영토 단위. 1929 년 1 월 14 일의 "RSFSR 영역에 대한 영토 및 지역의 중요성에 관한 행정 영토 연합의 형성에 관한 선언"에 따라 1929 년 10 월 1 일에 RSFSR의 영역에서 '북방영토'를 구성하기로 결정됐다. '북방영토'

자 중심의 도시형 촌락인 나리얀-마르(Нарьян-Мар)가 짧은 기간이기는 하지만 네네츠자치구의 행정중심지의 역할을 했다[49]. 1935년 나리얀 마르는 도시의 지위를 부여받았으며, 지금까지 관구 내에서 유일하게 도시 지위의 명맥을 유지하고 있다.

러시아연방 통계청 자료에 의하면, 2015년 관구 내의 총 인구는 43,373명으로 그 중 거의 절반이 나리얀-마르에 거주하고 있다. 인구밀도는 1㎢ 당 0.25명으로 매우 희박한 상태이다. 1990년대 중반부터 지역주민 수는 급격하게 감소하기 시작했으나, 점차 그 추세가 수그러들면서 2011년부터는 다소 느린 속도이기는 하지만 증가추세를 나타내고 있다.

〈그림 2〉 네네츠자치구 주요 지역

출처: http://geosfera.org/evropa/russia/2560-neneckiy-avtonomnyy-okrug.html

는 아르한겔스크 시를 중심으로 아르한겔스크, 볼로고드와 북-드빈스크 주를 통합하는 방식으로 이루어졌다.

49) 네네츠 어를 기원으로 하는 '나리얀-마르(Нарьян-Мар)'는 '아름다운 도시(красный город)'라는 의미를 가지고 있다.

관구 내 대표적 민족은 전체 인구의 약 18%를 점유하고 있는 네네츠인으로 러시아에 분포하고 있는 사모예드(самоед) 민족 중 가장 큰 민족 집단이다. 사모예드 민족 집단은 핀-우고르어군[50]과 함께 우랄어족을 형성하고 있다. 우그로-핀족 내에서 사모예드 민족의 차별점은 거의 존재하지 않으며, 네네츠 대표자들은 적절한 조직들에 참여하거나 그 틀 안에서 다양한 조치들을 수행해 나가고 있다.

네네츠인의 총수는 약 4만 5천명 정도로 파악되고 있다. 네네츠인들은 러시아연방 내의 3개 행정주체에 집단적으로 거주하고 있다: 네네츠자치구, 야말로-네네츠자치구(Ямало-Нецкий автономный окуг)와 최근 자치구(автономный окуг)가 된 크라스노야르스크 변강주의 돌간-네네츠 타이미르 자치구역(Долгано-Ненецкий Таймырский муниципальный район Красноярского края). 그 중 네네츠인들이 가장 많이 분포하고 있는 지역은 야말로-네네츠자치구이며, 네네츠자치구는 2위에 해당한다. 2010년 인구조사 자료에 의하면 이곳에 거주하는 네네츠인은 약 7천 5백명 정도이며, 현재 인구구성 비율 뿐 아니라 총 수에 있어서도 감세추이를 나타내고 있다.

그럼에도 불구하고 현재 러시아연방 내 여러 곳에서 거주하고 있는 네네츠인들은 자신들의 고유한 문화전통을 계승하는 중요한 역할을 수행하고 있다. 네네츠어와 문화의 발전과 보급부분에 있어 중요한 업적을 수행하고 있는 네네츠자치구와 야말로-네네츠자치구 출신의 저명하고 대중으로부터 존경받는 문학작가와 계몽자로는 이반 이스토민(Иван Истомин), 안톤 피레르카

50) 핀-우고르어군은 노르웨이에서 동쪽으로는 시베리아의 오브 강 지역까지, 그리고 남쪽으로는 도나우 강 하류까지 뻗어 있는 넓은 지역에서 수백만 명의 사람들이 사용하지만, 핀우고르어 사용자들은 이 넓은 지역에서 게르만어와 슬라브어, 루마니아어 및 튀르크어 사용자들에게 둘러싸인 고립 집단을 이루고 있다.

(Антон Пырерка), 프로고피이 야브트스이(Прокопий Явтысый), 레오니드 라프쮸이(Лонид Лапцуй) 등이 있다.

역사의 흐름 속에 네네츠인들은 수차례에 걸쳐 러시아 식민화 작업에 무장화된 저항운동을 전개했다(현재 유령도시가 된 푸스토제르스크(Пустозерск)[51]는 16세기부터 오늘날의 네네츠자지구 내에서 중심지역의 역할을 수행해 왔으며, 네네츠인들은 수차례에 걸쳐 푸스토제르스크 시를 되찾고자 습격을 실행하기도 했다). 19세기 중엽에는 네네츠의 툰드라지역 내에서 15년에 걸친 '바울리 봉기(Восстание Ваули)[52]'라 불리는 네네츠인과 러시아의 식민정복자들과의 전투가 벌어지기도 했다. 20세기 네네츠의 저항의 역사흐름 속에는 네네츠인의 전통적인 사회경제구조의 해체와 이들의 소비에트 사회로의 동화 그리고 집단화 및 제2차 세계대전을 위한 경제적 착취 등을 추구하는 소비에트 정부에 대한 반발을 시도했던 '만달라다(Мандалада)[53]' 봉

51) 푸스토제르스크는 페쵸라 강 하류에 위치하고 있으며, 현재의 나리얀-마르로부터 약 20km 정도 떨어져 진 곳에 위치하고 있는 유령도시이다. 푸스토제르스크 고도시는 북극권 지역의 러시아 최초의 도시이자, 북극권과 시베리아 개발에 있어 중요한 전초기지 중 하나였다. 18세기부터 점차적으로 도시로서의 중요성이 약화되었으며, 1924년에는 도시의 지위를 박탈당했고 마침내 1962년에는 버려진 지역으로 전락했다. 그럼에도 불구하고 1974년 법령에 의해 국가의 보호하에 있는 '역사와 문화의 기념물 목록(список памятников истории и культуры, находящихся на государственной охране)'에 포함되었다. 러시아연방문화유산 대상(등록번호 831000300).
http://pustozersk-nao.ru/index.php/ru/novosti/19-den-pustozerska

52) '바울리 반란'이라고도 불리는, 1825년-1841년 사이에 야말 툰드라의 네네츠인들과 러시아 식민 정복자들간의 전투. 당시 '바울리 네냐기(Ваули Неняги) 또는 바블료 네냐기(Вавлё Неняги, 네네츠어)'라 불리는 자가 네네츠인의 지도자였다. '바울리'에 대한 역사적 평가는 다양하다: '선한사람들을 강탈하는 강도(일명, 네네츠의 로빈 훗)', 또는 '많은 사람들을 경외심에 빠지게 하는 위대한 샤먼' 등.

53) 만달라다 봉기는 1934년부터 1943년 사이에 야말과 볼셰제멜스카야 툰드라 지역의 원주민에 의해 발생했던 무장저항운동으로, 소련 정부의 전통적 사회경제 구조의 제

기 등이 나타나고 있다. 특히 1943년 봉기는 바로 네네츠자치구 영토내에서 전개되었다. 봉기가 진압된 후 38명의 참가자는 아르한겔스크에서 진행된 재판과정에 피고인석에 앉게 되었다.

〈그림 3〉 만달라다 봉기

출처: http://russian7.ru/post/mandalada-kak-nency-voevali-protiv/

1950년대부터 네네츠자치구 내 러시아인 비율은 총인구의 약 2/3에 달했고, 그 비중은 그리 큰 변동이 없었다. 이웃하고 있는 연방주체의 대표적 민족인 코미인은 네네츠자치구의 약 10% 정도에 해당한다.

거와 신흥 소비에트 사회의 공간 내에서의 문화적응 그리고 집단화 및 2차 세계대전을 위한 경제적 착취에 대항하는 운동이었다.

네네츠자치구는 러시아 내 3위의 탄화수소자원(석유 및 가스) 매장지이다. 1966년 12월 최초의 석유채굴 작업이 시행되었으며, 산업생산을 위한 대규모 채굴은 1988년에 이르러서야 시작할 수 있었다. 1975년 산업생산을 위한 가스 채굴이 시행되었으며, 이는 단지 나리얀-마르 지역으로의 공급 목적으로 이루어졌다. 이후 지역 내의 대규모 석유 및 가스매장지 개발이 시작되었으며, 이러한 형태의 개발은 주로 포스트 소비에트(체제전환 이후) 시대에 집중되어 있다. 국제 시장에서의 석유와 가스 가격은 네네츠자치구의 경제개발과 소득 수준 향상에 있어 매우 중요한 요소로 작용하고 있다. 2011년 자료에 의

〈그림 4〉 네네츠자치구 내 석유 매장지

출처: https://ria.ru/infografika/20110415/364902512.html

하면 지역 내 탐사된 탄화수소자원 개발 잠재력은 10% 정도에도 도달하지 못하며, 특히 가스의 경우는 2%이하 수준으로 나타나고 있다[54]. 관구 내에는 이밖에도 수많은 기타 유용광물 매장지가 존재하고 있다. 대체적으로 이지역은 경제 개발의 관점에서 러시아연방 내의 가장 전망 있는 지역 중 한곳으로 인정받고 있다.

석유와 가스 붐은 현재 상황에서 지역 내의 급격한 인구증가와 신도시 출현 등과 같은 현상을 이끌어 내지 못하고 있다: 네네츠자치구 영토내의 채굴과 건설사업은 주로 교대작업방식(вахтовый метод)에 의해 수행되고 있다. 현재까지 최고 인구수(54,840명)는 1989년에 54,840명으로 나타났으며, 이후 감소추이를 보이며 2001년에 40,931명의 최저 인구수를 기록하기도 했다.

포스트소비에트 시기에 접어들면서 수차례에 걸쳐 네네츠자치구와 아르한겔스크주의 합병문제에 대한 논의가 전개되었다. 2004년 러시아 내의 여러 연방주체와 자치구들 간의 통합 문제에 대한 논의가 급물살을 타고 진행되었으며, 이와 관련하여 당시 북서관구의 러시아연방대통령의 전권대표인 일리야 클레바노프(Илья Клебанов)는 네네츠자치구와 아르한겔스크주의 통합에 대한 강력한 지지를 표명했다[55]. 이에 더하여 아르한겔스주 주지사인 이반 미하일추크(Иван Михайлчук) 역시 통합에 적극적인 지지 의사를 나타냈다. 이와 같은 확대된 프로젝트는 현재 국정의 의사일정에서 여러 전문가들에 의해 심사되고 있는 매우 중요한 사안이 되고 있다. 그러나 이 프로젝트는 현재 현

---

54) Пономарев В. Нефть высоких технологий // Эксперт. Online. 20.09.2011./ http://expert.ru/expert/2011/38/neft-vyisokih-tehnologij/

55) 참조. Клебанов И. Объединение Архангельской области и НАО принесет пользу стране // http://viperson.ru/articles/ilya-klebanov-ob-edinenie-arhangelskoy-oblasti-i-nao-prineset-polzu-strane

실화되고 있지 않으며, 이는 네네츠자치구의 정치 엘리트들의 강력한 반발에 직면하고 있어 러시아연방주체의 통합과정에서 중단된 상태로 남아 있다.

희박한 인구수에도 불구하고 이 지역의 정치적 활동은 매우 활발하게 전개되고 있다. 1991년부터 2014년까지 무려 7번의 네네츠자치구의 수장 교체가 이루어졌다. 2000년 중반부터는 네네츠자치구의 행정관계는 2개의 도시 행정자치제(городской округ)로 분리되어 유지되고 있다: '나리얀-마르(Нарьян-Мар)'와 '자뽈랴르 구(Заполярный район)'

4. 야말로-네네츠자치구(Ямало-Ненецкий автономный округ)

야말로-네네츠자치구는 프랑스 또는 스페인과 같은 유럽지역에서 비교적 넓은 영토를 가진 국가들에 비해 약 1.5배에 해당하는 약 770,000㎢의 면적을 보유하고 있다. 영토의 북쪽에서 남쪽, 서쪽에서 동쪽으로의 연장길이는 각각 약 1,200km와 1,130km에 달한다. 이 관구의 영토 절반이상이 북극권에 포함되어 있으며, 행정구역의 수도인 살레하르드(Салехард)는 위도 상 북극권(66° 33′ 44) 연장선 상(66° 35′)에 위치하고 있다. 이 지역 명칭의 근간인 야말반도의 면적은 약 112,000㎢에 이른다. 그러나 야말로-네네츠자치구 내에 위치하면서 면적상 야말 반도를 상회하는 긔단반도(Гыданский полуостров)의 인지도가 낮은 점은 매우 흥미로운 상황이기도 하다. 아마도 이는 야말반도에 비해 개발진도와 상황이 낮은데서 기인한다고 볼 수 있을 것이다.

지역 통합보다는 오히려 동과 서로 구분시키는 카라 해의 오비 만(Обская губа)은 자신의 위도상의 위치로 인해 수로의 주된 근간이 되고 있다. 관구에 접해 있는 해안선의 길이는 총 5,100km이며, 그 중 약 900km는 러시아연방

〈그림 5〉 러시아연방공화국내의 야말로-네네츠자치구 위치

출처: http://www.bankgorodov.ru/region/yamalo-neneckii

국경선에 해당한다. 서로 상이한 기후 조건을 나타내고 있는 굴곡이 심한 해안선은 항해술 발전을 촉진시켜 주는 요소가 되고 있기는 하지만, 북극 내에서의 이러한 여건은 상대적으로 통신 및 교통 상황을 어렵게 만들고 있다. 이로 인해 현재까지 야말로-네네츠자치구 내에는 대규모 항구가 없다. 1940년대 말 카멘 곶(Мыс Каменный)에 대형 항구 건설에 대한 결정이 이루어지고 대대적인 준비 작업이 시행되었지만, 항구건설의 비현실성에 대한 인식이 높아지면서 공사가 중단되기도 했다. 현재까지는 관구 내 대양 진출의 주된 항구의 임무는 아직까지는 그리 크지 않은 교대 캠프(또는 회전 캠프, вахтовый поселок: Shift camp) 역할을 하고 있는 사베타(Сабетта)가 책임질 것으로 계획되고 있다(2013년 10월 항구 선착장에 최초의 선박단이 계류하기도 했음).

〈그림 6〉 야말로-네네츠자치구의 주요 도시 및 교통

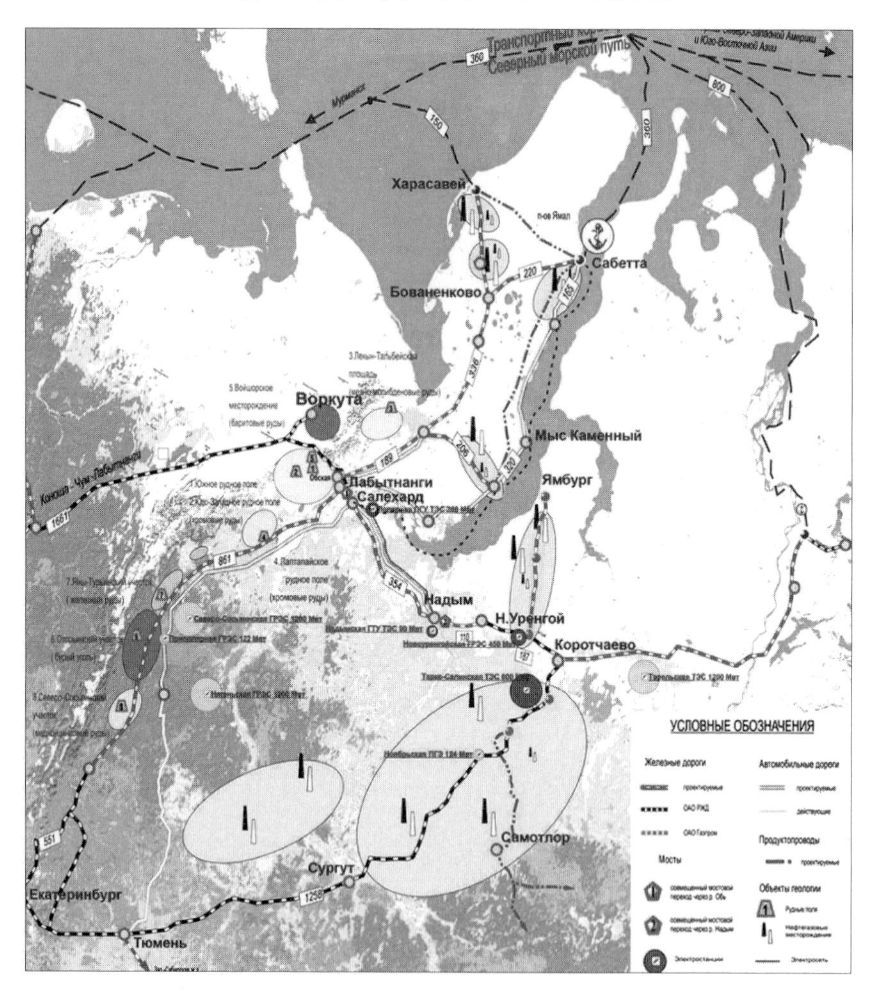

출처: http://nemiga.info/rossiya/severny_shirotny_hod.htm

이전부터 지역 내 주된 교통로의 역할은 주로 하천들이 담당해왔다. 그 중 가장 큰 역할을 수행해오고 있는 하천은 오비 강이며 그 뒤를 이어 나딤(Надым), 따즈(Таз)와 뿌르(Пур) 강 등이 있다.

철도 교통은 처음부터 지역 내 서부지역으로부터 시작되었다. 1910년대 '위대한 북부 철도 트랙 프로젝트(Проект Великого Северного железнодорожного пути)'가 제안되었다. 이 프로젝트에 의하면, 철로는 오비 강에서 시작하여 북극권을 따라 추코트카까지 혹은 타타르 해협을 에워싸는 형태로 이어지게 된다. 제1차세계 대전 직후 기존의 예니세이 강 하류와 노릴스크 공장지대로부터 페초라 호 지역을 연결시켜 줄 수 있는 춤(Чум)-살레하르드-이가르카(Игарка) 노선의 극지방횡단 철로 건설이 시작되었으며, 이 작업은 당시 야말로-네네츠자치구의 황량한 전 영토에 걸쳐 진행되었다. 이후 수년 동안의 세월에 걸쳐 철로 건설 대부분의 지역에 수용소(ГУЛАГ)의 많은 수감자들과 막대한 자원이 투자되었음에도 불구하고, 스탈린 사망 직후 이 사업에 대한 중단이 결정되었다. 이로 인해 살레하르드로부터 약 16km 떨어져 오비 강 건너편에 위치하고 있는 도시 라브이뜨난기(Лабытнанги)는 이 노선의 종착역이 되었으며, 이 극지방 횡단 노선은 불충분한 조사와 그로 인해 미완성된 '제국의 거대 프로젝트'의 선명한 본보기가 되고 있다. 그러나 이는 지역발전과 관련된 사항에서 그리 큰 영향을 주지는 않은 것 같다. 열정적인 연구자들은 이와 관련하여 다음과 같은 언급을 했다. "거의 무인지역인 이 공간은 버려진 도로와 그것과 관련된 모든 것들이 자신만의 자연스러운 형태로 보존되어 소련시대의 거대한 기념물로 변모시키는 결과를 만들어 내게 되었다"[56].

1980년대 초반 새롭게 형성된 노브이 우렌고이(Новый Уренгой) 시의 남쪽으로부터 이웃 행정구역인 한티-만시(Ханты-Мансийский округ)의 수르구트(Сургут) 그리고 더 나아가 튜멘(Тюмень)을 연결하는 철로가 건설되

---

56) Вологодский А. Мертвая дорога // http://crab.chem.nyu.edu/~deadroad/Road.htm

었다. 이후 불과 수년 만에 이 도로는 북쪽으로는 오비 강 기슭의 얌부르그(Ямбург)와 서쪽으로는 급성장하고 있는 새로운 도시 중 하나인 나딤까지 연장됐다(이 지역은 기존의 극지방행단 노선과 일치함).

육상 교통로 역시 남쪽지역으로부터 포장이 시작되어 주로 새롭게 생성된 석유와 가스 채굴 중심지로 이어져 나갔다. 그러나 아직까지 야말-네네츠의 행정 중심지역은 주요 철도와 육상 교통로 등과 같은 그 어느 교통망과도 연결되어 있지 않다. 이러한 상황은 살레하르드와 나딤 간 육상교통로의 건설이 완성된 후에나 해결되어 질 것 같다.

관구 내 항공운송 역시 정기항로를 보장받지 못하고 있는 실정으로, 인구밀집지역에서의 수일간의 항공지연 현상은 야말로-네네츠자지구에서는 매우 자주 발생하는 현상이다.

지역 내의 교통 및 수송 시스템 발전과정 하에서 승객운송 부분보다 화물유통 및 수송이 더 큰 관심을 받고 있다. 야말지역에서 파이프라인의 유통수단 발전이 최고 수단이 되고 있는 것은 결코 우연이 아니다. 이곳으로부터 러시아와 유럽 중심부로 천연가스를 공급하는 주요 동맥이 시작되기도 하며, 주요 간선 파이프라인이 서로 얽혀 있는 공간이기도하기 때문이다.

야말로-네네츠자치구의 이러한 수송발전과 관련된 특징들은 러시아의 다른 지역들에 비해 지금까지 상대적으로 인구밀도가 희박한 '고립된 섬'과 같은 결과를 초래하는 중요한 문제 중 하나가 되고 있다.

관구의 민족적 근간을 이루며 대표성을 보유하고 있는 네네츠인이 이 지역에 출현한 것은 1000년대 초이다. 현재 네네츠인의 절반 이상이 야말로-네네츠자치구 지역에서 거주하고 있다.

이 지역의 러시아의 식민화는 16세기 후반부터 시작되었다. 1955년 오비 강 근처에 현재의 살레하르드의 기원이 되는 '오비도르 요새(Обидопская крепость)'가 건설되었다. 1600년에는 타즈 강가에 시베리아 지역의 주요 무역 중심지 중 하나로 급격한 성장을 보인 만가제야(Мангазея) 도시가 부설되어 러시아 팽창의 전초기지 역할을 하였으나, 수십 년 후 버려진 도시로 전락하고 말았다.

독립행정구역으로서 '민족적'인 야말로-네네츠(Ямало-Ненецкий округ)의 행정주체는 1930년 12월 30일 우랄 주(Уральская область)의 하나의 성원이 되며 이루어졌다(1844년 이래 튜멘 주에 편입되어 왔음). 20세기 중반까지 이 지역의 전체인구는 5만 명을 넘지 못했으며, 그 중 절반 정도가 '원주민'들이었다.

1960년대에 이르러 야말로-네네츠 지역의 대규모 가스 및 유전 개발이 시작되었으며, 그 후 50년 사이 이 지역의 인구는 8배 이상 증가하여 50만을 상회하게 되었다. 개발 기간 동안 야말 지역의 산업체와 건설 현장은 주로 교대 및 교체 시스템(вахтовый метод и смена)으로 조직되었으며, 종종 야말로-네네츠자치구로부터 멀리 떨어진 지역에서 인력이 구성되어 이곳으로 방문하기도 했다.

야말로-네네츠자치구에서 생산되는 가스의 양은 러시아 전역의 가스생산량의 약 80% 이상을 차지하며, 이는 세계 생산량의 약 5분의 1에 해당하는 양이다. 이에 힘입어 이 지역은 러시아연방 내에서 1인당 산업생산량 분야에서 3등을 차지하고 있다. 이와 더불어 야말로-네네츠자치구는 산업분야에서 국민총생산량 관련 5대 선도지역 중 하나의 역할을 수행하고 있다. 이외의 기타 유용광물(인, 철광서, 인산염 및 금 등)의 개발 잠재력과 가능성 역시 매우 높은 지역이기도 하다. '야말' 지역은 최근 들어 인구가 증가하고 있는 러시아연방 내의 소수 지역 중 하나로 새로운 도시들이 끊임없이 급부상하여 성장하고 있다. 그러나 이와 관련하여 이 지역은 여전히 매우 낮은 인구밀도(0.7명/㎢)를 유지하며, 러시아 총인구수의 약 0.4% 정도를 차지하고 있는 실정이다. 현재 러시아 당국은 유입 인구의 흐름을 제안하지 않고 있으며, 적어도 이 지역으로 이주한 구성원들을 엄격히 관리하고 유지하려는 노력을 보이고 있다.

1960년대에 시작된 경제 호황과 고유의 자연 및 기후조건(겨울, 평균적으로 182-224일 정도 유지)으로 인해 야말로-네네츠자치구는 러시아연방 내 가장 도시화가 빠르게 진행되고 있는 지역 중 하나로 변모했다. 행정지역 내 도시인구는 약 83.7%에 해당하며, 현재 지역 내에는 8개의 도시(город)와 여러 곳의 충분한 규모의 도시형 정착촌(поселок)들이 있다. 이들 중에서 단지 살레하르드와 라브이뜨난기 만이 20세기 초에 형성된 것이다. 여러 도시 중 큰 도시라 할 수 있는 노브이 우렌고이(Новый Уренгой)에는 약 115,000명 이상이 거주하고 있으며, 이는 야말로-네네츠자치구에서 인구수에 있어 5번째 위치를 점유하고 있다. 이와 인구수에 있어 견줄 수 있는 도시로 노야브리스크(Ноябрьск)가 있으며, 약 10만 명 이상이 거주하고 있다.

야말로-네네츠자치구는 행정 중심지역이 인구밀도가 높은 곳에 위치하고 있지 않을 뿐 아니라, 다른 지역에 비해 상대적으로 현저히 낮은 러시아연방 내의 몇몇 행정주체 중 하나이다. 살레하르드의 인구수는 2014년 기준, 약 47,900명으로 행정 지역 내 다른 도시인 나딤에 비해 약간 높은 수준을 유지하고 있다. 이는 1989년에 비해 거의 절반 정도 증가한 수치이다(노브이 우렌고이와 노야브리스크 시 역시 상대적으로 추세가 낮기는 하지만 증가하는 상태이며, 나딤의 경우는 오히려 감소추세를 나타내고 있다). 그럼에도 불구하고 지역의 정치 및 행정 엘리트들의 지위 강화 결과로 지역 내 삶 속에서 행정주체의 수도로써의 역할은 명백한 강화 경향을 보이고 있다.

야말로-네네츠자치구와 가장 유사한 지역은 바로 인접한 한티-만시자치구(Ханты-Мансийский автономный округ)로 상대적으로 3배의 인구수와 2

〈그림 7〉 야말 반도 내 석유와 가스 매장지

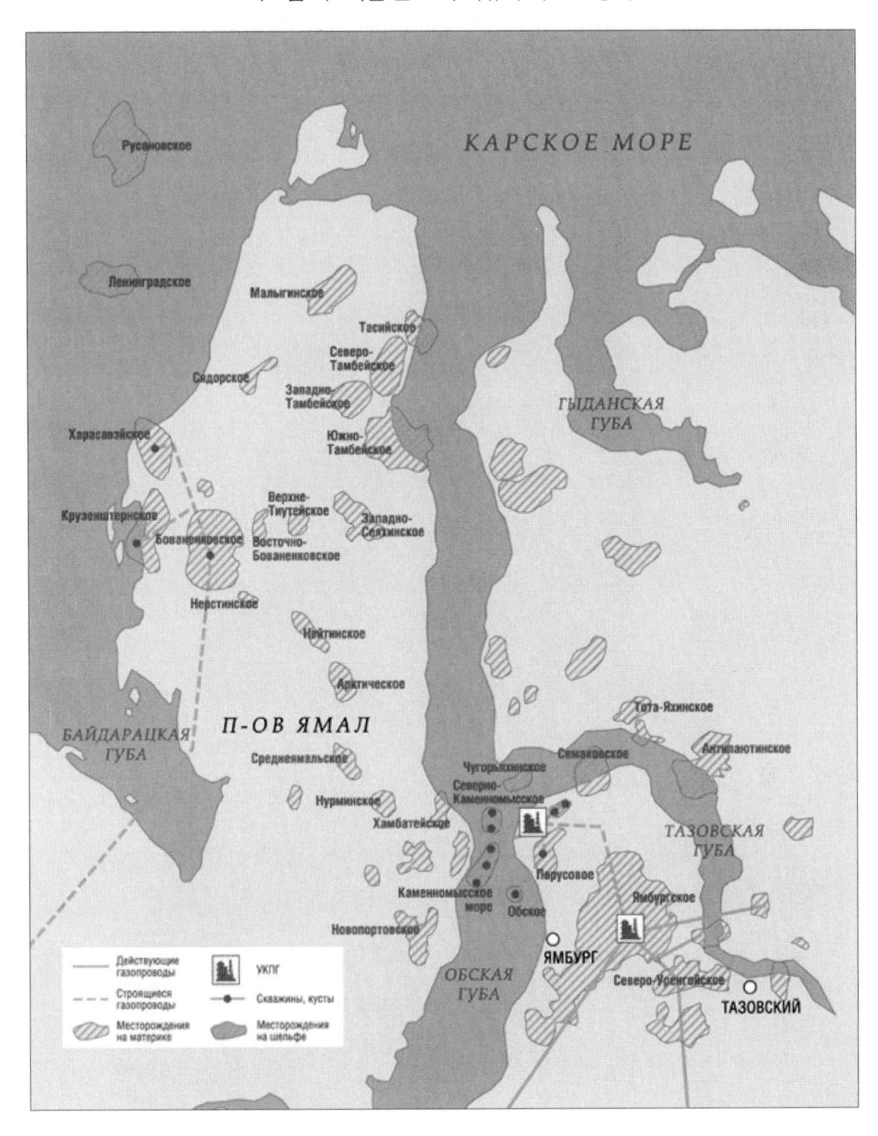

출처: Neftegaz.ru

배의 도시 수, 도시 인구는 행정관구 전체의 약 92.1%를 보유하고 있다. 한티-만시자치구의 수도인 한티-만시스크(Ханты-Мансийск)의 인구수는 살레하

〈그림 8〉 야말로-네네츠자치구 내 주요 도시

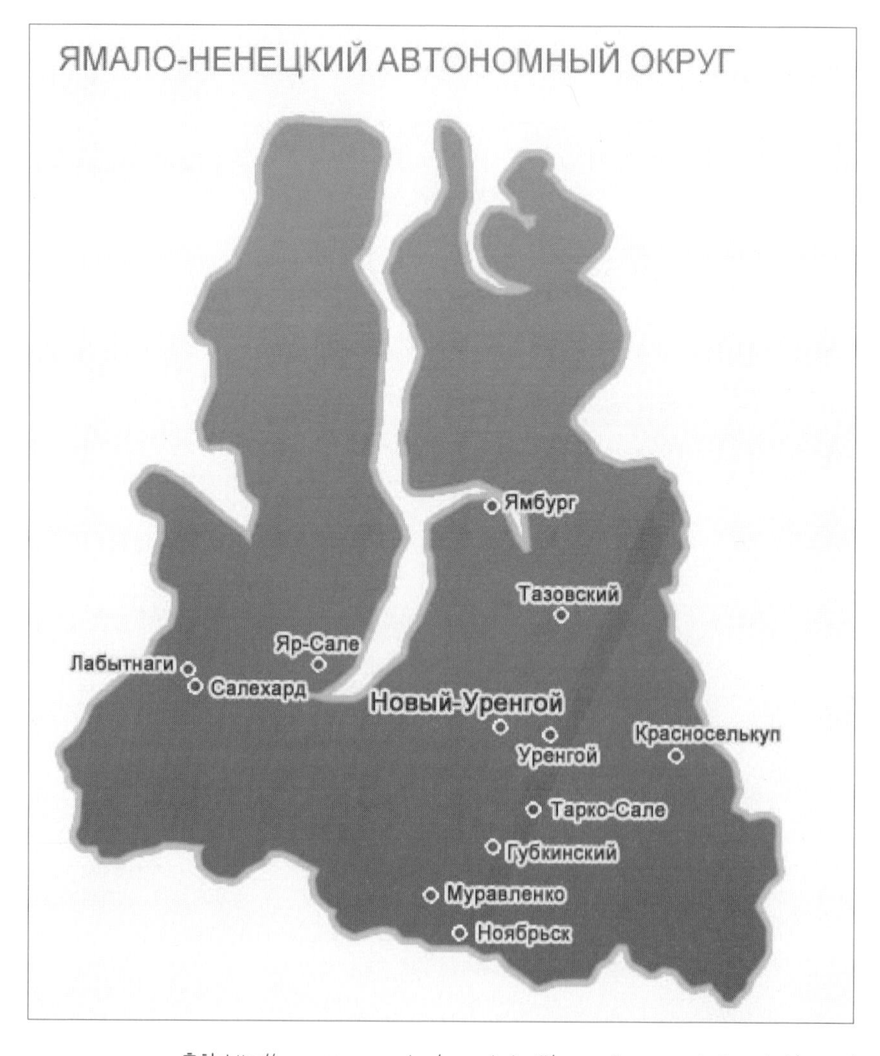

출처: http://www.gammaural.ru/o-predpriyatii/geografiya-provedeniya-rabot/yanao/

르드에 비해 거의 2배 정도이다(약 90,000명). 그러나 지표 상의 이 수치는 지역 내에서 네 번째에 해당할 뿐 아니라 인구수에 있어 지배적이지 못한 상태이다. 그러나 살레하르드와 마찬가지로, 한티-만시이스크의 거주자는 그 지역의 다른 도시들에 비해 훨씬 빠른 속도로 성장하고 있다. 1970년대 말과 비교하여 한티-만시자치구와 야말로-네네츠자치구 내의 '러시아인'의 비율은 구소련의 다른 민족의 증가 추세로 인해 다소 축소되었다. 이들 두 지역의 대표적인 차이점은 한티-만시자치구가 석유 생산을 압도한다면, 야말로-네네츠자치구는 가스 채굴 분야에서 우위를 나타내고 있다는 점이다. 이러한 생산 분야의 특성과 그로 인한 관련 산업 및 기업활동은 두 행정지구 발전의 특징에 큰 영향을 미치고 있다.

〈그림 9〉 야말로-네네츠자치구 내의 순록 방목

출처: https://www.rgo.ru/ru/photo/oleni-yamala

한티-만시자치구와 마찬가지로 야말로-네네츠자치구 역시 대표적 민족 구성은 다소 이국적 경향이 강하게 나타나고 있으며, 전체 거주자들 중에서 그들이 차지하는 비중은 그리 크지 못하다. 그럼에도 불구하고 이 두 행정주체는 명백한 차이점을 보이고 있다. 한티-만시자치구의 '원주민'의 비율은 전체의 약 2%에 해당한다. 그러나 야말로-네네츠자치구의 경우 네네츠인은 약 6% 정도, 그리고 기타 북부 민족 집단이 약 2-3% 정도를 차지하고 있다. 그러나 석유와 가스 산업의 비대해진 개발에도 불구하고 북부 민족집단의 전통적 경제활동은 '야말' 지역의 경제 분야에 있어 중요한 역할을 한다는 점을 간과해서는 안된다. 2010년 초 북부지역의 순록 가축 수는 678,000마리에 달했으며, 이는 이 지역 내 전체 인구수를 현저하게 초과하는 수치이다. 이는 세계에서 가장 큰 순록 무리라 할 수 있다. 야말 지역에서의 연어 생산량은 러시아 전체(세계 생산량의 약 3분의 1)의 절반 정도에 해당한다.

〈그림 10〉 러시아연방 내 순록 방목지와 개체 수

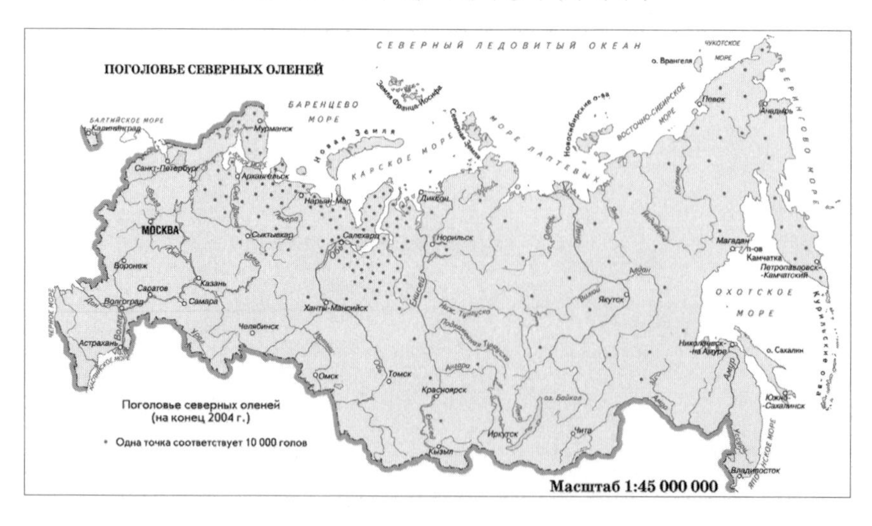

출처: https://geographyofrussia.com/zhivotnovodstvo-rossii/

한티-만시자치구와 비교하여 야말로-자치구의 경우 주요 민족(원주민) 대표부는 정치활동에 있어 다소 큰 역할을 수행하고 있다. 이와 관련하여 2000년 이후 하류치(С.Н. Харючи)는 행정구의 의회를 강력한 지도력 하에 이끌기도 했다[57].

상기한 몇몇 차이에도 불구하고, 튜멘주에 포함되어 있는 이 두 '북부'자치구들은 '재정착' 유형의 영토로 신뢰할 수 있는 대표적인 지역이다. 시베리아의 다른 지역들에 비해 이들은 '새로운' 정착지역이기는 하지만, 이 지역은 여러 세대에 고착되거나 현재에 합치하는 상징이나 신화와 같은 고유의 전통들은 많이 결여된 상황이다. 바로 이점 때문에 이 지역과 관련된 러시아 회화 속에서 '북부(Север)'라는 개념은 종종 다른 의미로 수용되기도 한다. 또한 이 두 자치구는 연방뿐 아니라 이들의 지역적으로 중심지가 되고 있는 튜멘주 차원에서 매우 긴밀한 관계를 유지할 필요성이 있다. 이러한 여러 가지 조건들에 의해 최근 들어 이따금 '연방차원에서의 통합'에 관련된 의제가 제기되곤 한다.

적어도 이와 관련하여 야말로-네네츠자치구와 한티-만시자치구의 절대적으로 통일된 정체성에 관해 언급할 필요는 없을 것 같다. 그 증거로, 이웃하고 있는 한티-만시자치구 주지사인 나탈리야 코마로바(Наталья Комарова)는 야말로-자치구내의 일부지역에서 마치 '자신'들과 같은 인물로 인식되고 있기 때문이다.

---

57) 2001년부터 2011년 사이 한티-만시 자치구 의회에서도 대표적 원주민의 적극적인 의회활동이 전개되었다는 점 역시 주목할 필요가 있다. 야말로-네네츠 자치구의 경우 하류치의 영향력은 의회를 넘어 지역 전체로 확산되었으며, 살레하르드 내에서 그는 특정 네네츠 귀족 출신 중 떠오르는 인물로 회자되고 있다. 그 밖에 하류치는 1997년부터 2013년까지 '러시아연방의 북부 및 시베리아와 극동지역 소수민족 협의회(Ассоциация коренных малочисленных народов Севера, Сибири и Дальнего Востока Российской Федерации)'를 영도했다.

2부
지경학적 접근

북극 - 지경학적 연구영역과 방법론

예병환*

1. 북극의 개념정의

북극 또는 북극권 공간의 개념정의는 연구자 혹은 연구기관에 따라 다양하게 사용되고 있다. 다양하게 정의된 북극의 개념[1] 들을 살펴보면 다음과 같다.

- 북극은 지구의 최북단 지역에 위치하고 있으며 일반적으로 북극은 계절적으로 변화하는 얼음이 덮힌 광대한 북극양(Arctic Ocean)[2]과 영구동토를 포함한다.

- 북극(Arctic)은 '북방(North)' '고북방(high North)', 고북극(high Arctic), '저북극(low Arctic)', '아북극(subarctic)', '극(Polar)' 등의 용어와 같이 국제적으로 종종 유사한 개념으로 사용되고 있다.

- 북극양은 원형의 분지를 구성하고 있으며, 그 면적은 1,405만 6,000㎢에 달하고 있다. 북극양은 일반적으로 배핀 만, 바렌츠 해, 보퍼트 해, 축치 해, 동시베리아 해, 그린란드 해, 허드슨 만, 허드슨 해협, 카라 해, 랍테프 해, 백해 등으로 이루어지고 있으며, 베링 해를 통해 태평양과 연결되며, 그린란드 해

---

* 대구대학교

1) 한종만, "북극 공간의 개념 정의: 자연구분과 인문구분을 중심으로", 『비교경제연구』, 한국비교경제학회, 제22권 제1호, 2015. 참조

2) Arctic Ocean은 북극양, 북빙양, 그리고 북극양으로 혼용되어 사용되고 있다.

와 래브라도 해를 통해 대서양과 연계되어 있다.

- 북극은 단일 공간으로 간주될 수도 있지만 다양한 방법에 따라 구획될 수 있다. 남극의 정의는 간단명료한 반면에 달리 북극은 자연 및 인문지리(문화, 원주민, 언어 등)의 이질성과 복합성 때문에 정확한 북극의 정의는 공식적으로 존재하지 않는다. 실제로 북극권의 정의는 북극권 국가들도 상이하게 정의하고 있으며, 연구목적에 따라 다양하게 정의하고 있다. 북극 공간은 다양한 북극이사회의 실무그룹과 프로젝트 상황과 연구목적에 따라 정의되고 있다.

- 지형생태학적 정의는 북극점부터 지속적인 영구동토지대 남방한계선까지, 즉 수목한계선부터 북극점까지로 아시아, 북아메리카, 유럽의 툰드라와 영구동토지대와 북극양을 의미한다. 수목한계선 지역은 열악한 환경조건, 예를 들면 추위, 불충분한 기압, 습기 부족 등으로 수목이 성장할 수 없는 지역이다.

이렇게 다양하게 정의된 북극은 일반적으로 열악한 자연환경으로 인해 인간이 거주하기 힘든 지역으로 인식되어 왔으며 최근까지 북극권의 활용 가치는 환경적 제약으로 인해 그리 높지 않았다. 그러나 기후변화가 가져오는 북극지역 얼음의 해빙현상으로 인해 자연생태적 환경이 급격히 변화함에 따라 북극지역의 지정학 및 지경학적 가치가 새롭게 평가되고 그에 수반되어 북극 문제 역시 국제정치의 주요 관심사로 급격히 부상하고 있다. 지구온난화의 지속으로 현재 비지속적 영구동토 지대는 얼음이 없는 지대로 변할 것으로 예상된다. 2050년경 대부분의 영구동토지대에서 해동 층이 30-50%에 이를 것으로 예측하고 있다. 지구온난화와 기후 변화로 인해 빙하가 녹으면서 인간의 접근 가능성이 높아지면서 북극공간은 지구상에 남은 마지막 남은 처녀지이며 육해공의 지경학적 잠재력과 자원의 보고지역으로 인식되기 시작하였고 글로벌 차원에서 지경학적 중요성이 부각됐다. 실제로 북극권 국가는 물론 비

북극권 국가들도 경쟁적적으로 북극의 개발과 이용 가능성을 타진하고 있다. 북극양을 둘러싼 북극권 8개국의 정부 간 최고위층 모임인 북극이사회에서는 2004년 아이슬란드의 레이캬비크(Reykjavik)에서 Working Group 모임을 갖고 전 지구적 기후변화와 북극양 해양환경의 변화의 중요성을 인식하고 북극권 국가들의 선제적인 행동을 강조하기 위해 북극해에서의 자원개발, 선박운항, 항만인프라 구축, 원주민 보호 및 환경보존과 관련된 포괄적인 대책을 마련할 것을 제안하였다.

한국 사회에서도 북극의 관심은 2007년부터 급속도로 증가하고 있으며, 이는 2013년 5월 한국의 북극이사회 영구옵서버 가입으로 나타났다. 이처럼 북극은 우리 세대뿐만 아니라 차세대를 위한 미래공간이다. 북극의 지경학적연구는 한국의 성장공간과 비전을 위해 반드시 영역으로 인식된다. 따라서 북극연구에 대한 지경학적 연구영역과 연구방법 및 연구방향성을 제시해 보고자 한다.

2. 북극의 지경학적 연구영역

북극양 빙하의 해빙현상은 인류의 생활공간을 북쪽으로 확대시켜 나가는 상황을 제공할 수도 있다. 북극은 육해공의 교통 잠재력 이외에도 자원의 보고 지역으로 지구상에 남은 마지막 처녀지이다. 지경학적 관점에서 북극은 석유, 가스를 비롯한 에너지 자원(세계 매장량의 4분의 1이상) 뿐만 아니라 금, 다이아몬드, 희토류 등 고부가 가치의 천연자원의 보고지역이다. 또한 북동항로, 북서항로, 북극점 경유 항로 등 북극양의 이용가능성이 높아지고 있다. 그 이외에도 북극은 영구동토지대에서 풍부한 수자원, 수산자원, 크루즈 관광을 비롯한 생태관광의 보고지역으로 인식되기 시작하였다.

따라서 앞으로의 북극에 대한 지경학적 연구영역은 크게 북극양의 자원경제, 북극항로와 북극양 항만을 중심으로 하는 물류경제, 그리고 생태관광을 중심으로 하는 환경경제의 영역이 주요 연구영역이 될 것이다.

1) 북극양의 자원개발과 물류

북극지역의 접근성이 용이해짐에 따라 북극에 매장된 원유와 천연가스에 대한 관심이 고조되고 있다. 북극권은 지구 표면적의 6%에 불과하지만 가채량 기준 약 22%의 미발견 전통 석유, 가스 자원이 존재하는 것으로 추정된다. 북극권 자원현황에 대한 조사는 지금까지 거의 이루어지지 않았기 때문에 전체 매장량에 대한 추정은 매우 어려운 현실이다. 그러나 최근 가장 신뢰할 수 있는 북극권 자원현황에 대한 자료를 미국지질조사국(United States Geological Survey, USGS)이 보고서를 통하여 제공하였는데, 북극지역에는 천연가스 1,668조 ft3, 액화천연가스 440억 배럴, 석유 900억 배럴이 매장되어 있는 것으로 추정하였다.[3](그림 1참조) 이는 전세계 미개발 천연가스 매장량의 30% 수준이고, 미개발 액화천연가스 매장량의 20%, 미개발 석유 매장량의 13% 수준이며, 이들 에너지자원을 석유자원으로 환산하면 4,120억 배럴이 매장되어 있는 것으로 추정되었다.

북극은 전 세계 전통원유의 10%에 달하는 1,600억 배럴의 원유와 전 세계 천연가스의 45%에 달하는 47조㎥, 석탄층 메탄가스(CBM), 가스하이드레이트(Gas Hydrate)가 매장된 천연자원의 보고이다. 현재 러시아와 알래스카 등

3) USGS, Circum-Arctic Resource Appraisal: Estimates of Undiscovered Oil and Gas North of the Arctic Circle, USGS Fact Sheet 2008-3049, p.4.
http://pubs.usgs.gov/fs/2008/3049/fs2008-3049.pdf

〈그림 1 : 북극의 자원현황〉

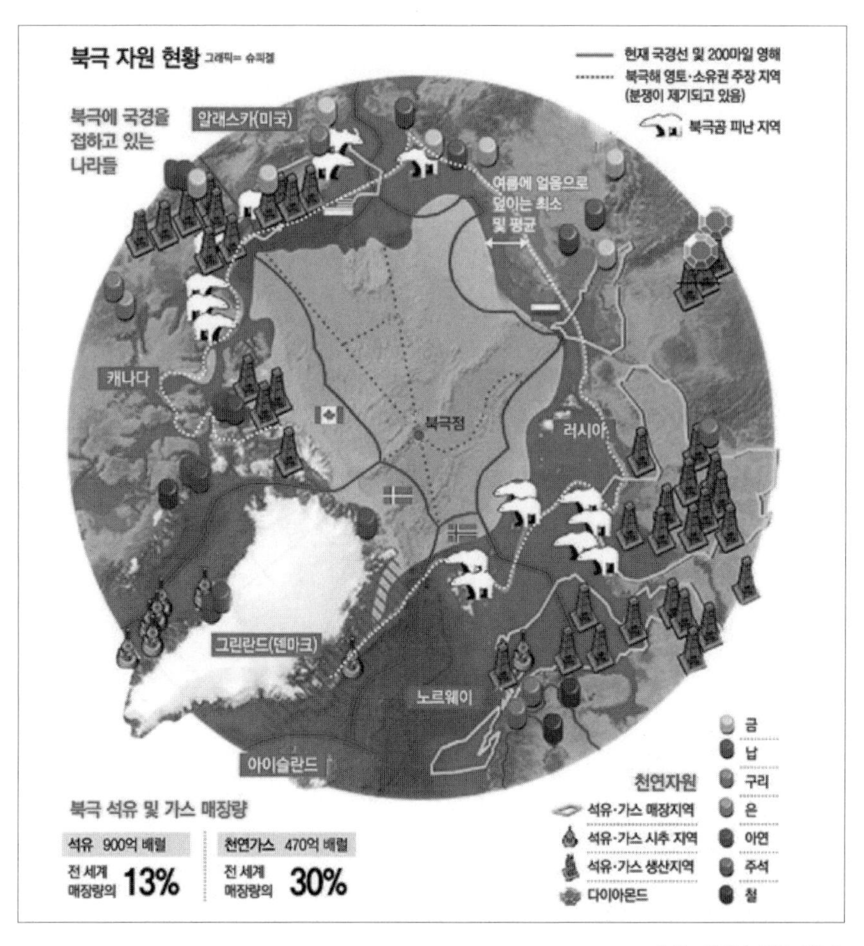

출처 : 해양수산부, 2013.

연안국을 중심으로 61개의 대형 석유매장지와 가스매장지가 발견되었으며, 그중 46개에서 석유와 가스를 생산하고 있다. 주로 러시아 서시베리아 지역과 바렌츠(Баренц) 해 대륙붕과 카라(Кара) 해, 미국 알래스카 지역에서 생산되고 있으며, 2009년에는 석유와 가스를 합하여 163억 배럴이 생산되었고,

2020년에는 219억 배럴로 생산이 확대될 전망이다.[4] 특히 이 지역은 전 세계에서 생산되는 석유가스가 지하 3천 미터에서 채굴되는 것에 비해 좋은 조건으로 채굴이 가능하다. 이에 따라 전세계 에너지 기업들의 이목이 쏠리고 있는 지역이다. 이미 Exxon Mobil, Royal Dutch Shell, BP, Gazprom, Eni, 등 글로벌 에너지 기업들이 북극양 연안 지역에서 활발한 자원개발활동을 진행 중이다. 북극의 원유와 가스 개발 잠재력이 크긴 하나 상당한 법적 그리고 규제적인 난제가 있으며, 원유와 천연가스를 둘러싼 경쟁과 북극양 상의 원유시추로 인한 분쟁 가능성도 제기되고 있다.

〈표 1: 북극권 5개국 석유 · 가스에너지자원 추정 매장량 분포도〉

순위	국가	석유 · 가스 에너지(단위:10억 배럴)	백분율(%)
1	러시아	215.94	52
2	미국(알래스카)	83.31	20
3	노르웨이	47.46	12
4	덴마크(그린란드)	44.49	11
5	캐나다	22.08	5
총 계		413.28	100

출처: Keil, Katherin, "The Arctic: A New Region of Conflict? The Case of Oil and Gas," Cooperation and Conflict, Vol.113, 2013, p.7.

그 외에도 메탄가스, 가스하이드레이트, 오일셰일 등 비전통적 자원과 니켈, 철광석과 같은 광물 자원 역시 풍부하다. 러시아 생산량 중 니켈과 코발트 90% 이상, 희토류 95%, 구리 60%, 인회석 농축광 100%, 주석 75%, 희토류 95%, 천연 다이아몬드 99%를 채굴하고 있다.[5]

4) "북극개발의 기회와 대응", 『삼성경제연구소 CEO Information (제892호)』, (검색일:2014.04.17.).

5) Staff Writers, "Russian Arctic Resources," Voice of Russia, (Aug 30, 2012).

또한 북극양에는 에너지 자원 이외에 수산자원의 보고지로서 수산자원의 연간 총 어획고는 4,600 만톤 정도에 달하는 것으로 추정되는데, 이는 전세계 생산량의 약 37%에 해당하는 양이다.

북극권의 자원개발에 있어 가장 민감하다고 할 수 있는 러시아는 자원개발과 함께 개발된 자원의 운송 효율성을 높이고자 여러 정책을 모색하고 수립하는데 심혈을 기울이고 있다. 북극항로와 TSR(시베리아횡단철도)의 연결, TSR 확산의 일환으로써 유라시아 철도네트워크 구축은 물론 BAM(바이칼-아무르 횡단)철도와의 여러 지선들의 확장, TKR(한국종단철도)과의 연계는 물론 사할린 섬과 극동 본토 그리고 일본 홋카이도와 사할린 섬, 러시아 북동부 지역(사하공화국-추코트카-베링 해-알래스카)과 북미 대륙을 연결하는 베링해협 철도 건설과 새로운 북극 해운로와 항구 건설과 에너지 수송로(송유관과 가스관 등)건설 등의 복합 운송망구축을 위한 프로젝트를 계획하면서 러시아는 물류강국을 지향하고 있다.

따라서 북극지역의 자원개발과 물류에 대해 지경학적 관점에서의 주요 연구영역은 다음과 같이 요약되어 진다.

- 북극의 원유, 가스 및 자원개발과 수송루트에 대한 연구
- 북극 자원개발에 대한 러시아를 비롯한 관련국가의 개발프로그램과 정책 분석
- 북극 자원개발에 따른 갈등의 범위, 심각성 및 시장에 의한 해결 가능성
- 북극 원유와 가스개발 과정에서 나타날 효용성과 문제점의 분석 및 예측: 자원기반, 자원 개발비와 시장운송비 등
- 북극 자원 개발의 효율성과 가격경쟁력을 향상시킬 수 있는 방안에 대한 연구
- 북극 자원개발과 물류 - 북극항로와 러시아 내륙의 시베리아횡단열차

(TSR)와의 연계 가능성

2) 북극항로와 북극양 해상물류연구

북극양 및 북극항로에 관심을 가져야 하는 이유는 이 지역이 가지고 있는 경제적 잠재성 때문이다. 전 세계 공업 생산의 80%는 북위 30도 이북 지역에서 이루어지고 있으며, 모든 중요한 공업지역은 북극에서 6,000km 이내에 위치하고 있으므로 향후 북극양을 통한 국제간 물류수송은 경제성이 클 것으로 전망된다. 북극양 항로개발은 단기적으로 러시아 북극양 연안의 석유, 천연가스, 원목 등 자원개발과 수송을 위해서 요구되고 있으며, 장기적으로는 유럽과 아시아, 북미 서해안을 연결하는 최단 해운 항로로 활용될 전망이다. 북극양 해운항로는 동쪽의 베링해협에서 서쪽의 무르만스크까지 약 5,400km에 이르는 수로이다. 이 항로를 이용하는 경우 극동지역에서 유럽으로 가는 선박 항로의 40%가 단축될 수 있을 것으로 기대된다.

러시아의 무르만스크 선언 이후 북극항로의 상업적 이용을 위해 1993년에서 1999년 사이에 국제북극항로 프로그램(INSROP)이 수행되어 해상 운송로 개통에 따른 수로개발, 자연환경, 오염영향과 경제성 검토 등이 집중적으로 이루어졌다. 북극양 항로개발은 단기적으로 러시아의 북극양 연안의 석유, 천연가스, 원목 등 자원개발과 수송을 위해서 요구되고 있으며, 장기적으로는 유럽과 아시아, 북미 서해안을 연결하는 최단 해운 항로로 활용될 전망이다. 또한 북극항로는 운행거리의 단축과 아울러 수에즈운하나 말라카 해협의 봉쇄 등 긴급한 상황에 대비한 대체 항로로서의 가치도 클 것으로 전망된다.

또한 2012년 NSR엔 신기록이 수립됐다. 2009년 2척, 2010년 4척이던 NSR의 선박 운행이 2011년 34척을 거쳐 2012년 48척으로 늘었다. 3년 새 24배 폭증했다. 화물도 2011년 82만t에서 126만t으로 53% 늘었다. 2012년의 46척 중 25척은 서쪽에서 동쪽으로, 21척은 동쪽에서 서쪽으로 운항했다. 주역은 북유럽과 러시아, 동북아 국가들이었다. 수에즈 운하 거치는 남방 항로보다 거리 40%, 운항시간은 20일 단축할 수 있다.

이 노선을 오간 대형선박 15척의 운행속도를 분석한 결과 절감되는 일일 비용을 중량별로 분석한 결과 15만톤 이상의 중량을 초과하는 선박의 경우 9만 달러, 5만에서 7만톤의 중량을 적재한 선박의 경우 4만에서 5만 달러, 그리고 선적중량이 2만에서 2.5만톤인 경우 약 2만 5,000 달러로 나타났다. 북동항로를 이용하면 "최대 22일까지 단축됐는데 한 척의 일일 운항비를 4만~5만 달러로 잡으면 선박들이 평균 50만 달러를 절감할 수 있을 것"이라고 말했다.

향후 북극항로 개발 시 가장 크게 영향을 받을 수 있는 화물은 벌크, 특히 원유, 가스를 중심으로 한 Wet Bulk 화물이 될 전망이다. 컨테이너 화물의 경우 거리상으로 유럽으로의 접근성이 높아지는 것이 비용적인 측면에서 장점으로 작용 할 수 있겠지만, 정기선의 특성상 아직까지는 해빙(解氷)일수가 컨테이너 화물을 운송하였을 경우 경제성을 가질 수 있는 수준이 되기에는 부족한 것이 사실이다. 또한 전체적인 컨테이너 수요자체가 증가하는 것도 아니기 때문에 해운산업에 미치는 영향은 제한적일 것으로 보인다.

따라서 이러한 북극양과 북극항로를 이용하는 해상물류영역이 북극지역연구의 주요 연구영역이 될 것이다.

(1) 북극양 연안 항만연구 - 북동시베리아와 알래스카를 중심으로

북극항로의 주요 영향권역은 크게 북극양 항만권역, 동북아시아 항만권역, 유럽항만 권역으로 대별할 수 있다. 러시아는 철도의 운송분담률이 높은 철도 중심의 물류체계를 갖추고 있으며, 최근에는 극동지역을 환태평양 경제권으로 진출하는 거점으로 여기고, 항만시설에 대한 투자를 늘리고 있다. 특히 북극양과 극동지역의 에너지 자원 개발과 함께 물류 현대화 필요성이 제기되고 있어 북극양 연안의 항만개발의 중요성이 날로 증가하고 있다.

북극양의 러시아 항만권 역내 주요 항만[6]은 연안을 따라 러시아의 무르만스크(Murmansk)항에서부터 러시아의 베링코프스키(Beringovsky)항까지 동서로 약 72개 항만으로 구성되어 있다. 대부분의 항만은 소규모이며, 현재 북극항로 항해 선박을 수용할 만한 시설과 장비를 갖춘 주요 항만은 딕슨항(port of Dikson), 두딘카항(port of Dudinka), 이가르카항(port of Igarka), 카탄가항(port of Khatanga), 틱시항(port of Tiksi), 페벡항(port of Pevek) 등 6개 정도이다.

러시아는 1997년 항해시즌 동안 48개의 항구/지점들이 일시적으로 개방되었고, 1998년 항해시즌 동안 여기에 더해 23개의 항구가 더 개방되었다. 북방항로청(Northern Sea Route Administration)은 북방항로 상의 4개의 항구, 즉 딕손(Dikson), 틱시(Tiksi), 페벡(Pevek), 듀딘카(Dudinka)가 외국선박들에 개방되어야 한다고 제안했다. 그러나 현재 러시아 법령에 의하면, 이들 항구들은 긴급피난의 경우에만 진입이 가능하고, 그것도 가장 가까운 항구 당국에 보고하고 항구당국의 지시를 따라야만 가능하다. 북방항로의 양쪽 끝에 위치한 무르만스크(Murmansk)와 아르한겔스크(Arkhangelsk), 칸달락샤(Kandalaksha), 오네가(Onega), 메젠(Mezen), 나리안-마르(Naryan-Mar), 이가르카(Igarka)는 외국선박들에 개방되어 있다.

---

6) 러시아 북극권의 주요항만과 항구에 대해서는 C.L. Ragner, "Northern Sea Route Cargo Flows and Infrastructure - Present State and Future Potential", FNI Report 13/2000, pp. 76-89 참조.

〈표 2 : 러시아 북극권 항구와 배후지역, 자원 및 개발전략〉

NSR Sea Ports	인접 해역	배후지역, 하천 및 철도	자원	역할 및 개발전략
Yamburg (Kingisepp)	핀란드만-발트해	레닌그라드 주, 핀란드만, 루가강	러시아 명칭은 Kingisepp	발트해-북해로의 해상출구
Murmansk	바렌츠해	무르만스크 주, 바렌츠해, 무르만 철도	해군기지, 쇄빙선단 Atomflot 본부	수송Hub, NSR 서쪽 기점, 북극 가교(Arctic Bridge, Arctic Sea Bridge)
Arkhangelsk		아르한겔스크 주, 백해, 북드비나 강	전통적인 북방개척 중심지	유럽과의 무역 중심지
Amderma	카라해	야말로-네네츠자치관구,	Fluorite(형석) 산지	해상수송 요지
Kharasavey		야말로-네네츠자치관구,	하천수송 요지	내륙항구
Novyy Port		야말로-네네츠 자치관구, 옵 강	석탄을 공급하는 중간보급지, 서시베리아 평원과 카라해를 연결	중간 보급지
Dikson		크라스노야르스크 광역주, 옵 강	핵심 무선기지	최북단 항구
Dudinka		크라스노야르스크 광역주, 예니세이강의 항구	근처 노릴스크 산맥은 풍부한 석탄, 철, 구리, 니켈을 매장	내륙항구
Igarka		크라스노야르스크 광역주, 예니세이 강의 항구	노릴스크와 남쪽의 크라스노야르스크와 연결	내륙항구
Nordvik		크라스노야르스크 광역주, 카탕가 강 하류	유전과 가스전 가능성	생선가공공장에 암염 공급 중심지
Khatanga	랍체프 해	크라스노야르스크 광역주, 카탕가 강, 타이미르 반도	천연동식물 관광 중심지	랍체프 해의 노르드빅 항과 연결
Tiksy		사하 공화국, 레나 강	레나 강 상류의 각종 광물자원, 야쿠츠크와 연결	광물자원의 집산지
Pevek	동시베리아해	츄코트카자치관구, 차운스키만, 콜리마 강	인근의 주석 탄광, 주변에 많은 굴락들이 있었음, 남쪽의 마가단 (극동의 중심지)	광물수출중심지
Mys Shmidta	축치해	츄코트카자치관구,	북동항로의 동쪽 시작점	'Cape North'로 알려짐
Provideniya	베링해	츄코트카자치관구, 프라비제니야 만, 추코트 반도, 베링해협의 거점	베링해로의 진출 거점	베링해를 거쳐 알래스카로 가는 통로, NSR의 현 기점
Petropavlovsk	베링해-북태평양	캄차트카광역주, 아바카만	수산자원, 잠수함 기지, 화산지형	NSR 동쪽 기점의 수송 Hub로 개발 예정

무르만스크항은 러시아 북부지역과 연계한 상업할 역할 기능이 높아져 상업항으로의 개발이 확대될 것으로 보이며, 또한 베링해의 프로비데니아(Providenia)항은 중간 경유지로 선박들의 선용품 공급, 벙커링 기지 역할을 할 가능성이 매우 높다. 이외의 중간지역 항만들은 현지 생산되는 자원들의 수출 거점항만으로 벌크화물 처리시설들이 확대될 것으로 예상된다.

러시아는 최근 북극항로의 활성화를 위해서 사베타항(Sabetta)의 개발계획과 함께 Yamal Project계획을 발표하였다. 대우조선해양이 아이스 클래스급 LNG선을 수주한 Yamal Project는 북극양을 적극적으로 이용하는 최초의 의미 있는 가스 프로젝트가 될 것으로 전망된다. 이 프로젝트는 Yamal 반도 지역의 가스를 LNG 형태로 Sabetta항을 통해 아시아와 유럽으로 수출하기 위한 시설을 건설하는 프로젝트이다. 러시아 민영 가스회사인 Novatek과 프랑스 Total이 각각 80%와 20%의 지분을 보유하고 있었으나, 최근 중국의 CNPC가 Novatek의 지분 20%를 인수하면서, 중국까지 이 프로젝트에 가세하였다.

따라서 북극항로의 활성화와 이에 따른 북극양 연안의 항만개발에 대한 구체적인 연구가 필요하다.

(2) 북극항로의 경제성분석

한국해양수산개발원(KMI)은 북극양의 해빙 속도로 볼 때 늦춰 잡아도 2020년엔 6개월, 2025년 9개월, 2030년이면 연중 내내 북극항로를 이용한 일반 선박의 운항이 가능할 것으로 보고 있다. 아직까지는 빙하가 막고 있어 쇄빙선 투입과 특수선박 확보, 미지의 뱃길을 찾는데 따른 부담 등으로 경제성이 떨어지지만 얼음이 녹는 정도에 반비례해 이용 가치가 높아질 게 당연하다. KMI의 분석에 따르면 기존 수에즈운하 항로와 북극항로의 운임 비용이 같을 경우 북극항로를 이용하는 물동량이 2015년에는 28만TEU(20피트짜리 컨테이너),

2020년 398만TEU, 2025년 1360만TEU, 2030년 2832만TEU로 급격히 늘어난다. 이에 따른 북극항로 화물 수송분담률도 2015년 1.4%, 2020년 13.9%, 2025년 36.0%, 2030년 58.5%로 급증할 것으로 전망된다. 기존 항로 대비 북극항로의 비용이 80%일 때는 2020년 1169만TEU , 2030년 4370만TEU에 달하고 70%일 때는 2020년 1298만TEU, 2030년 4481만TEU로 보고 있다.

〈표 3 : 북극항로 물동량 · 분담비율 전망〉

운임수준	물동량(1만TEU)				분담비율(%)4.0			
	2015년	2020년	2025년	2030년	2015년	2020년	2025년	2030년
120	1	29	151	406	0.1	1.0	4.0	8.4
110	6	123	553	1342	0.3	4.3	14.6	27.7
100	28	398	1360	2832	1.4	13.9	36.0	58.5
80	246	1169	2513	4377	12.2	40.9	66.6	90.4
70	394	1298	2614	4481	19.5	45.4	69.3	92.5

※ 운임수준은 기존 항로를 100으로 했을 때 기준. 분담비율은 기존 항로에서 북극항로로 옮겨가는 비율.
※ 자료: 한국해양수산개발원

2030년이면 지난 해 부산항이 처리한 컨테이너 물동량(1704만TEU)의 1.5~2.6배가 북극항로를 통해 움직이게 되는 것이다. 북극항로가 아시아 유럽 항로의 주 항로가 되는 셈이다. 해양수산개발원이 한 · 중 · 일 3국의 해운 · 물류기업 80여 개를 대상으로 설문 조사를 한 결과도 비용이 현재와 같고 운항시간이 5일 줄면 한국은 20%, 일본 20%, 중국은 11%의 화주가 북극항로를 이용하겠다고 밝혔다. 10일이 줄면 한 · 일 · 중이 각각 72% · 69% · 24%로, 15일이 되면 한국 96%, 일본 95%, 중국 43%로 나타났다. 단축 기간이 빠를수록 화주 선호도가 높아진 것이다.

북극항로의 최대 장점은 아시아에서 유럽을 갈 때 둥근 지구를 빙 돌아서 가는 게 아니라 북극을 거쳐 최단거리로 가는 경제성이다. 동북아시아~인도양~수에즈운하~지중해~대서양~유럽으로 가는 전통 항로가 아닌 북극항로를 이용하면 전체 거리의 40%, 8000㎞의 단축 효과로 운항시간도 24일에서 14일로 줄어든다. 컨테이너 운송을 기준으로 25~30% 가량의 물류비 절감 효과가 가능한데 고유가가 지속될수록 이 효과는 더 커진다.

〈표 4 : 기존 구주항로와 북극항로 거리 비교〉

		항로	도착				
			브레멘	로테르담	앤트워프	리스본	발렌시아
출발	부산	북극	7,726	7,782	7,855	8,742	9,406
		수에즈	11,098	10,864	10,865	9,806	9,267
		절감거리	-30.4%	-28.4%	-27.7%	-10.9%	1.5%
	싱가포르	북극	10,172	10,228	10,301	11,189	11,852
		수에즈	8,631	8,396	8,397	7,338	6,799
		절감거리	17.9%	21.8%	22.7%	52.5%	74.3%
	상하이	북극	8,167	8,223	8,296	9,184	9,847
		수에즈	10,819	10,585	10,585	9,526	8,987
		절감거리	-24.5%	-22.3%	-21.6%	-3.6%	9.6%
	홍콩	북극	8,837	8,893	8,966	9,854	10,517
		수에즈	10,039	9,805	9,805	8,746	8,207
		절감거리	-12.0%	-9.3%	-8.6%	12.7%	28.1%

자료 : HMC 투자증권, Industry Report 2013.08.29. p.30. 재인용.

물류산업은 파생산업으로서의 특성을 가지고 있기 때문에 본원적인 수요가 개발되는 것이 중요하다. 물론, 북극의 자원이 개발 될 수 있는 것이 이를 수요지 까지 수송 할 수 있는 여건이 마련되었기 때문이라는 점에서 해빙(解氷)으로 인한 물류 편의성 증대는 대단히 중요한 요소이다. 하지만 더욱 중요한 것은, 광물, 가스, 원유 등 이 지역의 자원을 개발하여 수요지까지 수송하고자 하는 계획들이 구체화 되고 있다는 것이다. 컨테이너 화물의 경우 거리상으로 유럽으로의 접근성이 높아지는 것이 비용적인 측면에서 장점으로 작용 할 수 있겠지만, 정기선의 특성상 아직까지는 해빙(解氷)일수가 컨테이너 화물을 운송하였을 경우 경제성을 가질 수 있는 수준이 되기에는 부족한 것이 사실이다.

북극양의 에너지자원개발은 북극항로의 경제성분석에 크게 영향을 미치게 된다. 북극양의 원유/가스 중심의 에너지자원개발은 필연적으로 에너지수송을 위해 북극항로의 개발과 활성화로 이어지게 될 것이다. 북극항로 개발 시 가장 크게 영향을 받을 수 있는 화물은 벌크, 특히 원유, 가스를 중심으로 한 Wet Bulk 화물이 될 전망이다.

따라서 북극항로의 경제성분석은 항상 북극양 지역의 에너지 자원개발과 연계하여 분석할 필요가 있다. 원유, 가스 등 천연자원 수송로로서 북극항로의 가능성이 높을 것으로 판단하는 것은 이에 대한 수요가 개발되고 있기 때문이며, Bulk 화물의 경우 정기선에 비해 수송 조건이 간단하고 Spot 시장이 발달해 있는 특성상 제한된 해빙(解氷)일수에도 경제성을 가질 수 있다는 점 때문이다. 러시아의 적극적인 에너지 자원 개발정책으로 인해 북극 항로를 통한 원유, 가스 수송은 향후 크게 증가할 것으로 보이며, 북극항로의 가장 큰 수요가 될 것으로 판단된다.

따라서 북극항로의 성공 가능성에 대해 보다 철저한 경제성분석이 필요하다. 북극항로의 경제성과 운영성에 대한 연구를 위해 다음과 같은 세부적인 연구가 필요하다.

- 북극항로의 요금 체계, 쇄빙비용을 포함한 기타 서비스 비용에 대한 분석
- 북극항로의 이용에 있어 동아시아와 EU 간, 그리고 북아메리카와 EU 간 물동량 분석
- 북극항로의 항만 건설을 포함한 인프라 개발 전략과 경제성분석

- 북극항로에 관한 데이터베이스 구축 및 국제적 규범에 대한 분석
- 북극항로의 환경과 안전조치에 관한 국제적 협력 방안 모색
- 지역의 항만 분석, 러시아 북극양 - 베링 해 - 알래스카의 해상물류연구

3) 북극의 생태관광과 환경경제

지구온난화에 따라 빙하가 녹으면서 북극 길이 열리면서 자연스럽게 북극지역에 대한 초호화 유람선 관광이 증가할 것으로 보인다. 북극양 지역은 독특한 동식물상, 해빙, 문화유산, 인류의 북극 탐험 역사 등 타 지역에 비해 경쟁력 있는 경관과 콘텐츠를 갖추고 있는 것으로 평가되고 있다. 6월부터 9월까지 한정된 여행 기간, 북극양 지정학적 여건이 안정화되어 있지 않다는 점, 관광객의 안전을 담보할 구호 기반이 취약하다는 점 등은 극복해야 할 요인이다.

러시아 관광부는 수자원이 풍부한 러시아가 크루즈 관광사업, 요트 관광사업을 확대하는 것은 매우 유리하다고 설명하면서 북극 크루즈관광 사업 개발을 계획 중이며, 크루즈 관광은 내국인은 물론 외국인 관광객들 사이에서도 인기를 끌고 있다며 북극과 극동지역에서도 실시해야 한다고 강조하였고, 매년 300만 명의 관광객이 러시아 극동지역을 거쳐 알래스카 관광에 나서고 있으며, 북극양에 이미 3대의 크루즈를 운항하고 있다고 올레그 사포노프 관광부장관이 밝혔다.

영국 매체 가디언은 "미국 크리스탈 크루즈 기업의 거대 유람선인 '크리스탈 세리니티'호가 약 1700여 명을 태우고 캐나다 북쪽 이누이트족 마을 '울루카톡'으로 수일 내 출항할 예정"이라고 보도했다. 매체에 다르면 쇄빙선을 대동한 크리스탈 세리니티호는 32일간 얼음을 깨며 캐나다, 그린란드 등지의 이누이트족 마을을 둘러볼 계획인 것으로 전해졌다.

이러한 북극지역의 관광이 현실화 되자 북극 이누이트위원회 의장인 오칼리크 이지시아크는 "온실 가스를 내뿜으며 북극 관광에 나서는 건 해수면 상승으로 터전을 잃고 있는 마을 주민들의 고통을 가중할 것"이라고 비판했다. 또한 마이클 바이어 영국 콜롬비아대 교수는 이번 출항을 북극 생태계를 훼손하는 '멸종 관광'으로 규정하면서, "북서 항로가 열리게 된 건 환경 오염 때문인데 이를 이용해 오염 물질을 배출하며 북극 관광에 나서는 건 이기적인 행동"이라고 비판한 뒤 "북극 생태계를 망치는 재앙"이라고 덧붙였다.

관광의 기본적인 목적을 새로운 장소와 공간에 대한 호기심 충족, 휴양과 재충전에 둔다면, 생태관광은 이러한 목적 외에 자연에 대한 적절한 학습을 통한 지적 만족감과 자연을 보호한다는 개인적인 보람도 느낄 수 있는 관광이다. 생태관광은 자연경관을 관찰하고 야외에서 간단한 휴양을 하면서 자연을 훼손하지 않는 관광에 기원을 둔다. 그러나 자연경관을 단순히 관찰하는 관광도 수요가 늘어나면 자연 생태계를 훼손하게 된다. 따라서 생태계 혹은 자연환경 보호의 관점을 중시하면서도 잘 보존된 자연환경을 관광하는데 비중을 두는 생태관광을 중심으로 하는 북극지역의 관광과 환경보호에 대한 학술적 연구도 필요하다.

4) 북극지역연구 연구방법론

북극에 대한 지경학적 연구는 지역연구의 한 영역이다. 일반적으로 지경학적 연구로서의 지역연구는 특정지역의 특수성과 보편성을 도출해 내는 학제간 연구에 기초된다. 일반적으로 지역연구를 수행함에 있어, 공동체연구(Community Studies), 구역연구(Regional Studies), 국가연구(National Studies), 문제중심연구(Problem-Oriented Studies)등의 방법이 사용 된다.

그리고 이들 개별 연구영역에 만족하는 수준이 아니라, 상호 관련성에 대한 연구로 이어짐으로써 보다 정확한 지역연구를 가능하게 한다. 지역연구에서 중요한 것은 하나의 현상으로 분리된 정치나 경제 그리고 사회 및 문화에 대한 분석이 아니라, 이들 요소 상호관계에 대한 분석에 기초된 개별적 분석과 종합적 분석이 진행되어 진다.

- 북극 지역연구를 수행함에 있어 공동체연구 및 구역연구에 토대를 두고, 이들 공동체 및 구역에서 발생하고 있는 다양한 문제를 해석한다.
- 북극권의 개별지역에서 형성 및 파괴되는 구역 단위의 공동체가 해체 및 재구획 되는 일반성과 특수성을 지역적 토대에 기초해서 분석한다.
- 북극 지역의 구성원들의 인간생활현상에 대한 종합적이고 비교 분석적 접근 시도한다.
- 북극 지역의 언어 및 문화적 특성, 정치 및 경제적 특성 등을 세분화 시켜 독립적으로 분석한 후, 이를 다시 종합하여 종합적인 분석을 한다.

이러한 연구방법은 인문학 및 사회과학의 학문적 융합을 통해 이루어 질 수 있을 것이다. 북극 지역 연구는 자연지리적 요소(지형 · 기후 · 식생 등), 정치 · 경제 공간적 요소(정치체제 · 군사력 · 경제상황 · 지하자원 등), 문화공간적 요소(인구 · 민족 · 종교 · 언어 등) 등을 분석하여, 공통점 · 유사성 · 일반성 · 특수성을 탐색하게 된다. 그리고 다수의 사실 및 현상으로부터 개념이나 법칙 그리고 이론을 추정할 수 있다.

시베리아-북극권 내륙 수운 (Siberia-Arctic River Transportation)

배규성

Ⅰ. 시베리아 개척과 내륙 수로의 발전

시베리아 내륙수운(Siberian River Routes)은 시베리아가 개척되고, 도로가 건설되기 시작한 1730년대 이전의 러시아 시베리아 지역에서의 주요 통신 및 연락 방법이었다. 시베리아의 강들은 광대한 밀림과 툰드라와 타이가에 대한 러시아 탐사와 개척/식민지화 과정에서 가장 중요한 역할을 수행했다. 시베리아의 3대 강인 옵강, 예니세이강, 레나강은 모두 남북 방향으로 흘러 북극해에 유입되기 때문에 시베리아의 탐사와 개척 과정에서 동서 방향으로 흐르는 이들 하천의 일부 또는 지류를 발견하고 이들 사이에 강과 강을 연결하는 가장 짧은 육로(short portages[1])를 찾는 것이 아주 중요했다. 시베리아는 비교적 평지이고, 수많은 시베리아의 강들이 아주 굽이쳐 흐르기 때문에 일반적으로 강과 강사이의 거리가 짧아 강과 강을 연결하는 육로는 짧다. 이러한 요인 덕분에 예르막을 시작으로 하는 러시아 코사크 대장들은 강과 강을 넘나들며(portages) 불과 57년(1582-1639)만에 우랄산맥에서 베링해까지 러시아의 영토를 확장할 수 있었다. 현재 러시아 전체 내륙 수로는 총연장이 101,700km

1) 강과 강을 연결하는 가장 짧은 육로 또는 육로이용(portages)은 강 또는 두 개의 수역 사이에서 배나 화물을 운반하는 관행 또는 경로이다.

Baikal
R. Mira
R. Uda
R. Tom
Oby R.
Slobada
Nicolskoi
Kanskoi
Krasnojars

이고, 130개 이상의 접근로를 가진 항구와 828개의 하안(береговых)이 있다.

수로(water routes)의 중요성은 1773년 세계지도[2]를 통해 알 수 있다. 이 지도는 앙가라강(Angara), 일림강(Ilim), 레나강(Lena)을 따라 인구가 많은 장소(마을, 일림스크 도심)의 연속 체인을 보여준다. 현대지도는 더 직선적인 철

예르막(Yermak Timofeyevich)과 그의 코사크 부대들이 타길강(Tagil)에서 우랄산맥을 넘어 배와 장비와 식량을 육로로 이동시켜(portages) 유럽에서 아시아로 진입하는 모습

출처: С.У.Ремезов - "История Сибирская". Мультимедиа Центр НГУ.

2) https://en.wikipedia.org/wiki/Siberian_River_Rcutes#/media/File:Kitchen-21-Russia-Angara-2815.jpg (검색일 2018.7.31.)

도노선을 따라 앙가라강에 있는 소수의 마을(현대 수력발전댐과 관련이 있는)을 포함하여 크라스노야르스크에서 이르쿠츠크(1773년에는 거의 아무것도 보이지 않는 곳)까지의 도시체인을 보여준다.

시베리아 북극권의 내륙 수로, 즉 강(하천)들과 산맥과 초원과 관련된 수송로는 러시아의 역사, 특히 시베리아 개척의 역사와 함께한다.

노브고로드는 시베리아 북극권의 북쪽에서 남쪽으로 가는 길과 서쪽에서 동쪽으로 가는 길이 마주치는 교차로에 자리 잡고 있었던 교통의 요지였다. 이런 곳에는 항상 상인들이 모여 들게 마련이다. 사방에서 오는 상인들은 노브고로드에 필요한 모든 식료품을 가지고 왔다. 노브고로드의 동쪽과 볼가강과 오카강 지역에서 상인들은 곡식과 식료품을 제공할 수 있었지만, 노브고로드는 이것들과 교환할만한 것이 없었다. 그러나 교통과 무역의 요지로서 노브고로드는 물물교환의 요건을 충족시킬 수 있었다. 서쪽으로부터 처음에는 폴란드 상인들, 나중에는 한자동맹(Hanse)으로부터 동쪽의 식료품 공급자들이 교환하기를 원하는 직물류, 무기, 철제품, 유리제품을 확보할 수 있었다. 그러나 한자동맹은 자신들의 상품에 대한 댓가로 북쪽의 산림이나 바다에서 나는 모피류, 꿀, 벌집, 타르, 탄산칼륨(potash), 고래기름, 해마의 이빨 등을 원했다. 당연히 노브고로드는 이런 물건들을 확보할 수 있었다. 따라서 노브고로드는 중개무역을 통해 동-서 간의 물물교환 시장을 장악한다. 서쪽 한자동맹에게는 모피류와 벌집을, 동쪽과 북쪽에는 직물류와 철제도끼 등을 공급하고 나면, 노브고로드에는 유럽의 금화, 플로렌스의 금화, 독일의 은화, 러시아의 루블화가 쌓였다. 외국의 상품을 중개무역하는 것도 좋았지만, 자기가 직접 생산한 상품을 파는 것은 더 이익이다. 그래서 노브고로드의 용감한 젊은이들은 자신들의 상품(모피)을 확보하기 위해 작은 배를 타고 볼초프강을 따라 라도가호수에 이르렀고, 여기에서 다시 스비르강을 따라 오네가호수에 이르렀고, 다시 강과 호수를 따라 계속 북쪽과 동쪽을 향해 항해했다. 배를 타고 갈 수 없는 곳에서는 배를 육지로 끌어 올리고, 다시 강을 만나면 배를 물에 띄워 결국에는 드비나강 지역과 백해에 이르렀다.[3]

노브고로드에서 멀리 떨어져 있는 원시림이나 북쪽의 얼음 덮힌 해안지역을 탐험하는 것은 아주 위험했다. 노브고로드의 지리학자들은 우랄산맥(Ural)을 "거대한 암벽(great rock)", "철로 만든 문(Iron Gate)"이라 표현했다.[4] 노브고로드에서 우랄산맥까지 직선거리는 2000㎞이고, 강을 따라가면 약 5000㎞이다. 노브고로드의 모피 탐험가들은 이렇게 먼 거리를 강을 따라 순전히 팔 힘만으로 노를 저었고, 식량과 장비를 실은 무거운 배를 우랄산맥 너머로 끌고(portages), 다시 페초라강에서 소스바강까지 항해해 들어갔다. 노브고로드 탐험가들이 탐험했던 북부 우랄산맥의 통로들은 끝없이 산을 오르고 나면 자주 늪지를 만나게 된다. 이런 늪지에서 말은 배까지 늪에 빠지게 되고, 인간은 조금 굳은 땅에서 다시 굳은 땅으로 하루 종일 배와 장비와 식량을 끌고 이동해야만 했다. 이 지역이 바로 우랄산맥의 유고르(Yugria) 지역이었다.[5]

강력했던 모스크바는 페름지역을 정복하고 비야트카 지역까지 정복했다. 모스크바는 북부지역에 남아있는 잔존 독립세력들을 모두 제거했고, 모스크바의 상인들은 백해와 우랄산맥 지역으로 이르는 길을 활짝 열어 놓았다. 빔강 줄기는 당시에는 페초라강이나 우랄산맥 북쪽에 이르는 가장 중요한 길이

---

3) Yuri Semyonov, translated from the German by J.R. Foster, *Siberia, Its Conquest and Development*, (Montreal: International Publishers' Representatives(Canada) Limited., 1963) pp. 14-15.

4) Ibid., 1963) p. 15.

5) Yuri Semyonov 저, 김우현 역, 『Die Eroberung Sibiriens, 시베리아 정복사』 (경북대학교 출판부, 1992) p. 8.

었고, 이 강을 따라 모스크바의 개척자들이 유고르 지역으로 움직였다. 쿠르프스키 후작(Prince Semyon Kurbsky)이 이끄는 4,000명으로 구성된 모스크바의 대탐험대가 겨울에 페초라강을 건너 우랄산맥 너머에 있는 옵강까지 개척해 나갔다.[6]

이 대탐험의 뒤를 이은 더 큰 탐험, 즉 시베리아 개척/정복은 것이 바로 스트로가노프 가문의 사업이 되었다. 안니카 스트로가노프(Anika Stroganov)는 비체그다강 유역의 솔비체고드스크의 소금가마 건설과 소금장사에서 그치지 않고 여러 아들들을 각 방면으로 보내 상권을 확대했다. 스트로가노프 가문의 아들들은 비체그다강에서 빔강으로, 빔강에서 다시 페초라강으로 여기에서 "철로 만든 문"(우랄산맥)을 통해 흐르는 강의 지류를 따라 유고르 지역까지 들어갔다.[7] 페초라강 입구의 어부들로부터 연어알과 소금에 절이고 훈제한 여러 종류의 물고기들을 사들였고, 멀리 떨어진 툰드라에서는 순록의 털가죽을, 가까운 밀림지대에서는 보통사람들의 옷에 필요한 날짐승의 깃털과 솜털과 성직자들의 촛불을 밝힐 벌집을 사들였다. 이들 모두가 중요한 상품이었지만, 무엇보다도 중요한 것은 모피류였다. 당시 보통사람들은 검은 담비나 수달 모피를 살 생각조차 할 수 없었다. 아주 비쌌기 때문이다. 안니카는 이 귀하고 비싼 모피를 이반 황제나 황실 가족들 그리고 귀족들에게 바친다.

1558년 4월 4일자 이반 황제의 칙서에 의해, 카마강의 지류들이 있는 개간되지 않은 모든 땅, 즉 "카마강의 입구에서 물줄기가 시작되는 곳까지의" 인바

---

6) Yuri Semyonov, translated from the German by J.R. Foster, *Siberia, Its Conquest and Development*, (Montreal: International Publishers' Representatives(Canada) Limited., 1963) pp. 21-23.

7) Ibid.,p. 29.

강, 옵바강, 야이바강, 우솔카강, 코시바강 지역이 20년 동안 스트로가노프 가문의 소유로 넘어갔다.[8)]

1574년 이반황제는 새로운 칙령을 내려, 스트로가노프 가문에게 1594년까지 20년 동안 우랄산맥 너머의 '시베리아의 우크라이나'(Siberian Ukraine), 즉 망가제야 지역(Mangaseya)과 토볼강과 그 지류들과 호수들을 임대했다. 여기에서 재미있는 것은 이반 황제는 아직 자기 소유도 아닌 시베리아 지역을 스트로가노프 가문에 임대함으로써 이 지역의 개척과 병합을 앞당겨서 승인한 것이다.[9)]

스트로가노프 가문은 1574년 황제의 칙령에 따라 법적으로 자신들이 소유한 토볼강과 이르티쉬강의 땅을 실질적으로 점령하기 위해 코사크 우두머리 중의 우두머리 예르막 티모페예비치(Yermak Timofeyevich)를 파견했다. 1574년 9월 말 예르막의 부대는 우랄산맥을 넘어 동쪽으로 투라강에 흘러드는 강줄기에 도착했다. 1582년 5월 예르막은 배와 뗏목을 수리하여 투라강 하류로 내려와 토볼강 입구에 이르렀다. 그 해 10월 예르막은 옵강과 이르티쉬강에 있는 우랄산맥에서 동쪽으로 가는 길과 망가제야 지역으로 가는 길의 중간에 위치한 쿳춤 왕국을 제압하고 시베리아를 정복했다.[10)]

그 이후 모스크바로부터 파견된 군대가 시베리아를 군사적으로 정복한 것은 오랜 시간이 걸리지 않았다. 1637년 "시비르스키 프리카스(**Сибирский приказ**)"라는 시베리아를 전담하는 특별부서가 설립되었다. 이때부터 시베리아 정복과 관련된 모든 주도권은 모스크바에서 파견된 군사령관들이 장악하

---

8) Ibid.,p. 32.
9) Ibid.,pp. 45-46.
10) Ibid.,p. 60.

게 되었다.[11]

시베리아의 탐험가들은 강을 길로 이용했다. 시베리아의 강들은 환상적이고 특이해서 강줄기들이 바다의 밀물과 썰물처럼 봄에는 강 뚝에 넘쳐서 바다를 이루고, 겨울에는 얼어서 빙하를 이룬다. 시베리아에는 배를 타고 갈 수 있는 수천 킬로미터나 되는 네 개의 강(옵강, 예니세이강, 레나강, 아무르강)이 있다. 이 강줄기들은 각각 서유럽보다 더 넓은 강 유역을 가지고 있다. 강의 지류들이 아주 굽이쳐 흐르고 서로 인접해 있어서 큰 어려움 없이 단지 강의 물길만 따라서 우랄산맥에서 태평양까지 이를 수 있다. 에카체리나 2세 때 러시아과학아카데미 회원이었던 독일인 팔라스(P.S. Pallas)가 시베리아를 물길로 연결하여 러시아에 통합시키자고 제안하기도 했다.[12]

예르막이 이스커를 정복한 지 꼭 반세기가 되는 1632년 레나강 유역에 야쿠츠크 요새가 세워졌다. 토볼스크가 서시베리아의 행정중심이 된 것처럼 이 야쿠츠크도 10년 후 동시베리아의 행정중심이 된다. 야쿠츠크에서의 탐험은 세 방향으로 진행되었다. 첫째는 동북쪽으로 베링해협과 베링해 쪽, 둘째, 동쪽으로 캄차트카와 오호츠크해 쪽, 셋째, 남쪽으로 아무르지역 쪽이었다.[13] 코사크 군사들이 배를 타고 레나강과 지류인 알단강을 지나 이 강에서 저 강으로 배를 타거나 땅으로 배를 끌어(portages) 콜리마강에 이르렀다. 또 다른 코사크 군사들은 레나강의 입구까지 배를 타고 나가 북극해의 해안을 동쪽으로 이동해 갔다. 이들은 "코치(Koch, коч)"라 부르는 원시적인 돛이 달인 납작한 나무배를 타고 항해했다.[14]

---

11) Ibid.,p. 79.
12) Ibid.,p. 80.
13) Ibid.,p. 86.
14) Ibid.,pp. 87-88.

크라스노야르스크 박물관 소재 17세기 코치

(출처: https://en.wikipedia.org/wiki/Koch_(boat))

1636년 엘리세이 부사(Yelissey Busa)는 코사크 부대와 사냥꾼 40명을 이끌고 레나강을 따라 내려가서, 다시 서쪽으로 해안을 따라 이 세상에서 가장 아름다운 담비가 살고 있다는 올레네크강까지 갔다가, 다시 동쪽으로 항해하여 다음 해 야나강 입구에 도착했다. 이와 동시에 포즈닉 이바노프가 이끄는 35명의 부대가 이 곳에 도착하여 함께 인디기르카강까지 나아갔다.[15]

17세기 예르막과 그 이후 코사크 부대가 개척한 시베리아의 일부 지역은 지구상에서 가장 추운 지역이었다. 야나강 유역의 베르호얀스크는 겨울에 영하 70도까지 내려가는 지구상에서 가장 추운 지역이다. 코사크들은 끈질기고 강인한 사람들이었다. 1644년 미하일 스타두친(Mikhail Stadukhin)이 콜리마강변에 세운 겨울진지는 니쥬네 콜림스크 시로 발전한다.[16]

스타두친의 동행자였던 코사크 세미온 데쉬네프(Semyon Ivanovitch Deshnev)는 베링해로 흘러들어 가는 조그만 파카츠강을 두고 이 지역 설화에 언급된 포기차강에 대한 환상을 포기하지 않았다. 해마이빨이 쌓여 있는 축첸족이 사는 포기차강 유역은 일확천금의 땅이었다. 데쉬네프는 야나강을 따라 콜리마강에서 북극해(동시베리아해)에 접어들었고 동쪽으로 계속 항해했다. 그는 아시아 대륙의 최첨단이며 오늘날 케이프 데쉬네프라 불리는 곳에서 남쪽으로 떠내려가서 아나디르강 입구를 거치면서 육지에 도착했다. 1648년 일어난 이것은 코사크 데쉬네프가 북극해에서 베링해협을 거쳐 태평양으로 배를 타고 지나갔으며, 이것은 베링보다 80년 앞서서 베링해협을 발견했다는 것을 의미한다.[17]

1650년 4월 데쉬네프는 이 곳에 아나디르 요새를 세운다. 1652년 여름 데

15) Ibid.,p. 87.
16) Ibid.,p. 88.
17) Ibid.,pp. 88-89.

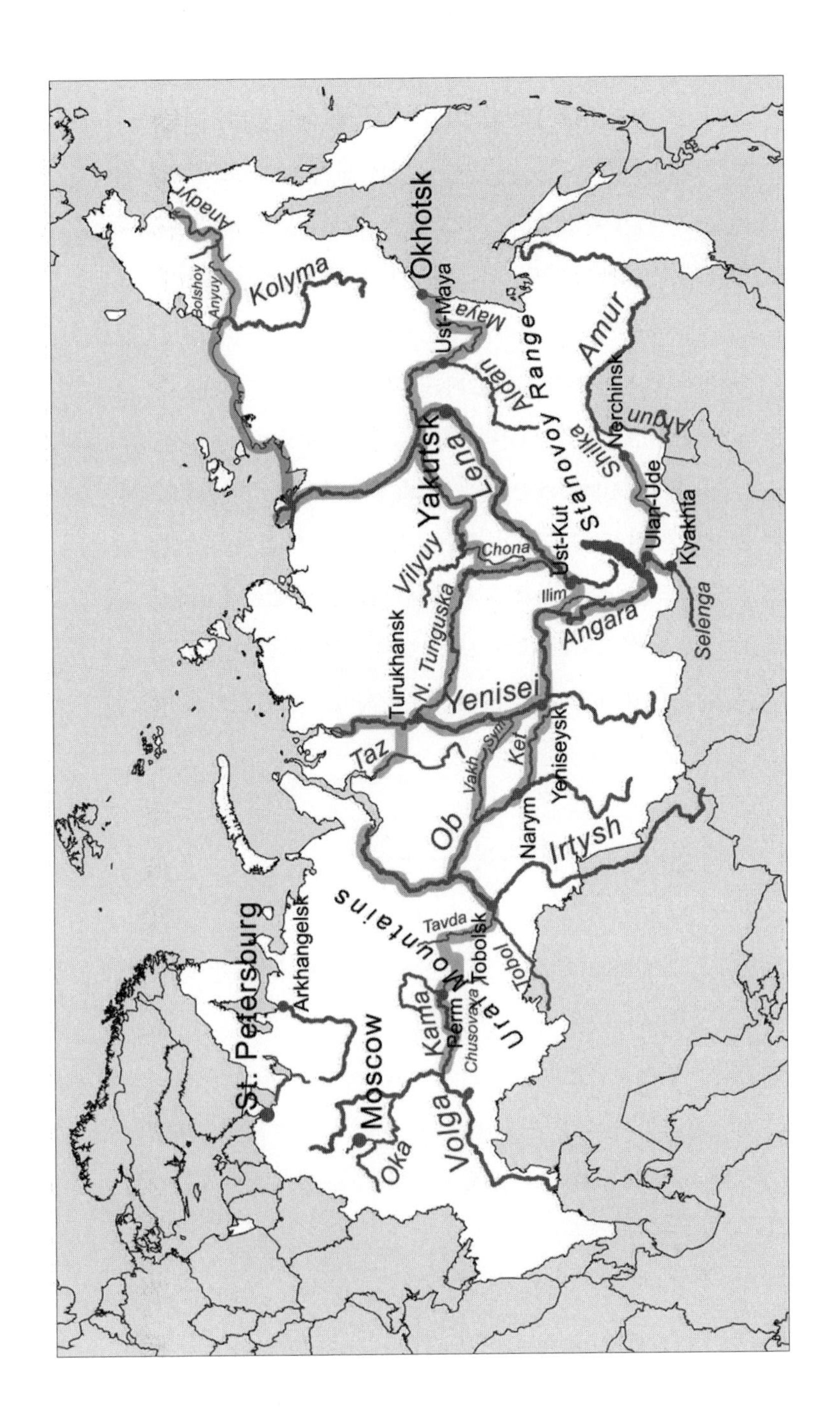

Anadyr
Bolshoy Anyuy
Kolyma
Okhotsk
Ust-Maya
Maya
Aldan
Range
Amur
Nerchinsk
Argun
Stanovoy
Shilka
Yakutsk
Lena
Ulan-Ude
Kyakhta
Ust-Kut
Chona
Vilyuy
Ilim
Angara
Selenga
Turukhansk
N. Tunguska
Yenisei
Taz
Vakh
Sym
Ket
Yeniseysk
Narym
Ob
Irtysh
Tavda
Tobolsk
Tobol
Ural Mountains
Arkhangelsk
St. Petersburg
Moscow
Kama
Perm
Chusovaya
Volga
Oka

쉬네프는 아나디르강 하류로 내려가 강 입구에 이르렀다. 그는 러시아 사람으로는 처음으로 아나디르강이 베링해로 흘러드는 곳에 도착했던 것이다. 그곳은 일확천금의 땅이 확실했다. 그때까지 그리던 모든 욕망을 충족시켜줄 수 있을 만큼의 해마이빨이 바닷가에 잔뜩 쌓여 있었던 것이다.[18]

1647년 스타두친은 데쉬네프가 발견하지 못한 새로운 육지를 발견했다. 그는 캄차트카의 펜쉬나강까지 진출하여 그곳에 조그만 요새를 지었다. 뒤이어 아나디르 요새에서 모피를 거두어 들이는 정부대표를 맡고 있던 블라디미르 아틀라소프(Vladimir Atlasov)는 코사크 60명과 유카기르족 60명으로 부대를 구성하여 캄차트카 원정에 나섰다. 펜쉬나강 입구에서 캄차트카산맥에 올라 부대를 둘로 나누고 자신은 캄차트카 서쪽해안을 따라 오호츠크해로 이동하고, 다른 부대는 동쪽해안을 따라 태평양연안으로 이동했다. 1697년 캄차트카강에서 합쳐진 두 부대는 요새를 지었고, 마침내 러시아는 캄차트카를 정복했다.[19]

Ⅱ. 시베리아-북극권 내륙 수운 루트

1. 남방루트(Southern Route): 우랄산맥-옵강-예니세이강-레나강-태평양

우랄산맥을 넘어 : 이른바 체르딘 루트(Cherdyn Route, Чердынская дорога)[20]라 불리는 이 루트는 16세기 말 우랄산맥을 넘어 시베리아를 여행하는 가장 기본적인 교통로이다. 우랄산맥의 서쪽 체르딘에서 출발하여 많은 강

18) Ibid.,p. 89.
19) Ibid.,p. 129.
20) Great Soviet Encyclopaedia

들과 강들 사이를 건넌다. 볼가강(Volga)에서 시작하면 카마강(Kama)를 거쳐 Perm(1472)에 이르고, 다시 츄소바야강(Chusovaya) 또는 비쉐라강(Vishera)에 이른다. 비쉐라강에서 로즈바강(Lozva)과 타브다강(Tavda)을 거쳐 토볼강(Tobol)에 이른다.

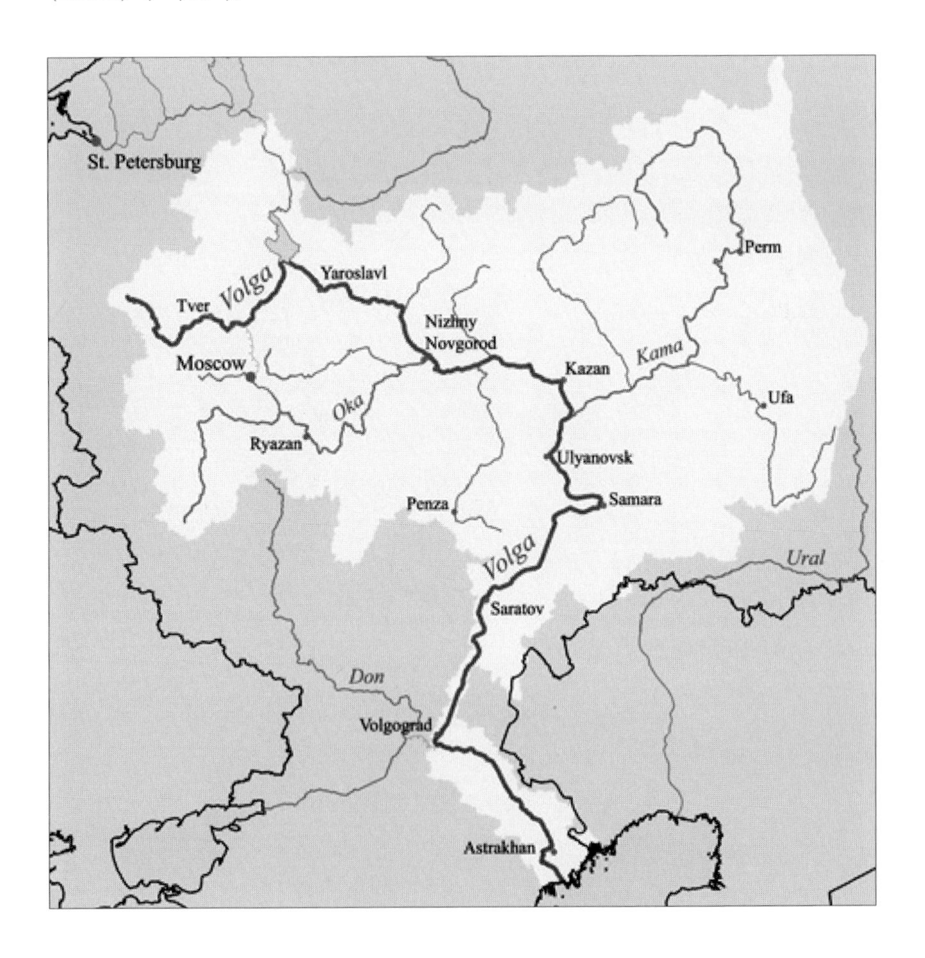

이곳 우랄산맥은 주변 저지대보다 약 150미터 더 높은 해발 약 350미터 높이에 불과하다. 타브다강(Tavda) 또는 투라강(Tura)을 따라 내려가면, 토볼

강(Tobol)까지의 짧은 길로 이어지고, 토볼스크(Tobolsk)(1582)에서 일르티쉬강(Irtysh)과 만난다. 이 루트가 바로 예르막(Yermak)이 이용한 대략적인 경로이다. 서시베리아의 행정중심 도시인 토볼스크는 페름에서 동쪽으로 약 700km, 모스크바에서 동쪽으로 1800km 떨어져 있다.

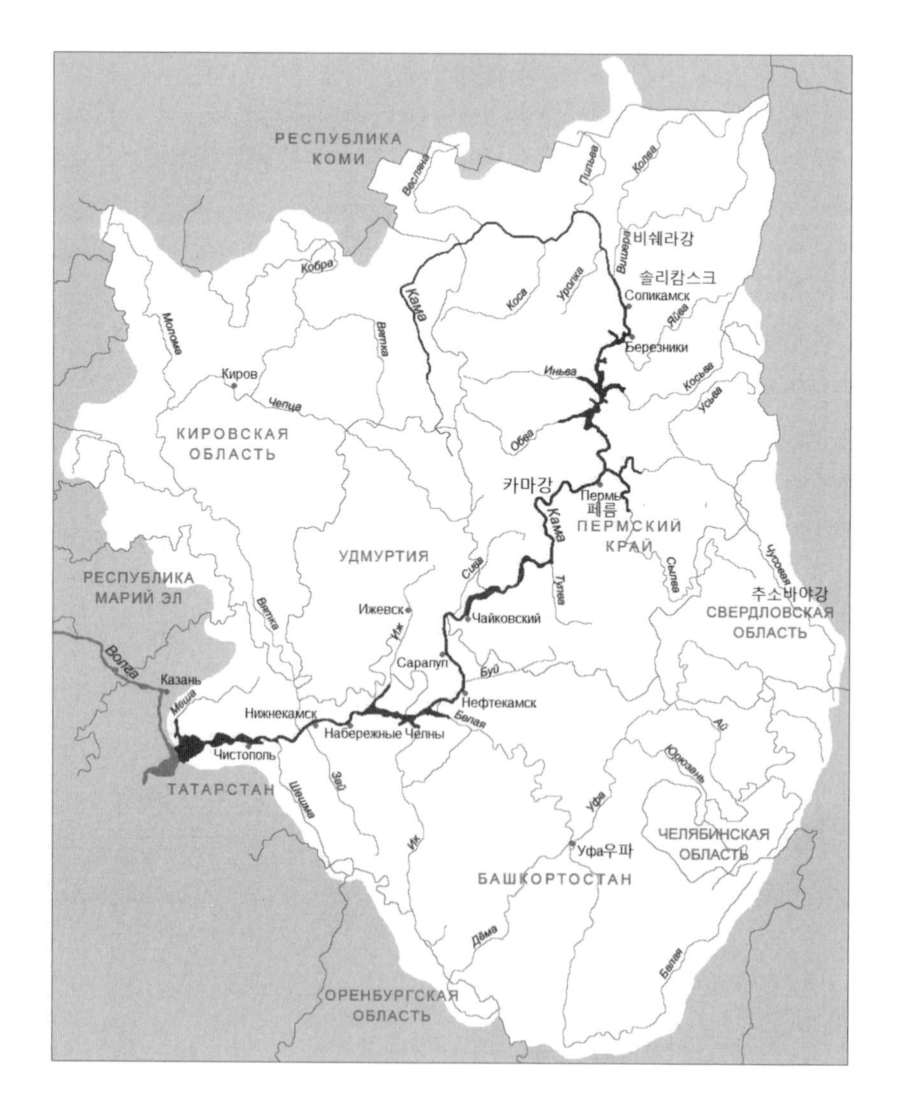

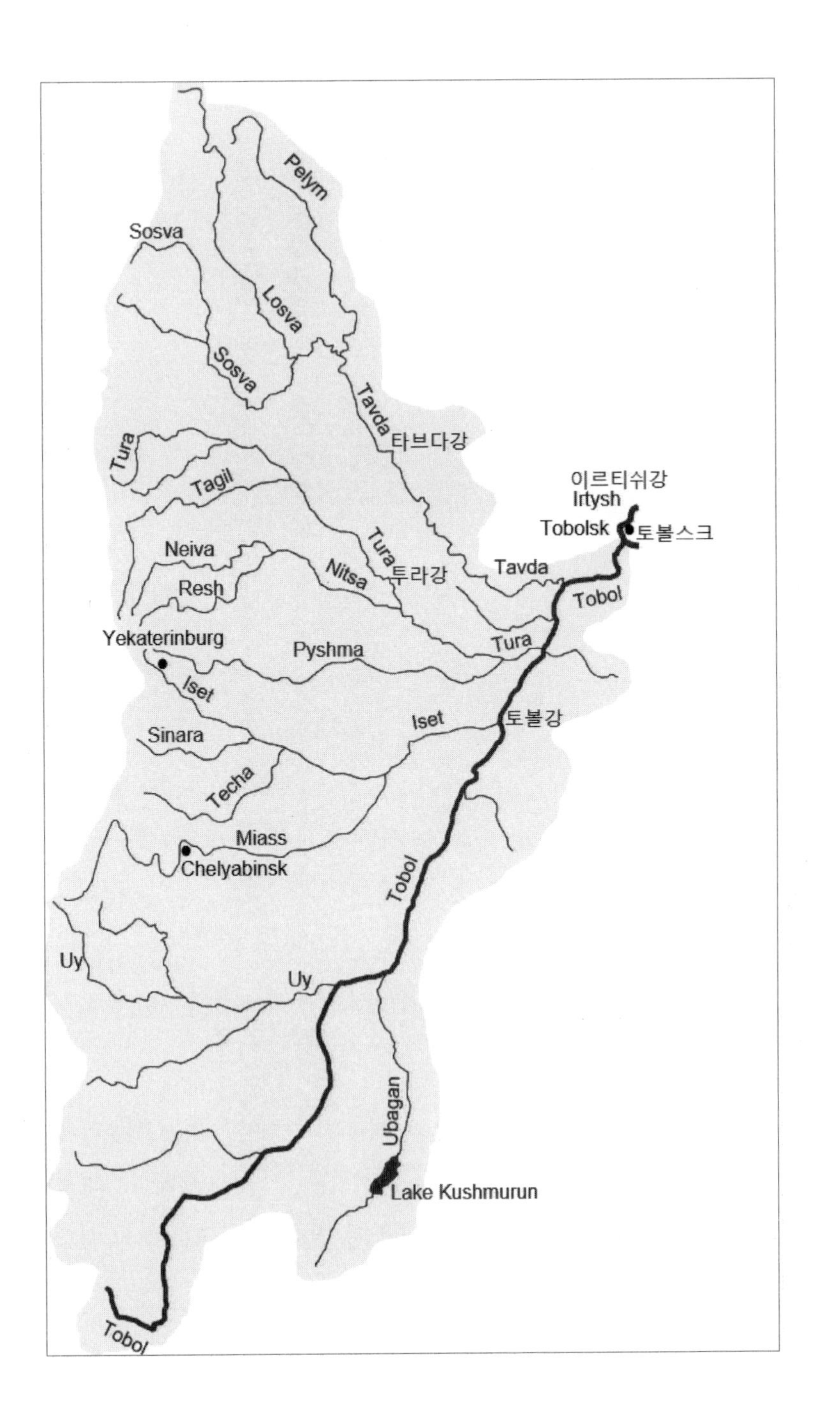
Pelym
Sosva
Losva
Sosva
Tavda
타브다강
Tura
Tagil
이르티쉬강
Irtysh
Tobolsk
토볼스크
Neiva
Tura
투라강
Nitsa
Tavda
Resh
Tobol
Yekaterinburg
Pyshma
Tura
Iset
Iset
토볼강
Sinara
Techa
Miass
Chelyabinsk
Tobol
Uy
Uy
Ubagan
Lake Kushmurun
Tobol

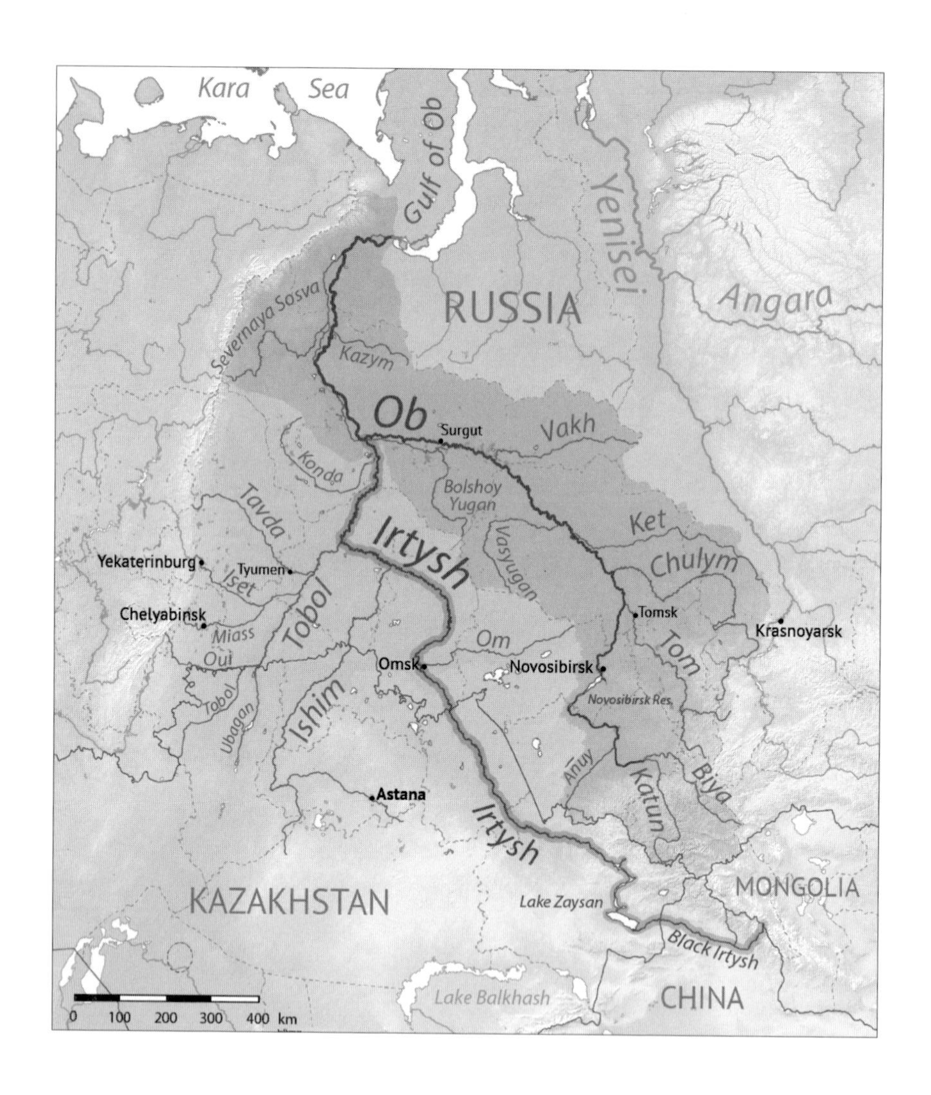

약 1580년경, 예르막과 그의 코사크 부대는 추소바야강을 거슬러 올라가 타길강의 지류인 바란차강(Barancha)를 건넜다. 그들은 시베리아의 칸국가(Khanate)에 침투하여 이 지역을 정복하는데 성공했다. 그러나 이 경로는 타길강 상류가 너무 얕아서 버려졌다.

1592년 체르딘 루트의 동쪽 종점을 보호하기 위해 펠림(Pelym)에 러시아 요새가 세워졌다. 1597년이 되어서야 바비노프(Artemy Babinov)에 의해 훨씬 더 짧은 육로가 발견되었다. 그 결과 체르진 루트는 사용하지 않게 되었다.

바비노프 경로(Babinov Road)는 우랄산맥을 가로 지르는 최초의 육로였다. 이 경로는 바비노프에 의해 1590년대 후반에 건설되었다. 1598년에 이 길을 따라 시베리아의 출입구로 베르코투리에(Verkhoturye)가 건설되었다.

바비노프 경로(Бабиновская дорога)는 오랫동안 우랄산맥을 가로 지르는 가장 짧은 길이었다. 이 경로는 솔리캄스크(Solikamsk)에서 시작하여 베르코투리에(Verkhoturye)를 지난 다음 시베리아의 토볼스크(Tobolsk)로 연결된다. 이 경로는 1597년 바비노프(Artemy Babinov)가 발견했고, 몇 년 후 숲에서 빠져나와 16세기에 이용된 복잡한 하천 루트를 대체했다.

바비노프 경로는 17세기 러시아가 시베리아를 식민지화하고 러시아의 거대한 영토 성장을 가능하게 했다. 이 경로가 한티와 만시 사냥꾼들이 이용한 사냥 길을 기반으로 했다는 사실은 분명하다.

17 세기에 시베리아로 여행한 러시아 여행자들은 원주민 부족들의 습격으로부터 길을 보호하는 일련의 작은 요새들을 지나갔을 것이다.[21] 이러한 요새 체인의 첫 번째 요새인 베르코투리에(Verkhoturye)는 1598년에 이 경로의 동쪽 끝에 건설되었다.[22]

---

21) https://ru.wikisource.org/wiki/%D0%AD%D0%A1%D0%91%D0%95/%D0%91%D0%B0%D0%B1%D0%B8%D0%BD%D0%BE%D0%B2%D1%81%D0%BA%D0%B0%D1%8F_%D0%B4%D0%BE%D1%80%D0%BE%D0%B3%D0%B0 (검색일 2018.7.31.)

22) https://www.nkj.ru/archive/articles/9105/ (검색일 2018.7.31.)

바비노프 경로는 1735년 시베리아 대로(Great Siberian Road)를 건설할 때까지 유럽에서 시베리아로 가는 유일한 실용적인 경로였다.[23)]

1730년대에 시작된 육상 시베리아 루트(Siberian Route)는 페름(Perm)에서 쿤구르(Kungur)까지 남동쪽으로 이어져 또 다른 저지대 통로를 거쳐 예카테린부르크(1723)와 토볼스크(Tobolsk)까지 이른다. 1885년까지 페름에서 예카테린부르크까지 철도가 놓였다. 시베리아횡단철도(1891)의 또 다른 지선은 우랄산맥의 남쪽으로 첼랴빈스크(1736), 옴스크(1716) 및 노보시비르스크(1893)를 관통한다.

옵강(Ob) 분지 : 서시베리아의 행정중심 도시인 토볼스크(Tobolsk) 근처에 1582년에 정복된 시비르 칸국(Sibir Khanate)의 수도가 있었다. 이르티쉬강(Irtysh)을 북쪽으로 내려가면 옵강(Ob)과의 연결점에 이르르고, 옵강에서 상류로 750km 거리에 나림(Narym,1594)이 있고, 그 물길을 따라 상류로 대략 300km 거리에 켓강(Ket)(1602)이 있다. 여기에서 예니세이강의 예니세이스크(Yeniseysk, 1619)까지는 강과 강 사이의 육로이동(portage)으로 연결된다. 예니세이스크는 토볼스크에서 약 1400km, 모스크바에서 3200km 떨어져 있다. 또 다른 경로는 이르티쉬강과 옵강 합류점에서 옵강 상류로 450km 지점에 있는 바흐강(Vakh)까지 연결된다. 바흐강 상류로 500km를 거쳐, 여기서 심강(Sym)으로 육상이동(portages)한 다음 심강 하류로 예니세이강까지 내려갔다가 예니세이강 상류로 예니세이스크까지 이어진다.

---

23) https://web.archive.org/web/20140128033908/http://www.ikz.ru/siberianway/siberianway.html (검색일 2018.7.31.)

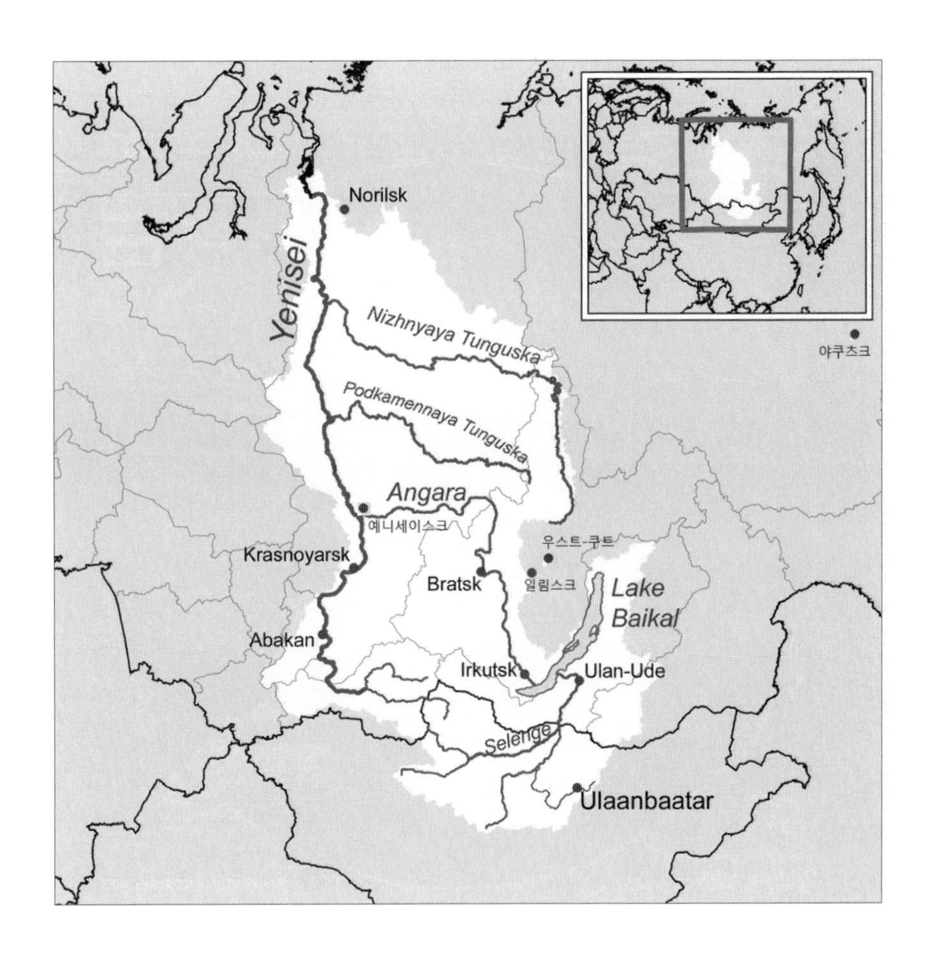

예니세이강(Yenisey)과 레나강(Lena) 분지 : 예니세이강의 예니세이스크는 예니세이강과 앙가라강(Angara)과 만나는 지점의 바로 북쪽에 있다. 예니세이스크에서 동쪽으로 앙가라강 상류를 따라 올라가면 일림강(Ilim)이 있고, 일림강 상류에는 일림스크(Ilimsk, 1630)가 있다. 일림스크에서 육상으로 이동하여 쿠타강(Kuta)으로 연결되면, 쿠타강 하류를 따라 레나강(Lena)의 우스트-쿠트(Ust-Kut, 1631)까지 짧은 여행을 할 수 있다. 여기에서 북동쪽으로 레나강 하류를 따라 내려가면 약 1400km 지점에 야쿠츠크(Yakutsk)가 있다.

야쿠츠크는 모스크바의 동쪽으로 4900km 지점에 있다. 야쿠츠크는 주요 정류장이자 동시베리아의 행정 중심지이다. 여기서 레나강 하류를 따라 125km 지점에 알단강(Aldan)이 있고, 알단강 상류로 우스트-마야(Ust-Maya), 그 다음 마야강(Maya) 또는 그 오른쪽 지류인 유도마강(Yudoma)의 상류로 올라갈 수 있다.

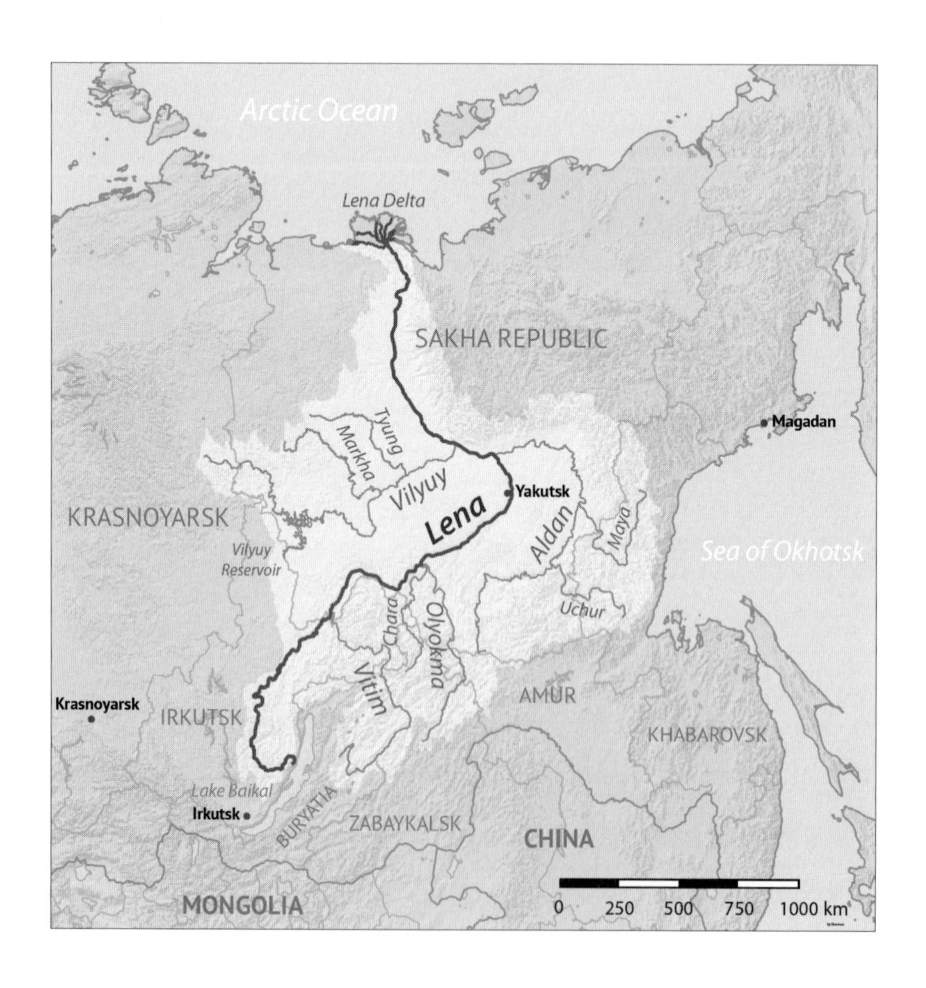

오호츠크(Olhotsk) : 마야강(Maya) 또는 그 오른쪽 지류인 유도마강(Yudoma)에서 해발 610미터 이상의 산들을 너머 약 150km 떨어진 곳에 태평양(오호츠크 해안 1639, 오호츠크 타운 1647)이 있다. 여기에서의 이동에는 짐 끄는 말(Pack horses)이 사용되었다. 오호츠크는 야쿠츠크에서 동 동남쪽으로 800km, 모스크바 동쪽으로 5,600km 떨어져 있다. 1715년 이후에는 캄차트카 반도, 쿠릴 열도, 알류산 열도 및 알래스카로의 바다 여행이 가능하도록 오호츠크에 조선시설이 있었다.

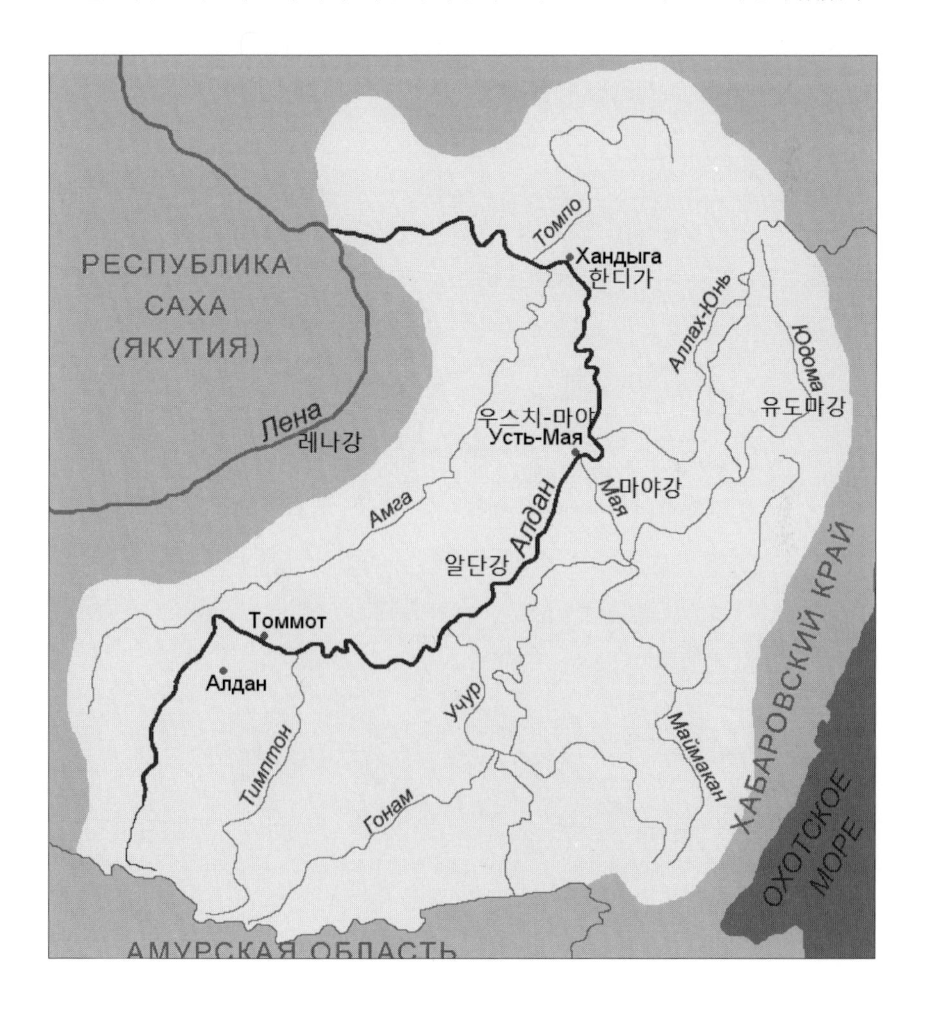

아무르강까지 : 1643년에서 1689년까지 러시아인들은 레나강으로부터 남쪽에서 아무르 지역으로 침투하려고 시도했지만 만주족에 의해 뒤로 밀려났다. 1689년부터 1859년까지 러시아-중국 국경은 아르군강(Argun)과 스타노보이 산맥(Stanovoy Mountains)이었다. 1859년 러시아는 아무르 지역을 합병했다. 서쪽에서부터 러시아인들은 아르군강을 향해 울란우데(1666), 치타(1653), 네르친스크(Nerchinsk)(1654)에게 침투했다. 1727년부터 많은 러시아-중국 교역이 셀렌지강(Selenge)이 현재 러시아-몽골 국경을 횡단하는 곳 근처인 캬흐타(Kyakhta)로 이동했다.

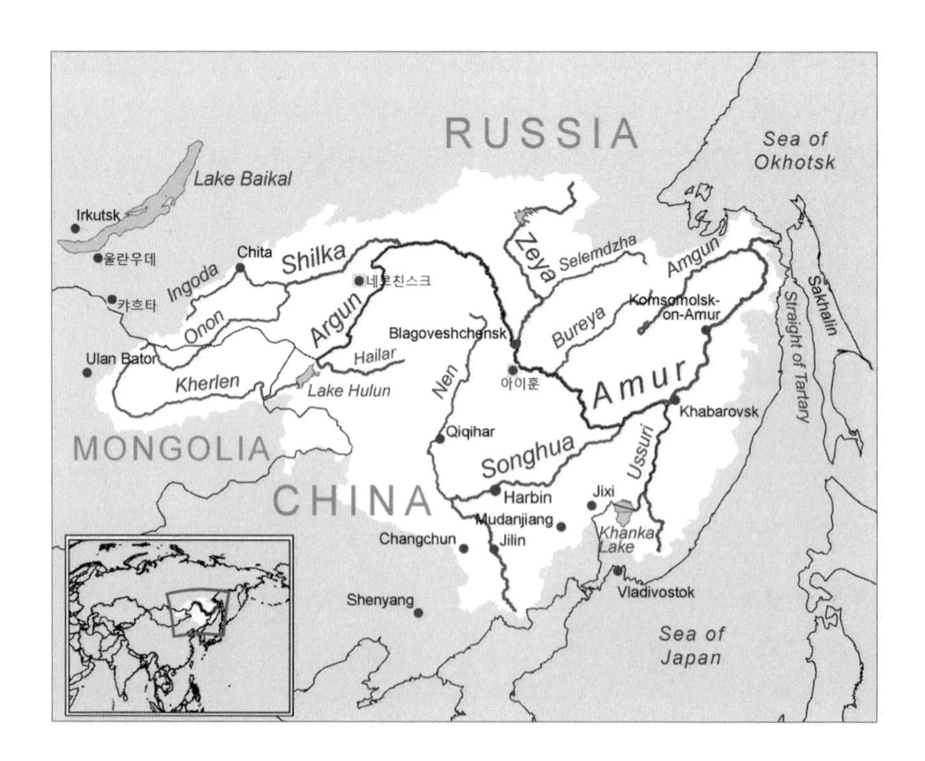

2. 북방루트(Northern Route): 백해-바렌츠해-야말반도-망가제야-투루칸스크-야쿠츠크

적어도 12세기부터 러시아 포모르들[24]은 백해와 바렌츠해를 탐험했다. 어느 날, 그들은 옵강 만으로 진입해 육상이동(portages)을 통해 야말반도(Yamal)를 가로 질러 항해했다. 옵강 만에서 타즈강(Taz) 어귀까지, 그리고 타즈강 상류로 항해하여 망가제야(Mangazeya, 1601)를 거쳐 투루칸강(Turukhan)의 야노프 스탄(Yanov Stan)으로 육상이동((portages)하여 예니세이강이 니쥬니 퉁구스카강(Tunguska)과 만나는 지점의 투루칸스크(Turukhansk, 1607)로 갔다. 니쥬니 퉁구스카강 에서 동쪽으로 올라가 강이 남쪽으로 방향을 트는 지점에서 빌류이강(Vilyuy)의 지류인 초나강(Chona)으로 육상이동((portages)을 할 수 있다. 니쥬니 퉁구스카강과 초나강의 합류점은 현재 범람하여 빌류이 저수지(Viluyskoe Reservoir)가 형성되었다. 빌류이강을 따라 레나강으로 동쪽으로 가서, 거기서 레나강 상류를 따라 야쿠츠크(Yakutsk)까지 갈 수 있다. 또 다른 루트로는 니쥬니 퉁구스카강에서 키렌스크(Kirensk, 1630)(우스-쿠트에서 북동쪽으로 175km 떨어진 지점) 근처까지 올라가서, 레나강으로 짧은 육상이동(portages) 을 하고, 레나강을 타고 하류로 이동하면 야쿠츠크로 갈 수 있었다. 야쿠츠크는 타즈강 어귀에서 약 2400km 떨어져 있다. 약 1700년경에 대부분의 무역이 남쪽으로 이동했고, 투르칸스크 서쪽 루트는 대부분 포기되었다.

---

24) 포모르(Pomors, Pomory, Помо́ры, Seasiders)들은 주로 노브고로드(Novgorod) 출신 러시아 정착민들이며, 그 후손들은 백해 연안과 백해 강유역과 남쪽으로 흐르는 강들의 유역을 분리하는 분수령에 남쪽 경계를 가진 영역에 거주하고 있다.

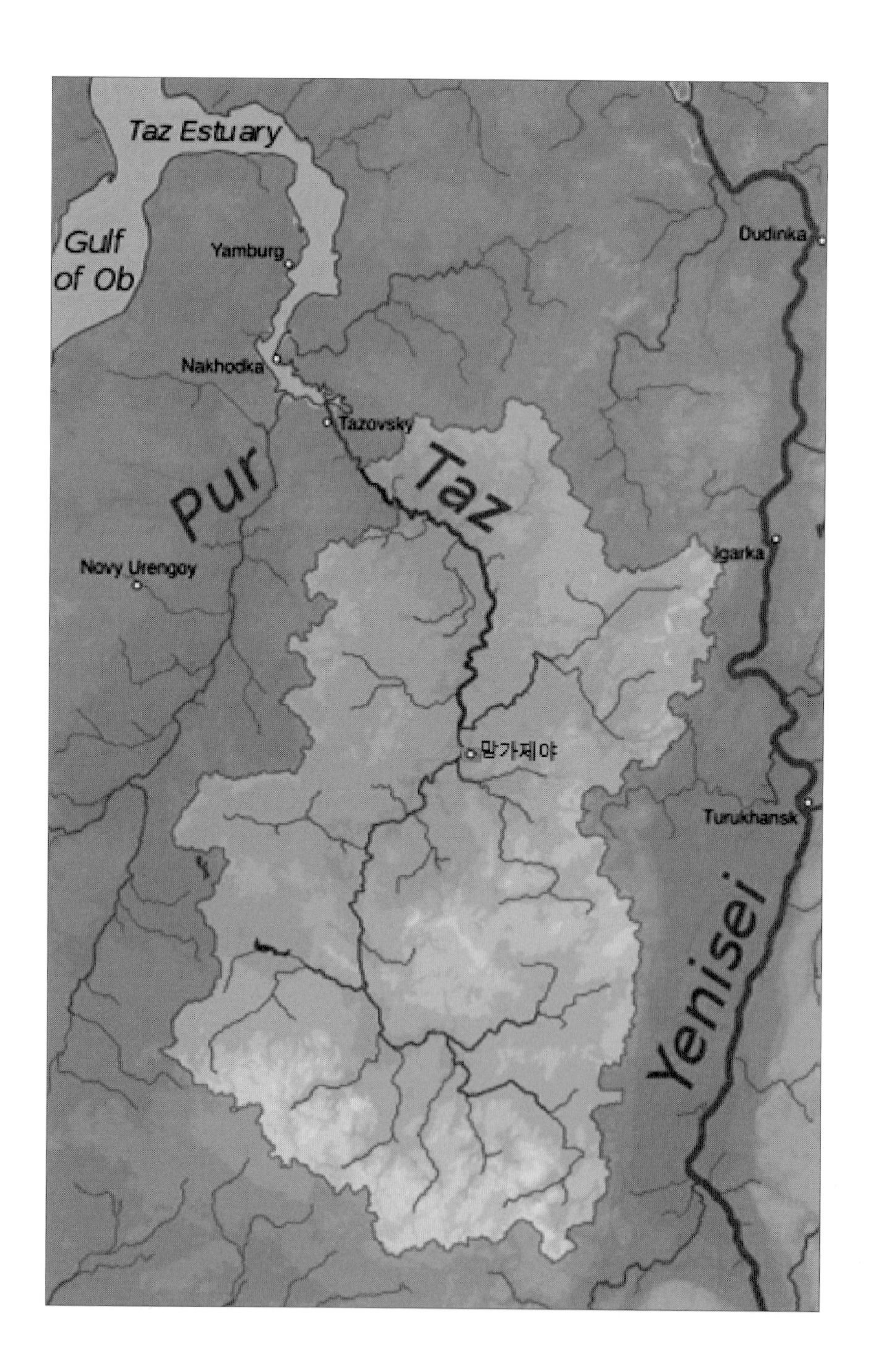
Taz Estuary
Gulf of Ob
Yamburg
Nakhodka
Tazovsky
Pur
Taz
Novy Urengoy
Dudinka
Igarka
망가제야
Turukhansk
Yenisei

3. 북동루트(Northeast Route): 레나강입구-북극해-콜리마강입구-아나디르강-캄차트카

레나강 입구에서 해안을 따라 콜리마강(Kolyma) 입구까지, 거기서 볼쇼이야뉴이강(Bolshoy Anyuy)까지 올라가, 육상이동(portages)을 한 다음, 아나디르강을 따라 내려가면 아나디르스크(1650)까지 갈 수 있다. 아나디르강을 따라 계속 내려가면 태평양으로 갈 수는 있었지만, 이 지역은 너무나 황량해 누구도 관심이 없었다. 이 경로의 북동쪽 지역도 호전적인 축치족(Chukchis) 때문에 포기되었다. 약 1700명의 러시아인이 아나디르스크에서 캄차트카 반도에 진입했고, 나중에 오호츠크에서 캄차트카 반도로 항해했다. 야쿠츠크에서 베링해협까지의 거리는 1,800km 이다.

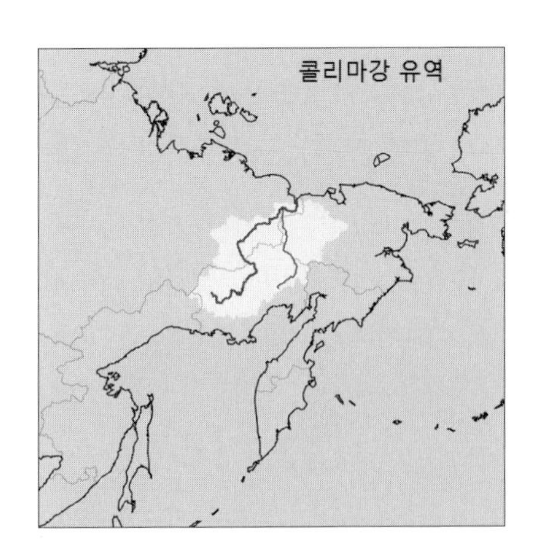

4. 남서루트(Southwest Route): 우랄산맥 남쪽, 이르티쉬강-세미팔라틴스크

1566년 아스트라한(Astrakhan)을 정복한 후, 러시아는 우랄산맥(Urals)의 남쪽 기슭에서 남동쪽으로 팽창했다. 이것은 노가이 호드(Nogai Horde), 칼믹크족(Kalmyks) 및 북부 카자흐 족들에 대한 정치적 통제를 증가시키고 농업 식민지화의 정도를 다양화하는 것이었다. 또 다른 루트는 이르티쉬강을 따라 올라가 알타이(Altai) 국가(세미팔라틴스크 Semipalatinsk, 1718)쪽으로 향하는 것이었다.

시베리아의 남쪽 국경은 숲과 초원의 경계에 해당한다. 코사크들은 강과 숲을 여행할 수 있는 기술을 가지고 있었기 때문에 아시아로의 침투는 산림지대로 국한되었다. 왜냐하면 산림지대에는 원주민들은 거의 없고 취약했고, 코사크들의 팽창은 모피무역으로 보답을 받았기 때문이다. 러시아 본토(유럽 러시아)와는 달리, 대초원에 침투하려는 시도는 거의 없었다. 도로건설은 1730년대에 시작되었다. 항상 농민이 있었지만 대규모 농민 식민지화는 1860년대까지 시작되지 않았다. 시베리아횡단철도는 1891년에 시작되었습니다. 20세기에 고속도로가 건설되었지만 아무르강 북쪽으로의 확장은 아직 완성되지 않았다. 이 모든 발전이 가능한 한 멀리 남쪽에서 발생했다는 것은 말할 필요도 없다. 그 결과 러시아인들은 남쪽 국경을 따라 길고 좁은 띠를 형성하고 주로 광물을 발견 할 수 있는 북쪽으로 약간의 확장이 이루어졌다. 시베리아의 강들은 아직도 여전히 이용되고 있지만 주로 시베리아횡단철도를 오가는 남북 운송에 이용되고 있다.

Ⅵ. 러시아 내륙수운의 현황과 문제점

러시아의 내륙 수로의 총연장은 세계에서 가장 길지만 현재는 항해의 필요성에 맞게 효과적으로 이용되지 못하고 있다. 현재 러시아의 내륙 수로 운송은 모든 유형의 운송 수단에 의한 총 운송량의 약 1.3 %를 차지한다. 20세기의 마지막 10년 동안 러시아의 경제적 변화 과정에서 하천 운송의 성과는 크게 하락했고 1990년대 중반에는 운송량이 약 1억 톤에 머물렀다.[25)]

21세기가 시작되면서 러시아의 경제상황이 안정되기 시작했고 내륙 수로 개발의 긍정적인 동력들이 나타나기 시작했다. 2012년 항해에서 하천 선박은 1억 3,820 만 톤의 화물을 수송했으며 여객 수송은 1,320만 명에 달했다.

동시에 러시아의 많은 지역에서 주로 북부, 시베리아 및 극동 지역의 인구 수송 서비스에서 내륙 수로 운송의 역할은 중요하다.

현재 내륙수운 수송량이 전체 운송량에서 차지하는 상황은 유럽 전체보다 훨씬 나쁘다. 독일, 벨기에 및 네덜란드와 비교하면 10배 이상 부족하다.[26)]

20세기 마지막 10 년간 하운 수송량이 급격히 감소한 주 요인은 러시아 경제가 하락한 기간 동안 산업 및 농산물 생산량과 소비량이 전반적으로 감소했기 때문이다. 그리고 내륙 수로 기반시설의 악화로 인한 하천 운송 경쟁력의 감소 등도 그 원인이었다. 내륙 수로의 질적 특성의 악화는 전통적인 하천 운송 화물의 흐름의 손실과 국가 운송 시스템에서의 경쟁적 위치의 약화가 주원인이 되었다.

러시아 연방의 내륙 수운 법규(**Кодекс внутреннего водного транспорта Российской Федерации**)에 따라 내륙 수로의 기반시설은 내륙 수로에서 항

---

25) Геннадий Л. Гладков, Внутренние водные пути России: современное состояние и основные инфраструктурные ограничения судоходства, *GEOGRAPHY AND TOURISM*, Vol. 4, No. 2 (2016), 35-43, pp. 38-39. http://www.geography.and.tourism.ukw.edu.pl/artykuly/vol4.no2_2016/G-T_2016-2_04-gladkov.pdf (검색일 2018.8.1.)

26) White paper on efficient and sustainable inland water transport in Europe, 2011. United Nations Economic Commission for Europe, New York, Geneva.

해를 가능하게 하는 모든 대상을 의미한다. GDP의 인프라에는 항해 구조물, 등대, 도로, 슬레지 포인트, 대피소, 항법 장비, 전력 설비, 통신 네트워크 및 통신 시설, 경보 시스템, 정보 시스템 및 교통 통제 시스템, 기술적 선박 등이 포함된다.

1990년대에 들어서면서 내륙 수운은 운송의 조직 및 유지 관리에 필요한 당시 기준에 따라 개발된 인프라를 보유하게 되었다. 현재까지 내륙 수운에 의한 선적 물량은 전 화물 종류별로 크게 감소했다. 건축관련 화물 5배 감소, 벌크 석유제품 2배 감소, 뗏목 목재 14배 감소, 경질 석탄 곡물 목재 5배 감소, 화학 비료 및 무기 비료 4배 감소.

이로 인해 하천 항구에서 화물 처리량이 크게 감소했다. 특히, 그 주요 활동이 비금속 건축 자재의 채취 및 공급에 집중되어 있던 항구들에 영향을 미쳤다. 이 기간 동안 비금속 건축 자재(HCM, нерудные строительные материалы)의 채굴량은 8배 감소했다. 분명히 항구 시설의 전체 부하가 감소하고 하천 항만의 효율성이 감소했기 때문에 항구 기반시설을 업데이트해야 했다.

또한 페레스트로이카 기간 동안 항해 용 수력 구조물의 기술적 여건은 악화되었다. 현재 58개 시설(신고 대상 시설의 17.3 %)만이 정상 수준의 안전 수준을 유지하고 있으며, 61개 시설(22.2 %)은 불만족스럽고 위험하다.

현재 13,022척의 화물 및 여객선이 러시아 하천 등록부에 등록되어 있다. 러시아 해상 선적 등록에는 하천-해양 혼합 항해 선박 641척이 등록되어 있다. 화물 선박의 평균 선령은 32년, 여객선은 33년, 크루즈선박은 41년, 자체 추진 화물선 및 예인선의 75% 이상이 25년 이상이다.

전체적으로 러시아 하천 등록청(PPP, Российский Речной Регистр)에 따르면, 선박의 갱신 속도는 서류기각으로 인해 선박의 은퇴 강도보다 훨씬 떨어진다. 그래서 지난 5년 동안 화물 선박의 처분은 새로운 선박의 시운전을

20배나 초과했다. 그러나 이러한 조건 하에서도 기존 선단의 상당 부분은 충분한 화물이 부족하기 때문에 유휴 상태에 놓여있다. 이것은 동부 분지에서 가장 두드러지게 나타난다.

강-바다가 혼합된 항해 선박이 내륙 수운에 의한 운송 구조의 특별한 우치를 차지한다. 산업 생산감소 시기에는 운송에 필요한 물량이 급격히 감소했다. 이러한 상황에서 러시아의 하천 항만과 유럽의 해양 항만 간 직접출하는 경제적으로 더 유리한 것으로 나타났다. 이러한 운송 수단의 매력은 혼합 선박의 연중 운영 가능성에 의해서도 설명된다. 이러한 이유로 선박 갱신이 일반적으로 정체되어 있는 대부분의 주요 해운 회사들은 하천-해양 혼합 선박의 건조를 위한 프로그램을 보유하고 있다. 러시아 조선소와 외국 조선소들에서 최대 65,000톤의 운반 능력을 가진 일련의 복합선박들이 현재 건조 중이다.

현재 하천 항해는 볼가강, 카마강, 돈강, 네바강, 볼가강-돈강, 볼가강-발틱 운하 및 모스크바 운하를 따라 위치한 유럽러시아 통합심해시스템(Единая глубоководная система Европейской части России)의 경계 내에 비교적 집중적으로 이루어진다. 유럽러시아 통합심해시스템에서 내륙 수역 제한 지역의 존재는 선박 선적 감소, 특정 구역의 통과 속도 제한 및 통행금지 장치가 예상되는 상당한 중단 시간 등의 이유로 선박 적재 용량의 급격한 감소를 결과했다.

주요 수로를 따라 대용량 화물선의 통행 시간이 많은 화물 트래픽과 선박의 강제 가동 중단으로 인해 약 2배 증가했다. 선박 통행의 보증 범위가 불충분하기 때문에 시베리아 및 극동의 하천 수역들에서 이용되는 선박의 화물 운반 능력의 손실이 저수면 기간 동안 30%까지 떨어질 수 있다.

V. 『러시아연방 내륙수운 개발전략 2030』(2016)[27]

1. 러시아 내륙수운 현황[28]

현재 총연장 10만 1,700km인 러시아 내륙수운은 723개의 조종 가능한 유압 구조(судоходных гидротехнических сооружения)와 108개의 출구(шлюз, gateway), 내륙수로와 연결되어 있는 732개의 상하수도, 1억 1800만 톤의 화물운송, 710억 T-KM(Ton-kilometer), 11,100대의 선박, 130개 이상의 접근로를 가진 항구와 828개의 강안(береговых)과 24개의 떠있는 크래인(плавучих кранов), 10만 명의 항해관련 요원들을 가지고 있다.[29]

도로 및 철도로 육상운송루트와 연결된 러시아 내륙수운은 복합운송시스템의 일부를 이룬다. 그러나 러시아 내륙수운은 전체 운송수단별 비중에서 약 2% 정도만 차지하고 있고, 점차 차량수송량이 늘어남에 따라 내륙수운 물동량이 줄어들고 있는 추세이다. 러시아 내에서 내륙수운이 발달한 곳은 우랄산맥 서쪽의 러시아 유럽지역이며, 이곳의 운송수단별 비중은 '내륙수운:철도:도로 = 1:1:8'이다.

---

27) Стратегия развития внутреннего водного транспорта Российской Федерации на период до 2030 года, распоряжением Правительства Российской Федерации от 29 февраля 2016 г. N 327-р. http://static.government.ru/media/files/YxvWxYkzMqwAsfBmAX6anAVViKnFgYwA.pdf (검색일 2018.7.3.1)

28) http://www.morflot.ru/deyatelnost/vvt.html (검색일 2018.7.31.)

29) http://investa.spb.ru/i_rus/act_i/466/pantina_t._a._tranzitnyy_potentsial_wnutrennih_wodnyh_putey_edinoy_glubokowodnoy_sistemy_ewropeyskoy_chasti_rossii.pdf (검색일 2018.7.31.)

러시아 내륙 수운

1989년 러시아 내륙수운 물동량은 5억 8,000만 톤으로 픽크에 이르렀고, 2014년에는 약 5배 감소한 1억 2,480만 톤이었다. 2000년부터 2008년까지 러시아 내륙수운의 물동량은 1억 1,680만 톤에서 1억 5,100만톤으로 1.5배 증가했으나, 2008년 글로벌 금융위기 이후 급격히 감소하여 2009년 9,700만 톤으로 감소했다.

러시아 내륙수운 여객수는 1980년 1억 300만 명에서 2014년 1,270만 명으로 8배나 감소했다. 이는 도로 및 철도망의 발전으로 인한 감소이다. 그 동안 내륙수운은 도로 및 철도 등과 같은 육상교통이 발달하지 않은 지역에서 주민들의 이동경로 및 화물 운송에 주로 이용되었다. 러시아 극동 시베리아, 북극지역에서의 화물수송과 여객수송에서 중요한 역할을 했다.

이들 지역의 러시아 연방주체의 전체인구 대비 내륙수운 이용 인구비중은 아무르주 84%, 아르한겔스크주 77%, 하바롭스크주 55%, 코미공화국 47%, 사하공화국 26%, 한티-만시자치구 26%, 볼고그라드주 45%, 야로스라브스크주 42%, 사마르스크주 30%였다.

이와 같이 외진 지역 주민들의 이동수단과 화물운송 수단이 되는 내륙수운의 안정적 공급과 물류 서비스의 질과 접근성을 높이려면 지방정부 및 연방정부 차원의 지원이 필요하다.

한편, 러시아 내륙수운의 인프라 시설의 노후화 및 서비스 질의 악화 이외에도 자연적인 요인에 의한 문제점도 존재한다. 러시아 통계청 자료에 따르면 러시아 강의 전체 유량은 2002년 4,682㎦ 였으나, 계속해서 감소, 2012년 약 4,218㎦ 까지 감소했다. 2013년 러시아 강의 전체 유량이 약 4,615㎦ 까지 증가하였으나, 2002년의 수준에는 미치지 못하고 있다. 게다가 동절기 결빙 문제와 내륙수로의 갈수록 얕아지는 수심 등의 자연적인 문제점이 있다.

2.『러시아 연방 내륙수운 개발전략 2030』(2016)

2016년 2월 29일 러시아는 '러시아 연방 내륙수운 개발전략 2030'(이하 '내륙수운 개발전략 2030')을 채택했다. 현재 러시아 내륙수운의 상태 및 문제점 등을 분석하여 전반적인 내륙수운 시스템을 향상시키고자 한 '내륙수운 개발전략 2030'의 주요 목표는 다음과 같다.[30]

첫째, 육상운송과 내륙운송의 화물 트래픽(traffic)을 재분배하여 러시아 운송 시스템의 균형을 확보한다.

둘째, 내륙수운과 다른 운송수단과의 연계성을 강화하여, 내륙수운의 경쟁력을 확보한다.

셋째, 화주를 위한 내륙수운 서비스의 질과 접근용이성 증가시킨다.

30) http://www.morflot.ru/deyatelnost/fcp/strategiya_razvitiya_vnutrennego_vodnogo_transporta_na_period_do_2030_goda.html (검색일 2018.7.31.)

넷째, 승객을 위한 내륙수운 기능을 증대시킨다.

다섯째, 내륙수운의 안정성과 친환경성을 향상시킨다.

러시아 정부는 '내륙수운 개발전략 2030'을 통해 내륙수운 발전을 위한 기반을 마련하고, 육상운송과 경쟁 시 잠재력을 확보하고자 했다. '내륙수운 개발전략 2030'은 2020년까지 1단계, 2단계는 2021년부터 2030년까지 추진된다.

이에 따른 러시아 내륙수운 예측 화물 운송량은 2020년 1억 7,260만 톤이며, 2030년까지 2억 4,220만 톤이다. 예측 여객 이용자 수는 2020년까지 1,570만 명, 2030년까지 1,660만 명이다. '내륙수운 개발전략 2030'에서는 러시아 내륙수운의 화물 운송량 및 여객 이용자 수의 증가를 위해서 도로 및 철도 등과 같은 다른 운송수단과의 연결이 중요하다고 보았다.[31] '내륙수운 개발전략 2030'에 따르면 내륙수운과 육상운송의 전환이 원활히 이루어 질 경우 유럽러시아 지역이 가장 경쟁력이 높아질 것으로 보았다.

『내륙수운 개발전략 2030』의 물동량 및 여객수 예측 (단위: 백만 톤, 백만 명)

구분 \ 연도	'13	'14	'15	'18	'20	'24	'30
화물	137.3	124.8	124.8	147.5	172.6	199.5	242.2
여객	13.2	12.7	13.6	14.9	15.1	15.7	16.6

'내륙수운 개발전략 2030'의 사회 · 경제적 기대효과는 다음과 같다.

첫째, 내륙수운의 효율성, 화물 및 여객수가 증가할 것이며, 내륙수운을 통한 대외무역도 증가할 것이다.

---

31) Стратегия развития внутреннего водного транспорта Российской Федерации на период до 2030 года, распоряжением Правительства Российской Федерации от 29 февраля 2016 г. № 327-р, p. 10.

둘째, 내륙수운 운영회사의 수익이 증가하고, 관련 산업이 성장할 것이다.

셋째, 새로운 선박 건설 및 내륙수운 인프라 시설의 현대화 작업으로 투자가 증가되며, 국내 조선산업이 발전할 것이다.

넷째, 전반적으로 내륙수운이 개선 · 개발될 경우 관광산업 등이 발달되어 새로운 일자리가 창출될 것이며, 지역 주민들의 삶의 질이 개선될 것이다.

내륙수운의 발전을 위해 러시아 정부는 조선, 내륙수로 인프라 개선, 내륙수로 항만 인프라 개선, 화물 및 여객 데이터베이스 구축, 고용창출, 과학기술 등의 분야를 지원할 예정이다. 특히, 내륙수로 인프라 개선 중에는 극동러시아, 시베리아, 북극지역에서의 화물운송을 위해 내륙수운의 가용성을 높이고자 한다. 이를 위해 극동러시아 및 시베리아, 북극지역의 수로 탐색 및 개발을 지원하고, 향후 북극항로와의 연결로 인한 물동량 증가를 대비하여 내륙수운을 정비, 최적화 하고자 한다.

러시아 정부는 '내륙수운 개발전략 2030'을 통해 내륙수운 관련 인프라 개선, 접근성 및 가용성 향상, 화물운송을 위한 수로 탐색, 지역 주민의 삶의 질 개선을 위한 상하수도 및 여객 서비스 등을 향상 시키고자 한다. 또한 내륙수운 시스템을 체계화하고, 이는 향후 북극항로 및 대외무역 활성화에 영향을 미칠 것으로 보았다.

러시아의 경우 광활한 영토에 비해 도로, 철도, 해운, 항공 등의 운송수단이 발달되지도 않았고, 연계성도 부족하다. 이와 같은 운송수단으로 접근되지 않은 지역은 내륙수로가 주요 물류망이 된다. 또한 북극항로 상용화가 이슈화되면서 북극항로와 연계하여 러시아 내륙수운에 대한 관심이 높아지고 있다. 특히 내륙수운을 이용 시 육상으로 운송하기 어려운 중량화물의 이동이 용이해진다. 그러나 러시아 정부가 '내륙수운 개발전략 2030'을 발표하였지만 개발단계에 따라 내륙수운 인프라 및 시스템 등이 개선될지는 의문이다. 왜냐하면 기존에 러시아 정부에서 발표한 많은 개발전략(교통, 항만, 철도, 극동 · 바이칼 지역-경제 발전)이 있었으나, 개발전략에 필요한 막대한 예산의 확보와 투자유치가 계획대로 진행되지 않아 각 개발전략의 추진상황이 계획대로 잘 진행되지 않고 있다.

러시아의 교통 · 물류 부분에서 도로, 철도, 항만, 내륙수운 등의 각 운송수단별 개발전략이 구축되어 있다. 각 분야의 개발전략이 계획대로 진행될지는 아직 의문이나, 장기적으로 각각의 운송수단별로 인프라 및 연계망 등이 확대 · 연결된다면 러시아 물류인프라의 큰 시너지 효과가 나타날 것으로 기대된다. 또한 내륙수운의 개발은 향후 북극항로 상용화 시대를 준비하는 과정에서 북극으로 흐르는 러시아의 3대 강인 옵강, 예니세이강, 레나강 유역을 중심으로 극동러시아 및 시베리아에서 북극으로 연결되는 새로운 남북 물류루트가 강화되어 동서 철도루트와 시너지 효과가 예상된다. 결국 러시아의 내륙수운은 동서로 연결된 철도루트와 연계하여 남북으로 북극으로 이르는 효율적인 복합물류시스템을 구축할 수 있을 것이다.

〈참고문헌〉

Forsyth, James, "A History of the Peoples of Siberia", 1992

Н.П. Загоскин Русские водные пути и судовое дело в до-петровской России, 1910(in Russian)

Yuri Semyonov 저, 김우현 역, 『Die Eroberung Sibiriens, 시베리아 정복사』 (경북대학교 출판부, 1992)

Yuri Semyonov, translated from the German by J.R. Foster, *Siberia, Its Conquest and Development*, (Montreal: International Publishers' Representatives(Canada) Limited., 1963)

https://en.wikipedia.org/wiki/Siberian_River_Routes

북극의 경제적 가치를 위한 탐사

양정훈

I. 북극 탐사에 따르는 주요 발자취

인간은 아주 오래전부터 북극 지역에 그 자취를 남겨왔다. 몇몇 자료에 따르면, 이미 기원전 2-3천 년 전에 이미 소수에 불과하지만 거주하기 시작해 오늘날까지 지속적으로 이어져 내려왔다고 한다. 일명 “사암”의 선조라 불리어지고 있다. 그렇지만 북쪽 지역의 탐험은 선박의 항행 발전 시기인 9-12세기경으로 보고 있으며, 실질적인 탐험은 대략 16세기 북쪽에 새로운 선박 항로를 개발하기 위한 목적으로 시작이 된 것이다. 첫 북극 탐험가들은 빌렘 바렌츠, 윌리엄 바핀에 의해 시작 된 북극 역사의 시작이다[1].

이후부터의 탐험은 지속되었고, 서 시베리아의 북쪽 “만가제이카” 강에서 “타즈” 강으로 흘러 들어가는 지역에서 첫 러시아 북극 마을인 “만가제야”가 형성 되었다. 18세기 접어들어 북극에 대한 탐험은 본격적으로 이루어졌다. 러시아는 자국 해군본부의 지원 하에 7개 단체를 구성하여 일련의 탐험을 실시하였다. 이들은 Х.П. 라쁘테바, Д.Я. 라쁘테바, С.Г. 마르긴, В.И. 베린그,

---

1) Ксенофонтова Д.А. Важнейшие экспедиции в период освоения Арктики с древнейших времен до конца XX века / Д. А. Ксенофонтова, А. В. Соколов // Арктика: история и современность: труды международной науч. конф., 20-21 апр. 2016 г., г. Санкт-Петербург. М.: Издательский дом «Наука», 2016. С. 176–186.

С.И. 체류스킨과 그 밖의 탐험가들이 중심이다. 그 결과 오늘날까지 북극에 대한 탐사가 이루어지고 있으며 그 반경은 러시아 우랄산맥 동쪽에 위쪽 끝(꼭지점)에서 북극 전체로 대단한 탐험이 실행 된 것이다.

19세기 영국 탐험대에 의해서도 시도가 되었다. 그들은 토마스 심슨, 존 프랭크린, 조지 넬스와 그 밖의 탐험가들에 의해 시작된 탐험이 오늘날에는 북극의 창을 열기 위한 노력으로 활동이 이루어지고 있다. 캐나다 북극 군도에서 북극 꼭지점을 향한 탐험도 지속적으로 도전하고 있다. 그 도전은 실패와 더불어 새로운 미지의 세계를 개척하는 또 하나의 정복의 길로 실시되는 것이다. 오스트리아-헝가리 탐험가 K. 베히프레흐트과 U. 빠이엘은 "프랑크-요쉽" 지대를 발견했다고 기술하였다[2].

이 당시 북극 이사회가 중심이 되어 소수의 국가들에 의해 포럼이 열리게 되었다. 일명 '극의 해'라고 명칭을 세운 포럼이다. 첫 번째 '극의 해는 1882-1883년까지 열리게 된 것이다. 14개의 특수학술연구소가 만들어졌는데 그 중에서 12개 연구소가 북극에 대한 연구만을 위해 설립 된 것이다. 제1회 '극의 해'를 중심으로 만든 자료들은 기상학, 지리물리학, 생물학 그리고 인류학적 자료들로 매우 귀중한 자료들을 만들어내기 시작한 것이다.

19세기와 20세기 접어들면서 북극에 대한 탐험과 새로운 세계의 발견은 더욱 활발히 이루어졌다. 얼음으로 덮인 섬 그린란드를 F. 얀센 탐험가에 의해 발견이 되었다. 이를 바탕으로 북극 횡단에 대한 꿈을 꾸기 시작한 것이다. R. 에드문센

---

2) Потатуров В.А. Арктика: история ее изучения и освоения / В. А. Потатуров // Современные проблемы управления природными ресурсами и развитием социально-экономических систем: материалы XII международной науч. конф., 07 апр. 2016 г., г. Москва. М.: Московский университет им. С.Ю. Витте, 2016. Часть 2. С. 287–296.

탐험가는 북서쪽 전체 해양을 탐험하면서 새로운 해양로를 발견하게 된 것이다. R. 삐리 탐험가에 의해서는 북극의 가장 중심인 북극점이 정복되었고, 북극 해양로가 A. 노르덴쉘드, B, 빌키찌키, R, 아문센 탐험가에 의해 열리게 된 것이다.

1898년 제정러시아 황제 니콜라이 2세도 북극에 적합한 쇄빙선 <엘막>을 건조하여 출항시켰다. 1914년경에는 북극 영공을 정복하기 위한 도전도 진행되었다. 당시 러시아군인 비행사 Я. И. 나구르스키의 시도로 세계에서 처음으로 북극 항공을 정복하게 된 것이다. 또 다른 북극 탐험 일지에 따르면 1926년 R. 아문센과 1928년 U. 노비레 탐험가에 의해 북극 영공을 비행선으로 통과하는데 성공했다고 한다. 1937년도에는 소연방 비행사들에 의해 모스크바에서 밴쿠버까지의 북극 영공을 쉼이 없이 날아 통과하는데 성공하였다.

두 번째 국제 "극의 해"는 1932-1933년도에 열렸다. 총 44개 국가들이 참여해 주었고, 각 나라마다 대표하는 100여개의 특수학술연구소가 참여하였다. 이 기간 동안에는 논의 대상은 폭풍, 이온층 구성, 대기환경현상 등 등 북극과 관련이 있는 여러 분야에 대한 연구와 발표 그리고 토론이 진행 되었다. 그 해(1933년) 스웨덴은 첫 디젤-전기 설비를 한 쇄빙선 '이메르'호가 건설되었다. 이러한 연구는 북극 이사국을 중심으로 여러 나라들에서 계속 진행되었다. 1937년에 가서 소연방 특수학술연구소는 극지방에서 위치를 바꾸어 움직일 수 있는 학술-탐사호 '세베르느이 뽀류스-1'를 세계 처음으로 북극에 설치하였다. 이렇듯 여러 북극 이사국들의 발빠른 움직임에 비해 미국은 1942-1946년에 가서야 '윈드'라는 디젤-전기 쇄빙선 건설을 기점으로 지금까지 등급 쇄빙선을 만들어 내고 있다.

세번째 "극의 해"는 1957-1958년 사이 진행되었다. 일명 국제적 지역-물리의 해로 불리어져 열렸다. 당시 "극의 해"는 두 번째 '극의 해'보다 23개 국가가 더 많이 참가해 총 67개 국가의 참여로 보다 적극적이면서도 활기 넘기는 경쟁 속에 진행되었다.

1959년 소련 연방은 세계 최초로 원자력 쇄빙선 건설하였고, 1960년에는 러시아 순수기술로 디젤-전기 쇄빙선을 건설한 것이다. 이러한 쇄빙선 기술은 1977년도에 가서 원자력 쇄빙선 '알티카'호를 건조하여 최초로 북극점에 도달하였다. 이러한 계속 된 발전은 1940년대 소련 연방 반도인 "타이므르스키"와 "콜스키"에서 유색 철광석 채굴을 시작으로 보고되었기 때문이다. 1971년 노르웨이는 북 해양에서 가스 채굴이 시작되었다. 1975년 영국 또한 가스 채굴을 시작하였다. 1977년부터 미국은 알라스카 "쁘라도-베이" 지역에서 매장되어 있는 광물자원이 채굴되었기 때문에 국제적 관심은 더욱 고조될 수밖에 없었다.

하지만 이러한 이슈도 잠시 국제사회에서는 이보다 더 큰 이슈가 만들어진 것이다. 인공위성이다. 소련연방과 미국이 비슷한 시기에 인공위성을 쏘아 올려 지구 궤도 밖 우주탐사가 이루어지기 시작한 것이다. 어느 정도 우주 탐사가 이루어지고 있는 오늘날에 와서는 잠시 멈춰있던 북극에 대한 관심이 국제사회의 새로운 이슈로 돌아서기 시작했다. 이유는 남극과는 달리 21세기 북극에서는 유용한 천연자원이 발견 되었고, 새로 발견 된 자원들은 미래 국제사회의 새로운 기반을 가져다 줄 수 있는 잠재력으로 연결되기 때문이다.

II. 북극의 기반적 원천

21세기 북극 지역 경제적 활용 가치를 높이기 위한 탐사는 북극 연안 지역만을 하는 것이 아니다. 북극의 가장 중심지역인 꽁꽁 얼어있는 북극점까지 해양 및 해양 수역을 중심으로 탐사가 이루어지고 있다. 이는 경제적 전이에 따른 연결이 예상[3] 되기 때문이며, 북극 회원국 간의 지역 경계에 따른 해양의 문명화를 형성하는 길이 되기 때문이다. 오래전부터 북극 지역에서의 경제 활성화는 북극의 남쪽지역과 남-서쪽 방향으로 연결되는 정책으로 탐사에 의해 넓혀가는 의미를 가지고 있었다[4].

이 시점에서 주시해야 하는 것은, 북극 발전 기반의 원천이 무엇인가이다. 과거에도 그랬듯이 여러 지역에서 발견된 천연자원 중에서도 가장 중요도가 높은 것은 에너지 자원으로 북극에 매장되어 있는 에너지 자원 그 중에서 하나인 '가스'가 기반적 원천으로 두고 있을 것이라 본다. 이는 북극 지역에 대한 탐사가 극한의 기후 환경에 따라 보충적 어려움을 발생시키는 곳이기도 하고, 더불어 유용한 광물을 채굴하는데 있어서는 자연 환경 보호에 따르는 필연적 기술들의 부재 현상이 따르기 때문에 찾아올 수 있는 과제이다. 하지만 북극 회원국뿐만 아니라 여러 국가들은 육지에 매장되어 있던 자원이 고갈 되어가자 북극 지역에 매장되어 있는 자원에 대한 채굴과 습득을 위해 매년 학술적 연구나 기술적 진보를 추진해 나아가고 있으며 연안 지역이 아닌 더 깊숙한 북극 꼭지점까지를 목표로 탐사할 수 있는 환경을 만들어 가고 있다.

북극 탐사에 있어 북극 이사국은 자국의 위치에 맞게 목적, 과제 등에 맞는 논의는 이루어졌으나 이에 따른 방법이나 방식 등에 있어서는 이사국 간의 계속 된 논의가 진행되고 있다. 다만 다른 주변 국가들에게도 북극의 환경 이용

---

3) Бурцев О.В. Современная Россия и морская цивилизация / О.В. Бурцев, С.Ю. Козьменко, Г.Н. Шиян // Морской сборник, 2006. № 6. С. 17–21.

4) Козьменко С. Ю. Арктика: геоэкономическая поддержка российского политического ренессанса // Национальные интересы России и экономика морских коммуникаций в Арктике: Материалы V Всероссийской морской науч.-практ. конф., 29-30 мая 2014 г., г. Мурманск. Мурманск: Мурманский государственный технический университет, 2014. С. 46-49.

에 따라 여러 가지 접근이 가능한 탐사를 용인 한 것이다. 북극 지역 탐사에서 가장 빠른 경제적 효과를 만들어 낼 수 있는 것은 해양 교통수단을 통한 전략적 발전이다. 이는 이 지역 발전의 기본적인 충족조건인, 전반적인 형성과정을 이끌어 가는데 있어 모든 프로세스의 최적화 및 실현 가능한 것부터 만들어가는 것이다. 그래서 북극 이사국들은 가장 효과적인 것부터 규정지어 경제적 전략으로 나아갈 것으로 본다[5].

III. 북극 탈환에 따른 전략적 기반

20세기 말부터 북극을 거대한 천연자원의 보고로 지각하면서 많은 나라들은 적극적인 관심을 표명하기 시작했다. 북극을 둘러싸고 있는 이사국들은 한걸음 더 나아가 북극이 가지고 있는 천연자원의 측량과 그 용량을 보다 명확하게 보고 싶어 했다.

하지만 북극에 매장되어 있는 자원에 대한 매장량과 채굴은 많은 어려움에 직면해 있다. 이를 네 가지로 나눠보면 첫 번째, 북극 기후 환경에 따른 자원 습득의 어려움; 두 번째, 기술 부족; 세 번째, 환경 보존의 필수성; 네 번째, 북극 이사국들 간의 영해와 영토 분쟁이다. 이러한 문제들 중에서도 가장 우선적으로 풀어야 할 숙제는 네 번째 이사국 간의 권리를 이사국들이 얼마나 내려놓고 협력하느냐에 달려있다.

1996년 북극을 둘러싸고 있는 8개(캐나다, 미합중국, 핀란드, 아이슬란드,

5) Козьменко С.Ю. Стратегия морской деятельности и экономики природопользования в Российской Арктике / С. Ю. Козьменко, В. С. Селин, А. Н. Савельев, А. А. Щеголькова // Морской сборник, 2012. Т. 1988. № 11. С. 58–63.

러시아 연방, 노르웨이, 덴마크, 스웨덴) 이사국들은 환경보존과 기타 발전을 위한 조정을 논하기 시작했다. 이곳에서 이사국들은 국가 간의 협력을 강조하였고, 이를 위해 새로운 기구인 "북극 위원회"설치를 만장일치로 원해 설립하였다. 이 기구가 하는 일은 이사국 중심으로 국가들 간의 포름으로 전반적 북극의 문제에 대하여 협력과 상호활동을 위하는 기구로 조직한 것이다. 여기서는 여겨 보아야 할 부분은 북극 이사국의 대리인들은 군사적 안전에 대해서 암묵적으로 제외 되었다는 것이다.

현재 북극 위원회를 구성하고 있는 이사국은 8개 국가로 형성되어 있다. 그렇다고 "북극 위원회"가 국제적 기구로서의 역할을 하는 것이냐 그렇지는 않다. 단지 8개 북극 이사국 중심으로 만들어 놓은 것일 뿐 온전한 국제적 기구는 아니다. 위원회의 활동은 북극의 환경과 북극의 발전방향 그리고 북극 해양을 활용한 경제적 이익창출에 목적을 두고 있다. 이 모든 것은 북극 환경에 따른 식물계와 동물계 보호 그리고 오염 등등의 문제를 가장 우선적으로 보호하고 해결하는 개발로 이어지는 것이 주요 안건이다.

2013년부터 노르웨이도 "트롬쇠"가 북극 위원회의 공식적인 상임 의장국이 되었다. 기반적 활동으로는 행정 활동, 학술 및 홍보 기능 등 "북극 위원회"의 전반적 활동을 지지하는 것이다. "북극 위원회"의 실무 그룹들은 정규적으로 북극 자연환경 및 사회 환경 문제의 영역을 종합적인 접근 연구로 결과물을 게제하고 있다.

"북극 위원회" 회원국 간의 필수적이며 법적인 기초 합의를 이루었다. 2011년 그린란드 '누욱'에서 "북극에서의 항공 및 해양 탐사 및 구조 활동에 있어 협력"에 대한 내용으로 회원국들의 서명이 이루어졌고, 2013년 스웨덴 '키룬'에서는 "북극에서 자원 채굴시 나타날 수 있는 에너지 자원의 오염과 이에 따른 준비와 대응의 역할 등"에서 대한 내용으로 합의가 이루어져 서명하게 된 것이다. 물론 20세기 후반부터 북극에 대한 관심과 참여를 원하는 국가들은 이러한 부분에 있어 더욱 강화 되어져야 한다고 목소리를 내고 있다.

하지만 이러한 내용들은 1996년부터 최근 몇 년 전까지만 해도 북극 위원회 회원국들의 필수적 이행 조건이 형식에 그쳤다는 것이다. 21세기 접어들어서야 겨우 북극 위원회 위원들이 표방한 북극의 "전략적 발전"의 발표와 합가 이행되고 있다.

2006년과 2009년 두 차례에 걸쳐 노르웨이는 북극의 자연환경과 그 외 지역들에 대한 정부의 전략을 발표하였다. 주 내용은 '북쪽에서의 새로운 구조적 요인들'이다. 여기에서 보다 상세히 북극에서의 활동에 따른 주요한 목적들과 방향이 장기간에 따르는 전망을 보여주고 있다. 2011년에는 새로운 북극 전략에 따른 문서로 '북쪽 끝-전망과 전략'을 인준하였는데 이는 국가가 가장 주요한 정책의 하나로 인준한 것이다.

북극권에 대한 노르웨이 정부가 인준한 정책 내용은 6가지로 나눠볼 수 있다. 첫째, 북쪽에 대한 학술적 연구의 주도권. 둘째, 천연 및 생물학적 자원의 습득. 셋째, 해양 교통의 발전. 넷째, 국제적 해양 법 원칙의 준수. 다섯째, 북극권 국가 및 북 유럽 국가들과의 온전한 협력 시스템 구성. 여섯째, 북 노르웨이의 경제적 발전이다. 특이한 점은 노르웨이 정부가 북극에 대한 북쪽 기반의 정책 요소에 러시아와의 협력이 포함시키고 있다는 것이다.

2008년 러시아 연방의 북극 정책은 문서 '2020년까지 러시아 연방의 북극에서의 정부 정책 그리고 향후 전망'에 의해서 인준되었다. 이후 2013년 문서 '2020년까지 국가적 보호와 보완 그리고 러시아 연방의 북극 지역 발전 전략'에 의해서 보충 되었다.

북극에 대한 러시아 정부의 주요 정책에서 가장 중요한 목적과 요인을 나열해 보자. 첫째, 러시아 북극 지역의 자원 기반 탐사. 둘째, 러시아 국경의 보호. 셋째, 지역 환경 보호. 넷째, 학술적 탐구의 수행. 다섯째, 북극권 회원국 및 그 밖의 국가들과의 협력을 이룬다는 것이다. 이러한 6가지 목적과 요인이 있다고는 하나 현실적으로 러시아에 경제적 이익을 가져다 줄 수 있는 역할은 북 해양 교통로 활용이 가장 우선시 될 것이다.

미국 또한 2009년도에 북극 정책에 따른 내용을 발표하였다. 주요 내용으로는 첫째, 국내 및 국외 안보 문제. 둘째, 북극 해상 교통로 활용. 셋째, 북극에서의 경제적 참여를 넓혀나가는 것 들이었다. 이에 상기할 부분은 공식적인 문서에서는 다른 나라들과의 협력에 대한 준비를 강조하고 있으나 다른 면에서는 자신들의 이익을 보호하기 위한 한쪽에서의 독립적 행동에 대한 법을 유지하기를 바라고 있다는 것이다[6].

북극에 대한 미국의 군사적 힘의 내용은 북극 지역의 경제적 이익 창출이지만 이는 상당히 약한 수준이다. 이유는 다른 북극권 국가들에 비해 주변 여건 확보가 그리 순탄치가 않다는 것이다. 이를 대변하듯 미국은 현재 북극에 대한 학술적 연구 투자가 그리 많지 않고, 쇄빙선 함대 보유를 움직임이 다른 국가에 비해 느리게 움직이고 있다. '북극 도표' 또한 미국 해군은 2009년도에 처음으로 발표하였다. 2014년에는 '2030년까지'의 것으로 재편되어 발표되었다가 2015년 다시 새로이 재편 발표를 했다는 것으로 비추어 보았을 때 이를 미리 짐작할 수 있다는 것이다.

캐나다는 2009년에 전략 문서 '캐나다의 북쪽 전략 : 우리의 북쪽, 우리의 국민, 우리의 미래' 의해 기반 방향을 발표하였다. 이 전략 문서에는 첫째, 북극에서의 군사력 확대시킴으로서 캐나다의 주권을 보장. 둘째, 북극에서의 사

---

6) Башмакова Е.П. Сравнительная характеристика стратегий развития Арктических стран // Север и рынок: формирование экономического порядка. 2013. Т. 1. № 32. С. 15–21.

회-경제적 적응 및 경제활동. 셋째, 북극의 자원 기반 습득. 넷째, 환경보호 및 기후변화에 대한 대처 등이 발표 되었다.

그러나 캐나다는 북극 전략에 대한 북극의 발전을 가장 우선적으로 두고 정부의 확고한 의지를 나타내 보이고 있다. 북극 회원국들 사이에 가장 중요하면서도 첫 번째가 되는 군사-정치적 면이 존재함에도 불구하고 캐나다에서는 북극 지역의 견고한 발전을 첫 번째로 두고 있는 것이다.

핀란드 정부에서도 2010년 북극권에 대한 정부의 전략을 발표하였다. 주요한 과제를 보면 첫째, 국가 보안. 둘째, 환경. 셋째, 경제 및 인프라 형성. 넷째, 원주민 문제 및 국제기구들과의 공조 활동 등을 주 내용으로 발표하였다. 핀란드에서는 북극권에 대한 발전과 활용 방법에 대해 적극적인 참여 의사를 보이고 있다. 현재 북극권 탐사에 따른 새로운 기술 형성 및 사용, 선박 건조 발전, 채광 산업 그리고 북극에 대한 국제적 전문가를 구성하고 그 위치를 공고히 하면서도 주요한 과제로 계속 추진해 나가겠다는 의지를 보이고 있다.

2011년 아이슬란드와 스웨덴 그리고 덴마크 또한 북극에 대한 정부의 입장을 발표했다. 아이슬란드 정부는 '북극 정책에 따른 의회 결의'를 하였으며, 스웨덴 정부는 '북극에서의 스웨덴 전략' 그리고 덴마크 정부는 '2011-2020년까지 북극에 대한 덴마크의 전략'으로 각 국가들의 북극에 대한 전략을 발표하였다. 그들이 발표한 주요 내용들은 대부분 비슷하다. 그들은 마치 조언적 포럼으로 북극권 국가들 간의 협력을 통한 필수적 발전과 원주민의 권리를 지지하는 "북극 위원회"의 중요한 역할을 강조하는 것에 그치고 있는 것으로 보일 수는 있지만 그들 또한 궁극적으로 북극에서의 "시민의 힘"에 의한 안보 보장에 대한 중요함, 기후 및 환경 보존, 기후 변화에 보다 많은 관심, 경제적 및 상업적 관계의 발전, 탐사 및 구조의 영역에 있어서의 학술적 과제의 협력과 환경 오염 방지와 같은 것을 표방하고 있다.

최근 북극에 대한 EU의 전략적 정책 전망은 2008년 코뮤니케를 통해 "EU와 북극 지역"에 대해 발표하였다. 이 문서에서는 북극 과제를, 단지 북극권 국가들이 아닌 전 세계가 함께 살펴봐야 하는 필요성 및 북극에서의 국경을 이루는 과정에 있어서의 EU 위원회의 조정에 대한 내용들이다. 그리고 북극 지역에 있어서 해상 교통에 따르는 인프라 발전에 대한 것들을 강조하고 있다. EU에 있어서 북극은 천연 자원에 대한 잠재적 습득이다. 이곳에서의 주요 파트너로서 러시아와 노르웨이로 볼 수 있다. 2016년 EU 외교 활동 부서 공식 사이트에는 EU의 주요 북극 정책의 목적과 방향을 보여주고 있다. 그 목적의 내용들로는 북극 보존과 보호, 궁극적인 천연 자원에 습득에 대한 협력 및 국제적인 협력에 발전을 강조하고 있다.

〈참고문헌〉

Башмакова Е.П. Сравнительная характеристика стратегий развития Арктических стран // Север и рынок: формирование экономического порядка. 2013. Т. 1. № 32. С. 15–21.

Бурцев О.В. Современная Россия и морская цивилизация / О.В. Бурцев, С.Ю. Козьменко, Г.Н. Шиян // Морской сборник, 2006. № 6. С. 17–21.

Журавель В.П. Китай, Республика Корея, Япония в Арктике: политика, экономика, безопасность // Арктика и Север. 2016. № 24. С. 112–144.

Козьменко С. Ю. Арктика: геоэкономическая поддержка российского политического ренессанса // Национальные интересы России и экономика морских коммуникаций в Арктике: Материалы V Всероссийской морской науч.-практ. конф., 29-30 мая 2014 г., г. Мурманск. Мурманск: Мурманский государственный технический университет, 2014. С. 46-49.

Козьменко С.Ю. Стратегия морской деятельности и экономики природопользования в Российской Арктике / С. Ю. Козьменко, В. С. Селин, А. Н. Савельев, А. А. Щеголькова // Морской сборник, 2012. Т. 1988. № 11. С. 58–63.

Ксенофонтова Д.А. Важнейшие экспедиции в период освоения Арктики с древнейших времен до конца XX века / Д. А. Ксенофонтова, А. В. Соколов // Арктика: история и современность: труды международной науч. конф., 20-21 апр. 2016 г., г. Санкт-Петербург. М.: Издательский дом «Наука», 2016. С. 176–186.

Лагутина М.Л. К стратегии Итальянской республики в Арктике // Арктика и Север. 2016. № 24. С. 155–165.

Потатуров В.А. Арктика: история ее изучения и освоения / В. А. Потатуров // Современные проблемы управления природными ресурсами и развитием социально-экономических систем: материалы XII международной науч. конф., 07 апр. 2016 г., г. Москва. М.: Московский университет им. С.Ю. Витте, 2016. Часть 2. С. 287–296.

북극항로 활성화를 위한 연구동향 분석

예병환

1. 들어가는 말

북극해 얼음이 예상보다 빠른 속도로 소멸하면서 북극해 지역의 항로 이용 가능성이 높아지고 있다. 미국 국립빙설자료센터(NSIDC: National Snow and Ice Data Center)에 따르면 북극해의 빙하면적은 1979년 이래 최저치를 기록하고 있으며 하절기 동안에는 북극항로를 이용한 선박의 상시운항이 가능할 것으로 예측하고 있다. 북극항로는 북미와 유럽을 잇는 캐나다 해역의 북서항로(Northwest Passage)와 아시아와 유럽을 잇는 러시아 해역의 북동항로(Northern Sea Route, NSR)로 나뉜다. 북동항로는 러시아 시베리아 연안과 극동지역을 따라 바렌츠해(Barents Sea), 카라해(Kara Sea), 랍쩨프해(Laptev Sea), 동시베리아해(East Siberian Sea), 축치해(Chukchi Sea) 등 5개의 북극해협을 가로지르는 대서양과 태평양 간의 해상수송로이며 수에즈 운하를 경유하는 현재 항로보다 거리가 짧아 항해일수와 물류비를 크게 단축할 수 있다는 장점이 있으나 결빙으로 인한 운항제약이 보다 많은 항로이다.[1)]

---

1) 유럽연합우주국(ESA : European Space Agency)은 2007년 9월 "1978년 위성을 통해 해빙기록을 시작한 이후 북쪽 캐나다를 가로지르는 북서항로의 대부분이 완전히 열렸다"고 발표했다. 반면에 시베리아 연안을 따라가는 북동항로는 "부분적으로 막혀있는 상태"라고 발표했다. http://www.esa.int/Our_Activities/Observing_the_Earth/

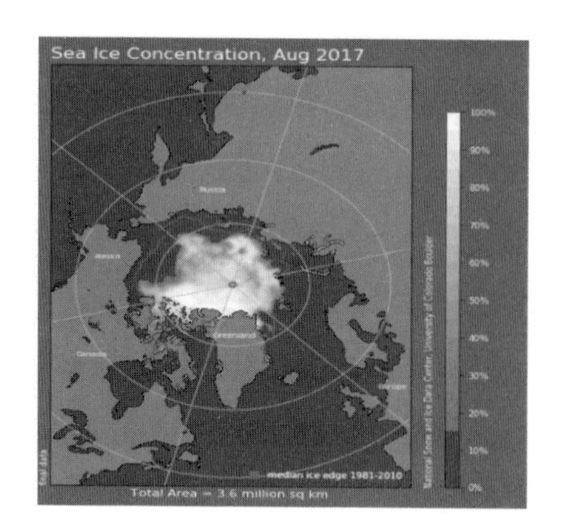

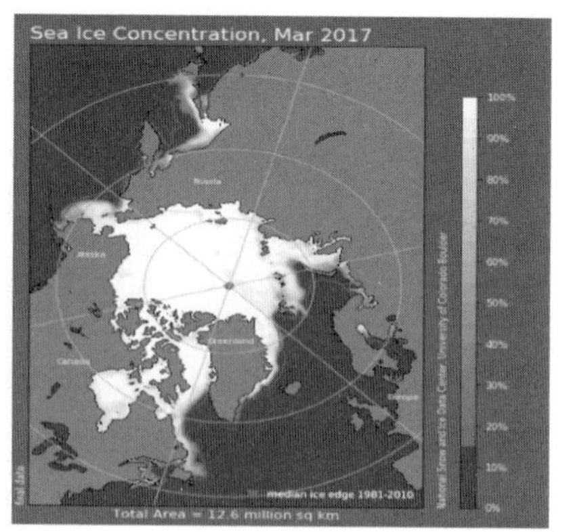

출처 : http://nsidc.org/data/seaice_index/archives/image_select

또한 북동항로의 이용에서는 북극지역 항만에서의 작업과정에서 선박들이 적합한 날씨를 기다리는 경우가 많고, 연평균 단지 10일만 정상하역이 이루어지는 등 선박 양 · 하역작업이 심각한 문제점으로 대두되고 있으며 러시아의 사베타항의 경우 항만인프라의 미비로 인하여 선박의 항구대기시간이 40일까지 소요되고 있는 실정이다.

이러한 제약에도 불구하고 북동항로를 이용하는 물동량은 2014년도 398만톤에 달하며 이는 2013년도 대비 32% 증가하였으며, 이러한 증가추세를 감안하면 2020년에 북극 대륙붕 탄화수소 생산과 관련하여 연간 6,500만톤에 이를 것이라고 러시아 교통부 Olersky 차관이 언급하였다. 이처럼 북극항로가 새로운 '해상 실크로드'로 부상되고 있으며, 이에 대응하는 우리나라 정부도 동북아시아와 유럽을 북극항로를 통해 연계하는 해상물류계획을 주요 국정과제로 발표했다.

하지만 전문가들 사이에서는 지나친 기대는 금물이라는 신중론도 만만치

Envisat/Satellites_witness_lowest_Arctic_ice_coverage_in_history.

않다. 항로 개발이 진행되면서 새로운 문제점이 하나둘씩 드러나고 있다는 것이다. 전문가들은 북극항로의 운항을 저해할 수 있는 위험요소로 크게 다음과 같은 4가지 요소를 지적하고 있다.

1) 3~4개월의 짧은 해빙기로 인한 상업운항제약
2) 결빙구간의 통항에 따른 쇄빙선사용과 쇄빙선사용료 부담으로 인한 비용증가
3) 북극항로상의 해협과 섬 주변의 얕은 수심으로 인한 항해의 위험성
4) 북극항로상의 혹독한 날씨로 인한 운송화물의 변형 위험성

결국 북극항로의 활성화를 위해서는 북극항로를 운항하는 선박의 안전성이 확보되어야 하며, 북극항로의 이용에서 발생하는 비용의 절감을 통한 경제성의 확보가 보장되어야 한다. 따라서 북극항로 활성화의 최대 장애요소를 최소화하기 위한 북극항로의 안전성확보와 북극항로의 경제성확보를 위한 연구동향과 향후 연구방향성에 대해서 알아보고자 한다.

2. 북극항로의 활성화를 위한 연구 동향

1) INSROP 프로그램

1990년도 초반까지만 하더라도 북극항로는 상업적인 이용가능성이 현재처럼 높게 조명되지 못했으며, 쇄빙선을 포함한 빙해선박과 선박운항 관련 규정은 세계적으로 통일화되지 않았다. 그러나 1990년 이후, 북극해 지역이 상업적인 선박의 운항항로로 고려되었고, 이에 따라 러시아를 중심으로 북극항로

의 활성화를 위한 항만인프라의 정비와 선원의 훈련 등 북극항로 운항선박의 안전성을 확보하기 위한 많은 논의가 국제적으로 이루어지고 있다.

북극항로의 안전성의 확보와 증대방안에 대한 국제적인 연구는 일본, 노르웨이, 러시아 3국이 중심이 된 INSROP-Programms (International Northern Sea Route Programme)에서 시작된다. 이 INSROP-Programms은 러시아의 북극해 연안 빙해역에 최초로 상업적인 정기항로를 개설하기 위하여 필요한 각 분야의 과학기술정보를 구축하려는 목적으로 러시아, 노르웨이, 일본 등 여러 나라의 관련기관들이 협력하여 1993년부터 1999년 까지 이 지역에 대한 집중적인 연구를 수행한 국제 공동연구 프로그램이다. 연구의 진행과 성과는 다음과 같이 나타났다.[2)]

1991년 러시아의 중앙해양설계연구소(CNIINF; Central Marine Research and Design Institute)와 노르웨이의 오슬로에 위치한 난센연구소(FNI; Fridtjof Nansen Institute)가 기초연구를 시작하였고 1992년 일본의 선박해양재단(SOF; Ship and Ocean Foundation, 현재의 해양정책연구재단(OPRF; Ocean Policy Research Foundation))이 참여함으로써 INSROP 프로그램이 정식으로 출발하였다. 처음에 이 프로그램은 러시아와 노르웨이의 공동연구였으나 후에 일본이 대단히 적극적으로 참여한 뒤 14개국 450여 명의 학자들이 참여하는 큰 연구 프로그램으로 확대되었다. 이 프로그램은 6년간(1993~1999년) 지속적으로 진행되었고 이 프로그램의 일환으로 북극해항로와 관련된 거의 모든 주제에 대하여 167편의 보고서가 학술회의를 통하여 발표되었고 데이터를 정리한 책과 지도, 소프트웨어 등 여러 가지 방법으로 연

---

2) INSROP 프로그램은 북극지식센터에서 제공하는 최경식의 북극해항로 관련 국제연구동향 참조. http://www.arctic.or.kr/?c=11/13/65&idx=1081

구결과가 구체화되었다. INSROP 프로그램은 두 단계로 나뉘어 진행되었는데 1단계 연구는 1993~1995년에 걸쳐 수행되었고 이후 프로그램의 참여기관들은 1997~1998년에 걸친 2단계 연구를 추가로 수행하였다.

1단계 연구결과로 모두 112편의 논문이 발표되었고 (INSROP Symposium Tokyo, 1995), 이 내용은 "Northern Sea Route; Future and Perspective" 란 제목의 단행본으로 발간되었다. INSROP 2단계 연구에서는 북극해항로를 이용하는 몇 가지 가상루트에 대하여 Ice Transit 시뮬레이션을 수행하였고 지리정보시스템(GIS) 형식으로 디지털 자료를 정리하였다. 그리고 2단계 연구결과를 54편의 논문으로 종합하고 이를 발표하는 학술회의를 노르웨이의 오슬로에서 1999년 개최하였다.

이 학술회의 연구결과를 바탕으로 INSROP 내용을 종합하는 "The 21st Century - Turning Point for the Northern Sea Route?" 제목의 단행본이 발간되었고 아울러 INSROP Working Paper No.167 "INSROP Integration Book"이 종합보고서로 제출되었다.

현재의 상황에서 볼 때 15년은 지난 것이긴 하지만 INSROP 프로그램의 결론은 북극해항로를 경제적, 기술적으로 환경에 피해를 주지 않고서 충분히 활용할 수 있다는 점이다. 빙해역을 통과하는 데 필요한 쇄빙선박을 기술적으로 안전하고 건조하는 문제는 아주 어려운 일은 아니지만 북극해항로 개척을 가속화하고 항만 배후시설과 도로 등 인프라 시설 구축을 담당해야 할 러시아의 정치적, 경제적 안정이 가장 중요한 요소라고 평가하고 있다. INSROP 프로그램의 중요성은 북극해 항로를 운항할 수 있는 미래의 쇄빙상선 개념설계 모델을 제시한 것이며, 몇 가지 선종에 대해서는 빙해수조 모형시험도 수행하였고 SA-15 class 화물선의 북극해항로 운항 실선시험도 수행하였다. INSROP 프로그램은 1999년으로 종료되었지만 일본에서는 최근까지도 일본재단의 지원으로 JANSROP II (NSR 이용 촉진과 한랭지역에서의 안전항행 체계에 관한 조사 연구)란 이름으로 북극해항로 관련 연구를 지속해 왔다.

2) DYPIC 프로젝트

이러한 연구에 자극을 받아 유럽을 중심으로 하는 연구도 활발하게 진행되었다. DYPIC(Dynamic Positioning in ICE) 프로젝트는 프랑스의 최대 해운그룹인 Naval Group 산하의 SIREHNA 해운사, 독일의 Hamburgische Schiffbau-Versuchsanstalt 및 노르웨이의 노르웨이 과학기술대학(Norwegian University of Science and Technology)을 중심으로 6개 연구기관이 참여하여 2010년부터 2012년 까지 3년간 북극 빙해환경에서의 DP System(Dynamic Positioning System) 기술개발에 중점을 둔 국제 연구개발 프로젝트이다. 2011 년과 2012 년에 수행 된 다양한 유형의 대규모 빙해수조 테스트를 통해 빙해역

DYPIC 프로젝트의 일환으로 Hamburgische Schiffbau-Versuchsanstalt(HSVA) 의 빙해수조실험장에서 실시된 쇄빙테스트 장면.

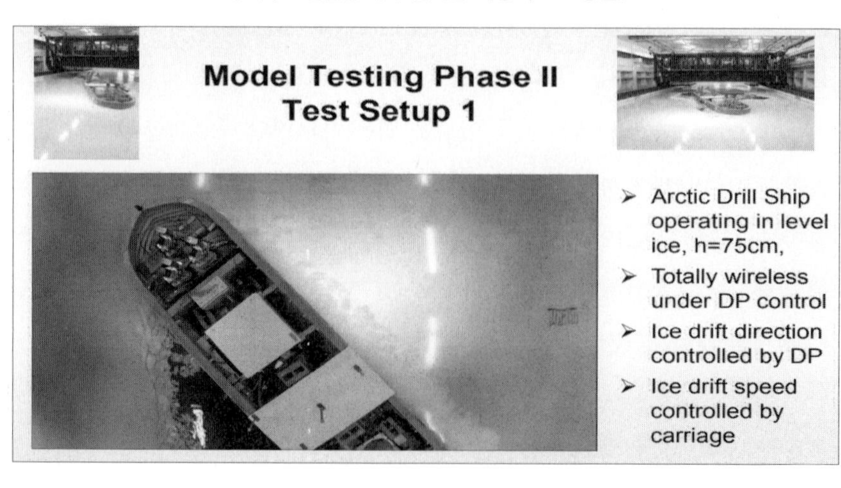

에서 운항하는 선박의 안전성의 확보와 쇄빙선의 성능향상을 위한 심도 있는 연구를 진행하였다.

3) ARCDEV 프로젝트

ARCDEV(Arctic Demonstration and Exploratory Voyage) 프로젝트는 일본, 노르웨이가 주도하는 INSROP 연구에 자극을 받아 EU의 재정지원으로 핀란드 연구팀이 중심이 되어 수행한 것이다. 핀란드의 쇄빙탱커 Uikku호는 1997년 가을 서방측 선박으로는 처음으로 전체 북극해항로를 통과하여 베링해의 Provideniya 까지 운항한바 있다. 1998년의 ARCDEV 북극해 시험항해는 대규모 자원개발이 예상되는 Kara해와 Laptev해 주변의 빙해역에서 동급 선박의 겨울철 항행 가능성을 검토하기 위해서 계획된 것이다. 이미 여름철 항해는 성공리에 수행한 바 있는 Uikku호를 이용하여 겨울철 Kara해와 Laptev해 주변을 시험항해하는 계획이다. 시험항해에 사용된 Uikku호는 DWT 16,000톤 규모의 FMA 1AS class 쇄빙탱커로서 이 시험항해에서는 러시아의 쇄빙선 2척 (Rossiya, Kapitan Dranitsyn)의 인도를 받아 운항하였다. 쇄빙선 Rossiya호는 원자력추진선이다. ARCDEV 시험항해에는 여러 관련 연구기관들이 참여하여 준비하였는데 그 내용은 <Table 1>에 정리되어 있다. 시험항해의 주관은 핀란드의 Neste Shipping 이고 조선소(Kvaerner Masa Yard), 선급(Lloyd), 빙해수조연구소(HSVA), 대학(HUT), 컨설팅 기업체(EOS, ISSUS) 등이 시험항해 관련 16개 분야에 참여하였다. 이 시험항해의 결과 북극해항로의 겨울철 항해에 대한 제반 여건을 이해할 수 있게 되었고 향후 80,000톤 이상 좀 더 큰 규모의 선박을 운항하기에 앞서 필요한 기술적 요건에 대해 검토할 수 있었다.

〈Table 1 : Organizations involved in the ARCDEV Project〉

Work Package	Task Manager	Tasks
0	Neste Shipping	Project Coordination
1	Neste Shipping	Commercial Aspects
2	Neste Shipping	Legal and Regulatory Questions
3	KMY	Ice Conditions
4	KMY	Ship Performance
5	EOS	Ice Routing
6	HSVA	Navigation and Operation
7	Technomare	Tanker Loading System
8	HUT	Ice Load
9	Lloyds Register	Required Ice Class for NSR
10	Remtec	Remote Service and Maintenance
11	HSVA	Environmental Protection
12	Neste	Shipping/Hydromod Data Management
13	HSVA	Trafficability
14	ISSUS	Navigation Simulation
15	KMY	Coordination of Russian Participation
16	HSVA	Overall Estimation and Definition of Future Research

4) SAFEICE project

SAFEICE 프로젝트는 Ice Class 선박의 구조 안전성을 확보하고 겨울철 빙해역에서 운항 시 선체 손상의 위험을 감소시키기 위하여 현재 사용 중인 빙해역 규정의 보완에 필요한 과학적인 근거를 마련하는 것을 목표로 하고 있으며 선체구조에 작용하는 빙하중을 산정하기 위해 실선계측 데이터를 기반으로 경험적인 방법(semi-empirical method)을 찾아내려는 계획이다. 이 프로젝트는 유럽(EU), 러시아, 캐나다, 일본의 대학, 연구소 등 10개 기관이 공동으로 참여하였으며 그 결과는 FMA/SMA 및 기타 Ice Class Rule 에 반영되었다. 프로젝트에 참여한 국가와 기관으로, 대학은 핀란드(HUT), 스웨덴(CUT), 에스토니아(TTU), 선급 관련기관으로 핀란드(FMA), 스웨덴(SMA), 독일(GL), 연구소로 독일(HSVA), 러시아(AARI), 캐나다(NRC), 일본(NMRI)이 포함되어 있으며 아울러 발틱해 주변의 대다수 쇄빙선박 운영선사들이 이 프로젝트에 참여하였는데 이들 기관들은 프로젝트 내에서 각기 보유하고 있는 연구 역량에 따라 다음과 같이 네 그룹으로 나누어 참여하였다.

· Group 1: Basic research on ice loading HUT, HSVA, NMRI, NRC, AARI

· Group 2: Development and implementation of ice rules FMA, GL, SMA

· Group 3: Structural response CUT, GL, HUT, AARI

· Group 4: Description of operational environment FMA, HUT, NMRI, NRC, SMA, TTU

SAFEICE 프로젝트는 선박의 운항 및 빙상조건과 빙하중 사이의 관계를 찾아내어 설계 빙하중 값을 산정할 수 있는 빙-선체 상호작용 모델을 개발하려는 것이다. 아울러 선체 부재의 최종강도를 추정하고 빙하중에 의한 선체의 손상정도를 예측할 수 있는 방법을 찾아내는 일이다. 이 목적을 위해 필요한 것은, 서로 다른 여러 빙상조건과 여러 다른 선종의 선박에서 계측된 빙하중에 관한 지금까지의 모든 정보를 총정리해서 서로 공통된 형식의 데이터베이스를 구축하고 통계적인 방법을 이용해 설계 빙하중을 산정할 수 있도록 하는 일이다. 서로 다른 여러 빙하중 데이터를 비교하다보면 빙상조건과 지역적으로 누락된 부분이 드러날 수 있는데 이런 자료는 추후 실선시험을 통해 보완할 수 있도록 하자는 의도도 들어 있다. 이 프로젝트에서는 최종강도를 초과하는 하중의 확률분포를 예측하여 설계 빙하중의 수준을 결정하게 된다.

현재 3년간의 모든 연구는 종료되어 연구결과를 총 정리한 2007년 최종보고서가 발간되었고 연구결과의 공유를 위한 참여기관 워크숍도 개최되었다.

SAFEICE 프로젝트는 국제 공동연구로서 쇄빙선박 건조 분야에서 기술적인 면에서 우위를 계속 유지하려는 핀란드를 비롯한 유럽연합 국가들의 의도가 집약된 것으로 볼 수 있다. 그뿐 아니라 FMA/SMA Ice Class Rule의 개정과 보완을 통해 국제표준(ISO)을 선점하고자 하는 의도도 들어있다고 판단된다. 물론 이러한 시도는 오랫동안 축적해 온 풍부한 빙해역 실선 계측자료와 모형시험 데이터가 뒷받침되기에 가능한 일일 것이다.

〈Table 2 : Participants of SAFEICE Project〉

No	Acronym	Full Name	Country	Tasks
1	HUT	Helsinki University of Technology, Ship Laboratory	Finland	Project coordinator, Data analysis and ice load modelling
2	CUT	Chalmers University of Technology, Department of Naval Architecture and Ocean Engineering	Sweden	Structural analysis and Determination of the ultimate strength
3	FMA	Finnish Maritime Administration	Finland	Assessment of the operative environment, Ice rule development
4	GL	Germanischer Lloyd	Germany	Ice load prediction, Rule development, Design methods
5	HSVA	Hamburgische Schiffbau-Versuchsanstalt	Germany	Ice load modelling, Data analysis
6	NMRI	National Maritime Research Institute	Japan	Data analysis, Ice load modelling
7	NRC	National Research Council of Canada, Canadian Hydraulics Centre	Canada	Data analysis, Ice load modelling, Ice load prediction
8	SMA	Swedish Maritime Administration	Sweden	Assessment of the operative environment, Ice rule development
9	TTU	Tallinn Technical University	Estonia	Assessment of the operative environment, Ice rule development
10	AARI	Arctic and Antarctic Research Institute	Russia	Evaluation of ice loads and Structural response with application to structural design.

3. 북극항로의 활성화를 위한 운항안전성 연구 동향

북극항로의 활성화에 따른 북극항로 운항선박의 안전성을 제고하기 위한 전 세계적인 규정의 제정도 활발하게 추진되고 있다. 국제해사기구(IMO : International Maritime Organization) 및 국제선급연합회(IACS : International Association of Classification Societies)를 중심으로 전세계 범용적으로 적용될 수 있는 규정의 제정이 추진되었으며, 최근에는 남극까지 포함해 지구 양 극지해역을 포함하는 강제화 규정의 극지방운항선박 안전코드 제정 작업이 활발히 수행 중이다. 극지방운항선박 안전코드 개발의 진행은 다

(Table 1). History on development of the Polar Code

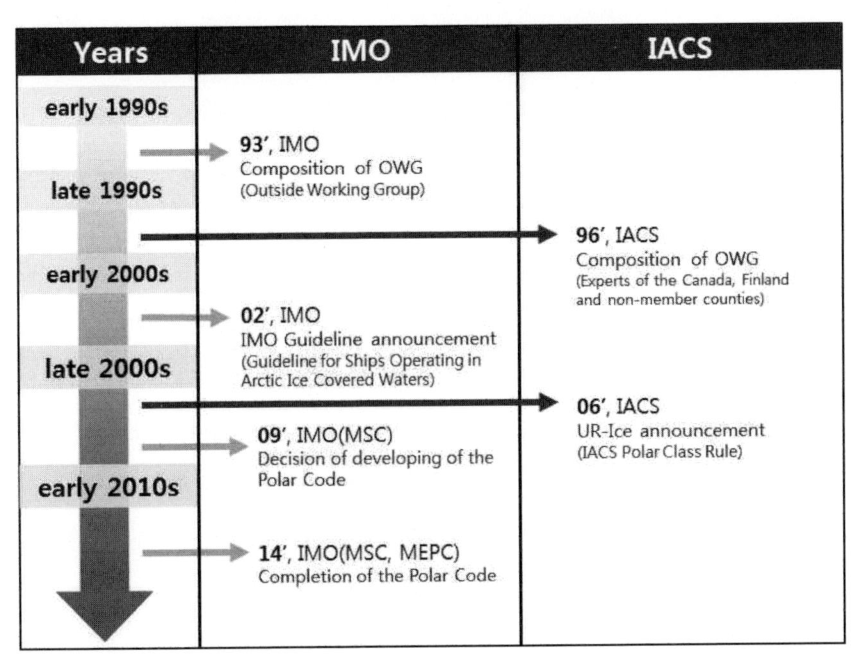

출처 : 서대원 · 김대헌 · 하태범, 「IMO 극지운항선박 안전코드 제정 현황 및 시사점」, 『한국항해항만학회지』, 제 38권 제 1호, 한국항해항만학회, 2014. p. 60.

음과 같이 이루어 졌다.[3)]

극지방운항선박 안전코드는 Table 1과 같이, 1990년대 초 독일 및 러시아의 제안으로 북극 해역을 항해하는 선박에 적용하는 국제 규정 제정을 위해 착수하게 되었고, 1993년에 IMO 외부의 전문가가 참여하는 외부 작업반(OWG : Outside Working Group)을 구성하여 제정 작업을 시작하였다. 당시 북극해역에 인접한 국가들인 캐나다, 핀란드 및 러시아 등이 많은 노력을 기울였으며, 최초 제안 후에 거의 10여년의 제정 작업 끝에 북극 빙해역을 항해하는 선박을 위한 지침(Guideline for Ships Operating in Arctic Ice Covered Waters, "IMO 지침")이 2002년에 발표되었다.

2002년 이후 북극해 뿐만 아니라 남극해역에서도 선박 운항의 증가 및 해상 작업의 증가로 해상안전 및 해양오염사고가 꾸준히 발생되었으며, 앞으로도 발생할 가능성이 커짐에 따라 극지 해역을 운항하는 선박에 대한 안전 코드를 강제화해야 한다는 필요성이 국제적으로 꾸준히 증가하고 있다. 남극과 북극은 불리한 환경조건측면이라는 유사성을 가지고 있고, 통신 시스템과 선원안전등에 관한 위험성을 내포하고 있으며, 빙에 의한 하중으로 인해 대빙구조, 추진시스템의 추가적인 부하가 요구된다. 이러한 유사한 환경적 측면에 따라, 남극조약자문회의(Antarctic Treaty Consultative Meeting)에서는 2002년에 IMO에서 제정한 "Guideline for Ships Operating in Arctic Ice Covered Waters"를 개정하여 남극에서도 적용할 수 있도록 요청하였다. 이러한 요청에 따라 국제해사기구에서는 선박설계 및 의장 전문 위원회(Sub-committee on Ship Design and Equipment) 52차 회의를 통하여 Guideline for Ships

3) 서대원 · 김대헌 · 하태범, 「IMO 극지운항선박 안전코드 제정 현황 및 시사점」, 『한국항해항만학회지』, 제 38권 제 1호, 한국항해항만학회, 2014. p.p. 59-64.

Operating in Arctic Ice Covered Waters 중 적용해역을 북극 빙해역으로 제한을 두지 않고 극지해역으로 대체하여 남극도 포함하는 것으로 결정함으로써 극지해역 운항선박에 대한 규정에 대한 관심이 더욱 증가되었다. 또한 동 회의에서 강제성이 없이 지침으로 되어 있는 IMO지침을 코드로 변경하여 강제화하자는 미국 및 라이베리아의 의견이 있었다. 그러나 바하마, 호주 및 파나마 등 많은 회원국이 추후 논의를 더 거쳐 강제적용 여부를 결정하자는 의견이 있어 지침으로 유지하기로 결정하였으며, 이후 극지역선박운항 안전코드개발이라는 새로운 논의 과제에 대하여 IMO 선박설계 및 의장 전문위원회(DE, Ship Design and Equipment)차원의 작업 프로그램을 제안하였다.

결국 국제해사기구의 해사안전위원회(MSC : Maritime Safety Committee)의 86차 회의에서 기존의 IMO "Guideline for Ships Operating in Arctic Ice Covered Waters"과는 별도의 극지방 선박운항 코드를 2012년까지 개발하는 것을 국제해사기구의 선박 설계 및 의장 전문위원회의 작업 내용에 포함하여 개발하기로 결정하였다. 이에 따라 2010년 선박설계 및 의장전문위원회의 53차 회의에서 통신작업반을 구성하여 각국으로부터 제출된 문서를 검토하였다. 그러나 다양한 관련국의 이해관계 및 의견차이로 인해 지연되었으나 2015년 5월 국제해사기구(IMO) 해양환경보호 위원회에서 극지해역 운항선박을 위한 국제법인 "극지방 해역에서 운항하는 선박을 위한 지침서"(Guidelines for Ships Operating in Polar Waters: 이하 극지역운항선박지침서)개정안에 '극지운항선박 안전기준(Polar Code)'의 제정과 '선박으로부터의 오염방지를 위한 국제협약'에 극지환경보호에 관한 항을 추가하기로 하였고, 2017년 1월 1일 'Polar Code'와 '선박으로부터의 오염방지를 위한 국제협약' 개정안이 발효되었다.

극지역운항선박지침서의 주요 내용은 다음과 같다.

첫째, 극지역운항선박지침서에서는 북극해의 범위를 북위 60°이상 북극권에 위치한 바다로 규정하고 있다.

둘째, 북극해를 운항하는 모든 선박에는 "빙해역항해사"(Ice navigator)를 최소한 1명 이상을 승선시켜야 한다.

셋째, 북극해를 운항하는 선박은 북극해의 특이한 기후조건에 견딜 수 있도록 설계되고, 선박구조와 장비도 이를 감안하도록 하고 있다.

넷째, 북극해를 운항하는 선박은 국제선급협회(IACS : International Association of Classification Societies)의 기준에 따라 운항등급(Polar Class : PC)[4]을 세분하여 구분하고 있다.

다섯째, 지침서 Part B 에서 명시하고 있는 모든 인명구조 및 소화용 장비는 창고에 보관하든 또는 노출된 상태이든 최소 영하 섭씨 30℃에서도 작동할 수 있도록 규정하고 있다. 있다.

Polar Code는 북극을 운항하는 선박들이 매 항해마다 극지 해역 운항 매뉴얼(Polar Water Operational Manual:PWOM)을 작성하여 기국(선박 국적)의 검토와 승인을 받도록 의무화하고 있다. PWOM은 선박의 운항 능력과 한계

---

4) Polar Class(PC) 등급 세부기준
- PC1: 모든 극지해역에서 연중 운항하는 선박
- PC2: 중간정도의 다년생 빙하해역에서 연중 운항하는 선박
- PC3: 다년생 빙하가 포함될 수도 있는 2년차 빙하가 있는 해역에서 연중 운항하는 선박
- PC4: 결빙이 오래된 빙하가 포함될 수도 있는 두꺼운 일년생 빙 조건에서 연중 운항하는 선박
- PC5: 결빙이 오래된 빙하가 포함될 수도 있는 중간 정도 두께의 일년생 빙 조건에서 연중 운항하는 선박
- PC6: 결빙이 오래된 빙하가 포함될 수도 있는 중간 정도 두께의 일년생 빙 조건에서 하기/추기 동안 운항하는 선박
- PC7: 결빙이 오래된 빙하가 포함될 수도 있는 얇은 두께의 일년생 빙 조건에서 하기/추기 동안 운항하는 선박

를 충분히 알게 하여 무리한 운항을 피하여 정상적인 운항을 수행하도록 하고, 사고가 발생한 경우에 준수해야 할 상세 과정 및 쇄빙선의 도움을 받을 때 따라야 할 과정을 포함하고 있다.

북극항로의 안전운항을 위한 국제적인 규정의 제정과 함께 러시아 정부는 북극항로를 항해하는 선박들의 안전운항을 지원하기 위해 러시아 남북극연구소(AARI : Arctic and Antarctic Research Instititute)가 중심이 되어 항해정보를 지원하기 위한 항행정보시스템을 구축했다. 이 시스템은 미국의 해양대기청(NOAA : National Oceanic and Atmospheric Administration), 연구조사선, 관측지역으로부터 수집된 정보를 AARI에서 가공 · 분석하여 인공위성 및 인터넷을 통해 북극해 항로를 통과하는 선박들에게 제공하고 있다. 제공되는 정보는 기상정보, 인공위성 사진, 북극 빙하데이터, 북극 파도예측, 지도정보, 항해정보, 환경지리정보 등이다.

〈러시아 국립 남북극연구소 항행정보지원 시스템〉

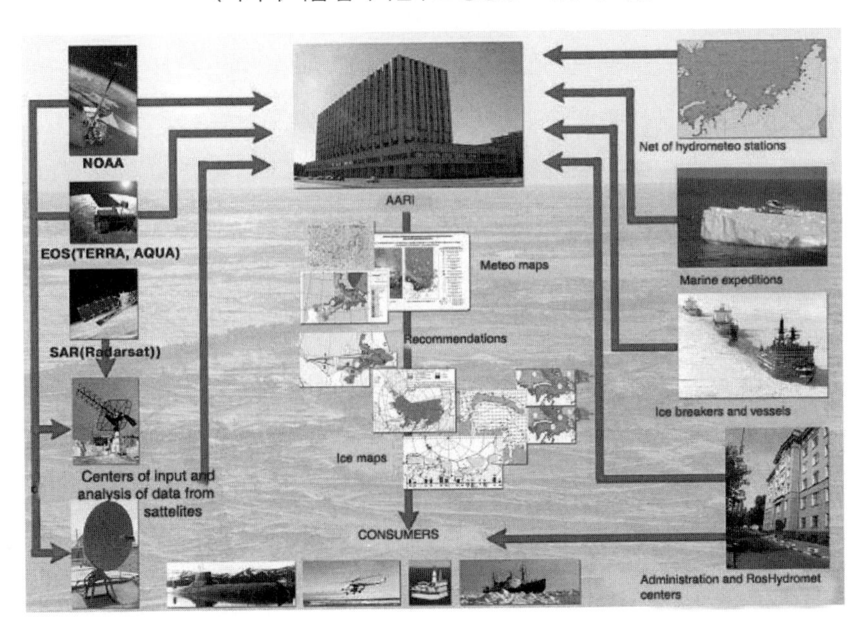

러시아는 북극항로 이용 활성화와 안전운항 지원을 위해 아래와 같이 다각적인 노력을 기울이고 있다.

첫째, 다양한 위성통신 시스템 구축이 진행되고 있다. 현재 북극에서 사용할 수 있는 위성통신 시스템으로는 항공기 · 선박에 통신 서비스를 제공하는 INMARSAT, 휴대전화 등 상용 통신 서비스를 제공하는 IRIDIUM, 그리고 선박의 안전을 위해 선박교통 및 해양운송 정보를 전송하는 VTMIS(Vessel Traffic Management and Information System) 등이 있다. 한편, 러시아는 응급 서비스 등을 제공할 수 있는 새로운 위성통신 시스템도 구축하고자 한다. 북극항로를 본격적으로 상용화하려면 북극의 열악하고 불안정한 환경을 관측하고 사고를 방지하며 선박 추적능력을 가진 내비게이션 시스템이 필요하기 때문이다. 이를 위해 러시아정부는 2007년부터 '아르크티카(Arktika)'위성 개발을 논의해 왔다. 2010년 4월 페르미노프(Anatoly Perminov) 러시아 우주청(Roscosmos) 국장은 230억 달러를 투입하여 북극 전담용 위성을 설치할 것이라고 언급하였다.[5] 이와 관련하여 최근 러시아 정부도 '아르크티카'위성 10대를 설치할 예정이며 이것이 실현된다면 향후 북극항로의 항행 안전성은 더욱 높아지게 될 것이다.

둘째, 북극항로의 안전성을 제고하기 위해 구조센터를 건설하고 있다. 2011년 9월 푸틴 당시 총리는 10억 루블(약 3억 달러)을 투입하여 2015년까지 북극지대에 연구 및 구조센터 10곳을 건설할 것이라고 발표한 바 있다.

우리나라도 북극항로를 운항하는 선박의 안전성을 제고하기 위해 노력하고 있다. 지구온난화로 인한 북극항로의 활성화가 예상됨에 따라 극지 운항선박에 대한 안전기술 개발에 대한 수요가 증대하고 IMO에 의해 극지 운항선박의 안전 및 오염 방지조치를 강제화 하는 Polar Code가 2017년부터 발효됨에 따라 선박해양플랜트

---

5) "Russia to Build Arctic Satellite Network," Russian Spaceweb (October 29, 2013).

연구소(KRISO)는 관련 연구기관 및 대학과 함께 국내 운항 선사의 안전운항 지원을 위해 해양수산부 과제인 "북극항로 운항선박용 항해안전지원시스템(KAVOPS)" 개발을 2014년 11월에 착수하여 2019년 2월까지 개발을 완료할 예정이다.

개발 예정 핵심기술과 기술개발 목표는 다음과 같다.

○ 극지해역 운항선박의 안전항해 지원시스템 개발

- 高정밀도 북극항로 빙상정보 수치예측 시스템
- 북극항로 안전속도 예측 · 평가, DB구축 및 수치해석모델
- 북극항로 안전운항 기반 Voyage Planning 기술

KAVOPS 개발 목표

핵심 기술/제품 성능지표		단위	달성목표
1. 북극항로용 항해안전지원시스템 개발		–	(1) 실해역 테스트 수행 (Category A 선박 대상) (2) 설계적합성 인증(AIP) 획득
1)	북극항로 빙상정보 예측(정도 및 오차)	km	(1) Grid size 2.5 x 2.5 (2) 1 week error 10km 이하 1 month error 35km 이하
2)	안전속도 예측 오차율	%	±15 (Polar 코드 안전속도 기준)
	안전속도 시험, 평가 및 DB 구축	건	3건 (Category A, B, C 각 1건)
3)	Voyage Planning 북극항로 안전항해 항로예측 실해역 검증	건	Category A 선박 실해역 테스트 수행 및 실해역 검증 성공 (성공기준은 신청기관 제시)
2. IMO Polar Code 대응		건	(1) 타국가 문서 분석 · 대응 (2) 의제문서개발 1건/년

○ 북극항로 안전항해 가이드라인 개발

- IMO 의제 개발 · 대응, 국제 기술표준화 주도, 국내규정 마련 등

현재 북극항로 항해 안전을 위한 기술은 북극해 주변국인 미국, 러시아, 캐나다, 노르웨이 등에서 확보하고 있으나, 북극해 비 인접국가인 독일, 일본 등에서도 독자적인 기술력을 확보하고 있다. 국내 기술은 외국에 비하여 많이 낮은 수준으로서 기술 개발이 늦어질 경우 기술진입장벽이 높아져 선진국과의 기술격차는 더욱 심화될 것으로 판단된다. 따라서 기술격차를 해소하기 위한 국가적인 차원의 노력이 보다 절실하다.

4. 쇄빙선을 활용한 북극항로 활성화방안과 주요 연구 동향

현대글로비스의 스테나 폴라리스호(Stena Polaris, 6만5,000t급)는 2013년 9월 러시아 우스트루가(Ust Luga)항에서 4만4,000t의 나프타를 싣고 출발하여 10월 전남 광양항에 도착하여 국내 선사로는 처음으로 북극항로 시험 운항에 성공하였다. 그러나 시험 운항 당시 스테나 폴라리스호는 집채만 한 유빙을 숱하게 만났으며 러시아 쇄빙선 뒤를 따라 가야 했다. 이처럼 북극항로의 이용에서는 얼음을 깨는 쇄빙선과 얼음이 많은 지역을 피해가도록 안내하는 아이스 파일럿(Ice Pilot)의 이용은 안전운항의 필수요건이다. 현대글로비스의 북극항로 시범운항은 당초 예정보다 5일이 지연돼 총 35일이 걸렸다. 해수부는 당초 북극항로 운항기간이 30일로 기존 수에즈운하를 이용하는 항로보다 10일이나 단축된다고 밝혔다. 하지만 운항 과정에서 문제가 생기면서 5일이 지연돼 결국 수에즈운하를 이용한 것보다 5일 먼저 들

어오는데 그쳤다. 시범운항이 지연된 것은 러시아 쇄빙선 때문이었다. 러시아는 10척의 쇄빙선을 보유한 것으로 알려졌지만, 실제로 운항하고 있는 쇄빙선은 6척뿐이다. 나머지 쇄빙선들은 오래돼서 폐기를 기다리고 있는 처지다. 6척의 쇄빙선도 모두 북극항로 운항에 이용되지 않고 있다. 북극 크루즈 같은 관광 목적의 운항에 쇄빙선이 동원되면서 정작 현대글로비스처럼 상업용 운항을 하는 배들은 며칠씩 바다에서 쇄빙선을 기다려야 하기 때문이다. 쇄빙선과 아이스 파일럿은 러시아 현지에서 조달해야 하지만 부족한 쇄빙선으로 인한 운항지연과 높은 사용료 부담은 북극항로 활성화의 장애요인이 된다.

이러한 북극항로 이용의 장애요소를 축소하기 위해서 러시아는 쇄빙선의 확충을 통해서 안전운항을 지원하고 있다. 무르만스크 소재 Rosatomflot는 현재 원자력 쇄빙선 5척을 보유하고 있으며, 2020년까지 3척이 단계적으로 추가 건조될 예정이다. 북극해항로상의 쇄빙지원 서비스에는 대부분 Arktika급인 '50 Let Povedy'호와 Yamal호가 투입되고 있으며, Sabetta, Dudinka항 입구 등 draft가 얕은 곳에는 'Taimyr', 'Vaygach'가 주로 작업에 투입되고 있다. 저흘수 원자력쇄빙선인 'Vaigach'는 두딘카항 방향 에니세이 연안에서 '노릴스크니켈'사 선박의 운항을 위해 서비스를 제공하고 있다. 2014년 Rosatomflot의 쇄빙서비스 작업량은 129척 1,659천톤에 달하며, 동절기엔 항만이 결빙되므로, Dudinka, Sabetta항 등의 통로유지를 위한 쇄빙작업을 수행하고 있다.

Norilsk Nickel사도 쇄빙가능한 Arc7급의 쇄빙선박(19,000dwt) 6척을 보유하고 있으나, 동절기 항만 결빙 시에는 수로 통행을 위해 평균 130만톤의 쇄빙지원 서비스를 Rosatomflot로부터 지원받고 있다. Rosatomflot는 향후 북극탄화수소자원 개발 프로젝트로 인해 북동항로를 이용하는 화물수송량이 증대될 것이므로 쇄빙 업무도 급증할 것으로 예상하고 있다.

Rosatomflot사는 야말 프로젝트의 원할한 수행을 위해 슈퍼쇄빙선 'Arktika', 'Sibiri', 'Ural'호가 투입될 예정이라고 밝혔다. 향후 이들 쇄빙선은 Yamal 및 Gydan 반도, 카라해 대륙붕에서 대서양 및 태평양 시장으로 탄화수소 운송선박의 도선서비스를 제공하게 되고 향후 건조될 LK-60(프로젝트 22220) 쇄빙선은 Enisei 및 Ob만 지역 연안과 바렌츠해, 페초라해, 카라해에서 작업이 가능하도록 두 개의 흘수를 사용하며 거의 3m의 다년빙도 극복할 수 있도록 특수하게 설계되고 있다. 11억 달러를 들여 세계 최대 원자력 쇄빙선을 건조할 〈프로젝트 22220〉 또는 쇄빙선 LK-60 시리즈로 불리는 Arctica급 원자력 쇄빙선 건조 프로젝트는 러시아의 상트페테르부르크(St. Petersburg)에 위치한 발틱 조선소에서 진행 중에 있으며 2017년 까지 33,540톤급의 세계 최대 원자력 쇄빙선 3기를 건조하게 된다. 2016년 진수될 세계에서 가장 거대한 원자력 쇄빙선 '아르크티카(Arctic)'호의 건조가 마무리되면 2017년 12월 모든 시험을 마치고 인계될 예정이며, 최신식 러시아 원자력 쇄빙선은 3m 두께의 얼음을 쇄빙할 수 있는 능력과 함께 10만 톤까지 화물 적재가 가능하다.

〈 러시아 원자력 쇄빙선 현황〉

구분	Type Arktika	Type Taimyr	Project 22220(IB60)*
추진력	54MW	35MW	60MW
배수	23,000t	21,000t	35,330 / 25,540t
흘수	11.0m	8.1m	10.5 / 8.5m
쇄빙력	2.25m	1.7m	2.9m
동종 쇄빙선	'Sovetskiy Soyuz' (1989.12.29.) 'Yamal'(1992.10.28.) '50 Let Povedy' (2007.3.23)	'Taimyr'(1989.6.30) 'Vaygach'(1990.7.25)	1# IB60(2017.12.31) 2# IB60(2019.12.31) 3# IB60(2020.12.31)

* Universal Atomic icebreaker ※ 출처. Rosatomflot, 2015

< 쇄빙선 별 쇄빙능력 >

ICEBREAKERS TRAFFICABILITY

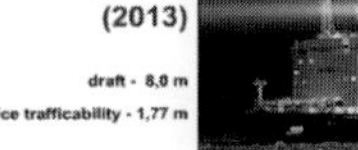

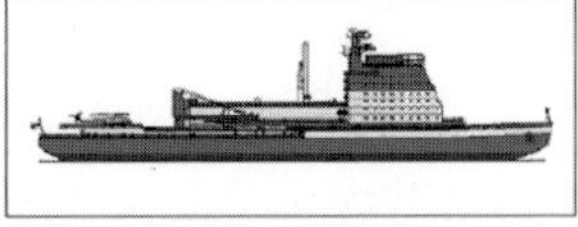

ICEBREAKERS TRAFFICABILITY

출처 : http://www.virginia.edu/colp/images/Skarikov-No.Sea-Route.swf

Ship Name	Country of Ownership	Year Entered Service	Propulsion Plant*	Operations
ARKTIKA	Russian Federation	1975	N:75,000	NSR
ROSSIYA	Russian Federation	1985	N:75,000	NSR
SOVETSKIY SOYUZ	Russian Federation	1990	N:75,000	NSR; Arctic tourism
YAMAL	Russian Federation	1993	N:75,000	NSR; Arctic tourism
50 LET POBEDY	Russian Federation	2006	N:75,000	NSR
POLAR STAR	United States	1976	GT:60,000 DE:18,000	Arctic and Antarctic research and logistics
POLAR SEA	United States	1977	GT:60,000 DE:18,000	Arctic and Antarctic research and logistics
TAYMYR	Russian Federation	1989	N:47,600	NSR
VAYGACH	Russian Federation	1990	N:47,600	NSR
KRASIN	Russian Federation	1976	DE:36,000	NSR; Antarctic

Source : ARCTIC COUNCIL - AMSA

〈러시아 원자력 쇄빙선별 제원〉

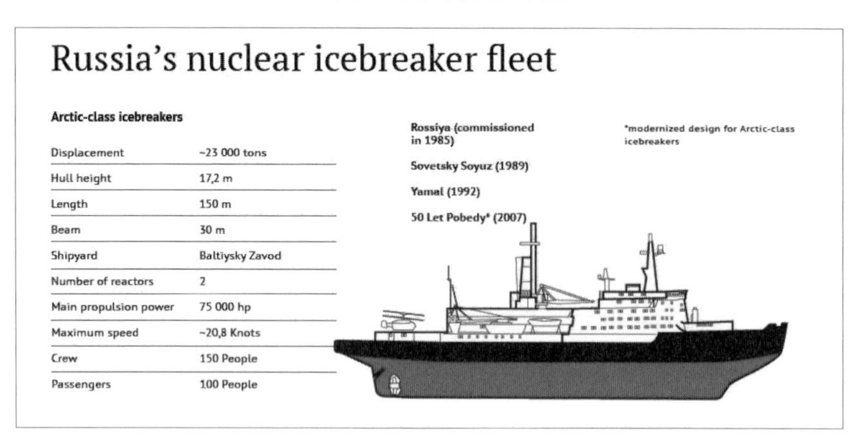

Arctic-class icebreakers	
Displacement	~23 000 tons
Hull height	17,2 m
Length	150 m
Beam	30 m
Shipyard	Baltiysky Zavod
Number of reactors	2
Main propulsion power	75 000 hp
Maximum speed	~20,8 Knots
Crew	150 People
Passengers	100 People

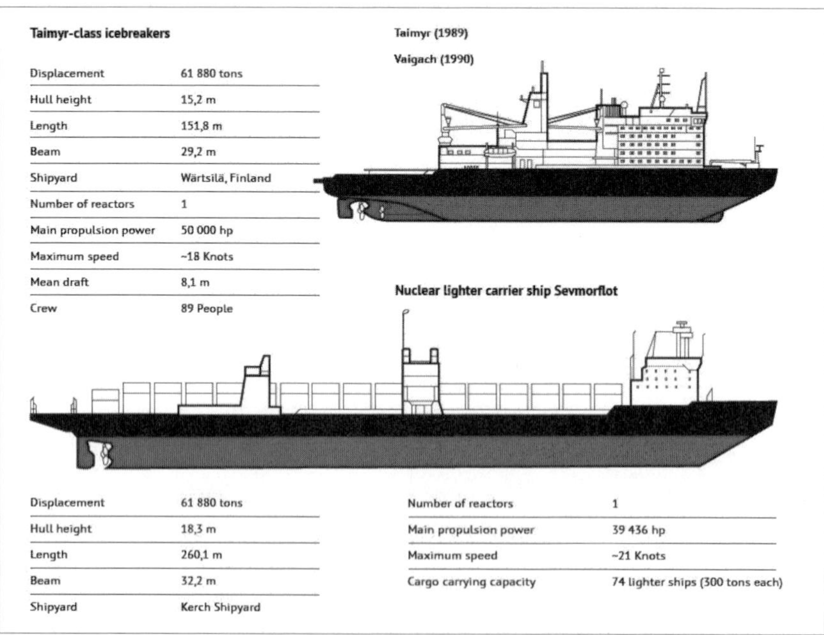

Taimyr-class icebreakers	
Displacement	61 880 tons
Hull height	15,2 m
Length	151,8 m
Beam	29,2 m
Shipyard	Wärtsilä, Finland
Number of reactors	1
Main propulsion power	50 000 hp
Maximum speed	~18 Knots
Mean draft	8,1 m
Crew	89 People

Nuclear lighter carrier ship Sevmorflot	
Displacement	61 880 tons
Hull height	18,3 m
Length	260,1 m
Beam	32,2 m
Shipyard	Kerch Shipyard
Number of reactors	1
Main propulsion power	39 436 hp
Maximum speed	~21 Knots
Cargo carrying capacity	74 lighter ships (300 tons each)

자료:"Russia Starts Building Largest-Ever Nuclear Icebreaker," RIA Novosti (November 5, 2013).

5. 북극항로활성화를 위한 경제성분석 연구 동향

북극항로는 동쪽의 베링해협에서 서쪽의 무르만스크까지 약 5,400km에 이르는 수로이며, 장기적으로는 유럽과 아시아, 북미 서해안을 연결하는 최단 해운 항로로 활용될 전망이다. 북극해 및 북극항로에 관심을 가져야 하는 이유는 이 지역이 가지고 있는 경제적 잠재성 때문이다. 전세계 공업 생산의 80%는 북위 30도 이북 지역에서 이루어지고 있으며, 모든 중요한 공업지역은 북극에서 6,000km 이내에 위치하고 있으므로 향후 북극해를 통한 국제간 물류수송은 경제성이 클 것으로 전망된다. 이 항로를 이용하는 경우 극동지역에서 유럽으로 가는 선박 항로의 40%가 단축될 수 있을 것으로 기대된다. 향후 아시아와 유럽을 연결하는 해상 화물의 70%가 이 루트를 이용할 것이라는 전망도 나온다. 지금까지의 연구 결과에 의하면 8000TEU(1TEU는 20피트 컨테이너 1개)급 선박이 북극항로를 이용해 도쿄~로테르담 구간을 운항할 경우 수송 원가가 수에즈 운하를 통과하는 남방항로에 비해 15~20% 절감될 것이라는 연구 결과도 있다. 또한 북극항로는 운행거리의 단축과 아울러 스웨즈 운하나 말라카 해협의 봉쇄 등 긴급한 상황에 대비한 대체 항로로서의 가치도 클 것으로 전망된다.

이러한 북극항로를 이용한 선박운항은 빠르게 증가하고 있다. 2009년 2척, 2010년 4척이던 북극항로의 선박 운행이 2011년 34척을 거쳐 2012년 48척으로 늘었다. 3년 새 24배 폭증했다. 화물도 2011년 82만t에서 126만t으로 53% 늘었다. 2012년의 46척 중 25척은 서쪽에서 동쪽으로, 21척은 동쪽에서 서쪽으로 운항되었다. 북극항로를 이용한 운항에는 평균적으로 수에즈 운하를 경유하는 남방 항로보다 거리적으로는 40%, 운항시간은 20일이 단축되었다. 이 노선을 오간 대형선박 15척의 운행속도를 분석한 결과 절감되는 일일 비용을 중량별로 분석한 결과 15만t 초과의 선박에서는 약 9만 달러, 5만에서 7만t의 선박은 약 4만에서 5만 달러 그리고 2만에서 2.5만t의 화물수동에서는 약 2만 5,000 달러의 비용절감효과가 나타났다.

북극항로를 이용한 물류는 지속적으로 증가하고 있다. 영산대학교 북극물류연구소의 2016년 북극항로 운항과 운항결과[6]에 대한 평가는 다음과 같이 요약되었다.

2016년 북극해항로(NSR) 상의 물동량은 총 726만톤으로 2015년의 543만톤 대비 34% 증가세를 보였다. 이는 북극해항로 운항 이래 최고의 수치로, 과거 최고 실적을 기록했던 구 소련시절 1987년의 658만톤을 능가한 것이었다. 주요 항만별로 보면, 사베타항의 물동량은 186만톤, 오브만 Novy port 유전 등의 물동량은 295만톤, 두딘카항은 128만톤이었다. 2016년에는 특히 러시아 Yamal LNG 플랜트 건설을 위한 Sabetta항으로의 플랜트 설비와 건자재 등의 수송이 급증하였으며, 이러한 수송 패턴은 수 년간 계속될 것으로 전망된다. 북극해항로 통과운송 (transit) 물동량은 2014년 미국의 대러시아 제재조치와 국제유가 하락 등의 이유로 NSR 경유 국제통과수송이 27만톤에서 2015년 3만9천톤으로 현저히 줄었으나 2016년 21만4천톤 수준으로 다시 회복세로 전환되고 있다,

NSR 물동량(1933-2016: transit 포함)

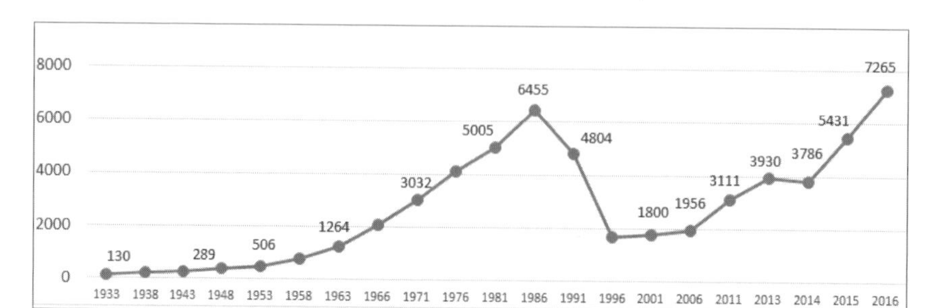

---

6) 영산대학교 북극물류연구소의 북극물류동향 2017년 1월호 참조.

NSR Transit(국제통과운송) 실적 (2011-2016)

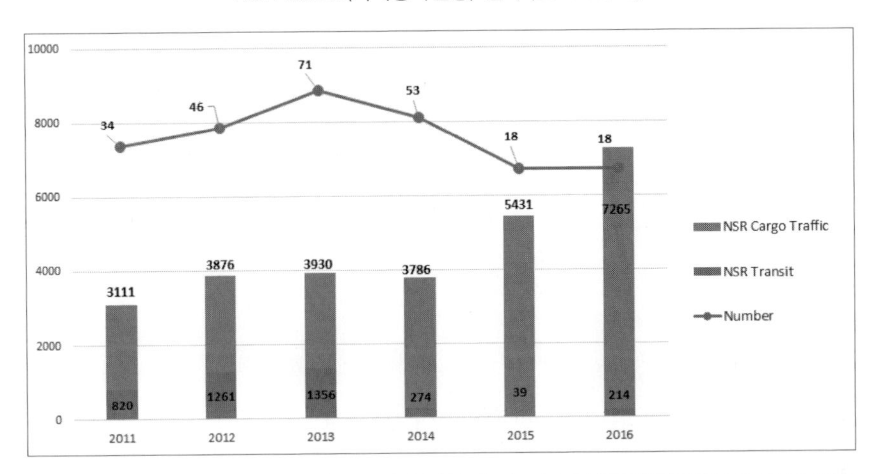

출처: 영산대 북극물류연구소(IAL), 러시아 북극해항로국(NSRA), 2010-2015.

이러한 북극항로를 활용한 선박의 운항이 꾸준히 증가하고 있음에도 불구하고 북극항로의 경제성에 대한 평가는 불확실성을 나타내고 있다.

2013년 현대글로비스가 용선한 스테나 폴라리스호(Stena Polaris, 6만5,000t급)가 러시아 우스트루가(Ust Luga)항을 출발하여 북극항로를 경유하여 전남 광양항에 도착하는 북극항로의 첫 상업운항에 성공하였다. 그러나 이 상업운항에는 러시아 쇄빙선 문제, 과도한 비용 등 적지 않은 한계로 인하여 수익성은 없었으며, 업계에서는 경제적으로 손실이 발생하였을 것으로 추측하였다. 이처럼 북극항로의 활성화를 저해하는 가장 큰 장애요인은 과도한 비용 부담으로 인한 경제성이 낮아 아직까지는 상업적으로 이용하기 힘들다는 점이다. 해양수산부는 현대글로비스가 이번 시범운항에서 150만 달러 정도의 비용을 지출하고, 이익도 비슷한 규모로 얻었다고 밝혔다. 그러나 해운업계에서는 해수부의 이런 분석에 대해 "말이 안 된다"는 입장이다. 북극항로 운항을 검토했다는 한 해운업계 관계자는 "아무리 좋은 상황을 가정하고 시뮬레이션(모의실험)을 해

북극항로를 이용해 운항 중인 스테나 폴라리스호(Stena Polaris, 6만5,000t급)

봐도 현재로선 한번 운항할 때마다 100만달러(10억6000만원) 정도의 손실을 피할 길이 없다는 결과가 나왔다"며 "해수부나 현대글로비스는 본전치기했다고 하지만 실제 비용을 꼼꼼히 따져보면 손실 규모가 더 클 것"이라고 말했다.

북극항로의 과도한 비용지출은 이미 예견된 문제였다. 한국해양수산개발원(KMI)이 2011년 북극항로의 경제적 효과와 비용 등을 분석한 결과를 보면 북극항로의 비효율성이 단적으로 확인된다. KMI에 따르면 수에즈운하를 이용할 경우 TEU(20피트 길이 컨테이너 1개)당 운항원가는 1,243달러다. 하지만 이번에 현대글로비스가 이용한 북동항로를 이용할 경우 TEU당 운항원가는 1,558달러(유류비 995달러, 북극항로 3개월 이용 가능 기준)에 이른다. TEU당 운항원가 차이가 300달러나 나는 것이다. 북극항로 이용에 따른 쇄빙선의 이용과 이로 인한 비용의 증가가 경제성을 약화시키는 주된 요인으로 나타난다. 북극항로를 이용하는 화물에 대한 쇄빙선 최대 이용료를 나타내고 있다. 컨테이너는 최대 톤당 326달러, 벌크화물은 톤당 22달러가 부과된다.

〈표 : 화물운송에 대한 NSR 쇄빙선 최대이용료[7]〉

번호	구분	톤당 루블	톤당 달러	톤당 원
1	일반화물	-	-	-
1.1	컨테이너 운송화물	1,048	32.6	39,531
1.2	비철금속	2,050	63.7	77,326
1.3	컨버터 매트(Converter matte)	1,905	59.2	71,857
1.4	기계 및 장치류	2,464	76.5	92,942
1.5	자동차 및 운송 수단	2,576	80.0	97,167
1.6	산업용 금속류	1,747	54.3	65,897
1.7	기타	1,048	32.6	39,531
2	벌크 화물	707	22.0	26,668
3	액체 벌크 화물	16.5	530	19,992
4	목재	-	-	-
4.1	두리목(Round lumber)	118	3.7	4,451
4.2	제재용목재류및펄프산업용	148	4.6	5,583

주 : 1) 1달러 당 루블 환율은 32.20 루블 적용 (2011년 말 기준, 러시아 중앙은행)
2) 루블 당 원화 환율은 37.72원 적용 (2011년 말 기준, 외환은행)
자료 : 러시아 정부(2011)

과거의 쇄빙선이용료 수준은 1회 통과당 약 4백만 달러가 소요된다고 밝히고 있으며, KMI 보고서에서는 러시아 무르만스크 해운회사는 5,300TEU급 선박의 통행료로 약 22만 달러를, 10,000TEU급 선박에 대해서는 약 42만 달러를 통행료가 지불된다고 한다. 이외 NSR을 시범운항하는 선사들의 경우도 러시아와의 개별협상을 통해 특별인하를 받은 것으로 알려졌으나 그 수준은 공개되지 않았으며, 수에즈운하 통행료 대비 4배 이상 높은 쇄빙선이용료는 NSR 활성화의 장애요소이다.

7) 송주미, 「북극항로 이용현황과 러시아의 상업화 정책」, 『해양수산』, 2권 3호, 한국해양수산개발원 p.115.

6. 맺음말

최근 체결된 일련의 협정을 살펴보면 북극항로(Nothern Sea Route) 이용에 대한 관심이 확대되고 있음을 알 수 있다. 2010년에는 러시아와 노르웨이가 바렌츠 해 및 북극해에서의 해양경계확정 및 협력에 관한 협정을 맺음으로써 오랜 기간의 불협화음을 끝내고 안정적이며 안보가 확실한 북극 경계선을 구축했으며, 소브콤플로트(Sovcomflot)와 중국천연석유공사(China National Petroleum Company)는 북극항로를 이용해 북극해의 원유를 러시아에서 중국으로 운송하는 데 협력하기로 합의했다.

이러한 일련의 협정체결의 가장 중요한 요인은 북극항로가 상업 동맥이 될 상당한 잠재력을 지니고 있기 때문이다. 북극항로의 중요 루트로는 북극해 중앙 항로, 북동항로, 북서항로가 있다. 북극항로개발은 러시아 북극양 연안의 석유, 천연가스, 원목 등 자원개발과 수송을 위해서 요구되고 있으며, 장기적으로는 유럽과 아시아, 북미 서해안을 연결하는 최단 해운 항로로 활용될 전망된다.

그러나 경제성이나 운용성 측면에서 북극항로는 아직 충분한 검증을 거치지 않은 상황이다. 동북아시아와 서북유럽 간 컨테이너 화물운송에 있어 북극항로는 수에즈 운하를 통과하는 항로에 비해 거리와 시간 상 분명한 이점이 있다. 그러나 북극항로의 이용과 관련된 주요 장애물과 리스크로는 쇄빙 요금체제, 물동량 불균형, 필요한 인프라의 부재, 환경과 안전 관련 적절한 조치 마련의 어려움 등이 제기된다. 북극항로의 경제적 경쟁력은 러시아가 북극항로의 활성화를 위해서 필요한 항만인프라를 개발하고, 빙해역 구간을 안전하게 항행할 수 있도록 안전성을 확보하며, 러시아가 적절한 쇄빙선 요금정책을 수립할 경우 크게 증가하게 될 것이다.

러시아는 북극항로의 활성화와 북극항로의 안전성을 제고하기 위해 많이 노력 하고 있다. 북극항로의 안전성을 제고하기 위해서 2011년 9월 푸틴 당시 총리는 10억 루블(약 3억 달러)을 투입하여 2015년까지 북극지대에 연구 및 구조센터 10곳을 건설할 것이라고 발표한 바 있으며 북극지역 항만 정비 · 건설을 위한 대규모 투자계획이 진행되고 있다. 현재 이가르카(Igarka), 두딘카(Dudinka), 디크손(Dikson), 페베크(Pevek), 프로비데니야(Provideniya) 등이 개 · 보수를 기다리고 있는 상황이며, 최근에는 러시아 정부와 노바테크가 공동으로 야말 LNG 플랜트 인근에 사베타(Sabetta) 항을 건설하고 있다. 연방예산 472억 루블(약 16억 달러)과 민간투자 259억 루블(약 10억 달러)이 투입되며, 연중 내내 운용 가능하고 연 3,000만 톤의 물동량을 처리할 수 있는 항구가 될 전망이다. 소콜로프(Maksim Sokolov) 교통부 장관은 사베타 항 건설이 새로운 러시아 북극해상운송 시대의 출발점이 될 것이라고 언급하였다. 이러한 러시아의 적극적인 북극항로 활성화정책은 북극항로의 경제성을 높이고 아시아와 유럽을 연계하는 물류환경을 크게 변화시키게 될 것이다.

러시아의 시베리아 북극권 에너지자원 개발전략과 한 · 러 에너지산업 협력방안에 관한 연구

예병환, 박종관

Ⅰ. 서론

지구 온난화의 영향이 북극보다 더 뚜렷한 곳은 없다. 1978년 이후로 북극 해빙의 1/4이 사라졌으며, 얼음이 예측보다 빠른 속도로 녹고 있으며 2011년의 빙하 수치(ice levels)는 기록된 것 중 가장 낮은 수치였다.[1] 북극의 빠른 변화는 1990년대까지 세계는 북극을 미지의 지역으로 간주해왔지만 2000년부터 북극이 중요한 지역으로 변모되고 있다. 21세기 초부터 북극은 '글로벌 북극'으로 발전되고 있으며 매일 매스미디어에서 북극에 관한 소식이 전해지고 있다. 이와 같은 북극의 변화는 지구온난화와 북극해의 해빙현상이 현저하게 나타나면서 점증적으로 인간의 북극 접근, 자원개발과 북극항로의 이용 가능성의 증대를 도출시키고 있다.[2] 이러한 현상으로 인해 특히 북극해 연안의 방대한 양의 천연자원에 대한 접근 가능성이 용이해졌고, 이에 대한 관심이 급증했다. 얼음이 없는 개방 해역과 기술적 진보로 인해 이전에는 접근할 수 없었던 것으로 간주되었던 연안지역의 탄화수소에 대한 접근이 가능해지고 있다. 동시에 석유

※ 이 글은 <한국시베리아연구> 2018년 제22권 1호에 게재된 내용임.

1) National Snow and Ice Data Center, "Arctic Sea Ice News and Analysis," August 3, 2011, http://nsidc.org/arcticseaicenews/ (검색일: 2011.7.15)

2) 한종만. "노르딕 북극권의 지정, 지경, 지문화적 역동성에 관한연구,"『한국 시베리아연구』(배재대학교 한국-시베리아센터) 제 21권 2호, 2017. p. 3.

및 가스 생산량이 줄어들면서 기업과 국가 모두 새로운 영역으로 탐사 및 개발을 추진하고 있다. 이 외에도 중국, 브라질, 인도 등과 같은 개발도상국들이 그들의 팽창하는 경제성장에 연료를 공급하기 위해 더 많은 에너지를 필요로 함에 따라 세계 시장에서 석유 및 가스의 수요는 계속 증가할 것이다.

변화하는 북극 기후와 더불어 글로벌 차원의 에너지 안보 문제는 석유 및 가스 개발에 영향을 받지 않았던 마지막 지역이라 할 수 있는 북극을 향한 석유 및 가스의 탐사를 이끌었다. 녹고 있는 얼음 및 기술적 진보와의 결합은 상승하는 수요 또는 가격 수준이 현재 처리할 준비가 되어 있지 않은 북극 지역의 상업개발까지 촉진한다. 인프라, 기술, 지식 및 위기에 대한 대응 능력의 부족은 집단적인 국제적 우려를 낳았다. 이것은 북알래스카의 대부분 지역이 인구 밀도가 낮고 고립되어 있기 때문에 미국의 북극지역이 특히 그렇다. 그럼에도 불구하고, 이 지역의 석유산업은 미국의 에너지 안보와 알래스카 경제에 결정적이다. 불과 몇 년 전에 축치해(Chukchi)와 버포트해(Beaufort Sea)에서의 쉘(Shell)의 북방 석유가스 개발 사업계획에 대해 미국에서 긴장된 논쟁이 벌어졌다. 석유개발 활동의 경제적 정치적 이익만큼 환경문제에 비중을 두는 모든 북극 연안국들에서도 비슷한 논쟁이 벌어지고 있다.

따라서 석유 회사와 북극권 국가들은 이러한 문제를 해결하기 위한 새로운 개발과 보존의 틀을 개발하려고 노력하고 있다. 2011년 5월 이 지역의 모든 관련 주체를 포함하는 유일한 정부 간 포럼인 북극이사회가 회원국들의 위임을 받아 북극의 원유 유출 대응에 관한 협약의 개발을 시작했고, 유출방지를 위한 최선의 관행을 공유할 것을 요구했다.[3] 일반적인 석유 및 가스 활동에 대한 광범위한 규정의 맥락 속에서 설정되는 북극의 향후 발전은 점점 더 많

3) "Senior Arctic Officials Report to Ministers," *Senior Arctic Officials (SAO)*, May 2011, pp. 6-7. http://arcticcouncil.org/filearchive/nuuk_SAO_report.pdf (검색일: 2011.7.19)

은 수의 행위자들에 대한 관련성이 예상된다. 이에 따라 본 논문은 제2장에서 러시아 북극의 새로운 이해관계를 탄화수소 자원의 관점에서 살펴 볼 것이며, 제3장에서는 러시아 북극권 탄화수소 자원 개발지인 슈톡만(Shtokman): 유전과 가스전, 야말(Yamal) 반도: 유전과 가스전, 네네츠(Nenets) - 티만 페초라 분지: 유전과 가스전, 페초라해(Pechora Sea): 쁘리라즐롬노예 유전과 돌긴스코예 유전 및 기타 지역들 - 남 카라해: 가스전 개발의 전략과 현황을 대해, 제4장에서는 러시아 북극 에너지 자원 개발과 관련된 중요한 주제들을 세계 에너지 가격과 시장의 주요 변화들 및 우크라이나 위기(2014)와 미국과 EU의 대 러시아 제재의 영향에 대해 검토 한 뒤 제5장의 결론에서는 한 · 러 에너지 자원 개발 협력방안에 대해 살펴볼 것이다.

Ⅱ. 러시아 북극의 새로운 이해관계 : 탄화수소 자원

북극은 알래스카(미국), 캐나다, 노르웨이, 스웨덴, 핀란드, 아이슬란드, 러시아 및 덴마크(그린란드)의 북부지역을 둘러싼 북극 서클의 북쪽영토로 정의된다. 북극에 대한 새로운 관심은 주로 북극해, 즉 북극해 연안 5개국(캐나다, 노르웨이, 미국, 러시아, 덴마크/그린란드)이 영토권을 가진 지역에 관한 것이다. 2008년 미국 지질조사국(USGS)의 예측은 자주 인용된다. 2008년 미국 지질조사국(USGS)은 세계의 발견되지 않은 개발 가능한 석유자원의 13%와 발견되지 않은 개발 가능한 가스자원의 30%가 25개의 북극해 연안 해분(offshore basins)에 위치해 있다고 예측했다.[4]

4) U.S. Geological Survey, "Circum-Arctic Resource Appraisal: Estimates of Undiscovered Oil and Gas North of the Arctic Circle," 2008,

미국 지질조사국(USGS)의 아직 발견되지 않은 매장량과 현재의 기술을 사용하여 접근 가능한 매장량을 계산한 조사는 세계 탄화수소 자원의 25%가 북극 얼음 밑에 있다는 것을 발견했고, 이것은 북극 자원의 중요성을 다시 한 번 일깨워주었다. 발견된 자원의 대부분은 확장된 대륙붕의 소유권과 관련되는 잠재적 분쟁지역이 아닌 한 국가 또는 다른 국가의 자산으로 수용되는 논란이 없는 영토 내에 존재한다.[5]

북극권 북쪽의 모든 지역을 탐험한 미국 지질조사국(USGS) 보고서는 25개 지역을 대상으로 북극권 자원평가(CARA, Circum-Arctic Resource Appraisal)를 실시했다. 미국 지질조사국(USGS)의 자원평가(CARA)는 석유자원의 대부분이 5개 지역(북극 알래스카 Arctic Alaska, 아메라시아 해분 Amerasia Basin, 동그린란드단층 해분 East Greenland Rift Basins, 동바렌츠 해분 East Barents Basin 및 서 그린란드-동 캐나다 West Greenland-East Canada)에서 발견되었고, 발견되지 않은 가스의 70% 이상이 3개 지역(서시베리아 분지, 동 바렌츠해분 및 북극 알래스카)에 분포되어 있는 것으로 추정되고 있다. 그리고 이러한 자원의 80%가 연안지역에 있는 것으로 여겨졌다.[6] 그러나 개발 가능한 것으로 추정되는 매장량의 중요성과 관계없이 대부분은 파이프라인 및 운송 인프라의 부족으로 여전히 매장지에 갇혀있는 상황이다.

석유 및 가스의 엄청난 잠재력을 보유한 러시아의 북극해 대륙붕 지역의 특징은 다음과 같다.[7]

---

http://pubs.usgs.gov/fs/2008/3049/fs2008-3049.pdf, (검색일: 2011.7.22)

5) Timothy J. Tyler, "International Dispute Resolution," *CSIS Arctic Oil and Gas Conference*, 14th July, 2011.

6) US Geological Survey, "Circum-Arctic," 2008, p. 3.

7) A. Zolotukin & V. Gavrilov, "Russian Arctic Petroleum Resources, Oil and Gas Science and Technology," *Rev IFP Energies nouvelles*, Vol. 66, No. 6, 2011, pp. 899-910.

첫째, 러시아의 북극해 대륙붕 지역은 전통 및 비전통(셰일, Shale Gas) 석유/가스의 최대 잠재적 매장지이다. 따라서 이 지역은 미래 세계 에너지 공급원으로서 가능한 지역이다.

둘째, 러시아 북극해 대륙붕 지역은 6개 북극권 국가들 중 최대의 잠재적 매장량을 보유하고 있다. 그러나 한편으로 제한적인 G&G(geological and geophysical) 자료 및 부족한 정보는 미래 에너지 공급원으로서의 불확실성을 증대시킨다.

셋째, 러시아 북극해 대륙붕 지역의 자원개발은 러시아 석유/가스의 시장잠재력(market potential), 즉 수요, 생산일정과 생산량, 수송경로 등에 대한 명확한 근거를 필요로 한다.

넷째, 러시아는 이 지역의 자원개발을 위해 투자력, 기술적 경험과 능력을 보유한 국제적 파트너 기업들을 유치하고자 노력하지만, 러시아의 HSE(Health, Safety and Environment) 규정준수는 필수적이다.

비록 러시아의 북극해 대륙붕 지역이 석유 및 가스의 엄청난 잠재력을 보유하고 있지만, 다음과 같은 개발의 어려움을 안고 있다.[8]

① 북극권의 극심한 기후조건,

② 이에 따른 제한적인 조업기간,

③ 해마다 바뀌는 바다 얼음의 분포 및 조건,

④ 이에 따른 개발의 고비용,

⑤ 북극해 필드 개발의 지식 및 기술력의 부족,

⑥ 기술력과 경험을 갖춘 자격이 있는 인력의 부족,

---

8) Ibid., pp. 899-910.

⑦ 확인되지 않은 또는 이해하지 못한 환경적 위험요소의 존재,
⑧ 긴급대응시간(emergency response time)의 부족 등이다.

한편, 북극해 대륙붕 지역의 자원개발이 중요해짐에 따라, 대륙붕의 외측 확장에 대한 북극권 국가들의 경쟁도 치열해 졌다. 특히 북극의 자원 확보와 해양 영유권 분쟁에서 선점을 위한 일환으로 러시아는 북극점에 가까운 로마노소프 해령이 러시아의 동시베리아해 대륙붕과 연결되어 있다는 과학적 증거를 찾기 위해 지난 2007년 심해에 티타늄으로 만든 자국의 국기를 게양하기도 했다.[9] 1982년에 발효한 유엔 해양법 협약(UNCLOS)은 북극 해저에 대한 영토 주장을 규율한다. 5개 북극 연안국들은 해안에서 200해리의 배타적 경제 수역(EEZ)으로 국한되어 있지만, 북극 해저의 해령이 자신의 대륙붕의 지질학적 연장임을 증명할 수 있다면, 유엔 해양법 협약은 국가의 경제적 영역(대륙붕)을 확대할 수 있게 해준다. 유엔 해양법 협약(UNCLOS) 비준 후 10년 이내에 각국(덴마크, 러시아, 캐나다 및 미국)은 대륙붕의 연장에 대한 자신의 주장을 제기하기 위해 대륙붕한계위원회(UN Commission on the Limits of the Continental Shelf)에 증거를 제출해야 한다. 유엔 대륙붕한계위원회는 이 제출물을 심의하기 위해 창설된 기구이다. 미국 지질조사국(USGS)은 2011년 미국-캐나다 대륙붕 확장 조사에서 미국 해안경비대 및 캐나다 해안경비대와 협력하여 북극의 해양조건을 조사했다.[10]

---

9) 예병환, 배규성. "러시아의 북극전략: 북극항로와 시베리아 거점항만 개발을 중심으로," 『한국 시베리아연구』(배재대학교 한국-시베리아센터) 제20권 1호, 2016, pp. 106-107.
10) Lake County News, "US Geological Survey arctic cruise to explore changing ocean," *Lake County News*, August 14, 2011, http://www.lakeconews.com/content/view/20993/919/ (검색일: 2011.7.15). 그러나 미국 의회가 여전히 UNCLOS를 비준하지 않고 있기 때문에, 미국은 다른 북극 국가들이 대륙붕의 확장에 대한 자신의 주장을 대륙붕한계위원회(UN CLCS)에 제출하고, 그들의 EEZ를 넘는 북극해의 해분을 주장하고 있을 때에도 그럴 자격이 없다.

Ⅲ. 러시아 시베리아-북극권 탄화수소 자원 개발 전략과 현황

러시아는 북극권 국가 중 단연 최대(해안선, 대륙붕, EEZ, 북극권 인구규모 등) 이해당사국이다. 북극해의 절반 정도에 대한 영토권을 확보하고 있다. 따라서 러시아는 북극권 개발에 최대 수혜국가로서 북극연안의 자원 활용과 수송로의 확보를 위해 해양과 육로를 연결하는 복합물류 운송망 구축에도 더욱 박차를 가할 것으로 예상된다.[11] 러시아 대륙붕(북극해 연안)의 잠재적 탄화수소 자원의 예비 추정치는 900억 톤 석탄량(coal equivalent)이며, 이 중 600억 톤은 바렌츠해와 카라해에 집중되어 있다.[12] 이 지역은 거의 200만 여명의 북극 인구를 가지고 있으며, 러시아 자원 산업과 공해로의 접근의 변경지역이자 핵심지역이다.[13] '러시아 연방 국가안보전략 2020년'에 따르면 2020년까지 러시아의 북극지방을 러시아의 '최고 전략적 자원기지'로서 확립하고자 하는 목적으로 북극에 대한 러시아의 경제적 이익을 분명하게 밝혔다. 러시아는 적극적으로 북극 해안의 방위 인프라를 개발하고 기술력을 향상시키며 8개의 새로운 핵공격잠수함에 투자함으로써 북극에서의 방위력 증강도 추구했다.[14]

---

11) 박종관, "러시아 교통물류 발전전략: 북극지역을 중심으로,"『슬라브학보』제31권 1호, 2016, pp. 31-35.

12) Starinskaya, Galina, "Prirazlomnaya" to Launch a 'Drilling Campaign' on the Russian Arctic Shelf," *Oil and Gas Eurasia*, September 2011, http://www.oilandgaseurasia.com/articles/p/146/article/1615/ (검색일: 2011.10.5)

13) UNEP/GRID-Arendal, "Population distribution in the circumpolar Arctic, by country," 2008, http://maps.grida.no/go/graphic/population-distribution-in-the-circumpolar-arctic-by-country-includingindigenous-population1. (검색일: 2011.8.2)

14) The Russian Federation, "The National Security Strategy of the Russian Federation until 2020," released May 13, 2009. Trude Pettersen, "Russia to get 8 nuclear attack subs by 2020," *Barents Observer*, August 11, 2011,

[그림 1] 북극권의 석유 가스 활동

출처: Andreas Østhagen & Clare Richardson-Barlow, "Arctic Petroleum: Alaskan Development and International Frameworks(working title)," CSIS Energy program. Version: October 2011. http://www.alternativprosjektet.no/wp-content/uploads/2012/01/Arctic-Oil-and-Gas-Development.pdf p. 16.

계속해서 러시아 정부는 러시아 북극해의 석유와 가스 개발을 러시아 경제와 국가 전체의 지속적인 성장을 위한 핵심으로 인식한다.

---

http://www.barentsobserver.com/russia-to-get-8-nuclear-attacks-subs-by-2020.4946857-116320.html. (검색일: 2011.8.8)

〈표 1〉 북극권의 석유 가스 활동

국가	번호	유전/가스전	상태
노르웨이	1	스노비트(Snøhvit)	생산 중
	2	골리앗(Goliat)	개발 중
	3	슈크루가드(Skrugard)	개발 중
	4	노르바르그(Norvarg)	개발 중
	5	로포텐/베스테렐렌(Lofoten/Vesterålen)	보류/잠재적
러시아	6	슈톡만(Shtokman)	개발 중
	7	카라 해(Kara Sea)	보류/잠재적
	8	쁘리라즐롬노예 돌긴스코예 (Prirazlomnoye and Dolginskoye)	개발 중
	9	네네츠(Nenets)	생산 중
	10	야말(Yamal)	생산 중
	11	야말(Yamal)	생산 중
그린란드 (덴마크)	12	살리잇(Salliit, Uummannarsuaq, Saqqamiut and Kingittoq)	개발 중
	13	레이디 프랜클린(Lady Franklin) 아타믹(Atammik)	개발 중
	14	에쿠아(Eqqua), 잉고라크(Ingoraq), 시국(Sigguk), 나파리아크 (Napariaq) 피투(Pitu)	개발 중
캐나다	15	베핀 만(Baffin Bay)	보류/잠재적
	16	아크틱 아일랜드(Arctic Islands)	개발 중
	17	버포트 해(Beaufort Sea)	개발 중
	18	멕킨지 델타(Mackenzie Delta)	생산 중
미국	19	버포트 해(Beaufort Sea)	개발 중
	20	북극야생동물보호구역(Arctic National Wildlife Refuge)	보류/잠재적
	21	프루드호예 만(Prudhoe Bay)	생산 중
	22	노스 슬로프(North Slope)	생산 중
	23	국립석유보호구역(National Petroleum Reserve)	개발 중
	24	축치해(Chukchi Sea)	개발 중

출처: Andreas Østhagen & Clare Richardson-Barlow, "Arctic Petroleum: Alaskan Development and International Frameworks(working title)," CSIS Energy program. Version: October 2011. http://www.alternativprosjektet.no/wp-content/uploads/2012/01/Arctic-Oil-and-Gas-Development.pdf p. 17.

또한 러시아정부는 에너지 수송을 위한 통합가스공급시스템(UGSS: Unified Gas Supply System) 구축의 일환으로써 '동방가스망 프로그램'과

ESPO(동시베리아-태평양송유관)의 종착점을 블라디보스토크까지 연결하는 계획을 이행하고 있다. 중국과 일본의 경쟁적 로비대상이었던 동시베리아-태평양 송유관의 노선은 중국이 선호하는 방향으로 결정됐다. 여러 번의 변경으로 확정된 이 송유관은 바이칼아무르철도지선[Байкало-Амурская магистраль(БАМ)]의 시작점인 러시아 이르쿠츠크주의 타이셰트부터 아무르주 스코보로디노까지 1단계(2,757km) 건설 사업이 완료된 후 제2단계 사업(2,100km), 즉 스코보로디노부터 태평양연안의 코즈미노만까지 2020년까지 연결되는 것으로 총길이는 4,857km이다. ESPO의 1단계 구간(완료)인 아무르주 스코보로디노에서 중국의 다칭 유전까지 연간 1,500만 톤의 원유가 공급되고 있다. 중국은 향후 20년간 3억 톤의 석유를 러시아로부터 수입할 것으로 예상하고 있다. 이 수치는 중국 연간 수요의 4%에 해당한다.

[그림 2] 야말반도(좌측상단)

출처: 한겨레, http://www.hani.co.kr/arti/politics/diplomacy/789557.html (검색일: 2018.4.8)

서에서 동으로 이어지는 가스관은 ESPO 송유관 루트 그리고 동에서 서로 이어지는 사할린 가스관도 콤소몰스크-나-아무레를 거쳐 연해변강주 주요 항구 지역과 연계될 예정이다. 2009년 ESPO의 종착점인 코즈미노(블라디보스토크에서 동쪽으로 100km)항의 석유터미널 그리고 사할린 남부지역에서 LNG 공장과 터미널이 준공되면서 아태지역으로 석유와 LNG 수출의 길을 열게 됐다.

1. 슈톡만(Shtokman): 유전과 가스전

슈톡만 가스전은 1988년 발견되었고, 세계 최대의 천연가스전 중 하나로 간주된다. 이 필드는 북극해에서 600km 떨어진 어려운 연안 조건에 위치하고 있기 때문에 신기술 및 작동 장비가 필요했고 따라서 개발과정이 오래 걸렸다. 본 프로젝트에 참여할 자격을 얻기 위한 국제적 기업들 간의 수년간의 경쟁에서, 2007년 프랑스와 노르웨이의 에너지 회사인 Total과 Statoil이 필드의 소유권자인 러시아 국영가스기업인 Gazprom과 계약을 체결했다. 이들은 함께 가스전 개발의 첫 번째 단계에 필요한 인프라를 구축하는 Shtokman Development AG를 설립했다.[15] 아이러니컬하게도, 이 지역에서 새로운 상업적 기회를 이끌어 낸 해빙(解氷)이 슈톡만 가스전 개발에 문제를 야기했다. 더 많은 해빙(海氷)이 남쪽으로 흘러들었다. 바다얼음을 다루기 위해 떠있는 가스추출선박 주변에 향상된 쇄빙능력이 필요했다.[16]

---

15) Gazprom, "Shtokman," 2011, http://gazprom.com/production/projects/deposits/shp/. (검색일: 2011.8.7)

16) Shtokman Development AG, "Shtokman, Here lives the energy," 2011. http://www.shtokman.ru/en/. (검색일: 2011.8.11)

대도시 무르만스크에 인접한 작은 해안마을인 테리베르카(Teriberka)가 새로운 LNG플랜트 위치로 선택되고, 무르만스크 항은 주요 선적항 역할을 할 것이다. 또한 이 프로젝트에는 최소한 12척의 아이스 클래스 LNG 탱커가 필요하다.[17] 가스전 개발의 어려움으로 인해 이 프로젝트는 파이프라인 생산을 위해 2016년까지, LNG를 위해 2017년까지 연기되었다. 세 기업 간의 최종 투자 결정은 2011년 12월에 예정되었다. LNG 가스의 시장 가격이 낮아서 최근에는 2018년까지 생산이 늦춰질 것이라는 추측도 있다.[18] 슈톡만 필드는 북극 가스 개발을 위한 기함으로 선전되어, 엔지니어링 분야에 도전하고 동시에 이 지역에 엄청난 경제적 잠재력을 입증하고 있다. 동시에 이 프로젝트의 지연과 악조건은 북극 다른 곳의 석유 및 가스 프로젝트가 직면한 도전을 아주 잘 보여준다. 이 외에도 북극의 해양지리와 북극해 연안국들간의 관할권을 두고 바렌츠 해에 위치해 있는 노르웨이의 주권 하에 있는 슈발바르(Svalbard) 제도를 둘러싼 노르웨이와 러시아간의 오랜 분쟁이 지속되면서 자원개발 및 영유권 문제의 해결이 가능한 거버넌스 관점의 연구가 더 필요하다.[19]

---

17) Atle Staalesen, "30 Arctic LNG tankers by year 2020," *Barents Observer*, June 28, 2011. http://www.barentsobserver.com/30-arctic-lng-tankers-by-year-2020.4938229.html (검색일: 2011.8.2)

18) Trude Pettersen, "Shtokman start-up might be delayed," *Barents Observer*, 17.06.2011. http://www.barentsobserver.com/shtokman-start-up-might-be-delayed.4934319-16334.html. (검색일: 2011.8.2)

19) 박종관, "슈발바르 군도를 둘러싼 노르웨이와 러시아의 관할권 갈등,"『한국 시베리아 연구』(배재대학교 한국-시베리아센터) 제21권 2호, 2016, pp. 148-150.

2. 야말(Yamal) 반도: 유전과 가스전

러시아 북극권에서 가장 번성한 지역은 수많은 석유 및 가스전이 있는 야말 반도이다. 러시아의 총 가스 생산량의 약 90%가 이 지역 가스전에서 생산되고, 이것은 전 세계 생산량의 20%를 차지한다.[20] 야말 반도의 가스 자원에 대한 확인된 추정치는 16-22bcm(billion cubic meter, 10억 입방미터)이다.[21] 발견된 천연가스 매장량은 야말의 자원의 대부분과 러시아 전체 천연가스 자원의 90%를 차지한다.[22] 총 26개의 가스전이 발견되었다.[23]

우렌고이(Urengoy), 얌부르그(Yamburg) 및 자뽈리야르노예(Zapolyarnoye) 가스전은 1978년, 1986년 및 2001년 이후 가스를 생산해 왔으며, 2012년에 가스를 생산할 것으로 예상되는 보바넨코보(Bovanenkovo) 가스의 개발과 함께 이들 가스전들은 러시아의 유럽으로의 가스 수출의 중추를 이룬다. 이들 가스전으로부터 공급을 유지하고 증가시키기 위해 가즈프롬은 2008년에 1,100㎞ 길이의 보바넨코보-우흐타 가스 파이프라인 건설에 착수했다. 파이프라인은 2012년에 작동할 예정이었다. 파이프라인은 야말과 슈톡만을 발트해를 경유하여 독일에 직접 연결하는 노르드-스트림(Nord-Stream) 파이프라

---

20) Elena Zhuk, "Russia Updates National Standards and Picks Up Pace at ISO", October 2010 http://www.oilandgaseurasia.com/articles/p/127/article/1330/. (검색일: 2011.8.2)

21) "Yamal Megaproject," Gazprom, June 2011, http://www.gazprom.com/production/projects/mega-yamal/ (검색일: 2011.8.30)

22) Ponomarov, Vadim, *Ekspert*, July 26, 2011, http://expert.ru/expert/2011/38/dem-na-sever/(검색일: 2011.10.5)

23) Baidashin, Vladimir, "Russia Petroleum Investor," Excerpt published on Reuters: World Trade Executive, January 2008, http://www.wtexecutive.com/cms/content.jsp?id=com.tms.cms.article.Article_insider_yamal, (검색일: 2011.10.5)

[그림 3] 야말반도(우측상단)

인 프로젝트의 일부가 될 러시아 중부의 토르조크 (Torzhok)와 연결될 대규모 연결(총 연장 2,400㎞)의 시작점이다. 가즈프롬과는 별도로 러시아 민간기업인 Novatek은 Yamal에서 가장 큰 라이선스 보유자이다.[24] 2009년 Total은 러시아에서 가장 큰 LNG 플랜트를 개발할 기업인 Yamal LNG에 Novatek과 함께 포함되었다.[25] 2011년 7월 Total의 최종 참여는 러시아 정부에 의해 승인되었으며, 러시아 정부는 Yamal에서의 LNG 생산에 대해 세금을 면제했다.[26]

24) Gazprom, "Yamal megaproject," http://www.gazprom.com/production/projects/mega-yamal/. (검색일: 2011.8.8)

25) "Russia's Novatek buys quarter of Yamal LNG project," *RIA Novosti*, March 24, 2011. http://en.rian.ru/business/20110324/163185463.html. (검색일: 2011.8.8)

26) "Russia okays Total joining Arctic gas project," *Reuters*, July 20, 2011. http://www.reuters.com/article/2011/07/20/russia-total-idUSLDE76J0F720110720.

다른 외국계 기업들 중, 러시아 소재 BP의 합작기업인 TNK-BP는 야말 반도에서 두 개의 가스전을 개발하고 있는 자회사 Rospan International을 통해 관여하고 있다.[27] Enel과 ENI는 Gazprom 및 Novatek과 더불어 합작 자회사인 SeverEnergia의 일부이다. 이 회사가 인수한 최대 가스전 중 하나인 삼부르스코예(Samburskoye) 가스전에서의 생산은 2011년에 시작될 것으로 예상되었다.[28] BASF와 E.ON Ruhrgas 또한 Yuzhno-Russkoye 가스전 개발을 위해 합자회사인 Severneftegazprom에 Gazprom과 함께 참여하고 있으며, BASF는 거대한 우렌고이 유전 및 가스전과 연결된 Achimov 가스매장지 개발을 위한 Gazprom의 단일 파트너이다.[29] 이 지역전체에 러시아의 석유 및 가스 생산에 가장 중요한 많은 가스전과 기업들이 있다. 비록 많은 가스전들이 이미 운영되고 있지만 많은 수의 외국 기업들의 참여는 야말의 잠재력을 더욱 발전시킬 수 있는 러시아의 해외 투자유입과 자본유입에 대한 필요성을 의미한다. 또한 파이프라인 및 LNG 시설을 갖춘 새로운 인프라 개발은 북극의 석유 및 가스 전반에 중요하다. Yamal LNG 플랜트의 건설은 북극에서의 상업적 운송 증가에 기여할 것이다. Yamal LNG는 러시아 핵 쇄빙선의 서비스 기지인 Atomflot와 러시아 최대 민간 유조선 회사인 Sovcomflot와 광범위한 협력협정을 체결했다. 이러한 합의는 2020년까지 Yamal LNG가 12척의 LNG

(검색일 2011.8.8)

27) TNK-BP, “Rospan International,” 2011. http://www.tnk-bp.ru/en/production/enterprises/rospan/. (검색일: 2011.8.8)

28) ENI, “Russian Federation. Eni’s activites,” June 14, 2011. http://www.eni.com/en_IT/eni-world/russianfederation/eni-business/eni-business.shtml. (검색일: 2011.8.2)

29) Gazprom, “Achimov deposits,” 2011. http://www.gazprom.com/production/projects/deposits/achimovskiedeposit/. (검색일: 2011.8.2)

탱커를 필요로 하기 때문에 아이스 클래스 LNG 운반선의 건설 및 Atomsflot의 쇄빙선 사용을 촉진하고 용이하게 하기 위한 것이다.[30)]

3. 네네츠(Nenets) - 티만 페초라 분지: 유전과 가스전

최근 수십 년 동안 수많은 유전 및 가스전이 발견됨에 따라 네네츠 지역, 좀 더 구체적으로 티만 페초라(Timan Pechora) 분지가 러시아 석유 및 가스 분야에서 중요한 지역이 되었다. 티만 페초라 분지에만 24개의 생산중인 가스전이 있으며, 그 중 하나는 132BCF(Billion Cubic Feet, 10억 입방피트)의 확인된 매장량을 가지고 있다.[31)] 러시아 기업들인 Bashneft와 Lukoil은 2011년 거대한 Trebs와 Titov 유전의 생산을 위한 합작 협약을 맺었으며 현재 개발을 시작하고 있다.[32)] Yuzhnoe-Khykchuyu라는 또 다른 대형 유전은 2008년에 가동을 시작했으며 LUKoil과 ConocoPhillips의 합작 프로젝트이다. 또한 Rosneft는 많은 자회사를 통해 유전에서 아주 활발히 활동하고 있다.[33)] LUKoil이 소유

30) Atle Staalesen, "30 Arctic LNG tankers by year 2020," *Barents Observer*, June 28, 2011. http://www.barentsobserver.com/30-arctic-lng-tankers-by-year-2020.4938229.html. (검색일: 2011.8.3)

31) "June Production at Timan-Pechora Kochmesskoye Well Totals 25,200 Barrels Oil - Initial Production Averages 1,200 Barrels per Day," *PR Newswire*, June 8, 2011, http://www.prnewswire.com/news-releases/primegen-energy---june-production-at-timan-pechora-kochmesskoye-well-totals-25200-barrels-oil---initial-production-averages-1200-barrels-per-day-62155447.html, (검색일: 2011.10.6)

32) "LUKoil, Bashneft to develop giant Trebs, Titov oilfields," *RIA Novosti*, April 15, 2011, http://en.rian.ru/business/20110415/163541017.html. (검색일: 2011.8.8)

33) Rosneft, "Severnaya Neft". http://www.rosneft.com/Upstream/ProductionAndDevelopment/timanopechora/severnaya_neft/. (검색일 2011.7.22)

한 바렌츠해에 위치한 Varandey 근해 석유 터미널은 새로운 티만 페초라 유전들에서 나오는 원유의 수송을 위한 주요 모드가 될 것이다. Rosneft, Bashneft 및 ConocoPhillips는 이 터미널 사용을 위해 LUKoil과 계약을 체결했으며 새로 건설된 파이프 라인을 통해 유전을 이 터미널에 연결하고 있다.[34]

또 다른 대안으로서 중요한 유전은 Kharyaga 유전이다. Kharyaga는 1999년부터 Total, Statoil, Zarubezhneft 및 Nenets Oil Company가 석유를 생산해 오고 있다. 이 유전은 Varandey 터미널을 사용하지 않지만, 새로 건설된 트렁크 파이프라인이 이 유전을 더 큰 러시아 파이프라인 시스템과 연결한다.[35] 마지막으로, CH-Invest와 EvroSeverNeft는 Pechora LNG라고 불리는 Indiga의 네네츠 연안에 LNG 플랜트를 건설할 계획이다. 이 플랜트는 Kumzhinskoye 및 Korovinskoye 가스전 및 콘덴세이트(condensate)전에 의해 물량이 공급될 예정이며, 2015년 생산이 시작될 것으로 예상되었다.[36] LNG 플랜트에는 적어도 6척의 아이스 클래스 유조선이 필요하다.[37] 네네츠 지역의 다른 유전/가스전들은 야말 지역과 동일한 경향을 보여주고 있고, 러시아 및 국제적 기업집단의 활동이 증가했다. 더 많은 기업들이 Varandey 터

34) Atle Staalesen, "Oil companies join efforts in Timan Pechora," *Barents Observer*, June 1, 2011, http://www.barentsobserver.com/oil-companies-join-efforts-in-timan-pechora.4928292.html (검색일: 2011.8.5)

35) Statoil, "Kharyaga, Transportation and facilities," August 6, 2008, http://www.statoil.com/russia/en/OurOperations/Kharyaga/Pages/TransportationAndFacilities.aspx. (검색일: 2011.8.5)

36) A. Bambulyak and Frantzen, B., "Oil transport from the Russian part of the Barents Region. Status per January 2011," *The Norwegian Barents Secretariat and Akvaplan-niva*, Norway, 2011. p. 57.

37) Atle Staalesen. "30 Arctic LNG tankers by year 2020," *Barents Observer*, June 28, 2011. http://www.barentsobserver.com/30-arctic-lng-tankers-by-year-2020.4938229.html. (검색일: 2011.8.5)

미널을 사용함에 따라 북극의 석유 운송량 또한 증가할 것이다.

4. 페초라해(Pechora Sea): 쁘리라즐롬노예 유전과 돌긴스코예 유전

Varandey 터미널에서 60km 떨어진 쁘리라즐롬노예(Prirazlomnoye) 유전은 1989년에 발견되었다. 이 유전은 해수면 아래 20-30미터(65-100 피트)에 위치하고 있으며, 가즈프롬 소유이며, 추정되는 채굴 가능한 매장량은 7,450만 톤이다.[38] Shtokman 유전과 마찬가지로, 이 유전의 생산은 현대 기술 및 북극 해양 환경에서의 운영 가능성에 대한 테스트를 제공하고 있다. 연중 약 2/3의 기간에 바다는 얼음으로 덮여있다. 이것은 극한의 기온이나 부빙을 견딜 수 있는 시추 플랫폼을 필요로 한다. Severodvinsk에 있는 러시아 최대 조선회사인 Sevmash가 생산한 오일 플랫폼은 이러한 조건에서 안정적으로 유지하기 위해 순 무게와 크기(sheer weight and size)를 사용한다.[39] 이 프로젝트가 성공하면, 러시아 북극에서의 최초 연안 석유생산이 될 것이다. Shtokman 필드와 달리, 이 플랫폼은 유전에 기반을 두고 일년 내내 생산이 예상된다. 현재 이 플랫폼은 Murmansk 항에서 유전까지 견인되고 있으며, 2012년부터 석유 생산이 시작될 것으로 예상되었다.[40]

---

38) Galina Starinskaya, "Prirazlomnoye to Launch a 'Drilling Campaign on the Russian Arctic Shelf," *Oil & Gas Eurasia*, September 8, 2011.
http://www.oilandgaseurasia.com/articles/p/146/article/1615/, (검색일: 2011.10.5)

39) Alun Anderson, "Can We Keep Up With Arctic Change?," *The Culture and Conflict Review*, April 22, 2011.
http://www.nps.edu/Programs/CCS/WebJournal/Article.aspx?ArticleID=76. (검색일: 2011.8.5)

40) Trude Pettersen, "Arctic oil rig ready for transportation," *Barents Observer*, August 17, 2011,

페초라해의 또 다른 연안(offshore) 유전은 Gazprom이 전적으로 소유한 돌긴스코예 (Dolginskoye) 유전이며, 검증된 매장량이 2억 3천 5백만 톤으로 쁘리라즐롬노예(Prirazlomnoye)의 3배에 달한다.[41] 이들 두 유전의 개발은 북극의 석유 및 가스 생산을 위한 가즈프롬의 전략의 일부이기 때문에 함께 진행된다.[42] 그러나 돌긴스코예(Dolginskoye) 유전은 2015년까지는 석유를 생산할 것으로 예상되지 않는다. Yamal 및 Nenets의 육상(onshore) 개발과 달리 외국기업들은 Shtokman을 예외로 이러한 연안 프로젝트에서 대부분 배제되어 왔다. 반면 가즈프롬은 해외 자본과 전문지식을 개발 프로세스의 후반부에 포함시켜야 한다고 주장했다.[43] 두 유전은 또한 쇄빙 지원을 받는 수송선에도 의존한다. 7만 톤급 아이스 클래스 유조선인 Mikhail Ulyanov호와 Kirill Lavrov호가 2010년 Sovcomflot에 인도되었으며, 이들 두 척의 유조선은 2012년 쁘리라즐롬노예(Prirazlomnoye) 유전이 석유 생산을 시작할 때 운항할 예정이었다.[44]

5. 기타 지역들 - 남 카라해: 가스전

점점 더 주목을 받고 있는 마지막 개발 지역은 Yamal 지역 연안 바로 외곽에

---

http://www.barentsobserver.com/arctic-oil-rig-ready-for-transportation. 4948939-116320.html. (검색일: 2011.8.17)

41) Galina Starinskaya, “Prirazlomnoye to Launch,” 2011.

42) Gazprom, “Prirazlomnoye oil field,” http://www.gazprom.com/production/projects/deposits/pnm/. (검색일: 2011.7.15)

43) “Foreign companies may develop Barents Sea oilfield,” *RBC*, December 9, 2008. http://www.rbcnews.com/free/20081209105203.shtml. (검색일: 2011.7.15)

44) A. Bambulyak and Frantzen, B., “Oil transport from the Russian part of the Barents Region. Status per January 2011,” *The Norwegian Barents Secretariat and Akvaplan-niva*, Norway 2011.

위치한 South Kara Sea이다. USGS에 따르면, 이 지역은 발견되지 않은 북극 가스의 거의 39%를 포함한 자원 측면에서 가장 유망한 지역 중 하나이다.[45] 여기는 수심이 더 깊고 대부분 얼음이 덮여있어, 어떤 벤처기업에도 도전하고 새로운 가스추출 방법을 필요로 한다. 2009년 Rosneft에 개발구역(blocks)을 허가한 조치는 Rosneft와 BP 사이의 북극 탐사 거래를 촉진했다. 이 협상은 결국 BP의 러시아 합작 투자사인 TNK-BP가 BP의 러시아 채무에 대한 우선권을 보장받기 위해 법정에 감으로써 취소되었다.[46] 그 후, Rosneft는 다른 외국기업들에 카라해의 자원 개발을 공개하여 동참하게 했다. 그러나 어떤 유사한 시나리오에서든 연안 석유 생산은 2025~2030년까지는 시작되지 않을 것으로 보인다.[47]

Ⅳ. 러시아 북극 에너지 자원개발과 관련된 중요한 주제들

1. 세계 에너지 가격과 시장의 주요 변화들

세계 에너지 가격과 시장의 주요 변화들은 러시아의 북극 개발, 특히 북극

45) U.S. Geological Survey, "Circum-Arctic Resource Appraisal: Estimates of Undiscovered Oil and Gas North of the Arctic Circle," 2008. http://pubs.usgs.gov/fs/2008/3049/fs2008-3049.pdf. (검색일: 2011.7.15)
46) Vladimir Soldatkin, Reuters "TNK-BP minorities win ruling on BP-Rosneft fiasco," Jul. 20, 2011. http://www.reuters.com/article/2011/07/20/us-tnk-bp-court-idUSTRE76J4P520110720. (검색일: 2011.7.20)
47) A. Bambulyak and Frantzen B., "Oil transport from the Russian part of the Barents Region. Status per January 2011," *The Norwegian Barents Secretariat and Akvaplan-niva*, Norway, 2011, p. 24.

대륙붕 자원과 야말 반도의 육상 자원의 확대에 관한 중대한 영향을 미쳤다. 물론 중요 요인 중 하나는 미국의 셰일가스 혁명이다. 셰일가스 혁명은 가스프롬의 Shtokman 가스전 개발 프로젝트를 중단시키는 요인이었다. 가즈프롬은 미국을 Shtokman 가스의 잠재적 시장으로 간주했었다. 게다가 EU의 천연가스에 대한 수요 증가 속도가 느려지면서 2006년과 2009년 우크라이나 가스 위기 이래 신뢰할만한 공급자로서 러시아에 대한 EU의 신뢰가 약화되었다.[48] 또한, 가스공급 다변화를 우선시하려는 유럽연합의 계획은 러시아의 천연가스 생산 잠재력이 현재 판매량을 초과하게 만들었다.[49] 이는 특히 야말 가스전의 생산에 영향을 미쳤다.

러시아 북극의 에너지 자원 개발을 평가할 때, LNG 선적에 대한 미래 수요 예측은 특히 적절하다. 중국과 인도 같은 국가의 경제성장과 관련하여 LNG는 환경친화적이며 상대적으로 저렴한 에너지원으로 장려되고 있다. 앞서 언급한 러시아 북극 에너지 개발 현황은 러시아 북극에 3개의 LNG 플랜트를 개발할 계획을 강조한다. 2020년까지 30개의 새로운 아이스 클래스 유조선도 필요할 것으로 예상된다. 따라서 Sovcomflot는 한국에 신규 선박(유조선)에 대한 주문을 했다.[50] 이렇게 되면, 내부 및 장거리 운송량이 크게 늘어나고, 북방항로의 중요성 또한 그만큼 커진다. 그러나 현재 LNG 시장은 과잉생산과

---

48) Krutikhin, M., "Gazprom's battle for Europe," *Carnegie Moscow Center*, 18 Oct. 2016. http://carnegie. ru/commentary/?fa=64881. (검색일: 2011.8.5)

49) J. Henderson and T. Mitrova, *The Political and Commercial Dynamics of Russia's Gas Export Strategy*, Oxford Institute for Energy Studies (OIES) Paper NG 102 (OIES: Oxford, Sept. 2015).
https://www. oxfordenergy.org/wpcms/wp-content/uploads/2015/09/NG-102.pdf

50) Atle Staalesen, "30 Arctic LNG tankers by year 2020," *Barents Observer*, June 28, 2011. http://www.barentsobserver.com/30-arctic-lng-tankers-by-year-2020.4938229.html. (검색일: 2011.7.15)

낮은 가격 수준에 처해 있다. 미국의 셰일 가스 개발 및 폴란드, 남아프리카 및 중국에서의 향후 셰일 가스 개발과 더불어 이전에는 LNG 선적이 절실하게 필요했던 시장이 이제는 국내 가스 생산에서 거의 자급자족할 수 있게 되었다.[51] 동시에 전 세계 LNG 공급량은 지난 5년간 58% 증가했다.[52] 후쿠시마 원자력 발전소 사고 직후와 뒤이은 일본의 원자로 폐쇄조치 이후 LNG 수요가 증가했다. 그러나 장기적 시나리오에서 LNG 가격 수준이 전 세계의 값비싼 가스 시설 건설을 지원할지는 의문스럽다. 따라서 러시아 북극의 많은 유전과 가스전은 극한의 북극 조건들을 다룰 새로운 고가의 기술이 필요하기 때문에 경제적으로 실현 가능성이 없다.

그 결과, 러시아 정부는 장기적인 시나리오에서 수요가 증가할 것으로 기대하면서 지속적인 개발을 촉진하기 위해 세금 면제 규정을 만들었다.[53] 이는 Shtokman 가스전의 핵심인 Teriberka 마을과 Yamal에서의 LNG 생산에 적용되었다. 비관적인 장기 LNG 예측과 달리, 러시아는 Gazprom을 통해 미래의 LNG 공급을 위해 인도 회사와 4개의 메모랜덤을 체결했다.[54] 25년 동안 연간

---

51) 미국 천연가스의 23%는 셰일가스이다. Andreas Østhagen & Clare Richardson-Barlow, "Arctic Petroleum: Alaskan Development and International Frameworks (working title)," *CSIS Energy program*, Version: October 2011. http://www.alternativprosjektet.no/wp-content/uploads/2012/01/Arctic-Oil-and-Gas-Development.pdf p. 23.

52) "The future of natural gas: Coming soon to a terminal near you," *The Economist*, August 6, 2011, http://www.economist.com/node/21525381. (검색일: 2011.8.22)

53) Vladimir Soldatkin, "Novatek shares jumps 6,3 pct on tax cancellation," *Reuters*, July 21, 2011. http://www.reuters.com/article/2011/07/21/russia-novatek-shares-idUSLDE76K1DO20110721. (검색일: 2011.8.22)

54) "Gazprom signs another Indian gas supply deal," *The Economic Times, India*, July

250만 톤의 LNG를 공급하겠다는 약속과 더불어, 이것은 추가 가스전 개발을 위한 촉매제 역할을 할 것이다.[55)]

한편, 전문가들의 추정에 따르면, 유가 하락은 북극 대륙붕 유전개발을 이익이 되지 않는 사업으로 만들었고, 국제 유가가 배럴당 100달러 이하로 유지되는 동안 이런 경향은 계속 될 것이다. 2016년 1월 유가는 2003년 이후 최저 수준인 27.67 달러로 하락했다.[56)] 비록 원유 가격이 어느 정도 회복되고 현재 배럴당 50 달러 이상에서 변동하지만, 유가가 배럴당 100 달러까지 상승하지 않는 한, 북극 대륙붕의 석유 자원은 여전히 개발되지 않은 채로 남아있을 것이라 예상된다.[57)] 이러한 요소들은 러시아 경제 전반에 압박을 가하고 있으며, 러시아 에너지 기업들이 새로운 프로젝트, 특히 심해, 북극 해상 및 셰일 프로젝트와 같은 고비용 프로젝트에 자금을 투입하는 것을 더욱 어렵게 만들었다.[58)] 이것은 또한 에너지 기업들로 하여금 주로 아시아 지역에서 북극 자원의 잠재적인 소비자들을 위한 다른 시장들을 바라보게 했다.

20, 2011.
http://articles.economictimes.indiatimes.com/2011-07-20/news/29794935_1_gazprom-marketing-largest-gasproducer-trading-singapore. (검색일: 2011.8.22)

55) "Gazprom LNG Deals with Indian Companies Enough to Secure Shtokman Project (Russia)," *LNG World News*, June 3, 2011.
http://www.lngworldnews.com/gazprom-lng-deals-with-indian-companies-enough-to-secureshtokman-project-russia/. (검색일: 2011.8.22)

56) M. West, "Just how low can oil prices go and who is hardest hit?," *BBC News*, 18 Jan. 2016.
http://www.bbc.com/news/business-35245133 (검색일: 2018.2.22)

57) M. Kashin, "The Arctic is certainly our future," *Kommersant*, 25 Feb. 2015, http://www.kommersant. ru/doc/2675105 (검색일: 2018.2.22)

58) US Energy Information Administration, "Country analysis brief: Russia," 25 Oct. 2016, https://www. eia.gov/beta/international/analysis_includes/countries_long/Russia/russia.pdf

러시아 북극의 향후 석유 및 가스 개발은 경제적 관점에서 볼 때 매우 불확실하다. 그러나 그것은 또한 러시아 경제 및 안보 정책과도 관련이 있으므로 더 큰 맥락에서 염두에 두어야 할 필요가 있다. 어쨌든 러시아는 북극의 석유 및 가스 개발을 계속 재정립해 나갈 것이다.

2. 우크라이나 위기와 미국과 EU의 대 러시아 제재의 영향

러시아 에너지 기업들이 파트너십을 다각화해야 할 결정적인 요인은 우크라이나 위기 이후 러시아와 서방 간의 지정학적 긴장관계였다. 러시아의 크림 합병 이후 2014년 7월 미국과 EU의 러시아에 대한 제재 조치는 유전 가스전 개발과 관련된 기술이전에 중대한 영향을 미쳤다. 미국의 제재 조치에는 심도시추(152미터 이상)를 위한 장비 공급 금지, 북극 대륙붕과 셰일 유전 및 셰일 가스전 개발 등이 포함되어 있었다. 이러한 미국의 대 러시아 제재는 심해(150미터) 원유 생산, 북극 대륙붕 셰일 유전 탐사 및 개발을 위한 기술 이전을 금지하는 EU의 제재보다 더 엄격했다.[59] 이런 제재 조치는 또한 30일 이상(처음에는 90일, 그러나 그 이후로는 조건이 강화되었다) 대출펀드(loan funds)에 대한 금융제재도 도입했다. Rosneft, Transneft, Gazprom Neft, Gazprom, Novatek, Lukoil 및 Surgutneftegaz 등 가장 큰 러시아 은행과 기업들이 이런 제재조치의 대상이 되었다.[60]

---

59) European Union Newsroom, "EU sanctions against Russia over Ukraine crisis," 16 Mar. 2017,
https://europa.eu/newsroom/highlights/special-coverage/eu_sanctions-against-russia-over-ukraine-crisis_en

60) P. Bogomolov, "Arctic both beckons and warns," *Neft Rossii*, May-Jun. 2016, http://www.neftrossii.ru/sites/default/files/nr-2016-5-6.pdf p. 40.

〈표 2〉 러시아 북극 석유가스 개발 국제파트너 기업들과 현 상태

기업	국제 파트너	개발 지역	프로젝트 지분(%)	현 상태
Rosneft	ExxonMobil	남 카라해 3 licences, 카라해 1 block, 랍체프해 3 blocks, 축치해 3 blocks	33.33	제재로 중지
	Eni	바렌츠해 2 licences	33.33	자격 미정*
	Statoil	바렌츠해 1 licence	33.33	제재로 중지
Gazprom	Total, tatoil	바렌츠해 슈톡만 가스전	Total: 25 Statoil: 24	시장의 상실과 파트너와의 의견불일치로 2012년 취소
	Shell	축치해 1 licence, 페초라해 1 licences	33.33	제재로 중지

* 이 기업들의 성명서에 따르면 Rosneft와 Eni 간의 공동 프로젝트(바렌츠해의 Fedynsky 지역과 중부 바렌츠 지역)의 이행은 제재의 준수와 함께 계속되고 있다. P. Kazancheev & R. Bazaleva, "Comparison of the role of private and state oil companies in the development of deposits on the Arctic shelf" RANHiGS, Apr. 2015, http://cre.ranepa. ru/wp-content/uploads/2015/04/policy-paper-arctic-2.pdf

미국과 EU의 대러시아 제재의 즉각적인 효과 중 하나는 러시아 기업들과 국제 파트너 기업들 간의 북극 협력 중단이었다. Rosneft는 북극 대륙붕의 지질학적 탐사를 중단할 수밖에 없었고, 2015년에 계획된 카라해에서 시추를 재개할 수 없다고 선언했다. 왜냐하면 파트너 기업인 ExxonMobil과 North Atlantic Drilling사가 대러 제재사항을 준수할 의무가 있었기 때문이다. 한편 Novatek은 금융제재로 인해 Yamal LNG 프로젝트에 대한 비용을 찾는 데 중대한 문제에 직면했다.[61)]

가즈프롬과 로즈네프트는 모두 북극 대륙붕 개발 계획을 재고했다.[62)] 두 회

61) "Chinese banks ready to invest $10 billion in Yamal LNG," *Moscow Times*, 7 Nov. 2014.
http://www.themoscowtimes.com/business/article/chinese-banks-may-invest-10-billion-in-russia-s-sanctions-hit-yamal-lng/510801.html
62) Gazprom, "Three directions," *Gazprom Magazine*, no. 5 (2016), http://www.gazprom.ru/f/ posts/59/537921/gazprom-magazine-5-2016.pdf p.8.

사는 러시아 천연자원부(the Ministry of Natural Resources)가 북극권의 라이선스의 조건들을 재검토하도록 요청했다. 2016년 러시아 천연자원부는 Rosneft의 북극 라이선스 8건과 가즈프롬 라이선스 5건의 조건을 변경하고 라이선스의 유효기간을 15년에서 20년으로 연기해야 한다고 인정했다.

이러한 사태진전에 비추어 크렘린은 외국, 주로 비서구권의 러시아 에너지 프로젝트 (북극 프로젝트 포함) 참여에 대한 개방성이 크게 증가시켰다.[63] 많은 러시아의 관료들, 외교관들, 러시아 에너지 기업들의 대표들은 연속적으로 아시아 국가들에게 북극을 포함하는 에너지 프로젝트들의 가능성과 개방성을 선언했다. 예를 들어, 2015년 천연자원부 장관인 Sergey Donskoy는 만약 중국이 기술과 투자를 가져 온다면, 북극 에너지 자원 개발에서 중국의 파트너십을 지지한다고 선언했다.[64] 2016년 7월 외무장관 세르게이 라브로프(Sergey Lavrov)는 중국 투자자들은 북극에서 환영을 받을 것이라 언급했다.[65] 2016년 9월 Dmitry Rogozin은 인도의 러시아 북극 해상 프로젝트 참여를 환영한다고 선언했다.[66]

---

63) M. Domanska & S. Kardas, "The consequences of the Western financial sanctions on the Russian economy," *Ośrodek Studiów Wschodnich(OSW) Commentary*, 24 Mar. 2016.
https://www.osw.waw.pl/en/publikacje/osw-commentary/2016-03-24/consequences-western-financial-sanctions-russian-economy

64) "Ministry of Natural Resources supported the participation of the Chinese in the development of the Arctic," *Lenta.ru*, 19 Nov. 2015.
https://lenta.ru/news/2015/11/19/chinanorth/

65) "Lavrov announced an invitation to China to implement Arctic projects," *Vzgluad*, 22 Jul. 2016.
http://vz.ru/news/2016/7/22/823007.html

66) "Russia intends to attract India to the joint development of the shelf in the Arctic," *RIA Novosti*, 13 Sep. 2016.

V. 결론: 한 · 러 에너지 개발 협력방안

러시아 북극권 에너지 자원 개발과 관련하여 한국과 러시아 간의 협력방안은 조선(아이스 클래스급 또는 쇄빙 유조선)과 북방항로 운송으로 요약할 수 있다.

우선, 북극항로와 관련하여, 북극항로(北極航路)가 새로운 '해상(海上) 실크로드'로 각광을 받고 있지만, 러시아 북방항로와 캐나다 북서항로를 포함하는 북극항로는 해상수송에 대한 낙관적인 전망과 더불어 아직은 시기상조라는 신중론도 만만치 않다.[67] 그러나 한국정부는 북극이 가지는 잠재적 가능성을 놓치지 않았고 지속적인 북극정책을 추진하고 있다. 2013년 2월 박근혜 정부는 북극항로와 북극해 개발 참여를 140개 국정과제 중 하나로 선정했고, 이에 따라 해양수산부는 2013년 2월 동북아시아와 유럽을 태평양과 북극항로를 통해 연계하는 신(新)해상물류계획을 발표했다. 현대글로비스는 2013년 9~10월 북극항로 시험 운항에 성공했고, 2014년 여름에는 첫 상업 운항을 추진했다. 2017년 집권한 문재인 정부 또한 '신북방정책'을 추진하며 북극, 에너지, 물류를 강조하고 있다. 그러나 해양 전문가들 사이에서는 지나친 기대는 금물이라는 신중론도 만만치 않다. 항로 개발이 진행되면서 새로운 문제점이 하나둘씩 드러나고 있다는 것이다. 해양수산개발원 황진회 박사는 "북극항로의 가능성을 확인했지만 안전성 · 경제성 측면에서 여전히 검토가 필요한 부분이 많다."면서 신중론을 제기했다.

---

https://ria.ru/world/20160913/1476853998.html

67) 조선일보 [이슈 포커스] "북극항로 가로막는 네 개의 '암초',"
http://biz.chosun.com/site/data/html_dir/2014/05/20/2014052004380.html (검색일: 2018.2.5)

북극항로의 난제(難題)를 정리하면 다음과 같다.

첫째, 연중 3~4개월의 짧은 해빙기(解氷期)에만 운항이 가능하고, 상업운항은 여전히 미지수이다. 4만 4,000t의 나프타를 싣고 2013년 9월 17일 러시아 우스트루가(Ust-Luga)항을 출발한 현대글로비스의 스테나 폴라리스호(6만 5,000t급)는 10월 21일 전남 광양항에 도착했다. 국내 선사(船社)로는 처음으로 북극항로 시험 운항에 성공한 것이다. 수에즈 운하를 통과하는 남방항로(2만 2,196㎞)를 이용했다면 45일이 걸렸을 1만 5,524㎞ 여정을 35일로 단축했다. 그러나 시험 운항 당시 스테나 폴라리스호는 집채만 한 유빙(流氷)을 숱하게 만났다. 러시아 쇄빙선 뒤를 따라가야 했다. 현재 북극해 운항이 가능한 기간은 1년에 3~4개월 남짓이다. 상업 운항이 가능하려면 연간 최소 100일 이상 정기선(定期船)이 다닐 수 있어야 한다는 기준에 아슬아슬하게 부합한다. 전문가들은 온난화가 지금 추세로 계속 진행된다면 2020년 이후에야 본격적인 상업 운행이 가능할 것으로 보고 있다.

둘째, 북극항로의 해협 · 섬 주변의 수심이 얕아(12m) 큰 배는 다니지 못한다. 최근 아시아와 미주, 유럽을 오가는 항로에는 1만 TEU급 이상 대형 선박들이 투입된다. 1만 8,000TEU급 이상 초대형 선박도 많다. 이런 배들이 안전하게 다니려면 최소 20m 이상 수심이 확보돼야 한다. 하지만 북극항로에서 빙산 등 얼음을 피해가다 보면 수심이 10m 남짓한 구간을 종종 만나게 된다. 매티슨(Matison) · 빌키츠키(Vilkitsky) 해협 주변이나 섬과 섬 사이 구간의 수심은 12~13m에 불과하다. 이 때문에 2,500TEU급이 넘는 선박은 운항이 어렵다. 항만 수심도 얕아 대형 선박은 접안(接岸)이 불가능하다. 또 대규모 정박 시설과 화물 처리 장비를 갖춘 항만은 러시아 북서부의 무르만스크나 아르한겔스크 등을 포함해 몇 군데밖에 없다.

셋째, 북극의 기후조건이 혹독해 컨테이너 화물이 변형될 우려가 있다. 따라서 컨테이너 화물의 화주는 외면하고, 주로 벌크 화물 위주로 운송이 이루어진다. 일반 컨테이너 화주(貨主)들은 북극항로 이용에 아직 소극적이다. 혹독한 기후 탓에 적재된 화물이 변형될 가능성이 크고, 사고 발생 위험도 높기 때문이다. 적기 공급 생산방식(Just In Time)에 따라 일년 내내 이뤄져야 하는 컨테이너 운송에서 몇 달 동안만 열리는 북극항로는 경제성을 떨어뜨리는 걸림돌이 된다. 화주를 찾지 못해 일부 구간을 빈 배로 운항하는 경우도 잦을 수밖에 없다. 반면 수송 조건이 까다롭지 않은 벌크(bulk) 화물에 대한 수요는 많을 것으로 예상된다. 벌크 화물은 석탄 · 곡물 · 광석 등 포장을 하지 않고 그대로 싣는 화물이다. 실제로 2012년 북극항로를 경유한 선박 33척 중 28척이 벌크 화물선이나 유조선이었다. 극지에서 개발한 가스를 수송하는 쇄빙 LNG선은 이르면 2016년부터 북극항로에 본격 투입될 것으로 전망되었다.

넷째, 북방항로의 필수불가결한 조건인 쇄빙선의 에스코트와 아이스 파일럿의 비용이 높아 경제성이 높지 않다. 북극항로에서 얼음을 깨는 쇄빙선(碎氷船)과 얼음이 많은 지역을 피해가도록 안내하는 아이스 파일럿(Ice Pilot)은 필수다. 쇄빙선과 아이스 파일럿은 러시아 현지에서 조달해야 하지만 사용료 부담이 만만치 않다. 선박의 내빙(耐氷) 능력을 갖추는 데도 비용이 든다. 한국해양대 김길수 교수(해사수송과학부)는 "1㎝ 두께 철판을 사용하는 일반 선박과 달리 북극항로를 운항하는 선박은 얼음과 부딪치는 선체 부분에 4㎝ 두께의 강재(鋼材)를 사용해야 한다"[68]고 말했다.

그러나 러시아 북극에서 진행중인 3개의 LNG 플랜트 개발계획과 2020년까지 30개의 새로운 아이스 클래스 유조선 수요는 조선과 관련하여 한국의 가능성을 크게 열어 놓았다.

68) https://blog.naver.com/huheun05/220005994787 (검색일: 2018.4.4)

2017년 9월 5일 삼성중공업이 러시아 소브콤플로트(Sovcomflot, SCF)로부터 쇄빙유조선 1척을 추가로 수주하며 지금까지 소브콤플로트로부터만 7척의 극지 운항용 유조선을 수주하게 됐다. 9월 5일 스플래시를 비롯한 외신에 따르면 삼성중공업은 소브콤플로트로부터 4만 2,000DWT급 쇄빙기능이 적용된 셔틀탱커 1척을 수주했다.[69] 구체적인 선박가격은 공개되지 않았으나 현지 업계에서는 선박가격이 1억 달러를 넘을 것으로 예상했다. 이번에 수주한 선박은 오는 2019년 10월 인도될 예정이다. 소브콤플로트는 2016년 8월 삼성중공업으로부터 동형선 3척, 즉 쇄빙유조선 첫 호선인 '슈투르만 알바노프'(Shturman Albanov)호를 시작으로 '슈투르만 말리긴'(Shturman Malygin)호, '슈투르만 옵친'(Shturman Ovtsyn)호를 인도받은 후, 올해에 또 쇄빙유조선 1척을 추가로 발주했다. 11.5MW급 아지무스 스러스터(Azimuth Thruster) 2기가 장착된 이들 선박은 첫 번째 충격으로 최대 1.8m, 이어지는 선수의 충격으로 1.4m의 얼음을 깨고 항해할 수 있는 '아크7(Arc7)' 쇄빙기술이 적용된 선박이다.

용선사인 가즈프롬 네프트(Gazprom Neft)는 야말반도에 위치한 '노비 포트'(Novy Port, Novoportovskoye)에서 생산되는 원유를 이들 선박에 선적해 얼음이 얼지 않는 부동항인 무르만스크(Murmansk)에 위치한 원유저장용 플랫폼(선박)인 30만259DWT급 '움바'(Umba, 2001년 건조)호에 하역하게 된다. 삼성중공업은 이번 수주를 포함해 지금까지 러시아 소브콤플로트로부터 쇄빙유조선 7척, 러시아에서만 총 10척의 쇄빙유조선을 수주하게 됐다.

종합하면, 러시아 북극해 대륙붕의 자원 개발을 억제하고 있는 몇 가지 요인, 즉 배럴당 100달러 이하로 유지되는 국제유가, 과잉생산과 낮은 가격 수준

69) http://www.ebn.co.kr/news/view/908219 (검색일: 2017.9.19)

에 처해 있는 LNG 시장, 2014년 러시아의 크림 합병 이후 미국과 EU의 러시아에 대한 제재 조치에도 불구하고, 2020년까지 러시아의 북극지방을 러시아의 '최고 전략적 자원기지'로서 확립하고자 하는 목적으로(『2020년까지 러시아 연방 국가안보전략』) 북극에 대한 러시아의 경제적 이익을 분명하게 밝힌 러시아 정부는 러시아 북극해의 석유와 가스 개발을 러시아 경제와 국가 전체의 지속적인 성장을 위한 핵심으로 인식한다. 따라서 향후 러시아 북극의 석유 및 가스 개발은 경제적 관점에서 볼 때 매우 불확실하지만, 그것은 또한 러시아 경제 및 안보 정책과도 관련이 있으므로 더 큰 맥락에서 어쨌든 러시아는 북극의 석유 및 가스 개발을 계속 재정립해 나갈 것이다.

한편, 북극의 LNG와 관련하여, 2020년까지 30개의 새로운 아이스 클래스 쇄빙 유조선도 필요할 것으로 예상됨에 따라, 러시아 최대 민간 유조선 회사인 Sovcomflot의 추가 쇄빙선박(유조선) 주문에 대한 한국의 관심도 커졌다. 이렇게 되면, 내부 및 장거리 운송량이 크게 늘어나고, 북방항로의 중요성 또한 그만큼 커진다. 북방항로의 역할이 커지면, 한국의 북방항로를 이용한 물류의 가능성도 그만큼 커진다.

<참고문헌>

박종관, “러시아 교통물류 발전전략: 북극지역을 중심으로,” 『슬라브학보』 제31권 1호, 2016.

박종관, “슈발바르 군도를 둘러싼 노르웨이와 러시아의 관할권 갈등,” 『한국 시베리아연구』(배재대학교 한국-시베리아센터) 제21권 2호, 2016.

예병환, 배규성. “러시아의 북극전략: 북극항로와 시베리아 거점항만 개발을 중심으로,” 『한국 시베리아연구』(배재대학교 한국-시베리아센터) 제20권 1호, 2016.

한종만, “노르딕 북극권의 지정, 지경, 지문화적 역동성에 관한연구,” 『한국 시베리아연구』(배재대학교 한국-시베리아센터), 제21권 2호, 2017.

Anderson, Alun, “Can We Keep Up With Arctic Change?,” The Culture and Conflict Review, April 22, 2011,
http://www.nps.edu/Programs/CCS/WebJournal/Article.aspx?ArticleID=76. (검색일: 2011.8.5)

Bambulyak, A. and Frantzen, B., “Oil transport from the Russian part of the Barents Region. Status per January 2011,” The Norwegian Barents Secretariat and Akvaplan-niva, Norway 2011.

Baidashin, Vladimir, “Russia Petroleum Investor,” Excerpt published on Reuters: World Trade Executive, January 2008,
http://www.wtexecutive.com/cms/content.jsp?id=com.tms.cms.article.Article_insider_yamal, (검색일: 2011.10.5)

Bogomolov P.,. “Arctic both beckons and warns,” Neft Rossii, May-Jun. 2016,
http://www.neftrossii. ru/sites/default/files/nr-2016-5-6.pdf.

Domanska M. & S. Kardas, “The consequences of the Western financial sanctions on the Russian economy,” Ośrodek Studiów Wschodnich(OSW) Commentary, 24 Mar. 2016,
https://www.osw.waw.pl/en/publikacje/osw-commentary/2016-03-24/consequences-western-financial-sanctions-russian-economy

ENI, “Russian Federation. Eni's activites,” June 14, 2011.
http://www.eni.com/en_IT/eni-world/russianfederation/eni-business/eni-business.shtml. (검색일: 2011.8.2)

European Union Newsroom, EU sanctions against Russia over Ukraine crisis, 16 Mar. 2017, https://europa.eu/newsroom/highlights/special-coverage/eu_sanctions-against-russia-over-ukraine-crisis_en

Gazprom, "Three directions," Gazprom Magazine, no. 5 (2016), http://www.gazprom.ru/f/ posts/59/537921/gazprom-magazine-5-2016.pdf

Gazprom, "Achimov deposits," 2011. http://www.gazprom.com/production/projects/deposits/achimovskiedeposit/. (검색일: 2011.8.2)

Gazprom, "Shtokman," 2011, http://gazprom.com/production/projects/deposits/shp/. (검색일 2011.8.7)

Gazprom, "Yamal megaproject," http://www.gazprom.com/production/projects/mega-yamal/. (검색일: 2011.8.8)

Gazprom, "Prirazlomnoye oil field," http://www.gazprom.com/production/projects/deposits/pnm/. (검색일: 2011.7.15)

Henderson, J. and T. Mitrova, "The Political and Commercial Dynamics of Russia's Gas Export Strategy," Oxford Institute for Energy Studies (OIES)

Paper NG 102 (OIES: Oxford, Sept. 2015), https://www.oxfordenergy.org/wpcms/wp-content/uploads/2015/09/NG-102.pdf

"June Production at Timan-Pechora Kochmesskoye Well Totals 25,200 Barrels Oil - Initial Production Averages 1,200 Barrels per Day," PR Newswire, June 8, 2011, http://www.prnewswire.com/news-releases/primegen-energy---june-production-at-timan-pechora-kochmesskoye-well-totals-25200-barrels-oil---initial-production-averages-1200-barrels-per-day-62155447.html, (검색일: 2011.10.6)

Krutikhin, M., "Gazprom's battle for Europe," Carnegie Moscow Center, 18 Oct. 2016, http://carnegie. ru/commentary/?fa=64881. (검색일: 2011.8.5)

Lake County News, "US Geological Survey arctic cruise to explore changing ocean," Lake County News, August 14, 2011, http://www.lakeconews.com/content/view/20993/919/ (검색일: 2011.7.15)

Lenta.ru, "Ministry of Natural Resources supported the participation of the Chinese in the development of the Arctic," 19 Nov. 2015, https://lenta.ru/news/2015/11/19/chinanorth/

LNG World News, "Gazprom LNG Deals with Indian Companies Enough to Secure Shtokman Project (Russia)," June 3, 2011,
http://www.lngworldnews.com/gazprom-lng-deals-with-indian-companies-enough-to-secureshtokman-project-russia/. (검색일: 2011.8.22)

"LUKoil, Bashneft to develop giant Trebs, Titov oilfields," RIA Novosti, April 15, 2011,
http://en.rian.ru/business/20110415/163541017.html. (검색일: 2011.8.8)

Moscow Times, "Chinese banks ready to invest $10 billion in Yamal LNG," 7 Nov. 2014,
http://www.themoscowtimes.com/business/article/chinese-banks-may-invest-10-billion-in-russia-s-sanctions-hit-yamal-lng/510801.html

National Snow and Ice Data Center, "Arctic Sea Ice News and Analysis," August 3, 2011,
http://nsidc.org/arcticseaicenews/ (검색일: 2011.7.15)

Østhagen, Andreas & Clare Richardson-Barlow, "Arctic Petroleum: Alaskan Development and International Frameworks(working title)," CSIS Energy program. Version: October 2011.
http://www.alternativprosjektet.no/wp-content/uploads/2012/01/Arctic-Oil-and-Gas-Development.pdf

Pettersen, Trude, "Russia to get 8 nuclear attack subs by 2020," Barents Observer, August 11, 2011,
http://www.barentsobserver.com/russia-to-get-8-nuclear-attacks-subs-by-2020.4946857-116320.html. (검색일: 2011.8.8)

Pettersen, Trude, "Shtokman start-up might be delayed," Barents Observer, 17.06.2011.
http://www.barentsobserver.com/shtokman-start-up-might-be-delayed.4934319-16334.html. (검색일: 2011.8.2)

Ponomarov, Vadim, "Ekspert," July 26, 2011,
http://expert.ru/expert/2011/38/dem-na-sever/ (검색일: 2011.10.5)

RBC, "Foreign companies may develop Barents Sea oilfield," December 9, 2008, http://www.rbcnews.com/free/20081209105203.shtml. (검색일: 2011.7.15)

RIA Novosti, "Russia's Novatek buys quarter of Yamal LNG project," March 24, 2011.
http://en.rian.ru/business/20110324/163185463.html. (검색일: 2011.8.8)

Reuters, "Russia okays Total joining Arctic gas project," July 20, 2011.
http://www.reuters.com/article/2011/07/20/russia-total-idUSLDE76J0F720110720. (검색일: 2011.8.8)

Rosneft, "Severnaya Neft,"
http://www.rosneft.com/Upstream/ProductionAndDevelopment /timanopechora/severnaya_neft/. (검색일: 2011.7.22)

"Russia intends to attract India to the joint development of the shelf in the Arctic," RIA Novosti, 13 Sep. 2016,
https://ria.ru/world/20160913/1476853998.html

"Senior Arctic Officials Report to Ministers," Senior Arctic Officials (SAO), May 2011, p. 6-7,
http://arcticcouncil.org/filearchive/nuuk_SAO_report.pdf (검색일: 2011.7.19)

Staalesen, Atle, "30 Arctic LNG tankers by year 2020," Barents Observer, June 28, 2011.
http://www.barentsobserver.com/30-arctic-lng-tankers-by-year-2020.4938229.html(검색일: 2011.8.2)

Staalesen, Atle, "Oil companies join efforts in Timan Pechora," Barents Observer, June 1, 2011,
http://www.barentsobserver.com/oil-companies-join-efforts-in-timan-pechora.4928292.html (검색일: 2011.8.5)

Shtokman Development AG, "Shtokman, Here lives the energy," 2011.
http://www.shtokman.ru/en/. (검색일: 2011.8.11)

Soldatkin, Vladimir, "TNK-BP minorities win ruling on BP-Rosneft fiasco," Reuters,
http://www.reuters.com/article/2011/07/20/us-tnk-bp-court-idUSTRE76J4P520110720. (검색일: 2011.7.20)

Soldatkin, Vladimir, "Novatek shares jumps 6,3 pct on tax cancellation," Reuters, July 21, 2011,
http://www.reuters.com/article/2011/07/21/russia-novatek-shares-idUSLDE76K1DO20110721. (검색일: 2011.8.22)

Statoil, "Kharyaga, Transportation and facilities," August 6, 2008.

Starinskaya, Galina, "Prirazlomnoye to Launch a 'Drilling Campaign on the Russian Arctic Shelf," Oil & Gas Eurasia, September 8, 2011,
http://www.oilandgaseurasia.com/articles/p/146/article/1615/, (검색일: 2011.10.5)
The Economist, "The future of natural gas: Coming soon to a terminal near you," August 6, 2011, http://www.economist.com/node/21525381. (검색일: 2011.8.22)

The Economic Times, India, "Gazprom signs another Indian gas supply deal," July 20, 2011,
http://articles.economictimes.indiatimes.com/2011-07-20/news/29794935_1_gazprommarketing-largest-gasproducer-trading-singapore. (검색일: 2011.8.22)

The Russian Federation, "The National Security Strategy of the Russian Federation until 2020," released May 13, 2009.

TNK-BP. "Rospan International," 2011, http://www.tnk-bp.ru/en/production/enterprises/rospan/. (검색일: 2011.8.8)

Tyler, Timothy J., "International Dispute Resolution,"

UNEP/GRID-Arendal, "Population distribution in the circumpolar Arctic, by country," 2008, http://maps.grida.no/go/graphic/population-distribution-in-the-circumpolar-arctic-by-country-includingindigenous-population1. (검색일: 2011.8.2)

US Energy Information Administration, "Country analysis brief: Russia," 25 Oct. 2016, https://www.eia.gov/beta/international/analysis_includes/countries_long/Russia/russia.pdf

U.S. Geological Survey, "Circum-Arctic Resource Appraisal: Estimates of Undiscovered Oil and Gas North of the Arctic Circle," 2008, http://pubs.usgs.gov/fs/2008/3049/fs2008-3049.pdf, (검색일: 2011.7.22)

Vzgluad, "Lavrov announced an invitation to China to implement Arctic projects," 22 Jul. 2016, http://vz.ru/news/2016/7/22/823007.html

West, M., "Just how low can oil prices go and who is hardest hit?," BBC News, 18 Jan. 2016, http://www.bbc.com/news/business-35245133 (검색일: 2018.2.22)

"Yamal Megaproject," Gazprom, June 2011, http://www.gazprom.com/production/projects/mega-yamal/ (검색일: 2011.8.30)

Zhuk, Elena, "Russia Updates National Standards and Picks Up Pace at ISO," October 2010, http://www.oilandgaseurasia.com/articles/p/127/article/1330/. (검색일: 2011.8.2)

Zolotukin A. & Gavrilov V.,"Russian Arctic Petroleum Resources, Oil and Gas Science and Technology," Rev IFP Energies nouvelles, Vol. 66, No.6 (2011), pp. 899-910.

3부
지문화적 접근

북극 원주민의 권리와 언어 상황

서승현*

I. 북극 원주민의 권리

북극 해양 해운은 북극지역 원주민들의 생활양식에 여러 가지 방식으로 영향을 미치므로 각기 다른 의미와 가능성이 있는 원주민들의 권리를 주장하는 토대를 형성하는데 직간접적으로 관여한다. 특히, 국제인권규약(ICCPR)[1]은

---

* 동덕여자대학교

※ 본 기고문은 Brit Fløistad & Lars Lothe의 "Indigenous Peoples Rights in the Arctic"을 수정, 보완, 서평한 글이다.

1) 국제인권규약(ICCPR: International Covenant on Civil and Political Rights)은 1966년 12월 16일 뉴욕에서 열린 UN 총회에서 채택되어, 1976년 3월 23일부터 효력이 발생되기 시작한 다자간 조약이다. 2010년 현재 167개국이 참가하고 72개국이 서명했다. 한국은 1990년 4월 10을 가입했고, 같은 해 7월 10일부터 효력이 발생되기 시작했다.
서문(序文)과 53개의 문서가 6개 파트로 나뉘어서 기술되어 있는 국제인권규약은 경제 · 사회 · 문화적 권리에 관한 국제규약과 시민 · 정치적 권리에 관한 국제규약의 두 영역으로 크게 분리되어 있다.
일반적으로 경제 · 사회 · 문화적 권리에 관한 국제규약을 A규약, 시민 · 정치적 권리에 관한 국제규약을 B규약이라고 부른다.
A규약과 B규약은 1조에서 자결권을 만국공통의 권리로 선언해 국가가 자결권의 실현을 위해 노력하고 존중해야 한다고 권고하고 있다. A규약은 주로 국가가 법률상으로 보장해야 할 의무를 규정하고 있고, B규약은 주로 개인이 가질 수 있는 권리를 규정하고 있다. A규약은 노동권, 안전하고 건강한 노동환경에 관한 권리, 사회보장권, 기초생활 향상권, 교육권, 문화생활을 누릴 권리 등을 포함하고 있다.
B규약은 생명권, 인도적으로 대우받을 권리, 노예상태와 강제노동의 금지, 거주이전과

모든 사람들이 그들의 정치적 지위를 자유롭게 결정하고 경제적, 사회적 및 문화적 발전을 자유롭게 추구하고 자국의 부와 재원을 자유롭게 처분하며 자신의 생존 수단을 박탈당하지 않도록 명기하고 있다. 그 중에서도 북극 원주민에게 중요한 점은 국제인권규약(ICCPR)이 한 국가 내의 소수 민족이 자신의 문화, 종교 및 언어를 누릴 권리를 부정해서는 안 되며, 이러한 사항을 노르웨이가 비준했다는 것이다.

그들의 내부 및 지역과 관련된 문제에 대해 노르웨이와 원주민 간의 20년 이상 지속돼 온 협상 끝에 사미족의 자결권이 확정되었다. 북유럽 사미(Nordic Sami) 협약은 기능적 자치권의 범위를 중앙 정부에서 각자의 사미 의회로 확대 할 것으로 예상되었다. 협약 초안을 면밀히 조사하기 위해 노르웨이 정부에 의해 임명 된 실무 그룹은 노르웨이 당국에 대한 규정의 일부가 국제법 뿐만 아니라 국내법을 넘어서고 있음을 결론지었다. 이것은 북유럽 사미(Nordic Sami) 협약이 여전히 계류 중인 이유의 일부일 수 있다. 북유럽 협약의 일원인 러시아 연맹의 사미(Sami)족은 당이 아니지만, 북유럽 협약과 어떤 형태의 협력을 권고하는 전문가 집단은 러시아 사미족과의 관계를 중요시 생각하고 있다. 그러나 사미족의 실제적 주도권은 정치권력에 넘어간 상태이다.

주거의 자유, 평등한 법 적용, 사생활 보호 등의 권리를 규정하고 있다. B규약은 부칙 형태의 제1선택의정서와 제2선택의정서를 두고 있다. 제1선택의정서에서는 자유권규약위원회에 개인들이 침해당한 권리를 접수받고 심사할 수 있는 권한을 부여하고 있고, 제2선택의정서는 사형제도 폐지를 목적으로 만들어졌다.
국제인권규약은 마지막 조항에 규약에 규정된 권리의 이행을 감시할 자유권규약위원회(Human Right Commitee)의 설치를 규정하고 있다. (http://100.daum.net/encyclopedia/view/b02g2756n1101)

북동 항로 - 토착민

북동 항로에 대하여 언급하자면, 북극의 원주민들은 전통적으로 점유하고 있는 영토의 토지와 수역과 관련된 활동에 대한 권리를 증진하기 위한 강력한 법적, 제도적 기반을 갖고 있다고 결론지을 수 있다. 북동 항로/북해 항로를 따라 사는 원주민은 노르웨이와 러시아 연안의 지역 공동체에서 발견된다. 그러한 민족들 중 하나는 일반적으로 아 북극(Sub-Arctic) 지역으로 묘사되는 사미(Sami)족이다. 대략 40,000명의 사미족이 노르웨이에 살고 있는 것으로 추산된다. 그 중 절반 이상이 러시아 북극과 핀마르크(Finnmark)[2]주(州) 지역에 살고 있다. 전통적으로 사미족과 다른 핀마르크 거주민의 핀마르크 지역의 토지 소유권을 명확히 하기 생겨난 북 해로(Northern Sea Route)도 사미족의 공동체에 영향을 미친다. 핀마르크(Finnmark)주의 모든 주민에게 적용이 되기도 하지만, 이는 주로 사미(Sami)족과 관련이 있다고 생각된다.

핀마르크주의 법령은 사미 사람들이 핀마르크 지역에서 토지와 자원에 대한 권리를 획득했으므로, 해당 지역의 자원 관리와 관련된 문제에 관해서도 의견을 듣고 사미(Sami) 의회에 핀마르크 토지에 대한 중요한 역할을 부여하는 것을 인정한다. 이와 같이 의회의 영향력과 이미 획득한 사미족의 권리와

2) 북극권에 위치한 노르웨이 북부의 주이다. 핀란드(남쪽), 러시아 연방(남동쪽), 북극해(북쪽과 북동쪽)와 경계를 이룬다. 길고 넓은 협만이 들쑥날쑥한 해안을 이루고 있으며, 서쪽에는 섬들이 이들 협만을 막아주고 있다. 북극해의 일부인 바렌츠 해에 있는 노스케이프는 유럽 대륙의 최북단 지점이다. 바드쇠가 주도이지만, 유럽의 최북단 도시인 함메르페스트가 관광교역의 중심지이다. 이곳에는 쇠르바랑거 철광석 광산과 알테 협만과 바랑거 협만을 따라 구리 매장지가 있다. 햇빛이 계속 나고 온도가 적당한(약 9℃) 노르웨이의 여름기간(대략 5. 13~7. 29) 동안에 농작물이 재배된다. 해안에서는 1년 내내 상업을 목적으로 한 어업이 이루어진다. 이곳은 순록떼를 몰거나 어업으로 살아가는 라플란드인들의 고향이다. 면적은 48,649㎢이고, 인구는 76,668이다.

관련하여, 핀마르크 토지국은 토착민 권리에 관한 국제노동기구(ILO)[3]협약의 요건을 충족시키고 핀마르크 법령은 국제법에 부합한다는 결론을 얻었다.

2005년 핀마르크 법안(Finnmark Act)은 노르웨이 핀마르크(Finnmark) 지역에서 약 95%의 면적(약 46,000km2)을 핀마르크(Finnmark) 주민에게 이전할 것을 결정했다. 이 지역은 핀마르크 토지국(Finnmark Estate Agency)에서 관리한다. 핀마르크 토지국은 6명의 이사로 구성된 이사회에 의해 운영되는데, 이 중 3명은 노르웨이의 사미(Sami) 의회에서, 다른 3명은 핀마르크 주 협의회(Finnmark County Council)에서 임명한다. 이사회의 의장은 사미(Sami) 의회와 주 의회가 번갈아 선출한다.

핀마르크 법안의 배경은 자신들의 토지와 문화를 관리 할 권리를 얻기 위한 사미인들의 투쟁이다. 1978년에 노르웨이의 수자원과 에너지 이사회는 인공 호수와 수력 발전소를 건설하겠다는 계획을 발표하였다. 그러나 문제는 인공호수의 개발로 인하여 사미(Sami)족의 마을인 마제(Máze)가 물에 잠긴다는 것 이었다. 이 계획은 사미족의 강력한 반대에 부딪혀 알타(Alta) 논쟁[4]을

3) 국제노동기구(ILO: International Labour Organization)는 제1차 세계대전이 끝난 뒤 만들어졌으며 1919년 베르사유 조약 제13항(노동)에 따라 국제연맹(LN)에 속하게 되었다. 노동 문제를 다루는 유엔의 전문기구로서 스위스 제네바에 본부를 두고 있다. 국제노동기구는 자유롭고 평등하고 안전하게 인간의 존엄성을 유지할 수 있는 노동을 보장하는 것을 목표로 한다. 또한 한 당면 과제를 수행하기 위하여 노동기본권, 고용, 사회보장, 사회협력과 같은 분과를 운영하고 있다. 1969년 노벨 평화상을 수상하였다. (https://ko.wikipedia.org/wiki/%EA%B5%AD%EC%A0%9C_%EB%85%B8%EB%8F%99_%EA%B8%B0%EA%B5%AC)

4) 알타 논란은 북부 노르웨이의 핀 마르크 (Finnmark)에 있는 알타 (Alta) 강에서 수력 발전소 건설과 관련하여 1970년대 후반과 1980년대 초 노르웨이에서 벌어진 일련의 대규모 시위를 언급한다. 1978 년 7월 12일, Alta-Kautokeino 수로의 개발에 반대하는 대규모 단체가 설립되어 반대 운동을 시작한 후, 건설 작업에 저항 할 수 있는 조직적 기반을 마련했다. 이 단체 관련자들과 일반 참가자들은 노르웨이 정부와의 계약에 따라 건

불러 일으켰다. 이 논쟁의 결과로, 노르웨이 정부는 1980년과 1981년에 노르웨이 사미 위원회(Norwegian Sami Association), Sami Reindeer의 노르웨이 사미 순록 협회(Sami Reindeer Herders' Association of Norway)와 노르웨이 사미 협의회(Norwegian Sami Council)가 임명 한 사미(Sami) 대표단과 회의를 가졌다. 회의는 사미족의 법적 관계를 다루는 사미 인권 위원회(Sami Rights Committee)의 설립과 사미 의회(Sami Parliament) 설립을 위한 제안, 그리고 2005 년의 핀마르크 법안(Finnmark Act)의 채택으로 이어졌다.

핀마르크 법안(Finnmark Act)을 통해 핀마르크의 천연 자원 관리를 위한 합법적이고 조직적인 체계가 구축되었으며, 이 지역의 원주민 인 사미(Sami)족이 획득 한 특정 권리를 고려하기 시작했다. 그러나 핀마르크의 자원 개발과 관련하여 이해 관계의 상충이 발생하지 않는다고 말하는 것은 아니다.

최근의 한 예로는 이 지역의 구리 및 금과 같은 광물 자원 개발 계획에 관한 것이다. 이 계획은 전통적인 순록 방목장에 미칠 수 있는 영향력에 대한 의문점을 제기했다. 이 지역의 새로운 경제 개발 방법과 사미 인구 보존에 대한 필요성을 지적하고 High North 정책의 목적 중 하나로서 광물 채취를 공표한 노르웨이 정부는 광물 개발 및 순록 방목은 핀마르크주에서 서로 상생할 수 있다는 의견을 가진 것처럼 보인다. 핀마르크 법안은 국제법의 보편적으로 인정 된 원칙과 규범 그리고 러시아의 국제 조약과 협정에 따라 소수 민족의 권리를 보장하기 위해 개정되었다. 법과 규정은 원주민의 권리를 보장하고 전통적인 영토에 속한 자원의 사용과 소수 민족 단체를 인정한다는 기저 하에 통과되었다.

설 착오를 막기 위해 노르웨이 법원에 청원하였다. 1979년 가을 건설이 시작될 준비가 됨에 따라 시위대는 시민 불복종의 표시로 두 가지 행동을 취했다. 즉, 스틸라(Stilla)의 건설 현장에서 참가자들이 땅에 앉아서 시위를 벌이며 기계를 막았고, 동시에 사미족 활동가들은 노르웨이 의회 밖에서 단식 투쟁을 하였다.

소수민족 단체의 법률에 대한 문제를 제외하고는 이 법과 규정은 소수민족 단체에게 이 원주민들의 전통적 삶의 방식, 권리 및 그들의 법적 이익을 보장하기 위한 소위 원주민 소수민족 공동체를 조직 할 수 있는 권리를 부여하지 않는다. 소수민족 단체들은 비영리적이고 자발적으로 조직된다. 다른 입법 조치를 더 자세히 볼 수없는 상황에서 러시아 연방의 원주민들이 획득 한 실제 권리에 대해보다 보다 자세히 설명을 하는 것은 어렵다. 따라서 문제는 이 법과 규정이 어느 정도로 적용되어왔으며, 소수민족들이 그들의 전통적인 영토에서 토지와 자원의 실제 개발과 관련하여 어느 수준까지 자기 결정을 내릴 수 있는가 이다.

원주민들에 따르면 1980년대 말 러시아 정부의 지원정책은 원주민의 자치정부에 대한 반대 입장을 취하는 방향으로 시행되어 왔다는 것이다. 많은 지역에서 러시아 당국의 원주민 자치 정부에 대한 강력한 반대가 원주민에 대한 완전한 무시와 합법적인 권리와 이익을 침해하는 형태로 드러났으며, 또한 러시아 정부 대표자들은 원주민에 대한 가부장주의 정책을 계속하기 위해 노력해 왔으며 원주민에 대한 통제를 계속하고 있다고 그들은 주장하고 있다. 사실, 원주민에 대한 통제는 그린란드(Greenland) 자치정부 당국이 입법 및 집행 책임을 재개하기로 결정할 수 있는 여러 분야에서 입법 규칙 및 집행 권한 부여를 통하여 이루어져 왔다.

그린란드가 그러한 책임을 떠맡는 것은 실질적인 분야에서 자산에 대한 권리와 자금 조달 의무를 행사하겠다는 것을 의미한다. 이 새로운 법안은 그린란드가 천천히 성숙해지면서 그린란드 주민들이 열망하는 사회가 되는 방식으로 묘사되었지만, 그린란드 자치정부 당국의 궁극적인 목적은 경제적 자기유지가능성(Economic Self-Sustainability)을 얻는 것이다. 즉, 자치정부 당국의 목적은 새로운 소득원을 찾겠다는 것을 의미한다.

현재 그린란드의 주요 산업은 수산업과 수산 가공품이 모든 수출의 87%를 차지하고 있다. 비록 수산업이 그린란드의 중요한 수입원이 되고 있지만, 살아있는 해양 자원을 찾아다니는 것이 그린란드가 경제적 자기 유지가능성을 확보하기에 충분한 수입원이 되지 못한다. 따라서 오늘날 그린란드는 다른 자원을 개발할 수 있는 국가적 잠재력에 중점을 두고 있다. 그린란드의 산업자원부 장관이 지적한 그러한 자원 중 하나가 이 핀마르크주에 있다. 그린란드 자치정부의 탄화수소 라이센스에 대한 참여는 그린란드의 정유회사 Nunaoil A/S가 담당한다. 2009년 법에 따라 그린란드 자치정부는 이전에 덴마크 정부가 소유한 주식을 인수하여 Nunaoil A/S는 현재 그린란드 자치정부의 소유이다. 경제적 자급자족이 여전히 이루어지지 않았음을 암시하는 언급할만한 하나의 난관은 해당 비즈니스 및 산업에 내재된 다양한 임무를 관리할 자격을 갖춘 인력이 부족하다는 것이다.

그린란드의 경제 발전에는 탄화수소 이외의 다른 광물 자원도 포함된다. 그린란드의 다양한 광물 탐사 및 개발을 위해 주로 외국 기업에 70개 이상의 면허가 발급되었다. 1999년 4월 1일을 기준으로 노스웨스트 준주에서 공식적으로 분리되어 캐나다 연방의 새로운 영토로 편입된 자원의 책임있는 개발을 촉진하기 위한 북극지역의 규제 시스템을 구조 조정하고 개선하는 데 관한 권고사항이 포함되어 있는 메티스(Métis)를 포함한 이누이트(Inuit)에 대한 13개 면허가 또한 있다. 누나부트 준주 (Nunavut)는 이누이트(Inuit)와 비(非)이누이트(Non-Inuit)를 모두 지원하는 자체 영토 정부를 운영한다. 1993년에 누나부트 준주의 토지 소유권 주장 합의가 달라졌다. 원주민이 인구의 50%를 차지하고, 그중에 20%가 이누이트인 이 지역에서 약 30개 원주민 공동체 중 4곳의 공동체만이 2003년에 20톤의 위험한 화학 물질로 가득찬 배가 바다에서 길을 잃고 해안에 좌초한 지역을 포함한 토지 수용 계약을 체결했다. 컨테이너에 금이 가면서 약 15톤의 화학 물질을 새어 나왔다. 그 당시 재난 대응계획이 없었기 때문에 이 오염으로 인한 결과를 예방할 예방 조치가 없었다. 따라서 이 사건은 바다에서 멀리 나가서 북극을 항해하는 선박들이 이 지역 활동에 환경적 영향을 줄 가능성이 있다는 사실을 보여준 한 예이다. 이 사건이 주는 교훈은 사건책임을 명확히 하고 오염으로 인한 피해와 관련 보상을 확보하기 위한 법적 틀을 갖추는 것이 중요하다는 것이다.

지역 사회에 미치는 또 다른 영향은 선박의 운항이 북극을 횡단하는 것일지라도, 항만 시설과 같은 육상 인프라가 필요하다는 것이다. 이와 같은 인프라 개발은 지역 공동체에 영향을 주어 혼란을 유발할 수 있지만, 원주민이 환영하는 경제개발에 기여하는 측면도 있다.

II. 러시아 서북극권 언어인 코미어, 한티어, 만시어, 네네츠어의 개황

1. 코미, 한티-만시, 네네츠 지역과 그곳의 민족들

북극권 연안의 절반을 넘게 차지하고 있는 러시아는 석유, 다이아몬드, 철, 알루미늄 등 지하자원뿐만 아니라 목재와 같은 산림자원이 풍부한 나라이다. 그리고 러시아는 우리나라와 호환적 산업구조를 가진 나라 중 하나이다. 러시아는 경제의 주 수입원이 지하자원이지만 우리나라는 자원 빈국인 만큼, 공산품 수출에 국가 경제를 의존하고 있다. 현재 러시아에서 한국의 자동차, 전자제품, 보일러와 같은 공산품들은 최고 인기품목이다. 이와 같이 우리나라와 러시아는 산업구조상 호혜 보상적 관계를 가지고 있다. 이러한 의미에서 21세기 에너지 시대에 러시아와의 관계는 더욱더 중요해질 전망이다. 그러므로 이

지역 진출을 위해 교두보의 확보가 절실한 상태이다. 이에 따라 코미어, 한티어, 만시어, 네네츠어를 비롯한 러시아 북극의 소수민족어를 연구하고 각 민족의 문화적 특성을 파악하는 일은 이러한 작업의 시발점으로 반드시 진행되어야 할 과제이기도 하다.

그러나, 불행하게도 코미어, 한티어, 만시어, 네네츠어와 같은 서부 북극권의 소수민족어는 매우 심각한 상황에 처해있다. 더욱이 '유네스코의 위기에 처한 세계 언어 지도(UNESCO Atlas of the World's Languages in Danger)[5]'는 절멸되었거나 절멸이 임박한 세계 언어들에 대한 암울한 지표를 제시하고 있다. 이 언어 지도는 약 2,500개의 위기에 놓인 언어들의 최근 자료를 제시하고 있다. 지구상에 존재하는 약 6,000개의 언어 중에서 지난 3세대를 거쳐 오는 동안에 200개의 언어가 사라졌고, 538개 언어가 절멸 임박 언어이고, 502개가 심각한 절멸 위기에 놓여 있으며, 632개는 절멸 위기에 있으며, 607개는 절멸 가능성이 있다고 보고서는 기록하고 있다. 이 지도는 사라질 위험에 처한 언어들을 보호함으로써 세계의 언어학적이고 문화적인 다양성을 증진하고 보호하기 위하여 155개 국가의 위기에 처한 언어의 상황에 대한 매우 상세한 정보를 제공하기 위하여 유네스코가 내놓은 결과물이다.

이들의 언어와 사회문화의 변화에 대한 종합적 연구는 앞으로 우리나라가 러시아를 포함한 여러 북극 주변의 국가들과 협력함에 있어 적지 않은 기여를 하게 될 뿐 아니라 위기에 처한 북극 소수민족 연구에 대한 새로운 학술적인 방향성을 제시하게 될 것으로 기대한다.

사실, 러시아는 1991년 12월 소련이 '공식적으로' 붕괴되면서 국가구조의 재형성이란 큰 과제에 직면했으며 러시아 연방으로의 체제전환 과정은 그 사

5) http://www.unesco.org/languages-atlas/index.php?hl=en&page=atlasmap

회가 갖고 있는 다양성으로 인해 다른 국가의 체제변혁과는 다른 양상으로 전개되었다. 러시아 연방은 공식적으로 소련을 계승한 국가이나, 여전히 기존의 소비에트 사회주의가 지녔던 사회구성의 유기체적 관계가 역사 구성적 장애로 말미암아 체제 전환의 정책적 목적인 사회의 민주화와 시장 경제 체제로의 변혁에 많은 진통을 겪고 있다. 이러한 러시아의 역사적 전개과정에 있어 정치, 경제적 측면에서 약세를 보이고 있는 소수민족의 상황, 특히 러시아 북극권에 해당하는 지역에 거주하고 있는 코미족, 한티-만시족이나 네네츠족과 같은 소수민족들은 더욱 큰 고통을 경험하고 있다. 주류문화를 형성하고 있는 러시아인들은 대체로 평화적인 절차로 이들 지역을 통합하였으며, 러시아와의 통합은 '더 높은 문화'와의 접촉으로 원주민들에게 해로움보다는 더 많은 이득을 주었을 뿐 원주민들을 무자비하게 착취했던 다른 식민체제들과는 전혀 유사성이 없다고 주장한다. 실제로 소비에트 시기의 연구물들은 이처럼 사실을 왜곡하고 묵살하며 '레닌주의 민족정책'이 시베리아 원주민들을 포함한 소수민족 세계를 인도주의와 정의로 이끌었다고 주장했다. 그러나 현실에 있어서는 집단화, 유목 생활 반대, 전통문화와 생업의 파괴 등 소비에트 러시아의 사회 및 정치제도로 강제 동화시키는 정책을 펼쳐 거의 모든 원주민들에게 압제와 고통을 가해왔던 것이다. 1980년대 후반 미하일 고르바초프가 표방한 글라스노스트(개방정책)에 의해 이 문제점들이 다소 밝혀지기 시작하였지만 아직도 진실의 대부분이 여전히 어둠 속에 묻혀 있다[6].

러시아의 서쪽 북단지역에 위치하고 있으며 냉전시대 동안 전략적 요충지로 각광받던 부동항 무르만스크는 냉전시대의 종말과 체제전환 이후의 여러 해에 걸친 불경기로 인해 중앙정부와 국제사회의 관심으로부터 멀어져 갔다.

---

6) 제임스 포사이스 저, 정재겸 역, 『시베리아 원주민의 역사』 (서울: 솔, 2009). p.6-7.

그러나 최근 들어 다시 한 번 무르만스크 지역에 대한 관심이 증폭됨과 동시에 급격한 발전이 이루어지고 있다. 무르만스크와 가까운 지역에 위치한 바렌츠해의 슈토크만(Shtokman)이라는 엄청난 양의 원유와 가스매장지가 위치하고 있기 때문이다[7]. 이로 인해 무르만스크 시에서는 정기적으로 해마다 석유와 가스관련 국제회의를 개최하고 있다.

이 지역 개발로 인해 직접적인 피해를 입고 있는 소수민족이 무르만스크주에 거주하는 코미인들이다. 그들은 주로 백해 남동쪽의 페초라 강과 비체그다 강 유역에 살고 있는 종족으로 우랄어족의 핀우고르어 계열의 코미어를 사용한다. 코미 공화국에 사는 코미-지리안족, 코미-페르먀크 자치관구 남쪽에 사는 코미-페르먀크족, 코미-페르먀크 자치관구 동쪽과 코미 공화국 남부에 사는 코미-요디약족 등 3개 집단으로 구성되어있다. 이들의 경제활동은 북쪽 지역(북극권의 보르쿠타 지역에 있는 탄광촌을 포함)의 순록사육, 사냥, 어로, 제재업에서부터 남쪽 지역의 농업, 공업, 광업에까지 다양하지만 점점 자신들의 삶의 터전을 잃어 가고 있다(서승현, 2015).

한편, 한티-만시 자치관구는 북위 61°, 동경 69°로, 서시베리아 중북부에 위치하고 있으며, 오브강 중하류 유역에 자리잡고 있다. 한티-만시 자치관구는 습지가 많은 저지대가 오브강과 콘다강을 따라 있고, 고지대가 동쪽과 서쪽으로 위치하며 북서쪽외곽에는 해발 1,894m의 나로드나야산 등 우랄산맥의 최고봉들이 솟아 있다. 자치관구에는 크고 작은 강이 2,000개 이상 있고,

---

7) 슈토크만 가스전은 가스 매장량은 러시아 전체 생산량의 5-6년 치에 해당(추정치: 3조 8천억 평방미터)한다. 러시아 북부 해안에서 약 600㎞ 떨어진 이 가스전은 수심 350m의 북극 심해에 위치하고 있을 뿐 아니라 빙산의 위협에도 상시 노출되어 있어 세계에서 개발이 어려운 가스전 중 하나이다. 러시아 2010년 8월 26일에도 스토크만 가스전 개발과 관련된 SDAG(Shtokman Development AG) 회의가 개최되었다(http://www.shtokman.ru/).

모든 강의 총길이는 17만 2,000km이다. 그 중 주요하천은 오브강(3,650km)과 이르티시강(3,580km)이다. 자치관구영토의 1/3이 습지로 이루어져 있고, 25,000여개 이상의 크고 작은 호수가 있다. 중부 러시아의 타이가3) 삼림지대를 형성하여 북쪽의 툰드라까지 이어지고, 영토의 대부분이 숲과 늪지, 호수, 평원, 저수지로 이루어져 있다(윤아영 · 홍완석, 2016).

한티-만시 자치관구는 또한 풍부한 천연자원으로도 유명하다. 400개 이상의 석유와 가스 지대를 발견했고, 원유 매장량 약 2백억 톤이 확인되었으며, 총 350억 톤이 매장되어 있을 것으로 추정하고 있다. 석유생산지인 사모틀로르스크, 페도롭스크, 마몬톱스크, 프리옵스크는 세계 10위의 매장량을 자랑하고 있다. 천연가스 매장량은 네네츠 자치관구 다음으로 많다. 석유,가스 외에도 금, 철광석, 구리, 아연, 납, 갈탄, 석탄 등의 풍부한 광물을 보유하고 있다.

한티족은 핀-우그르어족에 속하는 원주민으로 러시아 연방 내에 거주하는 총 22,500명의 한티족 중에서 한티-만시 자치관구에는 약 12,000명이 살고 있다. 한티족은 크게 3개의 지역(북부, 남부, 동부)으로 민족을 나눌 수 있고, 또한 하위 민족그룹이 있는데 주로 강 이름을 따서 구분하게 된다. 강 이름을 딴 한티족의 하위 민족들은 아간족, 트로미간족, 바호브족, 카즘족, 콘딘스크족, 살름족, 수르구트족, 유간족, 니즈네옵스크족, 핀족 등이 있다. 이들은 언어와 문화, 전통 등에 있어 조금씩 차이를 보인다. 한티족의 유례에 관한 연구에 의하면 한티족은 원래 우랄 지역과 서시베리아 지역에 살았던 원주민의 자손이며 처음에 수렵 생활을 하다가 13-14세기에는 우그르족의 영향을 받아 목축을 하게 되었다(http://www.hantymansiiskao.ru/folk).

만시족은 서부 러시아 지역의 소수민족 중 하나(약 8,300명)이며 현재 한티-만시 자치관구 영토에는 약 6,600명 정도 거주하고 있다. 만시족은 대부분 오브강의 서쪽 하류와 니즈냐야오브강 부근에 살고 있다. 만시족은 각 집단이 특정한 강줄기에 정착해 거주했기 때문에 콘다, 소시바, 시그바, 페름과 같은 강 이름을 차용한 명칭이 붙었다. 이들은 일반적으로 반 정착생활을 했는데, 여름에는 강가에 마련한 마을에서 어로에 종사하다가, 겨울이 되어 강이 얼면 산속에 있는 겨울 거주지로 옮겨 수렵생활을 하면서 살았다(윤아영 · 홍완석, 2016).

1960년부터 오브강 중류 유역, 특히 수르구트, 니즈네바르톱스크 인근에서 석유와 천연가스가 발견된 후 러시아의 새로운 석유 산지가 되어 지역의 운명이 바뀌었다. 이런 자연조건은 농업 발전 저해요소로 작용, 이 지역에서 판매되고 있는 농산품 및 식품제품의 대부분은 타 지역에서 조달하고 있는 실정이다. 주요 광물로는 원유, 가스, 금, 철광석, 구리, 아연, 갈탄, 석탄 등이 있고, 러시아통계청에 의하면 2008-2009년 한티-만시 자치관구의 투자 잠재력은 러시아연방에서 6위이며, 2008년 GRP(지역총생산)는 러시아연방에서 3위로 나타났다. 한티-만시 자치관구는 러시아에서 석유생산 1위, 전력 생산 1위, 가스생산 2위, 국내총생산의 3%를 차지하고 있다. 또한 연방 예산의 1/10을 한티-만시 자치관구가 차지한다(윤아영 · 홍완석, 2016).

슈토크만에 거주하고 있는 약 5만 명 정도의 네네츠인도 코미인과 유사한 투쟁과정 속에 놓여있다. 네네츠인(러시아어: Не́нцы, 가끔은 사모예드족, 유카기르족으로도 불림)들은 오랜 세월동안 툰드라 지역에 거주하며 순록유목을 주업으로 하여 살아 왔다. 네네츠인은 주로 네네츠 자치구에 거주하며 네네츠어는 어족 분류상으로 사모예드어파에 속한다. 상용 언어는 러시아어와 네네츠어를 병행하며, 러시아정교와 샤머니즘이 상존하고 있다. 북극해의 콜라 반도에서 타이미르 반도까지 거주하고 있는 이들은 기원전 1000년에 시베리아남쪽에서 이주를 해 오랜 세월동안 툰드라 지역에 거주하며 순록유목을 주업으로 하여 살아오고 있다. 2002년 조사에 의하면 러시아에 4만1,302명의 네네츠인들이 거주하고 있으며 그중 2만7,000명이 야말로네네츠 자치구에 거주한다.

1877년 노바야제믈랴 섬의 자국 영토 주장을 목적으로 제정러시아는 북극 지역에 넓게 산재하며 순록을 먹이로 하기 위해 철따라 이동하던 네네츠인을 이 섬에 전략적으로 정착시키기 시작했으며, 결국 소비에트시절 네네츠인들은 소련공산당의 통제 하에 노바야제믈랴 섬을 거점으로 하여 순록목축을 영위해 나갔다. 그러나 노바야제믈랴 섬은 냉전시대의 제물이 되어야만했다. 소비에트연방은 총 224개의 핵폭탄을 이 섬에 투하하였으며, 이에 따라 1955년에는 나르얀 마르지역으로의 네네츠인들의 강제이주가 실행되었다.

섬에서 툰드라지대의 대륙으로 이동한 네네츠인들은 민속공동체를 형성하여 순록을 목축했다. 이후 바렌츠 해에 인접한 네네츠인들의 거주지역에는 다시 한 번 큰 변화가 찾아왔다. 위에 적시한 바와 같이 가스와 원유개발이 주된 요인이 되었다. 그들의 순록 목초지는 가스와 원유개발로 인한 화염으로 광활한 초지가 황폐화 되었다. 원유수송로와 가스 파이프 선이 여기저기 깔리고 원유와 가스를 실은 운반차량이 줄을 이었을 뿐 아니라 거대한 구조물들이 건설되었다. 순록의 이주는 원유채굴작업으로 인해 방해 받았으며, 강과 초지는 원유로 인해 오염되었다.

이곳에 거주하고 있는 네네츠인들에게 가장 큰 피해를 입힌 사건은 1981년의 가스정 폭발사고였다. 폭발로 인한 화재는 1년 넘게 지속되었으며 정부는 화재진압을 위해 핵폭발이라는 극단적 방법을 사용하였으나 불길을 잡을 수 없었다. 이 화재는 또 다른 대형 가스정을 굴착하는 것으로 진압할 수 있었다. 그러나 굴착 과정은 약 4년에 걸쳐 진행되었으며 결국 화재는 총 5년 동안 이어졌던 것이다. 이로 인해 순록목초지는 완전히 파괴되었으며 이 지역은 '자연보호구역'으로 지정되어 외부인들의 출입과 원주민들의 자유로운 이동이 금지되었다. 이후 이 지역의 관리는 러시아정부에게 이월됐다. 더욱 안타까운 점은 네네츠족 자치구의 행정당국은 원유생산과 관련된 이익과 이에 연관된 개발 주도권에 관심을 가지며 지역 내의 네네츠인들의 권익에 대해 소홀하거나 심지어는 네네츠인들의 권익에 반하여 러시아정부 또는 원유개발사의 주장에 동승하는 경우가 빈번하게 발생하였다. 이로 인한 피해는 결국 네네츠인들 자신에게 돌아갔으며, 결국 거주지를 버리고 타 지역으로 이주하는 사례가 증가하였다. 이렇게 이 지역의 네네츠인들의 민속공동체는 와해되어 갔다.

러시아연방공화국에 있어 다민족 구성으로 인한 문제는 단지 어제만의 일이 아니다. 오늘의 일인 동시에 내일의 문제이기도 하다. 제정시대부터 러시아 내에는 수많은 민족이 살아왔으며 오늘과 내일에도 이들은 한 영토 내에서 공존해야만 한다. 제정러시아시기의 대러시아인이라는 애국심과 민족주의가 소비에트시대에도 이어져 왔으며, 결국 소비에트 정부는 다민족 국가를 연결하는 중심매체로 러시아인의 역사와 언어의 역할을 강조해 왔다. 이로 인해 수많은 소수민족의 언어, 종교, 민속문화 등이 변모, 축소 또는 소멸의 과정을 걸을 수밖에 없었다. 그렇다고 소수민족에 대한 중앙정부의 통제와 관리 또는 러시아화가 반드시 부정적이라는 의견에는 반론을 제기할 수도 있을 것이다.

그러므로 러시아 북극권의 모든 소수민족에 있어 네네츠와 같은 동일한 과정이 전개되고 있는 것은 아니다. 지역과 민족별로 다양한 형태의 소수민족 문제가 발생하고 있을 것이다. 이에 대한 정확하고 면밀한 연구는 반드시 시행되어야만 할 것이다. 어제와 오늘이라는 시간대의 수직적 영향이 이전의 주된 역사전개과정이었다면, 현재는 수평적 영향이 세계화 추세를 타고 확산되고 있을 뿐 아니라 미래에는 그 정도가 더욱 심화될 것으로 추정해 볼 수 있을 것이다. 그렇기에 러시아의 사례가 러시아만의 문제로 그치지 않는 다는 점에 유의할 필요가 있다. 이러한 이유로 러시아 북극권의 대표적 소수민족인 네네츠족과 코미족 언어들의 현재 위기상황의 현황과 이 언어들에 대한 보호 정책은 매우 시급하고 절실한 과제라 하겠다(서승현, 2015).

언어의 절멸 현상은 인간 언어의 특성으로 설명될 수 있는데, 역사성의 관점에서 언어는 생성, 변화 및 절멸의 과정을 되풀이 한다. 언어 절멸의 원인으로 여러 가지가 있을 수 있는데, 우선 해당 언어를 사용하던 사람들이 사라지는 것이다. 전쟁, 질병 및 자연재해 등으로 인해 해당 언어를 사용하고 있던 사람들이 전멸하게 되어 언어도 함께 사라지는 경우가 이에 해당한다. 또 다른 언어 절멸의 원인은 인구 소멸과는 상관없이 언어가 사라지는 경우(하나의 언어 공동체와 다른 언어 공동체의 수직적 관계에 의한 것)이다. 즉 지배집단과 피지배집단과의 사이에서 점진적으로 피지배집단이 지배집단으로 동화되고 융화되면서 피지배집단이 향유하고 있었던 언어뿐만 아니라 모든 문화적 요소들이 강제적 또는 반강제적으로 사라질 수 있는 개연성이 충분히 있기 때문이다. 그 외에도, 학교, 정부 당국, 법정에서 다른 지배언어를 사용하는 것을 선호하게 되면, 사람들은 점차적으로 자신의 언어를 소홀히 하게 되고, 모국어는 무시당하게 된다.[8]

2. 코미어, 한티어, 만시어, 네네츠어의 개관

우랄어족에 속하는 코미어는 몇 개의 방언을 가지고 있는 단일어로 여겨지기도 하고 핀우고르어파의 피노페르먀크어족에 속해 있는 하나의 언어 집단으로 여겨지기도 한다. 또 다른 피노페르먀크어족에 속하는 언어는 코미어와 매우 가까운 우드무르트(Udmurt)어이다[9].

코미어는 몇 개의 방언이 있는데 이 중 코미-지리안(Komi-Zyrian)어가 가

8) Swaan, De Abram. "Endangered language, sociolinguistic, and linguistic sentimentalism," *European Review*, Vol. 12, No. 4, (2004), p. 569.

9) http://en.wikipedia.org/wiki/Komi_language

장 널리 알려져 있고 표준어로서 코미 공화국에서 사용되고 있다. 코미-페르먀크(Komi-Permyak)어는 페름 지방으로 통합된 코미-페르먀크 자치구에서 사용된다. 코미-요쥐악(Komi-Yodzyak)어는 페름주의 북서 지방과 코미 공화국의 남부에서 사용되는 소규모의 고립된 방언이다. 전체 코미족의 약 10%만이 코미 공화국외 지역에서 생활하고 있으며 코미-페르먀크어를 사용하고 있는 코미-페르먀크인들은 페름주 남부지역에서 거주하고 있다. 코미공화국의 일부가 러시아의 북극권에 포함되어 있으며, 지리적으로 코미-지리안어가 러시아 북극권 지역에서 사용되고 있는 언어이다. 1920년대 코미어는 키릴 문자에서 유래된 몰롯초프 알파벳으로 쓰였지만, 1930년대에 잠시 라틴 문자로 바뀌었다가 1940년대부터 일부 독특한 문자(예; I, i and Ö, ö)를 포함한 키릴 문자로 바뀌었다.

코미어에 대한 최초의 연구는 18세기부터로 간주된다.[10] 코미 어휘들이 작가들[11]의 작품들에 등장하기 시작하였고, 학자인 레뾰힌(И. И. Лепёхин)은 코미지방을 여행하면서 코미어에 관련된 자료들을 수집하여 기록하였다. 18세기 초부터 말까지는 본격적인 코미어 연구를 위한 토대가 된 시기였던 것 같다. 18세기에 수집된 코미어 자료를 근거로 19세기부터 코미어 연구가 활발하게 진행되었다. 이 기간에 코미어 사전 편찬 작업과 함께 코미어에 대한 본격적인 학술연구가 시작되었으며, 1808년경에 이미 수기로 만들어진 문법서가 있었다. 1813년경에는 플료로프(А. Флёров)가 최초의 코미어문법서를 인쇄본으로 편찬했지만 완전한 문법서로서의 기능은 하지 못했던 것으로 보인다. 한편, 코미어의 상황은 그리 낙관적이지는 못하다. 바흐찐(Бахтин 2001)

10) Е. А. Цыпанов. Коми КЫВ. (1992). ст. 24.

11) Г. Ф. Миллер(1705-1783), Ф. И. Страленберг(1676-1747), Д. Г. Мессершмидт (1685-1735)

에 따르면 약 30만 명이 사용하는 언어인 코미어는 부랴트어, 야쿠트어와 함께 언어 사용 인구수가 5만-50만으로 집계되는 중수(中數)민족어로 나타나있다. 그러나 Leinonen(2000)에 따르면, 이러한 중수민족어 조차도 '절멸 위기의 언어'로 전락할 가능성이 항상 존재하며 이 언어들의 보존 및 복원을 위한 적극적이고 실질적인 대책이 강구되지 않으면, 이 언어는 서서히 절멸의 길을 걸을 수밖에 없다[12].

오스탸크족이라고도 불리는 한티족은 서부 시베리아의 오비강과 그 지류 유역의 광대한 범위에 걸쳐 거주하는 소수민족이다. 그들이 사용하는 언어인 한티어(Khanti語)는 계통적으로 우랄어족의 우그르어파에 속한다. 가장 가까운 친족어인 만시어(보굴어)와 함께 오브우그르(Ob-Ugric)어라고 총칭된다. 북부방언 · 동부방언 · 남부방언으로 갈리는데 19세기 중반에 헝가리의 A. 레굴리가 자주 현지조사를 하여 많은 구비문학(口碑文學)의 자료가 수집되었다. 한티어는 많은 수의 방언을 가지고 있다. 북부와 남부를 합친 서부 방언은 오브도리안(Obdorian), 오브(Ob), 이르티쉬(Irtysh)어로 나뉜다. 동부 방언에는 수르구트(Surgut)와 바크-바시우간(Vakh-Vasyugan)어가 있는데, 이는 다시 13개의 하위 방언으로 나뉜다. 이 모든 북부, 동부, 남부 방언들은 음성학, 형태학, 어휘적으로 서로 상이하여 상호간 의사소통이 불가능하다. 따라서 이러한 상당한 상호간의 차이점으로 인하여 북부, 동부, 남부 한티어를 상호관계가 있는 개별적인 언어로 보기도 한다(https://en.wikipedia.org/wiki/Khanty_language).

만시어는 우랄어족의 핀우그리아어파에 속하는 언어로, 원래는 보굴인

12) Marja Leinonen, "Komi, An Endangered Language?" *Odense Working Papers in Language and Communication* (Apr 2000), p. 145.

(Vogul人)이 쓰는 보굴어로 알려졌으나, 나중에 만시 어가 공식 명칭이 되었다. 러시아 한티-만시 자치구와 스베르들롭스크 주를 포함한 오비강 주변지역을 중심으로 만시인들이 사용한다. 주요 언어중에서는 헝가리어에 가장 가깝다. 사용인구는 2002년 기준으로 2,750명 정도만 남아 있다. 만시어의 문어체는 북부 방언의 대표격인 소스바 방언을 바탕으로 만들어졌다. 1868년에 처음으로 만시어로 된 출판물이 간행되었으며, 1937년에 소련 치하 다른 소수민족 언어들과 마찬가지로 키릴 문자 정서법을 채용하게 됐다. 만시어의 방언은 크게 넷으로 나뉘며 방위사를 붙여 동,서,남,북 만시 방언으로 부른다. 만시 문어 표준형은 북부방언이며, 방언차가 커서 서로 말로 통용되지 않는 경우가 많아 각각의 방언을 별개 언어로 보기도 한다. 만시어는 교착어이며, 어순은 SOV이다.

(https://ko.wikipedia.org/wiki/%EB%A7%8C%EC%8B%9C%EC%96%B4).

한편, 기원전 1000년경에 시베리아 남쪽에서 이주를 해 오랜 세월동안 툰드라 지역에 거주하며 순록유목을 주업으로 하여 살아오고 있는 네네츠인들은 산림툰드라 토착민족으로 인식되고 있다. 이들의 언어인 네네츠어는 핀-우그르어파의 사모예드어군에 속하며 2010년 센서스에 따르면 사용 인구는 북부 시베리아 지역의 약 27,000명 정도이다. 특히, 네네츠어는 네네츠 자치구, 야말로네네츠 자치구, 크라스노야르스크 지방 북쪽(예전엔 타이미르 자치구), 코미 공화국, 콜라반도의 무르만스크 주 동부에 집중되어 있다. 네네츠어에는 두 개의 방언이 존재하는데, 하나는 툰드라 네네츠어(Tundra Nenets)이고 다른 하나는 삼림 네네츠어(Forest Nenets)이다. 두 방언간의 상호 이해도는 극히 제한적이며 약 95%의 네네츠인들은 툰드라 네네츠어를 사용한다. 네네츠족들은 원래 자신들의 재산을 표기하기 위하여 탐가(Tamga)라고 불리우는 여러 형태의 그림문자를 사용했다. 그 후 1931년에 라틴어를 기본으로 한 정자법을 도입하였고 끼릴 알파벳을 1937년에 채택하여 사용하고 있다.

두 방언의 지역적 분포는 주요한 방언인 툰드라 네네츠어는 카닌 반도(Kanin Peninsula)에서 예니세이강(Yenisei River)까지 고루 펼쳐져있는 반면에, 소수를 위한 방언인 삼림 네네츠어는 아간(Agan)강, 푸르(Pur)강, 랴민(Lyamin)강, 나딤(Nadym)강 주변에서 사용되고 있다. 이 두 네네츠 방언은 러시아어의 영향을 많이 받았으며, 툰드라 네네츠어는 많은 정도는 아니지만 코미어와 북부 한티(Northern Khanty)어의 영향을 받았으며 삼림 네네츠어는 동부 한티(Eastern Khanty)어의 영향을 받았다. 툰드라 네네츠어가 소수민족의 원주민 언어라는 사실을 고려해 볼 때, 툰드라 네네츠어는 1930년대부터의 문헌들이 잘 보존된 편이다. 반면에 삼림 네네츠어는 1990년대에 처음으로 문자로 표기되기 시작했으며 문헌도 매우 드물다.

네네츠어와 관련된 최초의 정보는 1787년 ≪Новые ежемесячные сочинения≫ 잡지에 소개된 네네츠 고담 ≪Вада хааво≫이다. 이후 1825년 승원관장 베니아민(Вениамин)이 아르한겔스크 주 네네츠인들의 기독교 선교를 위해 네네츠어 공부와 복음서 번역 및 문법체계 작성을 시도되었으나 공표되지 않았다. 1911년에는 파테르(И. С. Фатер)가 네네츠어 문법 작성을 시도가 했다. 이외에도 레뾰힌(И. И. Лепёхин). 빨라스(С. Паллас), 주예프(В. Зуев), 스빠스끼(Г. Спасский) 등이 시베리아와 북유럽을 여행하는 과정에서 개별적으로 네네츠 어휘들을 기록한 자료가 존재한다. 현재 석유가스매장 지역에 거주하고 있는 네네츠족의 생활은 위협을 당하고 있는 상태이지만 툰드라지역에 거주하고 있는 네네츠족은 민족어를 비교적 잘 보존하고 있으며, 뻬쩨르부르크 게르첸 교육대학교에서는 네네츠어 교사 양성 과정이 운행되고 있다.

네네츠족은 오랫동안 러시아지역에 살면서 비교적 자신들의 언어를 잘 유지하고 있는 것으로 보인다. 1989년 통계에 의하면 네네츠족은 약 20,000여명뿐이었으나 2002년 통계에서는 약 41,000여명으로 증가했다. 1989년 대비

약 120%의 증가율을 보이고 있었고, 인구는 지속적으로 증가추세에 있는 것으로 보인다. 2010년 기준 네네츠족의 총인구는 약 75,000명[13)]이다. 이중 약 31,311명이 네네츠어를 구사할 수 있는 것으로 조사되었다.[14)] 이러한 통계적 결과들과 사모예드어족 가운데 비중 있는 언어이기도하고 러시아 북쪽지역 민족 언어들 가운데 가장 많이 사용하는 언어이기때문이기도 하겠지만 축치어, 만시어, 쇼르어나 기타 소수민족어들이 현재 심각한 절멸위기를 겪고 있는 것과 비교했을 때 인구 증가와 늘고 있는 모국어 구사자들의 상황을 봐서는 네네츠어의 지위가 안정적인 것처럼 보인다. 게다가 현재 러시아어가 공식 언어로서 지위를 얻고 있지만 네네츠 자치구에서 공식어를 러시아어가 아닌 네네츠어로 정하려고 하는 움직임[15)]까지도 일고 있으니 거의 위기가 없는 것처럼 보일 수도 있다. 그러나 전 세계 언어를 대상으로 하는 '유네스코의 위기에 처한 세계 언어 지도(UNESCO Atlas of the World's Languages in Danger)'에 따르면 얘기는 달라진다(서승현, 2015).

3. 코미어, 한티어, 만시어, 네네츠어의 언어적 위기 상황

보다 구체적으로 코미어, 한티어, 만시어, 네네츠어의 위기 상황을 파악하기 위하여 지구상에 존재하는 언어들의 생명력 및 지속적인 존속 가능성을 가늠하는 생명도 등급 체계에 대하여 알아 보기로 하자. 어떤 언어의 현재와 미래 상황을 이해하는데 유용한 지표가 되는 언어의 생명도는 민족수, 민족어 사용자수, 사용자의 연령 별 분포, 언어 사용자의 분포 양상(집중적 분포, 분

---

13) http://www.arctic-info.ru/News/Page/neneckii-azik-mojet-stat_-v-nao-oficial_nim
14) http://www.gks.ru/PEREPIS
15) http://www.arctic-info.ru/News/Page/neneckii-azik-mojet-stat_-v-nao-oficial_nim

산적 분포), 언어의 사회적 기능도, 민족어와 공용어와의 관계, 민족적 자의식의 수준, 문자의 유·무, 문자의 사용정도 등과 같은 다양한 요인을 고려하여 설정한다. 언어의 생명도를 측정 할 때 반영되어야 하는 요인이 이처럼 다양하다는 것은 이들을 다각도에서 총체적으로 고려하는 것이 그만큼 어렵고, 따라서 연구자들 사이에서 여러 가설적인 등급 체계가 존재할 수밖에 없다는 것을 시사하기도 한다.[16]

본 논고에서는 여러 가지 언어의 생명도 등급 체계 중에서 '유네스코의 위기에 처한 세계 언어 지도(UNESCO Atlas of the World's Languages in Danger)'와 유네스코 보고서인 'UNESCO Red Book on Endangered Languages'[17]을 통하여 두 언어의 언어 생명도를 알아 보고자한다.

A. 유네스코의 위기에 처한 세계 언어 지도(UNESCO Atlas of the World's Languages in Danger)의 언어 생명도 등급 체계

'유네스코의 위기에 처한 세계 언어 지도'에 따르면 절멸 위기에 처한 전 세계 언어를 다섯 단계로 구분하여 놓았다;

(i). 불안정한 언어(Vulnerable): 다수의 사람이 사용하지만 공용어가 아니거나 열세인 언어

(ii). 절멸 위기의 언어(Definitely endangered): 부분적으로는 신세대인 어린아이들도 사용하지만 그 사용 범위가 점점 줄어드는 언어

(iii). 심각한 절멸 위기의 언어(Severely endangered): 상당수의 언어 사용자가 있지만 어린이는 사용하지 않는 언어

(iv). 절멸 임박 언어(Critically endangered): 소수의 노년층만 사용하는 언어

---

16) 김용화, "러시아 알타이 지역의 소수민족어 문제 -과거와 현재-" 『러시아어문학연구논집』(서울;2007), 제33집, p. 144.

17) http://www.helsinki.fi/~tasalmin/nasia_report.html

(v). 절멸 언어(Extinct): 사용자가 존재하지 않는 언어

유네스코 언어 지도는 절멸의 위험도가 비교적 낮은 (i)단계부터 절멸의 위험도가 점점 증가하여 언어의 사용자가 없는 (v)단계까지 분포되어 있다. 유네스코 지도에 따르면 전 세계 언어의 90-95%는 그 생명 유지가 불안한 (i)-(v) 단계 사이에 놓여 있다고 한다.

B. 'UNESCO Red Book on Endangered Languages'의 언어 생명도 등급 체계

UNESCO Red Book on Endangered Languages에 따르면 절멸 위기에 처한 전 세계 언어를 일곱 단계로 구분하여 놓았다;

(i). 위기에 놓이지 않은 언어(Not endangered language): 다음 세대에게 상속해 주기에 안전한 언어

(ii). 위기 가능성이 잠재한 언어(Potentially endangered language): 상당수의 어린이 사용자가 있으나 공식어로서의 지위를 갖지 못한 언어

(iii). 위기를 맞이하고 있는 언어(Endangered language): 일부 어린이들이 사용하고 있으나 그 수가 감소하는 언어

(iv). 심각한 위기의 언어(Severely endangered language): 상당수의 언어 사용자가 있으나 실재적으로 어린이 언어 사용자가 없는 언어

(v). 거의 절멸한 언어(Nearly extinct language): 최대 수 십명 정도의 언어 사용자만 남아있고 그 사용자가 모두 성인인 언어.

(vi). 절멸 가능성이 높은 언어(Possibly extinct language): 남아 있는 언어 사용자의 수를 확인할 수 없는 언어

(vii). 절멸된 언어(Extinct language): 사용자가 존재하지 않는 고대 언어

UNESCO Red Book on Endangered Languages는 절멸의 위험도가 낮은

(i)단계부터 절멸의 위험도가 점점 증가하여 언어의 사용자가 없는 (vii)단계까지 일곱 개의 영역으로 분류하고 있다.

이 두 가지 등급 체계를 기준으로 네 개의 러시아 소수민족어의 상황을 파악해 보기로 하자. 전 세계 언어의 절멸 위기 정도를 분석한 유네스코 지도와 UNESCO Red Book을 상대적으로 비교하기는 매우 어렵고 가변적인 요인들도 많아서 일관성 있는 결과를 이끌어내는데 어려움이 있을 것이다. 그럼에도 불구하고 이 언어들을 두 개의 언어 생명도 등급에 비추어보아 각 언어의 심각성을 알아보자. 우선 코미어의 경우, 유네스코 지도는 2002년 인구 센서스에 따르면 217,316명이 사용하는 코미-지리안(Komi-Zyrian)어를 2단계인 '절멸 위기의 언어(Definitely endangered)'로 분류하였고, 동부 페르먀크(Eastern Permyak)에서 사용하는 야즈바 코미(Yazva Komi)어를 3단계인 '심각한 절멸 위기의 언어(Severely endangered)'로 분류하고있다. 실제로 야즈바 코미어는 인구 센서스에 잡히지는 않았지만 약4,000명의 원주민 가운데 단지 수 백 명만이 소수민족어를 사용하는 것으로 추정된다. UNESCO Red Book은 코미-지리안어의 상황을 3단계의 위기를 맞이하고 있는 언어(Endangered language)라 했으며 상당히 많은 수의 아이들이 자신의 민족어를 배우기는 하지만 그들 중 극소수만이 적극적으로 사용한다고 보고했다.

한티어는 UNESCO Red Book에서 북부, 남부, 동부한티어로 세분하여 정보를 제공하고 있다. 북부 한티어는 오브(Ob) 저지대에서 사용하는 방언으로서 3단계인 위기를 맞이하고 있는 언어(Endangered language)로 분류하고 있다. 비록 러시아어가 주된 언어로 보편적으로 사용되고 있으나 북부한티어는 많은 가정 내에서 사용되고 있다. 그러나 학교에서 일관적으로 시행하는 러시아어 교육 때문에 원주민들의 모국어 능력이 떨어지고 있는 상황이다. 한티어 사용자 대략 14,000명 정도인데 그중에서 10,000명 정도가 북부한티어 사용자이다. 북부한티어 자체도 통일된 단일어가 아니라 다양한 하부 방언의 형태로 존재한다. 남부한티어는 이르티쉬(Irtysh) 분지 지역에서 사용되며 상당히 위험도가 높은 6단계의 절멸 가능성이 높은 언어(Possibly extinct language)로 분류된다. 어린이 사용자는 없고 젊은 세대에게 언어를 상속할 가능성은 오래전에 상실되었다. 언어사용자는 극소수이며 경우에 따라서는 존재하지 않을 수도 있다. 남부한티어는 러시아어 뿐 아니라 시베리아 타타르어의 강력한 침해를 받아왔다. 동부한티어는 바시우간(Vasyugan)에서 핌(Pim) 지역에 이르는 오브(Ob) 분지 동부와 서부에서 부터 중부에 해당하는 지방에서 사용된다. 동부한티어의 현재 상황은 4단계에 해당하는 심각한 위기의 언어(Severely endangered language)이다. 어린이 사용자는 아마도 없는 것으로 추측되고 가장 젊은 언어 사용자의 평균 연령은 40대 이상이며 언어 사용자의 수는 10,000명을 넘지 않거나 그 보다 훨씬 적을 수도 있다. 언어의 구사력은 초보적 단계이고 러시아어로부터 많은 침해를 받았다. 또한 전통적으로 동부한티어나 중부셀쿠프를 이중언어로 사용한다.

한편, UNESCO Red Book에 따르면 만시어는 북부, 동부, 서부, 남부만시어로 분류하여 언어적 상황을 소개하고 있다. 북부만시어는 오브(Ob) 분지의 서쪽지역인 소스바(Sosva)지방과 우랄산맥의 북부지역에서 사용된다. 북부만시어는 4단계에 해당하는 심각한 위기의 언어(Severely endangered language)에 처해있다. 어린이 언어 사용자는 없으며 있다하여도 극소수이다. 가장 젊은 언어 사용자의 평균 연령은 주로 40대 이상이며 언어 사용자의 수는 3,000명 정도이다. 언어의 구사력은 일반적으로 초보적 단계이고 러시아어로부터 많은 침해를 받았다. 끼릴 문자로 된 정자법이 있으나 구세대가 사용하는 언어를 이미 러시아화 된 어린 학생들에게 소개할 목적으로 학교 교재에서만 제한적으로 사용된다. 동부만시어는 콘다(Konda)강 분지와 이르티쉬(Irtysh) 서쪽 지역에서 사용된다. 현재의 언어 상황은 5단계인 거의 절멸한 언어(Nearly extinct language)가 되어 버렸다. 어린이 사용자는 없고 가장 젊은 언어 사용자의 평균 연령은 60대 이상이고 언어 사용자의 수는 500명 이하이거나 훨씬 적을 수도 있다. 언어의 구사력은 일반적으로 초보적 단계이고 러시아어로부터 많은 침해를 받았다. 한편, 서부만시어는 타브다(Tavda)강과 토볼-이르티쉬(Tobol'-Irtysh) 지역에서 사용된다. 서부만시어의 상황은 20세기 중반 이후로 6단계인 절멸 가능성이 높은 언어(Possibly extinct language)로 분류되고 있다. 어린이 사용자는 이미 없으며 언어 사용자의 수는 아마도 제로(zero)에 가까울 것이다. 마지막으로, 남부만시어는 타브다(Tavda)강과 토볼-이르티쉬(Tobol'-Irtysh)의 일부 지역에서 사용된다. 남부만시어는 20세기 이후로 절멸된 언어(Extinct language; 7단계)로 알려져 있으며 따라서 언어 사용자도 없다. 이전 세대의 사용자들이 남긴 기록에 따르면 남부만시어는 과거에 시베리아 타타르어로부터 침해를 상당히 받은 것으로 알려진다.

네네츠어의 경우, 유네스코 지도는 2002년 인구센서스에 따르면 30,000명이 사용하는 툰드라 네네츠(Tundra Nenets)어를 2등급인 절멸 위기의 언어(Definitely endangered)로 분류하였고, 1,500명만이 사용하는 산림 네네츠 (Forest Nenets)어는 3등급인 심각한 절멸 위기의 언어(Severely endangered)로 분류하고 있다. 한편, 'UNESCO Red Book on Endangered Languages'도 또한 툰드라 네네츠어의 현 상황을 3단계인 위기를 맞이하고 있는 언어(Endangered language)라고 표현했으며 시베리아의 툰드라 네네츠 아이들 중 많은 수가 네네츠어를 배우고 있으나 상당수가 학창시절 동안에 네네츠어를 사용하지 않게 되고 북극 서부에 거주하는 툰드라 네네츠인들은 민족어를 거의 배우지 못한다. 시베리아 지역의 모든 연령층 사람들은 민족어를 능숙하게 구사하지만, 북극 서부의 젊은 사람들은 언어 구사력이 상대적으로 떨어지며 러시아어를 선호한다. 산림 네네츠어의 경우 UNESCO Red Book은 현 상황을 4단계에 해당하는 심각한 위기의 언어(Severely endangered language)로 분류 했으며 소수의 아이들이 민족어를 배우기는 하지만 학창 시절동안에 대부분 아이들이 사용하지 않게 된다. 노년층은 민족어를 잘 구사하지만, 중년층의 일부는 민족어를 구사하는 반면에 다른 일부의 중년층들은 한티어나 러시아어를 더 잘 구사한다. 젊은이들은 민족어 구사력이 훨씬 떨어지며 러시아어를 선호한다. 그러므로 원주민의 수가 이 네 언어보다 훨씬 적은 소수민족들의 언어(예를 들어 유그어, 오로츠어, 케레크어 등)는 매우 심각한 언어 절멸의 위기에 처해 있음은 쉽게 추측할 수 있다.

4. 맺음말

언어는 여느 유산과 달리 끊임없이 생산되고 진화되며 사회 · 문화적 영향과 충격에 민감하다. 언어가 사라지게 되면 언어와 더불어 공동체가 지닌 지식과 사상, 가치 체계의 많은 부분도 사라지거나 축소되어 보다 거대한 문화에 자연스럽게 종속되게 된다. Hale도 "과학적인 언어 연구의 맥락에서가 아니라 문화와 예술의 영역에 속하는 인간 활동과 연관 지어볼 때 언어의 다양성은 인간의 지적인 삶에 중요하다."[18]라고 하며 언어 보존의 중요성을 강조했다. 인간의 기본적인 문법 능숙도에 대한 연구를 진행하기 위하여 기본 언어로서 영어가 유일한 언어라고 가정해보자. 우리는 다른 언어에 투자하는 시간을 절약함으로써 영어만으로도 엄청 많은 것을 배울 수 있다고 말한다. 그러나 우리는 또한 언어

18) Hale, Kenneth. "Language endangerment and the human value of linguistic diversity"
Language, Vol. 68, No. 1. (1992), p.35.

의 다양성을 상실함으로써 많은 것을 잃을 수 있다는 것도 알고 있다.

언어의 다양성이 소중한 자원이라는 생각은 단지 언어학적인 사고에서 유래한 것이 아니다. 언어는 문법체계 그 이상이다. '언어'라는 용어는 넓은 영역의 인간 능숙도와 능력을 포함한다. 그래서 언어를 단일 개체로 생각하는 것이 옳은 것인지 분명치 않다. 언어의 다양성과 관련된 가장 중요한 점은 언어가 그 언어를 사용하는 사람의 지적 풍요로움을 구현한다는 단순한 사실이다. 언어와 그 언어를 사용하는 사람이 만들어낸 지적인 생산품과는 종종 분리하여 생각할 수 없다. 운문, 노래가사, 시 등은 그것이 형성하고 있는 언어의 형태적, 음성학적, 통사적 특성에 상당히 의존하고 있다. 그러한 면에서 예술은 정말로 언어 없이는 존재 할 수 없는 것이다. 의존도가 전자의 것만큼 강하지는 않지만, 지적인 전통들도 사람들의 언어적 민족지학(民族誌學)의 일부가 되어서 사실상 언어와 분리하기는 힘들다.

그러므로 경제적인 논리에서 뿐만 아니라 사회 문화적인 측면에서도 코미어, 한티어, 만시어, 네네츠어와 같은 소수 민족어를 연구 보존하여 우리의 다음세대에게 넘겨주는 것이 인류 문화를 지키는 소중한 노력이 될 수 있다. 그래서 우리가 언어와 지식, 언어와 문화 사이의 본질과 범위를 더 잘 이해해야할 필요가 있겠지만, 더 중요한 사실은 누군가의 언어 유산을 잃는다는 것은 그 언어가 해석하고 전달하는 지식, 믿음, 가치관을 잃는다는 것을 암시한다는 사실이다[19]. 언어와 같은 무형의 인류 유산은 한번 잃으면 돌이킬 수 없기 때문이다.

---

19) Zent, S. "Acculturation and Ethnobotanical Knowledge Loss among the Piaroa of Venezuela: Demonstration of a Quantitative Method for the Empirical Study of TEK Change," in Luisa Maffi (ed.), *On Biocultural Diversity: Linking Language. Knowledge and the Environment*, (Washington, DC: Smithsonian Institution Press, 2001).

Ⅲ. 위기에 처한 러시아 시베리아, 중국 소수민족의 언어 상황과 보존방안: 튀르크벨트를 중심으로[20]

1. 튀르크벨트 연구의 타당성

창조경제 시대를 맞이하여 유라시아 튀르크 국가들의 중요성이 부각되고 있다. 유라시아 대륙의 튀르크 국가들은 자원 부국으로 21세기에 재편되고 있는 국제무대에서 정치적, 경제적 신흥강국으로서 자리 매김을 하고 있다. 유라시아 대륙에 위치하고 있는 튀르크 국가로 아제르바이잔, 투르크메니스탄, 우즈베키스탄, 카자흐스탄, 키르기스스탄 등의 중앙아시아국가들을 비롯하여 러시아 연방 내 알타이 공화국, 투바 공화국, 하카스 공화국, 사하 공화국, 바슈키르 공화국, 타타르스탄 공화국과 중국의 신장-위구르 자치구가 있다. 이들 튀르크 민족 국가들은 러시아에서 중국, 중앙아시아를 지나 동서양이 만나는 터키까지 하나의 벨트를 형성하기 때문에, 이른바 "튀르크벨트"라고 칭할 수 있다(〈그림 1〉 참조).

러시아의 대표적 튀르크 지역인 북동 시베리아의 사하공하국과 중부 시베리아의 투바 공하국, 알타이 공화국은 석유, 다이아몬드, 철, 알루미늄 등 지하자원뿐만 아니라 목재와 같은 산림자원이 풍부한 지역이다. 이 러시아 지역에서의 중국과 일본의 경제적 공세는 매우 거세게 진행되고 있다. 우리의 경우 다소 늦은 점이 있기는 하지만 이 지역 진출을 위해 교두보의 확보가 절실한 상태이다.

---

20) 본 기고문은 한국시베리아연구 제21권 1호에 게재한 논문을 번역, 수정, 보완한 글이다.

〈그림 1〉 튀르크벨트 지형도

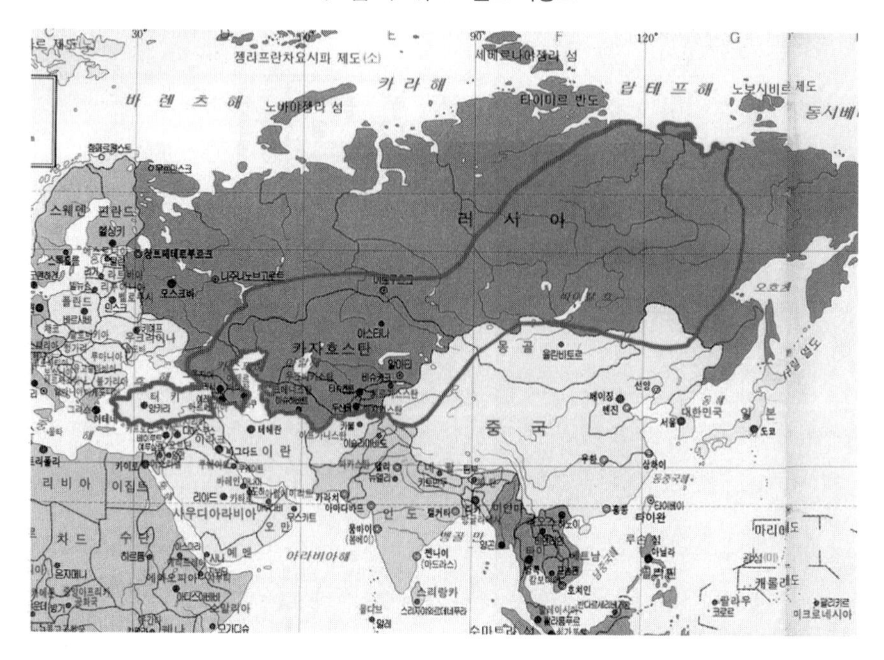

그러나 이러한 튀르크 벨트에 거주하는 소수민족들이 당면하고 있는 문화적 위기 가운데 하나가 점점 소멸되어가고 있는 민족어들이다. 하나의 민족에게 모국어를 지키는 일이 그들의 정체성을 유지하는데 얼마나 중요한 역할을 하는지는 설명할 필요도 없음에도 불구하고, 러시아와 중국 정부의 소수민족어에 대한 무관심과 자국어 우선 정책으로 인하여 이 소수민족언어들이 위기를 맞고 있으며, 따라서 이 언어들을 보존하기 위한 정책을 제안하는 하는 일은 의미 있는 시도라고 생각한다.

또한 최근 중요성이 날로 증대되고 있는 유라시아의 '신 실크로드 지역'은 필자가 연구하고자 하는 튀르크벨트와 거의 일치되는 지역이다. 따라서 튀르크벨트에 대한 연구는 '신 실크로드 지역'과 한국의 친연성을 규명하는 데 있어서 중요한 토대가 될 것이며, 이러한 친연성을 기반으로 향후 정치 · 경제 · 사회 · 문화 교류를 확대할 수 있다. 여기서 튀르크벨트 연구의 현실적 필요성이 강조된다.

특히, 튀르크벨트의 언어상황 조사와 보존 방안연구는 언어에 대한 연구에 국한되는 것이 아니라 해당 지역의 정치 · 경제 · 사회 · 문화를 이해하는 데 주된 기초 자료가 될 수 있다. 왜냐하면 언어는 사회 현상을 담는 그릇이기 때문이다. 따라서 언어 위기상황에 대한 분석은 튀르크벨트를 이해하는 데 매우 유용한 틀을 제공한다.

튀르크벨트는 '신 실크로드' 구상과 관련하여 정치 · 경제적으로 우리에게 매우 중요한 지역이다. 이 지역은 다행스럽게도 우리 민족과 역사와 언어에서 상고시대부터 매우 많은 유사성을 가지고 있다. 특히 한국과 튀르크벨트 민족들은 언어적, 문화적, 역사적 상호텍스트성(Intertextuality)을 공유하고 있다.

한국과 튀르크벨트 민족들이 언어 문화적 좌표 상에서 그 어떤 민족 집단보다 가까운 지점에 위치하여 언어 문화적 친연성을 갖고 있기 때문에 이들 언어를 연구하는 데 있어서 지금껏 굴절어를 사용하는 러시아나 고립어를 사

〈그림 2〉 한국어와 튀르크어의 친연성 계보 (출처: Václav Blažek, 2009: 24)

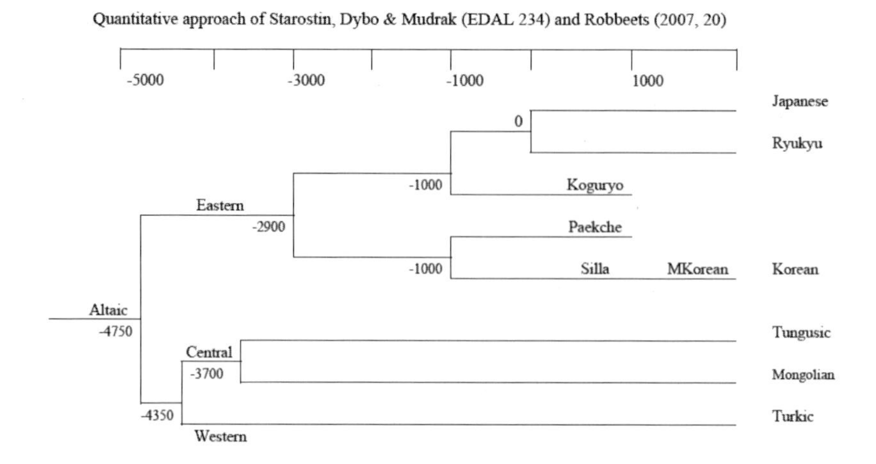

용하는 중국학자들보다 튀르크벨트 언어와 유형학적으로 유사한 교착어를 사용하는 한국학자들이 이 분야를 연구하는 데 월등한 언어학적 분석력을 가진다.

2. 튀르크벨트 언어의 연구 목적

튀르크벨트 언어는 지역 내 각 민족의 고유한 독자적 문화적 환경에 따라 변형 발전되었으나 대부분의 언어들이 사용자가 줄어들어 이 언어들의 절멸을 막기 위한 보존 방안이 시급히 요청된다. 그런데 현재 위기를 맞고 있는 이 언어들을 보존해야하는 이유는 무엇인가? 언어의 절멸이 우리 삶과 무슨 상관이 있는가? 지난 2백 년 동안 언어의 절멸을 초래하는 과정이 가속화되고 있는데, 언어의 절멸은 생태계에서의 종 다양성 소멸의 위협과 마찬가지로 인류가 당면한 매우 심각한 문제라고 할 수 있다. 일반적으로 생물 종의 다양성이 감소하는 것은 생태계 위기의 한 징후가 된다고 한다. 생명체의 생존이 안정성을 확보하기 위해서는 종의 다양성이 보장될 때만이 가능한 것이다. 따라서 종의 다양성은 생물학적 생태의 지속과 상속이 가능해지기 위한 필수적인 요인이다, 이러한 관점에서 생물학적 다양성은 대체 불가능한 천연자원과도 같은 것이다. 마찬가지로, 언어 다양성의 소멸 현상도 인류의 지적 문명의 재앙이자 다가올 불행을 예고하는 신호라고 할 수 있다. 언어의 다양성이 줄어든다는 것은 우리가 언젠가 끌어와 쓸 수 있는 잠재적 지적 기반이 낮아진 다는 것을 의미하며, 이는 결과적으로 인류의 환경 적응력이 현저히 감소되는 위기로 이어질 수 있기 때문이다.

Papia(2009: 17)는 언어는 사고하고, 이해하고, 심지어 꿈꾸는 것과 같은 인간의 기초적인 정신적 활동에 매우 중요하다고 강조하며 언어를 보호하고 활성화시키고 언어에 대한 권리를 제공하기 위한 관점에서 언어적 다양성을 보존하기 위한 논의는 정체성의 관점, 공평성의 관점, 다양성의 관점이라는 세 가지 넓은 분야로 분류해서 진행되어야 한다고 주장하고 있다. 그러므로 언어의 다양성은 인간의 독특한 문화적, 역사적 지혜를 구현하는 인류 유산에 필수적인 요소이다. 어떤 언어를 잃는 다는 것은 모든 인류에게 돌이킬 수 없는 손실이다(Reaume, 2000: 250). 따라서 소수민족의 언어는 그 민족들이 구축해온 그들의 영혼의 사원이자 나아가 인류의 작품이라 할 수 있다. 그러므로 위기에 처한 바쉬키르어(시베리아 우랄지역에서 사용하는 튀르크어족)나, 혹은 이미 절멸의 과정을 밟고 있는 출림어(시베리아 중부지역에서 사용하는 튀르크어족)의 위기 상황은 인류 지적 상속의 위기를 초래할 수 있는 요인이 된다.

3. 튀르크벨트 언어 소개

현재 러시아에는 194개의 소수민족(2010년 인구 센서스), 그리고 중국에는 55개 소수민족이 거주하고 있다. 물론 그 중에는 고유 언어나 문자가 없는 소수민족도 상당수 존재하기는 하나, 그럼에도 불구하고 이 지역에서 사용되고 있는 소수민족 언어는 매우 방대하다. 그중에서도 본 기고문은 그 연구범위를 우리 한민족의 입장에서 가장 유의미한 소수민족 집단인 튀르크벨트 민족의 언어로 설정했다.

〈그림 3〉 튀르크계 민족 국가와 자치구

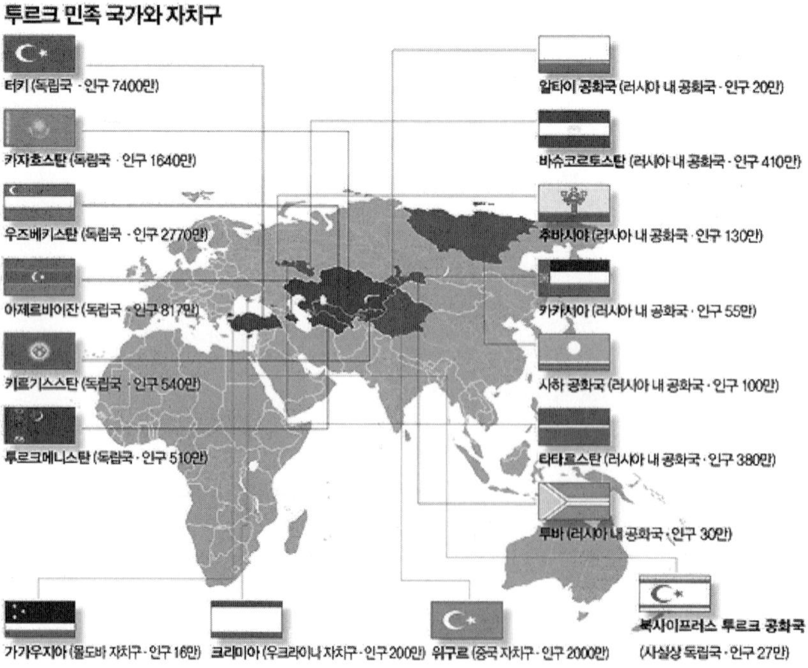

〈그림 4〉 튀르크계 언어 사용자 분포지역

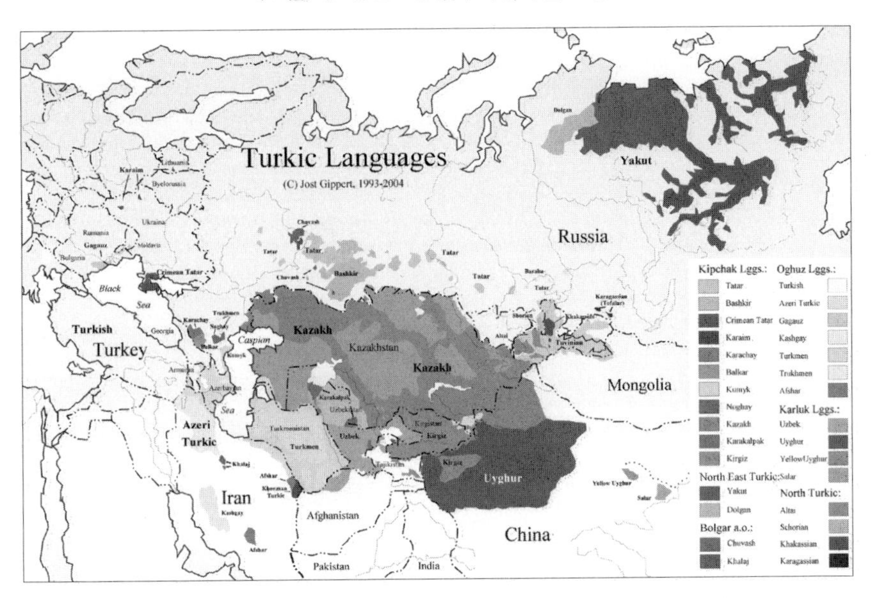

2010년 러시아 인구조사에 따르면 러시아에는 인구수가 5만명 이하인 토착 소수민족수가 63개 이다. 전체 인구 가운데 러시아인이 차지하는 비율은 77.71%(1억1천1백만명)이며 러시아인을 제외한 다른 민족들은 약 22.2%(3,180만명)를 차지한다. 어족별 대분류에 의하면 고립언어(가까운 친족어가 없는 언어), 나흐-다케스탄 어족, 핀-우그르 어족, 사모예드 어족, 만주-퉁구스 어족, 추코트-캄차트카 어족, 에스키모-알레우트 어족, 튀르크 어족 등이 있으며,(강덕수, 2010: 164-165) 러시아 내 튀르크 어족의 분포는 아래 〈표 1〉과 같다.

〈표 1〉 러시아 튀르크계 소수민족 분포

러시아 튀르크 어족			
서부	카프카즈	우랄	시베리아
가가우즈 크림타타르 카라임	쿠미크 노가이 카라차이-발카르	타타르 바시키르 추바시	야쿠트 돌간 투바 알타이 하카스 쇼르 출림

중국은 주류민족인 한족 이외에 공식적으로 55개 소수민족이 존재하는데, 이 가운데 알타이어족-튀르크계는 모두 7개 소수민족으로 위구르족, 카자크족, 키르키즈족, 우즈벡족, 타타르족, 위구(裕固)족(서유구르어 사용자), 사라(撒拉)족이 그들이다. 이들의 주요 분포지역은 중국의 서북지역인 신장위구르자치구, 간수성 등이며, 이 밖에 후난성 등에도 일부 분포하고 있다.

따라서 본 연구는 절멸 위기에 처한 튀르크벨트의 소수민족어에 대한 '유네스코의 위기에 처한 세계 언어 지도(UNESCO Atlas of the World's Languages in Danger)'[21], 유네스코 보고서인 'UNESCO Red Book on Endangered Languages: Northeast Asia'[22] 그리고 바흐찐(Бахтин)의 분류법[23](2001: 161-

21) http://www.unesco.org/languages-atlas/

22) http://www.helsinki.fi/~tasalmin/nasia_report.html
'NESCO Red Book on Endangered Languages'는 전 세계 소수민족어의 현재 상황, 언어 사용인구, 학교에서의 소수어 교육 상황, 출판물과 관련된 정보를 비교적 상세히 제공하고 있다

23) 바흐찐의 분류법은 언어 사용자의 연령대, 언어의 구사 정도, 연령대 별 민족어 구사자와 비구사자에 대한 비율, 주류어의 구사 정도를 기준으로 하여 언어의 위기 상황 정도를 판단하였다. 이 기준을 근거로 바흐찐은 러시아 소수민족의 언어를 6등급으로 나누었다.

162)을 통해 언어 생명도를 분석 하고자한다.

4. 튀르크벨트 언어 조사 방법

잘 알려진 바와 같이 언어는 단순히 의사소통의 수단으로서의 기능만을 갖는 것이 아니다. 언어는 문화와 사회를 담고 있는 집단적 의식구조의 결정체이며 민족을 분류할 때 주된 기준 요인이 된다. 이는 언어가 민족구성원간의 의사소통을 가능하게 하며 또한 사람의 사고방식과 심성을 가장 잘 드러내는 도구이기 때문이다. 이런 의미에서 우리나라와 친연성이 깊은 튀르크벨트를 이해하는 데 언어의 이해는 필수적 요인이다.

따라서 본 기고문은 지하자원 개발, 화석연료, 무역 거점지역으로 21세기 들어 국내에서 지대한 관심을 받고 있는 튀르크벨트 소수민족의 언어인 타타르어, 야쿠트어, 돌간어, 출림어, 위구르어 등의 언어 상황을 분석해 보고자 한다.

이런 맥락에서 본 연구는 튀르크벨트 소수민족어를 UNESCO와 바흐찐의 언어 생명도를 기초로 분석함으로써 절멸 위기에 처해있는 언어들의 상황에 경각심을 불러일으키고자 한다. 참고로 위에서 언급한 세 가지 언어 생명도는 분류법의 등급과 그 기준을 다음과 같이 정하고 있다.

〈표 2〉 언어 생명도 분류법

	유네스코의 위기에 처한 세계 언어 지도	UNESCO Red Book on Endangered Languages	바흐찐의 분류법
1등급	안전한 언어	위험에 처하지 않은 언어: 다음 세대에게 안전하게 물려 줄 수 있는 언어	모든 성인들이 자신의 민족어를 자유롭게 구사할 수 있으며 대다수가 러시아어도 구사할 수 있다

2등급	불안정한 언어: 다수의 사람이 사용하지만 공용어가 아니거나 열세인 언어	잠재적으로 위험에 처한 언어: 많은 어린아이들이 사용 하지만, 공식어나 높은 사회적 지위를 얻지 못하는 언어	중년과 노년층은 대부분 자신의 민족어를 자유롭게 구사할 수 있지만 청소년과 장년층은 민족어를 알아듣기는 하지만 실제 사용은 드물게 한다. 모두 러시아어를 구사 할 수 있다
3등급	절멸 위기의 언어: 부분적으로는 신세대인 어린아이들도 사용하지만 그 사용 범위가 점점 줄어드는 언어	위험에 처한 언어: 최소한 어떤 영역의 언어 생활에서는 몇몇의 어린 아이들도 언어를 사용하지만, 그 수가 감소하고 있는 언어	중년과 노년층이 민족어를 사용하지만 중년층이 노년층에 비하여 민족어 사용이 떨어진다. 청소년과 장년층은 실제로 민족어를 구사하지 않는다. 모두 러시아어를 구사 할 수 있다:
4등급	심각한 절멸 위기의 언어: 상당수의 언어 사용자가 있지만 어린아이들은 사용하지 않는 언어	심각하게 위험에 처한 언어: 상당한 수의 언어 사용자는 있으나 어린 아이들은 사용하지 않는 언어	노년층은 민족어로 언어 소통을 하지만 중년층은 민족어를 잘 사용하지 않고 다만 알아들을 수는 있다. 청소년과 장년층은 실제로 민족어를 구사하지 않는다
5등급	절멸 임박 언어: 소수의 노년층만 사용하는 언어	거의 절멸한 언어: 언어 사용자의 수가 최대 수 십명 이고 모두 노인인 언어	노년층만 민족어로 의사소통 할 수 있다. 일부의 장년층만 간단한 민족어를 알아들을 수 있다. 모든 사람이 러시아어를 구사할 수 있다
6등급	절멸 언어: 사용자가 존재하지 않는 언어	절멸 가능성이 높은 언어: 남아있는 언어 사용자에 대한 정보를 찾을 수 없는 언어	모든 연령층이 러시아어를 사용하고 극히 일부의 노인들만 민족어로 의사소통이 가능하다
7등급		절멸 언어: 고대 언어가 아님에도 불구하고 사용자가 없는 언어	

5. 분석 결과

〈표 2〉에 따라 튀르크 언어들을 분석한 결과는 여러 가지 유의미한 정보를 우리에게 제시하고 있다. 사실, 유네스코 지도, 유네스코 Red Book, 바흐찐의 분류법을 객관적으로 서로 비교하며 분류하기는 쉽지 않다. 왜냐하면 각각의 분류법 마다 변이 요소들이 있기 때문이다. 그럼에도 불구하고 우리는 이러한 분류 방법들을 통하여 튀르크벨트의 언어를 조사함으로써 각 언어의 심각성을 알 수 있다.

〈표 3〉에서 보는 바와 같이 바쉬키르어를 제외한 모든 언어들이 매우 위험한 절멸 상황에 처해있음을 알 수 있다.

〈표 3〉 튀르크벨트 소수민족어의 위험도

		유네스코 지도	유네스코 RED BOOK	바호찐
서부	가가우즈	4, 5	3	
	크림 타타르	4	4	
카프카즈	노가이	4, 4	3	
우랄	시베리아 타타르 / 바라바 타타르	4, 3	3, (5)	
	바쉬키르	2	3	
시베리아	알타이	4, 3	3, (5)	
	돌간	3	3	2
	쇼르	4	4	2
	출림 타타르	5	5	6
중국	유구르	4, 4		

(숫자들은 위험도를 나타내고, 괄호안의 숫자들은 해당언어의 일부지역의 위험도를 표시한다.)

예를 들어 시베리아 북동 튀르크어족에 속하는 돌간어의 경우, 2002년 인구 센서스에 따르면 언어 사용자의 수가 4,865명이다. 유네스코의 세계 언어지도, Unesco Red Book 그리고 바흐찐은 모두 돌간어를 2, 3단계로 분류하며 잠재적 위험이 있는 불안정한 언어로 간주하고 있다. 그러나 실효성있는 언어보존 대책이 실행되지 않는 다면, 사실 언어학자들은 2단계에 속하는 소수민족어 조차도 몇 십년 이내에 절멸할 것이라고 예상하고 있다. 출림 타타르어의 경우에는 상황이 더욱 심각하다. 시베리아의 톰스크와 크라스노야르스크 지역에서 사용하는 출림어의 사용자는 2010년 센서스에 따르면 불과 44명에 지나지 않는다. 유네스코의 세계 언어지도와 유네스코 Red Book은 출림 타타르어를

5단계로 분류하고, 바흐찐은 6단계로 분류하여 거의 절멸되었거나 절멸직전의 언어로 간주하고 있다. 그러므로 이러한 소수민족어들은 '절멸 위기의 언어'로 전락할 가능성이 항상 존재하며 이 언어들의 보존 및 복원을 위한 적극적이고 실질적인 대책이 강구되지 않으면, 이 언어들은 서서히 절멸의 길을 걸을 수밖에 없다. 그리고 다른 대부분의 튀르크벨트 소수 민족어들은 돌간어나 출림 타타르어의 상황과 비슷하거나 열악하다는데 문제의 심각성이 있다.

이렇듯 우리에게 전략적으로 중요한 튀르크벨트 소수민족어의 위기 요인으로는 러시아어 공용어 정책, 선택화 되고 있는 민족어 교육 정책, 압도적인 러시아인의 비율, 생활의 편이성을 찾아 도시로 이주하는 소수민족어 사용자의 증가, 가족 내 러시아어 사용자 증가, 튀르크벨트권 개발에 의한 삶의 위협에 따른 생활양식 변화 등을 거론할 수 있다.

6. 맺음말

과거 소련의 언어정책은 민족어의 평등권 보장과 러시아어 동화정책 사이에서 이중적이고 상반된 성격을 보여준다. 혁명 초 토착화로 대변되는 민족어 부흥정책에는 범사회주의에 입각한 레닌의 평등주의가 기저에 깔려있었으나 이후 소비에트의 언어정책은 스탈린, 흐루시쵸프, 브레즈네프를 거치면서 러시아 동화정책으로 변화됨으로써 나와 타자를 구분하고 중심과 주변을 구분하여 그 중심에 러시아를 놓는 범러시아주의로 변질되었다.

이처럼 소비에트 언어정책의 이중적이고 상반된 태도는 포스트소비에트 시기 러시아연방의 언어정책에도 그대로 계승된다. 러시아연방의 정치 지도자들은 표면적으로는 러시아연방을 구성하는 제 민족들의 민족어 사용과 교육, 발전을 보장하면서 동시에 단일한 공용어로서 러시아어의 사용을 강요한다.

이에 따라 러시아어는 점점 증가하는 영역에서 강제성을 띠며 여러 소수민족의 언어들을 억압하는 도구가 된다(남혜연, 2015: 188).

한편, 천안문 사태(1989) 이후부터 현재 중국 소수민족어 정책의 기본적인 방향은 경쟁에 기초한 경제체제 하에서 한어의 능숙도(Proficiency)는 경쟁력의 지표가 되었고 이는 한어와 소수민족어의 역학관계가 급변하는 원인이 되었다. 과거에 소수민족어 정책의 목표는 국가통합의 이념을 강화함과 동시에 산업화에 필요한 인력을 확보한다는 관점에서 이중언어교육을 사고한 것이 중요한 특징이 된다. 그러나 90년대 들어 '다원일체화교육론(多元一體化教育論)'이 제기된 것은 이 시기 중국 교육의 지향점을 잘 보여준다. 이러한 시대적 요구에 따라 이중언어교육 정책은 한어 학습의 수월성과 한어 능숙도의 향상을 도모하는 방향으로 진행되었다. 즉, 한어의 중요성이 부각되면서, 각급 민족학교에서는 초등학교 저학년의 경우를 제외하고는 교육 과정에서 한어의 비중을 높여가고 있는 추세이다. 2000년경만 하더라도 티베트, 위구르, 카자흐, 몽골, 조선족 자치지역의 경우 대부분 초등 3년부터 한어를 가르쳤으나, 현재는 대부분의 초등학교에서는 1학년부터 한어교육을 시작한다. 또한, 산업화와 더불어 한어실력을 갖춘 인력의 수요가 급증하고 직업 선택에 경쟁적 요소가 도입되는 현실에서 이중언어교육이 한어중심교육으로 전환될 수밖에 없었고, 그 근거로 한어교육 및 평가방법론의 발전 양상을 거론하고 있다(최경봉 · 태평무, 2011: 82-83, 109).

타민족 언어에 대한 관심과 언어 유형의 다양화에 대한 시각이 결여된 중국 언어학 연구는 기껏해야 영어 등 개별 인구어와의 비교를 통한 중국어 특징에 대한 탐구와 같이 단편적일 수밖에 없었으며 인류 언어의 변이 범위와 언어의 다양성의 틀에서 본 중국어의 진정한 특징은 무엇인지 밝혀낼 수도 없었다. 더욱 심각한 것은 실제 사용뿐만 아니라 연구 분야에서도 표준중국어가 독보적인 지위를 차지하고 있었기 때문에 표준 중국어에 국한된 좁은 시야에서 구축된 이론적 틀은 범-언어적 적용성이 매우 떨어졌다(刘丹青 · 李知恩, 2012: 617-8).

사실, 언어의 다양성과 관련된 가장 중요한 점은 언어가 그 언어를 사용하는 사람의 지적 풍요로움을 구현한다는 사실이다. 언어와 그 언어를 사용하는 사람이 만들어낸 지적인 생산품과는 종종 분리하여 생각할 수 없다. 운문, 노래가사, 시 등은 그것이 형성하고 있는 언어의 형태적, 음성학적, 통사적 특성에 상당히 의존하고 있다. 그러한 면에서 예술은 정말로 언어 없이는 존재 할 수 없는 것이다. 의존도가 전자의 것만큼 강하지는 않지만, 지적인 전통들도 사람들의 언어적 민족지학(民族誌學)의 일부가 되어서 사실상 언어와 분리하기는 힘들다. 더 중요한 사실은 누군가의 언어 유산을 잃는다는 것은 그 언어가 해석하고 전달하는 지식, 믿음, 가치관을 잃는다는 것을 암시한다(Zent: 2001). 따라서 본 기고문은 위기의 언어들을 문서화하고 문법서, 사전, 교재들에 그 언어들을 문자로 기록하여 보존하는 일과 인간 삶의 다양성에 중요한 구성요소로서 언어의 다양화를 보존하고 증진시키는 일에 일조하고자 함이 목적 중에 하나이다.

<참고문헌>

김용화, "러시아 알타이 지역의 소수민족어 문제 -과거와 현재-." 러시아어문학연구논집 제 33집, 2007.

서승현, "러시아 북극권의 절멸 위기에 처한 소수민족어 - 코미어와 네네츠어를 중심으로." 인문과학연구논총 제36권 3호. 2015.

윤아영 · 홍완석, "'검은 황금'의 땅 한티-만시 자치관구 - 유그라." 2016.

포사이스 제임스, 정재겸 옮김, 『시베리아 원주민의 역사』 솔, 2009.

Hale, Kenneth, "Language Endangerment and the Human Value of Linguistic Diversity," *Language*, Vol. 68, No. 1, 1992.

Leinonen, Marja, "Komi, An Endangered Language?" *Odense Working Papers in Language and Communication*, Apr. 2000.

Swaan, De Abram, "Endangered language, sociolinguistic, and linguistic sentimentalism," *European Review*, Vol. 12, No. 4, 2004.

Zent, S., "Acculturation and Ethnobotanical Knowledge Loss among the Piaroa of Venezuela: Demonstration of a Quantitative Method for the Empirical Study of TEK Change," in Luisa Maffi (ed.), *On Biocultural Diversity: Linking Language, Knowledge and the Environment*, Washington, DC: Smithsonian Institution Press, 2001.

Вахтин, Н.Б., *Язык народов Севера в XX веке. Очерки языкового сдвига*. Санкт-Петербург: Европейскйи университет в Санкт- Петербурге, 2001.

Цыпанов. Е. А., *Коми* КЫВ. 1992.

http://www.helsinki.fi/~tasalmin/nasia_report.html (인용 2015.06.25.)

http://www.unesco.org/languages-atlas/index.php?hl=en&page=atlasmap (인용 2015.06.23.)

http://en.wikipedia.org/wiki/Komi_language (인용 2015.2.4.)

http://www.shtokman.ru/ (인용 2017.2.13.)

http://www.arctic-info.ru/News/Page/neneckii-azik-mojet-stat_-v-nao-oficial_nim (인용 2017.2.13.)

http://www.gks.ru/PEREPIS (인용 2017. 2. 13.)
https://namu.wiki/w/%ED%95%9C%ED%8B%B0-%EB%A7%8C%EC%8B%9C%20%EC%9E%90%EC%B9%98%EA%B5%AC (인용 2017. 2. 13.)
http://www.hantymansiiskao.ru/folk (인용 2017. 2. 13.)
https://en.wikipedia.org/wiki/Khanty_language (인용 2017. 2. 13.)
https://ko.wikipedia.org/wiki/%EB%A7%8C%EC%8B%9C%EC%96%B4 (인용 2017. 2. 13.)

북극-시베리아 소수민족의 예술과 문화

계용택*

Ⅰ. 북극의 소수민족 축치족과 돌간족의 생활문화와 예술

1. 축치족의 생활과 예술

축치족의 언어는 추코트-캄차트카 어족에 속한다. 이들은 주로 사하공화국, 추코트-카략크 자치구에 거주한다. 축치족은 19-20세기 러시아 관청 행정문서에 등장했으며, 축치족 이름은 <툰드라 지역 축치족>와 <순록이 풍부한>에서 유래되었다. <연안 축치족>은 스스로를 <해양 종족> 또는 <연안 거주자>라고 부른다. 또한 <연안 축치족>은 다른 종족들과 구별하기 위해 자신들을 <진짜 사람>이라고 부르기도 한다.

<그림 1> 축치족

* 러시아리서치 센터

1920년대 말에는 축치족의 옛 명칭인 <루오라베트라니>가 공식적인 명칭이었다. 추코트 언어들에는 문어체를 근간으로 하는 동부지방어 또는 우엘린어와 페베크스키이, 엔미렌스키이 방언을 주로 사용하는 서부지역어로 나누어진다. 1931년부터 라틴어를 문자로 사용하기 시작했으며 1936년부터 러시아어 문자를 사용하기 시작했다.

고대 축치족은 야생순록 및 물고기 잡이를 하는 내륙의 사냥꾼 문화를 가졌으며 주로 내륙에 살고 극히 일부는 시베리아 북동부에 거주하였다[1]. 에키티키벰강 및 엔미벰강과 엘기트호수에서 기원전 2천년경의 신석기 시대 유물들이 발굴되었다. 기원전 1천년까지 축치족은 길들여진 순록을 소유하고 있었으며 부분적으로 해안가에서 정주생활을 시작했다. 또한 축치족은 에스키모인들과 이웃관계를 이루며 살았다.

<그림 2> 축치족의 기름을 사용하는 등불

14-16세기에 유카기르 종족이 칼리마강 및 아나디르야강 계곡으로 침투해 들어와 야생순록 사냥터를 점령한 이후로 축치족의 정주생활이 급속도록 증가하였다. 태평양 및 북빙양 연안 에스키모인들은

1) https://www.yakutskhistory.net/%D1%8F%D0%BA%D1%83%D1%82%D1%8B/%D1%87%D1%83 %D0%BA%D1%87%D0%B8/

〈사냥꾼-축치족〉을 다른 연안지역으로 내몰았으며 축치족 일부는 에스키모인들에게 동화되었다. 유카기르 종족의 아나디르야강 계곡 침투로 인해 축치족은 혈통관계가 있는 코랴크족으로부터 거주지역이 분리되었다.

축치족은 유목과 사냥을 주로 하는 〈순록 축치족〉, 길들여진 순록을 소유하고 야생순록 및 해양 동물을 사냥하는 〈정주 축치족〉, 해양 동물과 야생순록을 사냥하지만 길들여진 순록을 소유하지 않은 정주 사냥꾼인 〈도보 축치족〉으로 구분되어 진다. 19세기까지 축치족 그룹들 간의 기본적인 정착지가 형성되었다. 〈툰드라지역 순록 축치족〉은 인디기르-알라제이, 서부콜리마 지역에, 〈연안 축치족〉은 태평양, 베링해, 북빙양 연안에 거주하였다.

축치족에게는 오래전부터 2가지 형태의 생산 활동이 이루어졌다. 그중 하나는 순록사육이며 다른 하나는 해양 동물 사냥이다. 물고기 잡이, 사냥, 자연물 채집 등은 보조적으로 도움이 되는 식품의 획득형태이다. 대규모 목축에 의한 순록사육은 18세기말에서 19세기에 걸쳐 성장하기 시작했으며, 목축 순록 떼의 규모는 3000에서 12000두 정도였다. 툰드라 그룹 축치족의 순록사육은 기본적으로 육류 및 운송수단 확보가 주된 목적이었다.

여름동안에 대양 연안 및 산악지역에서 목축용 개 없이 순록 방목을 하였으며, 가을이 오면 삼림지역 경계선 부근 내륙 깊숙이 자리한 겨울목장으로 이동하는 데, 필요에 따라 순록 사육지가 5-10킬로미터 범위 내에서 변경되었다.

19세기 후반에 절대다수의 축치족은 기본적으로 자연에 의지하는 생산형태를 유지하였다. 19세기 말까지 순록사육에서 발생되는 생산물에 대한 수요가 증가하였는데, 특히 정주 축치족과 아시아 에스키모인들의 수요가 급속히 증가하였다. 19세기 후반부터 러시아인 및 외국인들과의 교역확대로 인해 점차 자연에 의존하는 순록사육이 쇠퇴하기 시작했다.

<그림 3> 축치족 유목민 캠프의 모습

19세기말부터 20세기 초에 추코트 지역 순록사육에서 자산가들 중심으로 계급의 분화가 나타났다. 가난한 순록사육자들은 고용인이 되었으며, 부유한 순록사육자들은 사육두수가 증가하게 되었는데, 특히 정주 축치족과 에스키모인들의 자산이 증가하기 시작했다.

연안(정주) 축치족은 전통적으로 해양 동물 사냥에 종사하였는데 18세기 중반에 이르러 높은 수준의 발전을 이룩하였다. 물개, 바다표범, 바다코끼리, 고래에 대한 사냥으로 주요 식품들을 조달하였다. 그밖에도 사냥한 해양 동물로 부터 카누, 사냥무기, 옷, 신발, 생활용품 제작을 위한 견고한 재료를 얻을 수 있었으며 또한 거주지의 조명과 난방을 위해 해양 동물의 기름을 사용하였다. 바다코끼리 및 고래사냥은 원칙적으로 여름-가을 시즌에 행해지고, 물개 사냥은 겨울-봄 시즌에 진행되었다.

사냥무기에는 크기와 사용대상에 따라 작살, 창, 칼등이 있었다. 고래 및 바다코끼리는 가죽배를 이용하여 집단적으로 사냥을 하였으며 물개사냥은 개별적으로 행하여졌다. 19세기말부터 외부시장에서 해양 동물 가죽에 대한 수요가 급속히 증가하였다. 이로 인하여 20세기 초에 고래 및 바다코끼리 등의 해양 동물의 소멸을 가져왔으며 이것은 추코트 정주주민들의 경제를 무너뜨리게 되었다.

〈그림 4〉 추코트의 무기들

순록(연안)축치족은 고래 및 순록의 힘줄 또는 가죽 띠로 만든 그물이나 채집망으로 물고기를 잡았다. 여름에는 해안에서 카누를 타고 물고기 잡이를 하고 겨울에는 얼음구멍에서 물고기 낚시를 하였다. 19세기 초까지 산양, 노루, 백색 곰, 갈색 곰, 오소리, 늑대, 여우들을 화살이나 창, 덫(함정)을 이용하여 포획하였다. 물에 사는 들새는 창이나 나무토막 등 던지는 물체를 이용하여 사냥하고, 솜털오리는 막대기로, 토끼나 뇌조는 올가미-함정을 이용하여 포획하였다.

18세기에 돌도끼, 창 꼭지, 화살촉을 비롯하여 뼈로 만든 칼등이 거의 모두 철기로 교체되었다. 19세기 후반부터 화승총, 올가미, 덫 및 철을 이용한 포획 기구 등을 얻거나 구입하였다. 20세기 초까지 해양 동물 사냥을 위해 화약을 이용한 고래용 작살 등의 무기가 널리 사용되었다. 여자와 아이들은 딸기, 식물 뿌리, 쥐구멍속의 씨앗 등 식용식물을 채집하여 저장하였다.

〈그림 5〉 순록 썰매

식물뿌리를 캐기 위해 사슴뿔로 만든 뾰족한 꼭지가 달린 특별한 도구를 사용하였는데 나중에 이들 꼭지들은 철기로 교체되었다. 유목 및 정주 축치족은 가내수공업을 발전시켰다.

축치족 여성들은 모피를 만들고, 옷 및 신발을 만들었다. 또한 분홍바늘꽃 또는 야생호밀로 만든 실을 이용하여 가방을 짰으며 그밖에 모피나 물개가죽으로 모자이크를 만들어 아랫부분에 사슴 털로 구슬을 매달았다. 남자들은 바다코끼리 어금니 또는 동물의 뼈를 예술적으로 조각하였다.

19세기에 뼈세공 연맹이 조직되어 자신들이 만든 제조품을 판매하게 되었다. 축치족의 기본적인 이동수단으로 순록이 끄는 썰매가 있다. 그밖에 화물, 도자기류, 이동식 천막 등을 옮기는데 필요한 운반용 썰매가 있다. 축치족은 눈 및 얼음에서는 스키를 타고, 바다에서는 1인승 및 다인승 카누를 이용했다.

이 보트는 짧은 단일블레이드가 있는 노를 사용하였다. 순록 축치족은 필요한 경우, 사냥꾼들이 사냥을 위해 뗏목 또는 카누를 타고 바다로 나가거나 수송에 이용되는 순록을 이용하기도 하였다. 축치족은 개가 끄는 썰매를 이용할 때 개들을 부채꼴로 묶는 방법을 에스키모인에게서 배우고, 개들을 무리로 묶은 방법은 러시아인에게서 배웠다.

개들을 부채꼴로 썰매에 묶은 방법에는 약 5-6마리의 개들이 이용되고, 개들을 무리로 묶어 썰매를 끌 때에는 약 8-12마리의 개들을 한꺼번에 묶었다. 유목 축치족의 유목캠프는 서쪽에 동쪽 방향으로 10채의 이동식 원추형가옥들로 구성된다. 제일 서쪽에는 유목캠프 우두머리의 원추형가옥이 세워진다. 축지족의 원추형 이동식 가옥은 중심높이는 3.5-4.7미터이고 지름은 5.7-8미터로, 카랴크족의 이동식 가옥과 비슷한 모양을 가진다.

원추형가옥은 세워진 나무기둥에 보통 2개의 천으로 가공된 순록가죽으로 덮어씌운다. 가죽의 끝부분은 다른 가죽과 겹쳐서 이어지게 수를 놓은 가죽띠로 동여매어 진다. 가죽 끈의 아랫부분에는 덮어씌운 부분이 움직이지 못하도록 썰매 또는 무거운 돌이 달려있다. 겨울에는 새로운 가죽을 추가로 덮어씌우며 여름에는 전년에 쓰던 가죽을 이용한다.

원추형 가옥 중심의 연기구멍 아래에는 화로가 놓여진다. 출입국 맞은편 벽쪽에는 마름모 형태의 가죽으로 만든 잠자는 공간이 설치된다. 원추형 가옥의 덮개는 가죽에 달린 여러 고리들을 연결하는 나무기둥에 의해 형태가 유지된다. 축치족의 이동식 원추형 가옥에서 지붕 덮개의 평균 높이는 1.5미터, 폭은 2.5미터, 길이는 4미터이다. 바닥은 돗자리가 깔리며 그 위로는 두꺼운 가죽을 덮었다. 침대의 머리맡에는 가죽조각이 가득한 2개의 장방형 자루가 놓여진다.

이동이 빈번한 겨울에는 안에 모피가 있는 가장 두꺼운 가죽으로 만든 지붕덮개가 사용된다. 또한 수개의 순록가족으로 만든 담요를 덮기도 한다. 이동 원추형가옥 덮개 제작을 위해서는 순록가죽 큰 것 12-15장, 침구제작을 위해서는 순록가죽 큰 것 10장이 필요하다.

〈그림 6〉 이동식 원추형가옥

축치족 가족들은 하나의 가죽으로 만든 침대 덮개를 가진다. 가끔은 한 채의 원추형가옥 안에 2개의 침대 덮개를 가지는 경우가 있다. 아침마다 여성들은 침대 덮개를 걷어서 야외 눈 위에 펼쳐 사슴뿔로 만든 방망이를 사용하여 두들긴다. 침대 덮개 안쪽부터 빛을 쪼인 후 기름을 사용하는 등불로 데운다. 원추형가옥 벽에는 물건들이 보관되고, 화로를 중심으로 양쪽에는 생산품들이 놓여진다.

원추형가옥의 출입구와 화로사이에 빈 추운공간이 있는데 여기에는 생활에 필요한 다양한 용품이 놓이게 된다. 연안 축치족은 실내조명을 위해 고래 및 바다코끼리 기름-등불을 사용한다.

툰드라 축치족은 분쇄된 순록 뼈에서 나오는 기름으로 난방을 하는 동시에 석재로 만든 기름-등불을 사용하여 냄새와 그을음이 없게 실내를 밝힌다. 18-19세기 연안 축치족에는 원추형가옥 및 반지하가옥등과 같이 2가지의 거주형태가 생겨났다. 이동식 원추형가옥은 기본적으로 순록 축치족의 거주형태로 골격 기둥이 나무나 고래뼈로 만들어 졌다. 견고한 골격은 폭풍을 대비한 안전한 가옥설치에 도움을 준다.

원추형가옥은 바다코끼리 가죽으로 덮어 씌워진다. 가옥덮개는 코끼리 가죽 큰 것으로 만들어졌으며 길이는 9-10미터, 폭은 3미터, 높이는 1.8미터이다. 환기를 위하여 벽에 구멍을 냈으며, 평소에는 모피로 만든 마개로 폐쇄되어 있다. 가옥 덮개 양쪽에 매달린 물개가죽으로 만든 큰 자루에는 겨울옷 및 가죽재고가 보관되었다. 가옥 안쪽에는 벽을 따라 가죽 띠가 걸려있는데 여기에 옷 및 신발들을 건조시킨다.

19세기말에 연안 축치족은 여름동안에 방수천이나 다른 내구성 있는 물건들을 가옥 지붕에 덮어씌운다. 절반이 땅속에 묻힌 반지하가옥에서는 기본적으로 겨울동안만 생활한다. 이 가옥의 형태 및 구조는 에스키모인들의 가옥을 모방했다. 이형태의 가옥의 건물골격은 고래의 턱뼈 및 갈비뼈로 이루어졌으며 지붕은 잔디로 덮여져 있다.

유목 및 정주 축치족의 살림 용품은 매우 단순하며 단지 식사에 필요한 도구들만 있다 . 여기에는 자신이 만든 수프를 담기 위한 접시를 비롯하여 삶아진 고기, 설탕, 과자 등을 담기 위한 높이가 낮은 큰 나무접시 등이 있다.

또한 축치족은 다리가 짧은 테이블에 둘러앉거나 직접 음식물 주변에 앉아서 음식을 먹기도 한다. 식사 후에 얇은 나무 부스러기로 만든 수건으로 접시에서 음식찌꺼기를 청소한다. 그릇들은 상자 안에 보관한다. 석재 판을 이용하여 돌망치로 순록 뼈, 바다코끼리 고기, 물고기, 고래지방 등을 분쇄하기도 한다. 살가죽은 돌로 만든 긁어내는 도구를 사용하여 벗겨낸다. 식용 식물뿌리는 뼈로 만든 삽 및 괭이로 캐어낸다.

각각의 가족들에는 필수적으로 불을 얻는 도구들이 있다. 불을 얻는 도구는 오목한 곳이 있는 사람형태의 거친 석판형태로 여기에 활모양의 송곳을 돌려 불을 얻는다. 도구를 사용하여 불을 얻는 행위를 신성시 하였으며, 불을 얻는 도구는 부계를 따라 자손에게 전달된다. 부싯돌은 활모양의 송곳으로 가족이 소유하는 신성시 되는 물건이다.

툰드라 및 연안 축치족은 에스키모인과 동일한 형태의 옷과 신발을 가지고 있다. 이들의 겨울옷은 안과 바깥에 모피가 있는 2겹으로 된 사슴가죽으로 만들어진다. 연안 축치족은 바지 및 봄-여름용 신발을 만들기 위해 단단하고 탄력성 있는 물개 방수 가죽을 사용한다. 또한 바다코끼리 창자로부터 레인코트 및 방수 옷을 만든다. 순록 축치족은 연기만 나가는 오래된 원추형가옥에서 습기의 영향으로 변형되지 않는 바지나 신발을 만들었다.

항시적인 생산품 교역으로 툰드라 축치족은 바다포유류의 가죽으로 만든 신발, 가죽신발창, 벨트, 올가미용 밧줄 등을 손에 넣었다. 또한 연안(순록) 축치족은 겨울을 지내기 위해 짐승 가죽을 준비하여 둔다. 추코트의 주민들은 의복을 일상생활용과 축제의식용으로 나누어 입는다. 또한 아이, 청소년, 남성, 여성, 노인, 장례의식용 등으로 의복이 구분되어 있다.

추코트의 전통적인 남성복 한 세트는 가죽상의, 칼집 및 담배쌈지가 있는 허리띠, 가죽옷 위에 입는 사라사로 만든 방수 옷, 바다코끼리 창자로 만든 비옷, 바지 및 다양한 모자로 구성된다. 일반적인 추코트의 겨울모자로는 귀마개가 탈린 털모자를 사용한다.

기본적인 여성복은 넓은 소매가 있는 털 콤비와 무릎까지 오는 짧은 바지로 구성된다. 전형적인 신발 형태로는 순록가죽으로 만든 무릎까지 오는 가죽신발이 있다. 가죽신발 다리부분에는 바다표범 가죽으로 만든 원통형 부분이 연결되고 모피가 있는 방수용 가죽으로 신발 깔창을 만든다. 툰드라 지역 사람들의 전통적인 식품에는 순록고기가 있고, 연안지역 사람들에게는 해양 동물들의 고기 및 기름이 있다.

순록고기는 작게 잘려진 얼린 형태 또는 약하게 끓인 형태로 먹는다. 순록을 집단적으로 도살할 때 순록의 위에 있는 내용물을 피와 기름과 함께 끓여 먹는다. 그밖에 차갑게 하거나 동결된 순록피를 먹기도 한다. 야채 및 곡물로는 수프를 만든다. 연안 축치족은 특히 바다코끼리 고기를 좋아한다. 전통적인 저장방법으로 이들은 음식들을 보관한다.

연안 축치족은 바다코끼리의 척추 및 옆면을 비계 및 가죽과 함께 사각형 형태로 잘라낸다. 또한 간을 포함한 다른 깨끗한 내장들도 도려낸다. 이들은 잘라낸 고기의 가죽을 벗겨내어 뼈를 빼낸 덩어리 형태의 고기를 만든다. 순록 축치족은 신선하고 조금 신맛의 얼린 형태의 고기를 먹는다. 바다코끼리 고기 날것은 끓여서 먹는다.

돌고래 및 쇠고래 고기의 비계가 붙은 가죽을 치즈로 만들어 먹거나 끓여서 먹는다. 추코트의 북부나 남부지역에서는 연어, 대구, 가자미, 돛새치 등이 지역 주민의 주요 식품이다. 큰 연어는 말려서 저장한다. 상당수의 순록 축치족은 물고기를 소금에 절이거나 훈제한다, 또한 물고기 알도 소금에 절여 먹는다. 바다동물의 고기는 기름기가 많기 때문에 식물성 첨가물을 혼합한다.

순록 및 연안 축치족은 전통적으로 야생풀, 뿌리, 나무열매, 미역 등을 주로 섭취한다. 이들은 난쟁이버들, 괭이밥, 식용뿌리 등을 고기와 피를 섞어 동결시켜 발효시킨다. 바다코끼리의 고기 및 기름을 섞어 빻은 뿌리로 작고 둥근 빵을 만든다. 외부에서 반입한 밀가루로 죽을 끓이거나 물개기름에 얇게 만든 밀가루 빵을 튀긴다.

17-18세기에 축치족의 사회-경제적 기본단위는 가부장적인 가족공동체로, 단일 생산체제와 공동의 거주지를 가지고 있는 몇몇의 기족으로 구성된다. 가족 공동체는 10여명의 친족관계가 있는 성인 남자들이 있다. 연안 축치족의 생산 및 사회적 관계는 공동체의 회원수에 따른 다양한 크기의 가죽배를 중심으로 형성된다.

공동체의 우두머리로는 가죽배의 책임자가 된다. 툰드라 축치족 공동체는 순록목축을 둘러싸고 형성되는데 우두머리로는 <힘쎈 장사>가 된다. 18세기 말까지 순록목축에서 순록의 증가로, 보다 편리한 목축을 위해 목축공동체의 분리 필요성이 대두되었으며, 이것은 공동체 내부의 관계악화를 가지고 왔다.

순록 축치족은 촌락에서 거주하기도 하였다. 전체 구역에서 몇몇 씨족 공동체가 정주하였으며, 이들은 독립적인 반지하가옥에서 살았다. 유목 축치족은 몇몇 공동체로 구성되어 있는 유목민 캠프에 거주하였다. 각각의 공동체는 2-4가족으로 구성되면 독립적인 원추형가옥에서 살았다. 15-20개의 유목민 캠프는 상호협조 관계를 유지하였다.

〈그림 7〉 추코트의 사냥꾼

순록 축치족에는 피의 복수 전통이 내려오는 부계 친족그룹이 형성되고 제사의식 및 제사용 불씨가 후손으로 전달된다. 초기 노예제도가 있는 족장시대는 이웃종족과의 전쟁이 중단된 이후 사라졌다. 19새기에 사유재산 및 재산불평등 현상이 발생된 이후에도 공동생활, 집단결혼, 형제의 과부를 아내로 받아들이는 습관들은 유지되었다.[2)]

19세기 말까지 거대한 족장시대 가족형태는 핵가족 시스템으로 교체되었다. 축치족은 종

2) https://cyrillitsa.ru/narody/49914-zachem-chukchi-obmenivayutsya-zhenshhinami.html

교적 신앙 및 숭배를 바탕으로 애니미즘 및 생산을 위한 숭배사상이 있었다. 축치족의 생각하는 세계는 3개의 영역으로 나누어진다. 첫 번째는 모든 것이 생존하는 땅(육지)이다. 두 번째는 하늘로, 여기에는 조상 및 가치 있게 죽은 자들이 거주한다. 세 번째는 지하세계로, 악을 운반하는 사람 및 병으로 죽은 자들이 있는 곳이다.

축치족의 신앙에 따르면, 사냥장소, 거주지에는 공물을 바쳐야 하는 신비한 존재가 있다고 믿었다. 축치족의 집수호자는 특별한 범주의 은혜로운 생명체이며, 각자의 거주지에는 제사의례용 피규어 및 신성시 되는 물건들을 간직하고 있다.

툰드라 축치족에게는 순록사육, 연안 축치족에게는 바다와 관계있는 종교적 숭배시스템이 발생되었다. 숭배대상으로 자연, 우주, 새벽, 북극성, 별자리, 조상 등이 있었다. 숭배대상에 대한 공양물 제공은 공동체, 가족, 개인 각각에 따라 다양한 형태로 이루어졌다. 수렵활동 및 순록사유에서 발생하는 질병과 만성적인 불운에 대한 처방은 샤먼이 해야 할 일이었다.

추코트 축치족은 전문적인 계급으로 나누어지지 않았으며 가족 및 공동체의 생산 활동에 평등하게 참여하였다. 공동체 구성원들과 다르게 샤먼은 영혼-수호자와 교류를 하는데, 트랜스(실신)상태에서 조상들의 목소리

〈그림 8〉 추코트의 탬버린

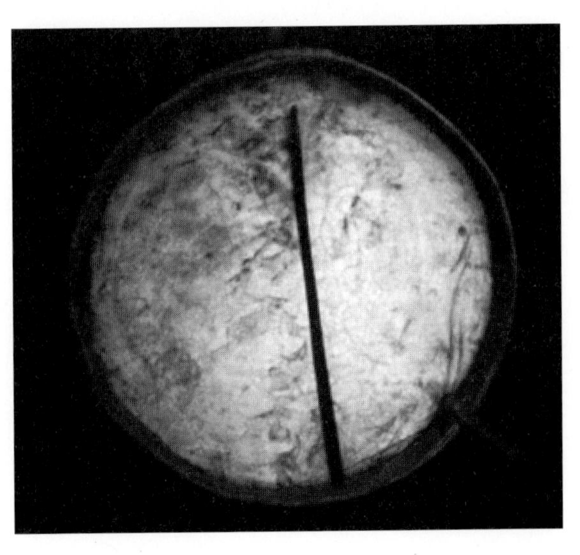

로 이야기를 한다. 샤먼의 또 하나의 중요한 기능은 의술 분야이다.

샤먼은 제례의례에서 특수한 의복차림을 하지 않지만, 탬버린은 샤먼에게 매우 중요한 도구이다.

샤먼의 자격은 무속가족에서 가부장만이 할 수 있다. 축지족의 주요 명절들은 생산 활동의 주기와 관련되어 있다. 연안 축치족은 에스키모의 명절들과 유사한데 봄에는 가죽배의 최초의 출항 축제, 여름에는 물개사냥 종료에 즈음한 짐승머리 축제, 가을에는 해양 동물들의 주인들에 대한 축제가 있다.

모든 축제에는 달리기시합, 싸움, 활(창)쏘기, 바다코끼리 가죽으로 만든 뜀판에서 도약경기, 순록 및 개썰매 경기, 춤, 탬버린 연주, 무언극 등이 있다. 이 밖에도 아기분만, 초보사냥꾼의 첫 성공을 감사하는 기념축제도 벌어진다. 축제행사에는 절대적으로 제사공양물이 있었는데 여기에는 순록, 고기, 순록뿔 형태의 작은 조형물, 개 등이 있었다. 축치족에게는 기독교의 전파가 거의 없었다. 축치족의 구비문학에는 신화, 옛이야기, 역사 설화, 삶의 이야기 등이 있다.

신화 및 옛 이야기에는 주인공으로 까마귀가 문화적 영웅으로 등장한다. 신화속의 영웅은 사람들에게 다양한 곡식 및 그리스의 프로메테우스처럼 불을 가져다주었다. 또한 사냥방법, 수공업을 가르쳐주고 다양한 관습 및 제사의식을 시행하였다. 축치족 신화속의 영웅은 세계 창조자이며 사람들의 조상이었다.

축치족의 신화에는 사람과 짐승의 결혼을 비롯하여, 고래, 북극곰, 바다코끼리, 바다표범 등과 관련된 내용이 담겨있다. 역사 설화에는 축치족과 에스키모인, 코랴크족, 러시아인과의 전쟁이야기도 담겨있다. 축치족의 신화와 삶의 이야기들은 세계적으로 유명하다.

축치족의 음악은 발생학적으로 코랴크족, 에스키모인, 유카기르족 음악과 연관성이 깊다. 축치족 구성원 모두 유년기, 성년기, 노년기에 만들어진 최소한 3개의 개별적인 멜로디를 가지고 있다, 흔히 아이들은 부모로부터 멜로디를 선물 받기도 한다. 병에서 완쾌, 친구와의 이별, 사랑에 빠지는 일등 삶에서의 주요 이벤트와 관련되어 새로운 멜로디가 탄생되기도 한다.

축치족의 자장가는 학 또는 암 순록이 우는 소리와 비슷하다. 샤먼은 자신만의 멜로디를 가지고 있다. 샤먼은 영혼-수호신을 대신하여 정서적 상태를 반영한 "영혼의 노래"를 부른다. 탬버린은 둥근 테의 손잡이가 달린 것과 후면에 십자모양의 손잡이가 달린 것이 있다. 탬버린은 남성용, 여성용, 어린아이용 등 다양한 형태의 것들이 있다.

샤먼은 두껍고 부드러운 젓가락으로 탬버린을 연주하고 가수들은 축제일동안 고래수염으로 만든 가는 젓가락으로 탬버린을 연주한다. 추코트의 탬버린은 가족의 신성물로 탬버린의 울림은 "근원지의 목소리"를 상징하고 있다. 다른 전통적인 악기로는 대나무나 뼈, 금속으로 만든 울림판이 있는 입으로 연주하는 소형하프가 있다. 이밖에 나무덩어리 전체를 도려내어 만든 현악기인 비파가 있다. 비파는 기본적으로 노래 멜로디를 연주한다.

2. 돌간족의 생활과 예술

돌간족은 알타이어족 터키그룹의 언어를 사용 하며 타이미르 반도 돌간-네네쯔 자치구, 사하공화국, 크라스노야르스크주에 거주한다. 서부, 동부, 포피가이-아나바르 지역에 거주하는 돌간족은 서로 다른 방언을 사용한다.

돌간족의 문자는 1970년대 말 러시아 문자를 기반으로 제정되어 공식적으로 승인을 받았다. 또한 돌간족 최초의 서적은 1973년도에 발간되었으며 돌간어 입문서는 1981년에 출판되었다.

〈그림 14〉 썰매로의 이동하는 돌간족 가족

돌간족은 비교적 최근인 17-19세기 형성되었는데, 에벤끼족, 사모디이족, 러시아인 농민들과의 혼합 및 융합과정을 거쳐 민족이 생성되었으며 이 과정에서 이웃민족인 에벤족과 느가나산족의 문화요소를 받아들였다.

17세기 돌간족이라 불리우는 퉁구스 민족의 일부는 캄차트카, 아호츠크 연안, 알단강 유역에 살았다. 돌간족은 17-18세기 이주한 야쿠트족과 접촉하면서 그들의 언어를 받아들이고 야쿠트족과 함께 전체지역으로 이주하기 시작했다.[3)]

18세기 전체기간에 걸쳐 돌간족은 노릴스크 호수 및 보가니다강 유역으로 이주하였다. 레나강 유역에는 현지 야쿠트족과 일부 소수민족들이 정착하였다.

3) https://www.yakutskhistory.net/%D1%8F%D0%BA%D1%83%D1%82%D1%8B/%D0%B4%D0%BE %D0%BB%D0%B3%D0%B0%D0%BD%D1%8B/

19세기에 들어와 타이미르에서 다양한 민족그룹간의 활발한 상호교류가 이루어졌다. 야쿠트어는 퉁구스 민족그룹 및 툰드라지역 건너편의 농민들이 주로 사용하는 언어가 되었다. 이들 민족간의 결혼은 인종간 특성 차이를 더욱 줄어들게 만들었다. 복잡한 민족계통도는 그들의 산업 및 문화에 반영되었다. 이들 민족의 전통산업은 순록사육 및 사냥이며 일부 지역에서는 물고기를 잡았다.

돌간족은 주로 유목생활을 하였으며 삼림지대와 툰드라지대 밖으로는 이동하지 않았다. 겨울에 노릴스크 및 포피가이 돌간족은 서로 떨어져 살았다. 그 밖의 다른 종족 그룹들은 5-6가지 생산 활동을 공동으로 작업하였으며 그중 일부는 오두막집을 지어 정착하였다.

봄이 오면 농장을 가진 몇몇 가족들이 모여 유목그룹을 형성하였다. 이들은 외부의 침입을 막고 순록들을 지키기 위해 하루 종일 보호경계를 늦추지 않았다.

〈그림 15〉 순록을 타고 있는 돌간족

가을이 오면 가족들이 모여 구성된 유목그룹은 해체되고 각각의 가족들은 겨울을 준비하기 위해 북극여우 포획을 위한 동물주둥이-올가미를 만들거나 야생순록을 사냥한다.

돌간족은 퉁구스민족의 순록타기 및 순록썰매 이용 전통을 자신들에게 잘 적용시키기 위해 순록사육을 시작했다. 여름엔 순록은 개인이동수단 및 짐 운반 수단으로 쓰였다. 겨울에는 많은 짐을 운반하기 위해 순록을 한 줄에 몇 마리씩 묶어 썰매를 끌도록 하였다. 순록썰매는 기본적인 형태에서 네네쯔족 및 느가나산족의 썰매와 비슷하나 일부는 야쿠트족의 썰매형태를 모방했다.

에벤끼족과 같이 돌간족은 순록의 젖을 이용하였으며 또한 느가나산족 및 네네쯔족처럼 목축용 개를 이용하였다. 순록의 안장형태와 순록을 타고 가는 방법들은 모두 퉁구스 민족그룹의 전통을 따랐다. 돌간족은 주로 북극여우 및 거위, 오리, 뇌조 등을 사냥하였다. 전해 내려오는 이야기들에 의하면 짐승이

〈그림 16〉 돌간족의 나무받침대가 있는 창고

다니는 길에 숨어 있다가 규모가 큰 활과 화살로 야생순록을 사냥하였다고 한다. 19세기 말부터 사냥에 총과 독이든 총알을 사용하기 시작하였다. 총알의 독은 야생순록의 냄새가 나는 기름으로 만들었다.

돌간족에게는 강을 건너는 야생순록을 물속에서 창으로 찔러 움직이지 못하게 하여 포획하는, 가을 집단적인 사냥방식이 중요한 의미를 가진다. 여름과 가을에는 사냥개를 이용하여 야생순록의 이동경로를 추적한다.

가을 야생순록 사냥철이 오면 야생순록에 접근하기 위해 길들여진 미끼-순록을 이용하였다. 겨울 순록 사냥에는 4마리의 순록이 끄는 썰매로 장시간 야생순록 떼를 추적하며 사냥하기도 한다.

돌간족 사냥꾼들은 퉁구스 민족그룹의 스키와 비슷한 형태의 폭넓은 스키를 사용하며, 야생순록 떼에 접근하기 위해 방패로 위장한다. 물속에 사는 사냥감들을 포획하기 위해 그물, 올가미, 덫을 사용하며 북극여우모피 획득을 위해 동물주둥이-올가미를 사용한다. 북극여우 사냥은 북극여우모피가 상품적 가치가 크기 때문에 돌간족에게 매우 중요한 의미를 가진다.

얼음아래에 있는 물고기 등을 포획하기 위해서는 말총이나 실로 만든 고정된 그물을 사용하는데 그물을 작대기에 매달아 물에 흐르게 놓아둔다. 그물을 사용한 물고기 잡이에서, 산악 하천에서의 사냥처럼 순록이 힘을 이용하여 그물을 잡아당긴다.

돌간족은 쇠못을 수공업으로 가공하여 꼬치고기, 연어과 물고기, 홍송어 등을 낚을 갈고리를 제작한다. 사냥에 사용되는 보트는 소형이며 주로 러시아인 및 야쿠트족으로 부터 구입한다.

전통적인 유목인들의 집은 퉁구스족 형태의 원추형 이동천막이다. 여름에는 천막위에 거친 양가죽을 씌우며 겨울에는 순록 가죽을 씌운다.

예전에는 야쿠트족 형태의 원뿔형 집 및 바라크를 지었으나 러시아인들이

〈그림 17〉 돌간족의 썰매에 만든 움막

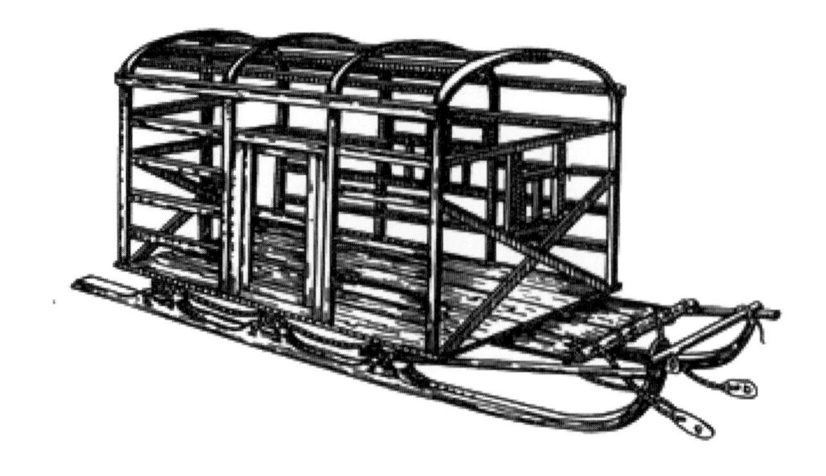

이주해오면서 썰매위에 만든 움막 및 받침대가 있는 작은집을 건축하여 살기 시작 했다.

썰매에 만든 움막은 사각형의 형태로 외부에는 순록 가죽을 씌우고 내부는 사라사 천으로 장식한다. 이동형 움막은 큰 썰매위에 설치되며 5-7마리의 순록에 의해 이동되었다. 이동 움막에는 유리를 끼운 창문과 철제난로, 판자침대, 테이블, 의자 등이 있었다. 이동 움막은 목초지에서의 움직임이 편리하기 때문에 지금까지도 사용되어 진다. 그밖에 높은 기둥이 있는 지붕과 바닥만 있는 창고형태의 건물도 사용되었다.

돌간족의 남성복과 여성복은 서로 다른 형태를 가지고 있다. 보통 상의는 구입한 직물을 꿰매어 만든다. 남성은 셔츠와 바지를 입는다. 여성은 상의 위에 구슬이 꿰어진 에이프런이나 허리띠를 둘러맨다, 남성 및 여성 모두 속옷이 따로 없었다. 돌간족 남성과 여성은 여름에 얇은 천으로 만든 옷자락이 긴 외투를 입고 겨울에는 북극여우 모피 및 토끼털로 만든 외투를 입는다. 또한 에벤끼족의 것과 유사한 에이프런이 있는 파커를 입기도 한다.

돌간족 의복의 특징으로 옷자락 뒷부분이 길쭉한 점을 들 수 있다. 여성용 모자는 모자 윗부분이 구슬이나 색상이 있는 줄무늬 천이 장식된 여우 방수가죽으로 덮여있다. 돌간족의 신발은 무릎까지 오는 긴 장화 형태로 순록 방수가죽으로 제작되고 구슬이 장식되어 있다. 축제일의 의복과 신발은 구슬 및 색상 있는 줄무늬 직물로 장식한다.

그밖에 넓은 가죽 끈과 허리띠에는 순록 힘줄로 만든 실로 자수를 놓았다. 남성들은 순록이나 맘모스 뼈에 조각을 하거나 주석으로 된 칼의 손잡이에 기하학적인 동식물 모양을 장식했다. 돌간족 음식물은 주로 삶거나 태양에 말린 육류와 물고기 등이 있었다. 얼려진 물고기로 포를 떠서 보관하기도 하였다.

그밖에 야채의 뿌리, 딸기, 구운 밀가루 빵, 팬케이크 등을 양식으로 삼았다.

돌간족의 혈통은 부계를 따라 내려져 온다. 19세기까지 돌간족의 전통적인 집단들이 사라지기 시작했는데, 야생순록, 가금류, 물고기 포획을 위한 집단적인 사냥형태는 오늘날까지 유지되고 있다. 사냥으로 획득한 순록 및 물고기는 친족과 이웃 사이에 나누었으며 상품적 가치가 있는 모피는 사냥꾼의 소유물이 되었다.

〈그림 18〉 돌간족의 순록 가죽으로 만든 부츠

많은 순록떼를 소유한 부자는 자신의 가난한 친족들을 일꾼으로 고용했다. 19세기 후반에 돌간족 사이에서 러시아인 및 야쿠트인 상인들과 상호작용을 할 수 있는 중개상들이 출현하기 시작했다.

〈그림 19〉 돌간족 거래상인들

돌간족은 에니미즘 세계관을 유지해왔다. 돌간족은 신과 영혼의 세계를 3가지의 카테고리 나누었다. 여기에는 어떤 대상에나 스며들 수 있는 보이지 않는 존재, 그리고 사람들에게 우호적인 영혼, 지하세계에 살고 있는 사람들에게 비우호적인 영혼이 있다.

돌간족 샤먼의 의상 및 탬버린은 야쿠트족의 그것과 형태가 닮았다. 이웃한 사모디이족처럼 돌간족 샤먼들은 마술적인 기술 소유여부에 따라 등급을 평가하였다. 딸랑이나 탬버린, 의복을 갖추지 않은 노래-치유 샤먼, 지하세계의 영혼에게 도움을 호소하는 샤먼, 제전도구를 모두 소유한 샤먼 등이 있었다.[4)]

돌간족은 가족 및 사냥꾼의 수호자들을 모신다. 이들 수호자들은 기묘한 형

4) http://nashasreda.ru/narody-rossii-dolgany/

태의 돌이나 순록 뿔의 형태로 되었는데 샤먼이 이들 형태에 영혼을 불어 넣는다고 한다. 이와 동시에 돌간족은 나무 조각품에 대한 제사를 지내기도 한다.

〈그림 20〉 돌간족 무덤주변에 걸린 순록사체

돌간족은 죽은 자를 땅속에 매장한다. 동부 돌간족은 복잡한 무늬가 장식된 통나무 구조물을 무덤위에 설치한다. 그리고 무덤주변에서 순록을 죽이고 주검의 옷이나 소지품은 무덤주변에 두거나 나무에 매달아 둔다.

서부 돌간족은 무덤위에 통나무 구조물을 쌓지는 않으나 흙으로 된 무덤에 나무를 넘어뜨린다. 돌간족의 구비문학은 야쿠트족, 에벤족, 러시아민족의 우화들과 결합된 자신만의 독특한 특징이 있는 우화를 보존하고 있다.

돌간족의 독특한 구비문학은 북부지방의 실제 자연환경과 유목민 생활양식을 반영하고 있다. 여기에는 수수께끼, 노래, 우화, 설화, 옛 이야기 등이 있다. 우화들은 동물, 마법, 생활 등에 관련한 소재를 중심으로 전해내려 온다. 설화 및 옛 이야기들은 오래된 선조, 부족 및 가족사이의 관계를 반영하고 있다. 수수께끼는 아이 및 어른들에게 널리 퍼져있다. 속담은 기본적으로 야쿠트인의 것을 차용하고 있다.

돌간족의 음악은 북부 야쿠트족의 문화를 바탕으로 하는 에벤끼족, 에벤족, 느가나산족, 에네쯔족, 북부시베리아 러시아인 원주민들의 음악과 관련이 깊다. 돌간족의 음악은 전통적인 민족적 환경에서 가족-결혼을 형성하는 청년-소녀들에게 커다란 의미가 있었다.

20세기 초부터 손톱으로 튕겨 소리를 내는 금속판으로 된 소형하프가 연주되기 시작했다. 돌간족의 악기들은 산업적 특성 및 전통적인 예술적 사고방식을 반영하고 있다. 특히 소리를 내는 악기의 일부로 방울을 돌간족은 많이 이용하였다.

그 예로 순록과 방목하는 소의 뿔에 매단 방울, 방목하는 소의 목에 단 방울, 늑대를 위협하기 위해 순록의 목에 매단 방울등이 있다. 또한 축제에 입는 아이들 옷에 달린 방울, 여성 및 샤먼의 예식용 옷에 달린 방울등도 각각의 의미를 가진다.

돌간족은 타이미르 자치관구와 두딘카에서 도시형촌락을 이루고 조밀하게 모여 살고 있다. 돌간족은 종래와 같이 순록사육을 하고 있으며 순록 및 매머드 뼈에 대한 조각 공예 전통을 유지하고 있다. 또한 순록모피와 구슬을 장식한 옷과 신발을 만들며 민족전통의상 제작도 꾸준히 하고 있다.

돌간족의 언어는 두딘카에 있는 사범학교에서 강의가 이루어지고 있다. 학생들을 위한 돌간어로 된 교과서도 발행되어 있다. 타이미르 자치구 거주 돌간족들에서 유명 작가, 시인, 기자, 전문예술인들을 비롯하여 어학, 역사, 지리, 사범분야에서 유명 학자와 전문가들이 배출되었다.

티이미르 국영라디오 회사는 돌간어로의 방송을 계획하고 있으며, 신문사들은 돌간족의 언어와 문화의 발전 그리고 전통제도의 부활을 위한 기사들을 발표하고 있다.

Ⅱ. 시베리아 주민들의 음식, 장난감, 명절문화

1. 시베리아 주민들의 음식문화

시베리아 주민들은 장기간에 걸쳐 시베리아의 숲과 호수가 주는 자연의 선물로 음식을 만들었다. 이들 주민들의 음식은 다양성은 없었지만 영양이 풍부하고 실용적이었다. 시베리아 사냥꾼 및 어부들은 빨갛게 단 돌이나 석탄을 사용한 독특한 방법으로 음식을 만들었다.

잡아온 야생짐승이나 물고기는 훈제, 건조, 염장을 하여 장기간 보관하였다. 딸기 및 버섯으로는 겨울용 저장식품을 만들었다. 물고기와 들새고기에 타이가 지역의 향신료가 조합된 시베리아 음식은 유럽의 음식과는 많은 다른 점이 있었다. 시베리아 음식들은 고대 러시아 문화의 영향아래 형성되어 왔다. 내부교역이 발전하면서 17세기부터 러시아인들의 지역음식이 형성되기 시작되었다. 19세기 70년대 급속한 철도발전으로 변방지역에서 중심지로 접근이 가능해졌다.

교통의 발전은 여러 지역 러시아인들의 음식이 급속히 러시아 전체민족의 음식으로 인정받는 계기가 되었다. 이런 음식들에는 시베리아 만두, 극동의 송어, 연어 알 등이 있다. 시베리아 주민들이 이용하는 주요 식료품들은 그들 스스로 생산하였다. 우유, 육류, 야채, 계란, 곡물 등이 이들 음식의 원료 대부분을 차지하였다.

시베리아 주민들의 식품이용은 음식절제 필요성 준수와 깊은 연관성을 가진다. 해마다 4회의 음식섭취 절제기간이 있으며 최대 130일간 지속되었다, 특별히 고기 및 유제품 섭취가 허락된 날 및 축일을 제외하곤 모든 수요일 및 금요일 낮에 고기 없는 식사를 하였다. 시베리아 주민들의 식탁에는 빵이 주된 음식으로 인구 1인당 소비량이 세계 제일을 차지하였다. 러시아의 음식역

〈그림 21〉 시베리아 생선-야채 수프

사에서 수프 음식이 매우 중요한 의미를 가지고 있으며 지속적으로 유지되고 있다. 18세기에서 20세기에 걸쳐 양배추 수프, 잡탕 수프, 절인오이 고기 수프, 전골, 냉국 수프, 크바스 야채 수프 등이 러시아인들의 주요 음식으로 형성되었다. 많은 가축을 기르는 오래된 시베리아 주민들에게는 육류 요리가 주요 음식이 되었다. 보통 육류요리는 삶아서 먹는다.

시베리아 주민들이 좋아하는 음식으로는 만두가 있는데, 만두에는 쇠고기, 돼지고기, 양고기로 만든 다진 고기가 들어 있다. 대부분의 시베리아 원주민들은 순록을 사냥하고 순록 고기를 음식재료로 사용한다.

저녁음식으로는 보통 삶은 양고기 및 돼지새끼 고기, 우유 등을 먹는다. 양이나 소, 돼지의 머리, 다리, 무릎에서 나온 재료로 차가운 젤리수프를 만든다. 겨울에 시베리아 주민들은 쇠고기로 만든 소시지를 만들었으며, 유럽러시아인 이주민들로부터 소시지 제작경험을 습득한 뒤에는 돼지고기로도 소시지를 만들었다.

또한 저장용 고기들 중에는 넓적다리를 소금에 절여 건조한 것들이 있다. 시베리아 음식들 가운데 독특한 발전을 보인 음식으로 다양한 형태를 가지는 피막으로 둘러싼 〈파이〉를 들 수 있다. 파이에는 물고기, 육류, 버섯, 응고우유, 야채, 곡물, 딸기 등으로 속을 채웠다.

시베리아 주민들은 항상 물고기를 섭취하였는데, 물고기는 삶거나 끓이는 등 다양한 요리방법으로 물고기 요리를 만들었다. 이들 음식에는 양파 및 버섯을 넣은 물고기죽, 물고기 스튜, 물고기 젤리, 건조한 물고기, 훈제한 물고기 등이 있었다. 서부 시베리아 지역에서는 얼려서 포를 뜬 물기가 있는 물고기를 먹었다. 시베리아 주민의 음식에서 냉동훈제. 가열훈제, 건조훈제 등 3가지 형태의 훈제 물고기가 널리 이용되어 졌다. 시베리아 주민들은 호박, 순무, 당근, 사탕무, 양배추, 오이 등을 재배하였다. 감자재배는 극히 제한되어 감자로는 한정된 음식만 만들 수 있었다. 감자요리에는 감자를 굽거나 감자 팬케이크, 감자 커틀릿 등이 있었다. 파이에는 기름에 삶은 양배추, 당근 등을 넣었다.

〈그림 22〉 시베리아 훈제 물고기들

겨울에는 소금에 절인 오이를 먹었으며 여름에는 벌꿀을 가미한 오이를 먹었다. 이러한 음식들은 결코 시베리아 주민들의 고유한 음식은 아니었다. 이들 음식은 유럽에서 전래한 음식중의 하나로 이미 19세기에 러시아에서 퍼져있었다. 시베리아 주민들에게 가장 맛있는 음식중의 하나로 삼나무 열매나 해바라기 씨, 벌꿀이 있었다.

사탕 등의 당과류는 매우 희귀했으면 가끔 축일기간에 일부 사람들이 구매하였다. 시베리아 주민들이 좋아하고 널리 알려진 음료에는 발효된 <크바스>가 있었다. 차를 끓이기 위해서는 풀이나 톱니꼬리조팝나무 및 까치밥나무 잎사귀를 주로 이용하였다. 그밖에 밀가루 풀떼기, 우유, 딸기 등을 끓여 전분가루와 함께 먹기도 하였다. 또한 불두화나무로 젤리를 만들기도 했다.

〈그림 23〉 시베리아 만두

식사음식 종류는 사냥시즌에 얽매이지 않아 계절에 관계없이 고정적으로 유지되었다. 그러나 일반적으로 여름에는 우유를 많이 먹고 겨울에는 육류를 많이 먹었다. 현재 이르쿠츠크에는 러시아의 전통을 보존하는 장소들이 많은데 거기서 실제의 시베리아 음식을 맛볼 수 있다.[5] 시베리아는 상상할 수 없는 혹독한 기후를 가지고 있다. 실질적으로 이러한 혹독한 추위를 이겨내려면 많은 에너지가 필요하다. 다른 말로 하면 전통적인 시베리아 음식은 대단히 많은 칼로리를 함유한다. 시베리아는 러시아 만두의 발생지로 여기서부터 러시아 전역에 걸쳐 만두가 보급되기 시작했다. 시베리아 만두는 소고기, 양고기, 순록고기를 넣었다. 역사적으로 시베리아에서는 돼지사육을 하지 않았다. 그러나 돼지고기를 넣은 만두는 존재하였다.

시베리아 주민들은 야생 돼지를 길들이고 양육한 다음 도살하였다. 시베리아 주민들의 주된 육류는 쇠고기였다. 다수의 영양학 전문가들은 시베리아 주민들이 제일 건강하다고 말한다. 이와 함께 싱거운 물고기 또한 전통적 시베리아 조리법으로 간주되고 있다.

소금에 절인 물고기는 맛이 있을 뿐 아니라 필수적인 미량원소를 함유하고 있다. 또한 이러한 물고기에는 버섯을 비롯하여 육류, 시베리아 딸기 등

5) http: //www.irk.ru/obed/articles/20121112/siberia/

다양한 재료로 뱃속이 채워지게 된다. 자연적으로 시베리아 주민들의 대다수 음식들은 육류로 이루어진다. 또한 이들 지역에서는 가축의 내장, 머리도 넓게 이용된다. 실질적으로 가축의 혀, 간, 심장, 폐등이 모두 음식재료로 이용된다.

시베리아의 원주민중의 하나로 축치족이 있다. 축치족은 시베리아 전통음식 형성에 심대한 영향을 주었다. 축치족은 야외 화로를 이용한 다양한 취사 방법을 가지고 있다. 야외 화로를 이용한 순록고기 요리는 매우 뛰어나다. 특히 순록고기는 쇠고기와 맛이 비슷하지만 냄새에서 쇠고기와 많이 다르다.

시베리아 음식은 자연과의 친밀성에서 다른 지역 음식과 구별된다. 시베리아 음식에선 과장되거나 백리향 또는 샤프란 같은 섬세한 맛을 발견할 수 없다. 시베리아 음식은 배부를 때 까지 최고의 맛을 유지해 준다.[6]

러시아 북부지방의 기후, 자연환경은 매우 혹독하다. 추운기간은 대단히 길고 그 다지 덥지 않은 여름은 비교적 짧다. 이러한 기후조건은 원예 및 농작 가능성에 많은 제한을 가져다준다. 그러나 이와 동시에 시베리아는 숲, 하천, 호수가 매우 많다. 따라서 여기에 사는 물고기, 짐승, 견과류, 딸기 등의 나무 열매가 풍부하다.

물고기가 풍부한 시베리아 음식은 매우 건강하며 열량이 높다. 시베리아 지역에선 음식물은 생존을 위해 에너지와 힘을 제공해야만 한다. 시베리아 주민들은 하루에 5번의 식사를 한다. 여기에는 아침을 비롯하여 정확히 정오에 먹는 〈런치〉, 오후의 점심, 점심과 저녁사이에 먹는 간식, 저녁이 있다.

시베리아 음식의 전통은 핀란드, 카렐리아, 스칸디나비아 전통과 매우 흡사하다. 시베리아 주민들이 자체 생산한 곡물은 매우 적어 외부로부터 반입하기

---

6) http://menudlyavas.ru/traditsionnyie-blyuda-sibirskoy-kuhni/24422

때문에 가격이 비싸다. 그래서 사계절 많은 물고기를 잡아 음식의 재료로 사용한다. 이러한 이유로 백해연안 주민들 사이에 〈빵이 없는 것보다 물고기가 없는 것이 더 나쁘다〉라는 격언이 발생했다.

시베리아 주민들이 좋아하는 물고기로는 대구, 광어, 북대서양 대구, 은어, 북해산 대구 등이 있다. 이들 물고기들은 삶거나 끓이며 삭히기도 한다. 또한 토막낸 물고기에 버섯, 딸기, 야채, 죽 등을 섞기도 한다. 일부 시베리아 남부지방에서는 물고기를 냉동하여 반건조 상태에서 포를 떠서 막거나 다져서 먹는다.

물고기는 먹기 전에 살을 부드럽게 하고 뼈로부터 분리하기 위해 잘게 찢는다. 그리고 소금 및 고추를 첨가하여 먹는다. 물고기는 찌거나 삶고, 비늘에 싸서 굽거나 우유크림을 첨가해 빛깔이 누르도록 굽는다. 또한 바람 및 햇볕, 화로에서 물고기를 말리거나 건조시킨다.

예전에는 물고기 훈제법이 없었으며 단지 20세기 초에 들어와 널리 퍼지기 시작했다. 시베리아 주민들의 생선수프에는 잘게 썬 양파, 소금에 절인 오이, 젓갈, 곡물 등을 첨가 한다. 생선수프에는 주로 바이칼연어(오물) 또는 대구가 들어간다. 그 밖에 응고우유와 식물성 기름에 구운 대구요리도 시베리아 주민들은 즐겨 먹었다.

얇은 감자조각으로 삶은 대구조각을 둘러싼 다음 삶은 양파, 응고우유, 식물성 기름, 설탕 등을 첨가하여 화로에 굽는다. 이 음식은 지방, 탄수화물, 칼슘 및 다른 미량원소들과의 완벽한 조화를 이룬다.

소금을 적게 친 바이칼연어(오물)는 일반적인 러시아 북부지방의 음식 범위에서 벗어난다. 물고기에 소금을 치는 방법도 창자 제거여부에 따라 다양한 방법이 있다. 소금을 치는 방법 및 시간에 따라 다양한 물고기의 풍미를 맛 볼 수 있다. 특히 갓 소금에 절인 생선이 매우 부드러우며 맛이 뛰어나다.

러시아 북부지방의 주요 음식 재료는 육류, 계란, 우유이다. 육류는 주로 가축이나 야생짐승의 고기를 섭취하였다. 가정에서 널리 기르는 가축으로는 소 및 양이 있었다. 시베리아 주민들은 비록 돼지고기를 매우 좋아하였으나 돼지 사육을 하지 않았다. 그들은 봄과 여름에 반야생의 돼지를 숲에서 방목하였다. 가을이 가까워지면 집에서 먹이를 주며 길들였다가 겨울에 도축한다.

시베리아 음식 중에 빠질 수 없는 것이 시베리아 만두이다. 가장 맛있는 만두에는 쇠고기, 돼지고기, 양고기가 혼합된 만두속이 채워진다. 만두를 만들 때는 가족 전부는 물론 이웃들을 불러서 겨우내 먹을 수 있는 많은 양을 만들어, 마포로 만든 주머니에 넣어 얼린 다음 집의 광이나 작업장에 매달아 보관한다.

시베리아 주민들의 음식 대부분은 토끼 고기, 순록 고기, 곰 고기가 주된 재료로 쓰인다. 곰 고기는 소화를 증진시키고 면역을 증진시켜 신체조직을 강화시킨다. 이밖에 곰 고기는 심장병, 혈관질환, 관절 질환 등 만성병에 시달리는 허약한 사람들에게 추천하는 음식이다. 특히 곰 기름은 예로부터 치료수단으로 지금까지 폭넓게 이용되어 왔다.

그러나 곰 고기는 매우 단단하고 독특한 냄새 때문에 요리를 하기 전에 포도주나 식초, 야생풀로 만든 마리네이드(양념장)에 15시간 이상 담가 흠뻑 적셔야 한다. 이후엔 굽지는 말고 끓이거나 삶아야 한다. 시베리아 채소 작물은 내한성이 높고 재배하기 쉬운 채소들이 널리 재배되었는데 여기에는 호박, 순무, 당근, 사탕무, 양배추 등이 있었으며 나중에 감자와 오이를 추가적으로 재배하였다.

특히 시베리아 주민들에게 순무 흉작은 적의 침입이나 전염병 유행등과 필적한 실질적이 재난이 되었다. 야채는 기름을 사용하여 끓이는데 파이의 속을 채우는 재료로 쓰였다. 겨울에는 소금에 절인 오이를 먹었으며 여름에 벌꿀을 섞어 오이를 먹었다. 이 밖에 진미 식품으로 삼나무 열매가 있었다.

<그림 24> 시베리아 버섯요리

시베리아 음식에서 샐러드는 고유한 음식이라 볼 수 없다. 그러나 시베리아 주민들의 샐러드는 다양한 차가운 간식거리로 발전되었다. 샐러드의 주요재료로는 소금과 마리네이드에 절인 버섯이 쓰였다. 이외에도 시베리아 주민들은 지금까지도 송이버섯, 대형황토버섯, 뽕나무버섯을 음식재료로 사용하기도 했다.

그밖에 차가운 연어고기, 창꼬치고기, 벨루가 고기, 월귤나무 열매, 새먼베리 열매, 월귤, 소금에 절인 오이, 초절인 오이들도 시베리아 주민들이 애용하는 음식재료이다.

화덕으로 요리되는 러시아인의 요리는 튀기지 않고 끓이거나 삶고 빛깔이 누르도록 굽는다. 특히 사순절 기간에는 고기 기름(지방)이 없는 음식을 만들다. 18세기말 차가 전례 되기까지 시베리아 주민들은 향기 나는 풀이나 톱니꼬리조팝나무, 까치밥나무, 박하 잎사귀를 우려먹었다.

실제적인 차가 출현하면서 차를 마시는 횟수가 늘어났으며 19세기말 <사모바르>가 출현하기까지 구리로 만든 차 주전자로 찻물을 끓였다. 시베리아 주민들은 차를 먹을 때 호밀가루로 만든 <파이>를 곁들인다. 시베리아에서는 밀보다 호밀이 잘 자라기 때문이다. 시베리아 주민들이 제일 좋아하는 <파이>는 산벗나무의 떫은 열매가 들어간 <파이>이다.

여름에 산벗나무의 떫은 열매를 대량으로 수확하여 건조한 뒤 가루로 만들었다.

시베리아 음식중에 <파이>와 비슷한 버터를 넣은 튀김 빵이 있다. 이 빵에는 응고우유 뿐만 아니라 감자, 물고기, 모든 열매를 빵에 넣거나 발라서 먹는다.[7]

〈그림 25〉 산나무 열매들

시베리아 지방 음식은 단지 19세기말에 들어 알려지기 시작했다. 대부분의 음식은 육류, 버섯, 물고기, 부추, 양파, 타이가지방의 향미료가 조합이 되어 조리되었으며 곰 고기 및 순록고기를 먹었다. 시베리아 음식에 대한 실제적인 애호가는 적은 편으로 주로 현지주민들이 애용한다.

수세기동안 시베리아 주민들은 전통적으로 음식을 준비할 때 생고기 및 친환경적인 육류를 사용하였다. 오늘날에는 러시아 서부 및 동부의 주민들 사이에서도 시베리아 음식 애호가가 나타나기 시작했다. 오늘날 모스크바에서 많은 음식점들이 그 맛을 잊을 수 없는 시베리아 음식을 판매하고 있다.

이들 음식 중에 특히 버섯, 들새, 물고기들로 만든 음식이 많은 사랑을 받고 있다. 오늘날의 사람들은 건강한 식사를 추구하여 시베리아 음식들이 점점 인기를 얻고 있다. 시베리아 음식은 환경적으로 순수한 자연 상태로 요리되기 때문에 자신의 순수한 맛과 영양을 간직하고 있다.

시베리아에서는 어업과 사냥이 매우 발달해 있다. 시베리아에는 생활을 위한 깨끗한 공기 등의 좋은 자연환경 덕분에 환경 친화적인 물고기와 들새들이 살고 있다. 그래서 시베리아에서 획득하는 물고기와 들새는 아주 놀라운 풍미

---

7) http://nazaccent.ru/content/ 8992-tradicionnaya-russkaya-kuhnya.html

<그림 26> 시베리아 물고기 요리

<그림 27> 시베리아 들꿩요리

를 보유하고 있다.

시베리아 음식들은 계절에 따른 다양한 특성을 가지고 있다. 짐승사냥 및 물고기 포획시즌은 여러 기간에 걸쳐 있다. 또한 시베리아 음식만의 독특한 특징으로 쇠고기가 전무하다는 점을 들 수 있는데, 시베리아 지역 주민들은 쇠고기를 진미식품으로 간주하고 있다.

시베리아 지역 주민들에게는 쇠고기를 대신하는 일반적인 육류로는 순록고기가 있다. 시베리아 지역에서 일반적이지 않은 식품으로는 양치류 고사리로 만든 음식이 있다. 버섯요리는 양파와 토마토를 추가하여 육류요리의 반찬으로 사용하던지 또는 여기에 가지나 오이를 추가하여 셀러드 형태로 이용한다.

고사리는 대량의 비타민과 건강에 좋은 물질들을 함유하고 있다. 그밖에 시베리아 주민들에게 맛있는 음식으로 <마가목에 앉은> 들꿩요리가 있다. 들꿩은 얼은 마가목 열매를 먹기 때문에 들꿩고기는 섬세한 풍미를 가진다. 시베리아 음식 가운데 가장 널리 알려진 것으로는 북부에니세이강 물고기 포와 순록고기로 만든 요리가 있다.

시베리아 주민들은 실제 돼지고기의 입술, 귀, 혀로 만든 요리를 매우 좋아한다. 신년을 맞아 시베리아 주민들은 돼지의 다리 및 머리로 젤리를 만든다.

시베리아 음식들은 다양한 요리법과 큰 규모를 자랑한다.[8]

〈그림 28〉 건조된 바이칼연어(오물)

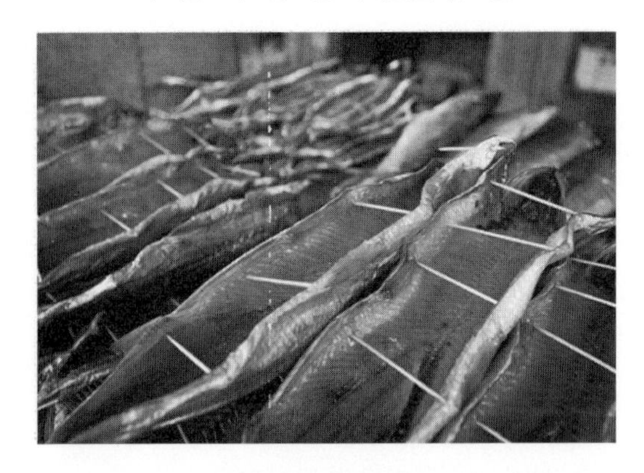

〈그림 29〉 물고기 룰렛트 요리

시베리아 음식의 특징은 바이칼연안의 음식에서 더욱 선명하게 드러난다. 특히 바이칼 현지의 약간 신맛이 있는 바이칼연어(오물)의 부드러운 맛은 시베리아 지역 외부에도 널리 알려져 있다.

물고기에 소금을 뿌리는 방법은 창자의 제거여부, 소금의 양과 절인시간에 따라 물고기의 맛이 매우 변화한다. 갓 소금에 절인 바이칼연어(오물)는 맛이 매우 부드러워 물고기를 싫어하는 사람들도 단번에 물고기 꼬리까지 맛있게 먹게 만든다.

식도락가들 일부는 바이칼연어(오물)가 차가운 보드카를 마실 때 완벽한 안주라고 격찬하다. 많은 여행객들은 바이칼연어(오물)를 친척이나 지인들에게 가져다주기를 원한다. 바이칼연어(오물) 운반을 위해 구매를 할 경우 훈제품이 비닐포장이 아닌 숨구멍이 있는 종이로 포장된 상품을 구매해야 한다.

---

8) http://xn----9sbubb4ahmf1byfxn--p1ai/content/20

바이칼어부들의 물고기 손질법의 핵심은 물고기가 건조한 상태에서 소금을 뿌리는 것이다. 바이칼연어(오물)를 펼쳐서 깨끗이 씻고 흐르는 차가운 바이칼호수의 물로 세척한다. 그리고 소금한줌을 아가미, 머리, 등, 옆 부분에 뿌려 넣는다. 약간 신맛이 있는 오물은 모든 이르쿠츠크 음식점이나 바이칼 도로에 있는 카페, 또는 바이칼 호수 관광지에서 맛을 볼 수 있다.

바이칼 알혼섬에서 물고기 룰렛트 음식이 유명하다. 룰렛트는 물고기 다진 고기, 양파, 소금을 섞어 만두모양으로 만든 다음 따로따로 굽는다.[9]

2. 시베리아 주민들의 장난감문화

장난감은 아이들에게 정신적 및 육체적 발전을 가지고 온다, 또한 외부세계를 인식하게 하고 장난감 놀이를 통해 자아를 형성하기도 한다, 장난감은 인류에게 고대로 부터 알려져 왔다.

고고학자들은 고대 출토품에서 사람 또는 동물 형태의 장난감들을 발견하였다. 시베리아 지역 고대 마을에서 사람, 동물 모양 및 도기류 유물 등이 발견되었다. 장난감들은 초기에 뼈, 나무, 점토, 식물 등으로 만들어졌으며 이후 유리나 가죽, 철로 만들어 졌다.[10]

시베리아 지역에 아이들 장난감이 언제 출현했는지 정확한 시기는 말하기 어렵다. 시베리아에서는 부드러운 돌이나 매머드 앞니를 갈아서 만든 장난감들이 발견되었다. 장난감은 항상 모든 민족의 생활양식에 본질적인 부분을 반영하였으며 그들 삶의 거울이 되었다.

---

9) http//fanatbaikala.livejournal.com/11789.html
10) http://www.naomuseum.ru/issled/201-igrushka-v-nashem-krae

예전부터 러시아에서는 다양한 장난감 제작 공장이 알려져 있었다. 그러나 시베리아에는 집단적인 수공업으로 장난감을 생산하는 공장은 없었다. 그럼에도 불구하고 시베리아 아이들에게도 항상 장난감이 있었다. 아이들의 어머니, 할머니, 언니 등이 한가할 때 장난감을 만들었다.

〈그림 30〉 나무로 만든 말 장난감

〈그림 31〉 나무로 만든 자동차 장난감

이들이 만든 장난감은 나무, 뼈, 자작나무 껍질, 가죽 조각 등의 일상생활 소재들로 만들어졌으며 독특한 형상을 지녔다. 장난감은 미래의 성인이 될 어린이들의 활동과 직접적인 관계를 가지고 있다.[11]

에벤끼족 남자아이들은 솜씨 있게 나무 잔가지로 순록들을 몰면서 성인들처럼 순록에 짐을 싣기도 하며 유목 놀이를 하였다. 부랴트족 아이들에게는 말을 묘사한 장난감들이 매우 많았다.

부랴트족은 세습 목축 민족으로 그들의 장난감은 나무나 뼈를 도려내어 만든 다양한 말 모양의 형태를 보여주고 있었다.

11) http://www.pribaikal.ru/talci-item/article/2169.html

민속학자들은 아이들의 생활과 놀이에서 장난감과의 연관관계에 관심을 가지고 있다. 남자 아이들의 장난감은 나무로 만든 자동차 형태가 많은데 화물 및 목재 운반차는 농촌 소년들에 의해, 레이싱 자동차는 도시 소년들이 가지고 놀았다. 또한 젊은 세대에게는 영웅적 행위 및 군대의 낭만에 대한 교육을 가능하게 하는 나무로 만든 항공기, 선박, 권총, 라이플총, 기관총 등이 관심을 끌었다. 장난감은 단지 교육적 요소만 있는 것이 아니라 때때로 신격화 되었는데, 수많은 제례의식에 관여하고 부적으로서의 역할도 하였다. 이러한 역할을 하는 장난감은 매우 존중받았으며 특별한 바구니 및 상자에 보관 돠었다.

고대 최초의 아이 장난감은 오늘날과 마찬가지로 딸랑이였다. 현대적인 딸랑이와 구별되는 것은 장난감 소재 및 제작기술뿐이다. 한띠-만시 자치구에서는 뼈로 만든 2개의 딸랑이가 발견되었다. 이 뼈들은 가축의 다리 발굽관절로 아마도 어린양의 것으로 추측된다. 작은 뼈들에는 구멍이 뚫려있어 이들 구멍 사이로 실을 꿰어 침대에 매달았다.

네네쯔족의 딸랑이는 자고새의 모래주머니로 만들어졌다. 새들의 모래주머니에 버들이나 밀쌀을 채워 넣어 만든다. 딸랑이의 색상은 투명한 갈색이다.

밀살을 채워 넣은 딸랑이가 마르게 되면 손으로 가지고 놀던지 아기요람에 매달아둔다. 코미족의 딸랑이는 자작나무 껍질로 짜서 만든다. 코미족은 이

〈그림 32〉 나무로 만들어진 딸랑이

〈그림 33〉 가축의 발굽 뼈로 만든 딸랑이

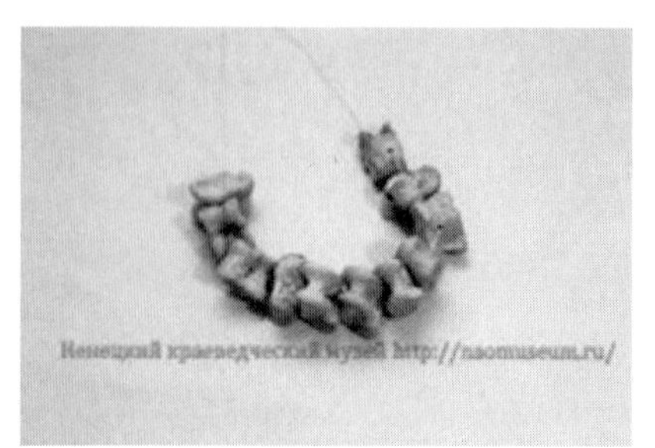

딸랑이를 〈쉿〉이라고 부른다. 코미족의 〈쉿〉은 자작나무 껍질로 짜여진 작은 바구니이다. 여기에 조약돌이나 모래를 채운다. 이 딸랑이는 다양한 크기로 만들어졌는데 시간이 지나면서 악기가 되기도 하였다.

나무로 딸랑이 외에도 다른 장난감들을 많이 만들었는데 이것은 나무가 농경사회에서 흔하게 사용되었기 때문이다. 나무토막이나 넓적한 형태의 나무로 장난감들이 만들어 졌다, 예를 들면 17세기에 만들어진 통나무집에서 나무로 만든 손도끼가 발견되었다. 또한 가벼운 개썰매에 사용하는 작은 나무 조각도 발견되었다.

시베리아 툰드라 지대에선 개썰매 없이 이동하는 것은 매우 어려웠다. 아버지가 개썰매를 만드는 것처럼 남자아이는 장난감 개썰매를 만들었는데 실재 개썰매와 매우 흡사하였다. 더 나아가 남자아이들은 장난감 순록을 만들기 시작했다, 장난감 순록은 다양한 소재로 만들어졌다.

장난감 순록 제작에 사용된 나무는 한쪽이 돌출되고 다른 쪽은 비스듬히 절단된 작은 나무 블록을 사용하였다. 툰드라에 사는 네네쯔족은 그들의 활동, 상거래, 대화 등이 순록 주위에서 이루어졌는데, 순록은 네네쯔족에게 삶과 재산, 자랑거리, 희망이었다.

러시아인의 구비문학, 서적, 문학작품에는 말의 형상이 뿌리박혀 있다. 러시아인들에게 말은 고대로 부터 끊을 수 없는 동반자이다. 러시아 농민에게 말은 농경에서

〈그림 34〉 새의 모래주머니로 만든 딸랑이

〈그림 35〉 점토로 만들어진 망아지 장난감

도움을 주는 부양자이며 이야기 상대가 되었다. 장난감 말은 나무뿐만 아니라 점토로도 만들어 졌다. 네네쯔족 자치구에서 점토로 만들어진 망아지가 별견되었다.[12]

고대로 부터 인형은 여러 제례의식에 참가자가 되었다. 인형은 신의 세계와 인간의 세계 사이에 연결된 고리역할을 하였으며, 혼수상태에 있는 살아있는 사람의 중개매체가 되었다. 이러한 방법으로 초기 인형들은 고대 사람들의 삶을 편안하게 해주었다.

더나가 인형-허수아비는 많은 사람의 생명을 구하였는데, 사람대신에 신들의 희생물이 되었다. 거의 모든 고대 슬라브족의 제례의식에서 인형들이 존재한다. 말하자면 슬라브족의 선조들은 종교의식 과정에서 인형과 함께 있지만, 놀이나 오락의 성격을 가지는 것은 아니다. 이것은 매우 심오한 정신적인 작업이다,

시간이 지남에 따라 인형은 질병, 불행, 굶주림, 무자식을 피할 수 있는 부적으로서의 역할도 하게 되었다.

시베리아에 사는 러시아인들의 생활양식에서 헝겊 인형은 가장 확산된 장난감중의 하나이다. 인형놀이는 단지 여자아이들만을 위한 것은 아니었다. 모든 어린이들은 인형놀이를 하였으며, 아이가 7-8살이 되어서야 남자아이와 여자아이 옷의 차이가 생기기 시작했다. 이때 남자아이는 바지를 입었고, 여자아이는 치마를 입었으며, 그들의 역할과 놀이가 확연히 분리되었다.

---

12) http://lepnj.narod.ru/lep6.html

〈그림 36〉 새 부리 형상의 인형

7-8실 이후 여자아이들은 결혼할 때 까지 인형과의 놀이에 관심이 줄어들었다, 헝겊 인형은 단순 여성모양으로 만들어 졌다. 이 인형은 시적이며 원시적인 순수함과 이상적인 특징을 가지고 있었다. 인형놀이는 삶의 거울과 같은 것으로, 실질적이고 정신적인 삶을 반영하였다. 또한 여기에는 민족의 도덕적 기반 및 미적인 개념이 포함되어 있었다.

세계의 민족문화에서 민족적 축일 및 제전에 인형이 매우 중요한 위치를 차지하였다,

제례의식용 인형을 만들 때에는 찌르거나 베일 수 있는 물체 사용이 금지되었는데, 왜냐하면 이것들이 사람들에게 상처를 줄 수 있기 때문이었다. 그래서 인형제작을 위해 천이나 실을 칼로 자르지 않고 찢어서 사용하였다.

네네쯔족 제례의식용 인형의 몸통은 색상이 있는 두꺼운 천 덩어리로 만들어지고 머리 부분은 여자 인형인 경우 오리 부리로, 남자 인형의 경우 거위 부리로 만들었다, 두꺼운 천 덩어리와 새의 부리 접합부분은 천 조각으로 감 쌓다.

네네쯔족의 전통적인 인형에는 개성을 특징짓게 하는 눈, 코, 입 등이 없는데 특히 손과 발이 없는 경우도 있다. 인형에서 손이나 다리가 없는 부분은 모피로 된 인형 옷을 감고 띠로 두른다.

이러한 인형에는 악령이나 다른 악한세력이 살 수 없을 것으로 생각되어 왔다. 또한 다양한 마법적인 능력을 가지고 있다고 여겨졌다, 이들 인형은 스스로

〈그림 37〉 얼굴, 손, 발이 없는 네네쯔족의 인형

에게 질병이나 불행을 대신하여 가질 수 있고, 농사 풍작을 도와준다고도 믿었다.

전통적인 러시아 인형은 형태와 장식에서 다양한 형태가 만들어졌다. 수많은 농촌명절은 교회의 달력을 따라 지냈는데 여기에는 다양한 상징적인 의미가 있다. 전통적인 인형들은 명절의 상징적 의미를 가지는데 이중에는 제례의식용 인형, 결혼인형, 학질인형, 집안에 행운을 주는 인형들이 포함 되었다.

이밖에 인형들을 아이의 요람에 두어 악령을 물리치기고 했다. 인형들은 아이가 세례를 받을 때까지 아이와 함께 지내고, 세례를 받은 후에는 집안에 소중히 보관하였다.

이렇게 각각의 민족들의 문화에서 장난감은 매우 중요한 의미를 가지고 있다.

3. 시베리아 주민들의 명절문화

러시아 북방지역, 시베리아, 극동지역에 거주하는 토착 소수민족들의 명절은 자연환경 및 계절의 변화에 맞추어 달력의 시간에 따라 다양한 형태로 지켜지고 있다. 달력에 나타난 토착 소수민족들의 명절은 다음과 같은 것들이 있다[13].

---

13) https://7x7-journal.ru/post/21868

[1월]

1. "마아리쉬 축제", 케메로브 주 타쉬타골 지역에서 개최되며 소수민족 청년들이 참여하는 스포츠 축제이다. 이 축제의 목적은 민족놀이 및 민족스포츠를 널리 알리고 젊은이들에 대한 정신도덕과 문화교육 향상에 있다.

2. "밀틱 축제" - 케메로브 주에서 열리는 사격축제 이다. 이 축제는 2007년에 복원 되어 매년 1월 19일에 타쉬타골 지역에서 개최된다.

[2월]

1. "2월8일 - 국제 사미족 단합 민족의 날"- 무르크만스크주, 무르만스크 및 사미족이 거주하는 여러 마을들에서 개최된다. 이날 시청에서 깃발 게양식 및 원탁회의가 열리고 박물관, 도서관등에서 전시회 개최 및 각종 콘서트가 열린다. 이 축제에는 스칸디나이바, 핀란드, 러시아에 거주하는 사미족들도 참가한다.

이 축일의 역사를 보면, 1917년 이날에 노르웨이 〈트론헤임〉에서 최초의 사미족 모임이 열렸다, 이 모임에서 스웨덴, 노르웨이, 핀란드 대공국에서 거주하는 사미족 통합체가 결성되어 국경을 초월하여 사미족 상호간의 교류가 시작되었다. 1956년에 사미족 연맹이 설립되어 노르웨이 및 스웨덴, 핀란드에 거주하는 사미족의 이익을 대변하였으며 1992년부터 러시아거주 사미족 대표부가 소속되었다.

이 연맹의 회원들은 매년 열린 전체회의 〈시미족 컨퍼런스〉에 참여하였다. 1986년에 사미족의 국기와 국가를 확정하고 관련 규정을 제정하였다.

1992년 헬싱키에서 열린 15차 사미족 컨퍼런스에서 2월6일을 사미족 민족의 날로 확정하였다. 1993년에 스웨덴의 〈이옥목〉에서 최초의 축일을 기념하였다. 러시아 거주 사미족의 민족역사는 다음과 같다. 1866년에 알렉산드

〈그림 38〉 순록사육의 날에 순록썰매 경기모습

르 2세 황제의 개혁활동 결과로 사미족 마을이 설립되었으며, 이 마을로 아르한겔스현 콜스크 마을이 들어가게 되었다.

2. "순록사육의 날"- 캄차크카 지방 올류토르 지역에서 기념 한다[14]. 토착원주민들의 전통적인 명절로 순록사육에 대한 관심을 유도하고 젊은이들에게 전통지식의 전달 및 순록사육자의 위신향상을 목적으로 기념행사가 열린다.

3. "케메로보 주 토착 소수민족 체육대회" - 1995년부터 실시되었다. 이 경기의 주도자는 2004년 세상을 떠난 〈타쉬타골〉 주민이며 광부인 니콜라이 마코로비치 이다.

4. "2월 21일 쇼르츠 민족어의 날"- 케메로브주 , 노보쿠즈네끄시. 국제적인 모국어의 날로 기념하며 다양한 플랫폼을 기반으로 2007년 부터 시작되었다.

5. "브이스트린 개썰매" - 브이스트린 지역 에스소 마을에서 기념한다. 이 경기는 개썰매 경기로 원형의 순환경주로에서 실시한다. "브이스트린 개썰매"

14) http://argumenti.ru/society/2015/03/390650

경기는 6마리의 개가 끄는 썰매를 사용하는 성인경기와 4마리의 개가 끄는 청소년경기 2가지가 있다. 성인경기에서 달리는 거리는 45킬로미터이고 청소년경기는 25킬로미터이다.

[3월]

1. "순록사육의 날"- 캄차트카 지방의 브이스트린 지역 에스소 마을에서 기념한다. 이 전통명절에 순록썰매 경주를 비롯하여 북부지역 소수민족간의 각종 경기가 진행된다. 이날은 캄차트카 지방 북부지역에서 최우수자를 선발하는데 경기종목에는 2킬로미터 달리기, 손도끼 투척경기, 점프게임, 개썰매 경주 등이 있다.

2. "장거리 개썰매 경주 〈베린기야〉"- 캄차트카 지방 에스소 마을에서 개최된다. "베린기야"는 전통적인 개썰매 경주로서, 에스소 마을에서 오스소르 마을까지 950킬로미터를 달린다. 이 경기 참가자들은 경주로에 있는 마을을 지나면서 초봄의 도래를 거주자들에게 알린다.

개인 및 사업가, 기관들은 후원자의 자격으로 참여하여 학교 및 어린이들에게 자선을 베풀기도 한다. 이 경기 출발지인 에스소 마을에는 수많은 사람들이 몰려들며 여기서 민족-앙상블 공연 및 기념품 전시회-판매를 비롯하여 각종 오락 행사가 열린다[15].

이러한 행사들은 "베린기야"축제 분위기를 한층 더 고조시킨다.

3. "북방민족 축제" - 북방 및 시베리아, 극동 소수민족들의 전통적인 문화를 기념하는 독특한 축일이다. 북방민족 연구소 학생들과 20여개 소수토착민족 대표자들이 학습을 위해 페테르부르그에 도착하다. 이 축제는 학생들을 거

---

15) http://kam-kray.ru/news/2012/02/29/bystrinskiy-sprint-sport-i-tradicii.html

대도시에 적응시키고 자신들의 작은 고향에 대한 애국심과 사랑을 고취시킨다. 또한 북방민족의 언어 및 전통, 문화의 발전과 유지, 인종과 국민간의 동일성을 조성시킨다.

토착소수민족들의 비교문화 프로그램에서 북방의 젊은이들은 자신들의 고유문화 가치를 전파하고 문화간 교류에 활성화에 기여한다. "환영식" 경연에서 참가자들은 비디오, 사진 등의 멀티미디어 프리젠테이션을 통하여 자신이 살고 있는 지역의 민족, 유명인사, 독특한 장소 등을 소개한다.

4. "쇼르츠족 민족명절 신년" - 3월 22일, 춘분점, 케메로브 주에서 기념한다. 이 축일의 각종 의식에는 전통적인 쇼르츠족 문화의 미학적인 측면과 민속의 특성을 보여주고 있다. 매년 산악 쇼르츠족은 많은 도시와 마을에서 이 날을 기념한다.

5. "토착민족 기념일" - 3월말, 사할린 주, 포로나이스크시에서 기념한다. 기

〈그림 39〉 베린기야 축제에서 참가자들의 개썰매 경주모습

념행사로는 예술작품 축제가 있는데 여기서는 민족그룹들의 공연 및 민족예술 수공업품 및 장식작품 전시회, 민족요리 특성 경연대회가 열린다. 그밖에 민족 스포츠 경연대회가 열리는 데 경기종목으로 장애물 넘어 달리기, 도끼 멀리 던지기, 멀리 삼단뛰기, 활쏘기, 크로스컨트리 달리기, 줄다리기. 눈길 모바일스키 경주대회도 열린다.

6. "알타이 민족명절 춘분(질가이악)" - 알타이공화국에서 봄 춘분에 기념하는 축일이다. 풍습에 따르면 이른 아침 해맞이 의식을 하면서 축일이 시작된다. 이 의식은 마을의 원로들이 행한다.[16]

처음에 "제례용 불"을 지피고 우유를 뿌려준다, 그리고 빵조각으로 "제례용 불"에 식사를 제공한 다음 풍년을 기원하는 소리를 낸다. 이후 스포츠 시합 및 축하공연을 개최한다. 스포츠 경기종목에는 허리띠 싸움, 채찍으로 공을 쳐서 떨어뜨리기. 돌 올리기, 이인삼각 달리기 등이 있다. 또한 축제기간에 각각의 마을 거주자들은 자신들의 민족음식 요리솜씨 경연에 참가한다. 그밖에 미녀 선발대회 및 민족의상, 가보 자랑대회등도 열린다.

7. "사냥꾼 축일" - 코미공화국, 이젬 지역에서 열린다. 이젬 지역 민족들은 사냥과 순록사육에 종사해 왔다. 이 축제의 목적은 사라진 사냥꾼들의 전통을 복원시키고 사냥문화 보존에 있다. 축제 사냥경기 대회에서 사냥꾼들은 창과 도끼를 목표물에 던지고 활을 쏜다, 또한 스키를 타고 산에서 이동하면서 장대를 사용하여 눈 쌓인 장벽을 통과한다. 이 밖에 사냥꾼 복장에 대한 경연, 노련한 사냥꾼 및 젊은 사냥꾼의 장애물 코스 경기, 스키 타기 경주 등이 있다. 이 축제는 마을 주민들의 적극적인 생활태도 형성을 위한 의식재고에 목적을 두고 있다.

---

16) http://xn--90ao6b.xn----8sbwdbcc3abhth9e.xn--p1ai/?page_id=3471

8. “사냥꾼 및 순록사육자의 날” - 이르쿠츠크 주, 카탄 지역에서 기념한다. 축제에서 사냥꾼 및 순록사육자들을 축하하고 사냥시즌 결산을 통하여 선물과 상패 등을 증정한다. 축제에선 순록 포획경기를 비롯한 다양한 사냥경기가 개최되며 창작, 예술작품 공연도 열린다.

8. “북방 축제 -케르헬렘 페이브” - 무르만스크 주, 크라스노쉘리에 지역에서 기념한다. 3월의 마지막 일요일에 순록 포획 및 순록 줄다리기, 썰매타기, 투척, 개썰매 달리기, “사미족 전투” 등의 대회가 열린다.

9. “야말로-네네쯔 자치구 순록사육자 경기” - 3-4월에 개최된다. 이 경기에는 자치구 모든 지역의 순록사육자들이 참가한다.

10. 셀쿠프 민족의 전통적인 명절 “새들의 도착” - 야말로-네네쯔 자치구. 크라스노셀리쿠프 지역에서 기념한다. 철새들이 이동하는 봄과 가을에 “새들의 도착”을 기념한는 전통의식이 행해진다. 축제기간에 첫 번째로 잡은 들새나 철새로 천신에게 공양하며 조속한 여름의 도래와 더불어 철새의 복귀, 모

〈그림 40〉 알타이 민족명절 춘분(질가이악)행사 모습

든 사람의 건강, 가을의 풍족한 수확을 기원한다.

[4월]

한티족의 민족 명절 "까마귀의 날" - 4월 초, 네네쯔 자치구에서 기념한다. "까마귀의 날"은 북방민족 토착원주민들이 기념하는 축일로 까마귀가 여자와 어린이를 보호한다고 믿었다. 까마귀는 북부지역으로 날아든 최초의 새들 중 하나로 원주민들은 까마귀를 자연과 삶에서 부활의 상징이라고 믿었다. 이 축일은 우랄과 야말 남부에 인접한 한티족 및 네네쯔족들이 기념한다. 이 축일에는 초기 한티 민족의 세계와 자연, 종족의 관습, 전통 등을 반영하고 있다.

이 축일은 한티족의 중요 명절중의 하나로 봄의 도래와 새들의 도착, 새로운 생명의 탄생 등을 의미한다. 축제기간에는 공동의 전통의례, 교류, 휴식을 통하여 성스러운 장소에서 친족들을 만날 수 있다. 축일에 주신인 "홈 투룸"과 집안의 영혼에 대해 숭배의식을 거행한다. 여성과 아이들에게는 스카프, 두꺼운 천 조각, 의류용 직물 등을 선물 한다[17]. 이날에는 모두 함께 노래와 춤을 추고 게임 등을 하면서 즐겁게 지낸다.

축제기간동안 한티족은 하늘, 중앙, 아래의 신들에게 숭배의식을 시행하고 자작나무가지에 직물 쪼가리나 리본을 걸어둔다. 한티족의 신앙에서 나무는 세계와의 연결 고리 역할을 한다.

2. 토착 소수민족 어린이 작품 축제 "엘림" - 케메로브 주, 미스키 지역에서 기념한다.

3. 개썰매 경주 "희망", 추코트카 자치구, 개썰매 스포츠 경기.

4. 스포츠 축제 "베가" - 추코트카 자치구,

---

17) http://etnic.ru/news/voroniy-den-pochemu-khanty-poklonyayutsya-vorone.html

〈그림 41〉 한티족 무용수가 까마귀 복장을 하고 춤을 추고 있다

5. 순록사육자 체육문화 축제 "릴레트" - 추코트카 자치구.

6. 사미족 음악 축제 " 모아이나스 란"- 4월 마지막 토요일. 무르만스크주 알레네고르스크 지역에서 기념한다. 사미족의 전통노래 축제 및 어린이 영화 축제 "이야기 나라"가 개최된다.

[5월]

"새끼 순록 탄생" 축제 - 5월 초, 네네쯔 자치구에서 기념한다. 5월은 툰드라지역에서 야생의 약탈자와 나쁜 날씨 때문에 순록사육자들은 순록새끼를 보호하고 먹이를 잘 주어야만 한다. 순록은 네네쯔족에게 삶의 상징이며 새끼순록의 탄생은 삶의 지속을 의미한다. 경험이 있는 순록사육자들은 미리 임신한 순록을 위해 방목자리를 선택한다. 그곳은 눈과 얼음이 녹은 곳으로 많은 지의류가 있어 임신한 순록이 먹이를 찾기 위해 돌아다닐 필요가 없는 곳이다.

〈그림 42〉 탬버린 의식을 벌이고 있는 에벤족

3. 셀쿠프족의 전통적인 명절 "북방의 새벽" -"새들의 도착" 의식으로 야말로-네네쯔 자치구, 타르코-살레 지역에서 기념한다.

[6월]

1."사미족의 여름 운동회" - 6월 2번째 토요일, 무르만스크 주에서 기념하며 스포츠게임, 음악회, 수공업품 전시회, 전통 음식경연 대회가 열린다.

2. "첫 물고기 수확 축제" , 캄차트카 지방, 페트로파블로브스크-캄차츠키에서 행해진다. 이 전통적인 명절은 토착원주민이 캄차트카 하천에서 최초로 연어를 맞이한 날을 기념한다. 축제의 의식행사에서 첫 번째로 잡은 물고기를 환영하며 연못에다 데려다 놓고 자연과 불, 물에 공양물을 바친다. 축제 프로그램에서 민족전체의 음악회, 경연대회, 게임 등이 진행된다. 그밖에 민족 전통 헤어스타일 및 민족의상을 보여주기도 한다.

3. 에벤족 민속명절 "누르게넥"- 에벤족 달력에 따른 신년 맞이(하짓날) 명

절로 캄차트카 지방, 아나브가이 마을에서 기념한다.[18)]

명절 전통에 따라 에벤족은 노간주나무 세례식과 불에 대해 공양의식을 거행한다. 축일 밤 정오에 탬버린 소리에 맞춰 새로운 태양을 맞이하는 의식이 진행된다. 모든 참가자들은 서로의 손을 붙잡고 둥글게 모여"노르갈리"춤을 추게 되는데, 고리(원형)는 태양을 상징하고, 팔은 햇빛을 상징한다.

5. 유카기르족 축일 "쇼할이베"- 태양과의 만남을 기념하며 사하공화국, 야쿠치아에서 기념한다. "쇼할이베"는 유카기르어로 모든 종족의 회의라는 의미이다. 축제는 불에 대한 공양으로부터 시작 된다. 마을 원로 남자는 태양과 불에 기원을 하며 짐승고기, 물고기 등을 공양한다. 이후 축제를 기념하는 연주회와 마을 거래시장이 열린다.

태양과의 만남에 앞서 남자와 아이들은 힘과 날렵함을 겨루는 시합을 가진다. 경기종목에는 투척, 무거운 물건 들어올리기, 짐승의 가죽덩어리로 만든

〈그림 43〉 전통의상을 입은 유카기르족

18) http://www.kamlib.ru/library.php?page=res6_kalin

공을 사용하는 유카기르족의 축구시합 등이 있다.[19)]

축일 해맞이 행사에서 유카기르족은 독특한 모양의 아치형 문을 통과하면서 낙엽송 잔가지로 약하게 휘두르는데 이는 정화를 의미한다. 이후 한쌍의 무용수를 둘러싸고 참가자들은 윤무를 추기 시작한다.

[7월]

1. 전통적인 명절 "어민의 날", 야말로-네네쯔 자치구.

2. 한티족의 전통 민족명절 "한여름", 야말로-네네쯔 자치구.

[8월]

1. "네네쯔족의 한여름 축일", 야말로-네네쯔 자치구에서 축제는 8월초 한여름에 열리며 특히 어부들이 이 축제를 널리 기념하고 있다.

2. "에벤키족의 자연의 날" 크라스노야르스크 지방에 열리며 에벤키족의 독특한 자연환경을 알림과 동시에 환경 및 민족-관광 발전을 도모한다.

3. "순록사육의 날", 8월2일, 코미공화국, 이젬 지역.

4. 코미족의 축일 "일리야 선지자의 날" 야말로-네네쯔 자치구,

5. 에벤키족 전통 의례 명절 "만남", 이르쿠츠크주 , 카탄그 지역. 이 축제는 사냥시즌에 앞서 "니즈니 퉁구스카"강가에서 열린다. 에벤키족은 명절 의식에서 불에 공양을 드린다. 그리고 나뭇가지에 리본을 메달아 조상을 추모하고 노간주나무를 태워 신성한 연기를 만든다.

축일에 에벤키족은 자신들의 조상에게 풍족한 사냥 및 물고기 잡이를 비롯하여 친족 및 지인들에 대한 건강과 성공적인 한해가 되도록 기원하다. 이 축

---

19) http://yakutiakmns.org/archives/4274

제기간에 민족 스포츠 경기 및 민족고유의 요리 경연대회가 열린다. 민속공예품 전시회 및 원형 집단 춤이 축제 마지막 날을 장식한다.

3. 극동지역 원주민 예술적 수공업 제품 축제 "살아있는 시간의 실", 하바로프 지방.

4. 북방 토착소수민족의 작품 페스티벌 "황금의 샘" 캄차트카 지방.

5. 고래 축제 "폴리아", 추코트카 자치구.

6. 야생 유용식물 축제 "어디서 약초가 자라는가", 8월 마지막 토요일, 캄차트카 지방.

[9월]

"가을 민속게임", 9월 첫 번째 휴일, 무르만스크 주.

〈그림 44〉 코략족 전통명절 "홀롤로"에서 순록의 힘줄과 풀로 잔가지를 엮어 짐승모양을 만들고 있다

"북부지방 민족들의 구비문학 축제" - 야말로-네네쯔 자치구.

이텔멘족의 전통축일 "알할랄라이", 9월 상순, 캄차트카 지방, 코르반 마을에서 기념한다. "알할랄라이"는 이텔멘족의 가을명절로 여름의 마감을 기념하며 물고기, 육류, 딸기, 버섯 등의 자연선물에 대한 감사를 표한다.

[12월]

1. 코략족의 전통 명절 "홀롤로"[20], 11월-12월 캄차트카 지방, 페트로파블로브스크-캄차츠키 지역에서 기념한다, 이 명절은 주로 가족을 중심으로 행사가 치러진다. 해안 거주 코략족은 가축들이 집으로 돌아오고 사냥에서의 많은 수확을 기대하며 명절을 준비한다, "홀롤로"는 바다짐승들이 내는 소리를 모방한 것이다. 축일에 가정부인들은 손님을 맞이하여 풀을 나누어 주며 민족음식을 대접한다. 명절의 주요행사로 민족음악을 연주한다. 그리고 이명절의 가장 큰 의미가 있는"행운의 나무"만들기 의식을 시행한다. 각각의 사람들은 어린 나무가지를 모아 곰, 양 모양을 만들어 순록의 힘줄과 풀로 감싸 묶는다. 그밖에 곰 마스크를 쓰고 춤을 추면서 악령을 몰아내기도 한다.

---

20) http://www.folkcentr.ru/koryakskij-obryadovyj-prazdnik-xololo-ololo/

4부
동북아 주요국의 북극연구

우리나라의 북극정책 역사 성찰과 발전 방향

서현교*

1. 우리나라 북극정책 효시는 북극연구가 그 단초

우리나라 북극정책의 시초는 국가 주도로 시작된 북극 연구에서 그 단초를 찾을 수 있으며, 해양수산부 산하 연구기관인 해양연구소[1]가 첫 단추를 꿰었다. 우리나라는 1969년부터 북극 베링해에서 명태를 어획했으나, 북극 연구는 훨씬 그 이후에 시작하였다. 한국과학기술연구원(KIST)로부터 부설화된 해양연구소는 당시 1985년 한국해양소년단연맹의 남극 탐사[2]를 계기로 남극세종기지 후보지를 답사하였다. 이를 기반으로 1988년 세종기지가 건설되었고, 남

---

* 극지연구소 미래전략실

※ 본 논문은 극지연구소 2018년 극지연구소의 창의연구사업인 “극지연구소 중장기 발전 전략 수립 및 극지정책연구 · 지원 강화” 연구 과제의 지원을 받아 작성됨.(PE18260)

1) 극지연구소(KOPRI)는 과거 해양연구소의 한 연구부서였으나, 2004년 부설화되었고, 현재는 해수부 산하기관인 한국해양과학기술원(KIOST) 부설기관임.

2) 당시 탐사팀은 두 팀으로 구성됨. 먼저 등산전문가팀은 남극 최고봉 빈슨 매시프(Vinson Massif 4,987m) 등정팀이었고, 과학자 중심의 팀은 킹조지섬 조사팀이었음. 등산전문가팀은 1985년 11월 29일 세계 6번째로 정상 정복에 성공하였음. 과학조사팀은 킹조지섬 필데스 반도 동쪽 해안에 베이스캠프를 치고, 외국 기지들을 방문하여 우리나라 남극조약 가입을 위한 외교 활동과 남극진출에 필요한 자료를 수집했고, 이런 노력이 결실이 되어 세종기지가 남극반도 킹조지섬에 건설될 수 있었음.(극지연구소, 『남극세종기지 20년사』, 2008.7.2. p78 참조)

극연구가 시작되었다.[3] 이러한 남극 연구활동 성과를 기반으로 1990년대부터 북극현장 연구가 시작되었다. 1999년 여름 북극조사를 나간 중국의 쇄빙연구선 설룡호에 당시 한국해양연구소 극지연구센터의 연구원이었던 강성호 등 우리나라 과학자 2인을 승선시켜 북극의 척지해와 베링해 조사를 한 것이 우리나라 최초의 북극현장 과학조사였다.

북극 현장연구가 시작되면서 우리나라는 북극연구국가 과학자들의 모임인 국제북극과학위원회(IASC)[4] 가입에도 관심을 가졌다. 이에 2000년 4월 3일 영국 케임브리지에서 개최된 IASC 연례회의에 옵서버 자격으로 해양연구소 김예동 박사와 윤호일 박사(現 극지연구소장)가 참여해 북극에 대한 한국의 북극에 대한 관심과 노력을 표명하였고, 이후에도 우리나라 북극해 연구실적 및 현황을 소개하며 우리의 활동을 외국에 지속적으로 알렸다. 또한 2002년 3월 노르웨이 니알슨 과학기지촌에 우리나라 기지 개소를 위해 노르웨이와 계약을 체결하고 본격적인 북극 연구를 위한 사전 준비를 마친 후, 4월 25일 IASC 네덜란드 그로닝겐(Groningen) 회의에서 우리나라가 18번째 IASC 정식회원국이 되었다. 이어 북극 스발바르 제도(Svalbard Archipelago)의 니알슨(Ny-Alesund) 북극다산과학기지는 그보다 4일 후인 2002년 4월 29일 정식 개소되어, 지금까지 매년 하계시즌(6월~9월) 연구자들이 북극연구를 위해 활용하는 우리나라 북극연구의 중심 거점으로 자리잡았다.

2002년 4월 북극다산기지의 개소로 해양수산부는 극지연구개발에 관심을 갖기 시작했고, 해수부가 중심이 되어 작성한 '극지과학기술 개발계획'이 2002년 7월 22일 개최된 국가과학기술위원회에 보고되었다. 이 계획에서는 남북

3) 극지연구소, 『남극세종기지 20년사』, 2008.7.2. pp. 77-78 참조.
4) 국제북극과학위원회(IASC)의 구체적인 내용은 웹사이트 https://iasc.info/ 참조.

극이 갖는 정치와 경제의 중요성에 따라 장기전략 수립의 필요성과 국가 전체의 연구 지원체제 확보, 북극해와 남극 연구를 지원할 쇄빙연구선 건조와 남극대륙기지 건설, 그리고 해양연구소의 극지연구본부의 기능을 확대하여 극지를 전문적으로 연구하고 인프라 운영을 전담할 전문연구기관 설립이 제시되었다.

그러나 당시 모든 국가출연연구소는 국무조정실 산하여서, 출연(연) 설립 문제는 해수부의 소관이 아니었다. 그럼에도 '극지과학기술 개발계획'을 바탕으로 출연연 관리기관인 공공기술연구회는 극지연구소 설립안을 2002년 12월 상정했으나, 결의 안건이 아닌 보고 안건으로 처리되었다. 공공기술연구소는 이듬해인 2003년 정책과제로 '한국해양연구원 경영진단 및 발전방안'이라는 연구를 실시하여 그해 7월에 도출된 최종보고서에서 당시 극지연구본부 체제로는 목표하는 남북극 연구역량 달성이 어렵다고 보고 극지연구소로 발전시키는 것이 타당하다는 발전방안을 제시하였다. 이 보고서를 계기로 극지연구소 설립에 대한 논의가 더욱 활발해졌다.

2. 남극에서의 희생정신이 극지(연) 출범 및 아라온 건조로

2003년 12월 7일 남극세종기지 월동대 전재규 대원이 당시 조난당한 대원을 구조하려다 바다에서 순직하였고, 정부는 고 전재규 대원 희생의 후속조치로 국모조정실 주관 정부합동조사단을 세종기지에 파견하였다. 이 조사단 활동 결과를 바탕으로 '극지연구 활성화 대책방안'이 제시되어 2004년 국정현안정책조정회의에 보고되었다. 이 보고서에서는 극지연구소의 부설기관화, 쇄빙연구선 건조, 남극 대륙에 제2기지 건설 등이 포함되었다. 이 같은 노력들이 결실이 되어 현재 우리나라 남극과 북극의 과학연구 및 인프라 운영을 담당하고 있는 극지연구소가 2004년 4월 정식 부설기관으로 출범하였다.[5)]

한편, 2000년대 접어들어 우리나라의 남극대륙기지와 남북극의 해양 연구를 담당할 쇄빙연구선의 필요성이 제기되었으며, 2002년 5월 과학기술정책연구원이 '극지연구본부 중장기 발전계획'을 보고하였다. 이 보고서에서 쇄빙연구선 건조 등 극지인프라 구축이 명시되었고, 이를 기반으로 해수부는 2003년 12월 종합해양과학조사선 기본설계사업을 한국해양연구원에 발주하였다. 이는 실시설계, 건조로 이어져 2009년 극지연구소에 우리나라 최초의 쇄빙연구선인 '아라온(Araon)'이 인도되어 2010년 하반기부터 매년 남북극 연구 지원 및 기지보급 업무를 맡고 있으며, 다산기지 기반의 북극 육상 · 대기 · 해양 연구에서 더 나아가 아라온을 기반으로 하는 북극해 대양연구도 본격적으로 할 수 있게 되었다.[6)]

극지연구소는 이러한 북극연구 활동과 성과를 바탕으로 외교부와 함께 북극이사회 옵서버 가입을 준비하였다. 북극이사회는 북극해를 둘러싼 북극권 8개국[7)] 정부 간 포럼이며, 1996년 공식 출범했다. 북극권 환경오염이나 환경변화에 직접적인 영향을 같이 받기 때문에, 한 배를 타고 있는 '북극 환경 공동운명체' 성격을 띠고 있다. 일례로 어느 한 나라가 북극을 크게 오염시키거나 북극 수산물을 남획하여 생태계 균형을 파괴시키면, 다른 북극권 국가들이 같이 영향을 받을 수밖에 없는 구조이므로, 이 8개국은 1990년대부터 회의를 개

---

5) 극지연구소, 『남극세종기지 20년사』, 2008.7.2. pp. 91-97 참조.
6) 극지연구소, 『남극세종기지 20년사』, 2008.7.2. pp. 248-250 참조.
7) 미국, 캐나다, 러시아, 노르웨이, 덴마크(그린란드), 스웨덴, 핀란드, 아이슬란드가 북극권 8개국임.

최하며 공동대응을 모색하며 북극이사회 조직을 구체화하였고, 마침내 1996년 북극이사회를 공식 출범시켰다. 북극이사회의 주요 이슈는 기후와 환경, 생물다양성, 해양, 북극원주민 등 4가지로 요약되며, 북극이사회는 이러한 주제들을 기반으로 북극의 지속가능성 과제들을 논의해왔다.[8)]

3. 북극이사회 정식옵서버 가입이 한국의 북극활동 기폭제

우리나라는 북극이사회 거버넌스 체제에 참여하여 국제사회에서 북극연구 및 활동반경을 확대하고자 하였다. 극지연구소는 이러한 국가 기조에 기여하고자 2007년부터 정부를 지원을 해왔고, 외교부는 2008년 5월 북극이사회 옵서버 가입신청서를 제출하였다. 그리고 2008년 11월 노르웨이 코토케이노(Kautokeino)에서 개최된 북극이사회 회원국 8개국 간 외교 국과장급 회의(SAOs)에 참가하여 우리나라의 관심과 연구활동 실적, 북극이사회 기여방안 등을 발표하여 공식 지지를 받음으로써 북극이사회 임시옵서버(Ad-hoc) 국가로 첫발을 내딛었다.

임시옵서버가 된 이후 우리나라는 북극이사회 산하 작업반(WG) 회의 및 전문가회의(EG) 등에 참여하며 북극이사회 정식옵서버 국가가 되려는 의지를 보여주었고, 또한 아라온, 다산기지 기반 북극연구 실적 등도 북극이사회 사무국에 지속적으로 제출하였다. 이런 노력이 바탕이 되어 2013년 5월 15일 스웨덴의 북극 탄광도시 키루나(Kiruna)에서 개최된 북극이사회 각료회의에

8) 서현교, “북극이사회, 북극의 협력마당”, 이유경 외, 『아틱노트』, 지오북. 2018. 1. 20. pp. 288-294 참조.

서 우리나라의 정식옵서버 가입이 통과되었다.[9)]

우리나라 정부는 북극이사회 정식옵서버 가입 후속조치의 일환으로 정부는 2013년 7월 25일 관계부처 합동으로 '북극 종합정책 추진계획'을 발표하였다. 이 추진계획은 '지속가능한 북극의 미래를 여는 극지 선도국가'라는 비전(Vision) 하에 북극권 국제협력 강화, 북극 과학연구 활동 강화, 북극 비즈니스 모델 발굴 · 추진, 법 · 제도 기반 확충 등 4대 전략과제가 제시되었고, 이 추진계획을 기반으로, 해양수산부는 2013년 12월 '제1차 북극정책기본계획(2013-2017)'이라는 범부처 북극정책을 우리나라 최초로 대외에 발표하였다. 이 기본계획에는 앞서 4대 전략 과제명을 일부 수정하여 △국제협력 강화, △과학조사 및 연구활동 강화, △북극 비즈니스 발굴 추진, △제도기반 확충 등이 제시되었고, 이 4대 전략 하에 31개 세부계획이 포함되었다. 세부과제에는 북극이사회 관련 전문가활동 확대는 물론 여타 북극권 국제기구 활동 강화 등 국제협력 강화와 함께 북극원주민 단체와 협력, 그리고 한중일과 같은 옵서버 국가 간 협력 등이 제시되었다.[10)]

또한 극지연구소 중심의 북극과학연구를 더욱 강화하여, 다산기지 · 아라온 기반 연구활동 강화와 환북극 동토층 환경변화 관측, 기후변화 연구강화 등의 과학연구 추진도 포함시켰다. 이와 함께 다산과학기지 규모 확대, 북극연구기관간의 네트워크 협의체인 '북극연구컨소시엄(KoARC)' 출범 및 운영, 제2 쇄빙연구선 건조 추진 등 인프라 확충이나 국내전문가 네트워크 구축에도 방점

9) 현재 우리나라 중국, 일본, 싱가포르, 인도, 프랑스, 네덜란드, 스페인, 영국, 폴란드, 이탈리아, 독일, 스위스 등 13개국이 정식옵서버 국가로 활동하고 있음. 서현교, "북극이사회, 북극의 협력마당", 이유경 외, 『아틱노트』, 지오북. 2018.1.20. pp.299-301 참조.

10) 서현교, "미국의 북극정책 역사 고찰과 한국의 북극정책 방향", 『한국 시베리아연구』 제20권 1호, pp. 164-166, 참조.

을 두었다. 또한 북극비즈니스에 대비하여 수산자원이나 조선플랜트, 자원탐사 기술개발 및 미래 협력기반 마련이나, 극지정책근거 법령 제정 등 국내 제도기반 정비도 포함되었다.

이 같은 정책을 기반으로 가시적인 성과가 나타났다. 우선 북극연구컨소시엄이 극지연구소에 사무국을 두고 2015년 11월 공식 출범되어 과학 · 산업 · 정책 분과의 총 30개 국내기관이 회원기관으로 소속되어 있다. 그리고 2017년에는 컨소시엄(KoARC)이 우리나라 북극연구의 미래 비전과 로드맵을 제시하는 '2030 북극연구 중장기 로드맵 수립 연구'를 수행하여 북극연구 15개 핵심분야를 도출하였고, 이를 기반으로 3대 융복합과제[11]도 제시하였다. 이와 함께 극지연구소는 환북극 동토층 연구로 미국(알래스카카운실), 캐나다(캠브리지베이), 러시아(바라노바), 아이슬란드(스토르호푀이), 그린란드(노르드) 등에 환북극 모니터링 거점도 확보하였다. 한국해양수산개발원(KMI)은 북극원주민 단체 중 하나인 AIA(알류트원주민협회)와 협력사업으로 북극해 해양이용환경도 작성 사업을 추진하여 성과를 내고 있으며, 국내외 극지대학원 국내연구 프로그램인 '북극아카데미'와 우리나라 극지 전문인력 양성프로그램의 일환으로 국내 대학원생을 매년 노르웨이, 뉴질랜드 등 남 · 북극 주요 국가의 대학교 단기연수 프로그램에 파견하고 있다.

이와 함께 한국해양수산개발원과 극지연구소는 공동주관으로 매년 12월 북극협력주간(Arctic Partnership Week)을 개최하고 있으며 매년 10월 아이슬란드에서 개최되는 북극 써클(Arctic Circle Assembly)과 매년 1월 노르웨이 트롬소(Tromso)에서 개최되는 북극 프런티어(Arctic Frontiers) 등의

11) 도출된 3대 융복합과제명은 '북극 환경변화 위기 대응', '북극 자원 최적 운송시스템 개발', '북극권 4차 산업혁명 적용과 기회'임. (한국북극연구컨소시엄, 『2030 북극연구 중장기 로드맵 수립 연구』 해수부 용역사업 보고서, 2007.12., pp. 168-210 참조.)

국제 컨퍼런스에서 세션 개최, 발표 등 실질적인 활동을 이어가고 있다. 그리고 북극경제이사회(Arctic Economic Council)와 협력 강화를 위해 2017년 12월 비북극권 국가로는 우리나라가 처음으로 한-북극경제이사회(Arctic Economic Council) 협력세미나를 서울에서 개최하였고 한국선주협회가 북극경제이사회에 가입하여 우리 기업의 북극 비즈니스 진출의 발판도 마련하였다.[12]

4. 한 · 중 · 일, 북극정책 발전 양상 유사

결론적으로 처음 우리나라 정부 주도의 남극 과학연구는 북극연구로 이어졌고, 북극연구 기반으로 하여 북극권 국제 거버넌스 참여, 그리고 이러한 거버넌스 및 국익 확보 등에 종합적으로 대응하기 위해 과학/인프라 확대, 비즈니스 참여, 제도 정비 등을 포괄하는 북극정책 도출로 이어졌다. 즉, 과학활동을 기반이 되어 북극 비즈니스, 제도 정비, 국제협력 등 북극정책이 지향하는 활동의 범위가 점차 확대되었다. 또한, 이 같은 북극연구를 기반으로 하는 북극활동의 확대는 중국과 일본의 북극정책 및 활동 역사에서도 아래 〈표 1〉과 같이 비슷한 양상으로 나타났다.

---

12) 웹사이트 참조. (검색일 2018.5.10.)
http://www.mofa.go.kr/www/brd/m_4048/view.do?seq=367786&srchFr=&srchTo=&srchWord=&srchTp=&multi_itm_seq=0&itm_seq_1=0&itm_seq_2=0&company_cd=&company_nm=&page=1

〈표 1〉 한 · 중 · 일 북극활동 및 북극정책 일지 비교

연도	한국	중국	일본
1990			국제북극과학위원회(IASC) 가입 NIPR 내 북극연구센터 출범
1991			니알슨 국제기지촌 내 과학기지 개소
1993~1999	우리나라 과학자의 중국 설룡호 탑승 및 첫 북극해 현장 탐사(1999)	IASC 가입(1996) 설룡호 첫 북극해 탐사(1999)	INSROP 프로그램(1993-1999) JANSROP I기 프로그램(1993-1999)
2002~2004	IASC 가입(2002) 다산과학기지 개소(2002) 극지연구소, 부설기관으로 출범(2004)	니알슨 국제기지촌 내 황하기지 개소(2004)	JANSROP II기 프로그램(2002-2004)
2007		중국 북극이사회 잠정옵서버	종합해양정책본부 설치
2008	북극이사회 임시옵서버		
2009	쇄빙연구선 아라온 건조		북극이사회 잠정옵서버
2010	아라온 첫 북극항해 출항		외무성 내 북극 TFT 설치
2011			북극환경연구 컨소시엄 출범(JCAR), GRENE 프로젝트(2011-2016) 시작
2012	우리나라 '스발바르 조약' 가입[13]	중국-아이슬란드 협력 협의, 북극권 국가인 아이슬란드에 설룡호 방문	북극의 지속가능한 이용을 위한 추진시책(OPRF) 발표
2013	북극이사회 정식옵서버 제1차 북극정책기본계획 발표	중-아이슬란드 간 FTA체결로 북극자원 확보 교두보 마련, 북극이사회 정식옵서버	제2차 해양정책기본계획 발표, 북극이사회 정식옵서버
2015	한국북극연구컨소시엄(KoARC) 출범	스웨덴 내 중국 북극위성관측소 설치 승인	일본의 북극정책 발표 문부성 주관 ArCS 프로그램(2015-2020) 시작
2017		설룡호의 북서항로(NWP) 성공적 운항, 해사협력 비전 발표(빙상 실크로드)	
2018	범정부 '북극활동진흥기본계획' 발표(예정)	중국 북극정책백서 발표	일본 각료회의 북극정책 포함한 '해양기본계획' 발표(2018.5.)

자료: 서현교, "중국과 일본의 북극정책 비교 연구", 『한국 시베리아연구』 제22권 1호, 2018.5. 31, p. 138, 〈표 2〉 기존내용 보강.

13) 그리고 2012년에는 다산기지가 있는 노르웨이령 스발바르 제도에서 경제활동에 대

다만, 2013년 북극정책 기본계획 중 당초 목표를 달성하지 못한 과제들이 있다. 특히, 인프라 구축 및 제도정비 부분이 그러하다. 해수부 주관으로 북극연구지원을 전담할 수 있는 제2 쇄빙연구선 건조사업이 북극정책 기본계획의 전략과제로 채택되어, 예비타당성조사가 한국과학기술기획평가원(KISTEP) 주관으로 2016년부터 1월에 시작되었는데, 쇄빙연구선 크기, 타당성 등의 이견으로 통과하지 못하여 현재 재기획 중에 있다. 또한 극지분야 제도 기반으로서 정부의 안정적인 극지연구 및 활동 지원과 극지연구소의 기능과 조직을 강화하는 내용 등을 담은 '극지활동진흥법'이 2016년 말 국회에서 발의되었으나, 극지연구소의 법적 지위 조항 등의 문제점을 들어 국회 법제사법위원회에 계류된 채로 있다[14]. 주변국인 중국과 일본은 이미 기존에 '설룡호'와 '시라세호'라는 쇄빙연구선[15]을 각각 운영하고 있음에도, 자국 북극정책 내에 신규 쇄빙연구선 건조를 통한 북극연구 활동 강화를 꾀하고 있다. 특히 중국은 내년에 14,000톤급 제2 설룡호에 대해 시험항해를 실시할 계획이며, 일본은 현재 선박 건조를 위한 타당성 평가를 진행 중이다.[16]

해 노르웨이 국민과 비차별 조건으로 활동을 보장받는 국제 조약인 "스발바르 조약(Svalbard Treaty)"에 가입함. 스발바르 조약 내용은 아래 웹사이트 참조.
https://www.loc.gov/law/help/us-treaties/bevans/m-ust000002-0269.pdf (검색일 2018.7.10.)

14) 웹사이트 참조. (검색일 2018.5.10.)
http://www.kookje.co.kr/news2011/asp/newsbody.asp?code=0100&key=20171107.22005002589

15) 일본은 시라세, 중국은 설룡호를 극지역 쇄빙연구선으로 운영하고 있음.(검색일 2018.5.10.)

16) 웹사이트 참조. http://www.globaltimes.cn/content/1095766.shtml((검색일 2018.5.10.)

극지연구는 기후변화 대응이나 환경보호, 남 · 북극의 지속가능성 등과 같은 국제사회 글로벌 이슈에 공동 대응하고, 국제 공조에 참여한다는 측면에서 과학외교 기능과 국가의 이미지 제고 효과가 크다. 또한 극지연구 등을 통한 국제협력은 이해관계가 상충하지 않아 협력이 용이하며, 극지분야 국제협력을 기반으로 양자 및 다자 경제협력 및 국익창출로 이어질 수 있다.

따라서 제1차 북극정책기본계획(2013-2017)의 후속으로 올해 발표되는 범부처 '북극활동진흥기본계획'(2018-2022)에는 제1차 기본계획에서 목표 달성을 하지 못한 세부과제에 대한 문제점을 검토하여 2차 기간 중에 목표를 조기 달성할 수 있도록 더욱 실행력 있는 추진체제와 이행방안이 마련되어야 할 것이며, 나아가 정책 달성을 이룬 과제들에 대해서는 후속조치를 통한 성과창출이 확대되도록 범부처 및 관련 기관들이 협력을 강화하여야 하겠다.

또한 중국, 일본 등 주변국이 북극항로를 비롯해 다양한 경제활동 참여 및 기업진출을 지원 · 장려는 북극정책을 국가 주도로 추진하고 있다는 점을 고려해야 한다. 즉, 정부는 '북극활동진흥기본계획'(2018-2022)에서 장기적 관점의 청사진을 기반으로 국익 확보를 위해 민관학연이 협력 시너지를 낼 수 있는 대형 아젠다와 이를 위한 실천방안을 제시해야 할 것이다.

필자: 서현교 박사
환경정책학 박사(극지정책 전공)
일본 동경 일본UN본부 산하 UNU/IAS 연구원
미래한국, 사이언스타임즈 등 과학/교육부문 기자
한국(KOPRI)-노르웨이(NPI) 극지연구협력센터 센터장(노르웨이 트롬소)
제27차 남극세종과학기지 총무(부대장급)
現 극지연구소 미래전략실 근무

중국의 북극정책 백서와 북극 실크로드

배규성

Ⅰ. 중국 최초의 '북극정책' 백서

중국이 2018년 1월 26일 마침내 중국 역사상 최초로 '북극정책(Arctic Policy)' 백서(White Paper)를 발표해, 북극에서 '북극/극지 실크로드(Polar Silk Road)'를 추진하겠다고 공식적으로 밝혔다.(신화망 2018-01-27)[1]

1월 26일, 쿵쉬안여우(孔鉉佑) 중국 외교부 부부장과 후카이훙(胡凱紅) 국무원 신문판공실 대변인이 발표회에 참석하고 기자들 질문에 답했다.

1) http://kr.xinhuanet.com/2018-01/27/c_136928858.htm (검색일 2018.3.21.)

중국의 '북극정책' 백서(white paper)는 북극과 관련된 최초의 백서이다. 중국은 이것을 계기로 북극을 일대일로(一帶一路: 육상 · 해상 실크로드)의 범위에 포함해 북극의 자원개발 · 항로개발에 대한 중국의 의욕을 공식적으로 보여주고 있다. 또한 이미 진출해 있는 남극에 다섯 번째 남극기지를 건설하며 극지 진출에 대한 적극적 의욕을 보여주며 중국의 '극지 실크로드' 구상을 예고하고 있다. 시진핑(習近平) 주석은 2017년 7월 러시아 모스크바에서 일대일로 구상을 북극까지 확장한 '빙상 실크로드' 개념을 제시한 바 있다.

백서 발표 기자회견에 참석한 쿵쉬안유(孔鉉佑) 중국 외교부 부부장은 북극 문제와 관련해 "넘보지도, 빠지지도 않겠다"는 입장을 밝혔다. 이에 따라 중국은 백서를 통해 북극 지역에서 보다 많은 과학연구와 환경보호를 주창하며 북극의 석유, 가스, 광물자원 개발과 어업, 관광 투자에 적극 참여할 뜻을 내비쳤다.

백서의 전문은 이렇게 말한다.[2)]

"최근 몇 년 동안 지구 온난화로 북극 지역의 얼음과 눈이 급속하게 녹았다. 경제적 세계화와 지역적 통합이 더욱 발전하고 심화됨에 따라 북극은 상승하는 전략적 경제적 가치와 과학 연구, 환경 보호, 항로 및 천연 자원과 관련된 지구적 중요성을 얻고 있다. 북극의 상황은 이제 북극해 국가들만의 또는 지역적 성격을 초월하여 지역 외 국가들의 이익과 국제 사회 전체의 이익뿐만 아니라 인류의 생존, 발전 및 인류를 위한 공동의 미래에 중요한 의미를 가진다. 그것은 전 지구적 의미와 전 세계적 영향에 대한 문제이다."

"인류를 위한 공동의 미래를 가진 공동체의 발전의 선두주자인 중국은 북극

2) http://english.gov.cn/archive/white_paper/2018/01/26/content_281476026660336.htm (검색일 2018.3.14.)

지역의 발전에 자신의 지혜를 공여하려는 노력을 아끼지 않는 북극 문제의 적극적 참여자이자 건축가이며, 공헌자이다. 중국 정부는 이 백서를 통해 북극 문제에 대한 기본적인 입장을 밝히고, 북극 문제에 관한 정책 목표, 기본 원칙, 주요 정책 및 입장을 상세하게 설명하고, 북극 관련 활동에서 관련 정부 부처 및 기관을 안내하며, 관련 당사국들이 북극 거버넌스에 보다 적극적으로 참여하도록 장려하고, 북극의 평화와 안정 및 지속 가능한 발전을 도모하고 증진하기 위해 국제 사회와 협력한다."

북극권 국가란 통상 영토가 북극해에 걸쳐 있는 러시아, 미국, 캐나다, 덴마크, 아이슬란드, 노르웨이, 스웨덴, 핀란드를 가리킨다. 중국은 북극에서 3천㎞나 떨어져 있다. 그럼에도 불구하고 중국은 자국을 '근북극권'으로 자처했다. 이는 경제규모의 확대, 국제적 영향력 증대에 맞춰 중국의 관심이 극지대, 심해, 우주, 사이버공간 등 새로운 영역에까지 커지고 있다는 사실을 의미한다. 전통적 영역은 이미 서구 구세력에 의해 장악된 만큼 중국은 새로운 영역의 규칙을 만드는데 있어 주도적 역할을 원하고 있다. 중국은 이미 스스로를 북극개발에 참여할 기술적 역량과 자본과 국가적 관심을 갖고 있다고 보았다. 중국은 북극 외에 남극에 대해서도 야심을 내비치고 있다. 2017년 5월 베이징에서 40개국 대표들이 참석한 남극조약 회의를 주최했으며 내년에는 남극에 다섯 번째 연구기지를 설립할 계획이다.

중국의 관심은 특히 북극해를 관통하는 해운항로를 개척하는데 집중돼 있다. 백서는 "지구 온난화로 북극해 항로는 국제무역의 중요 수송 루트로서 유망하다"면서 관련 인프라 건설과 항해 시험 정기화를 지원하겠다고 밝혔다.

Ⅱ. 중국 '북극정책'의 실질적 내용과 비판적 분석

1. '북극정책' 백서의 내용

백서는 전문 약 9천자 서문과 맺음말을 제외하고, 북극의 상황과 최근의 변화, 중국과 북극의 관계, 중국의 북극정책의 목표와 기본원칙, 중국이 북극 문제(거버넌스)에 참여할 주요 정책과 입장 등 4개 부분으로 되어 있다. 구체적으로 살펴보면 다음과 같다.

① 북극의 상황과 최근의 변화:

경제글로벌화, 지역 단일화가 심도 있게 발전하는 배경 하에 전략, 경제, 과학연구, 환경보호, 항로, 자원 등의 분야에서 북극의 가치가 계속 높아지면서 국제사회가 북극을 주목하고 있다. 북극 문제(거버넌스)는 이미 북극 (연안) 국가들 간 문제와 지역(북극권) 문제의 범주를 넘어서서 북극 역외 국가의 이익과 국제사회 전체의 이익에 관계되고, 인류의 생존과 발전의 공동운명과도 관련이 있으며, 글로벌적 의미와 국제적 영향력을 가지고 있다. 백서에서 중국은 인류 운명공동체 건설을 주창했고, 북극 사무(거버넌스)의 적극적인 참여자와 건설자, 기여자로 북극의 발전을 위해 중국의 지혜와 역량을 기여하고 있다고 밝혔다.

② 중국과 북극의 관계:

중국은 자국을 '근(近) 북극 국가'로 칭하며, 북극 사무(거버넌스)의 중요 당사자라 지적했다. 중국은 지정학적으로 '북극에 가까운 국가'로 육상에서 북극권에 가장 가까운 국가 중 하나이다. 북극의 자연적인 상황 및 그 변화는 중국의 기후시스템과 생태환경에 직접적인 영향을 미치고, 나아가 중국의 농업, 임업, 어업, 해양 등의 분야의 경제이익에 관계된다.

③ 중국의 북극정책의 목표와 기본원칙:

백서에 의하면, 책임을 지는 대국으로서 중국은 '존중 · 협력 · 상생 · 지속가능'의 기본 원칙에 따라 관련 당사국과 함께 북극 발전의 역사적인 기회를 잡아 북극 변화가 가져온 도전에 적극적으로 대응함으로서 북극의 평화와 안정, 지속가능한 발전을 위해 기여하겠다고 강조했다.

④ 중국이 북극 문제(거버넌스)에 참여할 주요 정책과 입장:

첫째, 북극에 대한 이해증진과 탐사의 심화(Deepening the exploration and understanding of the Arctic)

둘째, 북극의 생태-환경 보호와 기후변화 대응(Protecting the eco-environment of the Arctic and addressing climate change)

셋째, 북극 자원의 합법적이고 이성적인 이용(Utilizing Arctic Resources in a Lawful and Rational Manner)

넷째, 북극 거버넌스와 국제협력에 적극 참여하기(Participating Actively in Arctic governance and international cooperation)

다섯째, 북극의 평화와 안정 증진(Promoting peace and stability in the Arctic)

2. 중국 '북극정책'의 비판적 분석

중국은 지금까지 수년 동안 북극에서 적극적으로 활동해 왔다. 북극점으로 쇄빙선을 보냈고, 러시아의 주요 액화천연가스 프로젝트(야말 프로젝트)에 투자하고, 스발바르에 연구기지를 개설했다. 중국의 관리들은 2013년부터 옵서버였던 북극이사회(Arctic Council)에서부터 매년 아이슬란드에서 개최되는 주요 국제회의인 북극 서클(Arctic Circle)에 이르기까지 다양한 포럼에서 자국의 북극 이해관계에 대해 목소리를 높여 왔다.

중국 국무원 신문판공실(China State Council Information Office)은 중국 최초의 공식적 북극정책을 영어로도 발표했다. 백서가 영어로도 제공된다는 사실은 중국 정부가 그것이 널리 읽히고 선전될 것으로 기대했을 뿐만 아니라 전 세계가 볼 수 있는 세계적 강국으로서 북극에 대한 중국의 표식을 만들고 있음을 의미한다.

① 북극의 상황과 최근의 변화:

중국의 첫 번째 발언은 "북극의 상황은 이제 원래 북극권 국가 또는 지역적 특성을 넘어서고 있다"는 주장이었다. 북극은 이제 더 이상 그저 "지역"이 아니다. 이것은 상황이고 상황은 응답을 요구한다. 또한 북극은 "인류의 생존, 발전, 공유된 미래"에 중요한 역할을 한다. 그것들은 큰 과업이지만, 이제 전 지구적 강대국이 된 중국은 그 일에 착수했다.

중국이 북극 이해관계의 당사자가 된 것은 중국이 "인류를 위한 미래를 공유하는 공동체(지구촌)의 발전을 위한 챔피언"이라고 강조했기 때문이다. 전지구적/세계지향적인 국가(암시적으로 이기적인 "아메리카 우선 America First"과는 대조적으로)는 "북극 지역의 발전에 자신의 지혜를 공여하려는 노력을 아끼지 않은 북극 문제의 적극적인 참여자이자 건축가이자 공헌자이다." 중국은 스스로를 기본적으로 북극을 개선할 책임을 전적으로 짊어지고 있는 국가로 본다. 북극은 이제 반응을 요구하는 상황이고, 반응은 책임 있는 행위자들로부터만 나온다. 이제 중국은 그런 행위자들 중 하나라고 주장하고 있다.

② 중국과 북극의 관계:

다음으로, 이 백서는 중국이 북극의 경계선을 어떻게 보는지를 보여준다. 어쩌면 하나의 사소한 부분을 제외하고는 어떤 도발적인 것도 없다. 중국은 분명히 "북극해의 특정 지역은 공해와 북극 지역의 일부를 형성하고 있다"고 강조했다. 여기서의 "북극 지역"은 중앙 북극해(the Central Arctic Ocean)를 가리킨다. 5개의 북극해 연안국가들은 결국 이 주장과 관련하여 핵심을 장악하고 있다. 왜냐하면, 그들에게 중앙 북극해는 공해로 이루어진 북극해 중심의 도넛구멍처럼 보일 수 있기 때문이다. 해양의 헌법이라 할 수 있는 유엔해양법협약(UN CLOS)는 북극해의 기본적인 해양지역을 설정하고 법적인 관할권을 5개 북극 연안국에게 부여하고 있다. 게다가 가능성은 희박하지만 지금 현재의 공해의 많은 부분도 200해리 대륙붕의 자연적인 연장을 통한 대륙붕의 확장을 통해 언젠가 5개의 연안국가 중 한 국가의 대륙붕 지역으로 될 수도 있다.

이 백서는 21세기 북극의 전형적 서사를 제공한다. 이 문서는 기후변화로 인해 모든 것이 훨씬 더 뜨거워지고 있지만, 새로운 개발 기회는 점진적으로 열릴 수 있다고 말한다. 약간의 실용성과 "우리는 지금 형편없이 관리되고 개발된 북극의 운송과 석유개발 및 광업에 착수할 것"이라는 사고방식을 갖는 것은 어느 날 갑자기 나타난 새로운 실력자의 진심어린 넌센스처럼 들릴 수 있다.

이 단락에서 가장 특이한 문장은 이러한 새로운 상업 활동이 모두 "토착민을 포함하여 북극 거주자의 일과 삶의 방식에 중요한 영향을 미칠 것"이라는 선언이다. 이 문서는 일과 삶의 균형의 한쪽을 우선시하는 성장지상주의 국가인 중국에서 확실히 만들어졌고, 이것은 분명 북극권의 일부를 이루는 균형적인 스칸디나비아 방식은 절대 아니다.

중국은 스스로를 "근북극 국가(near-Arctic state)"라 불렀다. 1914년 현재 몽고 북서쪽에서 순록목동이 사진에 찍혔다. 중국 사람들은 이 사람들을 "숲의 거주자"를 의미하는 "우리안카이(Uriankhai)"[3]이라고 불렀다. 이 사진은 토론토 대학에서 온라인으로만 입수가능한 책 『알려지지 않은 몽골』에 있는 사진이다.

URIANKHAI WOMAN AND HER CHARGES—THE YOUNG REINDEER.

출처: Douglas Carruthers, J. H. Miller, Unknown Mongolia: a record of travel and exploration in north-west Mongolia and Dzungaria, (London : Hutchinson, 1914)

---

3) 우량카이(烏梁海)는 중세 몽골에서 몽골 고원의 유목민들이 알타이 우량카이, 투바인, 야쿠트인 등의 "삼림민"들을 가리키던 말이다. 10세기부터 중국 문헌에 언급이 나타나는데, 시대에 따라 그 의미가 확장되어 단순히 자신들보다 미개하다고 생각되는 집단을 일컫는 말처럼 사용되는 모습을 보인다. 몽골인들은 자신들보다 북쪽에 사는 수렵민족을 우량카이라고 불렀고, 명나라와 조선에서는 여진도 우량카이라고 불렀다. 위키백과.

중국 당국자들은 전에도 자국을 “근북극 국가”로 언급했다. 이제 이것은 백서의 등장으로 공식화되었다. 흥미롭게도, 이러한 ‘북극과의 근접성’에 대한 주장은 중국의 환경이 북극의 기후변화에 의해 어떻게 영향을 받았는가가 아니라 오히려 중국이 기후변화에 어떤 영향을 미쳤는가하는 쟁점에 달여 있다는 점이다. 사실 중국은 세계 최고 오염 방사국 중 하나로 이 기후변화에 막대한 영향을 미쳤다. 중국정부의 성명서는 또한 중국이 어떻게 순록 목축자들의 고향이 되었는가에 대해서와 마찬가지로 북극의 지위에 대한 인류학적 주장을 거의 하지 않는다.

중국이 북극에서 오랫동안 과학연구와 봉사자 노릇을 했다는 의심의 여지가 있는 긴 단락 뒤에 이 섹션의 마지막 부분에 숨어있는 “폴라 실크로드(Polar Silk Road)”에 대한 몇 문장이 있다. 만약 실크로드가 카라반(사막의 대

China's polar extension to Silk Road

NOTE: September is the end of summer in the North Pole when the frozen lid of sea ice tends to shrink to its smallest. Unlike the Antarctica, there is no land under the frozen Arctic ice.

Sources: CHINA'S NATIONAL DEVELOPMENT AND REFORM COMMISSION, THE ARCTIC INSTITUTE, NATIONAL SNOW AND ICE DATA CENTRE, REUTERS STRAITS TIMES GRAPHICS

상)이 낙타에다 향신료를 실고 중앙아시아의 대초원을 가로 질러 터벅터벅 걷는 것이라 생각했다면 틀렸다. 러시아의 금지된 북극 해안을 통과해 유럽과 아시아 사이에 가스를 뿜어내는 쇄빙 유조선으로 낙타를 대체해야 한다. 북극(남극을 포함하면 극지) 실크로드는 "일대일로 이니시어티브(Belt and Road Initiative)"에 따라 세계 무역 및 운송 루트를 극적으로 재확보하기 위한 중국의 1조 달러 규모의 거대한 계획의 일부가 된다.

③ 중국의 북극정책의 목표와 기본원칙: 이해하고, 보호하고, 개발하고, 참여한다.

이 세 번째 섹션은 이렇게 시작한다. "북극에 대한 중국의 정책 목표는 북극 거버넌스를 이해하고, 보호하며, 발전시키고, 참여한다." 문장에서 중국은 "in" 대신에 "on"을 썼다.[4] 이것은 전치사의 오용이 아니라 사실 중국이 북극권 내에서의 활동에 목표를 두는 것이 아니라 북극 자체에 목표를 두고 있다는 사실을 의미할 수 있다. 그러나 중국이 다른 북극에 관심이 많은 국가들과 함께 "북극 지역에서 인류가 공유할 미래를 가진 공동체를 건설하기 위해" 북극에서 좋은 일을 많이 할 수도 있다. 그럼에도 불구하고 얼마나 많은 사람들/인류가 이 미래의 일부인지는 모르지만, 북극에는 전체 세계 인구의 0.0005%인 단지 4백만 명의 사람들만 살고 있다는 것을 기억할 필요가 있다.

중국은 북극 거버넌스에 대해 이해하고 보호하며 발전시키고 참여할 것이다. 4단어 슬로건[5]을 열렬히 선호하는 중국은 또한 "존경, 협력, 윈윈 결과 및

4) "China's policy goals on [sic] the Arctic are to understand, protect, develop and participate in the governance of the Arctic."

5) 가장 대표적인 것으로 등소평 28자 방침이 있다. 냉정관찰(冷静观察: 냉정하게 형세를 관찰하고), 온주진각(稳 住阵 脚: 자신의 내부역량을 먼저 공고히 하고), 침착응부(沉 着 应 付: 상황에 침착하게 대응하고), 선우수졸(善于守拙: 선불리 능력을 드러내지 않도록 하며), 결부당두(决 不当头: 우두머리가 되어 나서지 말 것), 도광양회(韬光养晦: 칼 빛

지속 가능성” 원칙을 홍보하고 있다. “윈-윈 결과”는 어느 쪽과 어느 쪽의 윈-윈인지 명백하지 않다. 중국은 말한다. “협력은 모든 혜택이 비국가적 실체뿐만 아니라 북극권 국가들과 비북극권 국가들에 의해 모두 공유되고, 원주민을 포함한 지역 주민의 이익을 수용해야 한다.” 한편, 지속가능성은 “중국의 북극 문제에 대한 참여의 근본적인 목표는 인간과 자연의 조화로운 공존을 실현하는 것을 의미한다.” 그래서 우리는 단지 수십 년 전에 인간(단 어려운 상황을 잘 헤쳐 나가는 중국인이 아닌)이 미사일 경보 시스템을 세우고 얼음 아래에 핵 잠수함을 채우는 데 수십억 달러를 바쁘게 낭비한 곳에서, 그리고 오늘날 (기후변화로) 얼음 덮개와 영구 동토층을 극적으로 줄어 우리 스스로 구멍을 뚫을 필요가 없이 툰드라에 거대한 구멍이 열리는 곳에서 아무 문제없이 잘 지낼 것이다?

④ 중국이 북극 문제(거버넌스)에 참여할 주요 정책과 입장:

이 부분이 탐사(exploration), 기후 변화(climate change), 자원(resources), 거버넌스(governance) 및 평화(peace)로 정리 될 수 있는 5개의 파트로 구성된 가장 긴 섹션이다. 탐사와 이해(exploration & understanding)가 먼저 등장했다는 점은 주목할 가치가 있다.

탐사 : 중국은 스스로를 ‘북극 탐험가’로 간주하며, 유럽과 북미 국가들이 가지고 있는 식민지 유산 없이도 그렇게 할 수 있다고 생각한다. 탐험가로서 중국은 또한 지식 생산자이기도 하다. 백서로부터 중국 정부는 근본적으로 “과학 연구에 대한 투자를 지속적으로 늘리고, 현대화된 연구 플랫폼을 구축하며, 북극 연구 능력 및 수준을 향상시킴으로써 북극에서의 연구 활동”을 지원

을 감추고 실력을 길러), 유소작위(有所作为: 때가 되면 할 일을 한다).

하고 장려하는 모든 힘을 다하고 있다. 중국이 북극에서 연구하고 있는 연구 대상 및 연구 주제의 수는 고갈되어 가고 있다. 연구 자금 지원 전망이 좋지 않은 극지방 과학연구자들에게는 좋은 일이다.

중국은 또한 "북극의 석유 및 가스 시추 및 개발, 신재생 에너지 개발, 빙하 지역의 항해 및 모니터링, 새로운 형태의 쇄빙선 건설에서 기술혁신을 장려하고" 있다. 러시아와 노르웨이는 조심해야 한다. 중국 기업들이 이미 러시아의 야말 액화 천연 가스 프로젝트를 위한 장비의 60%를 기부했기 때문에 이것은 사실 뉴스거리가 아니다. 이 정책에 세심한 주의를 기울였다면, 두 번째 섹션에서 중국이 세계를 상기시켰음을 기억할 것이다. "북극해의 해로의 이용과 북극의 자원 탐사와 개발은 중국의 에너지 전략과 경제발전에 막대한 영향을 미칠 수 있다." 마지막으로 탐사에 관한 이 섹션에서, 중국의 북극 정책은 중국이 "빙하지역 광산시굴(ice zone prospecting)"과 같은 일을 할 것이라고 설명한다.

기후변화 : 중국은 기후변화 파리협정을 부정하는 미국과 달리 파리협정과 같은 "관련 조약의 의무를 충실히 이행하고 있으며" 기후 변화 교육을 장려한다. 새로운 단어인 "생태-환경(eco-environment)"이 이 섹션에서 만들어진다. 중국이 북극에서 그것을 보호하는 것을 도울 수 있다는 것이다.

자원 : 중국은 합법적으로 자원을 개발하기를 원하며, 러시아, 캐나다 및 북극점에 있는 3개의 북극 항로를 개발하려고 한다. 교활하게도, 중국은 처음 두 항로를 일반적으로 더 잘 알려진 북방항로(Northern Sea Route) 또는 북서항로(Northwest Passage)로 결코 언급하지 않는다. 사실, 근본적으로 북방항로는 북극 실크로드(Polar Silk Road)로 이름이 바뀌었고, 러시아북방항로청(Northern Sea Route Authority)이 그것에 대해 어떻게 느낄지 확실하지 않

다. 마지막으로, 중국은 또한 북극에서 어업을 원하며 많은 관광객들을 보내고 싶어 한다. 저탄소, 친환경, 책임감 있는 많은 관광객들 말이다.

거버넌스 : 중국은 다양한 범위의 북극에 관한 많은 포럼에 참여하고 있으며, (국제) 법과 질서 그리고 국제정치에서 이미 거물(G2)이 된지 오래다. 따라서 북극의 다양한 문제에 대해 자신의 국제적 지위에 걸 맞는 목소리를 낼 것으로 기대해도 좋다.

평화 : 중국은 평화를 위해 일할 것이며, 다른 북극 국가들과 함께 해상 범죄와 싸우는 일을 할 것이다. 중국이 그렇게 한다면, 중국은 북극의 슈퍼 히어로가 될 수 있다. 호주 애들레이드 대학(Adelaide University)의 DR. LIU NENGYE는 극지방에 대한 중국의 관심은 대만과 남중국해와 같은 핵심 이해 지역과는 다르다고 보았다. 따라서 "중국의 극지외교는 도발적이고 도전적이기보다는 협력적이고 협조적일 수 있다."

이제 세계는 중국적 특성을 지닌 북극을 볼지도 모른다. 중국은 "북극의 평화, 안정 및 지속 가능한 개발"을 달성하기 위해 모든 이들과 협력할 준비가 되어 있다고 공언한다. 중국은 여기에서 전 세계의 운송 게임을 변화시키는 비전에 북극을 통합시키는 것에 대해 아주 심각하다는 것을 보여줌으로서 "일대일로 이니시어티브(BRI)의 명칭을 각인시킬 수 있는 마지막 기회를 가진다. BRI와 중국의 북극정책 간에 평행선이 나타날 수도 있다. BRI로 전 세계가 이익을 얻는 동안 모든 도로가 베이징으로 이어질 것이다. 중국의 북극 정책은 "인류의 공유된 미래"를 목표로 하지만, 얼음이 녹아내리면 많은 이익이 베이징으로 흘러들어갈 수 있다.

〈표 1〉 중국의 북극정책 백서에 나타난 정책적 입장

정책목표/원칙	존중(Respect)	협력과 상호이익 (Cooperation and Mutual Benefit)	지속가능성(Sustainability)
북극 이해하기 (Understanding the Arctic)	북극에서 과학연구를 수행할 중국의 권리를 존중하라 중국 내에서 북극에 대한 이해를 증진하라	과학협력과 자료공유	환경보호에 초점을 맞춘 기술 개발
북극 보호하기 (Protecting the Arctic)	원주민의 문화적 전통을 존중하라	기후변화에 대한 국제적 협력	육지오염원에 의한 오염 감소 북극 생태계 보호 기후변화 대응
북극 이용하기 (Utilising the Arctic)	국제법을 존중하라 원주민의 권리를 존중하라	광물 및 석유자원의 개발에서 합작투자와 협력 이익공유 적절한 이용의 준비를 위한 북극해 국제해역에서의 어업자원 공동조사 시작하기	환경보전의 사전조건에 대하여, 클린 에너지의 사용과 개발(높은 수준의 환경기준을 사용하여)을 시작하기 책임감 있는 관광 장려하기
북극 거버넌스 (Governing the Arctic)	현존하는 북극의 메카니즘을 존중하라	극지 실크로드, 북극 지역 정부간 협의체, 기타 양자간 다자간 다수준 동등한 논의	북극에 필요한 지구적 환경거버넌스에 적극적으로 참여하기

Ⅲ. 중국의 '북극 실크로드'의 경제적, 정치적, 지정학적 의미

2018년 3월 17일 중국에서 "시진핑 황제 체제'가 공식 출범했다. 지난 2013년부터 중국 최대 권좌인 국가주석(임기5년)에 오른 시진핑은 강력한 반부패 드라이브를 통해 정적과 견제 세력을 제거했고, 2017년 10월 자신의 사상을 공산당 당헌에 삽입해 마오쩌둥의 반열에 스스로 오르기도 했다. 2018년 3월 17일 오전 전국인민대표대회(전인대=국회)가 열린 인민대회당에서는 국가주석, 국가부주석, 중앙군사위원회 주석, 전인대 상무위원장(국회의장) 선출 투표 결과를 보여주는 전광판에는 국가주석 투표 결과는 찬성 100%였다. 또한 이날 전인대에서는 헌법 선서식이 처음으로 이루어졌다. 왕치산 부주석과 리잔수 정치국 상무위원장은 오른손을 들어 시진핑 지도사상이 새롭게 명기된 중국헌법에 선서를 했다. 마오쩌둥 반열에 오른 시진핑 사상에 선서를 해 충성을 맹세하는 의식과 같은 것이었다. 개정 헌법에서 국가주석직 2연임 초과 금지 조항을 삭제하고, "신시대를 맞아 중국 특색 사회주의의 중요한 역할 발휘를 위해" 시진핑의 사상, 즉 '시진핑 신시대 중국특색 사회주의 사상'이 삽입되어 있다. 중국 언론은 시 주석의 개헌과 장기집권이 중국 특색 사회주의의 새 시대를 열기 위한 역사적 과제라고 설명했다. 특히 2020년에 전 국민이 풍요로운 삶을 사는 소강사회를 이루고, 2035년까지 사회주의 현대화란 목표를 달성하려면 안정적이고 강력한 지도체제가 필요하다고 강조했다. 덩샤오핑(鄧小平) 이후 구축된 집단지도체제로는 중국 내부 모순을 해결하고 외부 도전에 대응할 수 없다는 판단에 따라 시 주석 '1인 체제'로 급속하게 재편한다는 분석이다. 2018년 2월 26일 관영 환구시보는 "국가주석의 직권 범위는 건국 이래 여러 차례 변화했다"면서 "최근 20여년간 형성된 당 총서기, 국가주석, 당 중앙군사위 주석 '삼위일체' 지도 체계는 완벽하고 효과가 있다는 것을 증명했다"고 주장했다. 이어 '삼위일체' 지도 체제를 유지하는 것은 당과 국가의 지도 체계를 한 단계 더 완성하는 것"이라며 "이번 개정안이 국가주석 종신제의 부활을 의미하는 것은 아니다"라고 부연했다.[6]

이렇게 시진핑(64)[7]은 공산당 일당독재 국가의 통치의 기본축인 당정군[8]을

6) http://www.seoul.co.kr/news/newsView.php?id=20180227015010&wlog_tag3=daum#csidx22fce0650257d8f87da64ac72a6ea89 (검색일, 2018.7.2.)

7) 중국 공산당 불문율(7상8하) = 67세 유임, 68세 은퇴

8) 2017년 10월 제19차 전국대표대회(당대회)에서 중국공산당 총서기로 재선출, 2018년 3

장악하여 집권2기(2018-2023)를 "황제(皇帝)"처럼 시작했다. 또한 헌법개정으로 3-4기 또는 종신집권 가능성도 확보했다.

시진핑이 그린 중국 국가 장기발전계획의 목표는 중국몽(中國夢, 2050년까지 미국을 추월하여 세계최강국이 되는 것)이다. 이를 위한 로드맵은 다음과 같이 정리할 수 있다.

2020년까지 경제성장 마지노선인 연간 6.5%의 성장을 달성하여 소강(모든 국민이 편안하고 풍족한 생활을 누림) 사회를 실현한다. 또한 군사력의 기계화, 정보화와 전략적 능력 측면에서 중대 진전 이룩, 군사이론, 조직형태, 군사인력, 무기장비 현대화를 이룩한다. 2020년-2035년까지 소강사회의 기반 아래 중국 특색의 사회주의 현대화를 이룩하고, 국방과 군대 현대화 기본을 실현한다. 2021년은 중국 공산당 창당 100주년이다. 2035년-2050년까지 현대화 기반 아래 중국 특색의 사회주의 강국을 건설한다. 이와 더불어 세계 일류 군대를 건설한다. 2049년은 신중국 수립 100주년이다. 결국, 2050년까지 대외적으로 종합국력과 국제영향력 면에서 선두 국가를 실현한다.

일대일로(一帶一路, One Belt and One Road, BRI)는 실크로드 경제벨트(Silk Road Economic Belt 3개의 육로)와 21세기 해상실크로드 계획(Maritime Silk Road 2개의 해로)[9] 그리고 최근의 "극지 실크로드"(남극과 북극)를 포함하는 시진핑의 대표적인 정책 브랜드이자, 중국의 장기 국가발전계획 또는 세

월 제13기 전국인민대표대회(전인대) 국가주석 및 당중앙군사위 주석 재선임.

9) 일대일로는 20181년 현재 내륙 3개, 해상 2개, 북극 1개 총 6개의 노선으로 추진되고 있다. 일대는 ①중국, 중앙아시아, 러시아, 유럽을 거치는 노선, ②중국, 중앙아시아, 서아시아, 페르시아만, 지중해를 거치는 노선, ③중국, 동남아시아, 남아시아, 인도양을 거치는 노선이고, 일로는 ④중국연해, 남중국해, 인도양, 유럽을 거치는 노선, ⑤중국, 남중국해, 남태평양을 거치는 노선, ⑥동중국연해, 동해, 오호츠크해, 베링해, 북극해로 이어지는 노선이다.

계전략이다.[10)]

그러나 사실 중국 시진핑 국가주석의 메가 프로젝트인 '일대일로(One Belt, One Road)' 건설은 미국 셰일혁명에서 비롯된 것이라는 분석이 있다.[11)] 2000년대 중반 셰일가스 생산이 시작되고 2010년 즈음부터 미국 각지의 셰일유전에서 원유와 천연가스가 쏟아져 나왔다. 미국이 그토록 원하던 에너지 독립이 현실로 다가왔다. 더 이상 중동 원유에 의존할 필요가 없어진 것이다. 중동에서 수입하던 원유를 크게 줄였다. 따라서 중동 원유 확보라는 목적에 맞게 짜여진 미국의 대외정책도 바뀌었다. 중동에 엄청난 돈을 쏟아 넣을 이유도, 군사적으로 개입할 이유도 없어졌다. 대신 떠오르는 새로운 적대세력 중국이 미국 대외정책의 중심이 되었다. 그래서 나온 것이 2011년 '아시아 중시정책(pivot to Asia)'이다.

중국은 미국의 아시아 중시정책이 자신을 겨냥한 것이라는 것을 너무나 잘 알고 있었다. 중국의 대응책은 두 가지다. 하나는 러시아와 손을 잡는 것이다. 2011년 이후 중국과 러시아가 급속히 가까워진 것은 이 때문이다. 한때 적대세력이었던 중국과 러시아가 협력할 수 있는 것은 에너지라는 고리가 있었기 때문이다. 셰일혁명으로 인한 유가 폭락으로 경제적으로 어려움에 처한 러시아가 '신동방정책'이라는 기치 아래 중국이라는 거대시장을 얻기 위해 발 벗고 나선 것이다. 에너지를 팔아야 하는 러시아와 에너지를 사야 하는 중국이 아

---

10) 사실 신실크로드 전략(New Silk Road Initiative)을 먼저 추진한 측은 미국이었다. 2001년 9.11테러 이후 아프가니스탄과 파키스탄을 중심으로 남아시아와 중앙아시아를 연결하는 선상에 있는 국가들의 경제적 재건을 추진하기 위해 내세운 구상이었지만 흐지부지되었고, 중국이 그 구상을 크게 확대하여 실행하고 있다. 이종헌, 『에너지 빅뱅』, (프리이코노미북스, 2017) p. 218.

11) 이종헌, 『에너지 빅뱅』, (프리이코노미북스, 2017) "일대일로, 미국 셰일혁명의 지정학적 반작용" pp. 217-219.

시아로 돌아온 미국에 공동대응이라는 목표로 급속히 가까워진 것이다.

미국에 대항하는 중국의 두 번째 방안이 바로 일대일로 전략이다. 막강한 해군력을 동원해 중국을 봉쇄하려는 미국에 맞서 해상과 육지의 루트를 통해 아시아 아프리카 및 유럽과 연결을 꾀하는 것이다. '일대(一帶)'는 중국에서 중앙아시아와 중동을 거쳐 유럽으로 이어지는 과거 당나라의 육상 실크로드 경제벨트의 부활을 의미하고, '일로(一路)'는 명나라 때 정화의 대선단이 남중국해와 인도양을 거쳐 아프리카까지 이었던 해상 실크로드의 부활을 꾀한 것이다. 과거 세상의 중심이었던 당나라(육상)와 명나라(해상)의 실크로드 영광을 재현하고 중화민족의 위대한 부흥이란 시진핑 주석의 '중국의 꿈(中國夢)'을 실현하겠다는 목표이다.

시진핑 주석은 2014년 11월 중화인민공화국에서 개최된 아시아 태평양 경제 협력체 정상 회의에서 일대일로 경제권 구상을 제창했다. 이는 철도, 도로 및 항만을 통해 중국과 중국 주변 유라시아 국가들을 연결하고, 중국의 무역 수송로를 확보하도록 하는 것에 그 목표이다. 이 구상은 크게 세 가지로 이루어져 있는데, 하나는 육지기반의 실크로드 경제벨트 계획이고 다른 하나는 해상기반의 21세기 해상실크로드 계획이다. 마지막 하나는 2018년 1월 중국이 발표한 "북극정책" 백서를 통해 드러난 "극지 실크로드"이다.

중국이 전 지구에 걸쳐 육상 및 해상 운송 웹(망)을 구축하게 될 이 사업(약 5조 달러 규모)의 목표는 "지역 협력을 발전시키고, 문명 간의 의사소통을 강화하며, 세계 평화와 안정을 지키고, 공동발전을 이루며, 더 나은 삶을 추구하는 것"이다. 이 계획은 철강, 시멘트 등과 같이 중국내 과잉생산능력을 수출하여 필요 이상으로 과다한 분야의 문제를 해소하려는 것에 있다는 주장도 있지만, 어쨌든 중국의 공식적인 통계에 따르면 일대일로 계획은 지구상 인구의 63%에 해당하는 44억 인구를 대상으로 하고 있고, 이와 관련한 GDP는 전

세계 GDP의 29%인 21조 달러에 달한다.[12] 약 5조 달러에 달하는 이 계획의 재원은 아시아 인프라 투자 은행(AIIB)[13]의 1000억 달러, 신개발은행(New Development Bank BRICS)[14]의 500억 달러 그리고 실크로드 기금[15](400억 달러)에서 충당된다.

중국의 '북극 실크로드'는 '일대일로'라는 거대한 프로젝트의 일부로 볼 때, 그 의미와 의도가 더 명확해진다. 중국은 현재 운송/무역로와 기후 변화의 취약성에 대한 전략적 우려로 인해 해빙으로 인해 점점 더 접근하기 쉬운 북극해를 가로 지르는 새로운 수송/무역 루트와 인프라를 개발하는 데 관심을 기울여왔다. 많은 사건들이 북극에서의 경제적 연결 고리(운송무역로)를 개발하고, 과학 지식과 전문 지식을 습득하는 데 대한 중국의 관심 증가를 보여

---

12) 习近平"一带一路"构想战略意义深远. 2014-10-10 11:00:51. 来源：国际在线, 编辑：王瑞芳. http://news.cri.cn/gb/42071/2014/10/10/882s4720906.htm (검색일, 2018.7.2.)

13) 2013년 10월 시진핑(習近平) 중국 국가주석에 의해서 제안된 아시아인프라투자은행(The Asian Infrastructure Investment Bank)은 아시아 국가들의 사회간접자본 건설 지원을 위해 중국주도로 설립된 국제금융기구이다. 미국과 일본 주도의 세계은행과 아시아개발은행(ADB)을 견제하려는 성격이 강하다. 2014년 10월 24일 아시아 21개국이 500억 달러 규모의 아시아인프라투자은행(AIIB) 설립을 위한 양해각서(MOU)에 서명했으며 2016년 1월 16일 공식 출범식을 가졌다. AIIB의 창립회원국은 57개국이며 수권자본금은 1000억 달러(120조원)이다. 한국은 2015년 3월 26일 AIIB에 공식으로 참여의사를 밝혔고, 57개국 중 5위의 지분율(3.81%)에 해당하는 37억4000만 달러를 배분받았다.

14) 신개발은행(新開發銀行, New Development Bank BRICS, NDB BRICS)은 BRICS 5개국(브라질, 러시아, 인도, 중국, 남아프리카 공화국)이 운영하는 국제 개발 금융 기관이다. 이 은행은 신흥 5개국 시장의 재정 및 개발의 더 큰 협력 관계를 육성하기 위해 설립되었다. 본부는 중국 상하이에 있으며, 2015년 7월 21일 공식 출범하였다.

15) 실크로드 기금은 일대일로 계획에 해당하는 국가들에 자금을 지원하기 위해 만들어진 중국 정부 주도의 투자 기금이다. 2014년 11월 시진핑은 400억 달러의 개발 자금을 조달할 계획을 발표하였다. 이는 일대일로 프로젝트를 처음 시작했을 때, 마련한 자금과는 구분되는 추가의 새로운 자금이다. 이 기금은 프로젝트에 돈을 빌려주기보다는 투자하는 것을 목표로 하고 있다.

주었다.

중국 국영 운송업체인 COSCO[16]는 러시아 북부의 아르한겔스크(Archangelsk) 근처의 드비나강(Dvina) 북부에 북극 심해항구를 개발하고 시베리아 심장부에서 북극 항구를 거쳐 중국 및 다른 세계시장으로 천연 자원을 수송하기 위한 새로운 철도 건설에 강한 관심을 표명했다.

2012년 여름 중국의 쇄빙 연구선 "Xue Long"(Snow Dragon) 호는 7월 2일 중국 항구를 출발하여 베링해협을 지나 북방항로를 따라 바렌츠 해로 항해한 후 2012년 9월 27일 상해로 돌아 온 최초의 중국 선박이었다. 이 여행은 중국 해운회사에 "대단히 고무적인" 것이라고 중국 북극연구소의 Huigen Yang 사

중국의 쇄빙연구선 Xue Long(雪龍). Photo: Wikimedia Commons.
후에롱(Xue Long) 호는 2012년 여름 북극해를 가로 지른 최초의 중국 쇄빙연구선이다.

16) China Ocean Shipping(Group) Company인 Cosco는 전 세계에서 6 번째로 큰 컨테이너 선박 운영 업체이다. 중국 정부가 소유하고 있는 이 회사는 중국에서 가장 큰 건화물 선사 및 라이너 운송 업체이기도 하다.

무총장이 2013년 3월 오슬로에서 열린 북극회의에서 말했다.[17]

이 같은 외견상 무관하게 보이는 사건들은 지난 4년간 중국이 추진 중인 아시아와 유럽 간 수송 인프라를 업그레이드하기 위한 5조 달러 규모의 계획인 '원벨트 원로드(OBOR)'라 불리는 거대한 프로젝트의 일부라고 전문가들은 말한다. 현재 44억의 인구와 전세계 GDP의 약 29%를 차지하는 60개국 이상이

아이스 클래스 급으로 중국 해운사(China Ocean Shipping) COSCO Shipping의 자회사인 COSCOL이 소유한 용셍(Yong Sheng) 호는 2013년 8월 8일 중국 대련항(port of Dalian)을 출발하여 베링 해협을 거쳐 러시아 북부 (북극) 해안(축치해-동시베리아해-랍체프해-빌키츠키해협-카라해-바렌츠해)을 통해 2013년 9월 10일에 로테르담에 도착했다. 이 항해는 말라카 해협과 수에즈 운하를 통과하는 기존 항로보다 9일 2,800마일 줄어든 항해였다. 용셍 호는 대서양과 태평양을 연결하는 러시아 북방항로를 통과한 최초의 상업용 중국 선박이다.[18]

---

17) http://barentsobserver.com/en/arctic/2013/08/first-container-ship-northern-sea-route-21-08 (검색일 2018.3.23.)

18) http://english.cntv.cn/program/china24/20130912/101621.shtml (검색일 2018.5.21.)

이 일대일로에 참여하고 있다.

중국이 전 지구에 걸쳐 육상 및 해상 운송 웹(망)을 구축하게 될 이 사업에 대해 라발대학교(캐나다 퀘벡시)의 지리학 교수이자 북극의 지정학에 연구 초점을 맞추고 있는 퀘벡 지정학 연구위원회(Quebec Council of Geopolitical Studies) 위원장인 프레데릭 라세르(Frédéric Lasserre) 교수는 이제 북극의 기후 변화와 해빙의 급격한 감소가 베이징에 무역 루트의 "포트폴리오를 다양화하는" 또 다른 대안을 제시한다고 말했다.[19]

라세르(Lasserre) 교수는 라디오 캐나다 인터내셔널(Radio Canada International)과의 전화 인터뷰에서[20] OBOR 전략은 소위 말하는 "말라카 딜레마(Malacca Dilemma)"에 대한 베이징의 선입관을 반영한다고 말했다. 중국 무역의 대부분은 전략적 초크 포인트, 즉 주로 말레이 반도와 인도네시아 수마트라 섬 사이의 말라카 해협과 아라비아 반도와 아프리카의 뿔(Horn of Africa, 아프리카 대륙 북동부, 소말리아 공화국과 그 인근 지역) 사이의 바브 엘 만 데브(Bab-el-Mandeb) 해협을 통과하고 있다. 중국 정부는 언젠가 미국과의 정치적 사건이나 갈등이 있을 것이고, 이것은 이들 해협을 통과하는 중국 무역이 봉쇄될 수 있다는 의미이기 때문에 이를 우려하고 있다. 이런 지정학적 위험을 줄이기 위해 중국은 해상 또는 육상 기반의 다른 무역로를 개발하여 천연 자원을 수입하거나 자신의 제품을 최종 시장으로 수출하는 데 사용할 수 있는 무역 경로를 다양화해야 한다. 한편 중국이 이 무역 노선을 개발하고 있는 또 다른 이유는 본질적으로 경제적이고 정치적이라 볼 수 있다.

---

19) http://www.rcinet.ca/eye-on-the-arctic/2017/10/03/chinas-arctic-road-and-belt-gambit/ (검색일 2018.5.21.)
20) Ibid.

2014년 7월 6일 싱가포르 부콤(Bukom) 섬의 한 정유공장 앞 바다에 정박해 있는 선박들. 세계 해상 석유 무역의 약 4분의 1은 중동과 에너지가 부족한 동아시아 경제 간의 해상루트의 초크 포인트인 말라카 해협을 통과한다. 동아시아. 사진(Tim Wimborne/Reuters)

중국은 이웃 국가들과 보다 긴밀한 경제관계를 발전시키려고 노력하고 있다. 따라서 이웃 국가들과의 무역을 촉진하고 경제적 정치적으로 긴밀한 관계를 발전시키기 위해 철도 인프라, 항만 기반 시설 등 인프라 구축에 투자하고 있고, 중국 경제에 대한 이들 국가의 의존도를 심화시켜 소위 말하는 영향권(세력권)을 구축하려고 노력하고 있다. 이런 고정된 링크, 즉 철도 링크 또는 항구 기반 시설을 구축할 가능성은 이들 국가들에서 중국의 영향력을 키우는데 도움이 된다. 따라서 그것은 새로운 시장에 대한 접근성을 확보한다는 의미에서 경제적이고, 이들 국가들에서 정치적 영향력을 획득한다는 의미에서 정치적이다.

중국은 파키스탄의 과다르(Gwadar) 항구에서부터 파나마 운하 근처의 시설, 세계 4번째 컨테이너 함대의 소유자인 중국 국영운송회사 COSCO

Shipping에 의한 그리스 최대 항구인 Piraeus 항의 통제지분(controlling stake) 매입에 이르기까지 전 세계 주요 철도 및 항구 인프라에 대한 접근성을 확보하기 위해 수십억 달러를 투자했다.

브리티시 컬럼비아 대학(University of British Columbia)의 국제정치 및 국제법 분야의 캐나다 연구위원인 마이클 바이어스(Michael Byers) 교수는 이 야심찬 전략의 북극 차원이 현재로서는 수천억 달러의 투자가 이루어지는 아프리카나 라틴 아메리카에 비해 상대적으로 작다고 보았다. 그러나 북극은 현재 그러한 투자 대부분의 주변부에 있지만, 투자에 이용할 수 있는 방대한 자본을 중국이 계속 유지한다면 중국의 북극 투자가 증가할 것이다고 그는 보았다.[21]

정치적, 지정학적 관점이외에도 상업적 관점에서 볼 때도 유용하기 때문에 중국은 북극 항로를 시도하고 개발하기를 원한다. 백서에서는 이런 점들이 강조되고 있다. 중국은 오래 전부터 북동항로, 북서항로, 중앙항로 등 북극항로의 항해 안전성과 물류 수송능력을 조사하기 시작했다. 북극 해상 실크로드는 선사, 항만 및 복합운송 등에 대한 중국 투자의 근거가 된다. '신 실크로드'를 따라 동남아, 파키스탄, 중앙아, 중동을 넘어 유럽과 아프리카까지 육상과 해상을 연결하는 무역통로를 강화할 수 있기 때문이다. 중국정부는 극지운항 선박 안전기준(polar code)을 준수해 북극 해상실크로드를 개발하고, 국제해사기구(IMO)가 북극관련 항해규정을 수립하는 데 적극적인 역할을 수행할 수 있도록 지원할 것이라 밝혔다. 현재 북극문제를 모두 포괄하는 조약은 없으나 중국은 백서에서 북극 해상항로의 개발과 관련한 분쟁은 국제법 하에서 해결되어야 한다고 언급했다.

바이어스 교수에 따르면, 대규모 중국 투자의 얼마간은 기후 변화의 결과로

21) Ibid.

새로이 개설된 항로, 즉 러시아 북부의 북방항로와 캐나다의 북부의 북서항로와 관련될 것이며, 그 중 일부는 자원산업에 대한 투자를 포함할 것이다. 아마도 러시아 북극의 석유나 가스 또는 캐나다 북극의 광산업에서도 나타날 것이다.

중국 기업들은 이미 러시아의 270억 달러에 달하는 야말(Yamal) 액화천연가스(LNG) 프로젝트에서 29.9%의 지분을 보유하고 있다. 작년 Yamal 프로젝트는 우크라이나의 위기에 대한 서방의 제재를 피하기 위해 120억 달러 이상의 가치로 중국 은행들과 대출 계약을 체결했다.

캐나다 북부 지역에 대한 중국의 투자는 이미 시작되었다. 특히 퀘벡 주 북부의 누나빅(Nunavik)에 있는 디셉션 베이(Deception Bay) 근처의 중국 소유의 누나빅 니켈 광산(Nunavik Nickel Mine)이 대표적이다. 2014년 이 회사는 세계에서 가장 강력한 쇄빙 벌크 화물선 중 하나를 사용하여 광산에서 추출한 23,000톤의 농축니켈(nickel concentrate)을 출하했다. MV Nunavik 호는 퀘벡 주 디셉션 베이에서 북서항로를 통과해 중국 북동부로 항해했다.

한편, 중국 정부 또는 중국 국영기업은 예를 들면 처칠 항과 같은 캐나다 북극권의 기반시설에 투자하기를 원한다. 캐나다의 북극 항구에 대한 투자의 필요성은 분명히 있다. 수색 및 구조(S&R)와 같은 개선된 서비스도 필요하다. 중국의 자본 및 캐나다 정부와 관련된 모든 종류의 공공-민간 파트너십이 연방, 주 또는 준주와 상관없이 상상할 수 있다. 예를 들어, 북부 마니토바 처칠 항(Port of Churchill)은 이 항구의 소유회사인 OmniTRAX가 이 항구가 경제적으로 실행 가능하지 않다고 결정했기 때문에 폐쇄되었고, 이것은 중국인들에게 잠재적인 관심거리가 될 수 있었다. 거대 중국 기업이 처칠 항에 필요한 자금을 투자하여 다시 운영이 가능하게 만들어 캐나다 북극에서 미국 중서부로의 교역을 위한 동맥으로 처칠 항을 개발할 가능성이 있다.

만약 캐나다 연방 정부, 주 정부 또는 준주 정부와의 파트너십이 이루

공중에서 내려다 본 처칠항, Oct.5,2007. (John Woods/The Canadian Press)

어진다면, 이러한 중국의 인프라 투자는 캐나다에서 환영받을 것이다. 캐나다 정부는 주요 중국 기업들과 협력하여 처칠 항을 개발하고, 철도 라인을 깔고, 툭토약툭(Tuktoyaktuk)에 새로운 항만을 건설하고, 뉴펀들랜드(Newfoundland)의 세인트 존스(St. John's)에 환적 항구를 만들어 북서항로의 상용화를 추진할 수 있다.

한편, 캐나다와 중국 간의 관계에서 북서항로에 대해서는 어떤 다툼도 없다. 러시아와 중국 간의 관계에서 북방항로로 마찬가지이다. 중국 기업들의 캐나다 북극 인프라 투자에는 이런 관점에서 또 다른 이점이 있다. 미국과 달리 중국은 북서항로에 대한 캐나다의 주권이나 북방항로로 알려진 북동항로에 대한 러시아의 주권에 대해 어떤 의문도 제기하지 않는다. 중국은 상업적 해운이 안전하고 효율적이기 위해서는 연안 국가의 긴밀한 협력이 필요하기 때문에 캐나다 또는 러시아의 주권 주장에 도전할 관심이 전혀 없다. 중국 해운 회사는 캐나다 차트(해운지도)가 필요하고, 캐나다 날씨 및 얼음 예보가 필요하며, 캐나다의 수색 및 구조가 필요하며, 어느 날 캐나다 항구에 대한 접근이 필요할 것이다.

게다가 베이징은 하이난 섬과 중국 본토 사이의 하이난 해협(Hainan Strait)에서 똑같은 입장을 가지고 있기 때문에 중국은 북서항로에서 캐나다가 법적 지위를 상실하는 것에 대해 우려 하는 것은 당연하다. 캐나다와 중국은 모두 그들 각각의 해협이나 (해협)통행이 내수(internal waters)라 주장한다. 그리고 두 나라 모두 똑같은 법적 상대, 즉 미국에 직면해 있다. 이것은 중국이 북서항로의 주권에 대한 캐나다의 주장을 훼손하지 않는 실질적이고 타당한 이유가 있음을 의미한다. 사실, 중국 정부가 북서항로를 통해 쇄빙선 Xuelong을 보냈을 때, 중국은 캐나다의 허가를 요청했고, 캐나다는 즉각 허락했다.[22]

한편 바이어스 교수에 의하면, 동북아와 미국 대서양 연안 사이에 7,000킬로미터의 지름길을 제공하는 북서항로가 말라카 해협이나 파나마 운하를 통과하는 전통 항로와 같이 해상 운송에서 중요한 위치를 차지할 가능성이 거의 없다.

한편, 북극의 과학연구와 관련하여, 중국의 북극기지, The Arctic Yellow River Station(中国北极黄河站)는 2003년 중국 극지연구소(the Polar Research Institute of China)에 의해 노르웨이 스발바르 섬의 뉘알레순에 설립되었다. 중국이 북극에 진출할 수 있었던 계기는 노르웨이의 스발바르 정책 때문이다. 스발바르는 슈피츠베르겐 조약에 의해 통제된다.[23] 그리고 슈피츠

22) Ibid.

23) 조약(1920년 슈피츠베르겐 군도에 관한 조약 Treaty Concerning the Archipelago of Spitsbergen)의 주요 조항은 제1조 : 노르웨이는 "그리니치 동경 10도와 35도 사이의 모든 섬들과 북위 74도와 81도 사이의 모든 섬들에 대해 완전하고 절대적인 주권"을 가진다. 제2-3조 : 모든 서명국의 국민들은 노르웨이 법령에 따라 "절대 평등의 기반 위에" 상업 활동을 수행할 수 있다. 제6조 : 제한된 기간 동안, 조약의 서명 이전에 점유된 토지에 대한 주장이 심의되었다. 타당한 경우, 그러한 토지에 대한 소유권이 청구자에게 부여되었다. 제7조 모든 서명국의 국민들은 "완전한 평등"의 관점에서 재산(광물권 포함)의 소유권을 취득하고 향유하며 행사할 수 있다. 제8조 : "부과된

베르겐 조약 서명국[24]이 된다는 것은 북극 정책결정에 간접적인 영향력을 미칠 수 있게 만든다. 그러나 다른 옵션이 없을 경우, 스발바르를 지역 정책의 중심으로 만들기 위한 노르웨이의 노력은 중국을 포함한 조약 서명국들에게 북극의 미래에 얼마간의 영향을 줄 수 있는 기회를 제공했다. 노르웨이는 스발바르에 대한 노르웨이의 주권강화를 위해 과학연구 지원정책을 수행했다.

그러나 중국은 과학연구나 안보문제보다 경제적인 관심사로 인해 더 북극에 기지를 얻고자 했다. 기후 변화로 인해 북방항로(Northern Sea Route)와 북서항로(Northwest Passage)는 현재 늦여름에 얼음이 없으며 향후 몇 년 동안 이런 조건이 점점 더 길어질 것이다. 이 항로를 이용하면 아시아에서 유럽 및 미국 동부해안으로 가는 운송비용을 대폭 절감할 수 있고, 운송거리도 각각 6,400km 및 7,000km까지 단축할 수 있다. 예를 들어, 북방항로를 통해 중국은 연간 US$600~1200억의 비용을 절감할 수 있다고 추정되었다.[25] 중국 연구자들은 신흥 북극 무역루트를 장악하는 것의 경제적 중요성과 이 루트의 이용이 아시아 지역 협력을 장려할 수 있다고 강조했다.[26] 지금까지 중국의 북극정

세금, 부과금 및 공공요금은 배타적으로" 스발바르 행정부에 "납부되어야 한다." 제9조 : 스발바르는 "결코 전쟁과 같은 목적으로 사용될 수 없다." Adam Grydehj, Anne Grydehj, Maria Ackren, "The Globalization of the Arctic: Negotiating Sovereignty and Building Communities in Svalbard, Norway" Island Studies Journal, Vol. 7, No. 1, 2012, pp. 99-118.

24) 조약 서명국은 아프가니스탄, 알바니아, 아르헨티나, 오스트레일리아, 오스트리아, 벨기에, 불가리아, 캐나다, 칠레, 중국, 체코, 덴마크, 도미니카, 이집트, 에스토니아, 핀란드, 프랑스, 독일, 그리스, 헝가리, 아이슬랜드, 인도, 이태리, 일본, 모나코, 네덜란드, 뉴질랜드, 노르웨이, 폴란드, 포르투갈, 루마니아, 러시아, 사우디아라비아, 남아프리카, 한국, 스페인, 스웨덴, 스위스, 우크라이나, 영국, 미국, 베네주엘라.

25) M. Byers, (2011a) 'The dragon looks north', Al Jazeera, 28 December, www.aljazeera.com/indepth/opinion/2011/12/20111226145144638282.html

26) L. Jakobsen, (2010) 'China prepares for an ice-free Arctic', SIPRI Insights on Peace

책은 자연과학 분야의 연구에 초점을 맞췄다. 그러나 일부 중국 연구자들은 중국이 좀 더 정치적으로 정보에 입각한 접근방식을 취하고, 북극에 관한 정치적 문제에 대해 다른 국가들과 함께 직접적으로 개입할 것을 촉구했다. 중국은 북극의 지역정책결정기구와 가장 유사한 북극이사회(Arctic Council)에 한국, 일본과 더불어 영구 옵서버 국가(지위)이다. 따라서 중국은 (북극) 정책 개발은 물론 북극 거버넌스에 대해 더욱 커진 자신의 목소리를 낼 수 있게 되었다.

중국의 북극 야망은 희망과 더불어 걱정을 불러일으킨다. 백서를 계기로 중국은 자신의 경제적 능력과 세계적 위상을 바탕으로 남극 대륙과 북극해에서 자신의 존재감을 확대하여 극지 강대국으로서의 자신의 자리를 매김 할 것이다.

중국 관광청의 2013년 팜플렛에는 해외로 나가는 중국 관광객들이 중국의 이미지를 손상시키지 않도록 해야 할 일과 하지 말아야 할 일의 목록이 있다. "가래와 껌을 뱉지 말라." 그리고 "공중 화장실을 사용하는 데 오랜 시간을 끌지 말라."[27]

그러나 최근의 관광 규칙은 이전과는 확연히 다르다. 토양, 암석 및 동물 수집, 독성 물질 운반 및 고형 폐기물 폐기에 대한 규칙들이 그것들이다. 이것들은 남극과 북극의 환경을 보호하고 이 지역에서의 중국 활동의 지속가능한 발전을 촉진하기 위한 것이라고 중국 북극남극청(China Arctic and Antarctic Administration)은 밝혔다. 2018년 2월 초 중국 국가해양청(State Oceanic Administration)이 발표한 규정에는 위반자에 대해 3년간 지역 방문 금지 조항이 포함되어 있다.

남극 대륙과 북극에 중국인 관광객 수가 급증했다. 남극 대륙은 2017년에 5,289 명의 중국인 관광객을 끌어들이는데, 전체 방문객의 12%였다. 북극에

---

and Security, Stockholm, Stockholm International Peace Research Institute. pp. 6-7.

27) https://www.straitstimes.com/asia/east-asia/chinas-polar-ambitions-cause-anxiety (검색일 2018.8.7.)

서 러시아 북극 국립공원(Russian Arctic National Park)과 핀란드 라플란드(Finnish Lapland)에 가는 중국 관광객들도 증가했다. 관광객들은 주로 과학 연구 활동을 특징으로 하는 극지방에서 성장하는 중국의 존재감의 가장 가시적인 징후이지만 점차 경제적 활동을 포함하게 될 것이다.[28)]

중국은 세계적 강국이 되겠다는 외교정책 노선(중국몽)을 따라 극지 강대국으로서의 자리매김을 하면서 자신의 활동을 확대할 것이다. 2014년 초 Liu Cigui 중국 해양국(State Oceanic Administration) 국장은 "오늘날 우리는 극지 강대국이 되기 위한 새로운 역사적 시대의 출발점에 서있다."라고 썼다. 제13차 5개년 개발계획(2016-2020)에는 극지방을 탐사하는 주요 프로그램이 포함되어 있다.[29)]

중국은 이제 북극, 남극, 심해저 또는 우주 공간과 같은 지구의 먼 곳으로 이동할 수 있다. 거기에는 경제적 이익이 중요하지만 지정학적 이유도 있다.

지난달 1월 북극정책에 대한 중국 최초의 백서 발간은 2018년 중국의 주요 외교관계의 한 순간이었다. 백서는 북극에서의 중국의 목표를 명확히 설명하고 기존의 북극 국제법 체제에 대한 중국의 완전한 지지를 재확인했다. 당연히 캐나다, 덴마크(그린란드와 페로 제도 포함), 핀란드, 아이슬란드, 노르웨이, 러시아, 스웨덴, 미국과 같은 북극권 국가들의 주권 또한 존중된다.

백서를 통해 중국은 스스로를 북극의 기후 변화와 환경 변화에 영향을 받는 '북극에 가까운 국가(near-Arctic state)'로서 그리고 북극의 중요한 이해관계자로 자리 매김을 했다. 과학 및 환경 연구가 정책 보고서에서 논의되는 동안 경제 활동 또한 강하게 드러난다. 중국은 북극 해상운송루트 개발에 참여하기를 원한다.

---

28) https://arctic.ru/international/20180222/721073.html (검색일 2018.8.7.)
29) https://www.straitstimes.com/asia/east-asia/chinas-polar-ambitions-cause-anxiety (검색일 2018.8.7.)

중국은 극지 실크로드를 개발하여 육로와 해로를 따라 중국을 아프리카와 유럽에 연결하는 인프라를 건설하기 위한 일대일로 이니시어티브(Belt and Road Initiative)와 연결하려고 한다.

베이징은 북극 실크로드(Polar Silk Road)에 열중하고 있는데, 그것은 이것이 중국에서 유럽까지의 운송시간을 현재 남중국해와 인도양을 경유하는 노선에 비해 1/3 정도 줄어줄 뿐만 아니라 해적들이 없는 지역을 통과하기 때문이다. 중국은 또한 석유, 가스 및 광물 자원의 탐사와 개발에 참여하고, 북극에서 어업 및 기타 생물 자원을 활용하고 관광 산업을 발전시키기를 원한다. 또한 거버넌스 형성에 참여하기를 원한다.

백서에 대한 반응은 북극권 국가들 사이에서 다양하다.[30] 캐나다는 처칠항을 포함한 캐나다 북극 인프라에 대한 중국의 투자를 환영하고, 이를 이용해 북서항로의 서비스를 확대하고자 한다. 그리고 당연히 중국이 캐나다 북극 아치펠라고를 통과하는 북서항로에 대한 캐나다 관할권을 인정해 줄 것으로 기대한다. 러시아도 중국의 북극 개입을 환영했다. 중국국영석유공사(China National Petroleum Corporation)는 시베리아의 Yamal 액화 천연 가스 프로젝트의 29.9%의 지분을 가지고 있으며, 양국은 북극 서클 근처의 아르한겔스크에서 철도 및 항구 시설을 개발하기 위해 협력하고 있다. 중국은 또한 노르웨이와 아이슬란드를 포함한 북유럽 국가들과 과학 연구 분야에 협력하고 있다.

한편 중국의 '북극 실크로드'가 더 거대한 프로젝트인 '일대일로(BRI)'(육상, 해상 실크로드)에 연결되고, 북극항로(러시아의 북방항로와 캐나다의 북서항

30) https://www.straitstimes.com/asia/east-asia/chinas-polar-ambitions-cause-anxiety (검색일 2018.8.7.)

로)를 통한 새로운 국제 해상운송/무역로의 개발로 연결되면 해상운송과 물류의 관점에서 한국의 동해도 큰 영향을 받게 된다. 북미와 유럽으로의 물류는 물론이거니와 러시아 북극권의 에너지 자원개발과 운송 및 도입과 관련하여 큰 지각변동이 일어나게 된다. 중국의 '북극 실크로드'의 항로가 상하이, 대련 항을 출발하여 대한해협을 거쳐, 사할린과 홋카이도 사이의 라페루즈 해협을 거쳐, 오호크츠 해를 지나, 쿠릴열도를 통과해, 베링해를 거치면서 러시아 북쪽 북방항로나 캐나다 북쪽의 북서항로로 갈라지기 때문이다.(아래 지도 참조)

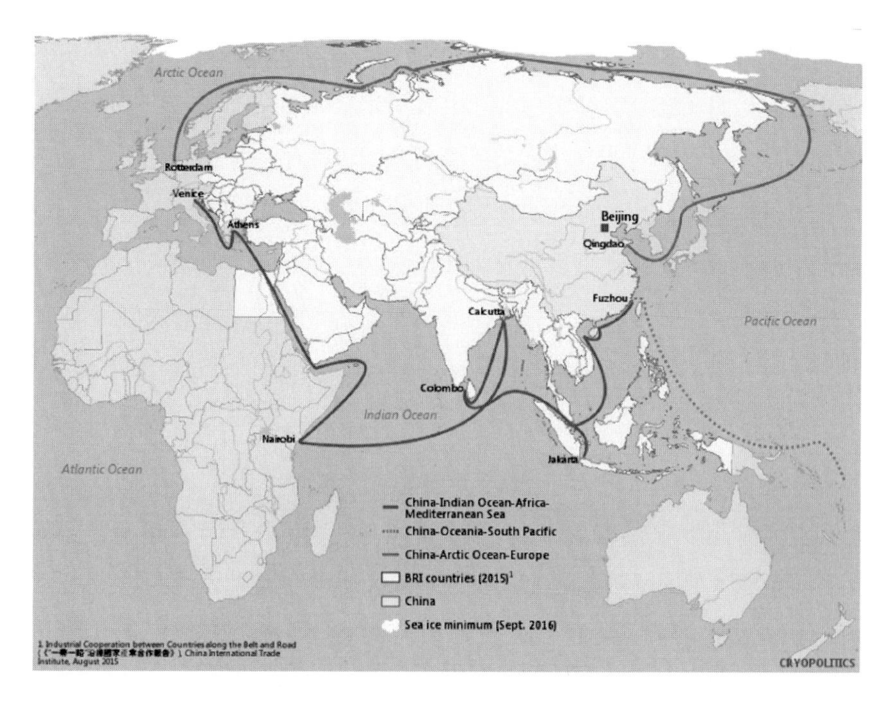

극지 실크로드로 재구성된 일대일로(육상, 해상 실크로드 + 북극 실크로드). 북방항로는 중국이 그리는 중국-인도양-아프리카-지중해로 이어지는 청색 경제 통로(해상실크로드)와 중국-오세아니아-남태평양으로 이어지는 녹색 경제 통로와 함께 중국-북극-유럽으로 이어지는 경제 통로이다.(출처: Cryopolitics)

한국과 일본의 북극 연구 경향 및 전략 비교

김정훈 · 백영준*

Ⅰ. 서론

이전 세기의 북극은 국가의 위신 또는 개인의 명예를 위한 탐험가들의 도전 대상이었다. 하지만 혹독한 자연환경과 기술력 부족 등으로 이러한 도전은 자원 개발이나 영토 확장 같은 물리적인 효과가 미미하게 나타날 수밖에 없었다. 이후 냉전의 대립이 심화되면서 발전적인 개발은 더욱 더 어려운 상황이었고, 북극 주 변국가의 극도로 제한된 국내적인 용도로 이용되었을 따름이었다.

1991년 소련의 해체와 탈냉전 시대의 도래로 인해 북극에 대한 국제적 관심은 고조되기 시작했다. 1996년 북극인접 국가인 노르웨이, 덴마크, 러시아, 미국, 스웨덴, 아이슬란드, 캐나다, 핀란드 등의 8개국을 주축으로 소수민족과 NGO등을 포함한 북극 이사회(Arctic Council)가 발족되었다. 이와 같은 움직임은 북극개발 문제는 개별 국가의 단독적 차원이 아니라 북극 주변국의 공동의 이해관계가 복잡하게 얽혀 있음을 보여주고 있다는 점에서 매우 큰 의미가 있다고 볼 수 있을 것이다.

---

* 러시아 크라스노야르스크 국립사범대학교 경제학 박사과정

※ 이 논문은 2016년 대한민국 교육부와 한국연구재단의 지원을 받아 수행된 연구(NRF-2016S1A5A2A03926235)로 배재대학교 한국시베리아센터의 시베리아 연구 21권 2호지에 실린 내용을 게재한 것 임

21세기 들어 심화되고 있는 지구 온난화, 북극 빙하감소와 기술의 발전 등은 북극권 진입 가능성을 높여주었으며 북극권 자원개발과 북극항로에 대한 관심을 증폭시켜주는 기폭제가 되었다. 이로 이한 국내외 학술계를 비롯한 관계기관들 사이에 있어 풍부하게 매장되어 있는 북극권의 석유와 가스 등의 에너지 자원, 비철금속, 수자원 및 수산자원 그리고 북극항로의 이용 가능성에 대한 연구활동이 활발하게 전개되고 있다.[1)]

동시에, 2007년 러시아가 로모노소프 해령 기저에 티타늄으로 된 자국의 국기를 꽂으면서 북극해 영유권에 관련된 문제가 국제사회의 뜨거운 감자가 부각되고, 북극 이사회에 가입하지 않은 국가들의 북극권 지역에 대한 관심 또한 고조되기 시작했다. 이와 관련해 해당 국가들의 북극관련 정책과 전략 수립의 경쟁이 가열되기 시작했다.

이러한 국제사회 분위기에 편승하여 한국은 2008년 북극이사회에 가입지원서를 제출하고 지속적인 노력을 펼쳐 나간 결과 2013년 정식옵서버 지위를 획득하는데 성공했다. 이를 기점으로 하여 한국 내 북극에 대한 관심은 더욱 고조되었다. 동북아시아 국가 중에서 같은 시기에 북극 이사회에 가입한 일본 역시 미래 발전의 원동력 확보 차원에서 북극에 대한 연구를 더욱 심화해 나가고 있다. 같은 공간에 대한 한일 양국에 대한 관심 고조는 경쟁 및 협력 등 여러 가지 측면에서 의미가 있다고 볼 수 있다.

이에 따라 본 연구는 한국과 일본의 대 북극정책 수립 및 실행과 관련된 연구활동을 분석해보고자 한다. 연구의 주된 내용으로 우선, 북극이사회 가입 준비가 진행되었던 2008년부터 현재(2017년)까지의 연구결과물에 대한 양적, 분야별 분석을 시도한 후, 동 기간 동안의 양국의 북극정책 전개에 대해서 정

---

1) 한종만 외, 『러시아 북극권의 이해』(서울: 신아사, 2010), pp. 232-249.

리 분석하여 정책의 유사성 및 차이점을 파악하고자 한다. 즉 문헌조사, 사례 연구 및 비교연구 등을 통한 양국의 북극정책에 대한 직간접적인 분석과 이를 통한 한국과 일본의 대 북극정책 이해의 종합적인 이해를 제시하고자 한다.

Ⅱ. 연구의 공간적 특성과 경향

1. 양국의 연구경향과 연구의 독창성

연구 대상 기간의 한일 양국의 연구경향을 살펴보면, 우선 한국의 경우 인문학적 측면에서 러시아 북극권 거주 소수민족인 코미와 네네츠 등의 언어에 관한 논문(김태진: 2012, 2013)들이 양산되었다. 정치 및 국제관계적 측면의 연구물로는 북극과 거버넌스, 안보문제 및 바렌츠해 국제법 분석에 관한 업적(배규성: 2010, 2011, 2016, 이영형: 2010, 2017)과 해양안보 문제 및 대한민국의 북극정책과 국제협력에 대한 논문(윤영미: 2010, 2013)들이 발표되었다. 수산자원 및 관광자원 개발 방안에 대한 연구(이재혁: 2013, 2015)가 시도되기도 했다. 특히 수많은 연구결과물을 창출해 내고 있는 경제와 지리에 관련된 연구활동(한종만: 2011, 2014, 2015, 2016)들은 한국의 북극연구 경향의 주된 흐름을 이루고 있다. 이외에도 공학부무의 연구결과로 아라온호 운행으로 얻은 자료와 데이터를 분석한 연구(이탁기: 2013)들을 비롯한 북극환경과 기후문제에 관련된 논문들도 다수 양산되고 있다.

일본도 한국과 다소 유사한 연구경향을 보여주고 있으나, 연구결과물의 양적 부분을 고려한다면 기후 및 환경관련의 자연과학과 공학적 연구에 대한 관심이 한국보다 상대적으로 높은 상황으로 판단된다. 이와 관련된 업적을 살펴보면, 우선 북극해 온난화와 해빙변동에 관한 연구(榎本 浩之(에노모토 히로유키): 2012, 2014), 북극해 해빙경감에 대한 고찰(島田 浩二(시마다 코지); 2008, 2010), 북극 생태계에 관련된 북극곰의 생태 식성으로 본 환경적응(妹尾 春樹(세노오 하루키): 2008) 등의 연구물이 있다. 이외에도 북극해 항로의 수송비용에 대한 분석(大塚 夏彦(오오즈카 나츠히코); 2014), 북극해 항로의 해상운송 변화의 특징 및 북극해 항로 실현을 위한 종합적 연구(大塚 夏彦(오오즈카 나츠히코): 2017)등과 같은 북극항로와 물류 등 경제부문의 업적들도 다수 생산되고 있다. 에너지와 자원개발에 대한 연구활동을 활발하게 전개해 나가고 있는 本村 眞澄 (모토무라 마스미)은 북극해 자원개발의 현황과 장래(2009), 북극권의 에너지 자원과 일본의 역할(2012), 신자원지대의 가능성(2013), 북극권 가스 개발에 대한 제언(2014)와 러시아 북극권 석유와 가스 현황(2017) 등의 논문을 발표했다.

이상에서 살펴 본 바와 같이 북극권에 대한 연구활동은 인문학으로부터 사회과학과 자연과학에 이르기까지 많은 성과물로 나타나고 있다. 이러한 상태에서 북극이사회 가입 시도로부터 약 10년이 지나는 시점을 통해 양국 간의 연구경향을 분석하여 양국 간의 협력 및 경쟁에 관련된 준비를 시도를 해 볼 필요성이 있다고 생각한다. 이는 대한민국의 대북방정책의 실현 뿐 아니라 비슷한 이해관계를 유지하고 있는 이웃나라의 선의의 경쟁과 공조를 통해 인류사회에 지대한 공헌을 제기할 수 있는 토대가 형성되는 시발점이라 생각하기 때문이다.

한국과 일본의 북극전략과 관련된 연구물의 분석은 2008년부터 2017년 사이 양국에서 생산된 연구성과물에 한정했다. 한국과 일본의 연구인프라 구성이 다르기 때문에 완벽한 동일한 조건에서 분석이 이루어질 수 없었다. 한국과 일본에서 운영되고 있는 대표적인 논문 검색 사이트를 이용해서 해당기간 해당분야에 생산된 연구성과물을 분석하였다.

2. 연구결과물 자료 수집의 기준

본 연구는 2008년부터 2017년(현재) 사이에 발표된 양국의 연구성과물을 자료로 했으며, 양국의 학술계 시스템과 운영이 일치할 수 없기에 각 국가에서 운영되고 있는 대표적인 논문 검색 사이트를 이용했다.

우선, 한국의 경우, 한국연구재단 (KCI)에서 제공하는 논문 검색서비스[2]와 구글에서 제공하는 '구글 학술검색' 사이트를 활용했다(주 검색어: 북극). 일본의 경우 역시 일본 국립 정보학연구소에서 제공하는 일본어 논문검색사이트인 CiNii[3]와 '구글 학술검색' 사이트를 활용했다(주 검색어: 북극).

3. 연구공간에 대한 이해

3.1. 북극

북극(Artic)은 그리스어의 'Arktikos'(곰)에서 유래됐으며, 이는 북극의 방향이 별자리 중 큰곰자리와 비슷한데 기인한 것이다. 북극권에 대한 정의는 학자별, 국가별, 단체별 등 다양한 목적에 의해 정의되고 있기에 획일적인 정의는 존재하지 않는다. 그럼에도 불구하고 일반적으로 통용되고 북극권의 개념 정의는 다음과 같은 3가지 방식으로 분류할 수는 있다.

① 천문학적 정의: 위도 66도 32분 51(혹은 66도 34분)부터 북극점까지 펼쳐진 지역을 의미한다. 북극의 천문학적 정의는 따뜻하고 차가운 해양조류 등을 고려하지 않았기 때문에 기후 및 식생적 특징을 표현하지 못하고 있다.

---

2) 한국연구재단 학술지색인(KCI): https://www.kci.go.kr/kciportal/po/search/poArtiSearList.kci'

3) 일본국립정보학연구소에서 제공하는 일본어 논문검색사이트: http://ci.nii.ac.jp/

② 기후 지리적 정의: 연중 가장 따뜻한 7월 평균기온이 10도 이하인 지역을 의미한다.

③ 지형생태학적 정의로 북극점부터 지속적인 영구동토지대 남방한계선까지로, 수목한계선부터 북극점까지로 아시아, 북아메리카, 유럽의 툰드라(영구동토지대)지역과 북극해를 의미한다.[4)]

이외에도 행정 및 소수민족의 분포 등이 북극권 정의의 기준이 되기도 한다.

[그림 1] 북극지역 구분

각주: 위키피디아 백과사전 북극지역 지도 https://goo.gl/rASxUK (검색일: 2017년 7월 4일)

---

4) Volker Steinbach, *Erdöl und Erdgas der Arktis - Chancen und Herausforderungen*, Bundesanstalt für Geowissenschaft und Rohstoffe (BGR), Hannover 2010, p. 2.; 한종만, "북극지역의 지정학적, 지경학적, 지문화적 역동성에 관한 연구", 사회과학연구소, 『사회과학연구』, 40(2), pp. 57-90, 2016.08. 기타사회과학 재인용

지구온난화가 가속되고 과학기술의 급속한 발전으로 인해 북극권에 대한 접근성이 높아짐에 따라 북극권은 국제사회의 관심을 집중시키고 있다. 영토문제, 자원개발, 기후문제, 생태문제 등 다양한 이슈가 제기되고 있지만 최근 들어 가장 뜨겁게 제기되고 있는 북극관련 용어는 아마도 '북극항로([그림 2] 참조)'일 것이다.

북극항로는 베링해협에서 서쪽으로 나아가서 캐나다를 통해서 그린란드로 이동하는 항로를 '북서항로'와 베링해협에서 동쪽으로 나아가서 러시아의 영해와 북해를 지나 로테르담으로 나아가는 항로를 '북동항로'로 구성되어 있다. 이렇게 2개의 북극항로가 주목을 받고 있는 이유는 상기 언급한 바와 같이, 지구 온난화가 진행되면서 빙하가 지속적으로 녹고 있으며, 아시아 국가들의 기존 물류 통로인 수에즈 운하 혹은 파나마 운하를 통하여 운반하는 것보다 짧은 항해일정 그리고 물류 운송 과정에서의 해적에 의한 약탈 가능성이 없다는 점 등의 경제적 이유 때문일 것이다.[5]

북극항로 중 '북동항로'가 '북서항로'보다 더 많은 관심을 받고 있다. 그 이유는 매우 객관적이다. 북서항로를 통한 항해거리는 북극항로와 비슷한 정도이기는 하지만 북동항로보다 어려운 빙하 조건이 존재하기 때문이다. 북서항로는 북동항로에 비해 더 많은 빙하와 암초 같은 장애물이 존재하기 때문에 상대적으로 항행 안전에 대한 보증이 낮을 수밖에 없다. 이를 입증하듯, 지금까지 북서항로를 관통하는 항해는 약 40번 밖에 실행되지 않았지만 북동항로를 이용한 수송은 연중 20척의 러시아 선적들의 동서 관통과 약 200척의 단순한 연안 항행에 의해 유지되고 있다.[6]

---

5) 최근 이와 관련된 내용을 자주 접할 수 있다. 기존 한국에서 유럽 암스테르담 항까지 선박을 이용했을 경우 약 20,000km의 거리이고 수에즈 운하의 이용료를 지불해야 한다. 그러나 북동항로를 이용할 경우 15,000km의 거리로 상대적으로 거리가 가깝다.

6) Пересыпкин В.И., Яковлев А.Н. Северный морской путь \\ Навигация и

[그림 2] 북극항로

출처: https://goo.gl/Lh8UFD (검색일: 2017년 7월 4일)

3.2. 북극항로 활용에 대한 러시아의 관심고조와 한국, 일본

현재 북극권 인접국을 포함해 북극개발에 대한 가장 큰 관심과 노력을 기울이고 있는 국가는 러시아이다.

러시아에서는 1987년 무르만스크 주도를 중심으로 한 북동항로를 통한 국제화물 수송에 대한 아이디어가 제기되었으며, 소련 붕괴 후 북극항로 개발은 1991년 "북극항로 항해를 위한 규제"의 지정으로 시작되었다. 이 규제는 북동항로를 어떻게 국가의 간선 항로화 할 것인가 그리고 항로 내부에 자리 잡고 있는 빙하의 종속관계 등 러시아 영해 및 해양 경제구역의 정의를 위한 목적을 내포하고 있다.[7] 그러나 이러한 실험적인 도전의 결과는 참담했다. 1991

гидрография, 1998, № 6, c. 11.
7) ibid. c. 8.

년부터 1997년까지 수송된 외국선박 오직 프랑스 국적의 아스트로야비야(Астролябия)호뿐이었다. 냉전이 끝난 직후였고 북극항로 자체가 국제적인 주목도 받지 못하였다.[8] 1998년부터는 러시아 디폴트(채무불이행) 등 국내외적인 방해요인과 경제적인 어려움으로 더 이상 실행되지 못했고, 쇄빙선의 노후화와 재정 부족으로 인해 북동항로 개발은 사실상 동결되었다.

2000년대부터는 국제유가의 상승으로 인해 에너지 자원 개발에 대한 수요가 증가하였고, 지구 온난화가 심화되면서 기후조건이 완화되는 등 다시 북극이 주목받기 시작했다. 러시아는 국제법에 의거한 북극해 방향의 대륙붕 조사를 통한 국제 사회에서의 북극해 영유권을 인정받고 싶어 하는 경향을 지속적으로 보여 왔다. 특히 2007년 러시아 대륙붕 탐사팀의 미르1호 잠수함이 로모노소프 해령 심해 4,302m 바닥에 변형되지 않는 티타늄제 러시아 국기를 꽂고 북극해 영유권을 주장하기도 했다.[9]

이와 동시에 푸틴 대통령은 러시아의 미래를 시베리아와 북극권 개발과 연결시켜 종합적인 정책과 전략을 개발하고 이를 실현해 나가기 위해 많은 노력을 기울이고 있다. 2013년 푸틴 대통령은 러시아북극지역 개발전략을 승인하고 '러시아 극지방 사회경제 개발정책 2020(Socio- economic development of the Artic zone of the Russian Federation for the period until 2020)'을 2025년까지 연장했다. 이 전략에 의거해 러시아 정부는 150여개의 프로젝트를 지정하고 연간 5조 루블(1조 루블은 정부 예산, 4조 루블은 외부 투자 조달) 투자를 계획하고 있다. 또한 '북극개발위원회'를 설립해 해당지역의 사회 경제

---

8) ibid. c. 10.

9) Шадрин А.И. , Ким Чжон Хун, Бэк Ён Чжун НАУЧНЫЕ ИССЛЕДОВАНИЯ АРКТИКИ В РЕСПУБЛИКЕ КОРЕЯ // География и геоэкология на службе науки и инновационного образования, Выпуск 12, Красноярск, 2017. cc. 322-327.

적 발전, 과학기술 발전, 정보통신 인프라 구축, 환경보호 및 국제협력 등을 적극적으로 추진해 나가고 있다. 러시아의 북극 지역 개발은 크게 오일, 가스 등 지하자원 개발과 물류 인프라 신규 구축 및 개선, 조선, 항공 등의 기반 구축과 노후 인프라 현대화 등 다양한 분야에서 이루어지고 있다. 이에 대한 국제적인 관심 또한 증폭되고 있다.

이러한 상황에서 북극권 지역에 직접적인 영유권을 가지고 있지 않은 한 · 일 양국은 2008년부터 지속적으로 북극 이사회(AC, Arctic Council)에 가입하기 위해 노력해 왔고, 2013년에 공동으로 정식옵서버 지위를 얻는데 성공하여 북극권 개발 및 활용에 대한 참여의 기반을 확보할 수 있게 되었다. 이에 따라 각국의 정부, 기업, 연구단체 및 학계의 관심과 활동도 증폭되고 있다. 러시아를 비롯한 이해관계가 있는 국가들의 북극 개발 및 연구활동에 한일 양국도 적극적으로 동참해야 될 시기가 도래한 것이다. 따라서 본고를 통해 양국의 북극에 대한 연구활동을 분석하고 비교해 봄으로써 공동의 이익 또는 시너지효과 창출에 대한 기반 모색을 도모해 보고자 한다.

Ⅲ. 연구 성과의 통계적 분석

1. 한국의 연구 성과의 통계적 분석

우선적으로, 검색엔진 '구글'에서 제공하는 '구글 학술검색'을 이용하여 검색어 '북극'으로 하고 연도별로 나누어서 학술자료로 검색되는 성과물들을 취합해서 아래와 같은 <표 1>의 결과를 얻을 수 있었다.

〈표 1〉 한국어 북극관련 논문 2008-2017 통계자료

출처: Шадрин А.И. , Ким Чжон Хун, Бэк Ён Чжун НАУЧНЫЕ ИССЛЕДОВАНИЯ АРКТИКИ В РЕСПУБЛИКЕ КОРЕЯ // География и геоэкология на службе науки и инновационного образования, Выпуск 12, Красноярск, 2017. с.322-327.

다음으로, 한국의 정보 수집은 한국연구재단의 한국학술지 색인에서 제공하는 등재후보지/등재지를 검색할 수 있는 포털을 통해서 데이터를 구축해 보았다. 검색어는 '북극'으로 동일하며, 검색된 자료는 인문, 사회과학, 자연과학, 공학 등 4가지 카테고리로 분류해 데이터베이스를 구축해 보았다. 검색과 카테고리 분류작업을 통해서 찾아낸 자료의 총합은 219건이다.

〈표 2〉 한국연구재단 KCI검색 2008-2017년 연구성과물 데이터

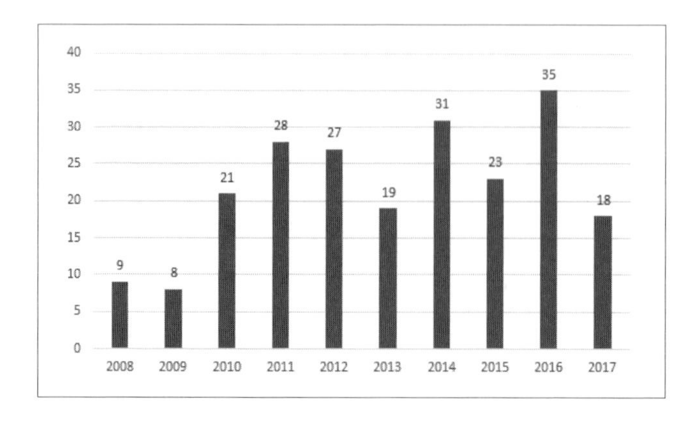

연도별로 구축된 연구성과물은 인문학 64건, 사회과학 97건, 공학/자연과학 58건 등으로 나타난다.

〈표 3〉 카테고리별 데이터베이스 수치 정리

	인문학	사회과학	공학/자연과학	연도별 합계
2008	3	2	4	9
2009	1	4	3	8
2010	4	13	4	21
2011	10	9	9	28
2012	12	7	8	27
2013	4	11	4	19
2014	10	10	11	31
2015	6	15	2	23
2016	11	18	6	35
2017	3	8	7	18
분야별 총합	64	97	58	219

연도별로는 2008년은 9건, 2009년은 8건, 2010년은 21건, 2011년은 28건, 2012년은 27건, 2013년은 19건, 2014년은 31건 2015년은 23건, 2016년은 35건, 2017년은 18건으로 총 219건이다. 양적 측면에서 볼 때 가장 활발하게 연구활동이 진행되고 있는 분야는 사회과학으로 97건의 연구성과물이 생산되었다.

한국의 2008년부터 2017년까지의 카테고리 분류 결과 연도별 연구성과물의 비교를 해 보면 대체적으로 사회과학 방향성의 연구성과물이 많은 것으로 나타난다. 이 카테고리 분류에서 사회과학 분야를 더욱 세분화해서 분석해 보았다.

〈표 4〉 2008-2017년 카테고리 별 연구성과물 분류

〈표 5〉 사회과학 카테고리별 세분화분석

	정치외교	경제	법	군사안보	지리	사회과학 일반	연도별 합계
2008	0	0	0	0	2	0	2
2009	0	1	1	1	1	0	4
2010	3	1	3	0	3	3	13
2011	1	1	4	0	2	1	9
2012	0	0	1	0	1	5	7
2013	2	0	2	0	3	4	11
2014	0	5	1	0	1	3	10
2015	1	5	1	0	0	8	15
2016	3	2	6	0	1	6	18
2017	2	3	1	0	0	2	8
분야별 합계	12	18	20	1	14	32	97

2008-2017년 기간 동안 한국에서 북극관련 사회과학 일반논문이 가장 많은 32건이 쓰였다. 다음으로 많이 쓰인 부분은 법학으로 20건이 쓰였으며, 경제학 18건 지리학 14건 정치외교 12건 군사안보 1건 등으로 나타났다.

통계자료를 종합적으로 분석해 보면, 연구시점 이전(2000-2007년)의 한국의

북극연구 성과물은 양적으로 약 70~190여개로 소폭의 증가 추세를 보였으나[10], 2008년 북극이사회(AC) 가입 신청서를 제출한 이후 점점 북극에 대한 관심이 고조되면서 자연스럽게 연구 성과물의 상대적으로 큰 폭의 양적 증가 현상이 나타나기 시작했다. 이후 2013년 박근혜 전 대통령이 서울 포럼에서 발표한 유라시아 이니시어티브 구상에 북극항로가 추가되면서 이런 분위기는 더욱 고조되었다.[11]

이러한 분위기에 편승하여 2014년부터 시작된 한국 내 북극관련 연구의 통일성과 종합성을 목표로 한 2013~2015년은 북극컨소시엄(KoARC)에 구성에 대한 기대가 늘어나면서 연구성과물 건수가 더욱 크게 늘어났으나, 대한민국 내부의 국내 정치상황 악화와 사회분위기 침체 등으로 북극컨소시엄 구성 및 운영에 관련된 예산은 2017년 현재까지 배정되지 못하고 있을 뿐 아니라 연구활동 역시 침체되어 상승세가 꺾여 양적 감소 추이를 나타내고 있다.

2017년의 통계 자료는 10월 16일 현 시점에서 4/4분기 자료에 발표된 자료가 포함되어 있기 않기 때문에 다른 연도와 연구성과물 건수가 크게 차이나는 점을 감안해야 한다.

2. 일본의 연구 성과의 통계적 분석

우선적으로, 검색엔진 '구글'에서 제공하는 '구글 학술검색'을 이용하여 검색어'북극'으로 하고 연도별로 나누어서 학술자료로 검색되는 성과물들을 취합해서 아래와 같은 〈표 6〉의 결과물을 얻을 수 있었다.

---

10) Шадрин А.И., Ким Чжон Хун, Бэк Ён Чжун НАУЧНЫЕ ИССЛЕДОВАНИЯ АРКТИКИ В РЕСПУБЛИКЕ КОРЕЯ // География и геоэкология на службе науки и инновационного образования, Выпуск 12, Красноярск, 2017. сс. 322-327.

11) 대한민국 외교부 발표자료 참조: https://goo.gl/KAC22f 2014 (검색일: 09.10 .2017.)

〈표 6〉 일본어 북극관련 논문 2008-2017 통계자료

2008-2017년의 일본의 북극연구는 대체적으로 연간 약 300건에서 400건 사이의 연구성과물 건수가 나타나고 있다. 특이할 점으로 지속적 상승 분위기를 이어 나가던 추세가 2011년에 갑작스럽게 움츠려 들었던 부분은 일본 동북지방 지진과 후쿠시마 원전사고의 여파 때문이라고 생각된다. 2017년의 통계자료는 10월 16일 현 시점에서 4/4분기 자료에 발표된 자료가 포함되어 있기 않기 때문에 다른 연도와 연구성과물 건수가 크게 차이나는 점을 감안해야 한다. 그러나 전반적인 상황을 놓고 볼 때 일본의 북극연구는 양적 측면에 있어 한국보다 빠르게 그리고 체계적으로 꾸준하게 이루어져 왔다.

다음으로, 일본국립정보학연구소에서 제공하는 일본어 논문검색사이트인 CiNii를 이용해서 데이터베이스를 검색하였다. 검색어는 '북극'으로 동일하며, 한국과 마찬가지로 4가지 카테고리를 통해서 자료를 구축해 보았다. 검색결과 찾아낸 자료의 총합은 526건이다. 그러나 본문과 연관되는 학술 가치를 내재하고 있는 자료는 309건으로, 이의 작업은 한국의 논문검색 서비스와 다르게 상세분류가 되지 않아서 수작업을 통해 이루어졌다.

〈표 7〉 일본의 CiNii 검색 2008-2017년 연구성과물 데이터

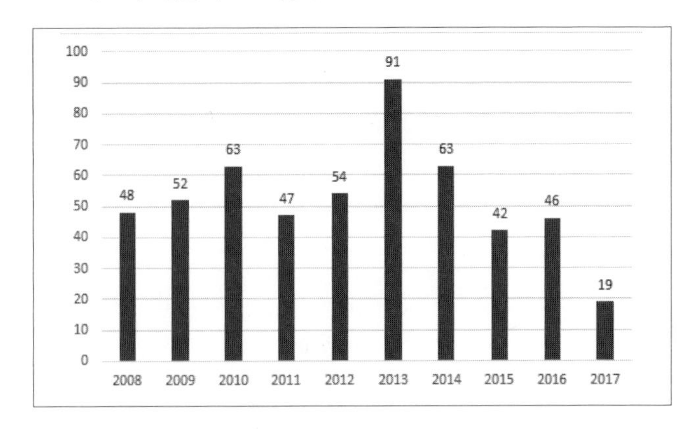

한국과 마찬가지로 카테고리 분류를 통해서 데이터베이스를 구축해 보았다. 연도별로 구축된 연구성과물은 인문학 12건 사회과학 116건 공학/자연과학 398건 등으로 나타났다.

〈표 8〉 카테고리별 데이터베이스 수치 정리

	인문학	사회과학	공학/자연과학	합계
2008	3	3	42	48
2009	1	6	45	52
2010	3	10	50	63
2011	0	7	40	47
2012	0	4	50	54
2013	3	32	57	91
2014	1	13	49	63
2015	0	9	33	42
2016	1	17	28	46
2017	0	15	4	19
분야별 총합	12	116	398	526

연도별로는 2008년은 48건, 2009년은 52건, 2010년은 63건, 2011년은 47건, 2012년은 54건, 2013년은 92건, 2014년은 63건, 2015년은 42건, 2016년은 46건 2017년은 19건 등으로 총 526건이다.

〈표 9〉 카테고리별 연구성과물 분류

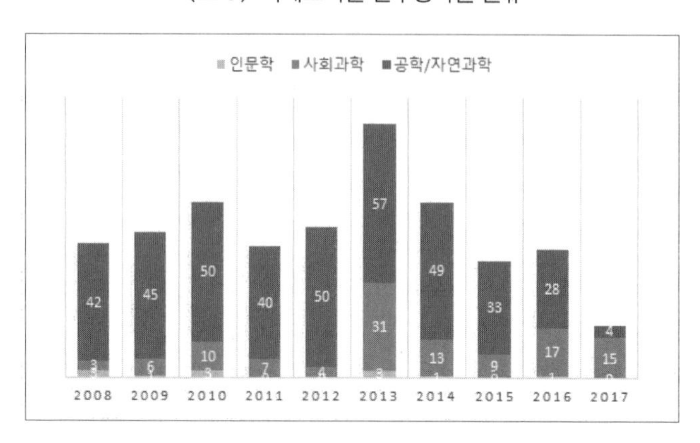

이 카테고리 분류에서 사회과학 분야를 더욱 세분화해서 분석해 보았다.

〈표 10〉 사회과학 카테고리별 세분화분석

	정치외교	경제	법	군사안보	지리	사회과학 일반	연도별 합계
2008	1	2	0	0	0	0	3
2009	3	2	0	1	0	0	6
2010	3	4	0	1	1	1	10
2011	3	0	4	0	0	0	7
2012	0	1	0	3	0	0	4
2013	14	7	3	4	0	3	31
2014	1	5	4	3	0	0	13
2015	2	4	2	1	0	0	9
2016	6	5	5	1	0	0	17
2017	0	5	1	2	6	1	15
분야별 합계	33	35	19	16	7	5	115

2008-2017년 기간 동안 일본에서 북극관련 가장 많이 쓰인 논문분야는 경제학으로 35건이 쓰였고, 다음으로는 정치외교 33건, 법 19건, 군사안보 16건, 지리 7건 사회과학 일반 5건으로 나타났다.

한국과 달리 일본의 북극연구는 '일본극지연구소'가 총괄하고 있으며 학술 논문의 상당수를 양산해 내고 있기에 간단한 소개를 하고자 한다. 연구소의 예산은 약 367억 원으로, 225명의 직원이 근무하고 있다(2017년 기준). 극지(남극, 북극)의 기지를 총괄하고 있는 동시에 극지관련 전문가를 양성하기 위한 5년제 박사과정 프로그램을 수행하고 있다. 또한 연구소는 2015년부터 일본 정부의 예산을 지원받아 북극 연구과제 공모를 하고 있으며, 2016년 기준 115건의 공동연구 프로젝트를 지원하고 있다. 2016년 지원중인 주요프로젝트는 〈표 11〉과 같다.

〈표 11〉 일본 극지연구소 2016년 주요 프로젝트 일람

프로젝트번호	연구주제
KP301	극지역 주공권 총합측정에 기초한 태양 지구계 결합과정의 연구
KP302	지구온난화와 진행 하에서 극지기후 시스템의 사용
KP304	북극환경변동의 해명을 위한 국제공동연구의 추진
KP305	남북양극의 아이스코어 해석에 의한 기후 환경변동의 연구
KP306	극지에서의 고체지구의 진화와 응답
KP309	환경변화에 대한 극지역 생물의 생태적 응답 프로세스의 연구
KZ31	극지환경에서 공학적 과제의 추출과 그 해결에 대한 제안
KZ32	극지환경에서 건강관리 및 의료체제의 연구

각주: 본 항목은 일본 국립 극지연구소에서(http://www.nipr.ac.jp/) 진행하고 있는 연구 프로젝트를 필자가 재구성한 것임.

2016년 일본 내의 종합적인 연구성과물 건수가 늘어난 것은 연구소의 공동연구 프로젝트 지원의 효과가 크게 작용한 것으로 보인다. 연구소와 관련되어 아쉬운 부분은 연구소 자체가 이공계열 위주로 편성되어 있어서 인문사회분야에 대한 연구가 미흡하다는 점이다.

3. 양국의 북극 연구결과물의 통계자료 비교분석

2008-2017년 기간의 북극 관련 한일 연구성과물 건수 비교는 아래의 〈표 12〉와 같다.

〈표 12〉 한일 북극 관련논문 건수 비교 2008-2017

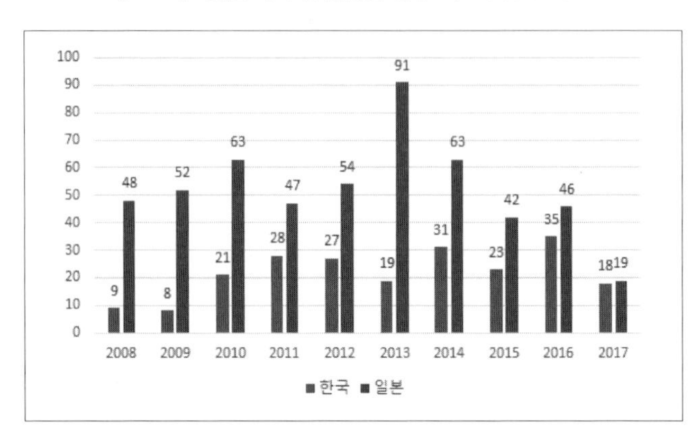

연구성과물에 대한 양적인 분석을 해보면, 2008-2017년 기간 동안 한국에서 행해진 연구의 건수는 총 219건으로 같은 기간 일본에서 행해진 연구건수인 526건에 비해서 부족한 수치를 보이고 있다. 한국과 일본의 연구 인프라 구성이나 구조가 다른 만큼 객관적이고 직접적인 비교는 불가능한 것이겠지만, 연구의 활동 및 관심도를 나타내고 있는 및 양적인 측면에서 볼 때 2008년부터 2017년의 기간 동안 일본의 경우 연구성과물의 건수가 꾸준하게 유지되고 있음은 명백하다. 이는 일본정부의 지속적인 지원과 체계적이며 종합적인 관리에 기인한다고 생각한다. 만약 이러한 가정이 적합하다면, 한국의 경우에 있어서도 해당 기간 동안 연구성과물의 건수가 증가 추세에 있는 것은 확실하지만, 이러한 기조를 일본과 대등한 또는 더 적극적인 상태로 만들어 나가기 위해서는 국가정책방향 혹은 사회/인문학적으로 도움을 줄 수 있는 영구성과물의 질을 올리기 위한 정부차원에서의 지원과 연구자들의 노력이 더욱 절실해져야 할 것이라고 생각한다.

조금 더 구체적으로 인문학, 사회과학 그리고 이공학 등으로 분류하여 카테고리 상의 분석을 시도해 보면, 한국에서는 사회과학이 97건으로 가장 많은 결과물을 양산해 내었으며, 일본의 경우는 공학/자연과학 분야가 398건으로 가장 많은 수치를 나타내고 있다. 이의 근본적인 이유는 양국의 연구 인프라의 구축의 상이성 때문이라고 판단된다. 사회과학 측면에서도 양적인 부분에서 한국에 비해 대등한 입장을 견지하고 있는 일본은 경제적이고 실용적인 부분을 고려하여 이미 공학/자연과학 분야에 국가적인 차원의 지원이 활발하게 진행되고 있으며, 그 결과 한국보다 더 빈번한 쇄빙선을 통한 직접적인 연구활동뿐만 아니라 인공위성을 통한 데이터분석 등을 통한 상대적으로 풍부한 연구자료를 확보할 수 있는 기반이 조성되었다는 점도 큰 이유 중 하나일 것이다.

이미 언급한 바와 같이 사회과학 분야에 있어서의 양국의 차이는 그리 크지 않은 상황이다. 한국의 사회과학 연구 결과물 수는 97건, 일본의 사회과학 연구 결과물 수는 115건이다. 좀 더 구체적으로 살펴보면 한국의 경우 1위에 사회과학(32), 2위 법학(20), 3위 경제학(18)이며, 일본은 1위 경제학(35), 2위 정치외교(33), 3위 법(19) 순으로 나타나고 있다. 이는 수치상으로 양국의 사회과학 분야의 격차가 그렇게 크게 나타나지 않는다는 것을 나타내는 유의미한 데이터를 통한 검증이라고 할 수 있을 것이다.

이상의 결과를 놓고 양국의 연구경향과 결과물의 수적인 분석을 해 보면, 한국은 일본과 북극관련 연구에 있어 공학 부분을 제외하고는 인문학과 사회과학 분야에서 연구 격차가 그렇게 심하지 않다는 것을 의미한다. 따라서 한국 정부의 이공학 부분에 관련된 지원의 확대와 일관된 정책이 필요한 시점이라고 생각한다. 물론 이러한 부분은 양적 분석에 한정되는 사항이며, 인문 및 사회과학에 대한 내실을 기하기 위한 투자와 지원의 확대도 지속적으로 실행되어야 할 것이다.

Ⅳ. 양국의 연구전략

1. 한국의 연구전략

한국의 대 북극정책의 대외적 관계의 시발점은 2008년 북극이사회(AC) 옵서버 가입 시도였으며, 2013년 5월에 정식옵서버로 선정되며 그 결실을 맺었다. 그 과정에서 유라시아 이니셔티브라는 전략 제기되어 구체적인 북극 정책 수립과 실행의 움직임이 나타나고 있다.

〈표 13〉 한국의 북극관련 주요 일지 2008-2017

- 2008년 북극이사회(AC) 가입
- 2009년 쇄빙연구선 아라온호 건조
- 2013년 박근혜정부 유라시아 이니시어티브 전략 재창
- 2015년 해양수산부 주도로 북극 컨소시엄 발족
- 2017년 북극항로를 이용해서 LNG 수송성공
- 2017년 문재인 정부 송영길 특사 러시아 파견 및 문재인 대통령 러시아 방문

북극권에 대한 직접적이고 적극적인 연구활동은 연구쇄빙선 아라온호(2004년 -2009년)의 건조로 실현될 수 있었다. 쇄빙선 아라온호의 주요임무로는 남극-북극지역의 연구수행 및 기지보급이다. 현재 대한민국에는 쇄빙선이 한 대밖에 없기 때문에 남극과 북극에서의 동시 연구활동이 불가능한 상태이다. 이에 따라 정부는 2020년까지 2세대 쇄빙선의 건조를 예정하고 있으나 국내외 사정으로 인해 계속 지연되고 있는 실정이다. 새로운 쇄빙선은 아라온호의 2배 규모의 사양으로 예상하고 있으며, 새로운 쇄빙선을 통한 북극 내 연구활동의 능동적이고 주도적 참여가 기대되고 있다.

북극관련 국가의 정책적 차원의 입장 표명은 2013년 10월 18일 서울에서 개최된 유라시아 국제 컨퍼런스에서 있었다. 기조연설에 나선 박근혜 전 대통령이 유라시아 이니셔티브를 제안했고, 3가지 대주제를 표명했다:

- 하나의 대륙: 물류, 교통, 에너지 인프라 구축으로 거대한 단일시장 형성
- 창조의 대륙: 창조경제 추진으로 유라시아 지역을 전 세계의 성장엔진으로 구축
- 평화의 대륙: 한반도 신뢰 프로세스와 동북아 평화협력 구상으로 경제 통상과 문화교류의 큰 장벽인 평화와 안보 위협 해결.

박근혜 전 대통령의 유라시아 이니시어티브 제창은 북극 관련 연구에도 많은 영향을 주었다. 박근혜 전 대통령의 정책 제안에 발맞추어 해양수산부 주도 하에 '한국북극컨소시엄(KoARC)'이 발족됐다. '한국북극컨소시엄'은 이

[그림 3] 박근혜 정부의 유라시아 이니시어티브 구상도

각주: 동아일보 사설 http://news.donga.com/BestClick/3/all/20131019/58316254/1 (검색일: 2017. 10. 9.)

전까지 개인연구자 중심으로 연구되어 체계적인 관리가 되지 않았던 북극관련 연구를 종합하여 창조적인 융복합 북극연구 과제를 발굴하고 그 실행을 지원함으로써, 지속가능한 북극이용을 실현하고 새로운 국익의 기회를 창출하며 북극 연구자 간의 협력증대와 우리나라의 북극진출에 기여하는 것을 목적으로 하고 있다. 과학, 산업기술 및 정책 등 3개의 분과위원회를 구성하고 있는 '한국북극컨소시엄'은 1988년 미국에서 창설된 ARCUS(Arctic Research Consoritum of the Untied States), 일본에서 2011년에 창설된 JCAR(Japan Consortium for Arctic Environmental Research)을 참고하여 한국형 북극 컨소시엄 운영을 목표로 2015년 11월 3일 해양수산부 산하 극지연구소의 주관하에 국내 24개 기관이 모여 발족하였다. 참여기관은 아래 <표 2>과 같다.

〈표 14〉 한국북극컨소시엄 참여 기관명

번호	소속 기관
1	극지연구소
2	극지기술연구회
3	한국해양수산개발원
4	국립생태원
5	국립수산과학원
6	광주과학기술원
7	한국해양과학기술원
8	한국기초과학지원연구원
9	한국지질자원연구원
10	선박해양플랜트연구소
11	배재대 북극연구단
12	외국어대 러시아연구소
13	연세대 동서문제연구원
14	영산대 북극물류연구소
15	연세대 지구환경연구소
16	(주)지오룩스
17	(주)지오스토리
18	한국가스공사 가스기술연구원
19	한국극지연구진흥회
20	한국해양재단
21	강원발전연구원
22	부산발전연구원
23	인천발전연구원
24	네이버시스템㈜

출처: 북극지식센터 http://www.arctic.or.kr/?c=11/13/65&idx=990(검색일 2017년 10월 17일).

현재 참여하고 있는 기관 이외에 앞으로 더 많은 연구기관의 참여가 예상된다. 하지만 국내외 여러 가지 문제, 특히 2016년 10월 시작된 박근혜 대통령 탄핵정국과 정부의 북극 관련 정책에 대한 관심 부족 등으로 인한 국회 예산 심의의 지연으로 인해 다소 정체된 상태의 모습을 보이고 있다. 이러한 상황은 당분간 지속될 것으로 예상되기에 컨소시엄 예산 확보에 어려움을 겪고 있는 실정이다.

그럼에도 불구하고 북극 관련 국가 정책 수립과 실행의 토대가 될 연구활동은 지속되고 있다. 일례로 한국북극연구컨소시엄 참가기관인 〈배재대학교 북극연구단〉은 컨소시엄 발전 이전인 2009년부터 지속적으로 〈배재대학교 한국 시베리아센터〉를 통해 꾸준한 연구 성과물을 내오고 있다. 해당 연구기관의 학술지인 한국연구재단학술등재지(한국 시베리아연구)를 통해2015년 현재까지 총 12편의 북극관련 논문이 발표되었다. 2010년에는 연구 성과들을 모아 〈러시아 북극권의 이해〉를 출판하였으며, 2014년부터 현재까지 한국연구재단의 지원을 받아 북극 제반에 대한 연구를 진행 중하며 1년에 4회의 전자저널 〈북극연구〉를 편찬하고 있다.

2017년 10월 현재까지 전자저널은 10회가 발행되었으며, 이 성과를 한 대 모아 2016년 북극의 종합적인 이해를 위한 〈북극의 미소와 눈물〉이라는 연구 성과물이 출판되기도 했다. 더욱이 앞으로 각 연구기관들의 연계와 국가기관의 도움은 북극 분야에 대한 연구에 많은 성과를 가져다 줄 것이 기대된다.

2017년 문재인 정부가 출범하면서 문재인 대통령은 5월 러시아에 송영길 특사를 파견했으며, 이후 9월 미국 방문에 이어 러시아를 방문하였다. 이는 기존의 관례에 비해 파격적인 행보였다. 문재인 대통령은 러시아 푸틴 대통령과의 면담에서 북극항로 공동개척과 에너지 협력 등의 강화와, 시베리아 천연가스 철도망 연결 등 극동지역 개발 협력 등을 제안하면서 북극에 대한 중요성을 강조 하였다.[12] 북극개발과 관련된 내용 중에는 한국의 야말 LNG 선 15척의 건조도 포함되어 있다.[13] 북극항로를 이용한 LNG 수송은 항해 일정을 축소시키는 경제적 효과를 창출해 낼 수 있다.[14]

하지만 아직까지 문재인 정부의 북극관련 정책의 명확성이 나타나고 있지 않다. 그렇지만 북극개발과 활용이라는 문제는 시대 및 역사적 과제로 대한민국의 미래에 있어 불가피한 사안이라는 점과 문재인 대통령의 의지를 고려해 본다면 희망적 기대감을 가져도 될 것으로 보이며, 이에 대한 준비가 선행되어야 필요성이 있다.

2. 일본의 연구전략

일본은 2011년 해양과학 기술센터를 주축으로 일본 북극환경연구 컨소시엄(JCAR)을 조직하여 북극에 관한 연구를 한 곳으로 모아 효율적으로 진행하고 있다. 이 사업에는 5년간 6억 5천만 엔의 투자가 이루어지고 있다.

---

12) 한국일보 보도자료 https://goo.gl/2tKSXg (검색일: 2017. 5. 12.)

13) 월드뉴스 보도자료 http://www.newsworld.co.kr/detail.htm?no=1375 (검색일: 2017. 9. 20.)(검색일: 2017. 9. 25.)

14) 백영준, “배는 다닐 수 있는가? “북극해항로”의 가능성”, 북극연구단, 『북극연구』 10호, 2017, p. 100.. ‘2017년 8월 17일 러시아의 LNG탱커 “크리스토퍼 데 마르주리(Christophe de Margerie)호 (7만 5천톤급)이 북극해 연안항해의 최단기록을 갱신했다는 보도가 있었다. 세계 북단의 도시라고 알려져 있는 스칸디나비아 반도 북단 노르웨이의 함멜페스트(Hammerfest)로부터 한반도 동쪽 해안의 한국 보령까지 19일의 항해였다고 전했다.’ 같은 항로를 통과했을 경우 지금까지는 2배 이상인 약 30일이 걸렸다. 어째서, 이렇게 항해 기간이 단축되었냐고 묻는다면, 이 선박은 2.1 미터의 빙하까지 대응 가능한 우수한 쇄빙기능을 가지고 있기 때문이다. 기존 일반적으로 북극항로 이용에는 전용 쇄빙선이 앞의 빙하를 깨고 뒤에 화물선이 이동하는 방식으로 운영되었기 때문에 항해 기간이 길었다.

〈표 15〉 일본의 북극관련 주요 일지 2008-2017

- 2010년 외무성 해양실장을 팀장으로하는 TFT 전담반 조직
- 2011년 해양과학 기술센터(JAMSTEC)를 구축
- 2012년 북동항로를 통한 LNG 수송선 시험운송 성공
- 2012년 일본국제문제연구소의 연구 성과물 『북극의 거버넌스와 일본의 외교전략』 출간
- 2013년 북극이사회 옵서버 가입 후부터 일본외무성은 북극이사회에 주재하는 북극담당대사 임명[15]
- 2015년 일본의 대 북극전략 로드맵인 일본 해양기본계획 발표

2012년 일본국제문제연구소는 외무성에서 자금을 지원받아 『북극의 거버넌스와 일본의 외교전략』 보고서를 출간하였다. 이 보고서는 2012년부터 2013년까지 1년간의 연구성과물을 모아 일 본정부에 북극정책에 대해서 제안하는 내용을 담고 있다.[16]

2015년 10월 16일 일본의 정책회의인 종합해양정책본부에서 일본의 북극전략의 로드맵인 해양기본계획을 발표하였으며, 자세한 내용은 다음과 같다[17]:

“북극에 대한 국제사회의 관심이 높아짐에 따라 일본에서도 2013년 논의 결정된 해양기본계획에 의해서 북극해의 둘러싼 대처를 중점적으로 추진하기 위한 과제와 순위를 지정하였다. ①전 지구적인 시점으로 북극지역을 관측 연

15) 일본 외교부 보도자료 http://www.mofa.go.jp/mofaj/press/release/25/3/press6_000016.html

16) 野上 義二, “エグゼクディブ・サマリー(報告書要旨)『北極のガバナンスと日本の外交戦略』(日本國際問題 研究所), 2012. 목차는 다음과 같다: 제1장 북극문제(개관), 제2장 북극권 에너지 자원과 일본의 역할, 제3장 상업성으로 본 북극해항로, 제4장 북극해와 일본의 방위, 제5장 북극의 환경문제, 제6장 북극의 거버넌스, 제7장 북극문제와 동아시아의 국제관계, 제8장 일본외교에게 제언

17) 일본 수상관저 보도자료: https://goo.gl/UxsLpG (검색일: 2017년 10월 17일).

구 ②북극에서의 글로벌한 국제협력 ③북극해항로의 가능성 검토를 중점을 두고 종합적 즉 전략적으로 대처해 나갈 것으로 정하였다. 해양기본계획은 보다 구체적인 대처방법을 명확하게 표명하고, 이후 국제협력주의를 기본 모토로 "적극적평화주의"입장으로 외교, 안전보장, 환경, 교통, 자원개발, 정보통신, 과학기술 등을 넘나드는 분야를 두고 산학관이 두고 전 분야를 아우르는 대처를 해 나갈 것 또한 이것을 통해 일본이 북극을 둘러싼 문제에 대응의 주요한 멤버로서 국제사회에 공언해 나가는 것을 목적으로 본 기본방침을 책정한다".

- 일본의 강점인 과학기술을 글로벌 시점에서 최대한 활용할 것
- 취약한 복원력을 가진 북극의 환경이나 생태계를 충분하게 배려할 것
- '법의 지배'의 확보와 평화로 질서 있는 형태의 국제협력을 추진할 것
- 선주민의 전통적인 경제활동기반의 지속성을 존중할 것
- 북극에서의 안전보장을 둘러싼 움직임에 충분하게 주의를 기울일 것
- 기후 환경변화의 영향이 경제적 사회적인 동의를 추구할 것
- 북극해항로나, 자원개발에 관한 경제적인 가능성을 계속 탐구할 것

위와 같이 일본은 발 빠른 행보를 보이고 있으며, 특히 북극환경과 원주민 문제, 방위문제, 자원개발 및 북극 지위 관련 문제 및 북극 거버넌스 등에도 지대한 관심을 보이고 있다.

V. 결론

지금까지 한일 간 대 북극관련 연구결과물의 통계와 전략 방향성에 대해 살

펴보았다. 이를 통해 도출해 낼 수 있는 한일 양국 간의 북극전략 차이점과 공통관심사에 대한 정리로 본 연구를 마감하고자 한다.

위에서 살펴 본바와 같이, 한일 양국 간의 대 북극연구 경향 및 전략은 여러 가지 측면에서 차이가 있다. 우선 한국은 일본에 비해 상대적으로 정부의 정책 및 지원 시스템이 부족하다는 점이다. 일본은 정부의 정책적 지원 하에 전문연구기관을 통한 북극연구관리가 이루어지고 있으며 북극 전문가를 양성하기 위한 전문교육기관 및 과정도 개설되어 있다. 또한 연구분야의 다양성도 지니고 있다. 한마디로 언급하자면, 북극관련 연구, 전략 및 정책 수립에 있어 일본은 한국에 비해 선도적인 입장에 있다. 이러한 측면에서 한국은 일본의 정책에 대한 벤치마킹과 협조를 통한 대 북극연구와 정책 실현을 위한 시스템 구축에 노력을 기울여야 할 것이다.

한국과 일본은 지리적으로 동북아시아 지역에 이웃 국가로 나란히 위치하고 있으며 북극권개발과 활용에 적극적이고 능동적으로 참여하고자 하는 공통된 목적을 가지고 있다. 물론 목적 수행과정에서 발생되는 선의의 경쟁도 있을 것이다.

〈표 16〉 양국의 북극전략 공통 관심사

- 향후 북극항로와 북극자원 개발 참여로 인한 직접적 수혜 입장 견지
- 북극해 지위에 대해서 인류 공동유산 지정 등과 같은 공공의 이익을 대변하는 방향성 지향
- 북극 관련 국제 공조 활동을 통한 국제적인 지위 확보와 국가 위상의 고양
- 북극권 활성화로 인한 안보문제 야기와 문제해결 과정의 참여 등

현재 북극항로를 통해 운송될 수 있는 물품은 계약 기간에 구애받지 않는 벌크 화물 정도이다. 이는 북극항로는 아직까지는 연중 항해가 불가능하며, 기후조건에 많은 영향을 받고 있기 때문이다. 향후 지구 온난화가 가속 되고

빙하가 더 오랫동안 녹아있게 된다면 자연스럽게 해결될 것이다. 한국과 일본은 북극항로의 경유지, 물류거점 가능성 등의 역할과 물류비용 절감 등의 이익을 창출해 낼 가능성이 매우 높은 지역이다.

북극의 자원개발문제는 인류생존과 직결되는 사안으로 신중하게 접근해야 한다고 생각한다. 무분별한 난개발이 이루어진다면 환경파괴는 물론 원주민의 생존권에 피해를 주기 때문이다. 또한 인류문명의 다양성 확보를 위해서 원주민의 문화와 언어의 보존에 힘써야 한다. 그러나 개발 과정에서의 탐사, 선박 및 항만 개발 등 여러 가지 형태로의 양국의 참여 가능성은 매우 높아지고 있다.

현재 북극이사회(AC)를 필두로 북극권에 직접적인 영유권을 가지고 있는 국가들이 가장 경계하고 있는 문제가 바로 북극해의 지위에 대한 문제이다. 남극대륙이 인류의 공동 유산으로 인정받아 특정 국가의 영유권이 인정되지 않는 것처럼 북극해 문제를 유사한 행보를 걷게 되는 것을 북극권 인접 국가들은 다소 경계하게 될 것이다. 하지만 비 북극권 국가들에게는 이러한 점이 기회가 될 수 있을 것이다. 북극권 인접국가 간 아닌 한일 양국은 국제사회와의 협력을 통해 북극 개발과 활용 가능성을 높여 나가는 공동의 행보를 펼쳐 나갈 필요성이 있다.

북극해의 빙하가 전부 녹게 되고 항행이 자유롭게 된다면 각 국가는 안보에 대한 새로운 문제에 직면할 것이다. 기존의 냉전 시대에는 북극해의 빙하는 장벽과 같이 서로를 막아주는 울타리 역할을 하였다. 그러나 비행기 혹은 잠수함 정도만이 제한적으로 통행 할 수 있던 곳이 자유로운 이동을 할 수 있게 된다면 북극권 국가들의 안보 문제에 대한 심각한 갈등이 발생할 수도 있다. 그렇기 때문에 이를 사전에 방지하기 위해 국제사회가 공조하여서 분쟁지역이 되지 않도록 미리 준비해야 할 것이다.

위에 언급한 내용은 개별 국가 또는 특정 국가에 의해 해결될 사안들이 아니다. 국제적 공조와 협력이 필요하며, 특히 지리 및 문화적으로 유사한 경험을 공유하고 있는 한일 양국의 협력 하의 선제적 준비 과정은 각국의 이익 실현 차원을 초월한 국제적 차원에서의 시너지 효과가 발생될 수 있을 것으로 생각한다.

〈참고문헌〉

한국어자료

김태진, "러시아 북극권 소수 민족 언어연구 - 코미어(коми язык)를 중심으로 -", 한국-시베리아센터, 『한국 시베리아연구』, 16(1), pp. 271-294, 2012.05.

김태진, "러시아 시베리아지역 소멸위기 언어에 대한 고찰- 네네츠어를 중심으로 -", 한국-시베리아센터, 『한국 시베리아연구』, 17(2), pp. 161~188, 2013.11. 러시아

배규성, "북극권 쟁점과 북극해 거버넌스", 21세기정치학회, 『21세기정치학회보』, 20(3), pp. 457-478, 2010.12.

배규성, 성기중, "북극지역의 안보적 도전 - 군비경쟁의 정치적 함의", 동아시아국제정치학회, 『국제정치연구』, 14(2), pp. 307-334, 2011.12.

배규성, 예병환, "바렌츠해 조약의 국제법적 분석: 러시아 - 노르웨이간 해양경계획정 방법을 중심으로", 독도연구소, 『독도연구』, (20), pp. 193-232, 2016.06.

백영준, "배는 다닐 수 있는가? "북극해항로"의 가능성", 북극연구단, 『북극연구』 10호, 2017, p. 100.

윤영미, "러시아의 북국지역에 대한 해양안보 전략: 북극해 개발과 한-러 해양협력을 중심으로", 동서문제연구원, 『동서연구』, 21(2), pp. 4-80 ,2009.12.

윤영미, "북극해 해양분쟁과 지정학적 역학관계의 변화 - 러시아의 북극해 국가전략과 대응방안 -", 한국-시베리아센터, 『한국 시베리아연구』, 14(2) , pp. 1-42, 2010.11.

윤영미, 이동현, "글로벌 시대 한국의 북극정책과 국제협력: 제약점과 과제", 한국-시베리아센터, 『한국 시베리아연구』, 17(2), pp. 189-226, 2013.11.

이영형, "러시아의 북극해 확보전략: 정책방향과 내재적 의미", 아태지역연구센터, 『중소연구』 33(4), pp. 103-129, 2010.02.

이영형, "문재인 정부의 대러시아 중점협력과제와 극대화 전략", 국가안보전략연구원, 『국가안보와 전략』, 17(3), pp. 67-99, 2017.09.

이영형, 김승준, "북극해의 갈등 구조와 해양 지정학적 의미", 한국세계지역학회, 『세계지역연구논총』, 28(3), pp. 289-315, 2010.12.

이재혁, "러시아 극동지역의 관광자원과 한국 관광산업 개발 방안", 한국-시베리아센터, 『한국 시베리아연구』, 19(2), pp. 103-128, 2015.11.

이재혁, "시베리아의 수산자원과 한국 수산업의 진출 방안", 한국-시베리아센터, 『한국 시베리아연구』, 17(1), pp. 97-144, 2013.05.

이탁기, 김태욱 ,임채환 외 1명, "북극해 계측자료에 기초한 아라온호의 국부 빙압력 계산 연

구", 한국해양공학회, 『한국해양공학회지』, 27(5), pp. 88-92, 2013.10.

이탁기, 김태욱, 임채환 외 1명, "북극해 운항 중 계측된 빙하중에 대한 분석 연구", 대한조선학회, 『대한조선학회 논문집』, 51(2), pp. 107-113, 2014.04.

이탁기, 이종현, 임채환 외 1명, "북극해에서 계측된 국부 빙하중에 대한 선속 및 빙두께 영향", 한국해양공학회, 『한국해양공학회지』, 27(5), pp. 82-87. 2013.10.

한종만 외, 『러시아 북극권의 이해』(서울: 신아사, 2010), pp.232-249.

한종만, "러시아 극동 · 바이칼지역 사회경제 발전 프로그램과 한 · 러 경제협력의 시사점", 러시아연구소, 『러시아연구』, 24(2), pp. 407-444, 2014.11.

한종만, "러시아 북극권 지역에서의 자원/ 물류 전쟁: 현황과 이슈", 한국-시베리아센터, 『한국 시베리아연구』, 18(1), pp. 1-33, 2014.05.

한종만, "러시아 북극권의 잠재력: 가능성과 문제점", 극동문제연구소, 『한국과 국제정치』, 27(2), pp. 183-215 , 2011.06.

한종만, "북극 공간의 개념 정의: 자연구분과 인문구분을 중심으로", 한국비교경제학회, 『비교경제연구』, 22(1), pp. 41-74, 2015.06.

한종만, "북극지역의 지정학적, 지경학적, 지문화적 역동성에 관한 연구", 사회과학연구소, 『사회과학연구』, 40(2), pp. 57-90 , 2016.08.

외국어자료

Volker Steinbach, Erdöl und Erdgas der Arktis - Chancen und Herausforderungen, Bundesanstalt für Geowissenschaft und Rohstoffe (BGR), Hannover 2010, p. 2.

Пересыпкин В.И., Яковлев А.Н. Северный морской путь \\ *Навигация и гидрография*, 1998, № 6, c. 11.

Шадрин А.И. , Ким Чжон Хун, Бэк Ён Чжун НАУЧНЫЕ ИССЛЕДОВАНИЯ АРКТИКИ В РЕСПУБЛИКЕ КОРЕЯ // География и геоэкология на службе науки и инновационного образования, Выпуск 12, Красноярск, 2017. с. 322-327.

榎本 浩之, "北極圏の温暖化: 科学の取り組み · フィールドワーク · 人", 『ヒマラヤ学誌』, 15, 193-199, 2014-03-28.

榎本 浩之, ALIMASI Nuerasimuguli, 柴田 啓貴, 田中 康弘, 舘山 一孝, 高橋 修平, "北極海の海氷変動の季節性と変調および環北極域の環境への影響", 『Environmental science』 25(6), 469-476, 2012-11-30

大塚 夏彦 , 大西 富士夫 , 泉山 耕, "北極海航路による海上輸送の変遷と特徴", 『土木学会論文集B3(海洋開発)』 73(2), pp. 25-30, 2017.

大塚 夏彦, 古市 正彦, 泉山 耕, 中野 佑哉, "北極海航路によるバルク貨物の海上輸送コストの分析",『土木学会論文集B3(海洋開発), 70(2), pp. 151-156, 2014.

島田 浩二, "北極海における海氷激減メカニズムについての考察"『地學雜誌』119(3), 451-465, 2010-06-25.

島田 浩二, 鴨志田 隆, "北極海における海氷運動・海洋循環の強化によってもたらされる更なる激的な海氷減少",『地學雜誌』117(6), xix-xx, 2008-12-25.

妹尾 春樹, "シロクマからヒトへの警告—北極圏におけるビタミンA貯蔵細胞の研究から—: —北極圏におけるビタミンA貯蔵細胞の研究から—",『日本食生活学会誌』18(4), pp. 309-316, 2008.

妹尾 春樹, "ホッキョクグマの生態・食性から見る環境適応 (特集 雪と氷の世界に生きる-- 極地方の生物その特異な生態) -- (北極圏の生物)",『遺伝』62(1), 24-29, 2008-01.

本村 眞澄, "ロシア北極圏の石油・ガス開発の現状",『土木学会論文集B3(海洋開発)』73(2), pp. 31-35, 2017.

本村 眞澄, "北極海資源開発の現況と将来 (特集 北極海のシーパワー)",『世界の艦船』(712), pp. 156-159, 2009-10.

本村 眞澄, "姿を現した新資源地帯の可能性：日本のエネルギー安全保障を強化 (特集 北極圏フロンティアの攻防)",『外交』22, pp. 36-41, 2013-11.

本村 眞澄, "在来型油ガス田のフロンティア開発：ターゲットは北極圏,大水深,重質原油 (特集 在来型の底力：技術革新と高油価で飛躍する在来型油ガス田開発)",『石油開発時報』(180), pp. 17-21, 2014-02.

本村 眞澄, "第2章 北極圏のエネルギー資源と我が国の役割"『北極のガバナンスと日本の外交戦略』(日本國際問題研究所), 2012.

山口 一, 大塚 夏彦, "北極海航路実現に向けた総合的研究と課題",『土木学会論文集B3(海洋開発)』73(2), pp. 36-41, 2017.

野上 義二, "エグゼクディブ・サマリー(報告書要旨)『北極のガバナンスと日本の外交戦略』(日本國際問題 研究所), 2012.

인터넷 자료

대한민국 외교부 발표자료 참조: https://goo.gl/KAC22f 2014(검색일: 09.10.2017.)

월드뉴스 보도자료 'Daewoo Shipbuilding Clinches Huge Order for 15 Ice-breaking LNG Carriers from Yamal LNG of Russia'
http://www.newsworld.co.kr/detail.htm?no=1375 (검색일: 2017. 9. 20.)

북극지식센터 '북극 컨소시엄 관련정보':
http://www.arctic.or.kr/?c=11/13/65&idx=990 (검색일 2017년 10월 17일).
북극항로 https://goo.gl/Lh8UFD (검색일: 2017년 7월 4일)
위키피디아 백과사전 북극지역 지도 https://goo.gl/rASxUK (검색일: 2017년 7월 4일)
유라시아 이니시어티브 동아일보 사설
http://news.donga.com/BestClick/3/all/20131019/ 58316254/1(검색일: 2017. 10. 9.)
일본 국립 극지연구소(http://www.nipr.ac.jp/)
일본 외교부 보도자료 '북극 담당대사 임명' h
ttp://www.mofa.go.jp/mofaj/press/release /25/3/press6_000016.html
일본국립정보학연구소 '일본어 논문검색사이트 cinii': http://ci.nii.ac.jp/
일본 수상관저 보도자료 '일본의 북극전략의 로드맵':
https://goo.gl/UxsLpG (검색일: 2017년 10월 17일).
한국연구재단 학술지색인(KCI):
https://www.kci.go.kr/kciportal/po/search/poArtiSearList. kci
한국일보 보도자료 '문재인 대통령, 푸틴과 통화 "북핵 해결 협력 논의"'
https://goo.gl/2tKSXg (검색일: 2017. 5. 12.)

[부록]
한중일
북극연구기관 소개

북극 연구기관 소개 : 한국 극지연구소

백영준

· 한국 극지연구소의 개요

한국 극지연구소(KOREA POLAR RESEARCH INSTITUTE: KPRI)는 해양수산부 산하의 극지전문 연구소로서 대한민국의 남극과 북극을 총괄하는 연구기관이다.

이 연구소는 1987년 한국해양연구소에 극지연구실 신설하고, 한국남극연구과학위원회(KONCAR)을 창립하고 이후 남극연구과학위원회(SCAR)가입을 시작으로 1988년 남극에 세종과학기지를 준공하고 연구원을 파견하기 시작하였으며 1989년 세계에서 23번째로 남극조약협의당사국(ATCP)의 지위를 획득하였고 1990년 한국해양연구소 극지연구실을 극지연구센터로 확대 개편하여 세계 22번째로 남극과학연구과학위원회(SCAR)의 정회원으로 가입하였다.

이후 2001년 북극의 관심이 고조되면서 한국 북극과학위원회(KASCO)가 창립되었고, 2002년 북극국제과학위원회 가입, 북극다산과학기지 설치, 남북극 업무를 통합한 한국극지연구위원회(KONPOR) 창립하였다. 2004년 확대 개편하여 한국해양연구원 부설 극지연구소가 설립되었다. 이후 2009년 남극/북극을 항행할 수 연구쇄빙선 아라온호를 건조하였고, 2013년 북극이사회의 정식옵서버 지위를 획득하는 등 남극 뿐만이 아니라 북극으로 연구범위를 확대하고 2015년 북극컨소시엄 사무국을 설치하는 등 그 영향력을 확장하여 대한민국에서 남극과 북극의 연구를 관리하는 연구기관으로서그 역할이 강조되고 있다.

· 주요 연구활동

극지연구소는 극지에 대한 기반 연구를 위하여 2010년부터 극지연구 활성화와 전문인력 양성을 목표로 국내 대학을 대상으로 독창적인 극지연구 주제를 공모하여 연구비를 지원하는 '국내 학 · 연 극지연구진흥 프로그램(Polar Academic Program, PAP) 사업'을 수행하고 있다.

주요 연구 성과로 극지연구소는 2017년 기준 KCI, SCI, SCIE 등 국내외 주요 학술지 213편의 논문을 게재하였고 또한 연구 프로젝트 사업에 62,397백만원의 연구비를 지원하였다. 상세한 내용은 아래의 그림과 표와 같다(표 1, 2 참조).

〈표 1〉 2017년 기준 논문 게재 현황

구분	편수
NCS등재	1편
SCI등재	121편
SCIE등재	52편
KCI등재	22편
국내기타	1편
국외기타	5편

출처: 극지연구소 홈페이지 https://www.kopri.re.kr/kopri/html/rsch/030101.html (검색일: 2018년 10월 9일)

<표 2> 극지연구소 주요 연구사업 목록

번호	과 제 명	기 간	책임자
1	서남극해 원격탐사	2014/01 ~ 2016/12	김현철
2	서남극 열개구조 진화 연구	2014/01 ~ 2016/12	홍종국
3	후기 제4기 서북극권 해역 고해양환경변화 복원 연구	2014/01 ~ 2016/12	남승일
4	남극 고유생물의 저온적응 기작 규명과 활용가치 발굴	2014/01 ~ 2016/12	박현
5	극지자원 큐레이션 서비스 및 프레임워크 개발	2016/03 ~ 2016/12	이주한
6	극지생물 유래 대사체 활용기반 구축	2016/06 ~ 2016/12	임정한
7	서남극 아문젠해역 생태계와 해양순환 변동 연구	2010/01 ~ 2016/12	이상훈
8	서남극 빙붕변화 관측시스템 구축 및 제4기 해빙사 복원 기술 개발	2010/01 ~ 2016/12	윤호일 이재일
9	과거, 현재의 극지기후 관측과 재현을 통한 기후변화 메커니즘 규명	2014/01 ~ 2016/12	김성중
10	기후변화에 의한 킹조지섬 생태계 변화 예측기반 구축	2014/01 ~ 2016/12	홍순규
11	다산과학기지 기반 지질-대기-생태 환경변화 연구	2014/01 ~ 2016/12	이유경
12	북극 4-D대기 관측망 구축 및 고층대기와 기후변화의 상호관계 규명	2015/01 ~ 2016/12	지건화
13	기후변화/기상재해 예측을 위한 극지 예측 시스템의 개발 및 활용 연구	2016/01 ~ 2016/12	김백민

출처: 극지연구소에서 제공하는 실행연구 목록을 표로 필자가 재구성하였음.

· 연구소 현황

극지연구소는 인천 송도에 위치하고 있으며, 연구소 산하 남극세종기지와, 북극다산기지, 쇄빙연구선 아라온호, 남극장보고 기지 등을 총괄하고 있다.

극지연구소 청사는 2013년 4월 29일 인천 송도에 신청사를 설립하였고, 이후 2016년에 연구실험실 2단계 준공하였고, 연구업무 역량 강화를 위하여 냉동실험실, 운석보관 클린룸, 전자현미경 분석실, 산소동위원소 분석실 등을 운영 중에 있다.

〈그림 1〉 인천 송도에 위치한 극지연구소 전경

출처: 극지연구소 홈페이지 http://www.kopri.re.kr/tour/ 검색일: 2018년 10월 9일

· 역대 극지연구소장

김예동 전 소장 제 1, 4대의 연구소장을 역임하였다. 연구소 경영목표로 극지연구 · 활동 확대를 통한 제2의 도약이라는 슬로건을 내걸었고, 실행전략으로는 부설 극지연구소로서의 위상확보, 남 · 북극 과학기지 운영 개선 및 안전시스템 확보, 극지 전문연구기관으로서의 역량 제고, 쇄빙연구선 및 남극대륙 제2기지 건설 추진, 극지과학기술(PST: Polar Science & Technology)의 육성 · 발전을 추진하였다.

이홍금 전 소장은 제 2 ~ 3대의 연구소장을 역임하였다. 연구소 경영목표로 도전과 열정이 넘치는 글로벌 연구기관을 슬로건으로 내걸었고, 실행전략으로는 임무지향적 조직 및 연구체제로의 개편, 우수인력 확보를 통한 극지연구 역량 강화, 연구역량 결집을 통한 세계 최고수준의 수월성 연구그룹 육성,

극지연구 인프라 활용증대를 위한 재원 확보 및 수요자 중심의 운영 개선, 극지연구데이터 공동활용을 위한 "한국극지데이터센터" 구축 및 운영, 극지연구 국제협력 네트워크 강화, 국내 · 외 공동 연구 활성화를 위한 협력 강화 프로그램 개발 · 추진하였다.

현임 제 5대 연구소장은 윤일호 소장으로 전략목표로 글로벌 기후변화에 대한 남극의 역할 규명, 콜드 러시(Cold Rush) 시대를 주도하는 전략적 북극 진출 발판 마련, 미답지 도전과 극지자원 활용기술을 바탕으로 미래가치 창출을 목표로 내걸고 있다.

성과목표로 기관 임무중심형 연구환경 조성, 효율적이고 청렴한 연구, 경영문화 확립, 산학연 협력과 대국민 소통을 통한 극지연구성과 극대화와 극지문화 확산을 성과를 추진하고 있다.

· 극지연구소 직원구성

이 연구소의 구성원은 총 398명으로 연구직 259명, 연수생 52명, 직원 87명으로 이루어져 있다.

〈그림 2〉 극지연구소 직원구조

출처: 극지연구소 홈페이지에서 공식적으로 직원에 대한 수치를 제공하지 않아서 직접 필자가 직접 계산하였음. (2018년 10월 9일 극지연구소 홈페이지 기준)

〈그림 3〉 극지연구소 구성도

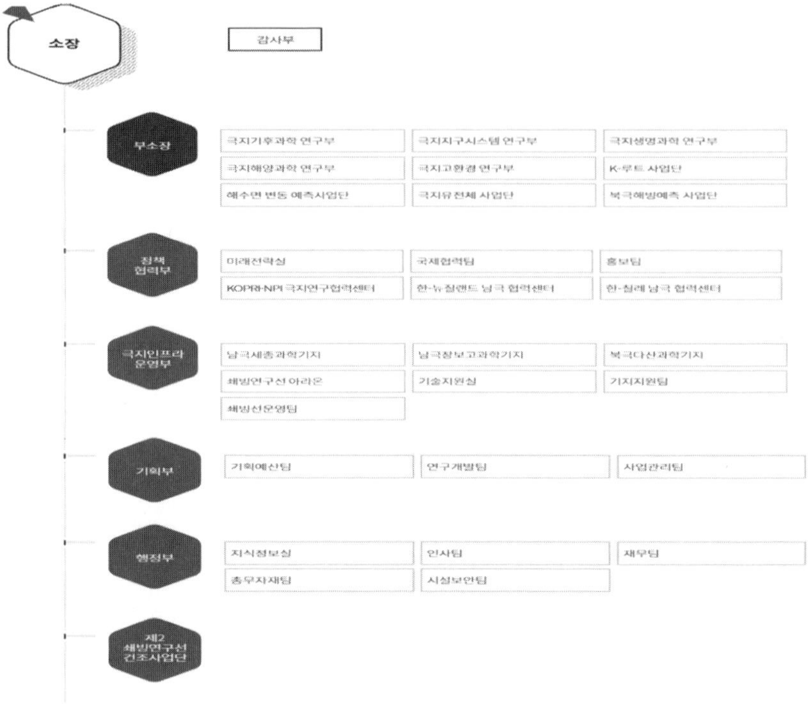

소장
감사부

부소장
극지기후과학 연구부
극지지구시스템 연구부
극지생명과학 연구부
극지해양과학 연구부
극지고환경 연구부
K-루트 사업단
해수면 변동 예측사업단
극지유전체 사업단
북극해빙예측 사업단

정책협력부
미래전략실
국제협력팀
홍보팀
KOPRI-NPI 극지연구협력센터
한-뉴질랜드 남극 협력센터
한-칠레 남극 협력센터

극지인프라운영부
남극세종과학기지
남극장보고과학기지
북극다산과학기지
쇄빙연구선 아라온
기술지원실
기지지원팀
쇄빙선운영팀

기획부
기획예산팀
연구개발팀
사업관리팀

행정부
지식정보실
인사팀
재무팀
총무자재팀
시설보안팀

제2 쇄빙연구선 건조사업단

출처: 극지연구소 홈페이지 참조(검색일: 2018년 10월 9일)

· 극지연구소 연구부 소개

극지연구소는 9개의 연구부를 가지고 있고 각 연구부의 역할은 다음과 같다. 연구부의 설명은 극지연구소 홈페이지에서 제공하는 내용을 기반으로 작성하였다.

극지기후과학 연구부

극지기후과학연구부는 극지역 현장 관측 및 기후 모델을 이용하여 기후계 간의 상호작용 그리고 지상과 성층권 사이에서 일어나고 있는 극지기후변화 과정을 연구한다.

또한, 극지의 중간권(고도 60Km) 이상의 대기에서 일어나는 오로라 등의 물리현상과 태양을 비롯한 우주환경 변화가 지구와 인간활동에 미치는 영향을 연구한다.

극지지구시스템 연구부

극지지구시스템연구부에서는 극지역 지체구조 진화과정 및 지질환경을 연구한다.

이와 더불어 남극 운석 및 우주물질, 남극-호주 중앙해령, 북극의 해저자원 환경 등의 연구를 통해 과거와 현재, 미래의 지구를 예측하고 있다.

극지생명과학 연구부

극지생명과학연구부에서는 극지생물 고유의 생명현상과 환경적응 기작을 이해하고 신규 생물소재로서의 극지생물의 활용가치를 규명하고자 한다.

지구 기후변화에 의한 환경의 변화가 극지 생태계에 미치는 영향을 파악하고 생태계 반응을 예측하기 위해 생물다양성과 진화 연구, 극지 환경영향 모니터링, 생태계 작동 원리 연구 및 생태계 모델링 기술 개발 등의 기초연구를 수행하고 있으며, 극지생물과 대사산물들의 활용가치를 규명하기 위한 극지

생물 유래 신규 생물소재 개발 연구를 수행하고 있다.

극지해양과학 연구부

극지해양과학연구부에서는 쇄빙연구선 아라온호를 활용한 국제공동연구를 활발히 추진하며 남극과 북극 해양의 해류순환, 해빙과 해양생태계, 그리고 생지화학 물질순환의 변동성을 파악하는 연구를 수행하고 있다.

최근, 급격한 기후변화로 인해 심각한 변화에 직면해 있는 극지 해양환경의 변화양상을 추적하고, 이러한 환경변화들이 전 지구적 규모의 기후 변동과 어떻게 연관되어 움직이는지 이해하는데 도움을 주고자 한다.

극지고환경 연구부

극지고환경연구부에서는 극지역의 퇴적물과 빙하에 남겨진 기록을 해석하여 과거의 기후 및 환경변화를 복원하는 연구를 하고 있다.

고환경연구는 과거에 일어났던 기후변화의 특성과 원인을 규명하고 기후변화와 환경변화의 상호작용을 파악하는 연구로서 기후시스템의 작동 원리를 이해하여 미래 기후와 환경변화를 예측하는데 도움을 주고 있다.

K-루트 사업단

K-루트 사업단에서는 남극 장보고과학기지를 기반으로 하여 남극 내륙의 미개척분야 탐사활동 지원을 위한 코리안 루트(Korean Route) 개척, 빙저호와 심부빙하 연구를 위한 시추 장비 개발과 운영, 관련 다학제 융복합 연구를

수행하고 있다.

해수면 변동 예측사업단

해수면변동예측사업단에서는 전지구 기후 온난화에 기인한 극지역 얼음의 급격한 감소로 인해 평균 해수면이 얼마나 빠르게 상승할 것인지 최첨단 극지 관측을 통해 빙권 변화의 원인을 규명하고 수치모델을 통하여 해수면 변동을 예측하는 연구를 수행하고 있다.

극지유전체 사업단

극지유전체사업단은 극지생물의 유전체 해독 기술을 바탕으로 극지에서의 생명현상 규명과 유용유전자를 대량 발굴하고 활용하는 시스템 확립 연구를 수행하고 있다.

극지생물의 선도유전체 확보, 기능유전체 원천기술, 비교유전체 연구를 통한 극지유전체의 효과적 활용으로 극지생물의 가치와 유용성을 키워나가고 있다.

북극해빙예측 사업단

북극해빙예측사업단은 온난화에 의해 급변하고 있는 극지 빙권 및 기후 요소들의 다양한 변화를 탐지하고 예측하는 역할을 수행하고 있다.

원격탐사와 기상/기후 모델링의 융복합 연구를 통해 극지 빙권변화 모니터링과 예측을 수행하고 있다.

· 극지 연구소주요 인프라 소개

남극세종과학기지

〈그림 4〉 남극세종과학기지 전경

출처: 극지연구소 홈페이지 검색일: 2018년 10월 9일

남극세종과학기지는 서남극 남극반도에 평행하게 발달한 남쉐틀랜드 군도(South Shetland Islands)의 킹조지섬에 위치한다.

한국은 1986년 11월 남극조약에 가입한 후, 본격적인 남극 연구를 위해 1988년 2월 남극 세종과학기지를 건설하였다.

기지에는 매년 약 17여명으로 구성된 월동연구대가 1년간 상주하며, 기지 유지 업무를 수행한다. 현재까지 31번의 월동연구대가 보내졌다.

남극 여름철인 12월에서 이듬해 2월까지는 약 100여명의 하계연구대가 파견되어 다양한 분야의 극지 연구를 수행한다.

북극다산과학기지

북극다산과학기지는 2002년 4월 29일 노르웨이령 스발바드 군도(Svalbard Islands), 스피츠베르겐 섬(Spitsbergen Island)에 위치한 니알슨(Ny-Alesund) 과학기지촌에 건립되었다.

〈그림 5〉 북극다산과학기지 전경

출처: 극지연구소 홈페이지 검색일: 2018년 10월 9일

북극다산과학기지는 비상주기지로 운영 중이며, 매년 하계기간(매년 6월~9월)에 약 60여명의 국내외 연구자들이 하계 연구활동을 위해 북극다산과학기지에 방문한다.

니알슨과학기지촌에서는 북극다산과학기지 이외에도 독일, 노르웨이, 영국, 중국 등 10개국의 북극과학기지가 위치하며, 기지촌의 운영과 유지관리는 노르웨이 국영회사인 Kings Bay AS에서 담당한다.

쇄빙연구선 아라온호

〈그림 6〉 쇄빙연구선 아라온호

출처: 극지연구소 홈페이지 검색일: 2018년 10월 9일

아라온호는 극지연구소가 관리하는 대한민국의 쇄빙연구선이다.

2004년에 발주하여 2010년에 건조되었다 총 건조비용으로는 1080억이 소요되었다.

주요 업무로는 남/북극지역 해역에서 독자연구 수행, 남/북극 기지에 대한 물자보급 및 인원수송 등이고, 주요 연구분야는 극지 환경변화 모니터링 / 대기환경 및 오존층 연구 / 고해양 및 고기후 연구 / 해양생물자원 개발연구 / 지질환경 및 자원특성 연구이다.

남극장보고연구기지

〈그림 7〉 남극장보고연구기지 전경

출처: 극지연구소 홈페이지 검색일: 2018년 10월 9일

우리나라는 남극세종과학기지에 이어 남극 대륙 중심부로 진출하기 위해, 2014년에 동남극 북빅토리아랜드(Northern Victoria Land) 테라노바 만(Terra Nova Bay) 연안에 남극장보고과학기지를 준공하였다.

남극장보고과학기지는 남극 중심부와 해안으로의 접근성이 용이하여 기후변화연구, 지형 및 지질 조사, 고층대기, 우주과학연구 등 다양한 자료 확보와 특성화된 연구 수행이 가능한 첨단연구시설이다.

북극연구기관 소개 : 중국 극지연구센터

백영준

· 중국 극지연구센터 소개

중국 극지연구센터[1](Polar Research Institute of China (PRIC))는 1989년에 설립되었고, 중국의 극지연구를 관리하고 국가주도의 극지연구에 중요한 기반 시설을 제공하고 있다.

이 연구센터는 연구쇄빙선 설룡(Xuelong)과 북극과 남극의 연구기지, 국제 협력 및 학술교류 활동을 수행하고 있으며, 중국 극지연구센터는 극지방에 대한 종합연구를 진행한다.

연구센터는 극지과학 핵심실험실(Key Laboratory of Polar Science)을 두고 있으며, 특히 이 실험실에서는 북극 빙하, 극지해양과학, 기후 물리학, 북극 생물학, 극지정보 플렛폼 등의 연구에 초점을 맞추고 있다.

중국 극지연구센터는 중국의 극지정보센터의 역할을 하고 있고, 중국 극지과학데이터베이스, 극지 정보네트워크 중국 북극 기록보관소, 북극 도서관, 북극 샘플 데이터베이스, 북극 과학 저널, 대중을 위한 북극박물관 등의 공공 서비스도 제공하고 있다.

---

1) 중국 극지연구센터의 영문명은 "Polar Research Institute of China"이고 한자표기는 中國極支研究中心 이다.
센터의 설립당시 "中國極支研究所" 중국극지연구소로 불렸으나 조직이 개편되면서 기존의 연구소 호칭이 연구중심으로 바뀌었다. 호칭의 차별성을 두기위해 중심을 센터로 번역하였다.

· 주요 연혁

1983년 정식으로 남극조약 가입, 1989년 중국 극지연구센터 개설, 1990년 인원편제 확충(57명), 1990-1993 쇄빙선 설룡 발주/건조, 2002년, 남극연구시설 연구인력 확충 2003년 중국 극지연구센터로 개명, 기존의 극지연구센터의 인력편제를 50명에서 145명으로 확충, 2009년 기존 145명 편제에서 230명 편제로 확충했다.

· 연구센터 현황

중국의 극지연구센터는 상하이 푸동에 위치하고 있다.

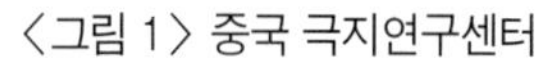
〈그림 1〉 중국 극지연구센터

출처: 중국 극지연구센터 홈페이지 검색일: 2018년 10월 9일

· 센터장 소개

楊惠根(Yang Huigen) 센터 주임

1965년 9월생, 중국 공산당원, 강소성 출신, 우한대학교 우주 물리학 전공 박사, 1992년부터 연구소에서 일하기 시작하여 현재 중국 극지연구센터의 책임자 역할을 맡고 있다.

· 중국 극지연구센터 조직도

〈표 1〉 중국 극지연구센터 조직도

- 중국 극지연구센터
  - 기 관 부 문
  - 과학연구부문
  - 극지기지부문
  - 물자조달기구

출처: 중국 극지연구센터 홈페이지에서 제공하는 내용을 필자가 한국어로 번역해서 재구성한 것임.

· 과학연구부문

극지빙하연구실

극지빙하연구실은 극지방의 눈과 얼음을 연구대상으로 하고 있다. 극지의 눈과 얼음기후 변화 연구에 대한 국가의 전략적 요구에 기초하여 기후 변화

메커니즘 연구, 빙상 수치 시뮬레이션 연구 등 기후 예측 능력을 향상시키는 시스템을 개발하는 것을 목표로 지구 변화와 관련된 주요 과학적 이슈에 초점을 맞추어 연구를 진행하고 있다.

극지해양학연구실

극지해양학연구실에서는 관측실험, 위성을 이용한 수치 시뮬레이션, 극지 해빙 - 해양시스템과 해양물리, 빙권, 위성 모니터링 등의 학술적 이점을 이용해서, 극해빙과 해양을 연구한다. 세계적인 변화의 상호작용 프로세스의 연구는 관련된 국제학술 연구분야에서 성과를 내고 있고 중국의 극지산업의 지속가능한 발전에 도움을 주고 있다.

극지대기와 공간물리학연구실

극지대기와 공간물리학연구실에서는 자성층과 오로라연구, 극지 전리층과 그 움직임의 프로세스연구, 극지 플라즈마 파동연구, 극지에서 중고층 대기연구, 태양풍 - 자성층 - 극지전리층 - 중~고 레벨 대기결합연구, 극지환경의 북극과 남극의 비교연구, 기후변동예측에서 우주환경의 운용감시와 그 적용 등의 연구를 진행하고 있다.

남극천문학연구실

남극내륙 A지역에서 세계최고의 천문대를 사용해서 이후 10년에서 15년 사이에 CSTAR, AST3, KDUST, DATE5 등의 일련의 중국남극천문기기를 건설하고, Nantian에서 측량과 스펙트럼조사 및 은하계, 은하계의 형성과 진화, 태양계 외행성계 등의 활동에 대해서 주로 연구하고 있다.

· 극지기지부문

쇄빙선 설룡

〈그림 2〉 쇄빙선 설룡

출처: 중국 극지연구센터 홈페이지 검색일: 2018년 10월 9일

설룡은 중국 극지연구센터에 소속된 제 3세대 극지연구 쇄빙선이다, 우크라이나 헤르손 조선소(Kherson Shipyard)에서 1993년에 건조 되었으며, 1994년에 남극으로 항행을 시작하여 19번의 남극 탐험과 7번의 북극탐험을 수행한 중국 유일의 쇄빙선이다.

설룡은 2만1천톤의 배수량과 167미터의 길이 그리고 22.6미터의 넓이를 가지고 있다. 최대 속도는 17.9노트이며, 20cm의 두꺼운 얼음을 깨고 나아갈 수 있으며, 선박내에 수영장, 체육관, 도서관, 노래방, 세탁실이 설치되어 있으며, 북극과 남극지역에 연구인력 및 물자 수송을 담당하고 있다.

중국 남극장성기지

〈그림 3〉 중국 남극장성기지 전경

출처: 중국 극지연구센터 홈페이지 검색일: 2018년 10월 9일

중국 남극장성기지는 1985년 2월 20일에 완성되었고, 킹조지섬의 남서쪽 끝 (62°12'59"S, 58°57'52"W) 에 위치하고 있으며, 평균 고도는 10미터이다. 중국과의 거리는 17,502km이고, 여름철 최고 기온은 11.7도, 겨울철 평균기온은 -8.0도 겨울철 최저기온은 -26.6도이고, 이 기지에는 겨울철 25명, 여름철 40명을 수용할 수 있는 생태 역학 실험실이 있으며. 이 기지의 주요연구는 극지방 저온 생물학, 생태환경, 기상, 해양, 지리, 측량 및 과학적 관측연구를 수행하고 있다.

중국 남극중산기지

중국의 남극 중산기지는 1989년 2월 26일 남극 대서양 연안 (69°22'24"S, 76°22'40"E) 건설되었으며, 평균 고도 11미터, 북경에서 12,553 킬로미터 떨어진 거리에 위치하고 있다. 이곳의 여름철 최고 기온은 9.6도 겨울철 평균기온

〈그림 4〉 중국 남극 중산기지 전경

출처: 중국 극지연구센터 홈페이지 검색일: 2018년 10월 9일

은 -23도, 최조기온은 -46도 이며 바람이 부는 날은 188일이며 화창한 날은 약 220일이다. 이 연구기지는 겨울에 40명, 여름에 80명을 수용할 수 있고 면적은 7,375 평방미터이다. 이 기지의 주요 연구는 고공대기물리, 빙설과 대기, 해양지리, 지구과학(운석), 지리학 환경 모니터링 및 과학적 관찰 등을 수행한다.

중국 남극곤륜기지

〈그림 5〉 중국 남극 곤륜기지 전경

출처: 중국 극지연구센터 홈페이지 검색일: 2018년 10월 9일

중국 남극 곤륜기지는 중국 최초의 남극 내륙 과학 연구 기지이며, 남극 지역에서 인간이 설립한 가장 높은 지역에 위치한 기지이다. 2009년 1월 27일에 만들어 졌고, 중산 기지에서 1,258km 떨어진 남극 내륙지역 (80°25'01 "S, 77°06'58"E)에 위치하고 있으며 평균 고도 4,090m, 얼음 두께는 3,500m다. 주요 연구 주제는 빙하학, 천문학, 지구 물리학, 대기 과학, 우주 물리학 및 기타 과학 연구에 종사하고 있다. 그리고 이 연구기지는 20명이 머물 수 있는 402 평방미터의 면적으로 이루어져 있다.

중국 남극태산기지

〈그림 6〉 중국 남극태산기지 전경

출처: 중국 극지연구센터 홈페이지 검색일: 2018년 10월 9일

태산 기지는 2014년 2월 8일에 남극에 4번째로 만들어진 중국의 남극연구기지이다. 이 기지의 명칭은 중국의 높은 산인 태산으로부터 지어졌다.

태산 기지는 중산 기지와 곤륜기지 사이의 프린세스 엘리자베스 지역(73° 51′S, 76°58′E)에 위치하며, 중산역에서 약 520km, 해발 약 2,621m에 위치하며 남극 내륙 조사를 위한 여름정착지이다. 이곳의 연평균 기온은 -36.6도이고, 이 기지는 20명을 수용할 수 있고, 중국의 남극 조사 분야와 범위를 더욱 확대 시킬 것을 기대하고 있다.

중국 북극황하기지

〈그림 7〉 중국 북극황하기지 전경

출처: 중국 극지연구센터 홈페이지 검색일: 2018년 10월 9일

중국 북극황하기지 중국 북극황화기지는 2004년 7월 28일에 개설되었고, 노르웨이의 슈피츠베르겐 뉴올리언스에 위치하고 있다(78°55'N, 11°56'E) . 중국 최초의 북극 과학 연구 기지이자 8번째의 국립과학연구기지이다. 황화기지에는 20~25명이 일하고 생활 할 수 있는 실험실, 사무실, 도서관, 기숙사, 등 총면적 550 평방미터인 2층 건물이다. 이곳에서는 고공대기물리학, 빙하해양, 생물생태, 기상학 지리학 및 기타분야의 연구가 이루어지고 있다.

북극연구기관 소개 : 일본 국립 극지연구소

백영준

• 연구소 개요

일본 국립 극지연구소는 일본의 정보 · 시스템 연구기구에 속한 국책 연구기관중 하나이고 일본에서 남극과 북극을 총괄하는 독보적인 위치의 연구 기관이다. 본 연구소는 40년 이상 일본의 극지연구를 이끌고 있으며 극지관측 및 해양연구를 비롯한 각종 탐사활동을 수행하고 있다.

이 연구소의 설립은 1959년 남극조약 이후 일본학술회의의 극지연구기관 설치권고에 따라서 1962년 일본정부는 국립 과학박물관 분과로 극지학부를 개설하고 1970년 규모가 커지면서 극지관측센터로 확장 개편되었고 1973년 국립 극지연구소가 창설되어 지금까지 이어지고 있다.

연구소의 주요 업무는 남극과 북극의 극지관측 및 해양연구 및 지질연대연구를 비롯한 각종 탐사/연구 활동을 수행하고 있다.

또한 일본 국립 극지연구소는 남극/북극과학관(박물관)과 연구소 부설대학원과 다수의 산하 연구센터 및 남극관측선 시라세(sirase)를 보유하고 있다.

• 주요 연구활동

일본의 극지과학연구와 극지관측의 중핵으로서의 역할

일본 국립 극지연구소는 남극대륙과 북극권에 관측기지를 보유하고, 극지에서의 관측을 기반으로 종합연구를 진행하고 있다. 대학공동이용기관으로서, 일본 전국의 연구자에게 남극/북극에서 관측의 기반을 제공하기 위해서 고동연구과제의 공모나, 실험자료/정보제공을 실행하는 등 극지과학 추진에 힘쓰고 있다.

〈그림 3〉 일본 국립극지연구소 전경

출처: http://www.nipr.ac.jp/ 검색일: 2017. 2. 19.

남극지역관측의 중핵기관으로서의 역할

일본의 남극기지 관측계획 기획입안 및 실행. 제 58차 남극관측으로부터는 제 IX기 6개년 계획으로서 "극지부터 찾는 지구시스템 변동"을 중요한 테마로 연구관측을 행하고 있다. 또한 남극지지에 있는 관측기지시설의 유지관리, 운영을 행하며 이외에 남극지역 관측대의 편성준비, 각종훈련, 관측사업에 필요한 자료의 조달, 반출계획의 작성이나 관측으로 얻어지는 시험자료의 수집, 보관 등을 행하고 있다.

북극관측시설의 중핵으로서의 역할

북극관측은 슈발바르드, 그린란드, 스칸디나비아 북부, 아이슬란드 등의 육지지역을 관측거점으로 대기, 빙상, 생태계, 초고층대기, 오로라, 지구 자장 등의 관측을 실시하고 있다. 또한 북극해나 그린란드 주변 해역 등에서 해양생태계/대기관측을 각각 실시하고 있다. 더욱이 2015년부터는 북극지역연구추진 프로젝트 (ArCS)의 대표기관으로서 활동하고 있다.

연구자의 교육기관으로서의 활동

대학원교육에서는 총합연구대학원 대학복합 과학연구과 극지과학전공으로서 5년 학제도로 박사과정을 통한 학생을 받아들여 폭넓은 시야를 가진 국제적인 독창성이 풍부한 연구자의 양성을 목표로 하고 있다.

• 연구소 일반현황

역대 소장

〈표 2〉 역대 연구소 소장 일람

성명	취임일	퇴임일	전문분야
永田 武 (나가타 타케시)	'73.9.29	'84.11.30	지구물리학
松田 達郎 (마츠다 타츠로우)	'84.12.1	'88.11.30	생태학
星合 孝男 (호시아이 타카오)	'88.12.1	'94.11.30	해양생태학
平澤 威男 (히라사와 타케오)	'94.12.1	'00.11.30	초고층물리학
渡邉 興亞 (와타나베 오키츠구)	'00.12.1	'04.11.30	설빙학
島村 英紀 (시마무라 히데키)	'04.12.1	'05.4.30	지구물리학
江尻 全機 (에지리 마사키)	'05.3.19	'05.9.30	자기권물리학
藤井 理行 (후지이 요시유키)	'05.10.1	'11.9.30	빙하기후학
白石 和行 (시라이시 유키카즈)	'11.10.1		지질학

• 고문

연구소의 고문은 극지연구 및 극지관측사업에 대해서 특별하게 학식경험이 있는 분에게 위촉하고, 수시로 소장의 요구에 응해서 조언을 행하고 현재 4명의 고문이 활동하고 있다.

〈표 1〉 고문 목록

大村 纂 (오오무라 아츠무) 츄리히 공과대학명예교수
平澤 威男 (히라사와 타케오) 일본 국립 극지연구소명예교수
平山 善吉 (히라야마 젠키츠) 일본대학 명예교수
星合 孝男 (호시아이 타카오) 일본 국립 극지연구소명예교수

• 연구소 고용 직원수 (2016년 4월 기준)

이 연구소 직원은 총 225명이고 그 구성은 소장을 포함한 교육직원 57명, 계약직 연구원 31명, 사무직 31명, 기술직원 & 극지관측직원 19명, 계약직원 118명으로 이루어져 있다.

〈그림 1〉 연구소 직원구조

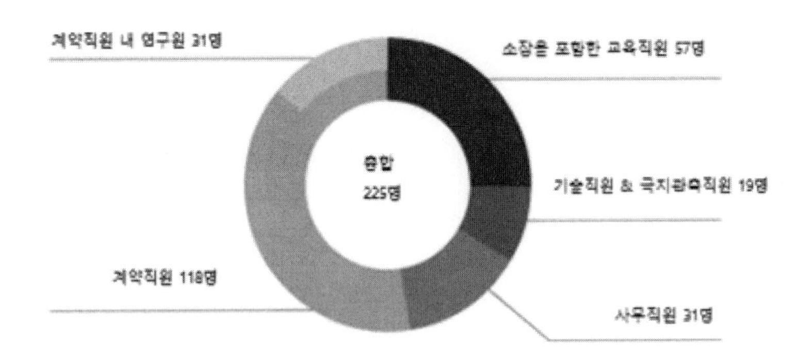

출처: http://www.nipr.ac.jp/outline/summary/overview.html 일본 국립 극지연구소 홈페이지 검색일: 2017. 2. 19.)

• 연구소 예산

연구소 예산을 2017년 2월 19일 환율기준 원화로 환산하면 약 367억 원이고 각 항목은 〈그림 2〉와 같다.

〈그림 2〉 수입예산 단위: 천만엔 (2016년 4월 1일 기준)

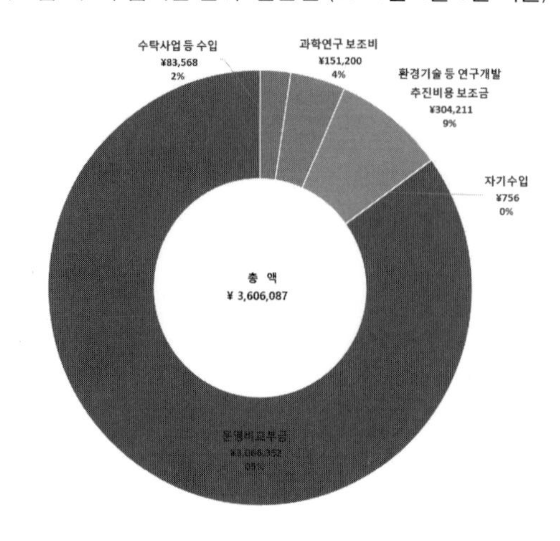

• 연구소 구성

〈표 3〉 연구소 구성

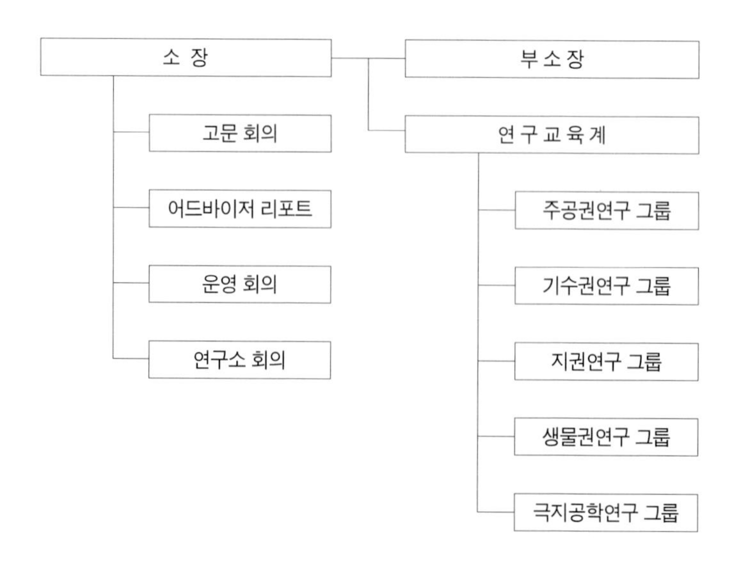

• 각 연구 그룹 소개

주공권연구 그룹

고도 10KM 이상의 성층권으로부터 태양계의 혹성 사이의 공간까지의 광대한 하늘의 범위가 주공권 그룹의 연구 대상이다.

· 태양풍과 자기권이나 전리권의 연계와 오로라의 연구

· 중간층 대기/초고층 대기의 연구

기수권연구 그룹

기수권연구 그룹에서는 대기과학, 기상학, 설빙학, 해빙, 해양, 고기후학 등에 관련하는 테마로 연구를 진행하고 있다.

· 지구의 기후/환경시스템을 극지에서 연구

지권연구 그룹

지권연구 그룹의 연구자들은 태양계형성시인 46억 년 전 부터 현재까지의 우주사, 지구의 탄생부터 지금까지의 지각진화변동사, 빙상 연구를 통한 제 4기 환경변동사, 현재의 지각변동이나 해면변동을 지질 광물학 지형/제 4기학, 측지/고체지구물리학의 수법으로 해명하기 위한 연구를 진행하는 그룹이다.

생물권 연구 그룹

남극이나 북극등 극한의 혹독한 자연조건의 극지에서도 생물은 살고 있다. 우리 연구 그룹에서는 혹독한 환경에서 어떻게 생물이 살아가는지에 대해서 조사한다. 또한 최근 지구의 환경이 변화하고 있다고 화자되고 있는데, 특히 남극이나 북극에서 빙하가 녹거나 적설량이 적어지거나 지금까지와는 다른 환경으로 변한다고 생각되고 있습니다 여기서 최근의 급격한 환경의 변화에 생물들이 어떻게 대응해 나가는가에 대해서도 연구하고 있다.

극지공학연구 그룹

극지에서 연구관측을 행할 때 혹독한 추위/강풍/적설에 대한 대책이 우리 그룹의 연구과제이다. 또한 유송 수단이 제한되어 있기 때문에 정해진 연료/식량/자재등을 어떻게 유효하게 활용할 것인가에 대한 연구 및 최근 주위 환경에 영향을 어떻게 조금 줄 수 있는지에 대한 연구도 큰 과제로 연구 진행중이다. 또한 극지공학에서는 지금까지 극지관측에서 얻어진 여러 가지 기술적 성과의 해결을 취합하고 있다.

· 미래 남극 내륙 연구 작전을 위한 준비에 대한 연구
· 현지에서 에너지를 만들기 위한 연구
· 재생가능 에너지의 안정적 이용에 관한 연구
· 잉여전력의 비축과 이용에 관한 연구
· 새로운 조수방법에 관한 방법
· 무인관측에 관한 연구 개발

• 연구소 주도 프로젝트

각 연구 그룹은 공모를 통한 일반 공동연구과제를 수행하고 있다. 2016년 기준 진행중인 일반공동연구 프로젝트는 115건이다.

현재 진행중인 연구소의 주요 프로젝트는 다음과 같다.

〈표 4〉 일본 국립 극지연구소 2916년 주요 프로젝트 일람

프로젝트번호	연구주제
KP301	극지역 주공권 총합측정에 기초한 태양 지구계 결합과정의 연구
KP302	지구온난화와 진행 하에서 극지기후 시스템의 사용
KP303	남극에서의 빙상-해수-해양상호작용의 관측연구
KP304	북극환경변동의 해명을 위한 국제공동연구의 추진
KP305	남북양극의 아이스코어 해석에 의한 기후 환경변동의 연구
KP306	극지에서의 고체지구의 진화와 응답
KP307	남극에서 발견된 지구 외 물질로부터 찾는 초기 태양계 진화
KP308	남극양 인도양구역에서의 해양생태계 연구
KP309	환경변화에 대한 극지역 생물의 생태적 응답 프로세스의 연구
KZ31	극지환경에서 공학적 과제의 추출과 그 해결에 대한 제안
KZ32	극지환경에서 건강관리 및 의료체제의 연구

각주: 본 항목은 일본 국립 극지연구소에서(http://www.nipr.ac.jp/) 진행하고 있는 연구 프로젝트를 필자가 재구성한 것임.

• 연구센터 소개

일본 국립 극지연구소는 대학공동이용기관으로서 5개의 연구센터를 가지고 있다. 이곳 연구센터에서는 일본 국내외의 연구자와의 공동연구를 수행하고 있다. 또한 대학 및 연구기곤의 연구자등에 남극/북극에서의 관측 기반을 제공하는 것과 같이 실험자료/정보를 제공하고 있다.

남극관측 센터

남극관측 센터는 남극관측 사업의 중핵기관으로서 기능을 최대한으로 발휘하기 위해서 교원과 사무계/기술계직원의 융합조직으로서 2009년 4월에 조직개편 하였다. 매년 남극관측대원을 파견하는 것으로, 관측계획이나 기획에서 일본 국내외의 연구자와 연락조치, 부속시설인 쇼와기지의 유지, 관측대의 편성이나 훈련, 유송, 안전이나 환경보전대책 등을 수행하고 있다.

〈그림 4〉 남극 쇼와기지 전경

출처: http://www.nipr.ac.jp/ 검색일: 2017. 2. 19.

관측대의 편성에는 남극관측이 국제프로젝트로서 행해지고 있는 것으로 외국인연구자도 동행한다. 특히 아시아 여러 국가들과의 연계를 깊이 맺고 있고 아시아 극지과학자 포럼 (AFoPS : AsianForumforPolarScience)를 결성해서 정보교환이나 연구자 교환을 행하고 있다.

최근 10년간 북극으로의 유송, 방문수단이 크게 변화해서, 남극관측선 “시라세” 이외에 남극으로 관측을 행하고 있는 다른 국가들과 공동비행기를 전세로 빌리는 드롬랜 (DROMLAN : Dronning Maud Land Air Network)이나 카이타카마루(海鷹丸)라는 해양조사선과의 연휴 등으로 많은 관련 대응을 수행하고 있다.

국제 북극환경연구 센터

본 센터는 북극권의 해수/해양/설빙/해양생태/육상생태/대기/초고층대기의 연구추진을 목표로, 1990년 6월 일본 국립 극지연구소에 북극권 환경연구센터로서 설치되어 2004년에 부로 북극관측센터로서 활동해 왔다. 2011년부터는 5년에 걸쳐 GRENE 북극기후변동연구사업을 실시하였다. 북극을 둘러싼 국제동향에 전략적으로 대응해서 연구/관측을 실시하고, 연구기획력을 강화하기 위해 2015년 4월 "국제북극환경연구 센터"로 개편해서 현재에 이루고 있다.

센터에서는 북극연구의 관측정보의 수집이나 제공과 같이 니올슨(Ny-Ålesund) 기지나 롱이어핀(Longyearbyen)에 있는 슈발바르드 대학(UNIS) 오피스의 관리와 운영을 시작으로 북극에서 관측설비의 공동이용체제의 구축/정비를 행하고 있다.

또한 아이슬란드와 남극 쇼와기지와의 오로라 공역점 관측이나 유럽 비간섭 산란 (EISCAT) 레이더, 동 그린란드 빙상심층굴쇄계획(EGRIP)등의 국제 공동관측에 참가하고 있다.

니올슨 기지

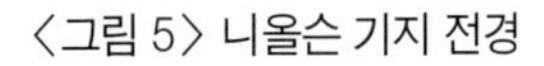

〈그림 5〉 니올슨 기지 전경

검색: http://www.nipr.ac.jp/ 검색일: 2017. 2. 19.

니올슨기지는 1991년에 노르웨이 극지연구소의 협력으로 슈발바르드 제도 슈피츠베르겐 섬 니올슨 (북위 79도, 동경 12도)에 개설되었다. 니올슨의 국제적인 공동관측제도에 의해서, 구름, 에어로졸, 방사능, 온실효과 가스, 식생의 분포나 생태계의 관측 등이 실시되고 있다.

북극지역연구추진 프로젝트(ArCS: Arctic Challenge for Sustainability)의 실시

일본 국립 극지연구소는 북극지역연구추진 프로젝트의 대표기관이고, 당 연구센터는 국제 공동연구의 추진과 같이 국제연계거점의 정비나 북극관련 국제회합으로의 전문가 파견의 실시 프로젝트의 홍보에 관련한 활동을 행하고 있다. 또한 GRENE북극기후변동연구사업에서 새로 시작된 북극지역 데이터 아카이브시스템(ADS)에 의한 데이터 수집과 공개도 실시하고 있다.

북극지역연구공동추진거점 (J-ARC Net: Japan Arctic Research Network Center)

2016년 4월 1일 당 센터와 북해도대학북극지역연구센터, 해양연구개발기구 북극환경변동종합연구센터에 의해서 "북극지역연구공동추진거점"이 문부과학성 대신(장관)의 인정을 받아, 활동을 개시했다. 북극지역에서 환경과 인간의 상호작용의 해명을 위해 다른분야와 연계, 산학관 연계에 의해 과제해결에 이바지하는 연구를 추진의도로 정하고 조직을 구성하는 기간동안 당 센터에서 관리하고 있는 공동이용시설을 관측거점으로서 제공한다.

북극환경연구센터 콘소시엄(JCAR: Japan Consortium for Arctic Environmental Research)

2011년 5월에 북극환경연구자의 네트워크 조직"북극환경연구 콘소시움"이 설입되어, 동 사무국은 당 센터에 설치되어 있다. JCAR은 일본의 북극환경연구의 이후 10~20년에 걸친 "북극환경연구의 장기구상"을 작성 이외에 국내외의 위원회정보의 수집/소개나 연구추진에 관한 의견교환, 인재교육 지원, 북극환경에 가혹한 정보수집, 북극관측정보를 망라한 "북극권과학관측 디렉토리"의 작성 북극환경연구의 홍보/보급 등을 행하고 있다. 국제북극과학심포

지움 (ISAR)을 공동개최, 2015년 4월에 토야마(富山)에서 개최된 "북극과학자 서미트 주간(ASSW) 2015년도 공동 개최단체로서 회의운영을 지원하였다.

극지지역 과학자원 센터

남극운석 라보라토리

남극운석 라보라토리에서는 남극지역관측대가 채집한 운석의 보관을 하고 있다. 보유하는 운석의 총수는 약 17,000개로 세계 최대의 지구외 물질 컬렉션입니다. 이러한 운석을 분류 공표하고 국내외의 연구자에게 연구용시료로서 분류하는 것으로 지구혹성과학의 발전에 기여하고 있습니다. 또한 소행성 샘플 교환 등의 국내외 연구기관과의 연계를 통해서 지구외물질의 연구를 다각적으로 전개하고 있다.

암석자료실

제1차 남극관측 이후 채집된 남극의 암석/광물시료 전시와 스리랑카 인도 아프리카 등의 암석 광석시료 약 2만점을 보관하고 있다. 이것들의 시료는 곤도와나 초 대륙을 형성하고 있었던 대륙동토의 지질대비, 지각/맨틀물질의 연구재료로서 매우 귀중하다. 또한 전시용 표본으로서도 넓게 활용되고 있다.

2차 이온 질량분석 연구실

대학공동이용시설로서 2차 이온 질량분석계 (SHRIMP)를 2대 운용하고 일본 국내외의 운석/암석/광물의 동위체/연대학적 분석을 수행하고 있다.

〈그림 6〉 SHRIMP II 2차 이온 질량분석계

출처: http://www.nipr.ac.jp/ 검색일: 2017. 2. 19.

생물자료실

극지에서 야외활동으로 얻어지는 귀중한 생물자료의 양호한 상태로 관리/보관하고, 연구나 전시를 제공하고 있다. 식물에 대해서는 이끼 식물을 중심으로 약 4만점의 표체와 동물은 어류와 조류, 포유류 등의 약 2500점의 표본을 수장하고 있다. 소장표체에 대해서는 "극지지역 생물다양성 데이터베이스"로서 라보 페이지상(홈페이지)에 공개하고 있다.

극지 데이터센터

축척된 귀중한 데이터를 세계와 공유하기 위해서 일본 국립 극지연구소에서는 남극지역이나 북극지역에서 다양한 관측을 수행하고 있다. 얻어진 데이터의 대다수는 통신네트워크에 의해 전송/취득되지만 통신수단이나 관측방법이 축척되어지면서 자료의 양과 질이 비약적으로 확대되어 왔다. 극지역 데이터센터는 그러한 다양한 데이터의 취급과 관리, 처리나 해석, 연구결과 성과의 발신을 위해서 필요성이 생겨서 정보기반설비의 유지/관리/운용을 수행하고 있다. 또한 관측/연구데이터베이스의 구축과 공개도 진행하고 있다.

〈그림 7〉 일본 국립극지연구소 학술 데이터베이스 홈페이지 메인화면

출처: http://scidbase.nipr.ac.jp/modules/site/index.php?content_id=10 검색일: 2017. 2. 19.

데이터베이스 서비스는 일본 국립 극지연구소가 보유 및 관련하고 있는 관측데이터의 개요와 소재에 대해서 정보를 공개하고 있다.

이 사이트에서는 “극지 과학 데이터 라이브러리 시스템(POLARIS)”를 통해서 남극관측사업을 시작으로 양극지역에서의 연구조사활동에서 얻어지는 과학적 여러 데이터를 문자정보/수치형식의 소재정보(메타 데이터)로 공개하고 있다.

데이터의 종류에는 국제 지구관측년 (1957-1958) 이래의 장기간에 걸친 쇼와기지에서 모니터링 관측 된 데이터를 시작으로, 단기간 집중적으로 수행한 프로젝트 연구, 북위지역에서 취득된 각종 데이터를 포함하고 있고, 학술 메타 정보나 사진화상을 자유롭게 찾아 볼 수 있는 것이 가능하다.

아이스코어 연구센터

아이스코어의 채굴과 분석

남극이나 그린란드의 빙상은 수만 년부터 수십만 년에 걸쳐서 과거에 쌓인 눈이 쌓여 만들어진 것이다. 이러한 빙하는 전용 드릴로 원추형의 샘플 아이스코어를 채취/분석 하면 그것이 원래 눈으로서 내려 쌓였을 당시의 지구의 고 환경을 해독 하는 것이 가능하다. 지구의 기후변동 미래를 예측하면서 중요한 데이터를 공급 한다. 아이스코어 연구 센터는 이러한 아이스코어 연구를 강화하고 중장기적 시야를 가지고 아이스코어연구를 총합적으로 추진해 나갈 목적으로 설치되었다.

• 연구소 부설 대학원

일본 국립 극지연구소는 1993년도부터 총합연구대학원대학에 참여하여, 그 기반기관으로서 동 대학대학원 복합과학연구과에 설치되었다 극지역과학전공(5년 일관제 박사과정 및 박사후기과정)의 교육연구지도를 수행하고 있다.

또한 대학의 요청에 응해서, 특별공동이용연구원으로서 타 대학 대학원학생을 받아들이고 있으며, 타대학 대학원과 협력해서, 연계대학원을 실시하고 있다.

• 남극 북극 과학관(박물관)

남극이나 북극에서 어떠한 관측이나 연구가 수행되어지고 있을까? 무엇을 알게 되었을까? 어떠한 곳이 있을까? 등 “남극, 북극의 지금”을 모두에게 알리는 광고 전시시설로서 국립 극지연구소 남극/북극 과학관은 2010년 7월에 개관하였다.

• 연구관측선 시라세

시라세(JMSDF AGB SHIRASE (Second) class)는 일본 문부과학성 국립극지연구소의 남극지역 관측대로 관측대원과 물자의 유송/연구임무를 위해 건조된 남극관측선이다. 2005년에 발주해서 2009년에 건조되었다. 건조비는 문부과학성의 예산으로 만들어졌고 운용은 해상자위대에 의해서 수행되고 있다.

〈그림 8〉 연구관측선 시라세

출처: https://ja.wikipedia.org/wiki/%E3%81%97%E3%82%89%E3%81%9B_(%E7%A0%95%E6%B0%B7%E8%89%A6%E3%83%BB2%E4%BB%A3) 위키피디아 백과사전 검색일: 2017. 2. 19

색 인

ㄱ

군사영웅도시 227

극지연구소 497~503, 505~507, 534, 557, 562, 573

ㄴ

나리얀-마르 240, 242, 244, 246

남극조약 577, 586, 590, 598

낭만주의 68, 70, 71

내륙수운 279, 304, 305, 308~313

네네쯔족 456, 476~480, 487, 488, 491

네네츠 자치구 120, 210

ㄷ

데이터분석 559

도시-영웅 215, 216

돌간족 439, 453~462

ㄹ

러시아 북방 69, 230, 231

레나강 279, 281, 286, 288, 290, 297, 298, 300, 301, 303, 313

ㅁ

무르만스크 주 110, 111, 120, 211, 212, 214, 215, 217~221, 234

미하일 스타두친 288

민족성분 64

ㅂ

바렌츠 해 75, 88, 104, 105, 211

바비노프 경로 295, 296

바이칼 468, 473, 474

백해 67, 184, 211~213, 223~226, 238

북극 395~397, 401~405, 407~409, 411, 420, 437, 439, 451, 452, 456~458, 575, 577~581, 583~589, 592, 593, 597~599, 603, 605~610, 612

북극 개발 60, 132~134, 178, 183, 193, 206, 210, 215, 236
북극 모델 62
북극 실크로드 508, 519, 521, 526, 538, 539
북극권 500, 502~505, 510, 511, 513, 514, 517, 518, 532, 537~539, 541~560, 563, 565, 567, 568, 570, 571
북극권 579, 598, 606, 608
북극다산기지 498
북극연구 495, 497, 498, 500~506, 527, 542, 553, 554, 557, 562~564, 567, 570, 575, 589, 598, 607
북극연구기관 575, 589, 598
북극연구컨소시엄(KoARC) 502, 505
북극이사회 53, 56, 85, 86, 91~95, 101~103, 117, 127, 128, 132, 133, 176, 500~502, 505, 513, 536, 541, 543, 553, 560, 565, 568
북극이사회 잠정옵서버 505
북극전략 543, 565, 567, 573
북극정책 497, 502, 504~509, 511~513, 517, 520, 521, 525, 536, 537, 541, 542, 560, 565, 570
북극정책 54, 55, 57, 132, 170, 210
북극정책 백서 508, 521
북극정책기본계획 502, 505, 507
북극정체성 56
북방항로 519, 527, 528, 532, 533, 535, 538, 539
뽀모르 213, 225, 226, 229, 230
쁘리라즈롬나야 236, 237

ㅅ

사미 76, 84, 126, 128, 129, 212, 218, 219
상징적 정치 53~55
세미온 데쉬네프 288
소수민족 400, 403~406, 409, 412~416, 418, 421, 425, 427~431, 433~435, 437, 439, 454, 480~484, 487, 492
쇄빙선 577, 589, 590, 593
쇄빙연구선 498~500, 502, 505, 506, 527, 560
순록 397, 399, 405, 407, 408, 413, 439, 440~453, 455~459, 461, 462, 464, 466, 467, 469, 471, 472, 475, 477,

482, 483, 485, 486, 488, 491~493
스트로가노프 284, 285
시베리아 404~407, 412~414, 419, 420, 423, 427, 430, 433, 437, 439, 440, 462~475, 477, 478, 480, 483
시진핑 509, 521~526

ㅇ

아르한겔스크 주 110, 111, 120, 211, 221~225, 227~234, 236~238
아무르강 286, 300, 304
야말로-네네츠 자치구 110, 111, 120, 210, 211, 257
에벤끼족 454, 456, 458, 462, 475
연안적 속성 63
영웅주의 68, 70, 71
예니세이강 271, 279, 286, 290, 296, 297, 301, 313
예르막 279, 281, 285, 286, 288, 292, 294
옵강 279, 284~286, 290, 296, 301, 313
일대일로 509, 517, 520, 523~526, 529, 538, 539

ㅈ

전략적 의미 59, 203
중국 272, 273, 300, 320, 354, 357, 365, 376, 377, 381, 508~539
지역적 통합성 57

ㅊ

축치족 439~453, 467

ㅋ

카라 해 246
코치 286, 287

ㅌ

툰드라 406~408, 413, 414, 420, 439, 441, 446, 448, 449, 451, 455, 477, 488

ㅎ

한 · 중 · 일, 북극정책 504